Simone Maria Mwangi
Nationale Identitätskonstruktionen in Argentinien

Beihefte zur Zeitschrift für romanische Philologie

Herausgegeben von
Claudia Polzin-Haumann und Wolfgang Schweickard

Band 429

Simone Maria Mwangi

Nationale Identitätskonstruktionen in Argentinien

Pressediskurse in Zeiten der Krise

DE GRUYTER

Eingereicht als Dissertation an der Universität Kassel, Fachbereich Geistes- und
Kulturwissenschaften. Datum der Disputation: 05. April 2018.

Gedruckt mit freundlicher Unterstützung der Geschwister Boehringer Ingelheim Stiftung für
Geisteswissenschaften in Ingelheim am Rhein

ISBN 978-3-11-061761-0
e-ISBN [PDF] 978-3-11-062072-6
e-ISBN [EPUB] 978-3-11-061795-5
ISSN 0084-5396

Library of Congress Control Number: 2018965127

Bibliografische Information der Deutschen Nationalbibliothek
Die Deutsche Nationalbibliothek verzeichnet diese Publikation in der Deutschen
Nationalbibliografie; detaillierte bibliografische Daten sind im Internet
über http://dnb.dnb.de abrufbar.

© 2019 Walter de Gruyter GmbH, Berlin/Boston
Satz: Meta Systems Publishing & Printservices GmbH, Wustermark
Druck und Bindung: CPI books GmbH, Leck

www.degruyter.com

Inhalt

Danksagung

Zur Entstehung dieser Arbeit haben viele Personen auf ganz unterschiedliche Weise beigetragen. An dieser Stelle möchte ich mich bei ihnen bedanken.

Mein Dank gilt in erster Linie meiner Betreuerin und Erstgutachterin Prof. Dr. Angela Schrott. Sie hat mich bereits als Studentin gefördert und mir die Bearbeitung eines Dissertationsthemas zugetraut. Mit ihrer Offenheit zum Dialog, guten Ideen, neuen Perspektiven und zahlreichen konstruktiven Rückmeldungen hat sie entscheidend zum Gelingen der vielen Etappen vom Beginn der Forschung bis zur Einreichung des fertigen Manuskripts beigetragen.

Prof. Dr. Andreas Gardt danke ich für hilfreiche und weiterführende Impulse und für die Erstellung des Zweitgutachtens.

Dankbar bin ich für das Miteinander der Kollegen und Kolleginnen am Institut für Romanistik der Universität Kassel, das häufig weit über kollegiale Unterstützung hinausgeht. Namentlich erwähnen möchte ich hier Dr. Patrick Eser, Aline Wieders-Lohéac, Tanja Krasny, Dr. Dorothea Kadenbach und Jennifer Suchan. Eine ganz besondere Kollegin ist Linda Pelchat, der ich für hilfreiche Gespräche und die vielen produktiven gemeinsamen Schreibzeiten danke.

Bedanken möchte ich mich auch bei einigen Personen, die mich in Form von Recherchen und/oder Korrekturen unterstützt haben: Chris Jendrassek, Maria Henckel, Deborah Leibundgut, Heike Jablonski, Elisabeth Fischer, Leevke Sörensen und Xenia Kiefer. Ohne die technischen Kenntnisse von Maike Urbatzka hätte die Arbeit nur halb so professionell ausgesehen, ihr sei daher besonders gedankt.

Weiterhin bedanke ich mich bei den Netzwerken und Einrichtungen, die mir Weiterentwicklung und Entfaltung in Wissenschaft und Wissenschaftsmanagement ermöglicht haben: dem Promotionskolleg GeKKo, dem Argentinienforum, CELA und CALAS.

Den Herausgebern der *Beihefte zur Zeitschrift für Romanische Philologie*, Prof. Dr. Claudia Polzin-Haumann und Prof. Dr. Dr. h. c. Wolfgang Schweickard, danke ich für die Aufnahme der Arbeit in die Reihe, Dr. Christine Henschel und Gabrielle Cornefert vom Verlag De Gruyter für die freundliche und kompetente Betreuung der Drucklegung dieses Bandes. Dankbar bin ich zudem der Geschwister Boehringer Ingelheim Stiftung für Geisteswissenschaften für die finanzielle Förderung des Drucks.

Schließlich geht mein herzlicher Dank an die vielen Lebensbegleiter und Lebensbegleiterinnen, die mir auch unabhängig von den Krisen und Herausforderungen, die mit einer Doktorarbeit verbunden sind, stets zur Seite stehen.

https://doi.org/10.1515/9783110620726-203

X —— Danksagung

Mein größter Dank gilt meinem Mann, der mir immer wieder den Blick auf die wesentlichen Dinge eröffnet und mich so von so manchen Gedankenkreisen befreit hat.

Kassel, im Februar 2019   Simone Maria Mwangi

1 Einleitung

Ende Juli 2014 wurde der südamerikanische Staat Argentinien als zahlungsunfähig klassifiziert und gelangte so in den Fokus der internationalen Öffentlichkeit. Medienwirksam war dieses Ereignis aus mehreren Gründen. Im Verlauf des 20. Jahrhunderts war Argentinien mit mehreren geradezu periodisch wiederkehrenden Krisen konfrontiert und hatte vor dem Zahlungsausfall von 2014 bereits sieben weitere erlebt. Der letzte lag erst dreizehn Jahre zurück und markierte den Schlüsselmoment einer schweren Krise, die die Nation Anfang des Jahrtausends erlebte und die weit über die Wirtschaft hinausreichte. Die selbsterklärte Zahlungsunfähigkeit im Jahr 2001 kam einer Kapitulation im Kampf gegen die fortschreitende Abwärtsbewegung gleich. Aufgrund der großen Bedeutung dieser Krise für das argentinische Selbstverständnis ruft das Konzept *Default* unweigerlich den Horizont des historischen Kontexts von 2001 mit auf. Ein Merkmal ist dabei, dass auch in der argentinischen Auseinandersetzung stets der englische Fachterminus verwendet wird, so dass das polyseme Lexem *Default* im Folgenden stets in seiner Bedeutung ‹Zahlungsausfall› gemeint ist.

Das Aufsehen um den Default im Sommer 2014 war auch deshalb groß, weil er anders als 2001 nicht durch einen Kollaps des Wirtschaftssystems ausgelöst wurde, sondern die Umsetzung eines Gerichtsurteils war. Er war die Folge eines langjährigen Rechtsstreits zwischen dem Staat Argentinien und einer Gruppe US-amerikanischer Hedgefonds, in dem es um die Rückzahlung von Schulden ging, die seit der letzten Krise nicht weiter getilgt worden waren. Die Hedgefonds hatten vor dem zuständigen Gericht in den USA geklagt, um die von ihnen geforderte Summe zu erhalten, und schließlich Recht bekommen.[1] Bis zu einer Einigung mit ihnen durfte Argentinien seine anderen Gläubiger nicht weiter bedienen. Dadurch kam es schließlich zu einem Zahlungsausfall, dessen Konsequenzen und Dauer nicht ersichtlich waren. Zudem traf er Argentinien zu einem Zeitpunkt ohnehin schwacher Wirtschaftsentwicklung und hoher Inflationsraten.

In den europäischen Medien löste der Fall Zeitungsberichte mit unter anderem folgenden Titeln aus:

Argentiniens Finanzkrise: Das Griechenland Südamerikas (Handelsblatt, 30. 07. 2014)

---

[1] Zuständig war ein New Yorker Gericht, da Argentinien einen Teil seiner Staatsanleihen auf dem US-amerikanischen Finanzmarkt angeboten hatte, um sie für Investoren attraktiver zu machen.

https://doi.org/10.1515/9783110620726-001

Frist abgelaufen: Argentinien steht vor der Staatspleite (Frankfurter Allgemeine Zeitung, 31. 07. 2014)

La crisis de deuda de Argentina amenaza con daños a países vecinos (El País, 02. 08. 2014)

L'Argentine en défaut de paiement: la crise en six questions (Le Figaro, 31. 07. 2014)

Die Überschriften verdeutlichen, welches Gewicht den Ereignissen beigemessen wird. Der Vergleich mit Griechenland, die Zuschreibung einer «Staatspleite» und die Befürchtung von Auswirkungen auf die Nachbarstaaten zeigen deutlich, dass die Situation international bzw. aus der Sicht namhafter europäischer Publikationsorgane als Krise wahrgenommen und reflektiert wird. Im Kontrast dazu steht die öffentliche Berichterstattung in Argentinien selbst. Obwohl die Nation von der Situation unmittelbar betroffen ist, wird hier ein ganz anderes Licht auf die Ereignisse geworfen:

CFK: «Hoy es 31 de julio y el mundo sigue andando». (Página12, 31. 07. 2014)

Argentina está en condiciones de pilotear esta situación, que no es fácil. Nuestro país tiene muchísimas fortalezas: está parado en una posición sólida y posee el control de las principales variables de la economía. (Tiempo Argentino, 03. 08. 2014, El «default que no es default» y los riesgos del fallo Griesa)

Die Auszüge entsprechen nicht dem, was man von Nachrichten in einer ungewissen wirtschaftlichen Lage erwarten würde. Cristina Fernández de Kirchner, zu der Zeit argentinische Präsidentin, proklamiert zum Zeitpunkt des Eintritts in die Zahlungsunfähigkeit Normalität, indem sie darauf verweist, dass sich die Welt auch jetzt weiterdrehe. Der zweite Ausschnitt verweist auf die Stärke Argentiniens und dessen Fähigkeit, Kontrolle über die herausfordernde Situation zu behalten. Statt Ausnahmezustand und Krisenstimmung spiegeln die Ausschnitte Entdramatisierung und die Ausrichtung auf eine baldige Lösung, die mit der eigenen Kraftanstrengung begründet wird. Die gleiche Situation wird also unterschiedlich gedeutet. Im argentinischen Diskurs wird eine brisante Situation nicht als Krise präsentiert, obwohl dies aus deutscher bzw. europäischer Sicht naheliegt. Dies ruft eine Reihe von Thesen auf:

Krisen sind konstruiert
Die Unterschiede in der Berichterstattung zeigen, dass sich die Existenz einer Krise nicht abschließend aus den gegebenen Umständen erklären lässt, auch

wenn dies unserer Alltagsauffassung entspricht. Krisen resultieren also nicht automatisch aus außersprachlichen Fakten wie etwa einer schlechten wirtschaftlichen Konjunkturlage. Vielmehr werden Krisen erst dann Realität, wenn einem Sachverhalt dieser Status verliehen wird. Dementsprechend sind Krisen das Ergebnis von Deutungen und Bewertungen, die in kollektiven Prozessen ausgehandelt werden. Sie sind konstruierte Phänomene, die in Diskursen entstehen. Dabei wird die wirklichkeitskonstituierende Funktion von Sprache ersichtlich (cf. Gardt 2003, 286), «denn Sprache ist das einzige Medium, mit dem wir uns über Entitäten wie ‹Krisen› differenziert verständigen können. Sprache ist *das* Medium, durch das wir erfahren, was zu einem Zeitpunkt X als ‹Krise› wahrgenommen wird» (Wengeler/Ziem 2010, 335, Hervorh. i. O.). Diese Auffassung macht Krisen zu einem relevanten Forschungsgegenstand für die Sprachwissenschaft. Ihre Leistung zur Erforschung des Phänomens ist, dass sie neben der Darlegung, *dass* Krisen sprachliche Konstruktionen sind, auch nachvollziehen kann, *wie*, also mit welchen diskursiven Verfahren und Techniken dies erfolgt.

Krisen sind kulturell gestaltete Phänomene und damit ein Kristallisationspunkt für kulturelle Unterschiede
Eine zweite These, die sich aus dem Vergleich der europäischen und der argentinischen Darstellung des Zahlungsausfalls ergibt, ist, dass Krisenkonzepte nicht universell sind. Es gibt also keineswegs nur eine einzige Art, schwierige Sachlagen zu deuten. Die unterschiedliche Wahrnehmung lässt sich auf kulturell geprägte Konzepte von Krisen zurückführen, die sich in ihrer sprachlichen Konstruktion manifestieren. Krisen sind daher kulturell gestaltete Wahrnehmungsphänomene (cf. Mergel 2012a, 13). Die Deutung von potenziellen Krisensituationen hängt maßgeblich von der Kulturgemeinschaft ab, in der sie erfolgt, sowie von den bisherigen Krisenerfahrungen, die die Grundlage für die Auseinandersetzung mit ähnlichen Gegebenheiten in der Zukunft bilden. Die kulturelle Geprägtheit von Krisen kann sich auf unterschiedliche Weise zeigen. Zum einen wird sie darin ersichtlich, dass Krisendiskurse unterschiedliche Gestalt annehmen. Zugleich kann sie auch bewirken, dass das Deutungsangebot «Krise» abgelehnt wird, wie das Beispiel des argentinischen Default-Diskurses zeigt. Damit sind Krisen Kristallisationspunkte für kulturelle Unterschiede.

An dieser Stelle ist der Einwand denkbar, die Darstellung des Zahlungsausfalls erfolge einmal aus einer Außen- und einmal aus einer Innenperspektive. Doch dies reicht als Erklärung für die Unterschiede nicht aus, denn gerade aus der Perspektive unmittelbarer Betroffenheit läge es näher, die Situation negativer und dramatischer wahrzunehmen, was jedoch nicht der Fall ist.

Krisen sind der Ort, an dem Identitäten entwickelt und affirmiert werden
Krisen sind Kristallisationspunkte für Identitätskonstruktionen. Sie stellen bestehende Ordnungen in Frage und durchbrechen scheinbar verlässliche Abläufe. So
kommt es in Krisenzeiten in der Regel zu einer Dekonstruktion der Ist-Identität
und dem Aufbau einer neuen Soll-Identität (cf. Kämper 2012, 252). Ausgehend
davon sind Krisendiskurse zugleich Identitätsdiskurse. Diese theoretisch etablierte Feststellung ist in der Vergangenheit kaum zur Grundlage empirischer Studien
geworden.[2] Vor dem Hintergrund der unterschiedlichen Deutung von potenziellen Krisensituationen stellt sich die Frage, wie Identitätsgestaltung in Diskursen
abläuft, in denen die Brisanz der Lage entschärft wird. Die vorliegende Arbeit
wird aufzeigen, dass nationale Identitätsaushandlung ein zentrales Kennzeichen des argentinischen Default-Diskurses ist. Diese zeichnet sich durch einen
stark affirmativen Charakter aus. Das bestehende Selbstbild wird nicht dekonstruiert, vielmehr wird ein positiv aufgeladenes Selbstbild aktualisiert und bestätigt. Die Art, wie eine schwierige Situation wahrgenommen wird, wirkt sich
also auf die Gestaltung der gesellschaftlichen Selbstreflexion aus. Daraus folgt,
dass auch die Identitätskonstruktion, die in Krisendiskursen stattfindet, kulturell bestimmt ist.

Die andere Seite der Krise und ihre diskurslinguistische Analyse
Den öffentlichen Diskurs Argentiniens prägt eine Form der Auseinandersetzung
mit dem Zahlungsausfall, dessen Ergebnis ist, dass die Umstände als überwindbare Herausforderung erscheinen. Ein solcher lösungsorientierter Umgang mit
einer schwierigen Sachlage wird in vielen wissenschaftlichen Disziplinen mit
dem Begriff *Resilienz* beschrieben. Unter Resilienz versteht man allgemein eine
Widerstandsfähigkeit gegenüber Krisen, die sich in einem aktiven Bewältigungsverhalten zeigt (Wustmann Seiler 2015, 46). Bringt man den Resilienzbegriff und
die diskursive Konstruktion des Zahlungsausfalls zusammen, folgt daraus, dass
Resilienz, ergänzend zur bisherigen Forschung, als eine Form des sprachlichen
Handelns verstanden werden kann, bei dem eine außersprachliche Situation in
ihrer Krisenhaftigkeit dekonstruiert und darüber zugleich überwunden wird.
Sprachliches Handeln folgt immer Normen und Traditionen, wie es im Paradigma
der Diskurstraditionen hinreichend verankert ist (cf. Koch 1997; 2008; Oesterreicher 1997; Lebsanft/Schrott 2015a; Schrott 2014; 2015a). Kulturelle Wissensbestände dienen als Richtschnur für die Art und Weise, wie eine Diskursgemeinschaft über Themen und Gegenstände spricht oder schreibt (cf. Schrott 2015a,
121). Dementsprechend beruht auch die Konstruktion des Zahlungsausfalls auf

---

2 Eine der wenigen Ausnahmen ist Schrott/Witthaus (i. Dr.).

Wissensbeständen, die sich in der Auseinandersetzung mit Krisen und potenziellen Krisensituationen in Argentinien in der Vergangenheit verfestigt haben. Übertragen auf den Default-Diskurs heißt das, dass hier Diskurstraditionen erscheinen, die als *Diskurstraditionen der Resilienz* bezeichnet werden können.

Die vorliegende Arbeit führt die Auffassung von Krisen als Ergebnisse kulturell gestalteter Deutungen und das Konzept der Resilienz mit den Beobachtungen am argentinischen Diskurs zusammen und will folgende Fragestellung beantworten:

Wie gestaltet sich der diskursive Aushandlungsprozess, bei dem eine Situation, die von außen als Krise wahrgenommen und gedeutet wird, als überwindbare Herausforderung konstruiert wird?

Von besonderem Interesse sind dabei die sprachlich-diskursiven Muster, die dazu beitragen, dass die Situation in ihrer Krisenhaftigkeit entschärft wird. Sie werden als Manifestationen von Resilienz und als Hinweise auf entsprechende kulturelle Wissensbestände aufgefasst. Die Arbeit zielt also darauf ab, Resilienzmuster zu identifizieren und über sie Aufschluss über die kulturellen Wissensbestände zu erhalten, die ihnen zugrunde liegen.

Bislang wurden in linguistischen Forschungen stets Kontexte ausgewählt, die der öffentlichen Meinung nach oder aus der Sicht der Wirtschafts- und Sozialwissenschaften Krisen waren (wie z. B. die Ölkrise 1973 oder die Finanzkrise 2008/2009) und in Ergänzung zu anderen Disziplinen nun auch diskurslinguistisch analysiert wurden. Die vorliegende Arbeit wählt einen anderen Weg. Mit der Analyse des argentinischen Default-Diskurses erweitert sie die bisherige diskurslinguistische Krisenforschung um *die andere Seite der Krise*, indem sie einen Diskurs analysiert, in dem sich eine andere Art der Deutung zeigt, als sie den europäischen Gewohnheiten entspricht. Verbunden damit will sie in den Vordergrund stellen, dass Krisen kulturell gebundene Größen sind.

Die Arbeit erweitert die bisherige Forschung auch dahingehend, dass sie das Konzept der Resilienz in die linguistische Analyse von Krisendiskursen einbringt und es dabei als Deutungsschema begreift, das sich in einer bestimmten Weise des sprachlichen Handelns in Krisensituationen zeigt. Dadurch ist mit der empirischen Analyse auch ein theoriebildender Anspruch verbunden. Dem hier skizzierten Vorhaben liegt eine wissenschaftliche Haltung zugrunde, die Sprache als kulturelle Größe und folglich Sprachwissenschaft als Kulturwissenschaft versteht (cf. Gardt 2007a). Dementsprechend sind sprachliche Muster zugleich kulturelle Muster und können nur vor ihrem Entstehungshintergrund angemessen interpretiert werden.

Der öffentliche Diskurs Argentiniens, auf den in der vorliegenden Arbeit über den Ausschnitt Pressediskurs zugegriffen wird, weist besondere Charakteristika auf. Sein deutlichstes Kennzeichen ist eine starke Polarisierung, die sich in einer Aufspaltung in zwei Lager zeigt. Jedes Lager zeichnet sich durch seine Ausrichtung gegenüber der Regierung aus: Regierungstreue und regierungskritische Medien stehen in schroffer Opposition zueinander. Da die Regierung ein zentraler Akteur im Rechtsstreit mit den Hedgefonds ist, ist davon auszugehen, dass die Konstruktion des Zahlungsausfalls von der Ausrichtung der Medien beeinflusst ist. Die Datengrundlage wurde daher so gewählt, dass das Analysekorpus beide Seiten abbildet und Aufschluss darüber geben kann, inwieweit der Zahlungsausfall Teil der politischen Debatte ist oder ob er ihr vielmehr übergeordnet ist. Ebenso wird die Analyse zeigen, ob eine resiliente Auseinandersetzung im gesamten Diskurs oder nur in Teilen nachzuweisen ist.

An dieser Stelle ist auf einige Grenzen der Arbeit hinzuweisen. Resilienz wird hier als deskriptiver Begriff herangezogen, der es ermöglicht, verschiedene Arten von Diskursen zu einem krisenhaften Ereignis zu differenzieren und die Gestaltung des Default-Diskurses zu beschreiben. Ein normativer Resilienzbegriff im Sinne einer «besseren» Art, mit Krisensituationen umzugehen, wird hingegen abgelehnt. Ebenso wenig zielt die Arbeit auf eine Bewertung des Umgangs der Nation Argentinien mit ihrer Auslandsverschuldung oder der verschiedenen Positionen, die im Diskurs aufscheinen.

Die vorliegende Arbeit ist folgendermaßen aufgebaut. In Kapitel 2 werden die zentralen Ankerpunkte der deskriptiven linguistischen Diskursanalyse und des Konzepts der Diskurstraditionen ausgeführt. Sie geben der empirischen Analyse den theoretisch-methodischen Rahmen. Eine Darstellung des hier nur knapp angesprochenen Zusammenhangs der Kategorien Krise, Sprache und Identität sowie ein Überblick über die Fragestellungen und Herangehensweisen der bisherigen diskurslinguistischen Krisenforschung dienen als Ausgangspunkt für die Erweiterung um eine stärker kultursensible Perspektive auf Krisendiskurse.

Kapitel 3 widmet sich der Operationalisierung des Resilienzkonzepts für die linguistische Diskursanalyse. Ausgehend von den Resilienzbegriffen verschiedener wissenschaftlicher Disziplinen wird das Konzept zunächst theoretisch an die linguistische Fragestellung adaptiert. Die Annahme, dass sich Resilienz im sprachlichen Handeln in potentiellen Krisensituationen manifestiert und dies auf entsprechende kulturelle Wissensbestände zurückzuführen ist, die ich *Diskurstraditionen der Resilienz* nenne, ist grundlegend, um das Konzept auf Diskurse zu übertragen. Ein weiterer zentraler Schritt der Operationalisierung ist die Bildung von Analysekategorien, um die Manifestationen von Resilienz zu erfassen. Dies erfolgt in einem hermeneutisch-interpretativen Verfahren direkt am Datenmaterial und bewegt sich damit in einem Wechsel von Theoriebildung und empirischer Korpusanalyse. Das Ergebnis sind aus dem Korpus extrahierte

Muster, die als Diskurstraditionen der Resilienz fungieren und den Diskurs als Resilienzmarker und Resilienzfiguren strukturieren, die im Diskurs die Funktion von Schlussregeln haben.

Das vierte Kapitel erläutert als historische Kontextualisierung die Hintergründe, die Ende Juli 2014 zum Zahlungsausfall führten. Anschließend wird das Korpusdesign skizziert und dargelegt, inwiefern der gewählte Analysezeitraum und der Ausschnitt argentinischer Pressediskurs geeignet sind, um die kollektive Konstruktion und Verarbeitung des Zahlungsausfalls zu analysieren. Die Auswahl der Datengrundlage begründet sich aus den Charakteristika der argentinischen Medienlandschaft. Die polarisierten Medien spalten die öffentliche Berichterstattung in zwei Diskursstränge auf. Daher erlaubt nur ein Korpus, das beide Stränge abbildet, Aussagen über die nationale Deutung des Zahlungsausfalls.

Den Schwerpunkt der vorliegenden Arbeit bildet die detaillierte Beschreibung der Analyseergebnisse in den Kapiteln 5, 6 und 7. Diese folgt in ihrer Struktur den Kategorien, die im Rahmen der Operationalisierung im dritten Kapitel entwickelt wurden, und bewegt sich zwischen den beiden diskursiven Handlungsebenen *Dekonstruktion der Krise* und *Konstruktion nationaler Identität*. Die Muster, die in der Diskursrealität eng miteinander verschränkt sind, werden in der Ergebnisdarstellung einzeln betrachtet, um ihre Struktur nachvollziehen zu können. In Kap. 6.3 werden darüber hinaus transversale Strukturen aufgezeigt, die quer zu den Resilienzfiguren und -markern liegen. Bei der Analyse ist stets von Interesse, wie sich die Muster in den zwei Diskurssträngen, die die vier Zeitungen herausbilden, verankern. Es wird sich zeigen, dass die Polarisierung des öffentlichen Diskurses die Deutung der Sachlage nur in einigen Punkten beeinflusst, während andere der Spaltung übergeordnet sind.

Kapitel 8 umfasst eine Synthese, in der die Darstellungsweise der vorangehenden Kapitel umgekehrt und die für sich betrachteten Muster wieder auf die Diskursrealität zurückgeführt werden. Auf diese Weise werden Verschränkungen und kausale Verknüpfungen sichtbar. Ein daran anschließendes Resümee ordnet die Ergebnisse vor dem Hintergrund des Forschungsvorhabens ein, reflektiert die gewählte Vorgehensweise und schließt mit einem Ausblick.

2 Grundlagen der linguistischen Diskursanalyse und ihre Anwendung auf Krisendiskurse

Der Ort, an dem der argentinische Zahlungsausfall gesellschaftliche Relevanz erhält, an dem er gewissermaßen erst Realität wird, ist der Diskurs. Denn erst die diskursive Auseinandersetzung erschafft und vermittelt Wissen über eine Situation oder einen Sachverhalt, gewichtet ihn, spricht ihm Bedeutung zu und verleiht ihm seinen Charakter und seine Kontur. Diskurse gehören daher zum Forschungsgegenstand vieler wissenschaftlicher Disziplinen, die ihre Analysen je nach Interesse und Ziel auf teilweise sehr unterschiedlichen theoretischen Grundlagen aufbauen. Auch innerhalb der Sprachwissenschaft existieren verschiedene Spielarten der Diskursanalyse. Den theoretisch-methodischen Rahmen für die vorliegende Arbeit bieten zwei Forschungsparadigmen. Einerseits die deskriptive linguistische Diskursanalyse, andererseits das Konzept der Diskurstraditionen, das seinen Ursprung in der Romanischen Sprachwissenschaft hat. Beide Forschungslinien stehen in einer produktiven Beziehung zueinander und ihre Verbindung bietet einen Mehrwert für die sprachwissenschaftliche Analyse von Diskursen, wie Schrott (2015a) und Lebsanft/Schrott (2015b) bereits aus romanistischer Perspektive aufgezeigt haben. Im Folgenden werden die für die vorliegende Studie relevanten theoretischen Grundlagen beschrieben, die der empirischen Analyse des Default-Diskurses den konzeptionellen Rahmen geben. Dies wird ergänzt um einen Ausblick auf die lateinamerikanische Diskursforschung, bei dem ein Schwerpunkt auf Argentinien gelegt wird.

Ein zweiter Abschnitt nimmt das Phänomen *Krise* aus einer linguistischen Perspektive in den Blick. Im Vordergrund steht dabei der Zusammenhang der Größen *Krise*, *Sprache* und *Identität*. Krisen und Krisendiskurse sind erst seit Kurzem Gegenstand diskurslinguistischer Forschungen, dennoch kann die Analyse des Default-Diskurses an bereits gewonnene Ergebnisse anknüpfen. So konzentriert sich der letzte Teil des Kapitels auf einen Überblick über die Erkenntnisse sowie die bisherigen Herangehensweisen an Krisendiskurse. Dabei wird auch auf das bestehende Forschungsdesiderat in der noch jungen linguistischen Krisenforschung verwiesen und aufgezeigt, wie die vorliegende Arbeit daran anschließt.

https://doi.org/10.1515/9783110620726-002

2.1 Die linguistische Diskursanalyse

Die linguistische Diskursanalyse hat sich ganz dem Diskurs als Forschungs-gegenstand verschrieben.[1] Mit sprachwissenschaftlichen Methoden erschließt sie Diskurse auf ihre Bedeutung hin und verfolgt dabei das Ziel, auf das in ih-nen enthaltene Wissen zuzugreifen sowie die diskursiven Muster offenzulegen, in die es eingefasst ist. Entscheidend ist dabei die Funktion, die Diskursen zuge-sprochen wird. Sie dienen einerseits als Behälter, in dem kollektives Wissen gespeichert wird, andererseits sind sie der Ort, an dem Wissen und gesellschaft-liche Wirklichkeit selbst erst entstehen, aktualisiert, modifiziert und neu organi-siert werden. Dabei kommt Sprache eine zentrale Bedeutung zu. Sie ist das Me-dium der Konstruktion und dient als Gerüst für die in Diskursen verhandelten Sachverhalte. Auf diese Weise wird die Analyse von Diskursen zu einem Aufga-benbereich der Sprachwissenschaft.[2] In der Germanistik hat das große Interesse an linguistischer Diskursforschung, das sich in einer Vielzahl an empirischen Studien und theoretischen Fortführungen zeigt (cf. die Übersicht in Busse/ Teubert 2013, 401–425), dazu geführt, dass diese mittlerweile als eine eigenstän-dige Teildisziplin – eine *Diskurslinguistik* – «etikettiert» wird (cf. Spitzmüller/ Warnke 2011). Anders als es ihr disziplinärer Status vermuten lässt, gründet die Diskursanalyse jedoch nicht auf ein verbindliches Theoriegebäude wie Gardt (cf. 2007a, 33) feststellt, auch wenn er selbst die Trias von Theorie, Haltung und Methode als Leitbegriffe vorschlägt und ihr so einen programmatischen Rah-men gibt. Es gibt also nicht *die* linguistische Diskursanalyse, die sich als Zweig sprachwissenschaftlicher Forschung eindeutig umreißen ließe. Vielmehr ist sie ein Forschungsprogramm, das sich in vielfältige Spielarten und sogar Schulen auffächert (cf. Bluhm et al. 2000; Konerding 2009). Diese unterscheiden sich mehr oder weniger deutlich voneinander hinsichtlich ihrer theoretischen Prä-missen, Herangehensweisen an den Gegenstand sowie Fragestellungen und Zielsetzung. Gemeinsam ist den verschiedenen Ansätzen, dass sie auf Michel Foucault als «Inspirator» (Czachur 2011a, 52) der linguistischen Diskursanalyse

---

1 Anstelle einer umfassenden Vorstellung des Forschungsprogramms der deskriptiven linguis-tischen Diskursanalyse verweise ich auf die einschlägigen Einführungen. Bluhm et al. (2000), Gardt (2007a), Konerding (2009), Niehr (2014), Bendel Larcher (2015), Spitzmüller/Warnke (2008b; 2011).
2 Das Feld der Diskursforschung reicht weit über die Linguistik hinaus und hat auch in ande-ren Disziplinen wie etwa der Philosophie oder der Geschichtswissenschaft eine lange Tradi-tion. Cf. für einen Überblick das interdisziplinäre und internationale Handbuch zur Diskursfor-schung von Angermüller et al. (2014), cf. auch Wrana et al. (2014).

verweisen und an seinen Diskursbegriff anschließen, den er in *L'archéologie du savoir* (Foucault 1969) und *L'ordre du discours* (Foucault 1971) begründet.[3]

Der Facettenreichtum der linguistischen Diskursanalyse ist ein produktives Charakteristikum des Forschungsprogramms, erfordert jedoch, die zentralen Grundannahmen zu verdeutlichen, die für eine empirische Analyse jeweils maßgeblich sind. Dies soll in den folgenden Abschnitten erfolgen.

2.1.1 Diskursbegriff

Darüber, was *Diskurs* bedeutet, bestehen sehr unterschiedliche Vorstellungen. Dies gilt bereits für die Linguistik und weit mehr noch für die verschiedenen wissenschaftlichen Disziplinen, die den Begriff verwenden, der zudem auch Bestandteil unserer Alltagskommunikation ist. Parallel existierende Diskursbegriffe finden sich auch innerhalb der deskriptiven linguistischen Diskursanalyse, wenngleich sich diese auf den Diskursbegriff Foucaults als *common ground* beruft. Die Polysemie von *Diskurs* lässt sich nicht allein auf seine Verwendung in unterschiedlichen Zusammenhängen zurückführen. Sie ist darüber hinaus der Komplexität des Phänomens selbst geschuldet, dessen Dimensionen sich nicht in einer einzigen Begriffsbestimmung abschließend einfassen lassen.[4] Möglicherweise ist sie auch ein Grund für das Fehlen eines verbindlichen Theoriegebäudes in der linguistischen Diskursanalyse (cf. Kap. 2.1).

Die Analyse des argentinischen Default-Diskurses orientiert sich an dem von Gardt (2007a, 26) formulierten Diskursbegriff:

> Ein Diskurs ist die Auseinandersetzung mit einem Thema,
> – die sich in Äußerungen und Texten der unterschiedlichsten Art niederschlägt,
> – von mehr oder weniger großen gesellschaftlichen Gruppen getragen wird,
> – das Wissen und die Einstellungen dieser Gruppen zu dem betreffenden Thema sowohl spiegelt
> – als auch aktiv prägt und dadurch handlungsleitend für die zukünftige Gestaltung der gesellschaftlichen Wirklichkeit in Bezug auf dieses Thema wirkt.

---

3 Cf. zu diesem gemeinsamen Ausgangspunkt den Sammelband *Diskursanalyse nach Foucault* von Warnke (2007a), darin vor allem den einführenden Artikel des Herausgebers (2007b). Cf. zur Begründung der Diskursanalyse auf Foucault auch Spitzmüller/Warnke (2011, 65–78), Wengeler (2003, 77–86) und Busse (2013a).
4 Zur Vielzahl an Diskursbegriffen in den Philologien cf. M. Becker (2015), Danler (2012, 354), Mahler (2010), Warnke (2007; 2015), Wengeler (2013b) und Angermüller (2014). Zur Polysemie von *Diskurs* cf. auch Ciapuscio (2012, 349), Otaola Olano (2006, 2). Reisigl/Ziem (2014, 71–75) und Lebsanft/Schrott (2015b) zeichnen die Rezeptionsgeschichte verschiedener Diskursbegriffe nach.

Diskurse charakterisieren sich zunächst dadurch, dass sie thematisch gebundene Einheiten sind. Dies zeigt sich darin, dass die Elemente, aus denen sie bestehen, «untereinander semantische Beziehungen aufweisen» (Busse/Teubert 1994, 14). Analytisch greifbar werden Diskurse über Äußerungen und Texte als Materialisierungsformen der «Auseinandersetzung mit einem Thema», wobei die Datengrundlage diskurslinguistischer Arbeiten überwiegend schriftliche Texte darstellen, da sie im Gegensatz zu mündlichen leichter zugänglich sind.[5] Versteht man unter einem Diskurs *alle* Texte und Äußerungen zu einem bestimmten Thema, die durch semantische Beziehungen miteinander vernetzt sind, ist ein Zugriff auf *den* Diskurs in der Praxis nicht möglich. Zum einen können nur schwer alle Äußerungen und Texte ausgemacht und gesammelt werden, zum anderen stünde die praktische Analyse vor unüberwindbaren quantitativen Herausforderungen. Aus forschungspraktischen Gründen beziehen sich konkrete Analysen stets auf Ausschnitte von Diskursen. Busse/Teubert (1994, 14) differenzieren daher zwischen «virtuelle[n] Textkorpora» – Diskursen in ihrer Gesamtheit – und «konkrete[n] Textkorpora», mit denen sie die Teilmengen meinen, die die Grundlage einer Analyse bilden. In diskurslinguistischen Arbeiten hat sich die Unterscheidung von *Diskurs* als virtuelles Textkorpus mit in der Praxis nicht zu erfassendem Ausmaß und *(Analyse)-Korpus* zur Beschreibung der Menge an Texten, die tatsächlich Bestandteil der Analyse ist, durchgesetzt. Festzuhalten bleibt, dass Diskurse Einheiten sind, deren Grenzen sich nicht genau abstecken lassen, und die immer über den tatsächlichen Gegenstand der Analyse hinausgehen.

Die Bestimmung von Diskursen als Netze von Texten beinhaltet, dass sie die Ebene des Einzeltextes überschreiten. Ihre Analyse ist daher eine Erweiterung der Textlinguistik, da Diskurse die nächstgrößere Einheit nach Texten sind. In der Tat versteht sich die Diskursanalyse als «transtextuelle Sprachanalyse» (Spitzmüller/Warnke 2011; cf. auch Gardt 2013, 29), sie spricht ihrem Forschungsobjekt neben der Eigenschaft, eine textübergreifende Größe zu sein, jedoch noch weitere Qualitäten zu.

Diskurse sind Träger von Bedeutung, die sich über Aussagen konstituiert (cf. Warnke 2015, 224). Nun können Aussagen auf allen Ebenen entstehen, vom

---

5 Seit einigen Jahren weist die linguistische Diskursanalyse zunehmend eine semiotische Orientierung auf, bei der z.B. auch Bilder Bestandteil der Analyse werden, cf. Klug/Stöckl (2016) und Hess-Lüttich et al. (2017). Forschungsbedarf besteht vor allem im Bereich der Onlinekommunikation, denn auch Zeichen wie Hyperlinks, Videos, Emoticons etc. sind Bestandteile des Kommunikats. Daher muss eine Auseinandersetzung damit erfolgen, wie diese Zeichen in Diskursanalysen integriert werden können cf. Fraas/Pentzold (2008), Fraas/Meier/Pentzold (2012).

einzelnen Wort bis hin zum gesamten Diskurs. Dementsprechend zielt eine Diskursanalyse auf alle diese Ebenen, in denen Aussagen und damit Bedeutungen entstehen bzw. entstehen können. Diskurse sind damit neben transtextuellen auch transversale Einheiten (cf. Warnke 2015, 227) und ihre Analyse bedient sich der ganzen Bandbreite wort-, satz- und textsemantischer Verfahren (cf. Gardt 2007a, 27ss.).[6] Indem sie die einzelnen Analyseverfahren zur Erschließung der Diskursbedeutung miteinander verknüpft, löst die Diskursanalyse die Grenzen zwischen den sprachwissenschaftlichen Teilbereichen auf (cf. zur Auflösung der «kategorialen Grenzziehungen» in der Diskursanalyse Warnke 2015, 229).[7]

Eine weitere Eigenschaft, die aus der Definition von Gardt folgt, ist, dass Diskurse immer in ein soziales Gefüge eingebunden sind. Diskurse sind also eine Form von sozialer Praxis (Reisigl/Ziem 2014, 71). Sowohl für die Seite der Diskursproduktion als auch für die der -rezeption gilt, dass sie aus gesellschaftlichen Gruppen hervorgehen und in sie hineinwirken. Dabei kann die Größe des an einem Diskurs beteiligten Personenkreises variieren, denn Spezialdiskurse werden von einem kleineren Personenkreis getragen als solche, deren Thematik etwa für eine ganze Nation relevant ist. Einen Einfluss hat dabei auch die Plattform, auf der die Gesellschaftskommunikation stattfindet. So haben Massenmedien einen weitaus größeren Wirkungsrahmen als eine wissenschaftliche Fachzeitschrift.

Die letzten beiden Punkte der Definition Gardts beziehen sich auf die Funktion von Diskursen, die zwei Dimensionen umfasst und ihn als gesellschaftsbildende Instanz ausweist. Einerseits sind Diskurse Spiegel des Wissens, Meinens, Denkens etc. einer gesellschaftlichen Gruppe bezogen auf einen bestimmten Wirklichkeitsausschnitt. Zugleich sind sie auch der Ort, an dem sich dieses Wissen, Meinen, Denken usw. konstituieren. Die Verbindung von Repräsentation und Konstruktion, die Warnke (2013, 103) die «Doppelgesichtigkeit» des Diskurses nennt, findet sich bereits bei Foucault, wenn er dazu aufruft, «ne pas – [...] ne plus – traiter les discours comme des ensembles de signes (d'éléments signifiants renvoyant à des contenus ou à des représentations) mais comme des pratiques qui forment systématiquement les objets dont ils parlent» (Foucault 1969, 66s.). Beide Dimensionen lassen sich nicht voneinander trennen, der Diskurs ist also immer Spiegel und Ort der Konstruktion von gesellschaftlicher Wirklichkeit zugleich. Dieser komplexe Zusammenhang löst sich in empirischen

---

6 Das breite Spektrum an Aspekten, die bei der Analyse von Diskursen relevant sein können, zeigen das Textsemantische Analyseraster (TexSem) Gardt (2007a; 2012; 2013), und das Diskurssemantische Analyseraster (DIMEAN) Spitzmüller/Warnke (2008b; 2011) auf.
7 Die kleinste Einheit, die von Interesse ist, ist in der Regel das Wort. Denkbar sind aber auch kleinere Einheiten, wie Morpheme oder auch die Lautung, cf. Gardt (2007a, 28; 2013, 49).

Analysen häufig darin auf, dass der Schwerpunkt der Analyse nicht auf beiden Dimensionen liegt und einige Arbeiten das Merkmal Wissensspeicherung in den Vordergrund stellen, andere den Aspekt der Konstruktion.

Aufgelöst wird die abstrakte «Doppelgesichtigkeit» von Diskursen auch im Diskursbegriff Coserius, der für die Diskursforschung in der romanischen Sprachwissenschaft bedeutsam ist. Coseriu nimmt eine grundlegende Differenzierung vor, indem er *discurso* als Akt oder Tätigkeit dem *texto* als Produkt gegenüberstellt (cf. Coseriu 1955, 31; 1988, 87). Mit dieser Ausdifferenzierung konzentriert sich im Begriff *discurso* das dynamische Moment der Konstruktion, während das statische Ergebnis, der *texto*, davon abgegrenzt wird. Lebsanft/ Schrott (2015b, 20s.) beschreiben diese Differenzierung Coserius als «Akt-Objekt-Unterscheidung», die sich auch mit den Begriffspaaren *énonciation* und *énoncé* oder *energeia* und *ergon* ausdrücken lässt.[8] Im Zusammenhang mit dem Diskursbegriff Coserius, den er auf Spanisch formuliert, ist darauf hinzuweisen, dass der spanische Ausdruck *discurso* vornehmlich auf zwei Arten verwendet wird.[9] Im allgemeinen Sprachgebrauch meint er eine «intervención de un orador a un público» (Herrero Cecilia 2006, 145), also eine mündliche Rede. In einer zweiten Bedeutung kann *discurso* auch auf einen Einzeltext referieren. Dieser Diskursbegriff geht auf die Opposition von *lengua* und *discurso* zurück, um das Sprachsystem (*lengua*) von dem Sprachgebrauch (*discurso*) zu unterscheiden (cf. Otaola Olano 2006, 5). Im Unterschied zu dieser Verwendungsweise bezieht sich der Diskursbegriff der deskriptiven linguistischen Diskursanalyse, der in der vorliegenden Arbeit gebraucht wird, immer auf eine einzeltextübergreifende Größe.

Das Medium, über das Diskurse Gestalt annehmen, ist die Sprache. Die Auffassung, dass Diskurse nicht nur eine repräsentative Funktion haben, sondern der Ort sind, an dem die gesellschaftliche Wirklichkeit gewissermaßen erst entsteht, spricht Sprache eine essentielle Bedeutung zu. Sie ist nicht nur das Mittel der Darstellung, sondern ein Handlungsinstrument (cf. Felder/Müller/Vogel 2012a; Spieß 2014). Hier manifestiert sich das konstruktivistische Credo, nach dem der Mensch die Welt erst über Sprache kognitiv erfassen kann (cf. Felder 2009; Felder/Gardt 2015b). Dynamisches Sprachhandeln bringt nicht nur neues Wissen oder neue Gegenstände hervor, häufig besteht es auch im Aktualisieren, Reformulieren oder Modifizieren von bereits Bestehendem. Der Vorgang, in dy-

---

8 Wie Lebsanft/Schrott (2015b, 20s.) aufzeigen, ist der Diskursbegriff Coserius nicht zu verwechseln mit einer Unterscheidung auf der Ebene der Konzeption, nach der Diskurse konzeptionell mündlich und Texte konzeptionell schriftlich sind. Cf. Lebsanft/Schrott (2015b, bes. 13–19) auch zur Rezeption des Coseriu'schen Diskursbegriffs.
9 Weitere weniger gebräuchliche Verwendungsweisen finden sich bei Herrero Cecilia (2006, 145–150) und Otaola Olano (2006, 3–12).

namischen kommunikativen Prozessen gesellschaftlich relevante Gegenstände herauszubilden, ist «handlungsleitend für die zukünftige Gestaltung der gesellschaftlichen Wirklichkeit» (Gardt 2007a, 26). Damit wirken Diskurse in die Zukunft hinein, indem sie die Bedingungen für noch bevorstehende kommunikative Aufgaben prägen.

2.1.2 Ziele einer linguistischen Diskursanalyse

Wie bereits erwähnt, ermitteln linguistische Diskursanalysen die Bedeutung von Diskursen. Welches Ziel sie dabei genau verfolgen, hängt von dem Verständnis ab, *was* der Diskurs repräsentiert bzw. konstruiert. Häufig steht das im Diskurs gespeicherte und verhandelte Wissen im Vordergrund (cf. Spitzmüller/Warnke 2008a; Reszke 2015). Roth und Spiegel benennen den analytischen Zugriff auf gesellschaftliches Wissen auch als «Minimalkonsens» der unterschiedlichen Spielarten linguistischer Diskursanalysen (Roth/Spiegel 2013, 8).[10] Gardt bezieht in seiner Definition neben der Kategorie des Wissens auch die «Einstellungen» einer gesellschaftlichen Gruppe in Bezug auf den Diskursgegenstand ein. Konerding (2008, 118) ergänzt als weitere Größen, die im Diskurs verhandelt werden, «kollektives Bewusstsein» oder «normative Praxen», Felder/Müller/Vogel (2012b, 12) nennen noch «Mentalitäten». *Wissen* kann also nur im Sinne eines weit gefassten Begriffs verstanden werden, der Einstellungen, Meinungen, Deutungen, Mentalitäten und letztendlich auch Identität als Formen von Wissen einschließt. Wenn ich im Folgenden also von *Wissen* spreche, beziehe ich mich damit immer auf einen Begriff, der die genannten Teilaspekte mit einbezieht. Die Kategorien, die Diskurse herausbilden, können jedoch noch weiter gefasst werden, was sich am Beispiel abstrakter Entitäten wie *Krisen* verdeutlichen lässt. Krisen sind Erscheinungen, die sich nicht mit Sinneswahrnehmungen erfassen lassen (cf. Wengeler/Ziem 2010). Natürlich können steigende Preise, politische Spannungen oder Proteste beobachtet werden, ob Umstände dieser Art aber Krisen *sind*, ergibt sich erst durch eine entsprechende diskursive Aushandlung. Daraus folgt, dass nicht nur das Wissen *über* Krisen in Diskursen ausgehandelt und strukturiert wird, sondern die Phänomene selbst erst in der diskursiven Auseinandersetzung Faktizität erhalten (cf. ausführlich dazu Kap. 2.2.1, cf. zur Faktizitätsherstellung in Diskursen Felder 2013). Diese zentrale Eigenschaft von Diskursen ist

---

10 Der Schwerpunkt auf einer wissensorientierten Diskursanalyse wird auch bei Busse deutlich, der Diskurslinguistik als *Epistemologie* begreift, cf. Busse (2008; 2013b).

sicherlich auch ein Grund für das große Interesse der sprachwissenschaftlichen Forschung an ihnen.[11]

Diskurse werden von Gesellschaften getragen, daher fokussiert ihre Analyse das Überindividuelle, Musterhafte und Wiederkehrende (cf. Czachur 2016, 132). Von großer Bedeutung sind daher die «Sprachgebrauchsmuster» (Bubenhofer 2009),[12] denn sie erlauben nicht nur Aussagen darüber, welche Gegenstände oder Themen im Diskurs geprägt werden, sondern auch wie dies erfolgt. Die bei der Analyse identifizierten Muster sind nicht nur ein Gerüst, in das gesellschaftliche Wirklichkeit eingefasst ist, sondern untrennbar mit ihr verbunden (cf. Konerding 2015, 67). Inhalt und Form sind nicht voneinander zu trennen. So ist neben dem Zugriff auf die Inhalte auch ein Ziel, analytisch nachzuvollziehen, «mit welchen sprachlichen Mitteln [...] bestimmte Begriffe, Themen und Perspektiven auf Sachverhalte in Diskursen konstituiert» werden (Felder/Müller/Vogel 2012b, 12), bzw. geht es um die Art und Weise, «wie in und durch Sprache öffentliches Bewusstsein und damit gesellschaftliche Wirklichkeit geschaffen wird» (Gardt 2007a, 24).

Diskurse sind abstrakte Größen, die sich in einem ständigen Fluss befinden.[13] Praktisch lässt sich eine Diskursanalyse nur mit einem konkreten Textkorpus durchführen, dem Produkt des dynamischen Aushandlungsprozesses oder *texto* in der Definition Coserius (1955, 31). Damit greift sie stets auf einen zeitlich begrenzten Moment zu, der nur einen Ausschnitt des gesamten Diskurses umfasst.[14] Dessen Beschaffenheit hängt unter anderem von der Wahl des Mediums ab, denn ein Gegenstand wird in Pressetexten anders verhandelt als in anderen Medienformen, wie etwa Internetforen. Vor dem Hintergrund dieser Bedingungen sind auch die Analyseergebnisse stets an den untersuchten Ausschnitt gebunden und können keinen universellen Anspruch erheben. Dadurch, dass Diskursanalysen, auch wenn sie synchron orientiert sind, immer ex post erfolgen, scheinen sie nur auf die statische Dimension von Diskursen als Wissensspeicher zuzugreifen. Der Prozess der Konstruktion bleibt dabei zunächst außen vor.[15] Er kann jedoch dann zum Bestandteil der Analyse werden, wenn

---

11 Trotz der zentralen Bedeutung von Diskursen bei der Konstitution und Repräsentation gesellschaftlicher Wirklichkeit sollten sie in ihrer Funktion nicht überstrapaziert werden. Denn ist handelt sich nicht um eine absolute Abhängigkeit, die andere Vermittlungsformen ausschließt, und auch nicht jede Form gesellschaftlicher Wirklichkeit entsteht in Diskursen.

12 Zum Begriff des Musters cf. Linke (2011), Lebsanft/Schrott (2015b, 39s.) und Tienken (2015).

13 Einschränkend ist hier zu sagen, dass es Perioden gibt, in denen ein Diskurs beschleunigt ist, etwa im Anschluss an bedeutsame Ereignisse, und andere, in denen er sich langsamer aktualisiert oder schließlich sogar ganz ausläuft.

14 Cf. zur zeitlichen Gebundenheit von Diskursen auch Busse/Teubert (1994, 24).

15 Ein synchroner Zugang, der den Konstruktionsprozess nachvollzieht, ist laut Warnke (2013, 108) nur mit ethnographischen Verfahren möglich.

man die Diskursmuster nicht nur als Gerüst begreift, das dem verhandelten Thema seine Erscheinungsform gibt, sondern gleichzeitig als Spuren des Konstruktionsprozesses. So verstanden kann eine Diskursanalyse, innerhalb der gegebenen Grenzen, auch auf die dynamische Dimension von Diskursen zugreifen. Sie kann zwar nicht den Prozess nachzeichnen, jedoch auf der Grundlage der Muster die Prozesshaftigkeit aufzeigen.

Eine wichtige Annahme bei der Analyse von Diskursen ist, dass ihre Bedeutung nicht allein in der Organisation der sprachlichen Zeichen und deren Einzelbedeutungen enthalten ist. Vielmehr sind Diskurse emergente Größen, bei denen sich die einzelnen Bestandteile gegenseitig semantisieren und eine Bedeutung entfalten, die über die Summe der Bedeutung der einzelnen sprachlichen Zeichen hinausgeht (cf. Gardt 2013, 32).[16] Ein weiteres Analyseziel liegt auf der hinter der Bedeutung liegenden semiotischen Ebene der Tiefensemantik. Sie beinhaltet das *Gemeinte*, den kommunikativen Sinn von Diskursen (cf. Gardt 2007a, 31s.), und lässt sich nur über einen hermeneutischen, verstehenden Vorgang erschließen (cf. Gardt 2013; Haß 2007). Das Gemeinte und der kommunikative Sinn verweisen unmittelbar auf die Denkgewohnheiten und Mentalitäten der Diskursgemeinschaft, aus der ein Diskurs hervorgeht.[17]

2.1.3 Das Konzept der Diskurstraditionen

In der romanischen Sprachwissenschaft ist das Forschungsparadigma der Diskurstraditionen einer der Schwerpunkte der linguistischen Diskursforschung.[18] Es gründet auf dem von Coseriu (1988) formulierten Modell der Sprachkompetenz und wurde in der romanischen Sprachwissenschaft vielfach theoretisch weiterentwickelt und modifiziert und empirisch angewendet (cf. Koch 1997; 2008; Oesterreicher 1997; Jacob/Kabatek 2001; Schrott/Völker 2005; Lebsanft/ Schrott 2015a und die pragmalinguistische Erweiterung in Schrott 2014; 2015a und 2015b). Im Folgenden beziehe ich mich vor allem auf die von Schrott entwi-

---

16 Dies ist ein Grundsatz, der sich bereits in der Textlinguistik findet, cf. Antos/Heinemann/ Tietz (1997).
17 Cf. zum Begriff der Mentalität Hermanns (1995; 2007).
18 Auch wenn das Paradigma der Diskurstraditionen die Diskursforschung der (deutschsprachigen) romanischen Sprachwissenschaft in der Vergangenheit geprägt hat, ist ein zunehmendes Interesse an der deskriptiven linguistischen Diskursanalyse zu verzeichnen, die sich vor allem innerhalb der germanistischen Sprachwissenschaft etabliert hat, cf. etwa die Monographie von Pietrini (2017) und die Beiträge von L. Becker, E. Schafroth, Rocco und V. Böhm im Sammelband von Hennemann/Schlaack (2015) zu politischen und medialen Diskursen in der Romania.

ckelten Konzepte und Modelle. Diskurstraditionen sind Regeln und Traditionen, die sprachliches Handeln oder, anders ausgedrückt, die Bewältigung einer kommunikativen Aufgabe anleiten. Wie Lebsanft/Schrott (2015b, 15, 23s.) verdeutlichen, handelt es sich bei Diskurstraditionen immer um ein praktisches Wissen, das in konkreten kommunikativen Zusammenhängen zur Anwendung kommt und auch in solchen zur Konvention bzw. Norm wird. Grundlage ist dabei der bereits beschriebene Diskursbegriff Coserius, der Sprechen als Tätigkeit begreift. In empirischen Studien sind häufig konventionalisierte Vertextungsformen wie Grußformeln, ritualisierte Formen der Gesprächseröffnung oder auch Textsorten und literarische Stile Gegenstand der Analyse (cf. M. Becker 2015, 162s.). Schrott (2015a, 115ss.) weist jedoch darauf hin, dass das Konzept der Diskurstraditionen ein *fuzzy concept* bzw. ein *umbrella term* ist und nicht durch eine begriffliche Zuspitzung seiner produktiven Offenheit beraubt werden sollte. Die Aufgabe, eine konkrete Kommunikationssituation angemessen zu gestalten, geht nämlich über Textgestaltungsmuster im oben beschriebenen Sinne hinaus. Dies lässt sich erneut am Beispiel von Krisensituationen verdeutlichen. Die Bewältigung dieser kommunikativen Aufgabe, die sich formulieren lässt als *über eine Krise sprechen* oder *schwierige Sachlagen deuten*, erfolgt ausgehend davon, wie ähnliche Situationen in der Vergangenheit strukturiert wurden. Das Wissen darüber wirkt dabei wie eine Richtschnur, die Sprecher dazu bringt, «aus dem sprachlichen Repertoire bestimmte Strukturen aus[zu]wählen und daraus eine (mündliche oder schriftliche) Äußerung zu formen» (Schrott 2015a, 121). Es handelt sich also um ein Wissen, wie Krisen in einem Kollektiv üblicherweise sprachlich verhandelt werden und damit um eine Tradition. M. Becker (2015, 149) formuliert die Tradition des Sprechens folgendermaßen: «Dieses kohärente Sprechen über zentrale Fragestellungen und Gegenstände einer Diskursgemeinschaft vollzieht sich vor dem Hintergrund schon existierender (Referenz-Texte) und den von ihnen aufgespannten Sinnhorizonten». Es ist jedoch nicht vollständig vorgeformt, sondern bewegt sich immer zwischen Tradition und Wandel, wie er am Beispiel des politischen Wortschatzes in Spanien nachzeichnet (M. Becker 2004).

Es können ganz unterschiedliche Arten von Diskurstraditionen sein, die beim Sprechen (über Krisen) aktiviert werden, wie z. B. Metaphernfelder, die typischerweise bei der Auseinandersetzung mit einer Krise herangezogen werden, aber auch ganze Diskurse, die im kollektiven Gedächtnis gespeichert sind. Eine zentrale Eigenschaft von Diskurstraditionen ist, dass sie kulturelle Traditionen des Sprechens sind (cf. Schrott 2015a). Die Wissensvorräte sind nicht an eine Sprachgemeinschaft, sondern an eine Diskursgemeinschaft gebunden und können die Ebene der Sprachgemeinschaft über- oder unterschreiten (Schrott 2015a, 121). Daraus folgt, dass jede Anwendung von Diskurstraditionen und damit jede Form von sprachlicher Tätigkeit auf einer kulturellen Grundlage beruht. Die Diskurstraditionenforschung zählt daher zu einer Forschungsrichtung, die sich als kulturorientierte Sprachwissenschaft versteht und darin eine große Gemeinsamkeit mit der deskriptiven linguistischen Diskursanalyse aufweist. Die Leitgedanken dieser Forschungsrichtung sind Gegenstand der folgenden Ausführungen.

2.1.4 Sprachwissenschaft als Kulturwissenschaft

Der vorliegenden Arbeit liegt eine wissenschaftliche Haltung (Gardt 2007a, 39–42) zugrunde, die Sprache als kulturelles Phänomen und daher Sprachwissenschaft als Kulturwissenschaft begreift.[19] Dies wird in folgendem Zitat Busses deutlich, der schreibt, «dass dem Phänomen ‹Sprache› bis in seine grundlegendsten Aspekte und Prinzipien ein mit demjenigen, was man üblicherweise ‹Kultur› oder ‹kulturell› nennt, aufs Engste verflochtenes Moment inhärent ist» (Busse 2016, 648). Die enge Verbundenheit von Sprache und Kultur betonen auch Günthner/Linke:

> Sprache existiert nur in ihrer Verwendung und diese ist stets kulturell gerahmt; zugleich werden kulturelle Fakten, kulturelle Gewohnheiten, Konzeptualisierungen und Werte durch Sprache und in der Sprache konstruiert und sedimentiert – ja archiviert. Sprache und Kultur sind folglich auch nicht als zwei von einander getrennte, homogene Entitäten zu betrachten: Kultur ist kein der Sprache bzw. dem Interaktionsprozess aufgepfropftes ‹Anders›, sondern genuines Moment jeder menschlichen Interaktion, ja jeder sprachlichen Äußerung. Zum anderen ist Sprache in diesem Sinn sowohl eine Domäne als auch gleichzeitig ein wesentliches Medium der ‹Produktion›, der Hervorhebung von Kultur (Günthner/Linke 2006, 19).

Sprache wird daher nicht isoliert als ein System abstrakter Regeln betrachtet, sondern immer in ihrem Gebrauch, und dies «vor dem Hintergrund philosophischer, religiöser, politischer, gesellschaftlicher, ökonomischer, technisch-naturwissenschaftlicher, ästhetischer und alltagsweltlicher Zusammenhänge» (Gardt 2007a, 39), das heißt innerhalb der kulturgeprägten Rahmen, in denen

19 In der Linguistik finden sich weitere Bezeichnungen für diese wissenschaftliche Haltung. Günthner (2015) verwendet die Bezeichnung *anthropologische* Linguistik. Czachur (2015; 2016) spricht von *kultursensitiver* Linguistik und begründet dies damit, dass mit dem Adjektiv kultur*sensitiv* mehr als bei kultur*wissenschaftlich* oder kultur*analytisch* das Augenmerk darauf gelegt wird, dass die «Linguistik [...] zum einen für Kulturalität im Sinne von Kollektivität der Sprache und zum anderen für den Umgang mit der Kulturalität der Sprache im Sinne von Hypothesen und Erklärungsangeboten empfindsam sein [soll]» (Czachur 2016, 132).

sie verwendet wird.[20] Wenn Sprache selbst ein kulturelles Phänomen ist, leitet sich daraus ab, dass jede Form sprachlichen Handelns kulturelles Handeln ist und Sprache immer eine Form von Kultur hervorbringt (cf. Kämper 2007, 423; Schrott 2014). Umgekehrt folgt daraus, dass Kultur auch ein sprachliches Phänomen ist und von Sprache getragen wird (cf. Kuße 2012, 13). Kuße versteht daher die Erforschung beider Blickrichtungen – Sprache als kulturelles Phänomen und Kultur als sprachliches Phänomen – als Aufgabe einer kulturwissenschaftlichen Linguistik (cf. Kuße 2012, 13).

Im Anschluss an diese Sicht auf Sprache sind auch Diskurse kulturelle Gegenstände, da sie aus sprachlichen Zeichen bestehen und immer in gesellschaftliche Kontexte eingebunden sind. Diskurse sind also keine universellen Größen, vielmehr sind sie gebunden an kulturelle Implikationen und Voraussetzungen – Diskurstraditionen – die die Gestaltung von Diskursen anleiten. Bezogen auf die Doppelgesichtigkeit von Diskursen mit ihren Dimensionen Repräsentation und Konstruktion ist daher festzuhalten, dass das in ihnen repräsentierte Wissen immer ein kulturelles Wissen ist und die Art und Weise der Konstruktion, die sich in sprachlich-diskursiven Mustern ausdrückt, immer über kulturelle Muster bzw. «kulturelle Sinnformgebungen» (Tienken 2015, 480) erfolgt. Linke (2011, 27) führt gerade Musterbildungen auf die Verwobenheit von Sprache und Kultur zurück und geht daher von der These aus, «dass Musterbildungen im Sprachgebrauch einen wichtigen ‹Ort› der Verschränkung von Kultur und Sprache und damit eines der zentralen Objekte einer kulturanalytischen Linguistik darstellen». Die analysierten Zeichen und Muster lassen Aussagen über Mentalitäten, Denkgewohnheiten und Identität zu, so dass ein von dieser Haltung geprägtes sprachwissenschaftliches Arbeiten immer eine Form der Kulturanalyse ist.

Eine Sprachwissenschaft, die Sprache in ihrem konkreten Verwendungskontext und ihrer kulturellen Einbettung betrachtet, hat es automatisch mit einem vergrößerten Gegenstandsbereich zu tun. Diskursanalysen zielen so nicht nur auf Diskurse als Gefüge sprachlicher Zeichen, sondern auch auf die darin verhandelten Themen und Gegenstände. Eine kulturwissenschaftlich orientierte Sprachwissenschaft kommt also automatisch mit gesellschaftlichen Fragestellungen in Berührung und überschreitet die traditionellen Grenzen des Faches. Indem sie Gegenstände erforscht, die zunächst nicht in das Aufgabengebiet der

---

20 Dass Sprache immer ein Regelsystem zugrunde liegt, ist selbstverständlich. Sprache ist davon nicht loszulösen, auch wenn sie primär in ihrem Gebrauchskontext beschrieben und analysiert wird, cf. Felder/Gardt (2015a, IX). Gerade weil eine kulturwissenschaftliche Linguistik beide Facetten nicht voneinander trennt, zeichnet sie sich durch einen ganzheitlichen Blick auf sprachliche Phänomene aus.

Linguistik fallen, scheint sie in der Gefahr zu stehen, zur Hilfswissenschaft für andere Disziplinen zu werden (Gardt 2007a, 41). Die Ausrichtung einer Sprachwissenschaft als Kulturwissenschaft, hier in erster Linie übertragen auf die linguistische Diskursanalyse, lässt sich jedoch auch als besondere Aufgabe und Leistung verstehen. Ihre Aufgabe besteht darin, die Sprach- und Diskursgebundenheit von Kultur hervorzuheben. Zugleich gilt es, Sprache in ihrer Eigenschaft als kulturelles Phänomen zu unterstreichen, das immer eingebettet ist in einen Verwendungskontext. Die Leistung und Legitimation einer linguistischen Diskursanalyse als Kulturwissenschaft besteht darin, dass sie über geeignete Methoden verfügt, um die sprachliche Verfasstheit kultureller Gegenstände nachzuvollziehen und dabei nicht nur zu beschreiben, *dass*, sondern auch *wie* Sprache Kultur hervorbringt. Wichtig ist dabei, dass Sprache und Kultur immer in ihrer unauflöslichen Verknüpfung miteinander gedacht werden. Die linguistische Diskursanalyse trifft stets Aussagen über Sprache *und* Kultur und ist mit ihrer einzigartigen Aufgabe und Leistung mehr als eine Hilfswissenschaft für andere Disziplinen.

Das Verständnis von Sprachwissenschaft als eine kulturorientierte Wissenschaft ist eine zentrale Prämisse sowohl für die deskriptive linguistische Diskursanalyse als auch für die Diskurstraditionenforschung.[21] Sie ist gemeinsamer Ausgangspunkt beider Forschungsparadigmen, die darin ihre größte Überschneidung haben, wie Schrott (2014; 2015a, bes. 116ss.) und Lebsanft/ Schrott (2015b, 40ss.) deutlich machen. Ein Unterschied liegt jedoch in dem Interesse, mit dem sie an die untersuchten Gegenstände herangehen. Linguistische Diskursanalysen stellen in den Vordergrund, dass die Art der sprachlichen Aushandlung einer Thematik in die Zukunft hineinwirkt, da sie, wie weiter oben bereits ausgeführt, «handlungsleitend für die zukünftige Gestaltung der gesellschaftlichen Wirklichkeit» bezogen auf den gewählten Ausschnitt ist (Gardt 2007a, 26). Demgegenüber nimmt die Diskurstraditionenforschung eine umgekehrte Perspektive ein. Sie zielt auf die Analyse der Wissensbestände und historisch begründeten Muster und Traditionen, die dem Sprechen über ein Thema zugrunde liegen und in ihm zum Ausdruck kommen (cf. Lebsanft/ Schrott 2015b, 41s.).

Überblickt man empirische Studien, entsteht der Eindruck, dass die Kulturgebundenheit von sprachlichem Handeln in der Diskurstraditionenforschung

---

21 Das Feld einer kulturwissenschaftlich arbeitenden Sprachwissenschaft beschränkt sich nicht auf Diskursanalyse und Diskurstraditionenforschung, es schließt weitere Teilbereiche des Faches mit ein. Cf. programmatisch zur Sprachwissenschaft als Kulturwissenschaft Gardt (2003), Warnke (2004), Günthner/Linke (2006), Wengeler (2006), Kämper (2007) und die neueren Beiträge von Kuße (2012), Metten (2014) und Schrott (2014) oder den Sammelband von L. Jäger et al. (2016), darin vor allem die Beiträge von Holly/L. Jäger sowie von Busse.

stärker betont wird als in der linguistischen Diskursanalyse. Die Beschreibung und Interpretation des in Diskursen manifestierten und konstituierten Wissens bzw. der diskursiven Muster erfolgt seltener mit einer expliziten Rückbindung daran, dass es sich um ein *kulturelles* Wissen und um *kulturelle* Muster handelt und damit auch die Ergebnisse kulturell gebunden sind.[22] Möglicherweise erklärt sich die deutlichere Betonung in romanistischen Arbeiten damit, dass häufig nicht der eigene Sprach- und Kulturraum erforscht wird und die Perspektive auf einen kulturfremden Gegenstand ein Bewusstsein dafür schafft, dass die Ergebnisse einem bestimmten kulturellen Rahmen angehören.[23]

2.1.5 Über den Tellerrand hinaus – Linguistische Diskursanalyse in Lateinamerika

Die verschiedenen Varianten der lateinamerikanischen Diskursforschung stehen in der Tradition der französischen *analyse du discours* und verstehen sich als kritische Diskursanalyse.[24] Über die französische Diskursanalyse hinaus findet sich eine deutliche Orientierung vor allem an den Arbeiten Teun van Dijks, aber auch Ruth Wodaks und Norman Faircloughs. Standen in den Anfängen der lateinamerikanischen Diskursanalyse einzelne Adaptionen der Ansätze, die aus dem europäischen Raum kommen, relativ unabhängig voneinander, fügen sie sich seit 1995 in der *Asociación Latinoamericana de Estudios del Discurso* (ALED) zusammen. Die ALED trägt seitdem zu einer gegenseitigen Rezeption der einzelnen Schulen auf transnationaler Ebene bei, unter anderem durch die von ihr herausgegebene Zeitschrift Revista ALED.[25] Die ALED hat jedoch nicht nur zu einer Bündelung verschiedener Ansätze geführt, seit ihrer Gründung kommt es auch immer mehr zu einer eigenständigen lateinamerikanischen

---

22 Erwähnt wird dies häufig indirekt, indem die Gültigkeit der Analyseergebnisse an den gewählten Diskursausschnitt gebunden wird.

23 Indem die Diskurstraditionenforschung hervorhebt, dass die Ergebnisse eines kulturbezogenen Arbeitens Ergebnisse über Kultur sind, kann sie die linguistische Diskursanalyse inspirieren. Gleichzeitig ist die linguistische Diskursanalyse eine Inspiration für die Diskurstraditionenforschung, indem sie sprachliche Muster auf handelnde Akteure zurückführt, Lebsanft/Schrott (2015b, 42).

24 Cf. zur französischen *analyse du discours* Adam/Charaudeau/Maingueneau (2002). Einen Überblick über Spielarten der Diskursanalyse in Lateinamerika geben Bolívar (2007), Londoño Zapata (2011; 2012; 2016) und Arnoux/Zaccari (2015). Eine Zusammenschau der linguistischen Diskursanalyse im gesamten hispanophonen Raum geben Cortés Rodríguez/Camacho Adarve (2003), Herrero Cecilia (2006) und Otaola Olano (2006).

25 Die Zeitschrift ist online verfügbar unter http://www.aledportal.com/revistaaled.html (letzter Zugriff 25.09.2018).

Theoriebildung innerhalb der Diskursanalyse und damit zu einer von der Forschung in Europa losgelösten «autosuficiencia científica en Latinoamérica» (Londoño Zapata 2011, 35).

Die lateinamerikanische Diskursanalyse ähnelt der deskriptiven Diskurslinguistik in ihrem Verständnis von *Diskurs* als einer sozialen Größe, die die Ebene des Einzeltextes überschreitet, und in den Gegenständen, die sie untersucht. Sie gründet sich dabei jedoch auf einen anderen theoretischen Hintergrund und verfolgt ein anderes Ziel. Sie versteht sich als kritische Linguistik und interessiert sich für den Zusammenhang von Sprache, Diskurs, Gesellschaft und Ideologie (cf. Raiter/Zullo 2004). Diskurse geraten so in erster Linie als eine soziale Größe in den Blick, die abhängig von Machtstrukturen und Ideologien ist, und Analysen zielen darauf ab, ihre ideologische Verfasstheit aufzudecken. Diese Linie der Diskursforschung verortet sich daher nicht innerhalb der Kulturwissenschaften, sondern ist transdisziplinär auf die Sozialwissenschaften hin ausgerichtet. Entsprechend sind auch die Fragestellungen eng an diese Disziplinen angelehnt (cf. Raiter 1999). Themen diskurslinguistischer Arbeiten sind die «problemas más urgentes de esta región del mundo» (Londoño Zapata 2011, 33) und in den letzten Jahren verstärkt der Bereich Bildung sowie der politische Diskurs (cf. Flax 2010; Dvoskin 2015; Raiter/Zullo 2016). Zu den bekanntesten Vertretern der lateinamerikanischen Diskursanalyse zählt die argentinische Linguistin Elvira Narvaja de Arnoux, die zum politischen Diskurs arbeitet, vor allem zur *Glotopolítica*, bei der die enge Verknüpfung von Sprache und Politik im Zentrum steht.[26]

In Argentinien hat sich eine Forschergruppe um die Linguisten Alejandro Raiter und Julia Zullo gebildet, die Diskurse unter dem Konzept der *representaciones sociales* analysiert.[27] *Representaciones sociales* sind «imágenes (inmediatas) del mundo presentes en una comunidad lingüística cualquiera» (Raiter 2010b, 1). Als geteilte mentale Repräsentationen entstehen sie durch kommunikative Aktivität innerhalb einer Sprachgemeinschaft und «son las que dan cohesión a la comunidad, de modo tal que sin ellas la comunidad como tal no existiría» (Raiter 2010b, 12). Das Konzept der *representaciones sociales* verweist darauf, dass gesellschaftliche Wirklichkeit sprachlich konstruiert ist (cf. Zukerfeld i. Dr.) und ähnelt darin der deskriptiven linguistischen Diskursanalyse. Allerdings steht hier im Vordergrund, dass die Konstruktion in Abhängigkeit von dem jeweiligen sozialen Gefüge und den Rollen der Akteure erfolgt. Ein Wirt-

---

26 Cf. zur *Glotopolítica* Arnoux (2008b) und Arnoux/Nothstein (2014), zum politischen Diskurs Arnoux (2008a).
27 Einen Überblick über Strömungen der Diskursanalyse in Argentinien geben Vallejos Llobet (2007) und Arnoux (2006).

schaftsminister hat andere Möglichkeiten, soziale Wirklichkeit zu schaffen als eine Privatperson (cf. Raiter 2010b, 9). Eine herausragende Gruppe von Akteuren sind die Medien, denn sie haben sowohl quantitativ als auch im Ausmaß ihres Einflusses einen «alcance universal en la comunidad» und befinden sich damit in einer Hoheitsposition (Raiter 2010b, 17).[28] Somit spielen sie eine hervorgehobene Rolle bei der Verbreitung und Durchsetzung von Machtstrukturen (cf. Raiter/Zullo 2008; 2016; Dvoskin 2015 und Zukerfeld i. Dr.). Vor dem Hintergrund dieser Prämissen haben die Analysen von *representaciones sociales* das Ziel herauszufinden, wie über Sprache ein «sentido común», ein Gemeinsinn, innerhalb einer Sprachgemeinschaft hergestellt wird (cf. Raiter 2003). Zusammenfassend lässt sich zu dieser Linie der Diskursanalyse sagen, dass auch sie über die Analyse von Sprache Aussagen über die Gesellschaft trifft. Der Unterschied zur deskriptiven Diskursanalyse besteht darin, dass *representaciones sociales* nicht als kulturelle, sondern als soziale Deutungen von Wirklichkeit aufgefasst werden und damit in Abhängigkeit von sozialen Rollen stehen. Auch beim argentinischen Zahlungsausfall handelt es sich um eine *representación social*. Die Analyse seiner sprachlich-diskursiven Konstruktion folgt jedoch einem deskriptiven Ansatz, bei dem es in erster Linie darum geht zu ermitteln, wie die Situation gedeutet wird, ohne dabei den Einfluss von Machstrukturen gesondert in den Blick zu nehmen.[29] Nichtsdestotrotz ist auch bei deskriptiven Arbeiten, die auf Medienkorpora zurückgreifen, zu berücksichtigen, dass die Medien in die gesellschaftliche Herausbildung von Wirklichkeit hineinwirken und dabei bestimmten Interessen folgen. Somit sind sie keine neutralen Akteure. In Bezug auf den öffentlichen Diskurs Argentiniens ist es insofern notwendig, die Verbindung von Medien und ideologischen Strukturen zu bedenken, weil hier gegensätzlich ausgerichtete Diskursstränge zusammenkommen, was sich auf die Interpretation der Sachlage auswirkt (cf. Kap. 4.2.2.2).

Im Konzept der *representaciones sociales* verdeutlicht sich die grundsätzliche Verknüpfung von Sprache und Gesellschaft, wenn auch nicht in ihrer kulturellen, sondern in ihrer sozialen Gebundenheit. Im Gegensatz zur deskriptiven

---

28 In diesem Punkt zeigt sich eine große Ähnlichkeit zur deskriptiven linguistischen Diskursanalyse, die im Rahmen der Idee der *semantischen Kämpfe* auch von Akteuren mit Deutungshoheiten spricht, dies jedoch nicht zum Ausgangspunkt nimmt, um Ideologien und Machtstrukturen aufzudecken, cf. Felder (2006a) und Keller/Schneider/Viehöver (2013, 10).
29 Das Forschungsprogramm der deskriptiven linguistischen Diskursanalyse grenzt sich von Ansätzen der kritischen Diskursanalyse ab, die auch in Deutschland, etwa von Link (1982; 2006) oder S. Jäger (2008; 2015), betrieben wird. Der größte Kritikpunkt bezieht sich auf die häufig schmale empirische Basis kritischer Diskursanalysen, cf. Wengeler (2011), Meinhof/Reisigl/Warnke (2013) und Warnke (2015, 236). Cf. zu den Grenzen der kritischen Diskursanalyse den Aufsatz von Alejandro Raiter (2010a) selbst.

linguistischen Diskursanalyse ist die argentinische bzw. lateinamerikanische Diskursanalyse mutiger, wenn es darum geht, den Forschungsgegenstand über klassische Themen der Linguistik hinaus auszuweiten. Die transdisziplinäre Ausrichtung ist Bestandteil ihres Selbstverständnisses, ohne dass sie sich in der Gefahr sieht (bzw. sich überhaupt die Frage stellt), zu einer Hilfswissenschaft für andere Disziplinen zu werden. Das grundsätzliche Ziel, sprachliches Handeln als ideologisches Handeln aufzufassen, wird zu Recht von einer deskriptiven Diskursanalyse hinterfragt, jedoch kann auch diese sich von einem Rechtfertigungszwang, was ihren Forschungsgegenstand betrifft, befreien.

2.2 Krisen als Gegenstand linguistischer Diskursanalysen

Das Konzept Krise hatte noch vor 200 Jahren einen festen Verwendungsrahmen. In der Fachsprache der Medizin beschrieb es den Moment, der über Leben und Tod des Patienten entschied (cf. Koselleck 1982, 617, 647). Eine extensive Bedeutungserweiterung ging vor allem mit seinem Einzug in die Alltagssprache einher. Als vielgebrauchtes Schlagwort dient *Krise* heute zur Bezeichnung der unterschiedlichsten Kontexte, denen es eine herausgehobene Bedeutung und Brisanz. Dies spiegelt sich zum Beispiel in Komposita wie «Schuldenkrise», «Euro»- bzw. «Finanzkrise» oder – vor allem in der jüngsten Vergangenheit – der sogenannten «Flüchtlingskrise». Eine konkrete Definition zu finden, die erklärt, was eine Krise ist und was sie charakterisiert, erscheint angesichts dieser zunehmenden Bedeutungserweiterung unmöglich.[30] Bei *Krise* handelt es sich daher um einen *Totalitätsbegriff* im Sinne Hermanns, welcher «eine Gesamtheit irgendwelcher gleichartiger Entitäten (Elemente) benennt» (Hermanns 1999, 356).[31] Das Phänomen ist in den letzten Jahren zu einem populären Forschungsgegenstand avanciert und bietet Anknüpfungspunkte für eine Vielzahl an Disziplinen.[32] Die Komplexität des Gegenstands, die sich darin aus-

---

30 Bebermeyer (1980; 1981) bezeichnet *Krise* bereits Anfang der 1980er Jahre als «sinnentleertes Schlagwort». Auch wenn sich der Bezugsrahmen des Begriffs deutlich erweitert hat, ist dieser Auffassung nicht zuzustimmen. *Krise* hat zwar je nach Verwendungsbereich eine andere Bedeutung, der Begriff ist aber nicht «sinnentleert», denn er bringt stets eine Deutung zum Ausdruck und beinhaltet Assoziationen wie Unsicherheit, Gefahr oder Kontrollverlust.
31 Hermanns Ausführungen beziehen sich in erster Linie auf die Begriffe *Sprache*, *Identität* und *Kultur*. Auch sie sind Ausdrücke, die auf eine «‹Gesamtheit› der von [ihnen] zusammenfassend bezeichneten Entitäten» referieren (Hermanns 1999, 357).
32 Cf. exemplarisch den als Klassiker geltenden begriffsgeschichtlichen Artikel von Koselleck (1982), aus den Wirtschaftswissenschaften Bloss (2009) oder Hirte/Nordmann/Ötsch (2010), sozialwissenschaftlich Jänicke (1973) und aus kulturwissenschaftlicher Perspektive Fenske/Hülk/Schuhen (2013), Meyer (2013) sowie Mergel (2012b).

drückt, dass er auf ganz verschiedene Kontexte und Einheiten übertragen wird, lässt darauf schließen, dass eine Erforschung aus dem Blickwinkel mehrerer Disziplinen notwendig ist, um ihn in seiner Vielschichtigkeit zu erfassen. Krisen auch als Thema der Sprachwissenschaft zu verstehen, scheint zunächst nicht naheliegend. Sie lassen sich eher dem Bereich der Wirtschafts- oder Gesellschaftswissenschaften zuordnen. Tatsächlich blickt die linguistische Erforschung von Krisen auf keine lange Tradition zurück, sie hat sich jedoch seit einigen Jahren vor allem in der deskriptiven linguistischen Diskursanalyse zu einem fruchtbaren Forschungsgebiet entwickelt. Davon zeugen Tagungen und Konferenzen, die sich dem Thema aus sprachwissenschaftlicher Sicht nähern, sowie die aus ihnen hervorgegangenen Veröffentlichungen der Forschungsergebnisse. Das gestiegene Interesse der Linguistik an Krisen steht im Zusammenhang mit einer generellen Hinwendung des Fachs zur Erforschung kultureller Gegenstandsbereiche aus sprachwissenschaftlicher Perspektive (cf. Kap. 2.1.4). Welche Herangehensweise die (diskurs-)linguistische Krisenforschung auszeichnet und was sie genau erforscht, ist Inhalt der folgenden Ausführungen. Zunächst wird erörtert, wie die Sprachwissenschaft das Objekt Krise versteht, gefolgt von einem Überblick über die bisherige Forschung. Dabei soll vor allem zum Ausdruck kommen, welchen Beitrag linguistische Arbeiten leisten, das komplexe Phänomen zu erschließen, und wie sie damit die Forschung anderer Disziplinen ergänzen.

2.2.1 Krise – Sprache – Identität oder: Krisen aus (diskurs-)linguistischer Sicht

Intuitiv betrachtet ist eine Krise automatisch dann Realität, wenn ein entsprechender Zustand, etwa eine schlechte wirtschaftliche Konjunkturlage, vorliegt. Diese gegebene Sachlage wird dann in angemessener Weise beschrieben und mit den passenden sprachlichen Ausdrücken benannt. Die Linguistik stellt eine so verstandene naturgegebene Faktizität von Krisen in Frage. Sie führt deren Existenz nicht allein auf rationale Fakten zurück, sondern versteht sie als Produkte gesellschaftlicher Bewertungsprozesse. Krisen sind also nicht «einfach da», sondern konstruierte Entitäten, die auf die Wahrnehmung und Deutung außersprachlicher Umstände zurückgehen. Nun bedeutet die Absage an eine natürliche Gegebenheit von Krisen nicht, dass jede beliebige Sachlage mit dem Siegel *Krise* versehen werden kann. Vielmehr sind es bestimmte Zeiten, «für die sich das K-Wort mehr anbietet als für andere» (Mergel 2012a, 10s.). Das können prekäre soziale Umstände, eine negative Wirtschaftsentwicklung oder gesellschaftliche Unruhen sein, also außersprachliche Faktoren. Diese werden jedoch erst zu einer Krise, wenn ihnen dieser Status sprachlich-diskursiv zugesprochen wird. Das Zusprechen ist ein Akt und gleichzeitig das Resultat einer Interpretation. Krisen werden von der Linguistik also als Deutungsprodukte eines Bereiches von Wirklichkeit identifiziert, die keine direkten Bestandteile unserer Erfahrungswelt sind.

Die Entstehung einer Krise äußert sich darin, dass sie von einer gesellschaftlichen Gruppe kommunikativ verhandelt und darüber «sprachliche Wirklichkeit» wird (cf. Kämper 2012, 248; Wengeler/Ziem 2010, 335). Dieser Zusammenhang akzentuiert die zentrale Rolle, die dem Medium Sprache bei der Deutung außersprachlicher Gegebenheiten zukommt. Als sprachliche Wirklichkeit existiert eine Krise losgelöst davon, ob die in den Sozial- oder Wirtschaftswissenschaften geltenden Kriterien erfüllt sind oder nicht (cf. Kämper 2012, 247s.).

Krisen sind keine individuellen Konstruktionen, sondern entstehen kollektiv im öffentlichen Raum, und zwar in der diskursiv-medialen Vermittlung (cf. Wengeler 2013d, 44; Ziem 2013, 143).[33] Der Ort der Herausbildung ist also der Diskurs, das Medium Sprache und die Plattform der Manifestation sind die Medien. Von großer Bedeutung sind dabei die Massenmedien, denn «die massenmediale Darstellung und Repräsentation von ‹Krisen› hat deshalb maßgeblichen Einfluss auf die Konzeptualisierung des Gegenstandsbereiches ‹Krise›, weil sie im öffentlichen Sprachgebrauch als primäre Informationsquelle fungiert» (Ziem 2013, 141). Daher bietet sich die Analyse massenmedialer Kommunikation an, um nachzuvollziehen, wie Krisen in Diskursen entstehen.

In dem beschriebenen Verständnis von Krisen legitimiert sich ihre linguistische Erforschung. Die Linguistik verfügt über ein entsprechendes Methodeninventar, um sie als sprachliche Gebilde zu erforschen und über eine Analyse aufzuzeigen, auf welche Art und Weise die Konstruktion geschieht (cf. Kämper 2012, 246). Auch in den Sozialwissenschaften herrscht ein Bewusstsein darüber, dass Krisen konstruierte Entitäten sind, es ist jedoch erst die Sprachwissenschaft, die die Sprache als Medium und Diskurse als Ort der Konstruktion in den Fokus stellt.

In der diskursiv-medialen Auseinandersetzung mit schwierigen Umständen ist das Lexem *Krise* häufig ein zentrales Schlüsselwort, denn es markiert und kategorisiert eine Sachlage in einer Weise, die zunächst keiner weiteren Erläuterung bedarf. In Krisensituationen kommt es daher zu einer gesteigerten Frequenz des Schlüsselausdrucks (cf. Scholz/Ziem 2013). Mit der Verwendung des Ausdrucks *Krise* zur Referenz auf eine Situation eröffnet sich ein weiter Wissensrahmen, der mit Assoziationen verbunden ist wie Gefahr oder dringendem Handlungsbedarf. Der Ausdruck enthält auch stets eine deontische Bedeutungs-

---

33 Das gilt nicht nur für Krisen, sondern für alle abstrakten Gegenstände, die nicht Teil unserer Sinneserfahrungen sind, cf. Wengeler (2013d, 44).

komponente, die vermittelt, Krisen müssen verhindert oder, wenn eine Krise bereits vorliegt, muss sie schnellstmöglich überwunden werden.[34] Umstände, die mit *Krise* betitelt werden, erhalten automatisch eine hohe mediale Aufmerksamkeit. Krise und Krisendiskurs verstärken sich dabei wechselseitig. Die Krise löst einen Diskurs mit hoher Beschleunigung aus, der diese wiederum verfestigt und sie als Thema großen öffentlichen Interesses ins Zentrum rückt. Meist sind es konkrete Auslöser, die als diskursive Ereignisse eine solche Beschleunigung hervorrufen. In Bezug auf den Zusammenhang zwischen dem Schlüsselausdruck Krise und den außersprachlichen Umständen weist Koselleck (1982, 635) darauf hin, dass nicht eindeutig beantwortet werden kann, ob eine Krise durch die Verwendung des Ausdrucks entsteht oder ob viele Eigenschaften eine Krise evozieren, auch wenn der Schlüsselausdruck nicht fällt.

Da Krisen in bestimmte gesellschaftliche Gegebenheiten eingebunden sind, ist auch das Konzept von *Krise* an diesen Rahmen gebunden.[35] Daher sind sie keine universellen, sondern immer kulturelle Wahrnehmungen und kulturelle Deutungen und «nicht zu denken ohne die Kulturen, in denen sie sich ereignen» (Mergel 2012a, 13). Kreuz und Römer (2015, 233) bezeichnen Krisen auch als «kulturelle Artefakte». Ihre Begründung leitet sich daraus ab, dass der «handelnde Mensch» immer kulturelle Artefakte herstellt. Die Vorstellung darüber, was Krisen sind und was sie nicht sind, entspringt daher ebenfalls einem kulturellen Rahmen. Sie ist eine Form des kulturellen Wissens und implizit in einer Diskursgemeinschaft vorhanden. Dieses speist sich aus historischen Krisenerfahrungen, die im kollektiven Gedächtnis gespeichert sind und als Sinnhorizont für die Interpretation und Deutung eines Umstands zur Verfügung stehen. Eine Folge daraus kann sein, dass ähnliche gesellschaftliche, politische oder soziale Konstellationen in Diskursgemeinschaften unterschiedlich interpretiert werden. Es kann sich darin auswirken, dass eine Situation schwerer oder leichter interpretiert wird oder dass die Krise eine andere Kontur erhält. Es kann aber auch dazu führen, dass das Deutungsangebot *Krise* von einer Diskursgemeinschaft angenommen und von einer anderen abgelehnt wird und dort somit nicht «real» ist. Während also eine Diskursgemeinschaft über die Disposition verfügt «vor allem solche Phänomene im Diskurs zu konstituieren, die dieser Wahrnehmung [d. h. einer Situation als Krise; S. M.] entsprechen» (Kämper 2012, 248), verfügt eine andere nicht über diese Bereitschaft und konstituiert

---

34 *Deontik* meint die in sprachlichen Ausdrücken enthaltene «Sollens-Bedeutung» (Hermanns 1989, 75).

35 Zu dem gesellschaftlichen Kontext kommen weitere rahmende Faktoren hinzu wie ein bestimmter Zeitabschnitt oder spezifische Handlungskonstellationen, cf. besonders zum Aspekt der Zeitlichkeit Kämper (2012, 248–252).

die Umstände entsprechend auf andere Art und Weise. Ein Beispiel für diese zweite Wahrnehmung ist Argentinien, wie die Analyse des Default-Diskurses zeigen wird.

Trotz ihrer Kulturgebundenheit existieren keine gänzlich unterschiedlichen Konzepte von *Krise* in verschiedenen kulturellen Gemeinschaften. Der Sinnhorizont, der aus spezifischen Erfahrungen resultiert, steht neben universellen Wissensbeständen über Krisen, die interdiskursiv und kollektivübergreifend sind. Die kulturellen Ausprägungen von Krisenkonzeptionen formieren sich also um einen universellen Kern, um Wissensbestände, die über einzelne Kollektive und Diskursgemeinschaften hinausgehen.

Das kulturgebundene Wissen über Krisen wird in einer entsprechenden sprachlichen Gestaltung von Krisendiskursen sichtbar. Denn jede Krisenerfahrung ist zugleich eine diskursive Erfahrung und damit ein Wissen darüber, wie die kommunikative Auseinandersetzung mit einer Krise erfolgt bzw. in der Vergangenheit erfolgt hat. Auf der sprachlichen Oberfläche manifestiert sich dies in sprachlichen Mustern, die Aufschluss darüber geben, auf welche «Diskurstraditionen der Krise» zurückgegriffen wird. Kämper (2012, 253) weist in diesem Zusammenhang darauf hin, dass auch die jeweilige «Krisenkonstellation ausschlaggebend ist hinsichtlich des diskursiven Modells ihrer sprachlichen Repräsentierung».

Ein kennzeichnendes Merkmal von Krisen, die ein gesellschaftliches Kollektiv betreffen, ist, dass sie einen umfassenden Prozess von Identitätskonstruktion auslösen. Denn Krisen machen nicht nur die Brüchigkeit des betroffenen Gesellschaftsbereichs deutlich, sie verweisen in einem größeren Rahmen auf das Kollektiv insgesamt und stellen bestehende Selbstbilder in Frage (Mergel 2012a, 10; Geyer 2012). Die dadurch angestoßene Hinterfragung der Ist-Identität kann bis zur vollständigen Demontage führen, begleitet von der Herausbildung einer zu erreichenden Soll-Identität (cf. Kämper 2012, 252). Kollektive Identität wird immer sprachlich verhandelt und ist damit ein kommunikatives Konstrukt, das in Diskursen seine Form annimmt (cf. Thim-Mabrey 2003).[36] Aus der engen Verbindung von Krise, Identität und Sprache folgt, dass Krisendiskurse immer (auch) Identitätsdiskurse sind. Sie enthalten stets Selbstdeutungen und Selbstbeschreibungen und die Vorgehensweise, wie Krisen diskursiv verhandelt werden, ist Ausdruck der Identität einer Diskursgemeinschaft. Dabei kann bereits die Anerkennung oder Ablehnung der Existenz einer Krise als Form der Selbstbeschreibung aufgefasst werden. Die Eigenschaft von Diskursen, die auf krisen-

---

36 Cf. zum Zusammenhang von Sprache und Identität Kresic (2006), bezogen auf Sprache und Nationenbildung Gardt (2000) und Schrott (2014).

hafte Ereignisse folgen, immer auch Identitätsdiskurse zu sein, spielt im Zusammenhang mit dem argentinischen Zahlungsausfall eine große Rolle.

2.2.2 Forschungsüberblick linguistische Krisenforschung

Krisen sind bereits seit geraumer Zeit ein fruchtbares und populäres Thema wissenschaftlicher Forschung, wie die Zusammenfassungen in Wengeler (2013d, 39–43) und Wengeler/Ziem (2013a, 3–7) zeigen. Dagegen interessiert sich die (Diskurs-)Linguistik erst seit einigen Jahren für Krisen und deren kommunikativer Aushandlung. Bei den im Folgenden aufgeführten Studien handelt es sich daher um Arbeiten, die in der jüngeren Vergangenheit entstanden sind. Unselbstständige Publikationen überwiegen dabei, so dass für die bisherige sprachwissenschaftliche Krisenforschung festgehalten werden kann, dass eine vertiefte Auseinandersetzung mit dem Gegenstand in monographischen Studien ein Desiderat ist.

Im Vordergrund der linguistischen Krisenforschung steht bisher, Krisen als Produkte sprachlich-medialer Aushandlungsprozesse zu identifizieren und nachzuzeichnen wie Krisendiskurse beschaffen sind. Dabei werden überwiegend einzelne Aspekte ausgewählt, so wird etwa nach dem spezifischen Vokabular im Kontext einer Krise gefragt, in welchen syntaktischen Strukturen Schlüsselwörter gebraucht werden oder welche Metaphern Krisendiskurse prägen. Beispiele für solche Arbeiten sind die Beiträge in Pietrini/Wenz (2016) oder die diskurskritische Arbeit von Zullo (2015). Zullo greift das Phänomen der *piquetes* heraus, illegale Straßensperren, die während der Argentinienkrise von 2001 als Mittel genutzt wurden, um auf den wirtschaftlichen Missstand hinzuweisen und politische Reformen durchzusetzen. An diesem Beispiel zeigt sie auf, inwieweit diese erst durch die umfassende mediale Vermittlung zu einem Kennzeichen der Krise wurden.

Intensiv bearbeitet wurden die oben genannten diskurslinguistischen Analysebereiche in einem Forschungsprojekt zur sprachlichen Konstruktion sozial- und wirtschaftspolitischer Krisen in der Bundesrepublik Deutschland unter der Leitung von Martin Wengeler und Alexander Ziem (Wengeler 2013c; Wengeler/ Ziem 2010; 2013b). Das Projekt ist als Längsschnittstudie angelegt und zeigt im Vergleich mehrerer Zeiträume, dass Krisendiskurse sowohl wiederkehrende als auch für jeden Kontext spezifische Versprachlichungsmuster aufweisen (cf. Scholz/Ziem 2013; Römer/Scholz/Ziem 2013; Römer/Wengeler 2013). Auch die einzelnen aus dem Forschungsprojekt hervorgegangenen Beiträge konzentrieren sich auf ausgewählte Einzelaspekte, um die Funktionsweise von Krisendiskursen zu analysieren (cf. Kuck/Römer 2012; Wengeler 2013d; Ziem 2013; Kreuz/

Wengeler 2014; Scholz 2016).[37] Eine Gemeinsamkeit vieler der erwähnten Arbeiten ist, dass sie das Lexem *Krise* zum Ausgangspunkt nehmen und es z. B. in seiner syntaktischen Struktur oder Kombination mit anderen Lexemen analysieren.[38] Die große Wirksamkeit des Schlüsselworts *Krise* zeigt Monjour (2012) am Beispiel der Spanienkrise. Dieses wurde vom damaligen Ministerpräsident José Zapatero, einem einflussreichen Akteur im öffentlichen Diskurs, aus strategischen Gründen lange vermieden, um eine optimistische Wahrnehmung der Situation durchzusetzen. Mit seiner Studie weist Monjour nach, dass ein implizites Bewusstsein darüber herrscht, welche Implikationen mit der Benennung einer Sachlage als *Krise* einhergeht und welcher Wissens- und Deutungsrahmen mit ihm verbunden ist.

Die lexikologische Arbeit von Adelstein/Kuguel (2008) greift die Hyperinflation von 1989/90 und die Krise von 2001 als «momentos de gran impacto social» heraus, die besondere Auslöser für die Bildung von Neologismen waren. Die Sammlung der mit diesen beiden Phasen verknüpften Neologismen erklärt stets auch ihren Ursprung und ihre Bedeutung. Adelstein und Kuguel zeigen, dass soziale Umbrüche immer auch sprachliche Veränderungen zur Folge haben.[39]

Die Arbeiten von Li (2016) und Schrader-Kniffki (2016) analysieren Krisendiskurse aus einer sprach- und kulturvergleichenden Perspektive und arbeiten heraus, dass Krisenkonzepte kulturell gebunden sind. Li, die die mediale Rezeption globaler wirtschaftlicher Krisensituationen in Deutschland und China vergleicht, legt ihren Schwerpunkt auf «konkurrierende kollektive Konzeptbildungen und Deutungsmuster» (Li 2016, 2), die sich in Krisendiskursen manifestieren. Sie geht davon aus, dass dabei verschiedene Traditionen zusammenwirken, und fokussiert damit die Diskurstraditionen, die den Krisendiskursen zugrunde liegen, auch wenn sie den Begriff nicht verwendet. Obwohl sie eine kulturvergleichende Perspektive einnimmt, kommt sie nicht zu dem Schluss, dass es kulturspezifische Konzepte von Krise gibt, sondern führt Unterschiede auf die Ideologie- und Kulturgebundenheit der Medien zurück (cf. Li 2016, 273).

---

37 Ein Beispiel für eine umfassende Studie ist die aus dem Projekt hervorgegangene Dissertation von Römer (2017), die eine diskursgeschichtliche Analyse der berücksichtigten Krisenkontexte vornimmt.

38 Diese Herangehensweise wählen auch Scharloth et al. (2010) bezogen auf Krisensemantiken in Schweizer Medien.

39 Dies zeigen sie am Beispiel des Ausdrucks *hiperinflación*, der Ende der 1980er Jahre von einem *término técnico* der Wirtschaftswissenschaften zu einem Alltagswort wurde und die Attribute «angustia diaria, agudización de la pobreza, descontrol, incertidumbre» beinhaltet (Adelstein/Kuguel 2008, 35). In der andauernden Krise und der entsprechenden Allgegenwärtigkeit des Ausdrucks setzte sich schließlich die Apokope «la *híper*» durch (Adelstein/Kuguel 2008, 35, Hervorh. i. O.).

Demgegenüber nimmt die Arbeit von Schrader-Kniffki (2016) genau dies in den Blick und macht deutlich, dass Krisenkonzepte innerhalb einer Kulturgemeinschaft gelten.[40] Sie vergleicht aus romanistischer Perspektive die diskursive Aushandlung der «EHEC-Epidemie» in drei Sprach- und Kulturräumen der Romania und belegt, dass diese Krise, obwohl Europa scheinbar ein homogener Kulturraum ist, nicht global-europäisch ist. Stattdessen weisen die Krisenkonzepte in den untersuchten Korpora «sehr unterschiedliche, diskursiv erzeugt und historisch tief verankerte Bedeutungsanteile auf[ ]» (Schrader-Kniffki 2016, 288). Schrader-Kniffki weist nach, dass «Bedeutung [...] ‹tiefer› anzusetzen [ist], als es ähnliche oder identische im europäischen Raum kursierende Begriffe vermuten lassen, und [...] jeweils an historisch verankertes kollektives Wissen der einzelnen Sprechergemeinschaften an[knüpft]» (Schrader-Kniffki 2016, 265). Neben Schrader-Kniffki zeigen auch Arcangeli (2016) und Ceffa (2016), dass Krisen in Europa nicht auf sprach- bzw. kulturraumübergreifende Konzepte zurückgehen, sondern spezifische Ausprägungen haben.

Kreußler (2016) führt die Deutung von Krisen auf Mentalitäten zurück.[41] Diese Mentalitäten haben «Einfluss auf die Resilienz [...] sozialer Einheiten» (Kreußler 2016, 211). Damit bringt Kreußler erstmals das Phänomen der Resilienz in eine linguistische Analyse von Krisendiskursen ein und begreift es dabei vornehmlich als soziale Kategorie.[42] Seine Arbeit zielt darauf ab, innerhalb eines Krisendiskurses «resiliente Einheiten», «resiliente Strategien» und «Resilienzressourcen» zu identifizieren, wobei es sich dabei um Ergebnisse von Deutungsprozessen handelt. Er fokussiert also mit Resilienz nicht eine bestimmte Art und Weise, eine kritische Sachlage zu deuten, sondern Akteure oder Handlungsweisen, denen in einem Krisendiskurs die Fähigkeit zugesprochen wird, die Krise zu überwinden.

Ein Desiderat der Erforschung von Krisendiskursen ist, diese als Identitätsdiskurse aufzufassen und aus einer entsprechenden Perspektive zu analysieren. Während ein kulturspezifischer Ansatz Krisenkonzepte auf ihre kulturelle Prägung zurückführt und auf Mentalitäten und kollektive Wissensbestände verweist, geht die Perspektive der Identität noch weiter und analysiert, wie in Kri-

---

40 Cf. auch das von Schrader-Kniffki initiierte Forschungsprojekt «Vergleichende Diskurslinguistik und Konfliktlinguistik der romanischen Sprachen: Krisendiskurse des Spanischen, Portugiesischen und Französischen», das ebenfalls eine sprach- und kulturvergleichende Perspektive einnimmt.
41 Er bezieht sich damit auf den von Hermanns (1995) geprägten Mentalitätsbegriff. Cf. zur Verknüpfung von Mentalität und Resilienz auch Kap. 3.2.1.1.
42 Abgesehen von Mwangi (2016; i. Dr.), in denen erste Analyseergebnisse der vorliegenden Studie vorgestellt werden.

sendiskursen die Selbstbilder sozialer Einheiten aufgelöst und neu verhandelt werden. Der einzige Beitrag hierzu ist der Sammelband von Schrott/Witthaus (i. Dr.), der die Verbindung von Krise und Identität programmatisch aufgreift. Der Band ist interdisziplinär angelegt, so dass die Perspektive von Krise und Identität das gemeinsame Dach der Beiträge bildet, die ganz unterschiedliche Herangehensweisen an die Gegenstände wählen. Ein interdisziplinärer Ansatz findet sich auch in Wengeler/Ziem (2013b), Hirte/Nordmann/Ötsch (2010) und Mergel (2012b), die damit das Potenzial des Dialogs zwischen den Disziplinen bei der Erforschung des komplexen Phänomens Krise aufgreifen.

Eine wichtige Errungenschaft diskurslinguistischer Erforschung von Krisen ist, sie als diskursiv hergestellte Einheiten in den Vordergrund zu stellen. Die zentrale Funktion, die Sprache als Medium spielt, über das die Konstruktion erfolgt, wird dabei offensichtlich. Die (diskurs-)linguistische Krisenforschung setzt bisher stets an gesellschaftspolitisch definierte Krisenzeiten an bzw. an Krisen, deren Existenz unstrittig ist. Vor allem die hohe Frequenz des Lexems *Krise* dient den Arbeiten als Orientierungs- und Ausgangspunkt. Genauso wie Krisen sprachlich konstruiert sind, können sie auch über Sprache in ihrer Brisanz entschärft und damit dekonstruiert werden. Problembehaftete Umstände müssen also nicht zwingend einen «klassischen» Krisendiskurs zur Folge haben. Genaue an diesem Punkt ergänzt die vorliegende Arbeit die bisherige Forschung und bezieht zugleich mit ein, dass Krisendiskurse Identitätsdiskurse sind und daher eine Analyse der Reorganisation kollektiver Selbstbilder in der Reaktion auf ein krisenhaftes Ereignis lohnenswert ist. Die Arbeit schließt darüber hinaus an die Beobachtung an, dass es bisher kaum linguistische Forschungen zu Krisen in Argentinien gibt, auch wenn vor allem die Krise von 2001 in anderen Disziplinen intensiv bearbeitet wird.

3 Der argentinische Default-Diskurs und das Konzept der Resilienz

Der Default-Diskurs charakterisiert sich dadurch, dass ein disruptives Ereignis in der sprachlichen Verhandlung nicht den Status einer übermächtigen Krise erhält, sondern stattdessen als überwindbare Herausforderung dargestellt wird. Zugleich wird der Blick auf die Qualitäten der argentinischen Nation gelenkt und diese zum Garant für die Überwindung der Situation gemacht. Eine solche Form der Auseinandersetzung mit einer Störung oder einer Schwierigkeit wird in vielen wissenschaftlichen Disziplinen mit dem Konzept der *Resilienz* beschrieben. Allgemein meint Resilienz eine Widerstandskraft gegenüber Krisen, die sich in erfolgreichen Überwindungsprozessen ausdrückt. Was dabei als Krise verstanden wird und woran sich eine erfolgreiche Überwindung erkennen lässt, ist so breit gefächert wie die Gesamtheit der Einheiten, denen die Fähigkeit der Resilienz zugesprochen wird. In den letzten Jahren hat sich der Begriff zu einem populären Modewort entwickelt (Freyberg 2011). Er überschreitet zunehmend die Grenzen der Wissenschaft und steht als Schlagwort der Alltagssprache für einen produktiven und lösungsorientierten Umgang mit Herausforderungen. Die Popularität des Begriffs *Resilienz* ist ein Hinweis darauf, dass er geeignet ist, zur Erklärung ganz unterschiedlicher Formen der konstruktiven Bewältigung schwieriger Ereignisse herangezogen zu werden, in denen er entsprechend vielfältige Bedeutungsnuancen herausbildet.[1] Sie verweist zudem auf einen Trend zu Ressourcen- und Lösungsorientierung. In der vorliegenden Arbeit wird Resilienz als erkenntnisstiftendes Konzept verstanden, das ermöglicht, verschiedene Formen von Diskursen, die durch ein kritisches Ereignis ausgelöst wurden, zu unterscheiden. Es wird auf Diskurse angewendet, in denen gefahrvolle Umstände als überwindbare Herausforderung konstituiert und die positiven Merkmale der eigenen Identität hervorgehoben werden. Im Kontext linguistischer Analysen von Krisendiskursen dient der Begriff der Erklärung, dass Krisen an Diskursgemeinschaften gebundene kulturelle Konzepte sind, und entsprechend auch die sprachlich-diskursive Auseinandersetzung mit ihnen auf unterschiedliche Weise erfolgt.

Das Konzept der Resilienz ist fest in der psychologischen und pädagogischen Forschung verankert und wird zunehmend auch in die Sozial- und Gesellschaftswissenschaften integriert. In den Kulturwissenschaften ist es weitgehend unbekannt. Daher muss bei der Analyse des argentinischen Default-Diskurses

---

1 Die Popularität des Modeworts Resilienz und seine Verwendung in unterschiedlichsten Kontexten geben mitunter Anlass zu Kritik. Eine Auseinandersetzung damit erfolgt in Kap. 3.1.2.

https://doi.org/10.1515/9783110620726-003

zunächst auf die Kenntnisse anderer wissenschaftlicher Disziplinen zurückgegriffen werden, die in einem Forschungsüberblick vorgestellt werden. Sie dienen als Ausgangspunkt, um Resilienz für die linguistische Diskursanalyse zu operationalisieren. Ein Bestandteil der Operationalisierung sind zunächst Überlegungen dazu, wie das Phänomen weitergedacht und -entwickelt werden kann, um es zur Beschreibung einer bestimmten Form des sprachlichen Handelns in Krisensituationen heranzuziehen. An diesen Schritt schließt sich die Erarbeitung von Kategorien an, die als Gerüst für die Beschreibung der Analyseergebnisse dienen. Dieser Teil der Operationalisierung erfolgt direkt am Korpusmaterial und ist damit sowohl theoriebildend als auch Bestandteil der empirischen Diskursanalyse selbst.

3.1 Das Konzept der Resilienz

Bekannt ist der Begriff Resilienz vor allem in seiner Beschreibung einer Fähigkeit von Menschen, Traumata, Stresssituationen, persönliche Krisen oder andere Belastungen zu überwinden. Seine ursprüngliche Bedeutung ist jedoch eine andere. Resilienz ist eigentlich ein Begriff aus den Naturwissenschaften, genauer aus der Materialwirtschaft. Dort beschreibt er die Eigenschaften von Materialien, «to return to its former shape after a deformation» (Boin/Bruijne/Eeten 2010, 13). Kaufmann und Blum (2012, 237) definieren Resilienz folgendermaßen: «Resilience is conceived of as elasticity, as a measure of load capacity, durability and flexibility of materials».[2] Dem naturwissenschaftlichen Verständnis nach ist Resilienz die physikalische Eigenschaft von Materialien, trotz extremer Bedingungen wie starker Temperaturschwankungen oder Druckveränderungen nicht zu zerbrechen, sondern unter ausgeglichenen Gegebenheiten wieder zu ihrer ursprünglichen Form zurückzukehren. Dies entspricht der etymologischen Herkunft des Begriffs, der vom lateinischen Verb *resilire* ('abprallen' oder 'zurückspringen') kommt. Neben der naturwissenschaftlichen Verwendungsweise existieren zwei Forschungslinien, die sich darin unterscheiden, auf welche Einheiten sie Resilienz übertragen und damit auch, wie sie die Kategorie verstehen (cf. Endreß/Rampp 2015). Zur ersten Forschungslinie zählen Disziplinen, die sich mit Resilienz als Fähigkeit von einzelnen Individuen auseinandersetzen. Eine weitere untersucht dagegen Systeme oder Kollektive, die nach einer massiven Störung wieder zu einem Zustand von Stabilität zurückfinden und ihre Handlungsfähigkeit bewahren oder zurückerlangen. Gemeinsam ist beiden An-

---

2 Cf. zur naturwissenschaftlichen Definition von Resilienz auch Zander (2011a, 9) und Dyer/ McGuinness (1996, 276).

sätzen, dass sie in der Naturwissenschaft konkrete Eigenschaften metaphorisch auf Fähigkeiten und Handlungsweisen von Menschen oder Gesellschaften übertragen.

3.1.1 Resilienz im Spiegel der Forschung

Das Konzept der Resilienz hat seinen Ursprung in den Naturwissenschaften, erlangte jedoch vor allem durch Forschungen der Pädagogik und der Psychologie weitreichende Bekanntheit.[3] Ab Mitte des 20. Jahrhunderts wurde es in psychologischen Forschungen aufgegriffen und entwickelte sich dort als eigenständiges Konzept weiter (cf. Schmidthermes 2009, 11). Zunächst etablierte es sich im angloamerikanischen Raum, von wo aus es in den 1970er Jahren den deutschen Forschungskontext erreichte und dort zunächst allmählich, seit der Jahrtausendwende jedoch explosionsartig, zum Forschungsgegenstand wurde (cf. Zander 2011a, 10; Bonß 2015, 15). Auch nach Lateinamerika gelangte das Konzept ausgehend von der nordamerikanischen Forschung. In Argentinien wird vorwiegend eine psychologische Resilienzforschung betrieben und der Ansatz insbesondere in der dort populären Psychoanalyse verwendet (Latour/Losada 2012). Insgesamt ist die Resilienzforschung in Argentinien (und den weiteren Ländern Lateinamerikas) weniger ausgeprägt als im deutschen und anglophonen Raum, was sich an der Anzahl an Disziplinen, die mit dem Konzept arbeiten, und an der Publikationsdichte zum Thema zeigt.

In der Psychologie wird Resilienz definiert als «die menschliche Widerstandsfähigkeit gegenüber belastenden Lebensumständen» (Gabriel 2005, 206). Welter-Enderlin schreibt aus entwicklungspsychologischer Perspektive: «Unter Resilienz wird die Fähigkeit von Menschen verstanden, Krisen im Lebenszyklus unter Rückgriff auf persönliche und sozial vermittelte Ressourcen zu meistern und als Anlass für Entwicklung zu nutzen» (Welter-Enderlin 2016, 13). Der Forschungsüberblick gibt Aufschluss darüber, dass Resilienz als menschliche Fähigkeit in der Regel deutlich positiv bewertet wird. Der Beginn psychologischer und pädagogischer Resilienzforschung gilt als grundsätzlicher Paradigmenwechsel. Statt länger der Frage nachzugehen, was Menschen krank macht, und sich auf Probleme und Störungen sowie ihre Ursachen und negativen Folgen zu konzentrieren, fokussiert Resilienz Umgangsformen, mit deren Hilfe Auswege

---

3 Einen guten Überblick über das Feld der psychologischen Resilienzforschung gibt Fooken (2016). Der Forschungszweig der auf Individuen bezogenen Resilienzforschung umfasst auch angrenzende Disziplinen wie die Psychotherapie oder die (Sozial-)Pädagogik, cf. Zander (2011a, 9).

aus einer Krise gefunden werden können. An die Stelle einer pathogenetischen tritt mit Resilienz eine salutogenetische und ressourcenorientierte Perspektive, die eine alternative Herangehensweise an bereits bekannte und erforschte Gegenstände ist. Das Symbol für die auf Einzelpersonen abzielende Resilienzforschung ist das Stehaufmännchen, das nie umfällt, sondern sich immer wieder ausbalanciert (cf. Galuska/Wellensiek 2014, 21). Vermutlich ist es die mit dem Konzept verbundene Ausrichtung auf die Überwindung schwieriger Umstände, die dazu führt, dass Resilienz auch Einzug in populärwissenschaftliche und therapeutische Literatur gefunden hat. Dies zeigen Titel wie *Resilienz. Die unentdeckte Fähigkeit der wirklich Erfolgreichen* (Mourlane 2015), *Der resiliente Mensch. Wie wir Krisen erleben und bewältigen* (Kalisch 2017) oder in Argentinien *Todos somos resilientes. Niños y adultos pueden superar hasta el dolor más profundo* (Schwalb 2012). So wird der Begriff mehr und mehr zum Bestandteil der Alltagssprache, gleichzeitig steht er zunehmend in der Kritik, da er immer weniger klar umrissen zu sein scheint.[4]

Prominenter und viel zitierter Ausgangspunkt der psychologischen Beschäftigung mit Resilienz ist die Pionierstudie von Werner/Smith (1977). Werner/Smith stellen in einer Längsschnittstudie fest, dass ungünstige Lebensbedingungen von Kindern nicht zwingend zu Entwicklungsstörungen führen müssen. Die Studie zielt besonders darauf ab, zu ermitteln, welche Eigenschaften Kinder aufweisen, die sich im Vergleich zu anderen trotz ähnlicher negativer Ausgangsbedingungen positiv und ohne pathogene Auffälligkeiten entwickeln (cf. Zander 2011a, 10). An diese Pionierstudie knüpft die weitere Forschung an und untersucht, wann sich Menschen auch dann gesund entwickeln, wenn es aufgrund ihrer Biographie nicht zu erwarten wäre, und wann Traumata nicht zwingend nachhaltige negative Konsequenzen haben (cf. Gabriel 2005, 209; Zander 2011a, 9; Latour/Losada 2012, 84s.; Wustmann Seiler 2015, 26). Ein Kernaspekt ist neben der Erforschung der Fähigkeit, Krisen gelingend zu überwinden, die Resilienzförderung. Diese unterstützt die Herausbildung von Verhaltensweisen und Ressourcen – besonders bei Kindern –, die die Wahrscheinlichkeit erhöhen, unausweichliche belastende Umstände zu meistern (cf. Hildenbrand 2016a, 20; Wustmann Seiler 2015, 15, 26).

Neben der Resilienz von Einzelpersonen beschäftigt sich ein zweiter Forschungszweig mit der Resilienz von Systemen.[5] Hierzu zählt vor allem die

---

4 Im angloamerikanischen Sprachraum ist die öffentliche «Karriere» noch größer, da *resilience* im Englischen – anders als im Deutschen – ein Begriff aus dem allgemeinen Sprachgebrauch ist, cf. Wieland (2011, 183) und Boin/Comfort/Demchak (2010, 1). Im Englischen ruft *resilience* daher viele Assoziationen auf, während *Resilienz* im deutschen Sprachraum zunächst ein abstrakter wissenschaftlicher Begriff ist.
5 Auch in der Psychologie wird in Ausnahmefällen von Systemen gesprochen, nämlich dann, wenn es um Familien oder Paare als soziale Systeme geht, cf. Wustmann Seiler (2015, 18).

sozial- und gesellschaftswissenschaftliche Resilienzforschung, sie umfasst aber auch weitere Disziplinen wie Ökologie, das Sicherheitsmanagement oder die Organisations- und Managementwissenschaften (cf. Boin/Bruijne/Eeten 2010, 13). Welche Art von Systemen untersucht wird, unterscheidet sich je nach Disziplin. Es können Gesellschaften sein, Organisationen und Unternehmen, Städte oder Ökosysteme.[6] Abgesehen von der Ökologie liegt der Schwerpunkt dieses Forschungszweigs auf sozialen Systemen. Resilienz wird hier definiert als «die Belastbarkeit eines Systems durch und seine Elastizität gegenüber Störungen» (Finke 2014, 27) oder auch als «Pufferkapazität gegenüber Störungen» (Finke 2014, 29). Holling et al. (2004) geben bezogen auf sozioökologische Systeme folgende Definition: «Resilience is the capacity of a system to absorb disturbance and reorganize while undergoing change so as to still retain essentially the same function, structure, identity, and feedbacks». In der auf Systeme bezogenen Resilienzforschung steht der Erhalt der Funktionsfähigkeit nach oder trotz einer massiven Störung im Vordergrund, die im Kontrast zu einem totalen Zusammenbruch steht. In der psychologischen Forschung findet sich der Gedanke ebenfalls, speziell in der Entwicklungspsychologie, die Resilienz von Kindern mit dem «Erhalt der kindlichen Funktionsfähigkeit» bei dauerhaften Risikobedingungen oder der «Wiederherstellung der normalen kindlichen Funktionsfähigkeit (bei traumatischen Erlebnissen)» verbindet (Wustmann Seiler 2015, 19). Die Funktionsfähigkeit gilt dann als erhalten, wenn ein Kind altersspezifische Entwicklungsaufgaben erfolgreich bewältigen kann (Wustmann Seiler 2015, 20). Die Definition von Holling et al. (2004) nennt *Identität* als eine der Größen, die in einem resilienten System trotz Störungen erhalten bleibt. Dieser Aspekt, der von Holling et al. und in der Resilienzforschung generell nicht näher ausgeführt wird, spielt bei der Analyse des Default-Diskurses eine entscheidende Rolle.

Auch wenn es in der Psychologie deutlicher hervortritt, geht der Einzug von Resilienz auch in der systembezogenen Forschung mit einem Paradigmenwechsel einher. Von der Fokussierung auf Krisen inklusive der Analyse ihrer Ursachen und Dynamiken weg, hin zur Beschreibung von Systemen, die trotzdem handlungsfähig bleiben (cf. Boin/Comfort/Demchak 2010, 11). In den Sozialwissenschaften hat Resilienz darüber hinaus mit einer veränderten Wahrnehmung von belastenden Ereignissen zu tun. Sie können als «dauerhafte Begleiter der Menschen» (Bonß 2015, 29) zwar nicht vermieden werden, jedoch lässt sich die Wirkung, die sie auf Menschen haben, beeinflussen.

---

6 Zur Resilienz von Ökosystemen gibt es eine etablierte Forschung mit längerer Tradition. Sie ist eng verbunden mit dem kanadischen Ökologen C. S. Holling, cf. Holling (1973) und Holling et al. (2004).

3.1.2 Merkmale von Resilienz

Die folgenden Abschnitte erläutern zentrale Merkmale des Resilienzkonzepts. Diese verleihen dem Begriff, der häufig als unscharf bezeichnet wird, eine Kontur und geben Auskunft darüber, in welchen Ausprägungen das Phänomen derzeit zum Forschungsgegenstand wird. Die Übertragung eines Konzepts auf eine andere Disziplin, wie es die vorliegende Arbeit tut, erfordert stets Anpassungen und Modifizierungen. Das ergibt sich allein dadurch, dass ein sprachlicher Aushandlungsprozess, der sich im öffentlichen Diskurs manifestiert, andere Formen annimmt als das Verhalten oder Prozesse von Individuen und Systemen. Die Beschreibung zentraler Merkmale aus der bisherigen Forschung dient hier als Ausgangspunkt, um die Ergebnisse der Analyse des Default-Diskurses mit dem Konzept der Resilienz in Zusammenhang zu bringen.

In den Anfängen der (psychologischen) Resilienzforschung nahm man an, Resilienz sei eine angeborene Eigenschaft. Heute besteht weitgehend Konsens darüber, dass es sich um eine Fähigkeit handelt, die erworben wurde (Gabriel 2005, 213; Bender/Lösel 2008). Zwar werden angeborene «personale Faktoren» nicht völlig ausgeblendet, die Unterscheidung zwischen Resilienz als Eigenschaft und Resilienz als Fähigkeit ist jedoch substantiell.[7] Denn im Gegensatz zu einem Persönlichkeitsmerkmal, über das man von Geburt an verfügt oder eben nicht, eröffnet Resilienz verstanden als Fähigkeit die Möglichkeit, sie sich in einem Lernprozess anzueignen. Aus diesem Verständnis resultiert das Ziel, diese aktiv zu fördern.[8] Resilienzförderung kann ganz unterschiedlich gestaltet sein. In der Psychologie werden Kinder durch den Aufbau protektiver Faktoren auf die Bewältigung von Krisen im Entwicklungszyklus vorbereitet, zum Beispiel durch die Vermittlung von «angstreduzierenden Selbstregulationsstrategien» (Wieland 2011, 205), in den *Safety Sciences* geschieht die Förderung durch Katastrophentrainings (Brunner/Giroux/Trachsler 2009) und in Unternehmen durch die Etablierung einer spezifischen Führungspraxis im Management (Hoffmann 2017). Die Beispiele verdeutlichen, dass Resilienzförderung nicht nur ein Ziel der auf Individuen bezogenen Disziplinen ist. Auch in den auf Systeme ausgerichteten Ansätzen geht es darum, diese zu befähigen, mit (oft nicht vorherzusehenden) Katastrophen lösungsorientiert umzugehen, indem entsprechende Strategien gefördert werden (cf. Boin/Comfort/Demchak 2010, 3).

---

7 Es gibt unterschiedliche Auffassungen darüber, in welchem Verhältnis angeborene und erworbene Resilienzfaktoren stehen, cf. Fröhlich-Gildhoff/Rönnau-Böse (2014, 40). Nur im naturwissenschaftlichen Verständnis wird Resilienz stets als inhärente Eigenschaft von Materialien aufgefasst.
8 Cf. das *Handbuch Resilienzförderung* von Zander (2011b).

Gabriel (2005, 207) stellt fest, dass drei Sichtweisen auf Resilienz vorherrschen. Je nach Perspektive ist sie eine Fähigkeit, ein Prozess oder das Ergebnis der erfolgreichen Auseinandersetzung mit einer Krise. Die Erkennungsmerkmale für Resilienz, die in der Forschungsliteratur genannt werden, stehen in Abhängigkeit vom jeweiligen Grundverständnis der Kategorie. Das Konzept der Resilienz in seiner Auffassung als Fähigkeit und Prozess der Bewältigung großer Herausforderungen betont die aktive Beteiligung der betreffenden Einheit, unabhängig davon, ob es sich um ein Subjekt oder ein System handelt (cf. Wieland 2011, 188s.). Der starke Handlungsbezug wird in zahlreichen Umschreibungen von Resilienz deutlich, die zum Teil die Fähigkeit, zum Teil den Prozess in den Vordergrund stellen:

- «Der Begriff Resilienz beschreibt einen *dynamischen oder kompensatorischen Prozess* positiver Anpassung angesichts bedeutender Belastungen» (Holtmann/Schmidt 2004, 196, Hervorh. i. O.).
- «Resilienz beschreibt den Prozess, zu einem neuen Status von Stabilität zurückzukehren» (Sautermeister 2016, 211).
- «Resilience is the capacity of a social system (e.g. an organization, city, or society) to proactively adapt to and recover from disturbances that are perceived within the system to fall outside the range of normal and expected disturbances» (Boin/Comfort/ Demchak 2010, 9).
- Resilienz äußert sich durch «eine spezifische Weise von Handlung und Orientierung» (Hildenbrand 2016a, 23).
- «Resilienz hat mit der Fähigkeit zu tun, sich von Schwierigkeiten zwar beeinträchtigen, aber nicht zerstören zu lassen. Die Fähigkeit, sich zu biegen, ohne zu zerbrechen, ist das Wesentliche dabei» (Welter-Enderlin 2015, 22).
- «Das Konstrukt Resilienz ist ein dynamischer oder kompensatorischer Prozess positiver Anpassung bei ungünstigen Entwicklungsbedingungen und dem Auftreten von Belastungsfaktoren» (Fröhlich-Gildhoff/Rönnau-Böse 2014, 13).
- Resilienz «zielt auf das Potential sozialer Einheiten, mit einer jeweils virulenten Krise bzw. Herausforderung kurzfristig bei bzw. nach ihrem Eintreten umzugehen» (Endreß/ Rampp 2015, 39).
- Resilienz zeigt sich durch ein «aktives Bewältigungsverhalten» (Welter-Enderlin 2015, 46).

Der Überblick über verschiedene Umschreibungen von Resilienz macht deutlich, dass das Phänomen immer eine starke Eigenaktivität und Dynamik der resilienten Einheit, sei es ein Kind, eine Stadt oder eine Gesellschaft, beinhaltet und hierin sein zentrales Merkmal liegt. Es werden Attribute genannt wie «Handlung», «Orientierung», «aktives Bewältigungsverhalten» oder «proactively adapt» und «recover», an denen sich resilientes Verhalten ablesen lässt. Resilienz impliziert also immer ein aktives Handeln des Subjekts oder (sozialen) Systems und einen Prozess dynamischer Anpassung. Auslöser für beides ist die Konfrontation mit einer Krise. Worin genau das Bewältigungsverhalten und die dynamische Anpassung an die geänderten Lebensumstände bestehen, wird häufig nicht näher erläutert. Ein Grund hierfür mag darin liegen, dass die Sachlagen, die im Zusammenhang mit der Kategorie in den Blick geraten, höchst unterschiedlicher Art sein können, und das Forschungsfeld insgesamt sehr heterogen ist. Neben dem Ausdruck *Krise* finden sich viele weitere (partielle) Synonyme wie «disruptiver Wandel» (Endreß/Rampp 2015, 38), «belastende Lebensumstände» (Gabriel 2005, 207), «adversity» (Ungar 2008, 218), «widrige Lebensumstände» (Hildenbrand 2016b, 205), «Schwierigkeiten» (Welter-Enderlin 2015, 22) oder «besondere Gefährdungslagen» (Endreß/Maurer 2015, 7). Analog zu dieser Auffächerung an möglichen «Störungen» drückt sich Resilienz jeweils in einer anderen Form des aktiven und dynamischen Bewältigungshandelns aus.

Ein Kennzeichen von Resilienz als Fähigkeit (im Gegensatz zu einer personalen Eigenschaft) ist ihre untrennbare Gebundenheit an schwierige Umstände. Die Fähigkeit, mit einer Störung der vorhandenen Ordnung so umzugehen, dass wieder neu Stabilität entsteht, bildet sich erst in der Konfrontation mit einer entsprechenden Situation und ihrer erfolgreichen Bewältigung heraus (cf. Hildenbrand 2016a, 23; Fröhlich-Gildhoff/Rönnau-Böse 2014, 40). Sie ist keine permanent verfügbare Ressource, sondern «aktiviert» sich in der Reaktion auf einen Schock (cf. Endreß/Rampp 2015, 38; Bonß 2015, 19), also genau dann, wenn sie benötigt wird. Damit ist Resilienz ein «Krisenphänomen» (Sautermeister 2016, 211). Da jede Belastungssituation anders ist und spezifische Bedingungen impliziert, entwickelt sich auch die Fähigkeit, sie zu überwinden, in Abhängigkeit mit dem jeweiligen Lernfeld. Erneut wird deutlich, dass Resilienz keine starre Kraft mit einer eindeutigen Erscheinungsform ist, «sondern eine flexibel und situationsangemessen entwickelte dynamische Energie» (Gunkel/Kruse 2004, 28) und ein «variabler und kontextabhängiger Prozess» (Fröhlich-Gildhoff/Rönnau-Böse 2014, 9), der sich durch eine als erfolgreich diagnostizierte Überwindung von Belastungen herausbildet. Jede erfolgreiche Überwindung einer Gefährdungslage schafft einen neuen Ausgangspunkt für die Begegnung mit ähnlichen Situationen in der Zukunft und erhöht die Wahrscheinlichkeit, auch sie zu überwinden. Resilienz ist also keine einmal erworbene Fähigkeit, sondern festigt und entwickelt sich in einem Lernprozess weiter, wenn es wiederholt zu einer Konfrontation mit Störungen kommt (cf. Endreß/Rampp 2015, 40). Dieses Merkmal ist vor allem im Zusammenhang mit Argentinien relevant, das im Laufe des 20. Jahrhunderts wiederholt vor der Aufgabe stand, einschneidende Krisensituationen zu bewältigen.

Wenngleich Resilienz häufig als 'Widerstandsfähigkeit' bezeichnet wird, ist sie nicht im Sinne von Resistenz zu verstehen (cf. M. Schneider/Vogt 2016, 182). Denn sie meint keine Immunität gegenüber disruptiven Ereignissen und ist nicht gleichzusetzen mit Invulnerabilität, wie es die wörtliche Bedeutung des

lateinischen Ausdrucks *resilire* – 'abprallen' – vermuten lässt. Auch resiliente
Einheiten werden von Krisen getroffen und sind ihren Konsequenzen ausgesetzt. Sie lassen sich davon jedoch nicht zerstören, sondern begegnen ihnen
mit einem dynamischen Prozess der Auseinandersetzung, der unausweichliche
Auswirkungen in eine neue Ordnung integriert, ohne die eigene Identität völlig
aufzugeben. Resilientes Verhalten impliziert also immer eine Form von Veränderung. Es führt – anders als der naturwissenschaftliche Resilienzbegriff impliziert – nicht zur Ursprungsform zurück, sondern resultiert bei Individuen und
Systemen in einem umgestalteten Selbstverständnis.

Der Forschungsüberblick lässt sich dahingehend zusammenfassen, dass
Resilienz ein Konzept ist, das in ganz unterschiedlichen Disziplinen Anwendung findet und auf entsprechend vielfältige Zusammenhänge übertragen wird.
Je nach Forschungsgegenstand werden ihm andere Facetten zugeschrieben. Der
vielfältige Einsatz und der offene Umgang mit dem Konzept haben in der Forschung stellenweise Kritik ausgelöst bis hin zur vollständigen Ablehnung von
Resilienz als Forschungskategorie (cf. Gabriel 2005; Freyberg 2011). Ein Kritikpunkt bezieht sich auf einen deontischen Gebrauch von Resilienz. So kritisieren
Halberkann/Stamm (2015, 72) einen Resilienzbegriff, der «anfällig für den bil-
dungspolitischen Missbrauch und für die Nutzung ideologischer Zwecke [ist],
um das Individuum für seinen Erfolg bzw. Misserfolg alleinig verantwortlich zu
machen». Sie begründen ihre Position damit, dass «eine solche Perspektive,
nach den Maßstäben der Resilienz bewertet, Kinder als hoffnungslose Fälle bewertet, wenn sie trotz der Bereitstellung von sozialen Ressourcen nur spärliche
Zuwächse an persönlicher Widerstandsfähigkeit zeigen» (Halberkann/Stamm
2015, 73). Gabriel (2005, 215) bezeichnet eine solche normierende Verwendungsweise «als Projektionsfläche der Phantasmagorie menschlicher Unbesiegbar-
keit». Verbunden mit einer solchen Grundhaltung, bei der Resilienz als normativer Begriff verwendet wird, ist das Konzept abzulehnen. Denn dann steht es
nicht länger für einen Perspektivwechsel von der Krise hin zu ihren Möglichkeiten und einem lösungsorientierten Umgang mit ihr, sondern stellt bleibende
negative Konsequenzen in eine Abhängigkeit mit der Fähigkeit, «sich selbst zu
retten». In der vorliegenden Arbeit wird Resilienz als deskriptiver und explikati-
ver Begriff aufgefasst, der sich dazu eignet, die Auseinandersetzung mit dem
Zahlungsausfall im öffentlichen Diskurs zu erklären.

Ein weiterer Kritikpunkt hängt direkt mit der Popularität des Resilienzbegriffs und seiner Anwendung auf unterschiedliche Kontexte von Krisenüberwindung zusammen. Problematisch erscheint dabei vor allem, dass eine dis-
ziplinenübergreifende Definition fehlt und mit dem Konzept wenig kohärent
umgegangen wird. Fröhlich-Gildhoff/Rönnau-Böse (2014, 13) deuten den Facettenreichtum jedoch als kennzeichnendes Merkmal des Gegenstands: «Charakte-

ristisch für Resilienz sind außerdem ihre variable Größe, das situationsspezifische Auftreten und die damit verbundene Multidimensionalität». Das Merkmal Multidimensionalität rekurriert auf die Komplexität des Phänomens, aus der folgt, dass es sich «nicht aus einer Disziplin allein befriedigend ergründen [lässt]» (Korn 2012, 311). Statt durch eine prägnante Definition lässt sich Resilienz mit seinen unterschiedlichen Erscheinungsformen besser in einer offenen Beschreibung einfassen. Es handelt sich bei Resilienz also um ein Dachkonzept, das auf der Grundidee einer dynamischen und lösungsorientierten Auseinandersetzung mit einer krisenhaften Sachlage beruht. Eine solche Deutung ist nachvollziehbar, denn variable Kontexte erfordern logischerweise auch ein flexibles System von Prozessen und Bewältigungsformen. Offenheit und Flexibilität sind daher produktive Kennzeichen des Konzepts, die erlauben, es auf ganz unterschiedliche Krisenkonstellationen zu beziehen und auch für die systematische Beschreibung einer Art der Bewältigung einer Herausforderung zu nutzen, die über eine sprachliche Aushandlung im gesellschaftlichen Diskurs stattfindet.

3.2 Fortführungen und Operationalisierung des Resilienzkonzepts

Die Ausführungen zum Resilienzkonzept haben gezeigt, dass das Phänomen in den letzten Jahren zum Forschungsgegenstand einer ganzen Reihe an Disziplinen geworden ist. Aufgrund der breiten Rezeption wurde es – in Abhängigkeit von der jeweiligen Disziplin – bereits unter vielen Gesichtspunkten betrachtet. Eine eigenständige geistes- und kulturwissenschaftliche Resilienzforschung, die entsprechende Phänomene aus fachspezifischer Perspektive und mithilfe der im Fach etablierten Methoden erforscht, gibt es bislang nicht. So ist das in den Humanwissenschaften bereits populär gewordene Konzept mit Ausnahme des in Kap. 2.2.2 erwähnten Ansatzes von Kreußler (2016) auch noch nicht in die diskurslinguistische Krisenforschung eingebracht worden. Die Analyse des argentinischen Default-Diskurses schließt genau an diesem Punkt an und ergänzt sie um die Perspektive eines lösungsorientierten Umgangs mit einem einschneidenden Ereignis, ausgehend von der Prämisse, dass die Überwindung gesellschaftlicher Krisen nicht zuletzt das Ergebnis sprachlich-diskursiver Aushandlungsprozesse ist. Die Erkenntnisse der Human- sowie der Sozial- und Gesellschaftswissenschaften, in denen Resilienz bereits fest etabliert ist, dienen hierbei als hilfreiche Orientierung. Ein weiterführender Ansatzpunkt ist zudem die Definition von Kalwa/Römer (2014), die eine kulturwissenschaftliche Übertragung der Kategorie vornehmen:

Unter Resilienz verstehen wir in kulturwissenschaftlicher Perspektive die Fähigkeit von Menschen, Gruppen, Gesellschaften, Kulturen – allgemein von sozialen Einheiten – durch flexibles und kreatives Verhalten mit disruptiven Ereignissen oder als disruptiv wahrgenommenen Ereignissen umzugehen bzw. Widerstandskraft gegenüber den (angeblichen) unheilvollen Veränderungsprozessen zu entwickeln (Kalwa/Römer 2014, 44s.).

Diese Definition ist den in den vorigen Abschnitten aufgeführten Beschreibungen von Resilienz sehr ähnlich, nimmt aber eine Verbindung der beiden herausgearbeiteten Linien der Resilienzforschung vor. Sie lenkt den Blick auf «soziale Einheiten» und verknüpft damit die auf Menschen bezogene psychologische Resilienzforschung, die sich vornehmlich auf Individuen konzentriert, mit der sozial- und gesellschaftswissenschaftlichen, die zwar die Resilienz von Kollektiven erforscht, diese aber vornehmlich als Systeme betrachtet. Resilienz äußert sich in der Definition von Kalwa und Römer in einem «flexible[n] und kreative[n] Verhalten», wobei offen bleibt, worin dieses Verhalten besteht und wie es mit kulturwissenschaftlichen Methoden untersucht werden kann.

Trotz der genannten Ankerpunkte, auf die die Arbeit zurückgreifen kann, ist es notwendig, das Konzept weiterzuführen und Resilienz als Diskurskategorie zu operationalisieren. Die Operationalisierung ermöglicht es, die Charakteristika des Default-Diskurses analytisch fassen und beschreiben zu können, und trägt so zu einer linguistischen Schärfung des Resilienzkonzeptes bei. Sie gliedert sich in drei aufeinander aufbaute Schritte, beginnend mit der Erörterung von Attributen von Resilienz, die für die vorliegende Arbeit relevant sind, in der Forschung bisher jedoch nur eine untergeordnete Rolle spielen. Ein zweiter Schritt besteht in der Beschreibung des Gegenstands Resilienz als Merkmal der sprachlichen Aushandlung einer schwierigen Situation. Dabei sind zentrale Fragen, wie Resilienz als Diskurskategorie aufgefasst und weiterentwickelt werden kann und wie sie sich im Diskurs manifestiert. An diese Überlegungen schließt sich der dritte Schritt an, die Bildung von Kategorien, um die Analyseergebnisse begrifflich einzufassen. Dieser Schritt erfolgt direkt am Korpusmaterial.

3.2.1 Fortführungen des Resilienzkonzepts

Die Verknüpfung des Resilienzkonzepts mit der Analyse, wie der Zahlungsausfall in den argentinischen Printmedien verarbeitet wird, ruft Aspekte auf, die bisher nur in Ansätzen oder in einer Variation in der Resilienzforschung vorkommen. Sie ergeben sich vor allem aus dem neuen Blickwinkel einer kulturwissenschaftlich orientierten Sprachwissenschaft und der thematischen Engführung auf einen argentinischen Diskurs als Gegenstand der Analyse. Vier verschiedene Bereiche sollen hier angeführt und weiterentwickelt werden.

3.2.1.1 Resilienz und Identität

Von großer Bedeutung für die Analyse des Default-Diskurses ist die Verknüpfung der beiden Kategorien *Resilienz* und *Identität*. Im Vergleich zu den in den nachfolgenden Abschnitten thematisierten Punkten spielt dieser in der Resilienzforschung bereits eine größere Rolle. Eine Verbindung beider Größen lässt sich aus zwei Perspektiven herstellen. Zum einen beinhaltet die konstruktive Bewältigung einer Krise einen Prozess der Identitätsaushandlung, zum anderen umfasst das Phänomen der Resilienz eine bestimmte Grundhaltung gegenüber herausfordernden Situationen, die eine Identitätskonstruktion erst auslöst.

Blum et al. (2016, 171) weisen darauf hin, dass Krisen stets Wandel und Transformation auslösen, die auch die Identität betreffen.[9] Resilienz beziehen sie darauf, dass bei diesen Wandlungsprozessen der «Kern, der die Identität des Systems verbürgt, erhalten bleibt». Latour und Losada (2012, 86) beschreiben Resilienz aus psychoanalytischer Sicht als «la capacidad de proteger la propia integridad bajo presión». Der Moment des Wandels wird in dieser Definition zwar nicht aufgegriffen, dafür wird der Schutz der eigenen Identität – hier umschrieben mit «la propia integridad» – in den Vordergrund gestellt. Eine resiliente Krisenverarbeitung meint also keine beliebige Form der Identitätsaushandlung, sondern zeigt sich in einer Balance «zwischen Wandel und Identitätsbewahrung», die Identitätsverlust beziehungsweise Identitätsbruch verhindert (M. Schneider/Vogt 2016, 191).[10] Die Analyse des Diskurses zum argentinischen Zahlungsausfall wird eine Form der Identitätsaushandlung zeigen, die nur bedingt Wandel und Transformation beinhaltet und stattdessen ein Aufrufen und Bestätigen kollektiver Werte und des kollektiven Gedächtnisses fokussiert.

Möglicherweise hängt die Beobachtung, dass der Aspekt der Identität in der Resilienzforschung bisher vergleichsweise wenig Beachtung gefunden hat, damit zusammen, dass Resilienz als erlernte Fähigkeit verstanden wird und sich die Forschung damit von einer früheren Auffassung von Resilienz als Persönlichkeitsmerkmal abgrenzt. Resilienz verstanden als Fähigkeit unterstreicht, dass herausfordernde Umstände durch ein aktives Bewältigungsverhalten überwunden werden. Dies setzt jedoch eine entsprechende Grundhaltung gegenüber belastenden Umständen und eine Handlungsdisposition voraus. Unter Handlungsdisposition verstehe ich die Bereitschaft, bei der Konfrontation mit einem einschneidenden Ereignis auf bestimmte Weise zu agieren. Ihr liegt die Erwar-

---

9 Cf. zu diesem Prozess, bei dem einem brüchigen Ist-Zustand ein idealer Soll-Zustand entgegengesetzt wird, Kap. 2.2.1.

10 Wie in Kap. 3.1.1 angemerkt, bezieht vor allem die systembezogene Resilienzforschung resiliente Wandlungsprozesse auf den Erhalt der Funktionsfähigkeit. Der Erhalt der Identität kommt dagegen nur selten vor.

tung zugrunde, die Situation durch eigene Aktivität zu verändern.[11] Geht es um die Resilienz einer Nation, wie es beim Default-Diskurs der Fall ist, handelt es sich bei der Grundhaltung gegenüber Krisen um eine kollektive Disposition, die ihren Ursprung in geteilten Wert- und Selbstvorstellungen hat. Diese ist Bestandteil der Mentalität. Mentalität ist nach Hermanns (1995, 76) «die Gesamtheit von Dispositionen zu einer Art des Denkens, Fühlens, Wollens – die Gesamtheit der kognitiven, affektiven (emotiven) sowie volitiven Dispositionen – einer Kollektivität». Mit Kreuz/Mroczynski (2016a, 45; 2016b, 3) verstehe ich Mentalität immer als Ausdruck und Spiegel der kulturellen Identität einer sozialen Einheit. Mentalität bezieht sich jedoch nicht nur auf «Dispositionen zu einer Art des Denkens, Fühlens, Wollens», sondern gleichzeitig auf die Bereitschaft, auf eine bestimmte Weise zu handeln, wie Hermanns (1995, 76) weiter ausführt: «Mit der Disposition zu einer Art des Denkens, Fühlens und Wollens ist nun immer eine weitere Disposition verbunden, nämlich die Disposition zu einem Handeln und Verhalten, wie es zum zuvor prädisponierten Denken, Fühlen, Wollen paßt [sic]». Bezogen auf eine konstruktive Überwindung entspringt der Erhalt des Identitätskerns aus einem gemeinsamen kollektiven Interesse, das Teil der Mentalität einer sozialen Einheit ist.[12] Kurz zusammengefasst: Handeln und Verhalten, hier bezogen auf Krisensituationen, sind durch Mentalitäten motiviert.

Kreußler (2016) zieht ebenfalls eine Verbindung zwischen Resilienz und Mentalität. Jedoch begreift er Resilienz und Disposition beziehungsweise Mentalität als zwei voneinander getrennte Kategorien. Demgegenüber plädiere ich dafür, den Resilienzbegriff auszuweiten und nicht nur das Handeln und Verhalten in der Konfrontation mit einer Krise, sondern auch die ihm vorgängige Mentalität als Teil des Resilienzphänomens zu verstehen. Kreuz/Mroszynski (2016b, 2s.) fassen in einem weiten Mentalitätsbegriff sogar das Handeln selbst als Teil der Mentalität auf. «Mentalitäten umfassen die Gesamtheit des menschlichen sozialen, kulturellen und medialen und damit sprachlichen Handelns und sind gleichsam die Grundlage dieses Handelns». Unabhängig davon, ob man Mentalität in erster Linie als (Handlungs-)Disposition versteht oder auf die Handlung selbst ausweitet, bleibt festzuhalten, dass die konstruktive Bewältigung einer schwierigen Situation aus einer entsprechenden Mentalität hervorgeht. Wenn

---

11 In der psychologischen Forschung findet sich diese Disposition, konstruktiv mit Herausforderungen oder einschneidenden Ereignissen umzugehen, in den sogenannten «Resilienzfaktoren» wieder. Dazu gehören personale Eigenschaften wie eine optimistische Lebenseinstellung, ein positives Selbstwertgefühl und Selbstwirksamkeitsüberzeugung, cf. Fröhlich-Gildhoff/ Rönnau-Böse (2014, 40) oder Wustmann Seiler (2015, 46), cf. auch Sautermeister (2016, 217s.).
12 Auch Kreußler (2016, 207) führt eine resiliente Interaktion angesichts eines disruptiven Ereignisses auf Mentalität und kollektive Interessen zurück.

Mentalitäten Auslöser für ein bestimmtes Handeln und Verhalten gegenüber disruptiven Ereignissen sind, folgt daraus im Umkehrschluss, dass die Analyse dieses Handelns Rückschlüsse auf die Mentalität(en) zulässt. Die sprachlich-diskursive Auseinandersetzung mit dem Zahlungsausfall verweist dementsprechend auf die ihr zugrundeliegenden Mentalitäten und damit auf die kulturelle Identität der argentinischen Nation.

3.2.1.2 Resilienz und ihre kulturspezifische Ausprägung

Das Konzept der Mentalität als Disposition, die einem resilienten Handeln vorausgeht, verweist auf die zweite Richtung, in die Resilienz weitergedacht werden soll. Bisher gilt Resilienz als universelle Einheit. Gesellschaftliche Krisen treten jedoch immer innerhalb kultureller Kontexte auf und ihre Überwindung ist an die jeweils betroffene Kulturgemeinschaft gebunden. Es erscheint also plausibel, dass sich kulturspezifische Stile der Verarbeitung schwieriger Umstände herausbilden. Resilienz ist folglich keine universelle Größe, sondern erscheint in kulturspezifischen Ausprägungen. Wenn man Resilienz auch auf Mentalität als eine Disposition, auf eine Störung mit einem dynamischen und lösungsorientierten Verarbeitungsprozess zu reagieren, bezieht, wird bereits hier der Kulturbezug deutlich, denn Mentalitäten existieren stets innerhalb einer kulturellen Einheit. Hinzu kommt, dass der Umgang mit einer Krisensituation auf dem kollektiven Wissen über die (erfolgreiche) Bewältigung früherer ähnlicher Umstände aufbaut. Da jede Krise und dementsprechend ihre Überwindung spezifische Erscheinungsformen annehmen, ist auch dieses Wissen ein kulturelles Wissen und Bestandteil des kulturellen Gedächtnisses.

Die kulturelle Gebundenheit von Resilienz spielt in der bisherigen Resilienzforschung nahezu keine Rolle, auch wenn sie besonders bei der Analyse der Resilienz sozialer Einheiten naheliegt. Lediglich Ungar (2008, 218) kritisiert, dass es keine kultursensible Definition von Resilienz gibt. Er bezieht dies jedoch darauf, dass Resilienz bei Individuen, in seinem Beispiel Jugendliche, nicht nur von individuellen, sondern auch von kulturspezifischen Faktoren abhängt.

Eine kultursensible Perspektive auf Resilienz erkennt an, dass die Krisenüberwindung eines Kollektivs immer in einem kulturellen Rahmen erfolgt – auf der Basis eines kulturellen Gedächtnisses und kultureller Traditionen – und daher das resiliente Handeln selbst kulturell geprägt oder sogar kulturspezifisch ist. Das heißt, dass die Gestaltungsweisen, wie Kollektive Krisen mit Erfolg überwinden, sich voneinander unterscheiden und vor allem auf die Mentalitäten zurückzuführen sind, die diesem Verhalten zugrunde liegen.[13]

---

13 Dabei bleibt die Abhängigkeit von der spezifischen Krisenkonstellation, die zu überwinden ist, immer mit zu berücksichtigen.

3.2.1.3 Resilienz im kulturellen Kontext Argentiniens

Die folgenden Überlegungen zu einer kulturorientierten Weiterentwicklung des Resilienzkonzepts beziehen sich auf dessen Übertragung auf Argentinien als Kulturgemeinschaft. Argentinien war in der Vergangenheit mehrfach mit Krisen konfrontiert, auf die jedoch stets Phasen neuer Stabilität folgten. Daraus leitet sich die Hypothese ab, dass sich durch die Konfrontation mit massiven krisenhaften Einschnitten in kurzen zeitlichen Abständen und die Erfahrung ihrer wiederholten, nach wirtschaftlichem Maßstab erfolgreichen Bewältigung Resilienz als Fähigkeit herausgebildet und als Bestandteil der kulturellen Identität verfestigt hat. Es handelt sich dabei um eine argentinienspezifische Ausprägung des Phänomens, die sich aus dem kollektiven Gedächtnis speist und die kollektiv geteilte Einstellung und das Verhalten in der konkreten Konfrontation mit einer kritischen Situation maßgeblich prägt.

Die Hypothese eines resilienten Argentiniens wurde in der Forschung bisher nicht aufgegriffen. Aus kulturwissenschaftlicher Sicht ist diese Feststellung nicht weiter erstaunlich, da das Resilienzkonzept hier ohnehin einen neuen Ansatz darstellt. Sie lässt sich jedoch auch nicht in soziologischen oder wirtschaftswissenschaftlichen Forschungen finden, obwohl es naheliegend ist, Argentinien vor dem Hintergrund seiner besonderen Krisenerfahrungen als mögliches Beispiel für ein resilientes Wirtschafts- und Gesellschaftssystem zu analysieren. Derzeit gibt es somit keinen auf Argentinien zugeschnittenen Resilienzbegriff, der die kulturspezifische Art und Weise der Nation, Krisen erfolgreich zu bewältigen, differenziert beschreibt, weder im argentinischen Forschungskontext noch aus einer externen Sicht. Dass die Hypothese, eine resiliente Nation zu sein, in Argentinien selbst keine Rolle spielt, hängt unter anderem damit zusammen, dass sich die Resilienzforschung hier stärker noch als im deutsch- und englischsprachigen Raum auf die Psychologie, vor allem die Psychoanalyse, beschränkt. In anderen Disziplinen ist das Konzept der Resilienz weitaus weniger etabliert. Die psychoanalytische Forschung verwendet den Begriff nicht aus einer kultursensiblen Perspektive, sondern als universelle Widerstandsfähigkeit gegenüber Krisen, die hier vornehmlich persönliche Traumata und Belastungen sind. Eine ganze Gesellschaft betreffende Einschnitte wie Wirtschafts- oder politische Krisen finden dagegen kaum Beachtung.[14] Zu den wenigen Forschungsbeiträgen, die Resilienz in Argentinien auf Kollektive und auf eine nationale Krise übertragen, gehört Casabianca/Hirsch (2003). Casabianca/Hirsch untersuchen Resilienz in der Verarbeitung der Krise von 2001. Das Forschungsobjekt ist aber nicht die argentinische Nation, sondern Individualpersonen der Mittelschicht und kleine-

---

14 Einen Überblick über die argentinische Resilienzforschung geben Latour/Losada (2012).

re Gruppen. Die Studie ermittelt, welche Stressfaktoren die Argentinienkrise ausgelöst haben und inwieweit sich ihre Verarbeitung als resiliente Bewältigungs-
arbeit beschreiben lässt. Neben dieser psychoanalytischen Studie ist die Arbeit
des argentinischen Soziologen Alejandro Pelfini (2010) ein erster Ansatz, die
Nation Argentinien als resiliente Gesellschaft zu beschreiben. Bezugspunkt der
Überlegungen ist die Finanzkrise von 2008/2009 und damit eine Situation, die
über die argentinische Krise hinaus die globale Wirtschaft betrifft. Pelfini versteht die globale Finanzkrise als «experiencia de aprendizaje colectivo» für
Argentinien. Den Ausdruck Resilienz verwendet er nicht und er wählt auch keine
kultursensible Perspektive, die den von ihm beschriebenen kollektiven Lernprozess als kulturgebundene Größe auffasst, der entsprechend spezifische Kennzeichen aufweist. Indem Pelfini Krisen als Chance für Lernprozesse bezeichnet,
spricht er jedoch einen Aspekt an, der in der Resilienzforschung auftaucht, wenn
Krisen als Motor und Anlass für Entwicklung beschrieben werden (Welter-Enderlin 2016, 13). Auch die weiteren Ausführungen stehen im Einklang mit der Resilienzforschung. «El aprendizaje colectivo no es ni resultado automático del desarrollo social ni la sumatoria de capacidades innatas de los individuos» (Pelfini
2010, 53). Pelfini beschreibt «aprendizaje colectivo» hier als eine Aktivität, die
weder automatisch stattfindet, noch sich aus den angeborenen Fähigkeiten der
Individuen ergibt. Vielmehr betont er die Verantwortung Argentiniens, aus der
Krise eine Zeit des Lernens zu machen. Damit sind nicht in erster Linie wirtschaftliche Veränderungen gemeint, sondern eine Reflexion über das Handeln
des Kollektivs und der daraus entstehenden Konsequenzen:

> [El aprendizaje colectivo] es un proceso interactivo que tiene como objeto el entendimien-
> to y la cooperación necesarios para la organización de la vida en común: el aprendizaje
> colectivo consiste entonces en la adquisición y el ejercicio de la capacidad de reflexionar
> sobre los límites y las consecuencias de la propia acción y de plantear las necesarias
> barreras y regulaciones a la misma, las cuales deben tomar en cuenta imprescindiblemen-
> te las expextativas y los intereses de otros actores (Pelfini 2010, 53).

Pelfini geht es dabei im Kontext der Finanzkrise vor allem darum, dass sich die
Nation ihrer eigenen Verletzlichkeit und ihrer Interdependenz auf dem internationalen Finanzmarkt bewusst wird. Die Reflexion darüber ist eng mit nationaler Identitätsarbeit verknüpft, die in einem (Neu-)Verhandeln von kollektiven
Normen und Wertvorstellungen besteht:

> Los procesos de aprendizaje colectivo consisten fundamentalmente en la adquisición y en
> el desarrollo de competencias socio-morales en un colectivo determinado: sintéticamente,
> la ampliación de la percepción y de la construcción de valores; la capacidad de asumir
> responsabilidades y de plantear normas en forma deliberativa y de traducir estas capacida-
> des en acciones y modificaciones concretas del comportamiento. Todo esto se basa en la
> constitución de una identidad narrativa orientada reflexivamente (Pelfini 2010, 54).

Der durch Krisen ausgelöste Lernprozess ist ein Moment verstärkter Identitäts-konstruktion, bei der unter anderem Elemente wie die «ampliación de la per-cepción» und eine «construcción de valores» eine Rolle spielen. Identitätskons-truktion auf nationaler Ebene benennt Pelfini als narrative Identität und meint damit ein Aushandeln von Norm- und Wertvorstellung, die über kommunikati-ve Aktivitäten erfolgt und sich in der «construcción de relatos o narrativos» ausdrückt (Pelfini 2010, 53). Damit kennzeichnet er den kollektiven Lernprozess als sprachliches Handeln. Auch wenn Sprache als Medium nicht explizit be-nannt wird, wird hierin deutlich, dass ein wichtiges Merkmal von Resilienz auf kollektiver Ebene ein kommunikatives Aushandeln der eigenen Identität ist.

3.2.1.4 Resilienz, Mentalität und sprachliches Handeln

Als letzter Punkt soll die Kategorie Resilienz in einer Hinsicht weitergedacht werden, die in der Studie Pelfinis bereits anklingt, jedoch in der Forschung, die sich auf die Resilienz von Individuen oder auch die von Systemen fokussiert, kaum berücksichtigt wird. Die mit dem Begriff verbundene Widerstandsfähig-keit gegenüber belastenden Umständen zeigt sich nicht zuletzt darin, wie ein störendes Ereignis über sprachliche Aushandlung auf gesellschaftlicher Ebene konstruiert wird und wie auch die von der Situation betroffene Einheit in die-sem Kontext ihre Identität aktualisiert und reformuliert. Zu den verschiedenen Realisierungsformen von Resilienz gehört also, wie in Krisenzeiten gesprochen und geschrieben wird. Die Erweiterung der Forschung besteht hier zunächst darin, Resilienz als sprachliche Einheit zu begründen. Sie schließt an die Fest-stellung an, dass die Aufgabe, eine Krise zu verarbeiten und zu überwinden nicht zuletzt eine kommunikative Aufgabe ist.

Ein wichtiges Merkmal von Resilienz ist, dass es sich in einem aktiven Be-wältigungshandeln manifestiert. Aus pragmalinguistischer Sicht ist auch das Sprechen und Schreiben in Krisensituationen eine Form des Handelns. Als sprachliches Handeln wird die resiliente Auseinandersetzung eines Kollektivs mit herausfordernden Umständen zum Gegenstand (diskurs-)linguistischer For-schung. Dabei sind mehrere Formen denkbar, wie sich Resilienz als sprachli-ches Handeln ausdrücken kann. Zum Beispiel kann es heißen, nur bestimmte negative Sachlagen als Krisen zu interpretieren oder statt schwerwiegender Konsequenzen Lösungsmöglichkeiten zu betonen. Möglicherweise heißt es auch, dass die Kommunikation über eine Krise nicht stark emotional aufgela-den ist und einen dramatisierenden Effekt hat, sondern sich darauf beschränkt, die Situation nüchtern und rational zu analysieren.

Diese Erweiterung des Konzepts auf eine Form der Überwindung von Schwierigkeiten, die in sprachlichen Aushandlungsprozessen erfolgt, lässt sich wie bei der kultursensiblen Perspektive auf Resilienz mit dem Mentalitätsbegriff zusammenführen. Denn Mentalitäten sind Ursprung und Ausgangspunkt für sprachliches Handeln und «schlagen sich […] auf allen sprachlichen Ebenen und in jeglichen kommunikativen Formen nieder» (Kreuz/Mroczynski 2016b, 3). Resilientes Sprachhandeln ist folglich Ausdruck einer entsprechenden Mentalität. Im Umkehrschluss gibt die Analyse sprachlichen Handelns in Krisensituationen Aufschluss über diese Mentalität einer kollektiven Einheit und damit auch über ihre Identität (Kreuz/Mroczynski 2016a, 45s.). Dass Mentalitäten Ursprung für ein resilientes Sprachhandeln sind, liefert ein weiteres Argument dafür, dass Resilienz an Kultur gebunden ist. Hinzu kommt, dass Sprache selbst ein kulturelles Phänomen ist und damit jegliches sprachliches Handeln, also auch die Auseinandersetzung mit einem krisenhaften Zustand und seine Bewältigung, als kulturelles Handeln aufgefasst werden kann (cf. Kap. 2.1.4).

Möglicherweise wurde der sprachliche Umgang mit einem disruptiven Ereignis aufgrund des methodischen Zugriffs bislang nicht mit Resilienz in Verbindung gebracht. In den Disziplinen, die das Konzept der Resilienz verwenden, wird das Verhalten und Handeln von Menschen, aber auch von Gesellschaftssystemen, Städten oder Organisationen beobachtet. Sprechen wird dabei nicht als eine Form des Handelns aufgefasst, auch wenn sprachliche Äußerungen vor allem in der psychologischen Forschung eine relevante Grundlage für Forschungsergebnisse darstellen. Der Gedanke, dass Resilienz sich auch in Sprache manifestiert, nämlich darin, wie sich ein Individuum oder ein Kollektiv in einer Krise selbst beschreibt, und dass diese Beschreibung fester Bestandteil der Bewältigung ist, findet sich jedoch im Zusammenhang mit narrativen Interviews in der systemischen Therapie (Retzlaff 2014). Dabei wird den Interviews ein Resilienzeffekt beigemessen, denn sie zielen darauf ab, Erinnerungen an traumatische oder Krankheitserfahrungen durch alternative Narrationen zu ersetzen und einen neuen Umgang mit den einschneidenden Erlebnissen zu ermöglichen (cf. Retzlaff 2014, 140). Die «Rekonstruktion der eigenen Geschichte in einem anderen affektiven Kontext», die mit narrativen Interviews erzielt wird, wird als «heilwirksam» beschrieben (Retzlaff 2014, 145). Die Bedeutung der negativen Erfahrung von Verlust oder Trauma wird relativiert und den traumatischen Erfahrungen ein alternativer Sinn gegeben (cf. Boss 2008, 146). Implizit wird mit dem Fokus auf die «Rekonstruktion der eigenen Geschichte» auch der Aspekt der Identitätsaushandlung angesprochen, denn in dem kohärenten Einfügen traumatischer Erlebnisse in die eigene Geschichte konturiert sich auch das eigene Selbstbild. Neben den narrativen Interviews beschreibt Retzlaff (2014, 104s.) auch Kommunikationsprozesse wie eine offene Kommunikation in Familien als Bestandteile von Resilienz. Ihre Bedeutung liegt darin, dass sie «potenziell Stress und Belastungen reduzieren und Familien helfen, auch mit anhaltenden Widrigkeiten gut zurechtzukommen» (Retzlaff 2014, 98). Diese Beispiele zeigen, wie die für die Linguistik grundlegende Perspektive einer sprachlich-kommunikativen Konstruktion der Wirklichkeit zumindest vereinzelt in die psychologische Forschung, genauer gesagt die Psychotherapie, integriert wird. Resilienz als Einheit zu verstehen, die sich in sprachlichen Prozessen manifestiert und beobachten lässt, ist nicht nur für die linguistische Analyse von Krisendiskursen vielversprechend. Es kann auch eine produktive Ergänzung der etablierten Resilienzforschung darstellen.

3.2.2 Resilienz im Diskurs

In den vorherigen Abschnitten wurde das Konzept der Resilienz in vier Richtungen weiterentwickelt, die für die diskurslinguistische Analyse relevant sind. Dabei wurde Resilienz bereits als sprachliches Phänomen identifiziert, da zum dynamischen Vorgang, eine Krise zu überwinden, auch sprachliches Handeln gehört. Der Ort, an dem sprachliches Handeln auf kollektiver Ebene erfolgt, ist der Diskurs. Damit lässt sich Resilienz konkretisierend als Diskursphänomen beschreiben. Jede erfolgte Bewältigung einer Krise mit gesellschaftlichem Ausmaß ist somit (unter anderem) eine sprachlich-diskursive Erfahrung. Ein besonderes Kennzeichen von Krisendiskursen, in denen sich ein resilienter Verarbeitungsprozess manifestiert, ist, dass bei der diskursiven Konstruktion und (Neu-)Verhandlung des Selbstbildes der Identitätskern bewahrt wird.

Die folgenden Ausführungen schließen an die Weiterentwicklung des Resilienzkonzepts an und erörtern, welche Formen Resilienz als Diskursphänomen annimmt. Dabei ergeben sich zwei verschiedene Dimensionen. Resilienzphänomen konstituieren sich in den kulturellen Wissensbeständen, die in einer Diskursgemeinschaft verankert sind und die Grundlage für die diskursive Bewältigung einer schwierigen Situation bilden. Die zweite Dimension ist das sprachliche Aushandeln selbst, also der kommunikative Akt der Überwindung der Situation, die lösungsorientiert und konstruktiv erfolgt. Die zunächst theoretische Übertragung von Resilienz auf die Ebene des Diskurses ist eine notwendige Voraussetzung für die Entwicklung konkreter Beschreibungsformen, die es ermöglichen, das Phänomen zur Darstellung der Ergebnisse der empirischen Analyse heranzuziehen.

3.2.2.1 Diskurstraditionen der Resilienz
Resilienz konstituiert sich in seiner ersten Dimension in kulturellen Wissensbeständen. Diese Wissensbestände haben mehrere Facetten. Sie sind ein Wissen darüber, was eine Krise ist und wann und inwiefern eine bestimmte Sachlage als krisenhaft oder nicht krisenhaft zu bewerten ist. Sie enthalten die Erfahrung,

dass belastende Umstände in der Vergangenheit trotz negativer Implikationen erfolgreich bewältigt wurden. Und schließlich sind sie auch ein Wissen über die eigenen Fähigkeiten und Möglichkeiten, Krisen zu überwinden und im Prozess der Auseinandersetzung das kollektive Selbstbild so (neu) zu formulieren, dass der Identitätskern erhalten bleibt. Wie in der Beschreibung bereits anklingt, sind die Wissensbestände im kulturellen Gedächtnis eines Kollektivs verankert. Dort verfestigen sie sich und werden zu einem Bestandteil der kollektiven Identität. Es handelt sich vor allem aus dem Grund um *kulturelle* Wissensbestände, weil jede Herausforderung in einem spezifischen kulturellen Kontext vorkommt und jede Kulturgemeinschaft in einer für sie charakteristischen Weise mit ihnen umgeht.[15]

Die kulturellen Wissensbestände, die das Ergebnis einer konstruktiven Überwindung schwieriger Zustände sind, leiten bei der erneuten Konfrontation mit einer schwierigen Situation die Auswahl konkreter Versprachlichungsformen an.[16] Daher nenne ich sie *Diskurstraditionen der Resilienz*. Diskurstraditionen der Resilienz sind kulturelle Wissensbestände, die die Deutung von Krisensituationen anleiten und sich im Sprechen und Schreiben über sie manifestieren. Ihr Erkennungsmerkmal ist, dass eine Sachlage nicht als Krise konstruiert, sondern lösungsorientiert mit ihr umgegangen wird. Wie bereits erwähnt, entstehen diese Wissensbestände durch entsprechende Erfahrungen. Dies sind nicht zuletzt Erfahrungen des diskursiven Aushandelns einer herausfordernden Situation. Damit greift jede neue diskursive Bewältigung auf kulturelle Prägungen und Traditionen des Sprechens über Krisen zurück, also darauf, wie diese innerhalb einer Diskursgemeinschaft in der Vergangenheit diskursiv konstruiert und kommunikativ bewältigt wurden. Da Krisendiskurse zugleich Identitätsdiskurse sind, beziehen sich die Erfahrungswerte auch auf die Konstruktion der eigenen Identität, die dabei stattfand. Diskurstraditionen der Resilienz können auf der sprachlichen Oberfläche viele Facetten annehmen und von der Auswahl lexikalischer Einheiten über Metaphern bis hin zu ganzen Diskursen reichen, wie einem Diskurs der Einheit. Sie müssen auch nicht zwingend feste Formeln hervorrufen, es können auch Tendenzen sein, die wie eine kulturelle Folie einen Diskurs in seiner Gesamtheit prägen, etwa die Tendenz zur Polarisierung und zur Unterscheidung zwischen einem *Wir* und einem *Sie*. Zusammengefasst lassen sie sich als Deutungs- und Bewertungsschema potenzieller Krisensituationen beschreiben.

---

15 Hier ist darauf hinzuweisen, dass die Auseinandersetzung mit einer Krise immer auch von der spezifischen Konstellation der Umstände abhängig ist.
16 Der Fokus liegt hier speziell auf der *diskursiven* Bewältigung einer Krise. Dass dabei über die sprachliche Aushandlung hinaus realwirtschaftliche oder soziale Maßnahmen eine Rolle spielen, versteht sich von selbst.

Da Diskurstraditionen zugleich ein sprachbezogenes und kulturelles Wissen sind (Schrott 2015a), stehen auch Diskurstraditionen der Resilienz in Abhängigkeit mit dem Diskursraum, in dem sie sich herausgebildet haben.

Überträgt man diese Überlegungen auf Argentinien als Kultur- und Diskursgemeinschaft folgt daraus, dass die Erfahrung, in der Vergangenheit mehrfach Krisen überwunden zu haben, (vor allem die Hyperinflation von 1989 und die Argentinienkrise von 2001) ein kulturelles Inventar darstellt, das fester Bestandteil des kulturellen Gedächtnisses ist und bei der erneuten Konfrontation mit einer herausfordernden Situation zur Verfügung steht.[17] Das kulturelle Inventar ist zugleich ein sprachbezogenes Inventar, denn zur Krisenbewältigung zählt ihre sprachlich-diskursive Aushandlung. Die argentinischen Diskurstraditionen der Resilienz beinhalten ein Wissen darüber, mit welchen sprachlichen Mitteln in diesem Kultur- und Diskursraum typischerweise über schwierige Umstände gesprochen wird. Folglich leitet dieses Wissen die Auseinandersetzung mit dem Zahlungsausfall von 2014 an.

Die Diskurstraditionen der Resilienz sind kein statisches Konstrukt. Sie münden in eine diskursive Praxis und bringen sprachliche Muster hervor. Damit sind sie ein praktisches Wissen, das bestimmte Formen sprachlichen Handelns auslöst. Auf der sprachlichen Oberfläche manifestieren sie sich als diskursive Muster und verweisen auf das ihnen zugrundeliegende Wissen, das oft implizit bleibt. Daher ist die linguistische Diskursanalyse eine geeignete Methode, um über die Analyse der diskursiven Muster die zugrundeliegenden Diskurstraditionen (der Resilienz) offenzulegen. Kulturelle Wissensbestände und diskursive Muster erscheinen jedoch nicht als zwei Kategorien, die unabhängig voneinander sind. Vielmehr sind sie zwei Seiten desselben Phänomens und stehen in direkter Abhängigkeit zueinander. Ein resilientes Sprechen in Krisenzeiten geht immer auf entsprechende Diskurstraditionen zurück, die aber nur über die Analyse der im Diskurs sichtbaren Muster sichtbar werden.

3.2.2.2 Sprachliches Handeln und diskursive Muster der Resilienz

Die kulturellen Wissensbestände, die während einer erfolgreichen Krisenüberwindung entstanden sind, verwandeln sich im Diskurs in die Praxis der kommunikativen Konstitution und Bewertung der Sachlage. Diskurstraditionen der Resilienz führen also zu einer entsprechenden diskursiven Praxis. Im Vorder-

---

17 Zugleich aktivieren sich bei der sprachlich-diskursiven Aushandlung von herausfordernden Situationen auch stets Diskurstraditionen, die generell dem öffentlichen Diskurs oder der Behandlung politisch-ökonomischer Themen zugrunde liegen. In welchem Verhältnis die einzelnen Diskurstraditionen zueinander stehen, lässt sich bei der Analyse nur schwer differenzieren.

grund steht hier Resilienz als eine Tätigkeit beziehungsweise als handlungsbezogene Kategorie. In dieser Dimension finden sich zentrale Punkte wieder, wie die Einheit in der individual- und systembezogenen Forschung beschrieben wird, nämlich als Fähigkeit und aktive Handlung in der Konfrontation mit einer herausfordernden Situation. Bezogen auf den Diskurs meint Handeln immer sprachliches oder sprachlich-multimodales Handeln. Es drückt sich darin aus, dass sprachliche Techniken mit dem kommunikativen Ziel eingesetzt werden, einen potenziell krisenhaften Zustand als überwindbare Herausforderung zu beschreiben, so dass er einen Status von Sagbarkeit und damit Kontrollierbarkeit erreicht. Zugleich werden die Identität und das Selbstbild so ausgehandelt, dass die Auswirkungen der Situation kohärent integriert werden, der Identitätskern aber erhalten bleibt. Ein derartiges sprachliches Handeln trägt dazu bei, die Erschütterung zu überwinden.

Während die Diskurstraditionen implizit bleiben, wird das sprachliche Handeln in diskursiven Mustern sichtbar, daher können sie mit linguistischen Methoden erschlossen werden.[18] Bei der Analyse der Muster steht deren Handlungsgehalt im Vordergrund, das im Folgenden skizzierte Vorgehen ist also als pragmalinguistische Analyse zu verstehen. Da in der wissenschaftlichen Auseinandersetzung mit Krisendiskursen die Perspektive einer erfolgreichen Bewältigung in der hier vorgestellten Weise noch nicht einbezogen wurde, orientieren sich die Überlegungen zu den diskursiven Mustern an den Ergebnissen der bisherigen Resilienzforschung. In der empirischen Praxis ist darüber hinaus eine Offenheit für Ausprägungen des Phänomens notwendig, die sich aus dem Korpusmaterial ergeben, bisher aber noch nicht Bestandteil des wissenschaftlichen Resilienzkonzeptes sind. Da die vorliegende Arbeit hier die neue Perspektive von Resilienz als sprachliches Handeln einbringt, kann sie die bisherige Forschung erweitern. Offen ist, welcher Art die sprachlichen Muster sind und auf welchen Ebenen des Diskurses sie vorkommen. Eine Antwort auf diese Frage gibt der dritte Schritt der Operationalisierung, der in der Bildung von Kategorien zur Beschreibung der diskursiven Praxis besteht.

3.2.2.3 Diskurstraditionen der Resilienz zwischen Repräsentation und Konstruktion

Die Definition von Gardt (2007a, 26), die der vorliegenden Arbeit zugrunde liegt, spricht dem Diskurs zwei Eigenschaften zu. Auf der einen Seite ist er Spiegel des darin thematisierten Ausschnitts gesellschaftlicher Wirklichkeit und Spei-

---

18 Zum Verhältnis von Diskurstraditionen und sprachlich-diskursiven Mustern cf. Schrott (2015a).

cher des darin enthaltenen Wissens. Gleichzeitig ist er der Ort, an dem und durch den Wissen und die gesellschaftliche Wirklichkeit selbst erst entstehen (cf. Kap. 2.1.1). Die Doppelgesichtigkeit des Diskurses betrifft auch die Diskurstraditionen der Resilienz. Der Diskurs repräsentiert das in ihm enthaltene kulturelle Wissen. Gespeichert und für die Analyse verfügbar wird dieses Wissen in Form von diskursiven Mustern, die sich auf der sprachlichen Oberfläche identifizieren und beschreiben lassen. Da ein Diskurs nicht nur Wissensspeicher ist, sondern Wissen ebenso hervorbringt, wird über die diskursive Verarbeitung einer belastenden Situation auch das diskurstraditionelle Wissen modifiziert, erweitert, angepasst und zum Teil ganz neu gebildet. Dies zeigt sich darin, dass jeder Diskurs neue diskursive Muster aufzeigt, und geht darauf zurück, dass jede Krise spezifische Merkmale aufweist und entsprechend neue Formen der Bewältigung beziehungsweise neue Inhalte fordert, mit denen die diskursiven Formen gefüllt werden. Sprechen und Schreiben über kritische Ereignisse ist trotz seiner Traditionalität also in gewisser Weise jedes Mal auch neu. Jeder Krisendiskurs modelliert demnach den Wissensbestand, der bei einer möglichen erneuten Konfrontation mit einer Krise zur Verfügung steht. Er prägt, wie gesellschaftliche Zäsuren in der Zukunft konstruiert und kommunikativ bewältigt werden. Entsprechend der Beschreibung von Resilienz als Fähigkeit, die sich in der Konfrontation mit einer Krise herausbildet, trägt eine wiederholte erfolgreiche Überwindung zur Verfestigung des diskurstraditionellen Wissens bei.

3.2.3 Praktische Kategorienbildung

Die Überlegungen, wie Resilienz als Diskursphänomen theoretisch gefasst werden kann, werden im nächsten Schritt fortgeführt. Ziel dieses Operationalisierungsschrittes ist es, Kategorien zu entwickeln, um die diskursiven Resilienzmuster beschreiben zu können. Eine Kategorienbildung ist deshalb notwendig, da zwar vielfältige Vorkenntnisse über Resilienzerscheinungen vorliegen, aber keine Anhaltspunkte darüber, welche sprachlichen Formen sie auf der Diskursebene herausbilden. Die Vermutung liegt nahe, dass sich Resilienz aus unterschiedlichen diskursiven Mustern zu einem Gesamtbild zusammenfügt. Daher muss eine Beschreibungsform gefunden werden, die zwar der Analyse und Interpretation von Resilienzmanifestationen eine Struktur gibt, dabei aber offen ist, um unterschiedliche Arten von Mustern einzufassen. Das wissenschaftliche Resilienzkonzept dient bei der Analyse als Interpretationsrahmen, stellt jedoch keine feste Bezugsgröße dar, da es das Phänomen nicht bezogen auf sprachliches Handeln oder in seiner Kulturabhängigkeit beschreibt. Es ist daher als Leitfaden zu verstehen, der eine inhaltliche Kontur vorgibt, aber auch die Aufnahme von Merkmalen erlaubt, die bisher keine Bestandteile des Konzepts sind.

3.2.3.1 Konzeption der Kategorienbildung

Während die ersten beiden Operationalisierungsschritte noch relativ abstrakt abliefen, erfolgt die Bildung von Analysekategorien direkt am empirischen Korpusmaterial. Wo und wie sich eine resiliente Verarbeitung der Ereignisse Ende Juli 2014 mit entsprechenden Kategorien beschreiben lässt, wird aus den Daten selbst generiert. Daher beziehen sich die ermittelten Kategorien als Raster zur Analyse von Resilienzdiskursen in erster Linie auf das Beispiel Argentiniens. Ihre Anwendbarkeit für andere Diskurse muss in weiteren Studien überprüft werden. Mit dem Raster ist jedoch erstmals die Möglichkeit gegeben, eine diskursive Praxis, die sich mit dem Konzept der Resilienz in Zusammenhang bringen lässt, überhaupt greifen und beschreiben zu können. Bei der Kategorienbildung geht es zunächst um die Gestalt und Organisation von Resilienzmustern im Default-Diskurs, während ihr semantischer und pragmatischer Gehalt erst in der daran anschließenden vertieften Analyse relevant sind.

Die Bildung von Analysekategorien orientiert sich daran, wie in der Resilienzforschung die konstruktive Auseinandersetzung mit einer Krise beschrieben wird. Auch wenn so ein inhaltliches Wissen über das Phänomen zur Verfügung steht, gibt es keine Anhaltspunkte, in welcher Form Resilienz in der sprachlich-diskursiven Aushandlung sichtbar wird. Daher ist das Korpus selbst die Basis, um zu ermitteln, wie die diskursiven Resilienzmuster eingefasst werden können. Es handelt sich hier um eine induktive Analyse, die Liebert (2016, 31) eine «kategorial offene» Korpusinterpretation nennt.[19] Da die Kenntnisse über das Resilienzphänomen Ausgangspunkt der Kategorienbildung sind, ist sie zudem phänomenbasiert und hat auch einen deduktiven Anteil.[20] Induktiv ist sie dahingehend, dass erst in diesem Schritt die diskursive «Übersetzung» von Resilienz und die Facetten, die für die kulturspezifische Art Argentiniens, einer Krise zu begegnen, kennzeichnend sind, ermittelt werden. Induktive und deduktive Anteile stehen bei der Kategorienbildung in einem Verhältnis gegenseitiger Ergänzung.[21] Anders ausgedrückt lässt sich die Methode auch als Kombination von *top down*- und *bottom up*-Prozessen beschreiben. *Top down*, weil die Kenntnisse über das Phänomen an die Daten herangetragen werden, und *bottom up*, weil dessen diskursive Gestalt aus dem empirischen Material gewonnen wird.

---

19 Die quantitative Korpuslinguistik verwendet statt *induktiv* den Ausdruck *corpus driven*, cf. Bubenhofer (2009), Gür-Şeker (2014, 600).
20 Hier klingt die von Felder/Gardt (2015a, X) verwendete Bezeichnung «phänomenorientierte Perspektive» an, mit der sie jedoch ein Vorgehen meinen, das den einzelnen sprachlichen Teilphänomenen folgt. In dieser Arbeit meint phänomenbasiert, dass die Kategorienbildung von dem Vorwissen über eine resiliente Krisenaushandlung ausgeht.
21 Cf. zur Kombination von induktiven und deduktiven Verfahren in der Korpuslinguistik Bubenhofer (2009), auch wenn er damit quantitative und qualitative Verfahren unterscheidet.

Bei einem in dieser Weise offenen Herangehen gerät zunächst der gesamte Diskurs in den Blick. Im Prinzip muss jedem Diskursmuster das Potenzial zugesprochen werden, Anteil an der Bedeutungsbildung zu haben, die hier von Interesse ist, und muss dementsprechend überprüft werden. Das Analysekorpus kann also nicht zu groß sein, da sonst die Analyse quantitativ nicht zu bewältigen wäre. Kategoriale Offenheit gegenüber dem Material birgt eine Herausforderung für die Analyse, denn statt den Blick zum Beispiel nur auf Topoi zu lenken, sind alle Ebenen des Diskurses relevant. Eine forschungspraktische Herausforderung ist ein solches Verfahren auch deswegen, weil zunächst wenige Anhaltspunkte über diskursive Resilienz vorliegen und sich ein «analytischer Blick» auf Diskurselemente mit Resilienzpotenzial erst in der Auseinandersetzung mit dem Diskurs entwickelt. Eine kategorial offene Herangehensweise an den Diskurs erlaubt es jedoch, auch unerwartete Formen der diskursiven Umsetzung von Resilienz zu erkennen, wie etwa Eigenschaften des Diskurses, denen man intuitiv kein Resilienzpotenzial zusprechen würde, oder Zusammenhänge zwischen einzelnen Mustern.[22] So lassen sich Facetten aufspüren, die allein aus den Fragestellungen und methodischen Zugriffen auf Resilienz in der psychologischen oder soziologischen Forschung nicht hervorgehen. Eine voranalytische Auswahl einzelner Aspekte hätte dagegen unweigerlich Folgen für die Identifizierung, wie eine resiliente Krisenbewältigung abläuft. Sie würde die Erscheinungsformen diskursiver Resilienz einschränken, denn es würden nur die Phänomene in den Blick geraten, auf die die Analyse ohnehin ausgerichtet ist. Andere Merkmale hingegen würden dadurch aus der Analyse ausgeschlossen.[23] Eine voranalytische Festlegung, wie sich Resilienz im Diskurs zeigt, wäre eine petitio principii, ein Zirkelbeweis, der das als Prämisse nimmt, was erst noch bewiesen werden muss. Die Ergebnisse der Korpusanalyse hätten dementsprechend nur auf der Grundlage der gewählten Analyseaspekte Gültigkeit und würden möglicherweise nur einen Ausschnitt davon abbilden, was diese Ausprägung von Krisendiskursen charakterisiert. Aus den genannten Gründen ist ein exploratives Vorgehen erforderlich, das zwar von dem bestehenden Konzept ausgeht, ansonsten aber offen und vortastend zur Beschreibung von diskursiver Resilienz hinführt. Es ergänzt auch die bisherige linguistische Erforschung von Krisendiskursen, bei denen die Diskurse stets

---

22 Eine solche offene Herangehensweise wählt auch Bock (2013a, 247).
23 Der Vorteil einer Vorauswahl bestimmter Analyseaspekte ist, dass sich daraus ein spezifischer Zugang zum Material ergibt und die Analyse stärker ins Detail gehen kann. Für die vorliegende Arbeit ist ein solches Vorgehen jedoch nicht erkenntnisstiftend, da erst eine offene analytisch-theoriebildende Erschließung des Diskurses die Beschreibung einer resilienten Auseinandersetzung mit einer Störung ermöglicht.

auf der Grundlage einer vorherigen Auswahl an Analyseaspekten befragt wurden (cf. etwa Ziem 2013; Kuck/Römer 2012).[24]

Die Entwicklung eines Rasters zur Beschreibung sprachlicher Resilienz auf Basis des Default-Diskurses ist ein hermeneutisches Vorgehen (cf. zu hermeneutischen Verfahren in der (Diskurs-)Linguistik Hermanns 2007; Hermanns/Holly 2007a; 2007b; Haß 2007; Liebert 2016). Es ist ein lernendes und verstehendes Lesen der Korpusdaten, das sich zwischen «Gesamtverstehen jedes Einzeltextes» und «Detailverstehen möglichst aller seiner Einzelheiten» bewegt (Hermanns 2007, 188; 196; cf. auch Gardt 2013, 32s.). Gardt (2007b) spricht in diesem Zusammenhang vom «linguistischen Interpretieren», das sich zwischen intuitiver Textlektüre und einer Ausrichtung auf das Musterhafte bewegt. Auch hier geht es um Typenbildung im Sinne wiederkehrender Muster und Motive bei der Aushandlung, Bewertung und Konstituierung des Zahlungsausfalls, die im Einklang mit dem bestehenden Wissen über Resilienzphänomene stehen. Das Vorwissen wirkt dabei wie eine «Brille», die das Augenmerk auf relevante Textstellen lenkt.

Da zunächst nicht klar ist, wie resilientes sprachliches Handeln im Diskurs in Erscheinung tritt, vollzieht sich das linguistische Interpretieren in einem hermeneutischen Zirkel zwischen wissenschaftlichen Resilienzkonzepten und Korpusinterpretation. Dabei ist eine suchende und verstehende Haltung ausschlaggebend. Die am Beginn der Kategorienbildung stehende Offenheit entwickelt sich im Verlauf der Suche und Identifizierung von Mustern zu einem Erwartungshorizont, der den Ausgangspunkt für die Fortsetzung des verstehenden Lesens darstellt. Das Vorgehen beruht also darauf, dass sich der analytische Blick im Verlauf der Analyse schärft und erste identifizierte Muster Hinweise und Anhaltspunkte geben, auf welcher Ebene des Diskurses und mit welchen Elementen die Krisenbewältigung stattfindet.[25] Im weiteren Verlauf der Analyse kommt es zu einer fortschreitenden Verdichtung (Wrana 2014, 637), Zusammenhänge zwischen Teilaspekten werden sichtbar und es stellt sich ein Verstehen darüber ein, aus welchen Teilen sich die Gesamtbedeutung des Default-Diskurses zusammensetzt (cf. zum Vorgang des Textverstehens Gardt 2013, 33s.). Ob ein herme-

---

24 Nicht nur bei Krisendiskursen, auch darüber hinaus ist die Auswahl einzelner Analyseaspekte und -kategorien der Ausgangspunkt diskurslinguistischer Arbeiten.
25 Cf. Liebert (2016, 31s.), der beschreibt, wie sich bei einem kategorial offenen Verfahren bereits nach dem Lesen der ersten Texte Vorstellungen über das Gesamtkorpus herausbilden. Aus diesem Grund stellt er die Unterscheidung zwischen rein deduktiven und induktiven Analyseverfahren in Frage. Desweiteren fügt er an, dass auch bei einem deduktiven Vorgehen Aspekte außerhalb des gewählten Kategoriensets auffallen und bei induktiven Verfahren immer Präkategorisierungen in die Analyse mit einfließen.

neutischer Zugriff auf das empirische Datenmaterial sinnvoll ist, stellt sich im Verlauf der Analyse dadurch heraus, dass er zu sinnvollen Ergebnissen – hier: geeigneten Analysekategorien – führt.

Die bisherigen Ausführungen machen deutlich, dass die Übertragung einer in der Diskurslinguistik weitgehend unbekannten Größe wie Resilienz nur über qualitative Verfahren möglich ist. Denn woraufhin das Korpus befragt werden muss, kristallisiert sich erst in der hermeneutischen Analyse heraus, die auf ein verstehendes Subjekt angewiesen ist. Automatisierte Prozesse basieren auf Häufigkeiten und können zum Beispiel keine Zusammenhänge erfassen, wie Diskursmuster im Korpus ineinanderwirken. Darüber hinaus ist eine resiliente Krisenaushandlung keine quantifizierbare Diskurseigenschaft, sondern setzt sich aus bestimmten Elementen zusammen, denen ein Resilienzeffekt zugesprochen werden kann (in Anlehnung an den Forschungsstand zum Begriff). Diese müssen identifiziert, kategorisiert und beschrieben werden. Das ist nur in einem qualitativen Verfahren möglich, in dem die einzelnen Schritte nacheinander und aufeinander aufbauend durchlaufen werden. Resilienz manifestiert sich nicht explizit im Diskurs, stattdessen entfaltet sich seine Bedeutung flächig im komplexen Zusammenspiel einzelner diskursiver Muster. Die Unterscheidung zwischen punktueller und flächiger Bedeutungsbildung geht auf Gardt (2013, 45) zurück. Eine punktuelle Bedeutungsbildung liegt dann vor, wenn bereits ein einzelner Ausdruck oder eine Wendung eine relevante Bedeutung für einen Abschnitt, Text oder Diskurs entfaltet. Flächige Bedeutungsbildung meint, dass ein relevanter semantischer Gehalt erst in der Kombination mehrerer Elemente entsteht.

Ein weiterer Grund für eine qualitative Analyse des Default-Diskurses liegt in der Zusammensetzung des Diskursmaterials. Beim argentinischen Zeitungsdiskurs handelt es sich um eine stark polarisierte Diskursumgebung, bei der sich regierungstreue und der Kirchner-Regierung gegenüber deutlich negativ eingestellte Zeitungen gegenüberstehen und den Zahlungsausfall ihrer ideologischen Ausrichtung entsprechend konstruieren. Diese ideologische Mehrstimmigkeit wirkt sich auf die Gestaltung der Diskursausschnitte hinsichtlich ihrer Deutung der Situation aus. So bewerten die regierungskritischen Medien den Zahlungsausfall pessimistischer als die regierungstreuen und sehen ihn vor allem als Versagen der Kirchner-Regierung. Die dadurch entstehende Heterogenität kann nur eine qualitative Studie entsprechend erörtern.

3.2.3.2 Anwendung auf das Korpus
Die praktische Kategorienbildung lässt sich als Aufschlüsseln des Diskurses bezeichnen. Ziel ist es, diejenigen Diskurselemente zu identifizieren, die als Manifestationen einer resilienten Verarbeitung des Zahlungsausfalls verstanden

werden können.[26] Das linguistische Interpretieren erfolgt hier über das Codieren von Textsegmenten. Das Verfahren des Codierens stammt aus der qualitativen Inhaltsanalyse (Kuckartz 2016; Mayring 2000; 2015). Es ist ein Eingrenzen des Analysematerials auf die Bestandteile des Diskurses, denen Relevanz hinsichtlich der Fragestellung und des Analyseziels zugewiesen wird. Genauer handelt es sich dabei um ein In-Vivo-Codieren (Liebert 2016, 31), bei der nicht zuvor, sondern erst im Verlauf der Analyse Codes sukzessive festgelegt werden. Es ist die praktische Durchführung des oben beschriebenen induktiven Vorgehens.[27] Technisch umgesetzt wird dieser Schritt mit der Software MAXQDA, der zurzeit bekanntesten Software für Qualitative Datenanalyse.[28] Sie ermöglicht das erforderliche sukzessive Erstellen von Codes und erlaubt eine übersichtliche Verwaltung des Datenmaterials. Von Vorteil ist, dass das Programm die Art der Codes nicht festlegt. So können Codes vergeben werden für Kategorien der Inhaltsseite der Texte, aber auch für Phänomene wie semantische Felder oder Argumentationsmuster. Auch die Größe der codierten Textstellen ist offen und kann von einzelnen Buchstaben bis hin zum vollständigen Text reichen.[29] Darüber hinaus erlaubt die Software, Codes im Analyseprozess umzubenennen, umzusortieren und in eine hierarchische Ordnung zu bringen. Diese Unterdeterminiertheit der Software vereinfacht die Verwendung für eine diskurslinguistische Arbeit. Wrana (2014) verweist im Zusammenhang mit einem solchen Codiervorgehen darauf, dass die Analyse selbst eine Form der diskursiven Praxis ist, die in einem zirkulären Forschungsprozess abläuft.[30]

Da der hier beschriebene Analyseschritt induktiv vorgeht und es im Verlauf der Interpretation und des Codierens erst zu einem Ergebnis kommt, wie sich Resilienz in der sprachlich-diskursiven Aushandlung einer schwierigen Sachlage darstellt und wie eine argentinienspezifische Resilienz aussieht, ist der Codierprozess auch theoriebildend und weist neben der Inhaltsanalyse auch eine Verbindung zu Ansätzen der Grounded Theory auf.[31] Grundlegend ist für die

---

26 Cf. L. Becker (2015), die ebenfalls ein solches Vorgehen im Rahmen einer argumentationstheoretischen Analyse durchführt, sowie Bock (2015).

27 Cf. zur induktiven Kategorienbildung Mayring (2015, 472) und Wrana (2014, 636ss.).

28 Http://www.maxqda.de/ (letzter Zugriff 25.09.2018). Cf. zur Verwendung von Software zur qualitativen Datenanalyse im Rahmen von Diskursanalysen Gasteiger/W. Schneider (2014).

29 Das Programm ermöglicht zusätzlich zu rein an sprachlichen Zeichen orientierten Analyse auch semiotisch erweiterte, da zum Beispiel auch Elemente wie Bilder, Grafiken oder Videos codiert werden können.

30 Cf. dazu auch Herschinger (2014).

31 Eine Integration von Verfahren der Grounded Theory in die linguistische Diskursanalyse ist eine vergleichsweise neue Entwicklung. Ein Beispiel ist die Dissertation von Bock (2013b). Cf. auch Bock (2013a; 2015). Sie beschreibt die Grounded Theory als ein «qualitatives sozialwissenschaftliches Forschungsprogramm, das für die Kombination mit diskurslinguistischen

Grounded Theory, dass vor der Analyse auf jegliche Hypothesen verzichtet und die Theorie vollständig aus den Daten generiert wird. Ein weiteres Kernelement ist, dass das Datenmaterial erst schrittweise im Verlauf der Datenanalyse erstellt wird («Theoretisches Sampling»).[32] Bei der Grounded Theory sind also «Datensammlung, -analyse und Theorieformulierung [...] ineinander verschränkt» (A. Böhm 2015, 475). Bei der Analyse des Default-Diskurses liegt das Korpusmaterial bereits vor und die Theorie wird zwar teilweise, aber nicht vollständig aus den Daten generiert, da sie durch die Kenntnisse über Resilienzphänomene bereits vorgeprägt ist. Vor der Analyse ist also bereits eine Grundidee vorhanden, die das Verstehen in eine bestimmte Richtung lenkt und die einzelnen Elemente in ein Gesamtverstehen einordnet (cf. Biere 2007, 18). Daher steht die Kategorienbldung nur in einigen Punkten im Einklang mit der Grounded Theory.

Auch wenn das Codierverfahren aus der Inhaltsanalyse entlehnt ist, ist es kein Zusammenfassen der Diskursinhalte. Vielmehr geht es bei einer pragmatisch-handlungsorientierten Perspektive neben dem sachlichen Gehalt relevanter Diskurselemente um ihre Funktion innerhalb des Diskurses. Im Verlauf der hermeneutischen Analyse des Korpus werden Textsegmente codiert und ähnliche Codes zu Gruppen zusammengefügt. Es ergeben sich also Typenbildungen auf mehreren Ebenen. Die Bedeutung einzelner Textsegmente für den Diskurs ergibt sich teilweise bereits durch den direkten Kotext, teilweise erst im Rahmen eines vollständigen Textes, manchmal auch erst auf transtextueller Ebene. Diese Feststellung verweist auf die Notwendigkeit einer verstehenden Analyse. Die ermittelten Kategorien unterliegen während der Analyse einem ständigen Änderungs- und Modifikationsprozess. Einige Codes verfeinern und konkretisieren sich, andere erweisen sich als nicht musterhaft und werden wieder entfernt, Verbindungen scheinen auf, andere verlieren sich wieder. Erst die Überprüfung einer größeren Datenmenge gibt Aufschluss darüber, inwieweit sich Kategorien als tragfähig erweisen und ob sie weitere Umbenennungen benötigen. Dieser «permanente[ ] Recodier- und Verdichtungsprozess» (Wrana 2014, 637) stellt die wissenschaftliche Güte des induktiven Codierverfahrens sicher,[33] da ein Lern-

---

Untersuchungsmethoden prädestiniert ist» (Bock 2013b, 245). Cf. auch Fraas/Meier (2013) und Fraas/Pentzold (2008), die die Grounded Theory bei der Analyse von Online-Diskursen verwenden in der Triangulation mit diskurslinguistischen Methoden, wie etwa multimodaler Stil- und Frameanalyse. Auch Warnke (2015, 237) spricht der Grounded Theory Potenzial zur Integration in linguistische Diskursanalysen zu.

32 Einführungen in die Grounded Theory geben Glaser/Strauss (2010), A. Böhm (2015) sowie Kaiser/Reinartz/Truschkat (2005).

33 Cf. zu Gütekriterien in der Diskursforschung Angermüller/Schwab (2014).

prozess stattfindet, der zunächst von einer kleinen empirischen Basis ausgeht und am Ende auf der Analyse des gesamten Korpus beruht. Im musterhaften Auftreten von Elementen zeigen sich der intertextuelle Zusammenhang des Diskurses und die Verwobenheit der Texte miteinander (cf. Spitzmüller/Warnke 2008b, 40). Die für den Default-Diskurs ermittelten intertextuellen Zusammenhänge weisen nach, dass sich aus Teilbedeutungen ein Gesamtbild ergibt. Sie belegen, dass Resilienz keine vereinzelt auftauchende textuelle Größe ist, sondern auf der Diskursfläche entsteht.

Zunächst sind es kleinere Einheiten – *Resilienzmarker* –, die als Prototypen einer resilienten Aushandlung der Gegebenheiten sichtbar werden. Sie setzen sich aus wiederkehrenden Aussagen zusammen, die die schwierige Situation deuten und zu ihrer Bewältigung beitragen.[34] Die in einem Resilienzmarker angesammelten Aussagen semantisieren sich gegenseitig und erlauben, ausgehend von ihnen kontextabstrakte Schlussregel abzuleiten. Auf einer Makroebene betrachtet kommt den Resilienzmarkern also eine argumentative Funktion zu, indem sie zu einer bestimmten Haltung gegenüber den Ereignissen aufrufen und bestimmte Deutungen durchsetzen. Der Toposbegriff in seiner Adaption für die linguistische Diskursanalyse geht auf Wengeler (2003) zurück, der seine Eignung als Kategorie für die Analyse von gesellschaftlichem Wissen herausgearbeitet hat. Der Ursprung des Begriffs liegt in der aristotelischen Rhetorik. Topoi sind im Verständnis Wengelers meist implizit bleibende Schlussregeln, die eine Argumentation stützen und ihr Überzeugungskraft verleihen. Diese Überzeugungskraft beruht auf Plausibilität und nicht auf «Wahrheit» oder «Logik» (Wengeler 2003, 178). Häufig entfalten sie deshalb nur innerhalb eines fest definierten Rahmens, zum Beispiel eines Diskurses, ihre Wirkung, da sie nur in ihm plausibel sind. Die Analyse von Topoi ist für linguistische Diskursanalysen deshalb interessant, «weil [sie] etwas über wiederkehrende Denkmuster, die versprachlicht und argumentativ eingesetzt werden, [verraten]» (Wengeler 2013a, 153). Wengeler fokussiert bei seinen Analysen nur argumentative Strukturen auf der Diskursoberfläche. Die vorliegende Arbeit vertritt einen Toposbegriff, der davon abstrahiert und auch anderen diskursiven Mustern wie Metaphern, Rollenzuschreibungen etc. eine argumentative Funktion zuweist. Im Default-Diskurs ist es der Zusammenschluss unterschiedlicher sprachlicher Merkmale, aus denen Schlussregeln, also Schemata, die den Deutungen zugrundeliegen, abgeleitet werden können.

Die einzelnen Marker stehen nicht isoliert nebeneinander. Stattdessen lassen auch sie sich zu größeren Einheiten zusammenfassen, die auf einer abstrak-

---

34 Mit *Aussage* meine ich nicht die konkrete *Äußerung*, sondern deren illokutionären Gehalt. Sie basiert auf einem codierten Textsegment, ist aber nicht mit ihr gleichzusetzen.

teren Ebene eine neue Bedeutung entfalten. Für diese Einheiten – ich nenne sie *Resilienzfiguren* – lassen sich ebenfalls verdichtete Schlussregeln formulieren. Resilienzfiguren werden in ihrer Gestalt erst durch das Zusammenspiel von Resilienzmarkern sichtbar, konstituieren sich also über eine größere Fläche des Diskurses. Der grundsätzliche Unterschied zwischen Resilienzmarkern und Resilienzfiguren liegt in ihrem Abstraktionsniveau. Während die Resilienzmarker enger mit den Äußerungen auf der Diskursoberfläche verbunden sind, lassen sich die Resilienzfiguren weniger auf einzelne Textsegmente zurückführen, die immer nur eine Facette ausdrücken. Deshalb ist anzunehmen, dass die Resilienzfiguren in ihrer konkreten Realisierung diskursspezifisch und kontextabhängig sind, hier also aus der Beschaffenheit des Default-Diskurses resultieren. Sowohl bei Resilienzmarkern als auch bei Resilienzfiguren handelt es sich um flächige Muster, deren Bedeutung erst im Zusammenwirken mehrerer Diskurselemente entsteht. Beide Kategorien zielen darauf ab, eine bestimmte Deutung der Sachlage durchzusetzen und rufen zu einer Haltung und einem Verhalten gegenüber ihr auf.

Die Identifizierung von Resilienzmarkern und -figuren erfolgt in der Analyse nicht nacheinander, sondern aufeinander aufbauend und in Abhängigkeit zueinander. Erst durch die Gruppierung von Markern wird deutlich, dass sie gemeinsam eine Resilienzfigur evozieren. Umgekehrt eröffnet die Identifizierung einer Resilienzfigur den Blick für weitere Marker, die ihr zugeordnet werden können. Dabei ist auch zu erwähnen, dass sich die Marker häufig erst im Zusammenschluss zu einer Figur als Bestandteil einer resilienten Krisenaushandlung herauskristallisieren. Erneut wird hier die Leistung eines hermeneutischen Vorgehens deutlich.

Nicht nur die Resilienzmarker, auch die Resilienzfiguren wirken wieder ineinander und fügen sich zu Gruppen zusammen. Genauso wie die Resilienzmarker auf komplexe Weise miteinander interagieren und sich der Resilienzeffekt in ihrem Zusammenwirken entfaltet, semantisieren sich auch die Resilienzfiguren gegenseitig und ergeben erst in ihrer Gesamtschau das Bild eines resilienten Argentiniens. In der hierarchischen Struktur von Resilienzmarkern und Resilienzfiguren als Kategorien zur Beschreibung des Default-Diskurses verdeutlicht sich, dass es sich um eine flächige Bedeutungsbildung handelt und Resilienz nicht an bestimmte Ausdrücke gebunden ist, sondern an das Zusammenspiel von Diskurselementen. Eine resiliente Krisenbewältigung stellt sich also als ein Mosaik dar, das sich aus vielen Einzelteilen (Resilienzmarkern) erst zu Teilbildern (Resilienzfiguren) und anschließend zu einem Gesamtbild zusammenfügt. Neben der Feststellung, dass diese Kategorien nur in einem qualitativen Verfahren ermittelt werden konnten, legitimiert sich darin auch das phänomenbasierte gegenüber einem kategorienbasierten Vorgehen, denn die Analyse von vorher festgelegten Kategorien hätte die binäre Struktur vermutlich nicht zum Vorschein gebracht. Die Art und Weise, wie sich Resilienz in der diskursiven Praxis manifestiert, hätte nicht vollständig erfasst und abgebildet werden können. Die Leistung der Kategorien *Resilienzfigur* und *Resilienzmarker* ist, dass mit ihnen die systematische Beschreibung einer lösungsorientierten sprachlich-kommunikativen Aushandlung eines kritischen Ereignisses möglich ist. Sie stellen eine Ordnung der im Diskurs identifizierten Muster her und verdeutlichen die untereinander bestehenden Bezüge. Während die Analyse von unten nach oben, also von den Resilienzmarkern zu den Resilienzfiguren erfolgte, funktioniert die Darstellung der Analyseergebnisse ausgehend von den Resilienzfiguren, die den übergeordneten Zusammenhang der Muster verdeutlichen. Bei dieser Systematik ist darauf hinzuweisen, dass die für die Analyse klar definierten Resilienzfiguren in der Diskursrealität unscharfe Ränder haben und eng miteinander verzahnt sind. Die Beschreibung der Resilienzfiguren und Resilienzmarker, die die Analyse des Default-Diskurses ergeben hat, sowie ihre Organisation und Gewichtung im Diskurs erfolgt in den Kapiteln 5, 6 und 7.

4 Gegenstand, Korpus und Kontext

Der Zahlungsausfall Ende Juli 2014 und die darauf folgenden Reaktionen bilden einen Diskursstrang, der Teil eines viel größeren Diskurses ist. Dieser umfasst den gesamten Rechtsstreit zwischen Argentinien und den Hedgefonds und reicht entsprechend weit zurück. Der Fokus der vorliegenden Arbeit liegt auf dem Beginn eines neuen Diskursabschnitts, der durch das diskursive Ereignis des Zahlungsausfalls ausgelöst wird. Um diesen konzentrierten Moment zu verstehen, wird der Diskursstrang im Folgenden in seinen situativen Kontext eingeordnet. Im Anschluss daran wird die Erstellung des Analysekorpus beschrieben und vor dem Hintergrund der Medienumgebung, in der sich der öffentliche Diskurs in Argentinien herausbildet, reflektiert.

4.1 Der Zahlungsausfall und seine Hintergründe

4.1.1 Der Zahlungsausfall von 2014 vor dem Hintergrund der argentinischen Krisenerfahrung

Die Klassifizierung durch die internationalen Ratingagenturen Ende Juli 2014 als «technisch zahlungsunfähig» rückte Argentinien in den Fokus der internationalen Öffentlichkeit (Tietje 2014, 3). Medienwirksam war der Eintritt des Landes in einen *Default* aus mehreren Gründen. Es handelte sich nicht um den ersten, sondern um den mittlerweile achten Zahlungsausfall in der argentinischen Geschichte seit der Unabhängigkeit des Landes vor etwa 200 Jahren (cf. Bloss 2014). Vor allem im Verlauf des 20. Jahrhunderts, zu dessen Beginn Argentinien noch zu den fünf reichsten Nationen im weltweiten Vergleich gehörte, war es wiederholt mit wirtschaftlichen, aber auch politisch-gesellschaftlichen Krisen konfrontiert, die es überwinden musste. Aufgrund ihrer periodischen Wiederkehr bezeichnen Birle/Bodemer/Pagni (2010, 10) Krisen als «argentinische Krankheit». Novaro (2010) kommt zu einer positiveren Bewertung, da auf die wiederkehrenden Einbrüche stets eine rasche Erholung folgte. Er betitelt Argentinien programmatisch als «ein Land der Krisen und Krisenüberwindung».[1] Fest im kollektiven Gedächtnis der Argentinier verhaftet ist vor allem der Zahlungsausfall Ende 2001 im Zuge der tiefgreifenden Wirtschaftskrise, der

---

1 Cf. zu Argentiniens Krisenerfahrung Bernecker (i. Dr.) und zur zyklischen Wiederholung von Krisen Visacovsky (2010).

https://doi.org/10.1515/9783110620726-004

im Jahr 2014 gerade einmal dreizehn Jahre zurücklag.[2] Die Krise übertraf alle bis dahin gemachten Erfahrungen und erschütterte tiefgreifend das wirtschaftliche, politische und auch soziale System des Landes (cf. Birle/Bodemer/Pagni 2010, 11). Sie ist ein zentrales Element der jüngeren argentinischen Geschichte und prägt die Gesellschaft bis heute.[3] Die Erklärung der Zahlungsunfähigkeit am 23. Dezember 2001 markierte den Schlüsselmoment der Krise und kam einer Kapitulation gleich. Die Auslandsverschuldung belief sich zu der Zeit auf 144 Milliarden Dollar, von denen 73 % Staatsanleihen waren (Malcher 2014, 80). Diese Summe macht den Default auch auf globaler Ebene zum bislang größten Zahlungsausfall eines Staates (cf. Schratz 2008, 1).

Auch wenn sich der Default von 2014 aus mehreren Gründen von dem zu Beginn des Jahrtausends unterscheidet, stehen beide Ereignisse in Relation zueinander. Auf der einen Seite ist der erneute Zahlungsausfall eine Konsequenz der verspäteten juristischen Klärung der Frage, wie seit 2001 nicht weiter getilgte Schulden zurückgezahlt werden sollen. Auf der anderen Seite wiegen die Krisenerfahrung von 2001 und besonders der Moment der Zahlungsunfähigkeit als Anerkennung des wirtschaftlichen Bankrotts so schwer, dass sie das Konzept von *Krise* und *Default* nachhaltig prägen, wie sich im Verlauf der Analyse zeigen wird. Der konkrete historische Kontext von 2001 mit all seinen Implikationen dient als Referenzpunkt dafür, was eine Krise ist.

4.1.2 Wie es zum Zahlungsausfall kam – Der Prozess Argentinien vs. Hedgefonds

In den Folgejahren der Krise von 2001 regelte Argentinien die Rückzahlung seiner Schulden.[4] In zwei Etappen (2005 und 2010) kam es zu einer Einigung mit 93 % der Gläubiger (cf. Kulfas 2014, 5; Hernández Vigueras 2015, 110ss.). Was

2 Birle/Bodemer/Pagni (2010, 10) nennen auch die Hyperinflation von 1989/90 als ein Trauma, das «sich tief in das kollektive Gedächtnis der Argentinier eingegraben [hat]».
3 Einen Überblick über die argentinische Wirtschaftskrise geben u. a. Boyer/Neffa (2004) und Levey/Ozarow/Wylde (2014). Die Bedeutung der Krise reflektieren auch die Beiträge im Sammelband von Birle/Bodemer/Pagni, der in zwei Auflagen vorliegt. Die erste Auflage erschien zum Zeitpunkt der Krise (2002), die zweite Auflage (2010) zieht eine Dekade nach der Krise Bilanz.
4 Während der gesamten Zeit der Erholung nach der Krise von 2001 befand sich Argentinien unter einer peronistischen Regierung, genauer unter der Präsidentschaft des Ehepaars Néstor Kirchner (2003–2007) und Cristina Fernández de Kirchner (2007–2015), deren politisches Programm auch als *kirchnerismo* bezeichnet wird. Aufgrund der Errungenschaften im Hinblick auf die Überwindung der Krise hat sich für diesen Zeitabschnitt der Ausdruck *Década Ganada* etabliert.

aus argentinischer Sicht als großer Erfolg bewertet wurde, bedeutete für die Anleger hohe Verluste, da die Einigung mit einem Verzicht auf große Anteile ihrer Investitionen einherging.[5] Zu den verbleibenden 7 % der Gläubiger, die sich nicht auf die von Argentinien gestellten Bedingungen einließen, gehörten sogenannte «Hedgefonds». Dabei handelt es sich um Anleger, die Wertpapiere von Krisenländern oder Unternehmen, die kurz vor dem Konkurs stehen, zu vergleichsweise niedrigen Preisen kaufen und nach einer Phase der Erholung den Nominalwert der Papiere fordern (Malcher 2014, 80s.). Da sie üblicherweise nicht an Umschuldungsmaßnahmen teilnehmen, werden diese Investoren auch als *holdouts* bezeichnet. In Argentinien ist zudem der pejorative Ausdruck *fondos buitre* ('Geierfonds') geläufig, der die Hedgefonds dafür kritisiert, sich an Ländern in wirtschaftlichen Notlagen zu bereichern.[6]

Prominente Vertreter im Fall Argentiniens waren die großen US-amerikanischen Hedgefonds *NML Capital* unter dem Multimilliardär Paul Singer und *Aurelius Management*. Um ihre Forderung durchzusetzen, wählten sie den Weg der juristischen Klärung.[7] Alle Verhandlungen im Zusammenhang mit den Schulden fanden dabei unter US-amerikanischem Recht statt, denn Argentinien hatte einen Teil der Staatsanleihen auf dem Finanzmarkt in New York angeboten, um sie für Investoren attraktiver zu machen (cf. Beck 2014, 7; Buchieri 2014, 72; Bloss 2014, 11). Die Entscheidung im Rechtsstreit fiel 2012 durch den zuständigen New Yorker Richters Thomas Griesa. Sein Urteil gab den Klägern Recht und verpflichtete Argentinien, den Hedgefonds die von ihnen geforderte Summe in voller Höhe zu zahlen. Gleichzeitig untersagte es der Nation, die anderen Gläubiger, mit denen es zu einer Einigung gekommen war, weiter zu bedienen, bis es sich auch mit den Hedgefonds einigen würde (cf. Hernández Vigueras 2015, 142s.; Rivero 2014). Dies betraf jedoch nur die über den US-amerikanischen Fi-

---

5 Zu den genauen Bedingungen und Implikationen der Umschuldungen cf. ausführlich Hernández Vigueras (2015, 38–45, 110–114) und Telechea/Todesca (2014, 6s.). Eine detaillierte Aufstellung der einzelnen Ereignisse vom Ursprung des Rechtsstreits bis zu seinem Höhepunkt in 2014 findet sich auf der Website der argentinischen Tageszeitung *El Cronista*, http://www.cronista.com/economiapolitica/Fondos-buitre-cronologia-de-la-pelea-desde-el-reves-de-la-Corte-Suprema-de-EE.UU.-20140721-0067.html (letzter Zugriff 25. 09. 2018).

6 Nicht nur in den Medien, auch in der Forschungsliteratur finden sich alle Varianten der hier aufgeführten Bezeichnungen, cf. für *Hedgefonds* Bloss (2014, 11), für *Fondos Buitre* Buchieri (2014, 64) und für *Holdouts* Vernengo (2014, 46).

7 Argentinien ist nicht das erste Land, das seine Schulden in einem Rechtsstreit mit Hedgefonds klären muss. Sie konnten bereits in Panama, Brasilien, Peru und der Republik Kongo ihre Forderungen erfolgreich durchsetzen, cf. Hernández Vigueras (2015, 75–98), Vernengo (2014, 54) und Malcher (2014, 82). Auch 2012 in Griechenland wendeten die Hedgefonds diese Strategie an, cf. Telechea/Todesca (2014, 8).

nanzmarkt veräußerten Anleihen. Grundlage für das Urteil war eine Klausel, die in den Verträgen für die argentinischen Wertpapiere enthalten war und allen Gläubigern Gleichbehandlung (*trato igualitario*) garantierte (Buchieri 2014, 71). Die Hedgefonds beriefen sich bei ihrer Klage darauf, dass Argentinien diese Klausel verletzt habe, indem es zwar die anderen Gläubiger bediente, aber nicht ihren Forderungen nachgekommen war. Argentinien wiederum argumentierte, dass das Urteil nicht umzusetzen sei und es den Forderungen der Hedgefonds – auch wenn es wollte – nicht nachkommen könne. Es berief sich ebenfalls auf eine Klausel, die sogenannte RUFO-Klausel (*Right Upon Future Offers*), die Bestandteil der Umschuldungsverträge war und ebenso den Grundsatz der Gleichbehandlung enthält. Sie besagt, dass Argentinien niemandem bessere Rückzahlungskonditionen anbieten darf, ohne sie gleichzeitig auch allen anderen Gläubigern zu gewähren (Telechea/Todesca 2014, 10).[8] Aus Sicht Argentiniens tritt dieser Fall ein, sollte es den Hedgefonds die volle Summe zahlen, und auch die 93 % der Gläubiger, mit denen eine Einigung erzielt wurde, könnten die gleiche Forderung stellen. Argentinien fürchtet Klagen, die sich auf eine Gesamthöhe von bis zu 15 Milliarden Dollar belaufen könnten.[9]

Obwohl das Urteil im Rechtsfall bereits 2012 gefällt wurde, trat es zunächst nicht in Kraft, da Argentinien bei zwei Gerichten eine Neubeurteilung beantragte mit der Berufung, es sei ihm aufgrund der Umschuldungsverträge nicht möglich, das Urteil umzusetzen (Beker 2014). Die Versuche scheiterten jedoch und waren auch beim letzten Anlauf vor dem Obersten Gerichtshof der USA nicht erfolgreich, dessen Ergebnis am 16. Juni 2014 veröffentlicht wurde.[10] Mit der Entscheidung des Obersten Gerichtshofs trat das Urteil Griesas endgültig in Kraft und die Ereignisse beschleunigten sich, denn am 30. Juni 2014 war eine weitere Kreditrate fällig (cf. Kulfas 2014, 4). Um seinen Verpflichtungen nachzukommen, überwies Argentinien die betreffende Summe fristgerecht an die zuständige Bank in New York. Parallel führten die Vertreter der argentinischen Kirchner-Regierung weiter Verhandlungen mit den Hedgefonds. Nach Ablauf der Frist Ende Juni war es jedoch zu keiner Einigung zwischen den Parteien gekommen. Die Summe, die Argentinien überwiesen hatte, wurde nicht an die

---

8 Allerdings hatte die RUFO-Klausel nur Gültigkeit bis Anfang 2015, so dass nach diesem Datum veränderte juristische Grundlagen für Verhandlungen mit den Hedgefonds vorlagen, cf. Kulfas (2014, 5). Daher zielte die argentinische Regierung darauf ab, die Hedgefonds zu einem Antrag bei dem Richter zu bewegen, das Urteil bis zu diesem Zeitpunkt zu suspendieren.
9 Diese Zahl nennen auch Kulfas (2014, 5) und Vernengo (2014, 49).
10 Die Entscheidung des Obersten Gerichtshofs war aufsehenerregend, denn sie schafft einen Präzedenzfall für andere Länder, die nach einer Krise eine Umschuldung anstreben. Beker (2014, 71) fasst die Medienwirksamkeit des Streits zwischen Argentinien und den Hedgefonds daher in der Bezeichnung «Juicio del Siglo» zusammen.

Gläubiger weitergeleitet, da das Urteil des Richters der Bank den Transfer untersagte. Endgültig Realität wurde der Zahlungsausfall jedoch erst am 31. Juli 2014 nach Ablauf einer dreißigtägigen *período de gracia* ('Gnadenfrist'), während der weitere Verhandlungen stattfanden. Als Konsequenz daraus, dass die Empfänger die Kreditrate nicht erhielten, stuften die internationalen Ratingagenturen die Kreditwürdigkeit Argentiniens auf *in selective default* beziehungsweise *in technical default* herab (Mitchell/Scott 2014, 56s.; Hernández Vigueras 2015, 99). Die Differenzierung von einem vollständigen Zahlungsausfall geht unter anderem darauf zurück, dass nur die Schulden in US-amerikanischer Währung von dem Urteil betroffen waren. Wie die Ausführungen deutlich gemacht haben, handelte es sich beim Default von 2014 nicht um einen Staatsbankrott im eigentlichen Sinne. Stattdessen markierte er den Höhepunkt eines langwierigen Rechtsstreits.

Der Rechtsstreit zwischen Argentinien und den Hedgefonds, das Urteil des Richters und der darauf folgende Zahlungsausfall wurden sowohl in der (internationalen) Öffentlichkeit als auch in der Forschung kontrovers diskutiert. Dies beginnt mit einer Kritik an der Forderung der Hedgefonds, die sich nicht an den Umschuldungen beteiligten. Unabhängig von einer Bewertung ihres Geschäftsmodells nach ethisch-moralischen Maßstäben, ist allerdings darauf hinzuweisen, dass die Hedgefonds nach geltendem Recht handelten und sich auf die in den jeweiligen Verträgen festgeschriebenen Grundlagen beriefen. Die Kirchner-Regierung lehnte das auf die Klage folgende Urteil mit dem Verweis auf die RUFO-Klausel ab und bezog auch darüber hinaus gegenüber den Hedgefonds deutlich Position, wie der emblematische Ausspruch der Präsidentin Cristina Kirchner «Mit den Geiern wird nicht verhandelt» zeigt (Malcher 2014, 82). Rivero (2014) bezeichnet die Entscheidung des New Yorker Richter als «skandalöses Urteil».[11] Dass es nicht nur eine Sicht auf die Klärung der Schuldenfrage gibt, zeigt sich auch in der Bewertung des Defaults. Strittig ist, ob die Sachlage überhaupt als Zahlungsausfall interpretiert werden kann und wer für ihn verantwortlich ist. So schreibt Vernengo (2014, 46), «Argentina has defaulted again – or not, depending on whom you ask». Malcher (2014, 84) nennt den Default «ein[en] Staatsbankrott der ganz eigenen Sorte – der eigentlich keiner ist». Uneinigkeit herrscht auch darüber, inwieweit die Verantwortung für den Zahlungsausfall bei Argentinien liegt. Öncü/Vilches (2015, 27) sprechen davon, dass Argentinien Opfer einer «judicial extortion» geworden ist und sich nicht im De-

---

11 Eine übersichtliche Darstellung beider Seiten aus deutscher Sicht gibt der Artikel *Duell der Erpresser* vom 28. Juni 2014 im *Spiegel*, cf. http://www.spiegel.de/wirtschaft/soziales/argentinien-gegen-hedgefonds-kirchner-kaempft-gegen-pleite-an-a-977927.html (letzter Zugriff 25. 09. 2018).

fault befindet. Kritische Haltungen finden sich etwa bei Bloss (2014), der die Situation als «selbst herbeigeführte[n] Scherbenhaufen» bezeichnet, oder auch bei Vernengo (2014, 48), der der Ansicht ist, dass «the stubbornness of the Argentinean government is behind the technical default – in other words, a default caused not by lack of money to pay, but as a result of a legal decision». Dieser Dissens spiegelt sich auch im öffentlichen Diskurs Argentiniens (cf. Kap. 4.2.2.5).

Losgelöst davon ist festzuhalten, dass der Zahlungsausfall Argentinien in einem «momento de mayor debilidad» traf (Kulfas 2014, 4).[12] Nach der wirtschaftlichen Erholung in den Folgejahren der Krise befand sich die Nation 2014 in einer Phase von geringem Wirtschaftswachstum, die zu Beginn des Jahres in einer starken Abwertung des argentinischen Peso sichtbar wurde (cf. Kulfas 2014, 4s.). Die ohnehin angespannte Lage und bestehende Unsicherheit wurde durch den Zahlungsausfall weiter verstärkt. Offen war, welche Konsequenzen er zum einen für die wirtschaftliche Situation innerhalb des Landes, zum anderen hinsichtlich der mit einem Default verbundenen Isolation auf dem internationalen Finanzmarkt haben würde (cf. Buchieri 2014, 64).[13] Darüber hinaus war nicht klar, wie lange der Zustand anhalten und wann es zu weiteren Verhandlungen mit den Hedgefonds und einer endgültigen Entscheidung hinsichtlich der Rückzahlung kommen würde.[14]

4.2 Korpus und Korpusdesign

4.2.1 Vom (Default-)Diskurs zum Analysekorpus

Diskurs wurde in Kapitel 2.1.1 definiert als eine «Auseinandersetzung mit einem Thema, die sich in Äußerungen und Texten der unterschiedlichsten Art niederschlägt» (Gardt 2007a, 26). Busse/Teubert (1994, 14) zählen zu einem Diskurs «alle Texte, die sich mit einem als Forschungsgegenstand gewählten Gegenstand, Thema, Wissenskomplex oder Konzept befassen, untereinander semanti-

---

12 Kulfas spricht Argentinien eine «Verletzlichkeit» über die Schuldenfrage hinaus zu: «El fallo encontró a la economía argentina en una situación de vulnerabilidad que excede de la cuestión de endeudamiento» (Kulfas 2014, 4).

13 Milia (2015, 34s.) gibt eine Erörterung der kurz- und langfristigen Bedeutung des Zahlungsausfalls für die argentinische Wirtschaft.

14 Zu einer Einigung mit den Hedgefonds und damit zu einem Ende der technischen Zahlungsunfähigkeit kam es erst Anfang 2016 unter dem Ende 2015 gewählten Präsidenten Mauricio Macri, der die Kirchner-Regierung ablöste und mit der Einigung eines seiner zentralen Wahlversprechen einlöste.

sche Beziehungen aufweisen und/oder in einem gemeinsamen Aussage-, Kommunikations-, Funktions- oder Zweckzusammenhang stehen». Folgt man streng diesen beiden Definitionen, können Diskurse nur schwer zum Gegenstand wissenschaftlicher Forschungen werden, denn sie sind «virtuelle Textkorpora» (Busse/Teubert 1994, 14) oder auch «flüchtige, schillernde Objekte» (Busse/Teubert 1994, 16), die in ihrer Gesamtheit abstrakt sind und nicht vollständig erfasst werden können (cf. Busch 2007, 150). Zudem übersteigt eine Analyse des gesammten Diskurses im Sinne *aller* Äußerungen und Texte zu einem bestimmten Thema die Möglichkeiten einer diskurslinguistischen Arbeit, was die Bereitstellung des Datenmaterials und dessen Bewältigung betrifft (cf. Bendel Larcher 2015, 52). Forschungsarbeiten können nur mit einem begrenzten Umfang an Texten arbeiten und mündliche Äußerungen sind, wenn sie nicht aufgezeichnet werden, nur im Moment ihres Entstehens zugänglich. Auch ist dem Forscher nur der Zugriff auf öffentlich zugängliche Bestandteile des Diskurses möglich. Neben den Kriterien der Quantität und der Verfügbarkeit spielt auch der Aspekt der Zeit eine Rolle. Diskurse sind schwer auf einen Beginn zurückzuführen und auch ein Ende ist häufig nicht festzulegen. Zudem verlaufen sie nicht linear, sondern fächern sich auf in Diskursstränge, die durch semantische Bezüge in einen Diskurszusammenhang gebracht werden können (cf. Busse/Teubert 1994, 14). Diese Bezüge können mehr oder weniger deutlich sein, sodass sich einzelne Diskurselemente eher dem Kern oder eher dem Randbereich der «Auseinandersetzung mit einem Thema» zuordnen lassen. Es handelt sich bei Diskursen also in mehrfacher Hinsicht um Artefakte mit unscharfen Rändern, so dass *der* Diskurs nicht zum Forschungsobjekt werden kann. Ein Zugang zu ihm ist immer nur indirekt über konkrete Textkorpora möglich, die Teilmengen von Diskursen sind (cf. Busse/Teubert 1994, 14). Begreift man Diskurse als dynamische Größen, die sich in einem zeitlich nur schwer zu begrenzenden Fluss befinden, stellt das Analysekorpus eine Momentaufnahme dar, einen Schnitt nach vorher festgelegten Kriterien.

Damit ein Analysekorpus den Diskurs so abbildet, dass es Rückschlüsse auf ihn zulässt, ist der Vorgang der Korpuserstellung mit hohen Anforderungen verbunden. Klar ist, dass die Korpuserstellung ein interpretativer Akt ist, bei dem der Untersuchungsgegenstand selbst konstituiert wird (cf. Busse/Teubert 1994, 14).[15] Zugleich legt das Korpus einen Rahmen für die Analyseergebnisse, die mit dem gewählten Datenmaterial möglich sind, fest (cf. Busse/Teubert

---

15 Bendel Larcher (2015, 52) bemerkt, dass die Korpuserstellung, auch wenn sie ein interpretativer Akt ist, das Ideal verfolgt, den Diskurs nicht zu konstruieren, sondern zu re-konstruieren. Dies ist jedoch nur mit einer gewissen Kenntnis des Diskurses möglich, cf. dazu auch Busse/Teubert (1994, 16).

1994, 15).[16] Damit besteht zwischen dem Untersuchungsgegenstand und dem Analysekorpus (und den daraus gewonnenen Ergebnissen) ein Abhängigkeitsverhältnis.[17] Zusammenfassend bleibt festzuhalten, dass eine Diskursanalyse nur solche Aussagen über den Diskurs zulässt, wie das gewählte Korpus erlaubt.

Das Ziel der vorliegenden Arbeit ist, die diskursiven Muster zu analysieren, die den öffentlichen Diskurs Argentiniens kurz nach dem Eintritt in die Zahlungsunfähigkeit auszeichnen. Besonders von Interesse sind dabei die sprachlichen Verfahren, durch die die Umstände Ende Juli/Anfang August 2014 den Status einer überwindbaren Herausforderung erhalten. Um auf die Muster zugreifen und sie beschreiben zu können, muss die Datengrundlage für die Analyse entsprechend gewählt werden. Die Kriterien, die dabei berücksichtigt wurden, sind Inhalt der folgenden Ausführungen.

4.2.2 Das Analysekorpus

Die Datengrundlage der Analyse bildet ein Korpus aus Texten, die den Zahlungsausfall und zugleich die Umstände, die zu seinem Entstehen führten, als gemeinsames Thema haben.[18] Es besteht aus 382 Zeitungsartikeln der vier argentinischen Tageszeitungen *La Nación*, *Clarín*, *Página12* und *Tiempo Argentino* und umfasst den Zeitraum vom 28. Juli 2014 bis zum 05. August 2014. Berücksichtigt wurden neben der jeweiligen *edición impresa* auch die Artikel, die nur online auf den Websites der vier Zeitungen veröffentlicht wurden. Das Korpus erweitert also die traditionellen Printversionen um ihr Pendant in den digitalen Medien.

Mit dieser Auswahl bildet das Analysekorpus das Wissen über den Default sowie dessen Wahrnehmung und Bewertung ab, die sich im öffentlichen Diskurs Argentiniens herausbilden. Der Diskursausschnitt steht in Abhängigkeit mit den medialen Bedingungen des Landes und hat in erster Linie die argentinische Bevölkerung als intendierte Leser. Somit repräsentiert der Ausschnitt die «argentinische Realität» der Situation. Das Bewusstsein über die Perspektive

---

16 Busch (2007, 150) bezeichnet das Korpus als «analytisch-arbiträres Artefakt» und spielt damit darauf an, dass das Korpus ein eigens für die Analyse erstelltes Konstrukt ist. Zwischen Diskurs und Korpus ist daher eindeutig zu differenzieren.
17 Busse/Teubert (1994, 16) weisen in diesem Zusammenhang auf die Rolle des Forschenden bei der Korpuserstellung hin. «Der einzelne Diskurs als Untersuchungsgegenstand kann daher, bei allen Versuchen zur Objektivität, ohne den konstitutiven Akt der Zusammenstellung eines Textkorpus durch die Forscher nicht gedacht werden».
18 Cf. zur Arbeit mit thematischen Korpora Felder/Müller/Vogel (2012a).

auf den Zahlungsausfall ist von großer Bedeutung. Denn Krisen sind, wie bereits in Kap. 2.2.1 ausgeführt, Wahrnehmungsphänomene (Mergel 2012a) und zu einem großen Teil Produkte diskursiver Aushandlungsprozesse, die innerhalb eines bestimmten Kulturraums entstehen und an diesen gebunden sind. Daher ist zu erwarten, dass sich die Berichterstattung über die Ereignisse im öffentlichen Diskurs Argentiniens von der in anderen Regionen unterscheidet. Ein weiterer Einflussfaktor ist die kennzeichnende Krisenerfahrung des Landes, die einen spezifischen Ausgangspunkt für die mediale Verarbeitung des Zahlungsausfalls schafft.

4.2.2.1 Materialisierungsformen des öffentlichen Diskurses in Argentinien

Der Zahlungsausfall ist zunächst eine abstrakte Kategorie der Wirtschaft. Zu einer gesellschaftlich relevanten Tatsache wird er erst über eine entsprechende mediale Vermittlung.[19] Die Medien haben daher einen großen Einfluss darauf, welche Bewertungen und Deutungen sich über ihn in der argentinischen Öffentlichkeit etablieren. Ein Zugriff auf den Gegenstand über den argentinischen Pressediskurs, der eine zentrale Plattform gesellschaftlicher Kommunikation und der Aushandlung kollektiven Wissens ist, bietet sich daher an. Die Relevanz, die diesem Diskursausschnitt im Moment des Eintritts in den Default zukommt, verdeutlicht sich in der hohen Zahl an Artikeln, die zwischen Ende Juli und Anfang August zu diesem Ereignis erschienen. Der Pressediskurs ist Teil des massenmedialen Diskurses, dem Luhmann eine entscheidende gesellschaftliche Funktion zuspricht: «Was wir über unsere Gesellschaft, ja über die Welt, in der wir leben, wissen, wissen wir durch die Massenmedien» (Luhmann 2017, 9).

Parallel zum traditionellen öffentlichen Diskurs, zu dem Zeitungen gehören,[20] ist mit dem Internet ein Diskursraum entstanden, der maßgeblich veränderte Bedingungen der Produktion und Rezeption von Diskursen aufweist. Die Veränderungen vorher gebräuchlicher Kommunikationsgewohnheiten werfen die Frage auf, inwieweit Zeitungen weiterhin die Rolle eines dominanten Informationsmediums zukommt oder ob das Internet die Printmedien ersetzt. Für Argentinien lässt sich die Frage damit beantworten, dass sich die digitalen Medien fest innerhalb des Gefüges an Kommunikations- und Informationsträgern

---

19 Die Abhängigkeit abstrakter Entitäten von ihrer sprachlich-medialen Vermittlung wurde bereits am Beispiel von Krisen in Kap. 2.2.1 erläutert.
20 Weitere bedeutende Medien in Argentinien sind das Fernsehen und das Radio, cf. Becerra (2010) und Kitzberger (2013).

etabliert haben.[21] Doch obwohl sich der Medienkonsum durch das Internet nachhaltig verändert hat und weiterhin verändert, dominieren die traditionellen Medien weiterhin den Diskurs:

> El consumo de medios en Argentina se encuentra atravesando un proceso de cambios significativos. De todas formas, los medios tradicionales permanecen como las principales fuentes informativas y no han sido reemplazados aún por el incipiente proceso de la migración digital. Son altos los niveles de consumo de noticias e información. Los medios de comunicación que ofrecen una gama más diversa de opciones son la prensa escrita (especialmente en Buenos Aires) y la radio (tanto AM como FM) en todo el país (OSF 2012, 29).

Das Internet hat zwar einen «incipiente proceso de la migración digital» angestoßen, doch trotz der neuen Formen von Öffentlichkeit, die dadurch entstanden sind, dient auch im Online-Bereich die *prensa escrita* als primäre Informationsquelle:

> Los periodistas entrevistados destacan que si bien la digitalización ha contribuido a difundir los resultados del periodismo de investigación, e incluso posibilitado en algunos casos la difusión de datos sin procesar, el impacto editorial sigue estando en manos de la prensa escrita (OSF 2012, 55).[22]

Ein Grund für die weiterhin bestehende Dominanz der *prensa escrita* liegt darin, dass sich in Argentinien seit etwa dreißig Jahren parallel zum Printbereich ein *periodismo digital* beziehungsweise *periodismo online* aufbaut.[23] Dieser ist eine feste Größe in der Medienlandschaft, nimmt kontinuierlich an Bedeutung zu und hat zu großen Veränderungen im Zeitungswesen geführt (cf. Raimondo Anselmino 2012, 29; 2014, 184).[24] Ein Ausweichen auf die Onlineversionen birgt gegenüber den Printversionen unter anderem den Vorteil des kostenfreien Zugangs sowie permanent aktualisierter Inhalte. Die Führungsrolle der klassi-

---

21 Cf. zur Bedeutung digitaler Medien in Argentinien den Bericht der Open Society Foundations (OSF) von 2012, https://www.opensocietyfoundations.org/sites/default/files/mapping-digital-media-argentina-20121107.pdf (letzter Zugriff 25. 09. 2018).
22 Cf. auch Kitzberger (2013, 1), der die Bedeutung der traditionellen Massenmedien für die politische Debatte in Lateinamerika hervorhebt: «Nicht das Internet, sondern die ‹alten› Massenmedien stehen im Zentrum der politischen Auseinandersetzungen».
23 Cf. zu diesem immer größer werdenden Bereich Albornoz (2006).
24 Raimondo Anselmino (2012; 2014) untersucht in ihrer Forschung, wie sich durch die *prensa digital* neue Formen von Medienkonsum und Öffentlichkeit ergeben haben. Der Fokus liegt dabei darauf, dass die Leser, die früher auf die Rolle des Rezipienten beschränkt waren, nun auch im und mit dem öffentlichen Diskurs interagieren und partizipieren können. Die Forschungsergebnisse Raimondo Anselminos basieren auf den Online-Auftritten von La Nación und Clarín.

schen Medien im Online-Informationswesen lässt sich erkennen am «claro dominio de aquellos sitios de información pertenecientes a diarios en papel, liderados por *Clarín, La Nación* y los diarios del Interior» (Raimondo Anselmino 2012, 53, Hervorh. i. O.).[25] Statt das Zeitungswesen abzulösen, bewirkt das Internet in Argentinien also eine Konsolidierung der etablierten Zeitungen.[26] Über den Einfluss des Internets auf den nationalen Medienkonsum insgesamt gibt es bislang keine gesicherten Daten. Was die Fülle an Nachrichten betrifft, kommt der Bericht der *Open Society Foundations* zu dem Schluss, dass das Internet bislang nicht für mehr Diversität gesorgt hat: «Con relación a la prensa, los sitios más visitados son aquellos que pertenecen a los principales periódicos, por lo que no se produce un impacto significativo en términos de diversidad» (OSF 2012, 21).

Das Analysekorpus enthält sowohl die Printversionen als auch die im Untersuchungszeitraum online veröffentlichten Artikel der Zeitungen. Daher bildet es den traditionellen Zeitungsdiskurs und zusätzlich dessen Erweiterung um den Online-Bereich, den *periodismo digital*, ab. In der Analyse werden die beiden medialen Realisierungsformen – analog und digital – nicht als voneinander isolierte Diskursausschnitte aufgefasst, sondern als ein gemeinsamer Diskursraum. Für diese Betrachtungsweise spricht, dass die Webauftritte neben den Online-Artikeln auch die gesamte *edición impresa* umfassen. Hinsichtlich ihrer Produktionsbedingungen sind die Online-Artikel zudem gleichermaßen an die redaktionellen Leitlinien der Zeitungen gebunden wie die Printversionen, auch wenn sie sich in ihrer Materialisierungsform unterscheiden. Ein wesentliches Merkmal der Online-Artikel ist ihre höhere Aktualität. Während die gedruckten Zeitungen nur alle vierundzwanzig Stunden neu erscheinen, verändern sich die Webauftritte fortlaufend und können mit geringem zeitlichen Abstand auf Ereignisse Bezug nehmen. Dies ist vor allem in Schlüsselsituationen relevant, wenn sich eine Lage zuspitzt und Entscheidungen bevorstehen, wie Ende Juli 2014 rund um den Eintritt in den Zahlungsausfall. In solchen Phasen ist die Nachfrage nach neuen Informationen besonders hoch. Entsprechend versieht die Zeitung *Página12* Meldungen, die unmittelbar auf ein Ereignis reagieren, mit dem Hinweis *últimas noticias*. Im Diskursraum Internet bildet sich auf diese Weise schneller ein Wissen über den Default und seine Relevanz für Argentinien heraus als im Printdiskurs.

---

25 Laut eines Rankings der Website *rankeen.com* gehören La Nación und Clarín auch im internationalen Vergleich zu den zehn meistfrequentierten Online-Auftritten von Zeitungen in spanischer Sprache, cf. http://www.rankeen.com/Rankings/rank_diarios_leidos.php, (letzter Zugriff 25. 09. 2018).
26 Jedoch verschiebt sich das Verhältnis zwischen Print- und Onlineversion hinsichtlich ihrer Rentabilität zugunsten der digitalen Medien, cf. OSF (2012, 47).

4.2.2.2 Die argentinische Medienlandschaft

Die Entscheidung für den Diskursausschnitt *argentinische Pressetexte* bedingt den kommunikativ-pragmatischen Rahmen, in dem die Texte des Analysekorpus ihre Bedeutung entfalten (cf. Gardt 2013, 47).[27] Klug (2016) stellt unter anderem folgende Fragen, um den kommunikativ-pragmatischen Rahmen eines Korpus zu beschreiben:

> *Wann* und *wo* wurden die Texte produziert/rezipiert, d. h. welche *kulturellen*, z. B. politischen, religiösen, gesellschaftlichen *Verstehensrahmen* bestimmten den zeitlichen und räumlichen Ausgangs- und Zielbereich der Texte? Welche Rolle nehmen diese Medien innerhalb der zeitgenössischen Kommunikationsstruktur ein, wie lässt sich ihre Relevanz für die öffentliche Meinungsbildung beschreiben? (Klug 2016, 171, Hervorh. i. O.).

In der vorliegenden Studie bildet die argentinische Medienlandschaft den «kulturellen Verstehensrahmen», in dem sich ein Wissen über die komplexe Situation herausbildet. Diese Medienlandschaft weist charakteristische Merkmale auf und unterscheidet sich von der Art und Weise, wie etwa in Europa Gesellschaftskommunikation abläuft.[28] Zwar steht in der vorliegenden Arbeit keine medienkritische Perspektive im Vordergrund, dennoch ist es notwendig, die Eigenschaften der argentinischen Medienlandschaft zu berücksichtigen, um den Diskurs innerhalb seines kommunikativ-pragmatischen Rahmens verstehen und die Daten vor dem Hintergrund ihres kulturellen Standorts, an dem sie entstanden sind, angemessen interpretieren zu können.

In Argentinien lässt sich in den letzten zwei Jahrzehnten eine immer deutlichere Verbindung zwischen Medien und Politik beobachten. Besonders während der Kirchner-Regierungen unter der Präsidentschaft von Néstor Kirchner (2003–2007) und seiner Frau und Nachfolgerin Cristina Fernández de Kirchner (2007–2015) kam es zu einer «mediatización de la política» (Néstro Fernánez 2013), die Néstro Fernández (2013, 3) sogar als ein strategisches Ziel des *kirchnerismo* ansieht. «Si algo caracterizó al kirchnerismo, al menos desde el 2008, es la decisión de llevar la lucha política al terreno mediático».[29] Die Medien dienen dementsprechend als politische Plattform und werden selbst zu einflussreichen Akteuren, anstatt eine kritische Reflexion des öffentlichen Geschehens vorzunehmen,

---

[27] Bucher (2017) gibt eine generelle Einführung in die Printmedien als Plattform für politische Kommunikation unter Berücksichtigung struktureller Rahmenbedingungen wie etwa pressetypischer Textsorten oder Textfunktionen.

[28] Cf. Kitzberger (2013) zum Unterschied der Medienlandschaften in Argentinien (bzw. Lateinamerika) und Deutschland (bzw. Europa) sowie zur daraus resultierenden Gefahr, in Analysen zu verkürzten Schlussfolgerungen zu kommen. Bruchmann et al. (2011, 11) zeigen dies anhand der Rezeption des argentinischen Mediengesetzes in deutschsprachigen Zeitungen.

[29] Zur Verbindung zwischen Medien und Politik in Argentinien cf. auch Stefoni (2013).

die weitestgehend dem Ideal folgt, unabhängig von politischen Einflüssen und Interessen zu sein.[30] Diese Tendenz wird zusätzlich dadurch verstärkt, dass die Medien die Polarisierung der argentinischen Gesellschaft widerspiegeln, die seit einigen Jahren stark zugenommen hat (OSF 2012, 45). Dabei stehen die Polarisierung der Medien und die der Gesellschaft in einem Verhältnis gegenseitiger Beeinflussung.[31] Diese Eigenschaft des öffentlichen Diskurses ist keine auf Argentinien beschränkte Erscheinung, sondern ein Trend, der sich zunehmend in vielen Gesellschaften beobachten lässt (cf. Friedrich/Jandura 2015). Ein markantes Kennzeichen der Polarisierung in Argentinien ist, dass die Medienlandschaft in zwei Lager aufgespalten und der öffentliche Diskurs in zwei einander gegenüberstehende Teildiskurse zergliedert ist (cf. Rincón 2013, 3). Diese Gegebenheiten verweisen bereits vor der eigentlichen Analyse darauf, dass in der politischen Öffentlichkeit ein Kampf um Deutungshoheiten stattfindet (cf. Konerding 2009, 156). Wer zu welchem Lager gehört, lässt sich daran erkennen, welche Haltung ein Medium zur amtierenden Regierung einnimmt. Regierungstreue und regierungskritische Medien stehen in Opposition zueinander. Daneben gibt es wenig Alternativen, es greift das Prinzip des *tertium non datur*. Die Polarisierung geht daher mit Einbußen an Meinungsvielfalt einher: «La polarización misma ha engendrado una apariencia de diversidad, al hallar voces ‹de las dos campanas› según el medio que se elija» (OSF 2012, 99). Ein Grund für die reduzierte Diversität ist darüber hinaus, dass die Medien in den Händen weniger großer Konzerne liegen, die als starke Interessensgruppen die thematisierten Inhalte und ihre Darstellung bestimmen (Balán 2013, 479) und zentral für den «politischen Willensbildungsprozess» sind (Kitzberger 2013, 1).[32]

Aufgrund historischer Ereignisse stehen die großen Medienkonzerne der Regierung kritisch gegenüber, was sich auch im Pressewesen zeigt (OSF 2012, 100). Vor allem das Verhältnis der Clarín-Gruppe – dem größten Medienkonzern Argentiniens – zur Kirchner-Regierung kann als «Feindschaft» (Behrens 2010,

---

30 Cf. Lüter (2008, bes. 75s.), Califano (2015) und Bidlo/Englert/Reichertz (2012) für eine Auseinandersetzung mit der Rolle der (Massen-)Medien als politische Akteure mit klar erkennbaren Profilen.
31 So verlagert sich nicht nur die politische Debatte in den Bereich der Medien, gleichzeitig greifen auch die Medien in das politische Geschehen ein. Dies geschieht etwa durch «tendenziöse Berichterstattung» wie im Fall des Agrarkonflikts von 2008, der zum Bruch zwischen der Kirchner-Regierung und der Clarín-Gruppe führte. «Mit ihrer tendenziösen Berichterstattung hatten die Massenmedien einen wesentlichen Anteil an der Polarisierung der gesellschaftlichen Stimmung sowie am Scheitern des Gesetzes» (Schulten 2012, 151).
32 Nicht zuletzt sind es die jeweiligen ökonomischen Interessen, die dabei maßgeblich sind, cf. Balán (2013, 479). Cf. zur Konzentration der Medien in Argentinien auch Priess (2001) und Zullo (2002).

108) bezeichnet werden. Sie geht zurück auf eine Agrarreform im Jahr 2008, bis zu der Clarín der Regierung gegenüber positiv eingestellt war.[33] Auch das von der Regierung verabschiedete Mediengesetz von 2009, das durch die Regelung von Lizenzen die Macht der privaten Medien einschränkte sowie Monopolbildungen verhindern sollte und Clarín als größten Konzern besonders betraf, trug zu einer weiteren Distanzierung von der Regierung bei (cf. Schulten 2012, 138s.; Baisch et al. 2010). Der «Bruch zwischen Presse und Politik» (Schulten 2012, 138) beschränkt sich jedoch nicht auf Clarín, sondern umfasst das gesamte Pressewesen. Schulten (2012, 138) zufolge wirkte sich dieser Bruch über die Medien hinaus auch auf die Gesellschaft aus und führte zu einer weiteren Spaltung der Argentinier in Bezug auf die Regierung. Sie zeigt sich auch im Medienkonsum, denn «las personas suelen alinear su consumo de medios con su visión ideológica o partidaria: aquellos que simpatizan con el gobierno actual son más propensos a consumir medios progobierno, mientras que aquellos que se oponen al gobierno suelen elegir medios opositores» (Balán 2013, 478). Auf diese Weise reproduziert sich die Polarisierung, da sich der Medienkonsum auf solche Formate konzentriert, die die eigene politisch-ideologische Haltung bestätigen (cf. Balán 2013, 478). Ein zweiter Grund für die Aufteilung der Medienlandschaft in zwei entgegengesetzte Gruppen liegt darin, dass es kaum öffentlich-rechtliche Medien gibt, was auf umfangreiche Privatisierungen in den 1990er Jahren zurückgeht. Die wenigen verbliebenen staatlichen Medien werden als «Sprachrohr der Regierung» benutzt (Kitzberger 2013, 2).[34] Eine demokratische Meinungsbildung ist so nur schwer möglich und die «Bürger_innen [wissen] nicht, wo sie sich neutral informieren und auf welcher Grundlage sie ihre Meinung bilden können» (Rincón 2013, 3s.). Die Folge daraus ist ein Verlust an Glaubwürdigkeit (cf. Boris 2011; OSF 2012, 99).

Ein weiteres Merkmal der Medienlandschaft, das neben Argentinien auch für andere Länder der Region gilt, ist ein ausgeprägter Meinungsjournalismus mit deutlicher Abbildung politischer Tendenzen anstelle eines ausgewogenen Informationsjournalismus (cf. Hetzer 2012, 54).[35] Dies steht in unmittelbarem Zusammenhang mit der Polarisierung und wird darin sichtbar, dass zwischen berichtenden und meinungsbetonten Nachrichten kein Unterschied besteht:

---

33 Cf. zum Konflikt um die Agrarreform OSF (2012, 35) und Uriona (2010).
34 Die Verbindung zwischen öffentlichen Medien und der argentinischen Kirchner-Regierung zeigt auch Balán (2013, 477) auf.
35 Boris (2011) nennt das Fehlen eines objektiv berichtenden Journalismus eines der kennzeichnenden Merkmale der lateinamerikanischen Medienumgebung. Er weist jedoch darauf hin, dass dies auch in Europa nur eingeschränkt umgesetzt und eher ein Ideal ist, das häufig nicht den realen Gegebenheiten entspricht.

«En los últimos años, la polarización política y la confrontación entre el gobierno y los principales grupos de medios han borrado la separación entre opinión y noticia. [...] Las noticias tienden a convertirse en opiniones a favor o en contra del gobierno» (OSF 2012, 106). Balán (2013, 477) ergänzt dazu: Es decir que la cobertura de noticias y la voz editorial de los medios suelen estar conectadas, lo que afecta no sólo el contenido de las noticias, sino también el tono y espacio que se le da a ciertas noticias». Eine Berichterstattung, die anstrebt, weitestgehend neutral zu berichten, gibt es daher in Argentinien kaum. Im Zeitungswesen verdeutlicht sich dies in klaren redaktionellen Leitlinien, die Inhalt und Darstellungsweise der Artikel beeinflussen. Zullo (2002) erklärt mit Bezug auf van Dijks *La noticia como discurso* (1990), wie dadurch jede Zeitung ihre eigene Stimme erhält und in Argentinien mehr als in anderen Diskursgemeinschaften zu einem politischen Akteur wird:

> Por algo los diarios tienen nombre. Un nombre no sólo le otorga identificación a un medio sino que además define una línea determinada con respecto al estilo, a la selección e interpretación de las fuentes, al tipo de público al que está dirigido, etc. (van Dijk 1990). Estas características son comunes a todos los diarios y están sujetas a cambios sociohistóricos. Podemos afirmar, entonces, que cada diario (o cada medio en general), construye una figura de ‹enunciador global›, que sin ser una persona física se constituye en la voz del diario y a la vez se constituye como un tercero (Zullo 2002, 55).

Die Ausführungen zur argentinischen Medienlandschaft, die den kommunikativ-pragmatischen Rahmen für den gewählten Diskursausschnitt bilden, lassen sich mit den Begriffen Politisierung, Polarisierung und Konzentriertheit zusammenfassen. Entgegen diesen Einschätzungen attestieren einige Wissenschaftler jedoch vor allem dem argentinischen Pressewesen, «dass [es] im Vergleich zu den meisten anderen lateinamerikanischen Ländern extrem vielfältig ist. Das gilt sowohl für die Quantität als auch die Qualität der Medien» (Schulten 2012, 143).[36] Der bereits erwähnte Bericht der *Open Society Foundations* kommt zu einem ähnlichen Schluss, was die argentinischen Zeitungen betrifft. Es gebe (vor allem in Buenos Aires) «una prensa diaria que exhibe diversidad ideológica, algo difícil de equipar en otros tipos de medios en el país, con la excepción de la radio» (OSF 2012, 21). Trotz «cierta dualidad en la posición adoptada respecto del Gobierno nacional» verfügten die Zeitungen über eine Vielzahl an politisch-ideologischen Strömungen (OSF 2012, 21). Wir haben es also mit einer

---

36 Schulten (2012, 143) nennt Página12 «eine der besten links-liberalen Tageszeitungen des Kontinents». Zu Clarín und La Nación bemerkt er: «Aber auch Mainstreammedien wie Clarín und besonders die konservative La Nación punkten immer wieder durch hochrangige Kolumnisten» (Schulten 2012, 143).

Medienumgebung zu tun, die sich durch eine starke Aufteilung in zwei Lager charakterisiert. Eine differenziertere Betrachtungsweise zeigt jedoch, dass die Aufspaltung nicht absolut ist und sich innerhalb dieses Rahmens vor allem im Zeitungswesen eine breitere politisch-ideologische Spannbreite verzeichnen lässt.

4.2.2.3 Zusammenstellung der Zeitungen und Vorstellung ihrer Profile

Aus dem argentinischen Zeitungsdiskurs wurden vier Tageszeitungen mit nationaler Reichweite ausgewählt, die in Buenos Aires erscheinen: *Clarín*, *La Nación*, *Página12* und *Tiempo Argentino*. Dabei handelt es sich um die Zeitungen «de mayor relevancia en términos de venta, peso sobre la agenda político-mediática nacional y de referencia en el imaginario político» (Stefoni 2013, 391).

Clarín ist die auflagenstärkste Zeitung Argentiniens und führt den Beinamen «El gran diario argentino». Sie gehört zur Clarín-Gruppe, dem größten privaten Medienkonzern der Nation (cf. Stefoni 2013, 392; Schulten 2012, 143). Nicht nur innerhalb Argentiniens, sondern auch bezogen auf den gesamten spanischen Sprach- und Kulturraum ist sie das Informationsmedium mit der größten Zirkulation (Albornoz 2006, 124). Laut dem Analysetool *Alexa* steht der Online-Auftritt von Clarín im Ranking der meistfrequentierten Websites in Argentinien auf Platz 12.[37] Clarín zeichnet sich durch eine überaus kritische Haltung gegenüber der Kirchner-Regierung aus. Behrens (2010, 108) beschreibt dies folgendermaßen: «Insbesondere mit Clarín verbindet die Regierung ein Verhältnis, welches man getrost als Feindschaft bezeichnen kann». Diese «Feindschaft» zeigt sich darin, dass das Handeln der Regierung, unabhängig von der jeweiligen Thematik, pauschal abgelehnt wird (cf. Mochkofsky 2011).

La Nación ist eine liberal-konservative Zeitung mit der landesweit zweitgrößten Auflage (Baisch et al. 2010, 1). Sie ist eine der ältesten Tageszeitungen Argentiniens und steht den traditionellen Eliten nahe (cf. Koziner/Zunino 2013, 11). Trotz ihrer inhaltlich konservativen Ausrichtung gehört sie zu den ersten des Landes, die parallel zur Printversion auch über einen umfassenden Online-Auftritt verfügte (cf. Raimondo Anselmino 2014, 184). Im Ranking von *Alexa* ist *lanacion.com.ar* auf Platz 15 und hat damit wie Clarín eine bedeutende Position im Online-Bereich. Auch La Nación steht der linksorientierten Kirchner-Regierung kritisch gegenüber, allerdings in einer weniger scharfen Form als Clarín (cf. Behrens 2010, 108).

Página12 und *Tiempo Argentino* sind regierungstreue Zeitungen (cf. OSF 2012, 35). Néstro Fernánez (2013, 13) beschreibt sie als «no partidarios pero dedi-

---

37 Cf. http://www.alexa.com/topsites/countries/AR (letzter Zugriff 25. 09. 2018).

cados, explícitamente o no, a legitimar las políticas del gobierno de Cristina Kirchner, a reforzar una identidad política y a combatir a los opositores». Damit gehören sie zu den «medios oficialistas» (Páez Rodríguez 2015, 134). Página12 ist links-liberal und übt einen großen Einfluss auf die öffentliche Meinungsbildung aus, auch wenn ihre Auflage kleiner ist als die von Clarín (Koziner/Zunino 2013, 11). Im Vergleich zu den anderen Zeitungen des Korpus steht Tiempo Argentino der Kirchner-Regierung am nächsten; sie ist eine sehr junge Zeitung, die 2010 aus der politischen Strömung des *kirchnerismo* selbst heraus gegründet wurde (cf. Stefoni 2013, 393).[38]

Das Analysekorpus besteht damit aus zwei regierungskritischen Zeitungen und zwei weiteren, die der Kirchner-Regierung gegenüber positiv eingestellt sind. Dabei zeichnen sich Clarín und Tiempo Argentino durch eine deutlich einseitigere Ausrichtung aus – Clarín ist besonders kritisch, während Tiempo Argentino nahezu unkritisch ist. La Nación und Página12 vermitteln trotz ihrer grundsätzlich erkennbaren Haltung eine differenziertere Sicht auf das gesellschaftliche Geschehen Argentiniens. Leitmerkmal des Korpus ist mit dieser Zusammenstellung nicht Homogenität, sondern Ausgewogenheit in Bezug auf die Abbildung des öffentlichen Diskurses.[39] Das Wissen über die argentinische Medienlandschaft ist also nicht erst für die Analyse relevant, sondern leitet bereits die Korpuserstellung an. Denn je nachdem, welcher Ausschnitt aus dem Pressediskurs gewählt wird, sind die beiden Lager in die sich die Medien aufspalten, unterschiedlich stark repräsentiert.

Das Verhältnis der Zeitungen zur Kirchner-Regierung spielt bei der diskursiven Verarbeitung des Defaults eine große Rolle. Da sich im Rechtsstreit der Staat Argentinien und die Hedgefonds gegenüberstehen, ist die Regierung ein zentraler Akteur, sowohl in den Verhandlungen vor dem Zahlungsausfall als auch danach bei der Aufgabe, ihn zu deuten. Es ist zu erwarten, dass sich die vier Zeitungen hinsichtlich ihrer Bewertung und daher auch der Darstellung der Situation unterscheiden. Durch die Zusammenstellung des Korpus werden beide Seiten abgebildet, daher kann die Analyse Aufschluss darüber geben, inwieweit die Berichterstattung von der Polarisierung der Medien beeinflusst oder der

---

38 Zu den redaktionellen Linien der vier ausgewählten Zeitungen cf. auch OSF (2012, 21).
39 Stefoni (2013, 391s.) verwendet ebenfalls eine in dieser Hinsicht ausgeglichene Zusammenstellung von Zeitungen (ergänzt noch um die regierungskritische Zeitung Perfil) und begründet seine Auswahl so: «Al mismo tiempo supone recorrer el conjunto de posicionamientos mediáticos en relación a la esfera política institucional siendo que *Clarín, La Nación* y *Perfil* han sido interpelados como ‹opositores› mientras que *Página/12* y *Tiempo Argentino* lo fueron como ‹oficialistas›» (Hervorh. i. O.). Mit den in der vorliegenden Arbeit ausgewählten vier Zeitungen arbeiten auch García Sigman (2013) und Calabrese Castro (2014).

Schuldenstreit als Angelegenheit, die die gesamte Nation betrifft, der politischen Debatte übergeordnet ist. Durch seine Heterogenität erlaubt das Analysekorpus zudem, Abstufungen und Nuancen im Auftreten von Resilienzmustern aufzuzeigen. Daher gibt sich trotz der Beschränkung auf vier Zeitungen ein ganzheitlicher Blick auf den Diskurs.

4.2.2.4 Untersuchungszeitraum und praktischer Zugriff auf den Diskurs

Das Analysekorpus beinhaltet Texte aus einem konzentrierten Untersuchungszeitraum von neun Tagen im Zeitraum vom 28. Juli bis zum 05. August 2014. Es greift damit auf den Zeitpunkt zu, in dem der Default Realität wird und eine Reaktion und intensive Verarbeitung erforderlich macht. Als diskursives Ereignis ist er Auslöser eines eigenen Diskursstrangs, der eine Unterscheidung in *vor* dem Zahlungsausfall und *im* Zahlungsausfall erlaubt und damit eine neue Wirklichkeit schafft. Zusätzlich bedeutet er das vorläufige Ende der Verhandlungen mit den Hedgefonds. Wie die Ausführungen zur Kategorie Resilienz verdeutlicht haben, sind lösungsorientierte Überwindungsstrategien immer an das Vorliegen einer Krise oder Herausforderung gebunden. Erst wenn eine entsprechende Situation vorliegt, setzt ein Prozess resilienter Verarbeitung ein. Streng genommen müsste der Beginn des Analysezeitraums damit am 31. Juli 2014 liegen. Vorbeobachtungen am Diskurs zeigen jedoch, dass der Zahlungsausfall kein isoliertes Ereignis ist, sondern eingebettet in einen Zeitraum der erhöhten diskursiven Aufmerksamkeit. Bereits die sich zuspitzende Gefahr ruft eine Auseinandersetzung mit ihm auf. Daher wird der Untersuchungszeitraum auf den 28. Juli 2014 festgelegt und beinhaltet damit die *Cumbre de Mercosur*, bei der Cristina Kirchner Unterstützungserklärungen der südamerikanischen Nachbarländer erhält.[40]

Schwieriger als den Beginn des Untersuchungszeitraums festzulegen, ist es, eine Begrenzung nach hinten zu setzen, da es erst Anfang 2016 zu einer tatsächlichen Einigung mit den Hedgefonds kam. Hier ergibt sich ein sinnvoller Schnitt durch ein öffentlichkeitswirksames Ereignis, das Anfang August 2014 die hohe

---

40 Möglich wäre es auch, von einem graduellen Anstieg resilienter Prozesse auszugehen und einen größeren Vorlauf mit einzubeziehen, zum Beispiel die Entscheidung des Obersten Gerichtshofs, der Revision des Urteils Griesas nicht stattzugeben, und die eigentliche Frist zur Zahlung an die Gläubiger am 30. 06. 2014. Die Zeit bis zum Eintritt in die Zahlungsunfähigkeit kann wie eine sich zuspitzende Phase gesehen werden, in der es mehrere «Krisenmomente» gibt. Punktuelle Untersuchungen der betreffenden Zeiträume bestätigen, dass es bereits in den beschriebenen Momenten vor dem Default zu Mustern kommt, die den in den Kapiteln 5, 6 und 7 dargestellten Resilienzfiguren zuzuordnen sind, jedoch kommt dem Fall weit weniger Aufmerksamkeit zu als Ende Juli.

mediale Aufmerksamkeit auf den Zahlungsausfall ablöste. Am 05. August 2014 wurde der Enkelsohn von Estela de Carlotto gefunden, der Präsidentin der *Abuelas de Plaza de Mayo*.[41] Die Abuelas de Plaza de Mayo sind eine in Argentinien einflussreiche Menschenrechtsorganisation, die sich für die Aufklärung der Verbrechen während der Militärdiktatur von 1976 bis 1983 einsetzt. Eine der Maßnahmen ist, die während der Diktatur entführten Kinder durch genetischen Abgleich wiederzufinden.[42] Der Enkel von Carlotto wurde seiner Mutter kurz nach der Geburt weggenommen und zur Adoption freigegeben. Aufgrund der Bedeutung der Abuelas de Plaza de Mayo für die argentinische Erinnerungskultur und der Prominenz Estela de Carlottos überstieg die Identifizierung des Enkels die Brisanz des Defaults und die Berichterstattung über ihn ließ merklich nach, woran sich bereits die Gewichtung von Nachrichten in Argentinien ablesen lässt. Abgesehen von der Konkurrenz der Ereignisse kann das Abflauen des Default-Diskurses auch damit in Zusammenhang gebracht werden, dass die anfängliche Bedrohlichkeit des Zahlungsausfalls schnell an Gewicht verliert.[43]

Das Korpus enthält drei weitere Zeitungsartikel, die außerhalb des eigentlichen Analysezeitraums stehen. Sie wurden am 29. Juni 2014 veröffentlicht und beinhalten Muster, die den Diskurs insgesamt prägen in besonderer Ausprägung. Ihre Aufnahme in das Korpus legitimiert sich dadurch, dass das eigentliche Ende der von Griesa gesetzten Frist für die Einigung mit den Hedgefonds Ende Juni lag und sich der Zahlungsausfall nur durch die 30tägige *período de gracia* auf Ende Juli verschob.

Trotz des konzentrierten Analysezeitraums verdeutlicht die hohe Anzahl von 382 Artikeln zum Zahlungsausfall, wie sehr das Thema den öffentlichen Diskurs bestimmte. Gleichzeitig ist das Korpus in dieser Form nicht zu groß, um

---

41 Cf. den Artikel «Estela de Carlotto recuperó a su nieto Guido tras 35 años de búsqueda» (La Nación, 05. 08. 2014) als Beispiel für den Beginn der Berichterstattung über den wiedergefundenen Enkel und die Verdrängung des Defaults von der öffentlichen Agenda.
42 Zur Bedeutung der *Abuelas de Plaza de Mayo* für die argentinische Erinnerungskultur und des Raumes, der ihnen in der Öffentlichkeit zukommt, cf. Feld/Jelin (2010), Gonzáles Bringas (2006) sowie Schindel (2009).
43 Im Diskurs erfolgt eine Auseinandersetzung damit, ob die Veröffentlichung der Entdeckung des Enkels aus strategischen Gründen genau zu diesem Moment öffentlich gemacht wird. Es erhebt sich der Vorwurf, das Ereignis würde dazu verwendet, ökonomische Probleme zu überdecken. Dies wird von Estela de Carlotto scharf kritisiert, wie ein Artikel in La Nación zeigt: «Es increíble que digan que se encuentran nietos para tapar problemas», cf. http:// www.lanacion.com.ar/1717517-estela-de-carlotto-todavia-estoy-cayendo (letzter Zugriff 25.09. 2018). Im Artikel wird daneben explizit reflektiert, welche Reaktion dieses Ereignis in der argentinischen Bevölkerung auslöst: «En diálogo con el programa *6,7,8* que se emite por la TV Pública, Carlotto sostuvo que haber podido encontrar al nieto 114 provocó en el pueblo ‹una explosión de un pueblo que necesitar [sic] tener noticias buenas›».

alle Texte lesen zu können, was ein weiteres Argument für den engen Zeitraum ist. Denn da noch kein Vorwissen darüber existiert, wodurch sich Resilienzdiskurse auszeichnen, muss zunächst das gesamte Korpus gelesen werden. Die nachstehende Tabelle veranschaulicht sortiert nach Tagen und Zeitungen, wie sich die Verarbeitung des Zahlungsausfalls im Analysezeitraum verteilt. Die Zahlen geben Aufschluss darüber, dass La Nación gemessen an der Anzahl der Artikel die umfangreichste Berichterstattung vornimmt. Die beiden Zeitungen mit einer relativ einseitigen Haltung gegenüber der Regierung, Clarín und Tiempo Argentino, veröffentlichen insgesamt weniger Artikel als die beiden gemäßigteren. Wie zu erwarten erreicht der Diskurs rund um den Eintritt in die Zahlungsunfähigkeit in quantitativer Hinsicht seinen Höhepunkt.

Tab. 1: Verteilung der zum Zahlungsausfall veröffentlichten Zeitungsartikel.

	Clarín	La Nación	Página12	Tiempo Argentino	Summe nach Tagen
28.07.	6	11	7	4	28
29.07.	9	23	11	5	48
30.07.	10	17	9	5	41
31.07.	13	21	16	10	60
01.08.	12	24	16	8	60
02.08.	8	11	10	8	37
03.08.	6	12	12	8	38
04.08.	8	13	10	5	36
05.08.	5	11	10	8	34
Summe nach Zeitungen	77	143	101	61	
Gesamtsumme					382

Der Zugriff auf das Datenmaterial erfolgte über die Websites der vier Zeitungen.[44] Der Vorteil dabei ist, dass alle, sowohl die Artikel der Print-Versionen als auch die, die ausschließlich online veröffentlicht wurden, dort verfügbar sind und für die Analyse nicht weiter aufbereitet müssen. Um die zum Diskurs gehörigen Zeitungsartikel zu ermitteln, diente *default* als prägnantes Schlüsselwort, entweder alleine oder in Kombination mit *Argentina*, *holdouts* und *fondos bui-*

---

44 http://www.lanacion.com.ar/, https://www.clarin.com/, https://www.pagina12.com.ar/, zur Zeit der Korpuserstellung http://tiempo.infonews.com, seit 2016 http://www.tiempoar.com.ar/.

tre, die auf die zentralen Beteiligten abzielen.[45] Die Suchergebnisse wurden zusätzlich auf ihre Zugehörigkeit zum Diskurs überprüft, um die «Gültigkeit des Sprachmaterials im Diskurs» und so die «Gegenstandsvalidität» zu gewährleisten (Busch 2007, 154s.). Um in das Korpus aufgenommen zu werden, musste sich ein Artikel inhaltlich mit dem Zahlungsausfall auseinandersetzen, dieser musste aber nicht zwingend Hauptgegenstand sein. Da alle Texte ausgewählt wurden, in denen dies der Fall ist, bildet das Korpus den gesamten Diskursausschnitt ab, den die vier Zeitungen La Nación, Clarín, Tiempo Argentino und Página12 im Analysezeitraum erzeugen.

Der «gemeinsame Kommunikationszusammenhang» der Texte (Busse/Teubert 1994, 14) wird in La Nación zusätzlich dadurch bestätigt, dass alle Artikel zum Zahlungsausfall durch einen *tag*, eine Art Etikett, markiert werden. In der Zeit vor dem 31.07. lautet der *tag* «La pelea con los holdouts», danach wird er von «Argentina en default abgelöst». Ein weiterer *tag*, der sich in der Zeitung findet, sticht besonders hervor. Er lautet «La crisis de la deuda» und wurde bereits während der Krise von 2001 gebraucht. Eine solche Markierung von Diskurssträngen, die Artikel in einen Kommunikationszusammenhang stellt und zu den modalen Gegebenheiten des Internets gehört, weisen die anderen Zeitungen des Korpus nicht auf.[46] La Nación zeigt also Diskursbewusstsein, indem Texte, die thematisch zusammengehören, durch ein Etikett verbunden werden.

Eine Herausforderung, die sich bei der Arbeit mit Online-Diskursen ergibt, ist, dass das Material flüchtig ist und anders als die gedruckten Versionen Veränderungen unterliegt. In der vorliegenden Arbeit wirkt sich das auf den Zugriff auf die Artikel von Tiempo Argentino aus. Aufgrund finanzieller Schwierigkeiten wurde die Produktion der Zeitung Anfang 2016 kurzfristig eingestellt, bevor sie im April desselben Jahres unter neuer Direktion wieder erschien. Damit verbunden waren eine Umstrukturierung der Zeitung und ein neuer Webauftritt. Über die neue Website kann auf die vor April 2016 erschienenen Ausgaben nicht mehr zugegriffen werden.[47] Diese Veränderungen verdeutlichen, wie unbeständig das Internet als Diskursraum ist und dass eine rein digitale Verfügbarkeit

---

[45] Der Ausdruck *hedgefonds* oder auch *hedge funds* ist im argentinischen Spanisch nicht gebräuchlich.
[46] Das argentinische Online-Informationsportal *infobae* (http://www.infobae.com/?noredirect, letzter Zugriff 25.09.2018) verwendet zur Zeit des Defaults einen *tag*, der die Dauer des Default zählt, wie etwa *Crisis de la deuda día 5.*
[47] Cf. http://www.lanacion.com.ar/1894783-cerro-infonews-el-sitio-de-noticias-de-sergio-szpolski (letzter Zugriff 25.09.2018) sowie http://www.perfil.com/medios/tiempo-argentino-volvio-a-publicarse-tras-la-venta-a-mariano-martinez-rojas-0424-0058.phtml (letzter Zugriff 25.09.2018). Cf. zu den Herausforderungen bei der Arbeit mit Internetdokumenten auch Bendel Larcher (2015, 55s.).

hinsichtlich der Archivierung von Daten ein Nachteil sein kann. Die Auswirkungen auf die Analyse sind im vorliegenden Fall jedoch gering, da die Korpuserstellung in 2016 bereits abgeschlossen war. Lediglich der nachträgliche Zugriff ist nicht mehr möglich.

Die bei der Suche ermittelten Artikel wurden direkt in MAXQDA gespeichert. Das Tool erlaubt, sowohl Bilder als auch hypertextuelle Elemente einzufügen und in die Analyse zu integrieren. Diese Möglichkeit ist erforderlich, denn bei Zeitungsartikeln handelt es sich um multimodale Medienerzeugnisse, die neben dem sprachlichen Text weitere Zeichenformen beinhalten, wie Bilder und in den Online-Versionen zusätzlich Videos und Verlinkungen. Im Verlauf der Analyse ergab sich, dass visuellen Elementen bei der Konstruktion des Zahlungsausfalls nur eine geringe Bedeutung zukommt, daher wurden nur an einzelnen Punkten Bildanalysen durchgeführt.

Bei der Verwaltung und ebenso bei der Analyse wurde nicht zwischen Print- und Onlineversion unterschieden, sondern beide als mediale Manifestationsformen desselben Diskurses aufgefasst. Auch zwischen den unterschiedlichen Textsorten und Rubriken wurde keine Unterscheidung getroffen. Allen wurde potentiell der gleiche Anteil an der Aushandlung der Situation zugesprochen. Für ein solches Vorgehen spricht der geringe Unterschied zwischen sach- und meinungsbetonten Artikeln im argentinischen Zeitungsdiskurs. Nichtsdestotrotz lässt sich feststellen, dass in den meinungsbetonten Textsorten eine ausführlichere Auseinandersetzung und Deutung stattfindet und sie tendenziell mehr Resilienzmuster enthalten.

4.2.2.5 Der Zahlungsausfall im argentinischen Pressediskurs

Die Datengrundlage der vorliegenden Arbeit ist ein Ausschnitt aus dem argentinischen Pressediskurs, der exemplarisch den öffentlichen Diskurs repräsentiert. Dieser nimmt keine ökonomische oder juristische Aufarbeitung des Zahlungsausfalls vor, sondern enthält die Konstruktion und Deutung der Ereignisse aus argentinischer Sicht. Zunächst lässt sich grundsätzlich festhalten, dass der Eintritt in die Zahlungsunfähigkeit *das* Ereignis ist, das den öffentlichen Diskurs Argentiniens im Sommer 2014 bestimmt. Betrachtet man den als Analysegrundlage gewählten Diskursausschnitt fällt auf, dass darin die Auseinandersetzung mit möglichen wirtschaftlichen Konsequenzen des Zahlungsausfalls zweitrangig ist. Stattdessen wird thematisiert, ob die Kategorie *Default* für die Situation Ende Juli überhaupt angemessen ist, welche Folgen der Zahlungsausfall auf internationaler Ebene hat und wer für sein Zustandekommen verantwortlich ist. Dabei wird deutlich, dass der öffentliche Diskurs nicht *die* argentinische Sicht auf den Default widerspiegelt. Anstelle eines homogenen Wissens, das sich im gesamten untersuchten Diskursausschnitt herausbildet, muss zwischen mehreren «Stimmen» differenziert werden. Diese «Mehrstimmigkeit» hängt untrennbar mit der argentinischen Medienlandschaft zusammen (cf. Kap. 4.2.2.2).

Die Deutung der Ereignisse beinhaltet auch die Aushandlung der Rollen, welche die zentralen Akteure in dem komplexen Handlungsgefüge einnehmen. Unter Akteuren verstehe ich «die Handelnden im Diskurs, die Wissen hervorbringen, zum Verschwinden bringen, regulieren und befördern» (Spitzmüller/ Warnke 2011, 137). Darüber hinaus bezeichne ich auch diejenigen als Akteure, denen im Diskurs Handlungen zugeschrieben werden, auch wenn sie selbst nur begrenzt Wissen entstehen lassen. Der Protagonist unter den Akteuren des Default-Diskurses ist die Nation Argentinien. Sie erscheint nicht als abstrakte Einheit oder als Gesellschaftssystem, sondern wird personifiziert und als Handelnder mit humanen Eigenschaften dargestellt. Die Positionierung und Charakterisierung Argentiniens als Akteur ist zugleich ein Bestandteil der nationalen Identitätsaushandlung, die im Diskurs stattfindet, wie die Analyse verdeutlichen wird. Eine weitere abstrakte Einheit, die im Default-Diskurs personifiziert wird, ist die argentinische Regierung. Ebenso wie die Nation Argentinien wird sie als Akteur charakterisiert, indem sie Identitätsmerkmale erhält. Aus dem Kollektiv der Regierung werden die damalige argentinische Präsidentin Cristina Fernández de Kirchner und der Wirtschaftsminister Axel Kicillof als Handelnde hervorgehoben.[48] Eine Folge der großen Rolle, die die Regierung im Diskurs spielt, ist, dass wiederholt Motive eines Diskurses des Populismus aufscheinen, die typisch für die Kirchner-Regierung waren (cf. Svampa 2013; 2015).

Den argentinischen Akteuren stehen die nordamerikanischen Beteiligten gegenüber. Hier greift das oben beschriebene erweiterte Verständnis von Akteur, denn ihre Handlungen werden zwar beschrieben und sie nehmen einen Platz in der Konstellation der Figuren ein, sie selbst kommen aber wenig zu Wort und treten nur selten als Handelnde auf. Im Gegensatz zu den argentinischen Akteuren erhalten sie nur eine marginale Stimme. Zu den nordamerikanischen Akteuren gehören die Hedgefonds, auf die überwiegend als Gruppe Bezug genommen wird, ohne einzelne Personen zu benennen. Weitere Handelnde sind der Richter Thomas Griesa und der von ihm eingesetzte Mediator Daniel Pollack.

Im Untersuchungszeitraum gibt es einige Ereignisse, die mit dem Zahlungsausfall im Zusammenhang stehen. Da sie gleichsam mitverhandelt und in der Analyse wiederholt aufgegriffen werden, sollen sie hier bereits vorab aufgeführt werden.

Am 29. 07. 2014, also unmittelbar vor dem Ende der Frist zur Einigung mit den Hedgefonds, fand in Venezuela die *Cumbre de Mercosur* statt, das jährliche

---

48 Wenn ich mich in der Beschreibung der Analyseergebnisse auf die Diskursakteure beziehe, gebrauche ich die Bezeichnungen der Ämter, die sie 2014 innehatten.

Zusammentreffen der Vertreter des Wirtschaftsverbundes *Mercosur*. Die Präsidentin Cristina Kirchner erhielt dort wichtige Unterstützungsbekundungen der lateinamerikanischen Nachbarstaaten in ihrer Haltung gegenüber den Hedgefonds.

Ein zweiter verhandelter Gegenstand ist eine Initiative privater argentinischer Banken, die den Zahlungsausfall kurzfristig abwenden sollte. Stellvertretend für die Regierung boten die Banken an, die Hedgefonds auszubezahlen und das Geld später vom argentinischen Staat zurückzuerhalten. Auf diese Weise sollte die RUFO-Klausel umgangen werden, die von der argentinischen Regierung als Hauptgrund genannt wurde, warum sie das Urteil Griesas nicht umsetzte. Die Initiative scheiterte schließlich aus mehreren Gründen, die für die Analyse nicht weiter relevant sind und deshalb hier nicht aufgeführt werden.

Ein weiteres Ereignis wurde durch den Zahlungsausfall ausgelöst. Kurz nachdem die internationalen Ratingagenturen Argentinien als zahlungsunfähig einstuften, aktivierten sich sogenannte *Credit Default Swaps* (CDS). Dabei handelt es sich um Versicherungen, die Stakeholder gegen den Verlust ihrer Investitionen absichern. Tritt ein entsprechendes Kreditereignis ein, zum Beispiel ein Zahlungsausfall, wird eine Ausgleichszahlung ausgeschüttet, unabhängig davon, ob die Stakeholder die Aussicht haben, die von ihnen investierte Summe zu einem späteren Zeitpunkt doch noch zu erhalten.[49] Im Diskurs wird von argentinischer Seite der Verdacht geäußert, dass die Hedgefonds über solche *seguros contra default* verfügen und damit ein Interesse daran hätten, eine Einigung zu verhindern. Ihnen wird unterstellt, auf einen doppelten Gewinn zu spekulieren: auf die Rückzahlung der Wertpapiere und zusätzlich auf die Versicherungssumme, die durch den Zahlungsausfall freigesetzt wird. Eine besondere Brisanz erhält dieses Thema als Anfang August bekannt wird, dass Paul Singer, Vorsitzender der zwei größten Hedgefonds, Mitglied des Gremiums ist, das darüber entscheidet, ob der technische Default als *Credit Event* gewertet und die Versicherungssumme entsprechend ausgeschüttet wird. Die vermutete «doppelte» Beteiligung der Hedgefonds wird von argentinischen Akteuren als Betrug bewertet.

4.2.2.6 Das Korpus und die Frage nach der Repräsentativität
Ziel einer linguistischen Diskursanalyse ist es, Aussagen über die Entstehung gesellschaftlichen Wissens und gesellschaftlicher Wirklichkeit im als Forschungs-

---

49 Cf. zu diesen Versicherungen den Eintrag *Credit Default Swap* (CDS) im *Gabler Wirtschaftslexikon*, http://wirtschaftslexikon.gabler.de/Archiv/326730/credit-default-swap-cds-v2.html (letzter Zugriff 25. 09. 2018).

objekt gewählten Diskurs zu treffen. Da die Analyse nicht den Diskurs an sich zur Grundlage hat, sondern ein nach bestimmten Kriterien erstelltes Korpus, das diesen pars pro toto abbildet, erstreckt sich die Gültigkeit der Untersuchungsergebnisse in gesicherter Weise nur auf diesen Ausschnitt. Zur Übertragbarkeit der Ergebnisse über den Rahmen des Korpus hinaus schreibt Felder (2012, 122): «Je nachdem, wie repräsentativ die untersuchten sprachlichen Realisierungsformen hinsichtlich des virtuellen Gesamtdiskurses gehalten werden, sind die Untersuchungsergebnisse des analysierten Diskursausschnittes auch gültig für den Gesamtdiskurs». Eine Verallgemeinerung ist also dann möglich, wenn bei der Erstellung des Korpus die Frage nach dessen Repräsentativität berücksichtigt wurde. Ob Repräsentativität – zumindest im statistischen Sinn – tatsächlich ein Gütekriterium für Diskursanalysen sein kann, ist fraglich, denn es steht keine Grundgesamtheit zur Verfügung, an der man Repräsentativität messen könnte (cf. Spitzmüller/Warnke 2011, 34; Bendel Larcher 2015, 52).[50] Busse/Teubert (1994, 14) bemerken daher, dass sich die Qualität eines Korpus an «inhaltlich begründeten Relevanzkriterien» entscheidet. Statt den gewählten Diskursausschnitt nach seiner Repräsentativität einzuschätzen, lässt sich die jeweils gewählte Datengrundlage nach den Kriterien Plausibilität und Nachvollziehbarkeit beurteilen (Felder 2012, 131).[51] Alternativ dazu schlägt Busch vor, Repräsentativität durch die Kategorie Generalisierbarkeit, die durch die Bildung musterhafter Typen erreicht wird, zu ersetzen (cf. Busch 2007, 153). Eine Überprüfung der Generalisierbarkeit von Analyseergebnissen lässt sich in der Praxis allerdings nur punktuell umsetzen.

In diesem Kapitel wurden die Kriterien der Korpuserstellung transparent gemacht. Dass der Diskursausschnitt Pressediskurs eine plausible Stichprobe ist, um Aussagen über den öffentlichen Diskurs zu treffen, haben die Ausführungen zur Bedeutung der traditionellen Medien für Argentinien gezeigt. Auch die Selektion der Zeitungen lässt sich über ihre Position innerhalb des Diskurses begründen. Durch die Erweiterung um die online veröffentlichten Artikel umfasst das Korpus auch den Diskursbereich, der sich durch das Internet neu herausgebildet hat. Im Hinblick auf den eng gesteckten Untersuchungszeitraum ist das Korpus aussagekräftig, da es alle Artikel der ausgewählten Zeitungen enthält, die sich inhaltlich mit dem Zahlungsausfall auseinandersetzen.

---

50 Cf. auch Busch (2007, 151): «Diskurslinguistische Untersuchungen können für das Verhältnis zwischen dem Diskurskorpus als Stichprobe und dem Diskurs als Grundgesamtheit ebensowenig den Anspruch auf Repräsentativität im quantitativen Sinne beanspruchen wie für die Interpretationen, die sie auf der Grundlage eines solchen nach qualitativen und thematischen Maßstäben zusammengestellten Diskurskorpus etablieren». Zu den Gütekriterien diskurslinguistischer Arbeiten cf. Spitzmüller/Warnke (2011, 199).
51 Cf. zum Kriterium der Plausibilität bei der Entstehung wissenschaftlicher Tatsachen Böhnert/Rezke (2015).

5 Die Krise, die keine ist

Das Urteil Griesas im Rechtsstreit Argentinien vs. Hedgefonds wurde Ende Juli 2014 dadurch wirksam, dass eine von Argentinien gezahlte Kreditrate nicht an die Empfänger weitergeleitet wurde. Als Reaktion darauf erklärten mehrere Ratingagenturen die Nation als zahlungsunfähig. Dies schuf eine Situation, die auf verschiedenartige Weise gedeutet werden kann. Der Default-Diskurs stellt den Zahlungsausfall so dar, dass er in seiner Krisenhaftigkeit reduziert, beziehungsweise ihm vollständig abgesprochen wird, krisenhaft zu sein. Dieser Umgang mit Ereignissen, die einen Normalzustand durchbrechen, findet sich in der psychologischen Resilienzforschung bei Levold (2016, 242) wieder, der den Vorgang, die Ernsthaftigkeit zu reduzieren, als eine der «Hilfestrategien» im Angesicht einer Krise bezeichnet. Resilienz kann also auch heißen, einen Sachverhalt so wahrzunehmen und zu deuten, dass er gar nicht erst wie eine unüberwindbare Krise erscheint und entsprechende Reaktionen auslöst. Im Analysekorpus findet sich eine Reihe sprachlich-diskursiver Muster, die zur Dekonstruktion der Krise beitragen. Sie bilden die Grundlage für die Resilienzfigur DIE KRISE, DIE KEINE IST.

Im Vordergrund der Aushandlung der Situation stehen der Zahlungsausfall und mögliche Folgen, vor allem auf zukünftige Umschuldungsbestrebungen von Krisenländern. Wiederholt zeigt sich in der Deutung der Ereignisse, wie eng das argentinische Krisenkonzept mit der Krise von 2001 zusammenhängt, das häufig als Referenzgröße herangezogen wird, um zu entscheiden, ob der Schuldenstreit eine Krise ist oder nicht. Die Resilienzfigur stützt sich also eng auf die Erfahrung, Krisen bereits in der Vergangenheit bewältigt zu haben. Rückgriffe auf die Vergangenheit sind typisch für Krisendiskurse, wie Kreuz/Wengeler (2014, 66) feststellen. Kämper (2012, 249) spricht von einer Bündelung der drei Zeitdimensionen in Krisenzeiten. Im Default-Diskurs dient der Vergangenheitsbezug dazu, einen krisenhaften historischen Zeitabschnitt von einer nicht-krisenhaften Gegenwart abzugrenzen. Im Gegensatz zu anderen Krisendiskursen (cf. Kap. 2.2.1) resultiert daraus, dass es nicht notwendig ist, das bestehende Gesellschaftsbild gegen einen in der Zukunft zu erreichenden Soll-Zustand auszutauschen. Wird eine Krise dekonstruiert, hat dies also unmittelbare Folgen auf die Art der Identitätsaushandlung, wie sich in den weiteren Resilienzfiguren zeigen wird.

Die Resilienzmarker, aus denen die Figur DIE KRISE, DIE KEINE IST besteht, lassen sich in zwei Gruppen unterteilen. Die Marker der ersten Gruppe entschärfen die Umstände in ihrer Brisanz und ihrem Schweregrad. Diese Darstellungsweise dient als Nachweis dafür, dass Argentinien nicht in einer Krise ist. Die Marker der zweiten Gruppe wählen einen anderen Weg. Sie dekonstruieren die

https://doi.org/10.1515/9783110620726-005

Krise nicht über eine Entschärfung der Umstände, sondern darüber, dass sie einen Veränderungsbedarf proklamieren, der nicht in der Verantwortung Argentiniens liegt, und die Kirchner-Regierung als Verursacher identifizieren. Das Ergebnis ist, dass zwar ein kritischer Zustand vorliegt, dieser aber nicht in erster Linie die Nation Argentinien betrifft.

Die Figur ist dahingehend besonders, dass sie in sich keine homogene Einheit bildet. Vielmehr stehen unterschiedliche und teilweise sogar konträre Deutungen der Situation nebeneinander. Anders als bei den anderen Resilienzfiguren semantisieren sich die Marker hier nicht gegenseitig, sondern entfalten ihre Wirkung losgelöst voneinander. Die Heterogenität oder «Mehrstimmigkeit» lässt sich auf die argentinische Medienlandschaft zurückführen, die den kommunikativ-pragmatischen Rahmen des Korpus bildet. Die Unterschiede in der Darstellung des Schuldenstreits manifestieren sich besonders deutlich in den Gesichtspunkten, die im Zusammenhang mit der argentinischen Regierung stehen. So befürworten Página12 und Tiempo Argentino das Vorgehen der Regierung im Schuldenstreit und negieren, dass ein Zahlungsausfall vorliegt. Im Gegensatz dazu bewerten Clarín und La Nación die Maßnahmen der Präsidentin und ihrer Minister negativ und sehen den Zahlungsausfall als eine Konsequenz der schlechten Politik des Kirchnerismus.

5.1 «Esto no es default» – Der Default, der keiner ist

Die Klassifikation Argentiniens als technisch beziehungsweise partiell zahlungsunfähig Ende Juli 2014 markiert den Schlüsselmoment des Diskurses, der die Verhandlungen zwischen der Nation und den Hedgefonds zu einem vorläufigen Ende bringt. Die Bedeutsamkeit dieses Moments spiegelt sich auf der Diskursoberfläche darin, dass das Lexem *default* nach *Argentina* das zweithäufigste Schlüsselwort im Korpus ist. Der Status *zahlungsunfähig* oder *in default* lässt sich in zwei Dimensionen betrachten. Er hat zunächst eine ökonomische Dimension, die den Zugang zu Krediten auf dem internationalen Finanzmarkt sowie die Attraktivität Argentiniens für Investoren betrifft. Eine zweite Dimension hängt mit der Bedeutung zusammen, die der Begriff *Default* im kulturellen Kontext Argentiniens entfaltet. Aufgrund der nationalen Geschichte ist er im Diskursraum Argentiniens untrennbar mit der Krise von 2001 verbunden. Von einem Fachterminus der Finanzwelt wurde er zum Signalwort für eine bestimmte Phase der jüngeren Vergangenheit und ist fest im kollektiven Gedächtnis verankert. Diese «argentinische» Bedeutung von *Default* wird im Korpus explizit thematisiert:

(1) El politólogo Marcelo Leiras se niega a definir como «crisis» lo que sucede en la actualidad, *si bien la sola mención de la palabra «default» evoca imágenes de 2001*. (LN, 29. 06. 2014, El eterno retorno argentino. ¿Por qué hay una crisis por década?)[1]

(2) Durante toda la semana pasada, *la palabra default inundó los medios de un déjà-vu de lo ocurrido en 2001 en la Argentina*. (LN, 05. 08. 2014, Claves para evitar un default en tu economía personal)

In beiden Belegen drückt sich aus, dass bereits die Erwähnung des Wortes *default* den historischen Kontext von 2001 aufruft. Dem Politologen Marcelo Leiras zufolge beschwöre der Ausdruck «Bilder von 2001» herauf, der Verfasser in Beleg (2) spricht von einem «déjà-vu», das durch die hohe Frequenz des Lexems in den Medien ausgelöst worden sei. Zur Veranschaulichung greift er auf das Metaphernfeld *Naturgewalt* zurück. Das Wort *default* habe die Berichterstattung förmlich «überschwemmt».

Die Entscheidung der Ratingagenturen, die Kreditwürdigkeit Argentiniens auf *in selective default* herabzustufen, löst im Korpus einen offen ausgetragenen semantischen Kampf (Felder 2006b) aus. Dieser besteht darin, dass die regierungstreuen Zeitungen den Ausdruck *default* und damit auch den Sachverhalt *Zahlungsausfall* ablehnen, während er in den regierungskritischen Zeitungen als Faktum angenommen und als Nachweis für das Scheitern der Kirchner-Regierung bewertet wird. Ein Erkennungsmerkmal für die Ablehnung des Zahlungsausfalls ist, dass in Página12 und Tiempo Argentino ausschließlich der englische Terminus *default* verwendet wird. Seine Verwendung impliziert, dass es sich dabei um eine Deutung der USA handelt. Auf der sprachlichen Oberfläche ist das Lexem als Distanzausdruck erkennbar, denn als Fremdwort fügt es sich nicht in die Auseinandersetzung ein, die in spanischer Sprache erfolgt. Eine weitere Form der Distanzierung ist, den Terminus in Anführungszeichen zu setzen oder ihn als «el llamado default» auszuzeichnen. In der Logik der regierungstreuen Zeitungen ist der Zahlungsausfall also eine Fiktion. In den regierungskritischen Zeitungen findet man dagegen neben *default* auch den spanischen Ausdruck *cesación de pagos*. Im Default-Diskurs lässt sich also ein Deutungskampf darum beobachten, ob ein Zahlungsausfall vorliegt oder nicht. Dieser hat für einen Teil der Akteure nicht den Status einer ontischen Wirklichkeit, sondern wird als Deutung dargestellt und nicht akzeptiert. Einmal mehr

---

1 In den Korpusbelegen werden die vier Zeitungen wie folgt abgekürzt: *P12* für Página 12, *TA* für Tiempo Argentino, *LN* für La Nación und *CL* für Clarín.

manifestiert sich, dass Sprache nicht nur eine referentielle Funktion hat, sondern das konstruiert, worüber sie spricht (cf. Warnke 2013, 105s.).

Es ist ein aufschlussreiches Analyseergebnis, dass sich gerade in Bezug auf den Kerngegenstand des Diskurses konträre Deutungen gegenüberstehen. Die enge Verbindung zur Krise von 2001 lässt den Schluss zu, dass über den Deutungskampf, ob ein Zahlungsausfall vorliegt oder nicht, die Krisenhaftigkeit der Situation gleichsam mitverhandelt wird. Ein Alleinstellungsmerkmal dieses Resilienzmarkers ist, dass er sich auf die Zeitungen, die die Kirchner-Regierung unterstützen, beschränkt, denn nur sie lehnen den Default ab. Ihm gegenüber steht die Position der regierungskritischen Zeitungen, deren Interpretation zunächst wie ein «Krisenmarker» erscheint, bei näherer Betrachtung jedoch ebenfalls als Resilienzmarker identifiziert werden kann (cf. Kap. 5.5). Prominente Vertreter des Markers DER DEFAULT, DER KEINER IST sind die Präsidentin Cristina Kirchner und der Wirtschaftsminister Axel Kicillof. Neben ihnen teilen auch andere kirchneristische Politiker oder Organisationen wie der Mercosur diese Meinung, wie die Belege im Folgenden zeigen werden. Bei der Negation des Zahlungsausfalls wird sichtbar, dass die Zeitungen selbst Diskursakteure sind, da auch Página12 und Tiempo Argentino diese Deutung vertreten und dazu beitragen, dass sie sich durchsetzt. Der Resilienzmarker beruht größtenteils auf argumentativen Strukturen. Auffällig ist, dass sich die Ablehnung des Zahlungsausfalls nicht auf ein Argumentationsmuster beschränkt. Es werden im Wesentlichen drei Gründe angeführt, die den Schluss *Der Default ist eine Fiktion* stützen. Die häufigste Argumentation ist eine an den Kontext angepasste Form des Definitionstopos:

Weil Default heißt, dass ein Schuldner nicht zahlt, Argentinien aber gezahlt hat, ist der Default eine Fiktion.

Die Schlussregel wird in den folgenden Beispielen explizit genannt:

(3) «[...] *No hay default porque default es no pagar y Argentina pagó.* Argentina ha conseguido ser confiable, porque honra los compromisos y contratos que firma, y mantiene la decisión de querer pagarle al ciento por ciento de sus acreedores en condiciones justas, equitativas, legales y sustentables», dijo [Martín Sabatella]. (P12, 31. 07. 2014, Reacciones de oficialistas y opositores)

(4) En el comunicado sobre los fondos buitre, el Mercosur consideró que «*de ninguna manera puede considerarse un proceso de default cuando un país solvente y líquido realiza puntualmente los pagos y se les bloquea el cobro*

a sus bonistas». (LN, 30. 07. 2014, Contundente respaldo del Mercosur a la posición argentina ante los holdouts)

(5) Por último, [CFK][2] apuntó a quienes buscan imponer una visión de catástrofe sobre la situación: «Intentan decirnos y agitar el default, no tiene sentido, *default es cuando uno no paga y Argentina ha pagado».* (P12, 30. 07. 2014, Fuerte respaldo del Mercosur por los buitres)

Die drei Beispiele unterscheiden sich in der Explizitheit ihrer Argumentation. Martín Sabatella zeichnet den kausalen Schluss ausführlich nach. Er beginnt mit der Konklusion und verknüpft diese mit der Schlussregel, bevor er anschließend das Argument nennt. Dass sich die Stellungnahme des *Mercosur* auf Argentinien bezieht, erschließt sich nur aus dem Kotext des Belegs. Sie ist auch dahingehend impliziter, dass sie eine allgemeingültige Beschreibung enthält, die von dem konkreten Fall abstrahiert. Der Schluss, dass Argentinien nicht als zahlungsunfähig klassifiziert werden kann, muss von dem Rezipienten gezogen werden. Die Äußerung Cristina Kirchners enthält das Argument «Argentina ha pagado» und die Schlussregel «Default es cuando uno no paga». Die Konklusion spart sie aus, was die Wirkung entfaltet, sie sei so offensichtlich, dass sie nicht verbalisiert werden müsse. In den Beispielen wird deutlich, dass der Schluss, der Zahlungsausfall ist eine Fiktion, eng mit dem Resilienzmarker ARGENTINIEN ALS PFLICHTBEWUSSTER SCHULDNER (cf. Kap. 6.1.1.2) zusammenhängt, denn die fristgerechte Zahlung der fälligen Rate wird als Grund angegeben, dass kein Zahlungsausfall besteht. Diesen Zusammenhang stellt vor allem Martín Sabatella her, indem er sagt, Argentinien gelte als vertrauenswürdiger Schuldner, der seinen Verpflichtungen stets nachkommt. Solche Beispiele, in denen die Resilienzmarker ARGENTINIEN ALS PFLICHTBEWUSSTER SCHULDNER und DER DEFAULT, DER KEINER IST ineinandergreifen, sind im Korpus häufig. In der Regel wird zunächst darauf hingewiesen, dass die Nation in dem konkreten Fall der Rate, die im Juni 2014 fällig wurde, seiner Verantwortung nachgekommen sei. Im Anschluss daran wird die Konklusion, Argentinien sei nicht zahlungsunfähig, dadurch gestützt, dass Pflichtbewusstsein als eine Wesensart der Nation genannt wird, die zudem das erklärte Ziel verfolge, zu einer Einigung mit all seinen Gläubigern zu kommen. Ein Resilienzmarker kann also die Basis für einen anderen sein.

Weil Argentinien ein pflichtbewusster Schuldner ist, ist der Default eine Fiktion.

---

2 *CFK* ist im argentinischen Diskurs ein gängiges Akronym für Cristina Fernández de Kirchner.

Aufbauend darauf ergibt sich der Topos:

Wer sagt, dass ein Zahlungsausfall besteht, leugnet den guten Charakter der Argentinier.

Eine modifizierte Variante des Definitionstopos liegt dann vor, wenn Sprecher detailliert ausführen, welche Kriterien in den Verträgen für die Staatsanleihen und Wertpapiere für einen Zahlungsausfall festgeschrieben sind. Äußerungen dieser Art stammen vor allem vom Wirtschaftsminister Axel Kicillof, der seinem Amt nach ein Experte in wirtschaftswissenschaftlichen Fragestellungen ist und dem daher eine große Autorität bei der Erklärung der Sachlage zukommt.

(6) «Es una pavada atómica decir que hoy entramos en default», disparó el funcionario [Axel Kicillof] al referirse a los medios, analistas y dirigentes que consideraron que el país ingresó en cesación de pagos. Al respecto, *detalló que en los prospecto* [sic] *del canje de deuda se explicitan las condiciones técnicas para ingresar en esa condición.* [...] «*Las únicas formas de que el país ingrese en default es* si directamente no paga, si declara moratoria, si se incumple el pago de otros bonos (cross default) y si el Estado declara la ilegitimidad de la deuda», detalló el funcionario al leer los prospecto [sic] del canje. (LN, 31. 07. 2014, Axel Kicillof: «Es una pavada atómica decir que hoy entramos en default»)

(7) Ante «opiniones malintencionadas acerca de la situación del país», el ministro de Economía, Axel Kicillof, insistió en que *de acuerdo con los contratos firmados* por el Estado nacional con los bonistas que entraron a los canjes de deuda de 2005 y 2010 «*no se cumplen*» *ninguna de las tres condiciones que implicarían que el país entrara en default* (la falta de pago, la declaración de una moratoria o la invalidez de los convenios firmados oportunamente), por lo cual advirtió que afirmarlo es «una pavada atómica». (P12, 31. 07. 2014, Kicillof: «La Argentina no está en cesación de pagos»)

Mit dem Phraseologismus «pavada atómica» drückt Kicillof eine starke negative Bewertung der Behauptung, Argentinien sei im Zahlungsausfall, aus. Er begründet dies damit, dass die Bedingungen dafür laut den Verträgen nicht gegeben seien. Zur Stützung seiner These listet der Wirtschaftsminister die Kriterien auf, die einen Zahlungsausfall auslösen. Dass von diesen keine vorliegt, ergibt sich als Schluss aus der Aufzählung. Ähnlich findet sich dies in Beleg (7). Während Kicillof durch seine Erläuterungen als Experte auftritt, der seine Argumente auf Fakten stützt, werden den Akteuren, die eine gegenteilige Meinung vertreten, Ignoranz oder sogar böswillige Absichten unterstellt, wie der Verweis auf «opiniones malintencionadas» nahelegt. Daraus ergibt sich der kausale Schluss:

Wer einen Zahlungsausfall proklamiert, ist entweder schlecht informiert oder lügt.

Das Urteil Griesas, demzufolge Argentinien seine Gläubiger erst weiter bedienen dürfte, wenn es sich auch mit den Hedgefonds geeinigt hätte, bezog sich nur auf die Schulden in US-Dollar. Die Schulden in argentinischer Währung durften dagegen weiter getilgt werden. Daher stuften die Finanzagenturen die Kreditwürdigkeit der Nation als *in default selectivo* bzw. *in default técnico* ein. Auch dies wird von der argentinischen Regierung und den kirchneristischen Politikern abgelehnt.

(8) «*Ahora inventaron una nueva: el default selectivo.* No existe. Impedir que alguien cobre no es default. [...]», advirtió Cristina Kirchner. (LN, 31. 07. 2014, «Impedir que alguien pague no es default», dijo Cristina Kirchner)

(9) No existe posibilidad de default, que sería si no está el dinero para pagar. *Tampoco default técnico, porque eso sería tener el dinero para pagar y no depositarlo.* A la Argentina no le pasó ninguna de esas cosas. La Argentina tiene el dinero y lo depositó. La decisión del juez Griesa fue no transferir ese dinero, que ya no es de la Argentina, a los dueños reales, que son los bonistas que adhirieron al canje. (P12, 29. 07. 2014, No existe posibilidad de default)

Laut Cristina Kirchner ist der Terminus «default selectivo» eine Erfindung der Ratingagenturen, der nicht auf die Lage Argentiniens passe. Denn nicht die Zahlung sei ausgeblieben, sondern die Auszahlung verhindert worden, womit erneut neben dem Zahlungsausfall auch eine Verantwortung der Nation negiert wird. Der Verfasser von Beleg (9) verwendet zur Kritik an der Klassifikation «default técnico» den bereits beschriebenen Definitionstopos. Ein technischer Zahlungsausfall liege nicht vor, weil die Bedingungen dafür nicht gegeben seien. Im Anschluss daran findet sich eine eigenwillige Interpretation über das Begleichen von Schulden. Aus Sicht des Verfassers hat Argentinien seine Schuld mit der Überweisung der Summe abgegolten, denn das Geld gehöre jetzt den Empfängern. Dem allgemeinen, aber auch dem ökonomischen Verständnis nach sind Schulden jedoch stets Bring-Schulden, die erst dann bezahlt sind, wenn der Gläubiger sie erhalten hat. Neben dem Definitionstopos richtet ein zweites Argumentationsmuster den Blick auf den Richter Thomas Griesa. Der Grund dafür, dass die Gläubiger ihr Geld nicht erhalten haben, liegt den Sprechern zufolge bei ihm. Weil der Richter verhindert hatte, dass die fällige Summe an die Zahlungsempfänger weitergeleitet wurde, könne man nicht von einem Zahlungsausfall Argentiniens sprechen.[3] Dass Griesa, indem er den Transfer blockierte, lediglich sein Urteil umsetzte, wird dabei ausgespart. Folgende Beispiele zeigen, wie die Argumentation im Diskurs versprachlicht wird.

(10) [Kicillof] [t]ambién reiteró que el país no está en default porque efectuó los pagos a los bonistas reestructurados *y fue el juez Griesa quien no permitió completar la cadena de pago*. (P12. 30. 07. 2014, «Los fondos buitre no aceptaron nuestra oferta de ingresar al canje»)

(11) «No creo que Argentina esté en un default, pues está pagando su deuda. Le ha depositado a sus acreedores, le pagó al Club de París, pero enfrenta una situación ‹sui generis›, que es excepcional, pues *quien le impide pagar es un juez estadounidense*», declaró Mantega. (P12, 31. 07. 2014, Para Brasil, no hay default)

Die Äußerungen enthalten Wendungen wie «no permitió completar la cadena de pago» oder «le impide pagar» und stellen sie den Handlungen des pflichtbewussten Argentiniens gegenüber. Der Richter wird damit als derjenige dargestellt, der verhindert, dass die Nation ihrer Verantwortung nachkommt. Zusammengefasst als Topos lautet das Muster:

Weil der Richter die Zahlung blockiert, ist Argentinien nicht im Zahlungsausfall.

Eine Art Schlussfolgerung aus den Belegen (10) und (11) enthält das folgende Beispiel.

(12) El abogado italiano Tulio Zembo, representante de 450 mil bonistas de ese país, aseguró ayer que en el caso de que el país caiga en default *se trataría de un «default inducido» por el juez estadounidense Thomas Griesa*. (TA, 29. 07. 2014, La Argentina vuelve a reunirse con Pollack en busca del amparo)

Der italienische Anwalt Tulio Zembo äußert sich kurz vor dem Ende der Frist zur Einigung zwischen Argentinien und den Hedgefonds zu dem drohenden

---

3 Erneut wird hier eine Verknüpfung mit einem anderen Marker erkennbar, nämlich mit DER INKOMPETENTE UND BÖSWILLIGE RICHTER GRIESA, cf. Kap. 6.1.3.

Zahlungsausfall und schreibt ebenfalls Thomas Griesa die Verantwortung dafür zu. Sollten die Gläubiger ihr Geld nicht erhalten, handele es sich um einen «default inducido» durch den Richter.

In Beleg (11) wird der Umstand, dass ein Kreditnehmer eine Zahlung zwar tätigt, diese aufgrund der Entscheidung eines Richters aber nicht beim Kreditgeber ankommt, als «una situación ‹sui generis›, que es excepcional» bezeichnet. Der vermeintliche Zahlungsausfall wird damit als ein Ereignis dargestellt, welches allen Regeln der Vernunft und der Logik widerspricht. Erklärungen dieser Art, die betonen, die Lage Argentiniens sei historisch einmalig und daher gebe es für sie keine adäquate Bezeichnung, schließen sich zu dem dritten Argumentationsmuster zusammen, über das der Zahlungsausfall als Fiktion dargestellt wird. Folgende Äußerungen geben Beispiele dafür.

(13)   Mark Weisbrot […] se mostró de acuerdo con la posición del gobierno argentino con respecto a *la necesidad de buscar un nuevo término* para describir una situación en que un deudor quiere pagar y no puede hacerlo porque un fallo judicial no se lo permite. Agregó además que «fue una Corte la que tomó esta *decisión sin precedente*. Es una corte la que está forzando a Argentina a defaultear. El default no es de Argentina». (TA, 03. 08. 2014, El «default que no es default» y los riesgos del fallo Griesa)

(14)   «Estamos en una situación inédita e insólita. *No tiene nombre. Pero claramente si un nombre no tiene es default.* […]», enfatizó el titular del Palacio de Hacienda. (P12, 01. 08. 2014, «Decir que entramos en default es una pavada»)

Der nordamerikanische Ökonom Mark Weisbrot stimmt mit der argentinischen Regierung überein, dass für die Situation ein neuer Terminus gefunden werden müsse, da es für sie keinen vergleichbaren Präzedenzfall gebe. Ebenso wie die vorigen Belege verortet er die Ursache für den Zahlungsausfall bei der Justiz, auch wenn er hier, anders als die meisten argentinischen Akteure, nicht den Richter als Person nennt. Deutlich wird, dass er nicht den Sachverhalt an sich in Frage stellt, sondern lediglich dessen Zuordnung zu Argentinien, das seiner Ansicht nach von dem Gericht in einen Default gedrängt wurde. Erwähnenswert ist das Spiel mit dem Lexem *nombre* in der Äußerung Kicillofs (Beleg 14). Zunächst spricht der Minister der Situation vollständig ab, einen Namen zu haben. Mit der Phrase «claramente si un nombre no tiene es default» bekräftigt er anschließend seine Ablehnung gegenüber der Bezeichnung *default* für den vorliegenden Sachverhalt. In beiden Beispielen wird das Konzept (und entsprechend der Terminus) Zahlungsausfall abgelehnt, allerdings ohne eine Alternative vorzubringen. Diese Form des semantischen Kampfs hat den Effekt, dass die Sachlage als undefiniert und daher «namenlos» erscheint. Das Argumentationsmuster lautet hier:

> *Weil es sich um eine noch nie dagewesene Situation handelt, kann sie kein Zahlungsausfall sein und nicht als* Default *bezeichnet werden.*

Daraus leitet sich die Notwendigkeit ab, einen Namen zu finden. Ein Beispiel für den Versuch, die Situation «korrekt» zu benennen, gibt Beleg (15).

(15) El desenlace todavía es incierto, aunque, de no mediar novedades en el juicio que encabeza NML Capital por parte de los fondos buitre, *quedará escrito un nuevo capítulo en el libro de la historia de las finanzas*: el de la *«cesación de cobro»* inducida no por insolvencia o iliquidez del deudor sino por una medida judicial que impide a los acreedores recibir un pago realizado. (P12, 29. 07. 2014, Otro viaje a Nueva York en horas definitorias)

Auch hier wird darauf verwiesen, dass eine historisch einmalige Situation vorliegt, denn sie schreibe «un nuevo capítulo en el libro de la historia de las finanzas». Anders als die Äußerungen zuvor schlägt der Verfasser hier einen Alternativterminus vor. Als Ersatz für «cesación de pago», der spanischen Entsprechung für *default*, kreiert er den Ausdruck «cesación de cobro». Auf diese Weise werden die zwei Seiten einer finanziellen Transaktion – Ausführen der Zahlung und Erhalt der Zahlung – differenziert und betont, Argentinien habe seine Pflicht erfüllt. Der «Ausfall» liege daher nicht auf der Seite des Zahlenden, sondern bei der Justiz, die verhindere, dass die Summe bei den Empfängern ankomme. Daher sei sie für das Scheitern der Abwicklung verantwortlich.

Die von den kirchneristischen Akteuren sowie den beiden regierungsnahen Zeitungen proklamierte «Namenlosigkeit» der Sachlage ruft ein kreatives Sprachspiel hervor, bei dem aufbauend auf dem Lexem *default* neue Ausdrücke erschaffen werden. Diese dienen weniger dazu, einen neuen Terminus zu definieren, als die komplexe Situation an den Richter Thomas Griesa zu binden und ihn als lächerlich darzustellen.

(16) *«Se habla de engendros: default técnico, default Griesa. Griefault. Nadie sabe caracterizarlo porque es nuevo. No existe. A nadie se le ocurrió esta situación. Esta situación no está definida como default. Argentina pagó. Tiene plata. Va a seguir pagando los próximos vencimientos. Responsabilizamos a Griesa»*, sostuvo el responsable del equipo económico [...]. (P12, 31. 07. 2014, «No es un default, no saben ni cómo llamarlo»)

(17) En realidad, el «*griesfault*» es una situación inédita que aún no tiene una palabra convencional que la defina. (TA, 02. 08. 2014, El graznido de los alcahuetes)

(18) *El famoso «día D», de «default técnico», «default Griesa» o «cesación de cobro»,* entre los nombres posibles para definir la inédita situación, estuvo cargado de rumores, especulaciones y desmentidas. (P12, 31. 07. 2014, Deshojando la margarita)

Das Korpus enthält mehrere Beispiele für das Sprachspiel mit den Lexemen *default* und *Griesa*: «default Griesa», «griefault» oder auch «griesfault». Die Absurdität oder Fiktion der okkasionellen Wortbildungen drückt sich bereits darin aus, dass sie sich schwer aussprechen lassen. Kicillof bezeichnet sie in seinem Kommentar (Beleg 16) daher auch als «engendros» ('Erzeugnisse'/'Erfindungen') und verweist damit darauf, dass sie Konstruktionen sind. Beleg (18) bezeichnet das Fristende zur Einigung als «el famoso ‹día D›» und spielt damit auf die Landung der Alliierten in der Normandie 1944 an. Bezogen auf den Kontext des Zweiten Weltkrieges ist die Parallele wenig stimmig, sie wird hier wohl eher aufgeführt, um den Zeitpunkt als geschichtsträchtigen Entscheidungstag zu beschreiben. Ein Wortspiel ergibt sich daraus, dass *día D* auch die Lesart *día (del) Default* entfaltet. Bis auf dieses Beispiel sind die Wortbildungen eine weitere Form, wie sich das Argumentationsmuster *Weil der Richter die Zahlung blockiert, ist Argentinien nicht im Zahlungsausfall* im Korpus manifestiert. Alle Beispiele beinhalten zudem Verweise auf die Einmaligkeit und Neuartigkeit der Situation. In der Äußerung des Wirtschaftsministers ist dies besonders betont durch die Anhäufung mehrerer Sätze, die vermitteln, niemand könne den vorliegenden Fall definieren, weil er neu sei und «nicht existiert».

Dass im Default-Diskurs ein semantischer Kampf mit gegensätzlichen Positionen um die Frage, ob ein Default besteht oder nicht, abläuft, drücken folgende Belege aus. Sie stellen die Sicht der Regierung und ihrer Unterstützer dar und weisen die Anerkennung des Zahlungsausfalls bestimmten Gruppen zu.

(19) «*Los que hablan de default son los que han endeudado al país, no han honrado ninguna deuda,* mientras que éste es el gobierno que ha solucionado un problema que era un corset para el desarrollo, que tenía que ver con esos niveles de endeudamiento», afirmó Randazzo. (P12, 01. 08. 2014, «Hubo mala praxis judicial»)

(20) *Un coro de alcahuetes anda por el mundo repitiendo con inocultable alegría que la Argentina entró nuevamente en default.* Lo sostienen obviamente algunas calificadoras de riesgo, que tienen intereses imbricados con los

acreedores. Pero lo peor es que buena parte de los corifeos son argentinos. (TA, 02. 08. 2014, El graznido de los alcahuetes)

In beiden Beispielen werden diejenigen, die den Zahlungsausfall als gegeben hinnehmen, negativ dargestellt. Das wird vor allem in Beleg (19) deutlich. Hier werden die Akteure, die von einem «default» sprechen, als Mitglieder früherer Regierungen identifiziert, «los que han endeudado al país, no han honrado ninguna deuda». Weil sie bereits in der Vergangenheit Argentinien nur geschadet haben, ergibt sich der Schluss, dass auch ihre gegenwärtige Deutung der Situation ein schlechtes Ziel verfolge. Zugleich wird eine Gegenüberstellung etabliert zwischen den negativ bewerteten früheren Regierungen und der Kirchner-Regierung, die positiv präsentiert wird, da sie Probleme löse und Argentinien vom «Korsett» der Verschuldung befreit habe. In Beleg (20) werden die Vertreter eines Zahlungsausfalls als «coro de alcahuetes» beschrieben und damit ihr Sachverstand, die Ereignisse richtig interpretieren zu können, in Frage gestellt. Bestärkt wird dies dadurch, dass sie als Verbündete der internationalen Ratingagenturen dargestellt werden, denen hier und auch an anderer Stelle im Diskurs negative Eigenschaften zukommen.[4] Die schwerwiegendste Beobachtung sei jedoch, dass es sich bei den «corifeos», die den Zahlungsausfall verkünden, um Argentinier handele. Daraus lässt sich der Vorwurf eines Bruchs mit nationalen Interessen und der nationalen Einheit herauslesen. Im weiteren Verlauf des Artikels verdeutlicht sich, dass hier auf die Opposition bzw. auf Kritiker der Regierung angespielt wird, womit auch die regierungskritischen Zeitungen La Nación und Clarín gemeint sein können. Während die Anerkennung des Zahlungsausfalls negativen Akteuren zugesprochen wird, erscheinen die Akteure, die dies nicht tun, als Vertreter der Interessen Argentiniens, die Widerstand gegen «falsche» Interpretationen leisten.

Wie in den beschriebenen Beispielen bereits deutlich wurde, ist der Diskurs mehrstimmig hinsichtlich der Interpretation der wirtschaftlichen Sachlage. Den Stimmen, die den Sachverhalt Zahlungsausfall ablehnen, steht eine gegensätzliche Position gegenüber. In dem Diskursraum, den La Nación und Clarín etablie-

---

4 So zum Beispiel in folgender Äußerung des Wirtschaftsministers, die den anschließenden Hinweis enthält, die Ratingagenturen würden international angezweifelt werden: «¿Quién cree en las agencias calificadoras a esta altura, quién piensa que son referís imparciales del sistema financiero?», se preguntó irónicamente Kicillof. Las agencias de riesgo son fuertemente cuestionadas en todo el mundo, sobre todo por su incapacidad de «predecir» los embates de la crisis financiera internacional y por colocar buenas calificaciones a países que luego demostraron ser insolventes, al revés que la actual situación argentina. (P12, 31. 07. 2014, «Default selectivo»).

ren, hat der Zahlungsausfall den Status einer ontischen Wirklichkeit. Die folgenden Belege zeigen, dass sich der Resilienzmarker DER DEFAULT, DER KEINER IST in den regierungskritischen Zeitungen nicht herausbildet.

(21) *La Argentina llegará en una situación de «default selectivo»*, según Standard & Poor's, o *«default parcial»*, según Fitch Ratings, que ayer cambió la nota del país. Fitch dijo que la economía sufrirá por la incertidumbre y la volatilidad. La tercera calificadora, Moody's, que ya tenía a la Argentina en default, simplemente ratificó la nota y bajó la perspectiva de largo plazo a «negativa». Moody's dijo que el «no pago» del vencimiento del 30 de julio *era un default*. (LN, 01. 08. 2014, Griesa convocó para hoy una nueva audiencia entre la Argentina y los fondos buitre)

(22) «No pagaron porque cuando uno libra un cheque y yo voy a cobrar en ventanilla y me dicen que no le puedo pagar porque hay una medida cautelar de un juez, hasta que no hay recepción del acreedor o disponibilidad plena del acreedor, *por eso hay default»*, explicó Carrió. (LN, 31. 07. 2014, Elisa Carrió acusó a Axel Kicillof de mentir sobre las negociaciones con los fondos buitre)

Im Gegensatz zu der Ablehnung des Zahlungsausfalls ist die Gegenposition weniger auffällig, da der Default nicht als Streitpunkt, sondern als Tatsache dargestellt wird. Beleg (21) beschreibt detailliert die Klassifikationen der einzelnen Ratingagenturen. Obwohl scheinbar nur die Fakten wiedergegeben werden, kann dies vor dem Hintergrund der kritischen Haltung gegenüber dem Ranking in den regierungstreuen Zeitungen als Zustimmung bewertet werden. In Beleg (22) wird deutlicher Partei ergriffen. Elisa Carrió, eine der führenden Politikerinnen der Opposition, begründet das Bestehen eines Zahlungsausfalls mit einem Vergleich aus dem Alltag und spielt auf das bereits erwähnte Konzept der Bring-Schuld an. Schulden sind erst beglichen, wenn der Gläubiger sein Geld erhalten hat, egal welche Umstände dies verhindern.

Die Deutung, dass ein Zahlungsausfall vorliegt, ist nicht nur an bestimmte personale Akteure gebunden. Die Zeitungen treten auch selber als Akteure in Erscheinung und nehmen im semantischen Kampf um die «richtige» Bewertung der Situation eine Haltung ein.

(23) El fracaso de las negociaciones entre el gobierno argentino y los representantes de los bonistas que no ingresaron en los canjes de deuda de 2005 y 2010 y obtuvieron una sentencia favorable de la justicia estadounidense *ha derivado en un nuevo default*, cuyas consecuencias serán muy graves

para el país, en la medida en que esta situación no pueda ser resuelta en lo inmediato. (LN, 01. 08. 2014, El default y sus probables consecuencias)

Das Scheitern der Verhandlungen habe erneut einen Zahlungsausfall ausgelöst, der Anlass zu einer negativen Zukunftsprognose gibt. Ähnlich wie Beleg (21) erscheint dieser Auszug wie eine neutrale Beschreibung der Tatsachen. Auch er beruht jedoch auf einer Interpretation der Sachlage, was sich am Hinweis auf mögliche schwere Konsequenzen ablesen lässt.

Dass es in der Frage um das Bestehen eines Zahlungsausfalls einen Konflikt mit gegensätzlichen Positionen gibt, wird in allen vier Zeitungen thematisiert. Vor allem die regierungstreuen Zeitungen bewerten die einzelnen Meinungen auch. Während die Ablehnung des Zahlungsausfalls als nachvollziehbar und faktenbasiert präsentiert wird, bringen sie die Gegenseite mit böswilligen Absichten in Zusammenhang.

(24) *Existe hoy una discusión entre el gobierno y el juez Griesa, el mediador Daniel Pollack y la ISDA sobre si el evento crediticio que aconteció el 30 de julio es un default o no.* La Argentina argumenta que no, debido a que el gobierno realizó todos los pagos correspondientes, sin caer en una cesación de pagos. Por lo tanto, hay un bloqueo del cobro realizado por Griesa y los fiduciarios (los bancos). El texto del contrato de los bonos apoya esta interpretación. Sin embargo, la ISDA, en una votación en la cual partipó el fondo litigante Elliott Management, decidió que este hecho constituía un default y los CDS se gatillarán [...]. Esta interpretación está avalada por las calificadoras de riesgo y los mercados financiero [sic] en general. (TA, 03. 08. 2014, La maniobra de los fondos buitre para aprovecharse de la Argentina)

(25) «Default» claman los medios hegemónicos argentinos. «Default selectivo» comentan intérpretes más afinados y menos buitres-friendly. El oficialismo insiste en que no hay default sin insolvencia y mediando pagos realizados en lugar, tiempo y forma. Tiene una cuota enorme de razón al tipificar los hechos pero no deja de saber (no puede ni debe dejar de saber) que lo que ya está en puja es la realidad económica financiera hasta el fin del mandato presidencial y mucho más definidamente hasta el 1º de enero próximo. (P12, 03. 08. 2014, Es la economía, sin embargo)

Beleg (24) berichtet über die strittige Frage, ob das «evento crediticio» Ende Juli als Zahlungsausfall bewertet werden kann oder nicht. Der Position Argentiniens wird die Interpretation der ISDA gegenübergestellt.[5] Von den beiden Deutungen wird nur die der Nation durch stichhaltige Argumente unterstützt. Der Vertrag der Anleihen als maßgebliche Grundlage für die Entscheidung, wann ein Zahlungsausfall vorliegt, gebe Argentinien Recht. Die Gegenposition, die die ISDA vertritt, erscheint haltlos, denn für sie werden keine Begründungen genannt. Die Versicherungsgesellschaft wird auch dadurch in ein negatives Licht gestellt, dass ihr Allianzen mit den Ratingagenturen, dem Finanzmarkt sowie Vertretern der US-amerikanischen Justiz unterstellt werden. In Beispiel (25) wird die politische Debatte um die Auslegung der Sachlage beschrieben. Das Spektrum an Deutungen bewege sich zwischen «default», «default selectivo» und «no hay default», wobei «default» den Negativpol einer Skala markiert und den hegemonialen Medien zugesprochen wird. Am positiven Ende stehe die Interpretation, dass kein Zahlungsausfall vorliegt. Diese wird an die Regierung gebunden, die mit Vernunft agiere und als einziger Akteur beachte, dass es um die «realidad económica financiera» gehe.

Das folgende Beispiel zeigt, wie der Deutungskampf in der regierungskritischen Zeitung La Nación aufgegriffen wird:

(26) «Durante el proceso, el Special Master (mediador) propuso numerosas soluciones creativas, muchas de las cuales eran aceptables para nosotros. La Argentina, sin embargo, se negó a considerar seriamente cualquiera de ellas y, en cambio, eligió el default», expresó NML. En una postura diametralmente opuesta, Kicillof había culpado horas antes a los fondos buitre y a Griesa. «La Argentina pagó», sentenció el jefe del Palacio de Hacienda. «Los prospectos de los bonos dicen cuándo se incurre en default, y esta situación no está ahí, no existe, es nueva. A nadie se le ocurrió porque es insólita, es absolutamente novedosa», dijo. (LN, 31.07.2014, Holdouts: «La Argentina rechazó muchas propuestas y eligió el default»)

Um die zwei Positionen zu beschreiben, werden Äußerungen des Hedgefonds NML und des Wirtschaftsministers Axel Kicillof zitiert.[6] Das Argument Kicillofs baut auf den Verträgen auf, in denen die Definition eines Zahlungsausfalls festgeschrieben ist. Der Hedgefond NML berichtet davon, der Mediator Pollack habe im Zuge der Verhandlungen mehrere akzeptable Lösungen angeboten, die Argentinien nicht angenommen habe. Dadurch erscheint die Nation als unkoope-

---

5 Die *ISDA* (*International Swaps and Derivatives Association*) ist die Organisation, die Versicherungen für Finanzinvestoren anbietet.
6 Gemeint ist hier *NML Capital*, eine Tochterfirma des von Paul Singer gegründeten Hedgefonds *Elliott Management*.

rativer Verhandlungspartner, der nach Aussage von NML den Default «gewählt» habe. Der Beleg ist ein seltenes Beispiel dafür, dass die Hedgefonds selbst als Akteure im Diskurs auftreten und durch wörtliche Redebeiträge eine Stimme erhalten. Die folgenden Korpusbelege zeigen, dass im Diskurs ein Bewusstsein darüber besteht, dass die kontroverse Diskussion um die Situation Argentiniens ein Deutungskampf ist, der einen Streit um die korrekte Bezeichnung einschließt.

(27) El inédito acontecimiento financiero derivado de la orden del juez Thomas Griesa de bloquear el cobro del vencimiento de intereses de deuda soberana a bonistas del canje no es un default. No lo es en términos jurídicos, financieros y económicos. *No se trata de un debate semántico, aunque sí político*, como queda reflejado en cada una de las opiniones del elenco estable de economistas mediáticos. Para eludir la soberbia de los cultores de la ignorancia, es necesario precisar por qué y cuándo un país está en default. (P12, 03. 08. 2014, No es un default)

(28) Más allá de la *discusión semántico-legal de si default o bloqueo*, los mercados financieros tienen muy claro que Argentina es solvente. El pasado viernes, en Nueva York, los bonos argentinos cotizaban a alrededor de 85 centavos por dólar, precio que obviamente no es de default. (P12, 03. 08. 2014, Millonarias maravillas)

In Beleg (27) wird dafür plädiert, die strittige Situation gerade nicht als «debate semántico» zu verstehen. Der Streit um die richtige Bezeichnung sei eigentlich eine politische Debatte. Damit ist gemeint, dass hinter der Wahl der Bezeichnung politische Motive liegen, denn es sei offensichtlich, dass Argentinien nach juristischen, finanziellen und wirtschaftlichen Kriterien nicht im Zahlungsausfall ist. Neben dem Vorwurf, politische Ziele zu verfolgen, wird denjenigen, die den Zahlungsausfall anerkennen, Unwissen unterstellt. Sie seien «cultores de la ignorancia». Dadurch ergeben sich zwei Merkmale, über die die Vertreter der Gegenposition negativ bewertet werden. Die Bezeichnung des Konflikts als «discusión semántico-legal» in Beleg (28) spielt darauf an, dass sowohl eine Konkurrenz um die richtige Bezeichnung vorliegt als gleichermaßen auch um die Definition des Sachverhalts, die entsprechende juristische Konsequenzen mit sich bringt. Hinsichtlich der Entscheidung, ob ein Zahlungsausfall besteht oder nicht, eröffnet sich hier ein Schluss, der bisher noch nicht vorgekommen ist. Ausschlaggebend sei nicht die politische Debatte, sondern, wie die Finanzmärkte Argentiniens Kreditwürdigkeit einschätzen. Diese hätten entschieden, dass Argentinien solvent ist, was sich im Preis für argentinische Anleihen zeige, «que obviamente no es de default».

Die Beispiele haben den semantischen Kampf verdeutlicht, der um die Frage ausgetragen wird, ob Argentinien aufgrund der gescheiterten Zahlung der fälligen Kreditrate zahlungsunfähig ist oder nicht. Er ergibt sich daraus, dass die Klassifikation der Ratingagenturen innerhalb des Diskurses von der Kirchner-Regierung und weiteren Akteuren nicht als ontischer Tatbestand anerkannt wird. Stattdessen wird der Zahlungsausfall als Fiktion bewertet und seine Anerkennung regierungskritischen und vor allem argentinienfeindlichen Gruppen zugesprochen, die damit böse Absichten verfolgen.

Die enge Verknüpfung des Konzepts *Zahlungsausfall* mit der Krise von 2001 im kulturellen Kontext Argentiniens erlaubt den Schluss, dass über den Deutungskampf die Krisenhaftigkeit der Situation mitverhandelt wird. Denn das Konzept ist stets verbunden mit der prekären wirtschaftlichen, sozialen und politischen Lage eines bestimmten Zeitabschnitts der jüngeren Vergangenheit, dessen Auswirkungen in allen Bereichen der Gesellschaft spürbar waren. Die Aktivierung der kollektiven Erinnerung an die Krise von 2001, die durch die Gefahr eines erneuten Zahlungsausfalls ausgelöst wird, lässt sich nicht vermeiden (cf. Belege 1 und 2 am Beginn des Kapitels). Durch seine Ablehnung wird jedoch verhindert, dass die Bedeutungsanteile, die mit dem Konzept *Default* verbunden sind, auf die aktuelle Situation Argentiniens übertragen werden. Dies bewirkt eine entsprechend milde Einschätzung der Konsequenzen, die aus dem Konflikt für die argentinische Wirtschaft entstehen. Zusammenfassend kann dem Resilienzmarker folgender Topos zugeordnet werden:

Weil der Default eine Fiktion ist, ist Argentinien nicht in der Krise.

Stärker als die meisten anderen Resilienzmarker konstituiert sich dieser fast ausschließlich in Página12 und Tiempo Argentino und wird von den Akteuren der Kirchner-Regierung vertreten. Ihm gegenüber steht die Anerkennung des Zahlungsausfalls in den regierungskritischen Zeitungen. Dass dies nur auf den ersten Blick damit einhergeht, die Situation als Krise zu bewerten, wird sich im Rahmen des Resilienzmarkers DIE UNFÄHIGE REGIERUNG UND DER EIGENE AUSWEG (Kap. 5.5) zeigen. Die weiteren Marker der Resilienzfigur DIE KRISE, DIE KEINE IST werden zudem verdeutlichen, dass die Relation des Konzepts Krise mit der kollektiven Erinnerung an die Missstände von 2001 aufgelöst wird.

5.2 «Esto no es el 2001» – Warum der Default keine Krise ist

Der zweite Resilienzmarker trägt dazu bei, die Krise zu dekonstruieren, indem die Situation Mitte 2014 von der Krise Anfang des Jahrtausends abgegrenzt wird.

Die schwierige Phase der jüngeren Geschichte wird also aufgerufen und dient als Referenzpunkt, um die Gegenwart zu deuten. Dabei geht es weniger um wirtschaftliche Umstände als um die kollektive Erinnerung und Erfahrung der Argentinier. Deutlich zeigt sich hier, wie stark die Krise von 2001 das argentinische Krisenkonzept prägt. Als Kausalschema lässt sich dies folgendermaßen ausdrücken: Wenn eine Sachlage den Zuständen von 2001 ähnelt, handelt es sich um eine Krise. Umgekehrt gilt, dass eine Situation, die nicht die gleichen Bedingungen aufweist, folglich keine Krise ist. Die Abgrenzung einer Vergangenheit von der Gegenwart ist eine rhetorische Strategie des Kirchner-Ehepaars, die sich auch in anderen Diskursen beobachten lässt. Häufig wird sie eingesetzt, um den Kirchnerismo von früheren Phasen der argentinischen Geschichte zu unterscheiden (cf. Maizels 2015).

Die Distanzierung der Gegenwart von einer krisenhaften Vergangenheit erfolgt häufig im Kontext der Frage, ob erneut ein Zahlungsausfall vorliegt oder nicht. Interessanterweise wird die Entscheidung über die Krisenhaftigkeit der Situation jedoch nicht in Abhängigkeit dazu gestellt. Ob Argentinien in einer Krise ist, hängt also nicht von der Existenz eines Zahlungsausfalls ab, sondern davon, ob dieser vergleichbar ist mit dem Zahlungsausfall von 2001. Damit geht einher, dass die enge Verbindung der Konzepte *Default* und *Krise*, die im Diskursraum Argentiniens besteht, aufgelöst wird. Wie sich zeigt, existieren im Default-Diskurs zwei Resilienzmarker nebeneinander, die den gleichen Schluss, aber andere Argumente enthalten. Während die Konklusion, Argentinien sei nicht in einer Krise, in DER DEFAULT, DER KEINER IST darauf beruht, dass der Zahlungsausfall als Fiktion dargestellt wird, gründet er sich in dem Marker WARUM DER DEFAULT KEINE KRISE IST darauf, dass der Zahlungsausfall zwar teilweise als gegeben hingenommen, jedoch zu dem von 2001 in Distanz gesetzt wird. Hinter dieser Argumentationsstrategie verbirgt sich die sprachliche Technik der Metonymie. Metonymien beruhen darauf, dass ein Konzept durch ein anderes ausgetauscht wird, zu dem eine Relation besteht, die z. B. räumlich oder kausal sein kann. Im Default-Diskurs wird das Konzept *Krise* durch das Konzept *Default* ersetzt. Indem *crisis* vermieden und stattdessen lediglich von *default* gesprochen wird, wird der kausale Zusammenhang zwischen beiden Konzepten – ein Zahlungsausfall löst eine Krise aus – verschleiert. Statt die Folge zu benennen, fokussieren die Diskursakteure also die Ursache, wodurch die Situation in ihrem negativen Ausmaß reduziert erscheint.

Eine wichtige Beobachtung ist, dass die Deutung, die Situation von 2014 sei von der Krise von 2001 zu distanzieren, über den Konflikten der zwei Zeitungslager steht. Sie ist Konsens und damit ein Wissen über den Schuldenstreit, das sich im gesamten Diskurs etabliert. Folgende Beispiele illustrieren, wie Vergangenheit und Gegenwart in Kontrast zueinander gesetzt werden.

(29) El horizonte que se abre es inédito, y por lo tanto las consecuencias no están del todo claras. *Lo único seguro es que el escenario está lejos de parecerse al default de 2001*, porque en aquella ocasión los bonistas no cobraron porque Argentina no tenía con qué pagar. Ahora, en cambio, Argentina pagó y también está en condiciones de desembolsar los próximos pagos. (P12, 28. 07. 2014, Semana clave por la deuda)

(30) La situación a la que el juez de Nueva York Thomas Griesa llevó a la Argentina *no es un default, ni las consecuencias por la falta de acuerdo con los fondos buitre se asemejarán a lo que ocurrió en el país en 2001*. (TA, 02. 08. 2014, Scioli pidió «acompañar al Estado y poner el hombro por el país» ante los holdouts)

(31) «[...] *Obviamente no es un default como el de 2001* porque es muy parcial y pequeño en dinero, y además puede pasar todavía que bancos como el JP Morgan u otros les compren la acreencia a los buitres y luego la negocien con la Argentina» [dijo el economista Mario Burkin; S. M.]. (P12, 03. 08. 2014, La Argentina consigue más aliados mientras los buitres operan)

Die drei Belege zeigen, dass die Abgrenzung von dem Szenario im Jahr 2001 unabhängig davon erfolgt, ob ein Zahlungsausfall besteht oder nicht. Denn während Beleg (29) die genaue Definition des wirtschaftlichen Tatbestands offenlässt, wird er in Beleg (30) negiert (hier liegt also eine Überschneidung mit dem Marker DER DEFAULT, DER KEINER IST vor) und in (31) als Faktum dargestellt. Alle drei Belege konstituieren die Zahlungsausfälle jedoch als Ereignisse, die voneinander unabhängig und nicht vergleichbar sind. Dabei wird über Wendungen wie «lo único seguro es» oder das Adverb «obviamente» suggeriert, dass es sich um eine offensichtliche Bewertung der Situation handele, die von jedem akzeptiert werden müsse. Warum beide Kontexte nicht gleichartig sind, wird unterschiedlich begründet. In Beleg (29) wird vorgebracht, dass Argentinien, anders als 2001, gezahlt habe. Der Wirtschaftswissenschaftler Mario Burkin argumentiert hingegen mit der Art des aktuellen Zahlungsausfalls. Dieser sei «parcial y pequeño en dinero» und wird damit auch in seiner Rechtmäßigkeit in Frage gestellt. Den Belegen liegt das Argumentationsmuster zugrunde:

> *Weil der Zahlungsausfall von 2014 nicht mit dem von 2001 vergleichbar ist, ist er kein Anzeichen für eine Krise.*

Ein zweites Argumentationsmuster löst sich von dem Sachverhalt *Default*. Hier erfolgt die Distanzierung der beiden Zeitabschnitte darüber, dass die wirtschaftliche und soziale Situation der Nation in der Gegenwart mit der Vergangenheit kontrastiert wird. Statt auf einem abstrakten Kreditereignis, das hauptsächlich innerhalb der Finanzwelt Relevanz hat, beruht der Vergleich auf der Wahrnehmung und Erfahrung der Argentinier.

(32) [E]se término [de default] resulta asociable, de inmediato, con la calamidad vivida en 2001. *Y nadie en su sano juicio puede creer que la situación es remotamente parecida a la de entonces.* Estamos así frente a una contienda que, muy antes de graves aspectos técnico-financieros, de macroeconomía o de presunciones asentadas en catástrofe inminente, pasa por el tráfico informativo. (P12, 28. 07. 2014, Los buitres internos)

(33) «No vemos un escenario en el que Argentina detiene sus pagos por años y años. *Esto es diferente del año 2001 porque Argentina tiene el dinero para pagar. Está a años luz de la crisis en la que estaba inmersa en ese momento».* (TA, 04. 08. 2014, Buitres: gobierno pide datos a EE UU por presunta estafa con los seguros)

(34) «[L]a situación actual dista mucho de aquélla en términos económicos, sociales y financieros, aunque podría agravarse si efectivamente el Estado deja de pagar su deuda. No obstante, es cierto que desde su origen como nación, la Argentina ha experimentado crisis económicas y financieras significativas aproximadamente cada trece años», señala [el politólogo Marcelo Leiras; S. M.]. (LN, 29. 06. 2014, El eterno retorno argentino. ¿Por qué hay una crisis por década?)

In Beleg (32) werden mögliche Konsequenzen eines Zahlungsausfalls explizit voneinander abgegrenzt. Sollte dieser eintreten, werde er weder wirtschaftliche Folgen noch eine Katastrophe auslösen, sondern ohne spürbare Auswirkungen bleiben. Dass die Kontexte von 2001 und 2014 sich deutlich unterscheiden, wird zudem über den Satz «Y nadie en su sano juicio puede creer que la situación es remotamente parecida a la de entonces» ausgedrückt. Wenn niemand, der bei Verstand ist, beide Situationen miteinander vergleicht, wird jedem, der zu einem anderen Schluss kommt, automatisch seine rationale Urteilskraft abgesprochen. In der Äußerung drückt sich eine ähnliche Allgemeingültigkeit aus wie bereits weiter oben, wo die Deutung als offensichtlich dargestellt wird (cf. Belege 29 und 31). Die Tendenz, Schlussfolgerungen und Einschätzungen zu verabsolutieren, ist ein transversales Muster, das an vielen Stellen des Diskurses vorkommt.

In den Belegen (33) und (34) wird konkret die finanzielle Situation Argentiniens als Begründung vorgebracht, Vergangenheit und Gegenwart in Kontrast zueinander zu setzen. In Beleg (33) wird dies über die Metapher «está a años luz de la crisis» auf plakative Weise bekräftigt, die den Unterschied zwischen 2001 und 2014 mit einer astronomischen Entfernung beschreibt und beide Kontexte so als nahezu gegensätzliche Pole darstellt. Die Äußerung von Marcelo Leiras (Beleg 34) vermittelt, dass ein Zahlungsausfall allein nicht ausreicht, um eine Krise zu definieren, denn die Lage Argentiniens sei in wirtschaftlicher, gesellschaftlicher und finanzieller Hinsicht nicht mit 2001 zu vergleichen. Bemerkenswert ist, dass Leiras nach der deutlichen Abgrenzung trotzdem mögliche negative Konsequenzen aufzeigt, die dann eintreten, wenn Argentinien seine Schulden nicht weiter tilgen würde, und darauf verweist, dass die Nation in periodischen Abständen mit Krisen konfrontiert war. Hierin wird erkennbar, dass Krisen nicht zwingend mit einer Bedrohung assoziiert sind. Stattdessen scheint es, als würden sie als ein Merkmal, das zu Argentinien gehört, akzeptiert. Der Topos, auf dem Äußerungen wie die obigen aufbauen, lautet:

Weil sich die aktuelle wirtschaftliche und soziale Lage Argentiniens deutlich von 2001 unterscheidet, ist die Nation nicht in einer Krise.

Die Abgrenzung des Schuldenstreits von der Krise von 2001 ist Konsens in den vier Zeitungen des Korpus. Jedoch unterscheiden sich regierungskritische und regierungstreue Zeitungen darin, wie sie die Lage Argentiniens im Sommer 2014 bewerten. Während sich in den regierungstreuen Zeitungen Página12 und Tiempo Argentino eine äußerst positive Darstellung findet, zeigt sich in La Nación und Clarín eine differenzierte Einschätzung der Umstände, die den Hinweis auf mögliche negative Folgen des Zahlungsausfalls einschließt. Dies klingt bereits in Beleg (34) an und verdeutlicht sich auch in den nachfolgenden Korpusauszügen.

(35) [Guido Sandleris dijo:] «Esto no es el 2001, no habrá un colapso, *pero la economía tendrá un comportamiento mediocre*». (CL, 02. 08. 2014, El default ya gotea en la vida cotidiana)

(36) Si bien hay consenso entre el mayor número de analistas económicos que la situación macroeconómica actual *no es comparable con el más difícil contexto en que se produjo el default de fines de 2001, los argentinos no seremos inmunes ante los efectos del nuevo escenario*. (LN, 01. 08. 2014, El default y sus probables consecuencias)

Die Feststellung, dass die Sachlage im Jahr 2001 ganz anders aussah, wird hier mit dem Aufzeigen negativer Konsequenzen für die argentinische Wirtschaft verknüpft. Guido Sandleris spricht von einer schlechteren Wirtschaftsentwicklung, weitere Beispiele verweisen auf eine größere Rezession, die durch einen

Zahlungsausfall ausgelöst werden könne. In Beleg (36) wird mit der Wendung «los argentinos no seremos inmunes» auf das semantische Feld *Krankheit* zurückgegriffen, um die Auswirkungen der Ereignisse zu beschreiben. Die für Krisendiskurse typische Krankheitsmetaphorik ist im Default-Diskurs ein deutlich untergeordnetes Metaphernfeld. Hier wird es eingesetzt, um zu verdeutlichen, dass die Folgen eines Zahlungsausfalls nicht unterschätzt werden sollten.

In den regierungskritischen Zeitungen gibt es Beispiele, in denen punktuell ein Krisenszenario etabliert wird, das jedoch in einem größeren Kontext betrachtet wieder relativiert wird. Äußerungen müssen also stets mit der Gesamtbedeutung eines Abschnittes oder eines ganzen Artikels in Zusammenhang gebracht werden, um ihre Bedeutung zu erfassen. Dies veranschaulicht der folgende Beleg:

(37) Y si bien los «tecnicistas» podrán alegar que no se puede comparar el default del 2001 con el «default técnico» que estaría teniendo lugar en la actualidad, *lo cierto es que el país enfrenta un desafío que podría desencadenar una nueva crisis.* [...] Las deudas deben ser honradas y los Estados deben cumplir con sus compromisos. Sin embargo, *lo que está en crisis son las reglas (o su ausencia) frente a casos que demandan una profunda sensibilidad social y conocimientos económicos y jurídicos para resolver problemas tan complejos.* (CL, 05. 08. 2014, Los fondos buitre y la dimensión humana del conflicto)

Zunächst ist hier zu erkennen, welche Brisanz der Verfasser dem Zahlungsausfall zuschreibt. Dies wird dadurch deutlich, dass er die Unterscheidung zwischen dem Zahlungsausfall von 2001 und dem «technischen Default» von 2014 als Behauptung der «tecnicistas» darstellt, woraus sich ergibt, dass er diese Differenzierung nicht teilt.[7] Zudem verweist er auf die Gefahr, die «Herausforderung» könne sich zu einer «neuen Krise» entwickeln. Im weiteren Verlauf des Artikels verschiebt sich jedoch die Deutung. Der Verfasser spricht nun von einer Krise, deren Ursache nicht bei Argentinien liege, sondern die Regeln bzw. deren Fehlen für die Umschuldungsbestrebungen von Krisenländern betreffe. Damit wird die Krise auf die internationale Finanzwelt verlagert,[8] was sich erst in einem größeren Kontext erkennen lässt. Auch an anderen Stellen wird nur punk-

---

7 Dies steht im Gegensatz zu den Beispielen weiter oben, in denen die Abgrenzung von 2001 und 2014 als offensichtliche Einschätzung dargestellt wird.
8 Beispiele, die das eigentliche Problem des Schuldenstreits in der Finanzwelt verorten, fügen sich zu dem Resilienzmarker DAS REFORMBEDÜRFTIGE INTERNATIONALE FINANZSYSTEM zusammen, cf. Kap. 5.4.

tuell ein Krisenszenario evoziert, während die Gesamtbedeutung des Artikels oder auch nur eines längeren Abschnitts eine positive(re) ist. In Kapitel 5.1 wurde beschrieben, wie Akteuren vorgeworfen wird, einen Zahlungsausfall zu proklamieren, um damit politische Motive und böswillige Absichten zu verfolgen. Ganz ähnlich findet sich dies auch im Zusammenhang mit der Krise von 2001. Oppositionellen Politikern und argentinischen Ökonomen wird unterstellt, eine Verbindung zum Zahlungsausfall von 2001 herzustellen, um der Nation zu schaden. Neben argentinischen Akteuren sind auch die Hedgefonds das Ziel solcher Anklagen.

(38) Si de algo se ocuparon los fondos buitre es de *recordar el 2001, las condiciones de 2001, los efectos de 2001. Esa es la amenaza.* Debemos reconocer que la relación existe, con una aclaración: *ellos proponen repetirla, volverla inevitable, organizar otro saqueo del patrimonio nacional y del ingreso popular.* En este punto es útil recordar el proverbio alemán que reza: «¿De qué vale correr si estas en el camino equivocado?» (TA, 28. 07. 2014, Del fallo incumplible a una política posible)

In diesem Beispiel wird die Erinnerung an 2001 als Bedrohung durch die Hedgefonds dargestellt. Eine Verbindung zwischen beiden Kontexten bestehe lediglich darin, dass sie es darauf abgesehen hätten, die Krise zu wiederholen. Eine echte Vergleichbarkeit wird damit angezweifelt und sie stattdessen als Konstruktion präsentiert, die auf das zerstörerische Handeln der Investoren zurückgeht.

Mit einer bemerkenswerten Häufigkeit wird im Default-Diskurs auf die Krise von 2001 Bezug genommen, um die Situation, die der Schuldenstreit geschaffen hat, zu evaluieren. Dadurch wird der Bedeutungshorizont *Krise* immer wieder aufgerufen. Dies dient jedoch dazu, das Kreditereignis *Zahlungsausfall* von dem Konzept *Krise* zu lösen, denn die Lage Argentiniens in der Gegenwart wird von den prekären Umständen in 2001 stets abgegrenzt. Aus den beschriebenen Beispielen leitet sich zusammenfassend der Topos ab:

Weil Argentinien im Jahr 2014 von dem Zustand von 2001 weit entfernt ist, ist es nicht in der Krise.

5.3 Ein Zahlungsausfall ist noch lange keine Krise

Der Marker EIN ZAHLUNGSAUSFALL IST NOCH LANGE KEINE KRISE trägt zur Dekonstruktion der Krise bei, indem die Situation entschärft und eine positive Zukunftsprognose entworfen wird. Die Lage Argentiniens wird also nicht durch die Abgrenzung von einer krisenhaften Vergangenheit gedeutet wie im vorigen Kapitel, sondern über einen Blick nach vorn. Dabei lassen sich zwei Arten von Deutungsmustern unterscheiden. Die erste Gruppe konstituiert sich dadurch, dass der Schuldenstreit und der vermeintliche Zahlungsausfall evaluiert und ihnen langfristige und schwerwiegende Konsequenzen für Argentinien abgesprochen werden. Durch diese Antizipation der Zukunft ergibt sich eine gelassene Einschätzung der Herausforderungen in der Gegenwart. In der zweiten Gruppe von Deutungsmustern werden Fähigkeiten und Merkmale Argentiniens hervorgehoben, die die Nation in die Lage versetzen, den Schuldenstreit mit Leichtigkeit zu überwinden. Die beiden Muster unterscheiden sich also in ihrer Strategie, der Sachlage ihre Dramatik zu nehmen. Während in der ersten Gruppe die Umstände bewertet werden, werden in der zweiten der Nation Argentinien die notwendigen Voraussetzungen zugesprochen, die Situation zu bewältigen. Der Resilienzmarker entsteht hauptsächlich in den regierungstreuen Zeitungen. Prominente Akteure sind hier Experten aus dem Bereich der Wirtschaft, die häufig keine Argentinier sind, wodurch ihre Beurteilung der Konsequenzen unvoreingenommen erscheint. Dagegen treten die Präsidentin Cristina Kirchner und der Wirtschaftsminister Axel Kicillof seltener als Akteure auf. Dies liegt vermutlich daran, dass sie den Zahlungsausfall ablehnen und sich für sie bereits daraus eine moderate Evaluation der Gegebenheiten ableitet.

Die folgenden Belege geben Beispiele, wie der Phase rund um den Zahlungsausfall Krisenmerkmale abgesprochen werden. Ähnlich wie im vorigen Resilienzmarker findet dies häufig explizit statt. Dabei wird mehrfach das Konzept *Katastrophe* gebraucht, das Bedeutungselemente wie Chaos, Zerstörung oder Kontrollverlust enthält und ein Synonym zu *Krise* ist. Dieses Vergleichsmoment vermittelt, wie stark die Lage Argentiniens von einem Krisenszenario abweicht.

(39) A su vez, Hernán Letcher y Julia Strada, del Centro de Economía Política Argentina, reforzaron la posición de que en los próximos días *no habrá un escenario de catástrofe*. «La Argentina *no tendrá ninguna catástrofe*, con derrumbe del consumo privado y de la inversión, como nos intentan hacer creer los gurúes del establishment», mencionaron. (P12, 31. 07. 2014, Lejos de cualquier derrumbe)

(40) Empecemos de nuevo. En lugar de considerar el escenario del default *como una catástrofe*, como un tope que se debe evitar a toda costa, queda claro que permite – al menos en el terreno analítico – *otro damero de posibilidades*. Que el banco del BRICS compre la deuda. En lugar de seguir exprimiendo el limón reproduciendo la crisis del 2001, *otro camino se abre paso*. (TA, 28. 07. 2014, Del fallo incumplible a una política posible)

In Beleg (39) sind es zwei argentinische Wirtschaftsexperten, die die Auswirkungen des Zahlungsausfalls entschärfen. Sie grenzen es von einem Katastrophenszenario ab, das als Konstruktion des «Establishments» und der Medien (cf. Beleg 43) dargestellt und mit böswilligen Absichten verbunden wird. Die optimistische Bewertung der Situation wird bereits im Titel «Lejos de cualquier derrumbe» vorweggenommen und dem Artikel programmatisch vorangestellt. Diese Technik, einem Artikel die Deutung voranzustellen, wird häufiger gebraucht. An anderer Stelle funktioniert sie auf umgekehrte Weise, indem eine positive Einschätzung die Konklusion am Ende eines Textes bildet. Ein Beispiel dafür ist ebenfalls Beleg (39), der also durch eine zuversichtliche Perspektive in Titel und Konklusion gerahmt wird. Die Abgrenzung von einem Katastrophenszenario beruht auf einer bemerkenswerten Umdeutung des Zahlungsausfalls (Beleg 40). Statt ein unausweichliches Ende zu markieren, schaffe er eine neue Ausgangslage wie zwei Metaphern veranschaulichen. Das Bild des Schachbretts, eines «damero de posibilidades», vermittelt die hohe Anzahl an Möglichkeiten, die Argentinien zur Verfügung stehen. Die Metapher «otro camino se abre paso» beschreibt den Zahlungsausfall wie eine Kreuzung, an der sich neue Wege eröffnen. Konkret plädiert der Verfasser hier darauf, die Regierung solle das Angebot mehrerer Banken, die Schulden bei den Hedgefonds stellvertretend für Argentinien zu bezahlen, annehmen. So werde verhindert, dass sich für die argentinische Wirtschaft negative Auswirkungen aus einem Zahlungsausfall ergeben. Andernfalls müsste man «seguir exprimiendo el limón», also weitere Sparmaßnahmen erlassen und die Bürger so stark einschränken, wie die Metapher bildlich darstellt. Dies könnte letztendlich zu einer Wiederholung der Krise von 2001 führen. Die explizite Nennung der «banco del BRICS», der Bank der BRICS-Staaten, einem Zusammenschluss der führenden Schwellenländer, spielt hier eine wichtige Rolle, da diese gewissermaßen einen Gegenpol zu dem Internationalen Währungsfond, der den USA-dominierten «Westen» repräsentiert, bildet.

Neben einzelnen Metaphern wie den eben beschriebenen gibt es Metaphernfelder, die sprach- und kulturübergreifend in Krisendiskursen eingesetzt werden und typische Diskurstraditionen des Sprechens und Schreibens über Krisen sind. Ein solches Metaphernfeld ist das der *Naturgewalt*. Metaphern der Naturgewalt verdeutlichen das große Ausmaß einer Situation und stellen die Krise als eine Kraft dar, die von außen über eine Gesellschaft hereinbricht. Im Default-Diskurs kommt dieses Bildfeld eher selten vor.[9] Wird es eingesetzt, erfüllt es eine umgekehrte Funktion:

---

9 Deutlich häufiger ist das Metaphernfeld *Krieg/Kampf*, cf. Kap. 6.2.

(41) «*No vienen ni un tifón ni un tsunami*, pero sería necio desconocer que el impacto sobre la economía no será neutro si el juez Griesa insiste en mantener bloqueado el pago realizado por Argentina a los tenedores de títulos reestructurados», indicó Mercedes Marcó del Pont a Página/12. (P12, 29. 07. 2014, «No habrá tifón ni tsunami»)

(42) El ministro de Defensa, Agustín Rossi, se refirió al conflicto con los fondos buitre y advirtió que «sobre la Argentina *no caerá ninguna lluvia ácida* porque estamos tomando todas las medidas para que esta disputa no afecte a la vida cotidiana de los argentinos». (TA, 02. 8. 2014, Scioli pidió «acompañar al Estado y poner el hombro por el país» ante los holdouts)

Während die Metapher der Naturgewalt in Krisendiskursen üblicherweise die Funktion erfüllt, einer Sachlage Brisanz zu verleihen, trägt sie im Default-Diskurs dazu bei, sie zu deeskalieren. Denn der Zahlungsausfall ist den Sprechern zufolge mit keiner der genannten Naturgewalten «tifón», «tsunami» und «lluvia ácida» zu vergleichen. Die beiden Beispiele weisen nach, dass nicht nur die Krise abgelehnt wird, sondern auch die übliche Krisenmetaphorik. Der Schuldenstreit ist keine Naturgewalt, sondern ein Problem, das gelöst werden kann. Eine Autorität, die diese Ansicht vertritt, ist Mercedes Marcó del Pont, der als ehemaliger Präsidentin der argentinischen Nationalbank Deutungshoheit über wirtschaftliche Fragestellungen zukommt. Ihre Äußerung zeigt, dass die Abkehr von einem Krisenszenario nicht mit Schönmalerei einhergeht, denn Marcó del Pont negiert nicht, dass sich ein negativer Effekt für die argentinische Wirtschaft ergeben wird, sollte Griesa die Auszahlung der Summe an die Gläubiger weiter verhindern. Wie eine Folge ergibt sich daraus, dass Argentinien angesichts der Lage ruhig bleibt.

(43) En estos 30 días *se fue instalando un espíritu de mayor tranquilidad* y a lo largo del jueves y el viernes – cuando se concretó la encuesta del CEOP – se asentó la idea de que *el panorama es serio pero que no hay una catástrofe como pronosticaban algunos a través de los medio*s. También se entiende que el Estado cuenta con fondos, con reservas, que no existe una cesación de pagos como en 2001, sino una ofensiva de ese adversario – buitres-Griesa – señalado por el Gobierno. (P12, 03. 08. 2014, Pájaros non gratos)

Beleg (43) schreibt das Katastrophenszenario den Medien zu und diagnostiziert, dass die Argentinier die Lage gefasst aufnehmen. Die Situation ist ernst, doch der Staat verfügt über die notwendigen Ressourcen, um sie zu überwinden. Der Schuldenstreit wird hier als Kampf dargestellt, bei dem Argentinien von dem Gegner «buitres-Griesa» angegriffen wird. Ein Kampf beinhaltet anders als eine

Krise oder Katastrophe stets die Möglichkeit, ihn durch Verteidigung zu gewinnen.[10]

Die Beispiele haben gezeigt, wie der Schuldenstreit in seiner Brisanz reduziert wird, indem er einem Krisenszenario kontrastreich gegenübergestellt wird. Der Topos, der den Beispielen zugrundeliegt, lautet:

> *Weil sich aus den Umständen kein Krisenszenario ergibt, ist Argentinien nicht in einer Krise.*

Ein zweites Muster bezieht sich konkret auf den Zahlungsausfall, dessen Bedeutung ebenfalls abgemildert wird. Die Belege beschreiben damit eine weitere Form, die Konzepte *Zahlungsausfall* und *Krise* voneinander zu lösen. Diese Facette des Resilienzmarkers beruht, anders als der Marker DER DEFAULT, DER KEINER IST, nicht darauf, das Bestehen eines Zahlungsausfalls abzulehnen. Dort, wo die Konsequenzen thematisiert werden, ist automatisch vorausgesetzt, dass ein Zahlungsausfall vorliegt. Für dieses Muster finden sich auch Beispiele in den regierungstreuen Zeitungen, obwohl in ihnen die Existenz eines Defaults zurückgewiesen wird. Zwei sich gegenseitig ausschließende Deutungsmuster bestehen also nebeneinander, ohne dass die Inkohärenz thematisiert würde. Dies zeigt, dass auch innerhalb eines Diskurslagers eine Mehrstimmigkeit vorliegt, die nicht als Konflikt aufgefasst wird.

(44) «Si bien un default es siempre lamentable, *no creemos que tenga mayores consecuencias sustantivas afuera, en una base mucho más amplia*», dijo Lagarde. (P12, 03. 08. 2014, La Argentina consigue más aliados mientras los buitres operan)

(45) «El hecho es que lo que estamos viendo en este momento en la Argentina, *no es un default típico*», explicó Salmon, por lo cual «*como resultado, no está teniendo las consecuencias típicas que conlleva un default ordinario*». (TA, 02. 08. 2014, El N. Y. Times negó efectos negativos)

Beide Äußerungen stammen von Wirtschaftsexperten, die keine Argentinier sind. Besonders Christine Lagarde, geschäftsführende Direktorin des Internationalen Währungsfonds, ist eine anerkannte Autorität. Sie spricht dem Zahlungsausfall ab, schwerwiegende Konsequenzen zu haben. Allerdings bezieht sie dies auf eine internationale Dimension. Welche Auswirkungen sie konkret für Ar-

---

10 Die Inszenierung eines Kampfschauplatzes ist ein frequentes Muster im Default-Diskurs, das sich zu der Resilienzfigur ARGENTINIEN ALS STARKER KÄMPFER zusammenfügt, cf. Kap. 6.2.

gentinien formuliert, ist in dem Zitat nicht wiedergegeben, das damit ein Beispiel ist, wie Äußerungen selektiert werden, um einen bestimmten Effekt zu erzielen. Der Finanzjournalist Félix Salmon, einer der bekanntesten Korrespondenten zum Schuldenstreit in den US-amerikanischen Medien (vor allem in den New York Times), begründet seine Bewertung des Zahlungsausfalls damit, dass es kein «default típico» sei, der daher auch nicht die gleichen Folgen habe wie ein «default ordinario», wie ihn Argentinien 2001 erlebte. Im nächsten Beleg äußert sich Alejandro Vanoli, damaliger Präsident der argentinischen Nationalbank zum Ranking der Finanzagenturen.

(46) «La decisión de S&P *no tiene ninguna repercusión en el país, es un formalismo y no incide para nada en la economía del país, que es lo central.* Tampoco incide en los propios mercados financieros», sostuvo ante Página/12 Alejandro Vanoli, titular de la Comisión Nacional de Valores. (P12, 31. 07. 2014, «Default selectivo»)

Vanoli vermeidet das Lexem *default* und spricht stattdessen von «la decisión de S&P», worin seine Ablehnung gegenüber der Klassifikation der Ratingagentur zum Ausdruck kommt. Die Entscheidung von Standard & Poors ist ihm zufolge ein reiner «Formalismus», der in der Finanzwelt bleibt und für die argentinische Wirtschaft keine Kosequenzen hat. Zusammenfassend kann als Topos formuliert werden:

Weil es sich nicht um einen gewöhnlichen Zahlungsausfall handelt, hat er auch keine schwerwiegenden Konsequenzen.

Die folgenden Abschnitte widmen sich der zweiten Gruppe von Deutungsmustern, die den Resilienzmarker EIN ZAHLUNGSAUSFALL IST NOCH LANGE KEINE KRISE konstituieren. Hier wird die Entschärfung aus der Stärke Argentiniens heraus begründet. Zu den relevanten Attributen gehören der gute Zustand der Wirtschaft und die Fähigkeit der Nation, Herausforderungen zu überwinden, die sie bereits in der Vergangenheit gezeigt habe. Diese zweite Gruppe, die die Kapazitäten und Kompetenzen Argentiniens fokussiert, überwiegt gegenüber der ersten. Der Blick wird von den Gegebenheiten abgewendet und auf die Nation und ihre Möglichkeiten und Fähigkeiten gerichtet, die Situation zu meistern.
     In den Beispielen für das Deutungsmuster ist zu unterscheiden zwischen solchen, die von dem Zustand Argentiniens als Nation sprechen und solchen, die Fähigkeiten beschreiben und dabei Argentinien als personifizierten Akteur darstellen. Um den Zustand der Nation geht es in den folgenden Belegen.

(47) Ayer, en un artículo escrito por el editor Félix Salmon, el New York Times aseguró que *«el estado financiero de la Argentina hoy es muy bueno»* y la falta de un acuerdo con los holdouts «no presentaría una complicación» para el país ni para el sistema internacional. (TA, 02.08.2014, El N. Y. Times negó efectos negativos)

(48) La economía Argentina *no tiene síntomas alarmantes*, muchos incluso *son saludables.* (P12, 29.07.2014, «No existe posibilidad de default»)

Das ausschlaggebende Argument ist hier der Zustand der argentinischen Wirtschaft. Argentinien sei in einer guten finanziellen Lage, so der bereits zitierte Félix Salmon. Daher habe das Scheitern einer Einigung weder Folgen für die nationale noch für die internationale Wirtschaft. In Beleg (48) wird ein weiteres für Krisendiskurse typisches Metaphernfeld aufgegriffen und in sein Gegenteil verkehrt. Der Bildbereich *Krankheit* dient ähnlich wie *Naturgewalt* üblicherweise dazu, die Krise als eine Größe zu beschreiben, die sich menschlicher Kontrolle entzieht. In dem Beispiel ist Argentinien jedoch kein kranker Patient, der an der Krise leidet. Statt «síntomas alarmantes» aufzuweisen, verfüge es über viele Symptome, die von einer gesunden Wirtschaft zeugen. Die in den Äußerungen vorgebrachte Feststellung, die Wirtschaft befinde sich in einem guten Zustand, kann als Strategie der Diskursakteure verstanden werden, die Situation gezielt zu entschärfen. Denn die Themen Inflation, Rezession und weitere dominierten den öffentlichen Diskurs Argentiniens in der ersten Hälfte des Jahres 2014. Dieses Wissen über die Lage der argentinischen Wirtschaft wird in dem zeitlich sehr beschränkten Diskursausschnitt rund um den Default meist ausgeblendet, zumindest in den regierungstreuen Zeitungen. Der folgende Beleg enthält einen Hinweis auf die «Probleme» der Nation, der jedoch nicht dazu führt, dem Zahlungsausfall negative Auswirkungen zuzuschreiben.

(49) Asimismo, el legislador [Roberto Feletti] proyectó que «desde el punto de vista concreto y real, *la economía Argentina va a seguir funcionando con los problemas que tiene, que no se van a agravar».* (TA, 01.08.2014, Especialistas y empresarios desmintieron un default y criticaron a especuladores)

Zu den Merkmalen, die der Nation zugesprochen werden, zählt Stärke. Häufig wird es über das Substantiv *fortaleza* aufgerufen, das einzelne Kennzeichen prägnant bündelt. Die Aussicht, die Herausforderung zu bewältigen, resultiert also aus Argentiniens Stärke. Dies findet sich auch im psychologischen Resilienzkonzept, in dem Resilienz als Stärke, Fähigkeit oder Kraft beschrieben wird (cf. Ungericht/Wiesner 2011).

(50) Argentina está en condiciones de pilotear esta situación, que no es fácil. *Nuestro país tiene muchísimas fortalezas*: está parado en una posición sólida y posee el control de las principales variables de la economía. (TA, 03. 08. 2014, El «default que no es default» y los riesgos del fallo Griesa)

(51) Vallejos precisó que lo que importa hacia el futuro es potenciar las herramientas que posibilitaron el proceso de crecimiento e inclusión de los últimos años. «Este proceso no se interrumpe por lo que digan un juez de Nueva York o las calificadoras de riesgo. Argentina *tiene grandes oportunidades para avanzar en el desarrollo*. Es un país que genera posibilidades de inversión en la industria, hace alianzas estratégicas como las de China y Rusia, planifica obras de infraestructura para el sector de energía y cuenta con sectores agroexportadores de enorme potencial». (P12, 31. 07. 2014, Lejos de cualquier derrumbe)

Als Nachweise für die Stärke der Nation, die mit dem Superlativ «muchísimas fortalezas» bekräftigt wird, werden mehrere Attribute angeführt. Vor allem der Kontrast zwischen schwieriger Lage und der Fähigkeit, sie zu überwinden, zeichnet Argentinien als resilient aus. Einen besonderen Impetus verleihen der Einschätzung der Ökonomin Vallejos (Beleg 51) die attribuierenden Adjektive in «*grandes* oportunidades» oder «*enorme* potencial». Sie beinhalten zudem eine futurische Semantik und bescheinigen Argentinien eine positive Zukunft. Als Beispiele für Entwicklungsmöglichkeiten werden «strategische Allianzen» mit Russland und China genannt, die zu dem damaligen Zeitpunkt noch nicht endgültig abgeschlossen waren. Hier ist darauf hinzuweisen, dass die Wirtschaftsbündnisse mit diesen beiden Nationen im Nachhinein ein großer Kritikpunkt an Cristina Kirchner waren, da sie Verträge mit nur schwer abzuschätzenden Konsequenzen beinhalteten.[11] In diesem Beispiel werden sie jedoch als Weg Argentiniens in die große weite Welt positiv verklärt.

Die folgenden Belege stellen Argentinien als personifizierten Akteur dar, der aktiv handelt, um Herausforderungen zu bewältigen. Dabei wird Argentinien Resilienz zugesprochen, also die Fähigkeit, Krisen erfolgreich zu überwinden.

(52) Los temerosos que quieren pagar a toda costa no tienen en cuenta que *la Argentina ya le demostró al mundo que hay vida tras un default en serio, como lo fue el de 2001.* (TA, 02. 08. 2014, El graznido de los alcahuetes)

---

11 Cf. den Artikel «Macri advierte que podría vetar los contratos de Cristina con China y Rusia» (La Nación, 19. 11. 2015), in dem sich der spätere Präsident Mauricio Macri kurz vor der Wahl besorgt über die Inhalte der Verträge äußert. Er beteuert das Vorhaben, Veto gegen sie einzulegen, sollte er die Wahl gewinnen.

(53) [E]l mandatario [Daniel Scioli] pidió confianza: «hay que darle tranquilidad a trabajadores, *tengo mucha confianza en que las cosas se van a ir
superando*». Scioli consideró además que hay que apostar al trabajo: «arti-
culando educación con trabajo y matriz energética, hay situaciones que
se van a presentar, pero *si todos ponemos lo mejor, con racionalidad e
inteligencia lo podemos superar*». (LN, 31. 07. 2014, Daniel Scioli: «Los fondos buitre son la máxima expresión del capitalismo salvaje»)

Argentinien habe bereits 2001 gezeigt, «que hay vida tras un default», und damit seine Widerstandsfähigkeit gegen Krisen bewiesen. Die Überwindung eines
«default en serio» impliziert, dass die Nation auch den vermeintlichen Zahlungsausfall von 2014 bewältigen wird. Scioli, Gouverneur der Provinz Buenos
Aires, verwendet in seiner Äußerung die Verben *superar* und *sobreponer*, die
Schlüsselbegriffe des wissenschaftlichen Resilienzkonzeptes sind. Zugleich beinhalten sie eine Semantik des Kampfes und inszenieren den Schuldenstreit als
Krieg, den Argentinien mit Leichtigkeit überwinden wird. Scioli appelliert hier
auch an den nationalen Gemeinschaftssinn, denn nur gemeinsam könne man
die Situation bewältigen. Dies kann als Hinweis auf die Konflikte der Kirchner-
Regierung mit der damaligen Opposition gelesen werden. Die Forderung, Meinungsverschiedenheiten dem nationalen Anliegen unterzuordnen, ist ein Muster, das sich an vielen Stellen im Default-Diskurs zeigt. Auch die von Scioli
genannten Attribute «Rationalität» und «Intelligenz» werden wiederholt mit Argentinien in Verbindung gebracht. Das Argumentationsmuster, das den Beispielen zugeordnet werden kann, lautet:

*Weil Argentinien bereits einen wirklichen Zahlungsausfall erfolgreich über-
wunden hat, wird es den vermeintlichen Zahlungsausfall von 2014 umso leichter bewältigen.*

Wie die Belege gezeigt haben, stehen bei der Bewertung der Situation die Merkmale und Fähigkeiten Argentiniens im Vordergrund. Sie beeinflussen die Perspektive, aus der die Sachlage und die Zukunft der Nation eingeschätzt werden.
Eine zusätzliche Nuance des Resilienzmarkers stellt die weitere Entwicklung
des Konflikts mit den Hedgefonds und die unklaren Konsequenzen des Defaults
in eine Abhängigkeit zum Vorgehen der Regierung, die stellvertretend für die
Nation handelt. Es sind hauptsächlich Vertreter der Regierung selbst, die ihr
überlegtes und bewährtes Handeln als Garant dafür anführen, dass sich die
Situation zum Guten wenden wird. Sie vermitteln, die Regierung habe die Situation unter Kontrolle und setze sich für das Wohl der Argentinier ein.

(54) «Argentina no está en la timba, *este gobierno va a respetar y defender la exitosa reestructuración que se ha logrado con mucho esfuerzo durante esta última década*», remarcó [Kicillof]. (P12, 31. 07. 2014, Reacciones de oficialistas y opositores)

(55) El radical Moreau se mostró «optimista, porque *a la estrategia inteligente del Gobierno se suma el apoyo popular y el acompañamiento de parte de la oposición*». (P12, 31. 07. 2014, Por la independencia política y económica)

Laut Kicillof ist die als Erfolg bewertete Umschuldung ein gültiger Nachweis für das effiziente Handeln der Kirchner-Regierung. Dies führt für ihn zu dem Schluss, dass Argentinien nicht in einer ausweglosen Situation gefangen ist. Die optimistische Einschätzung in Beleg (55) spricht von einer «estrategia inteligente» der Staatsgewalt. Das Hochwertwort *inteligente* beinhaltet eine positive Konnotation und ist im Korpus ein Fahnenwort der regierungstreuen Akteure, mit dem sie das Handeln der Regierung beschreiben. Ein weiterer Grund, die Lage positiv zu sehen, sei, dass sich teilweise sogar die Opposition solidarisch mit der offiziellen Strategie gezeigt habe. Hier zeigt sich erneut die Maxime, gemeinsam die Interessen der Nation zu vertreten. Als Resilienztopos lässt sich formulieren:

Weil die Regierung die Lage unter Kontrolle hat und die richtigen Maßnahmen zu ihrer Überwindung ergreifen wird, kann Argentinien optimistisch in die Zukunft blicken.

Auf eine besondere Art und Weise relativieren die folgenden Äußerungen die Situation in ihrer möglichen Krisenhaftigkeit. Sie versetzen den Blickwinkel auf den Schuldenstreit von den Bereichen Politik und Wirtschaft weg auf den Alltag der argentinischen Bürger und beschreiben deren gelassene Reaktion auf den Zahlungsausfall. Darin drückt sich zum einen eine Bewertung der Umstände aus, zum anderen die Fähigkeit der Argentinier, mit Herausforderungen umzugehen.

(56) *A muchos argentinos, la amenaza de un default no les quita el sueño.* «He vivido tantas crisis que no me preocupo por esto», dice Mariano Torga, un electricista de 70 años. (LN, 28. 07. 2014, En una semana decisiva, Argentina calcula los costos de otro ‹default›)

(57) Aquí, en esta vasta capital, *los argentinos reaccionaron con una mezcla de orgullo y desinterés.* Orgullo porque su presidenta no cedió ante los extranjeros, principalmente estadounidenses y Wall Street, y desinterés

porque a diferencia del default sobre una deuda de US$ 100.000 millones en 2001, esta no significa que el país está en quiebra y al borde de un colapso financiero. (LN, 01. 08. 2014, Kirchner no cedió y ahora Argentina enfrenta los costos de otro ‹default›)

Weil die Argentinier schon viele Krisen erlebt hätten, sei ein möglicher Zahlungsausfall keine wirkliche Bedrohung für sie. Dies belegt das Zitat eines Elektrikers, dessen hohes Alter auf seine Krisenerfahrung schließen lässt. Ein weiteres Beispiel ist die Reaktion auf die Ereignisse in Buenos Aires, die eine Mischung aus «Stolz» und «Desinteresse» sei. Beide Empfindungen drücken nicht die Wahrnehmung einer Krise aus. Anschließend werden sie erläutert. Stolz resultiert aus der Standhaftigkeit, mit der die Präsidentin das Interesse der Nation gegen den Druck der US-amerikanischen Finanzmächte verteidige. Demgegenüber gründe sich Desinteresse darauf, dass der Zahlungsausfall nicht mit dem von 2001 zu vergleichen sei. Auch einen tatsächlichen Zusammenbruch hätten die Argentinier überwunden, daher könnten sie die Geschehnisse im Zuge des Schuldenstreits nicht aus der Ruhe bringen. Als Topos lässt sich aus Äußerungen dieser Art ableiten:

Weil die Argentinier schon ganz andere Herausforderungen bewältigt haben, stellt der Zahlungsausfall für sie keine Bedrohung dar. Daher reagieren sie gelassen.

Der Resilienzmarker Ein Zahlungsausfall ist noch lange keine Krise setzt sich aus zwei übergeordneten Deutungsmustern zusammen. Beide zielen auf die Konklusion, dass Argentinien nicht in einer Krise ist, gebrauchen dafür jedoch andere Argumente. Das erste Deutungsmuster beschreibt die Situation insgesamt und den Zahlungsausfall im Besonderen auf eine Weise, die beide von einem Krisenszenario distanziert. Der Schluss, Argentinien sei nicht in einer Krise, ergibt sich hier durch die Merkmale, die der Sachlage zugewiesen werden, und wie diese bewertet wird. Die zweite Gruppe von Deutungsmustern nimmt Argentinien in den Blick und betont Eigenschaften der Nation, die teilweise als personifizierter Akteur beschrieben wird. Ihr werden die notwendigen Fähigkeiten zugesprochen, um den Schuldenstreit erfolgreich zu überwinden. Eine Grundtendenz des Markers ist, dass dabei eine positive Zukunftsperspektive entworfen wird. Die Argumentationsmuster, die den Resilienzmarker konstituieren, können zusammenfassend mit den Topoi formuliert werden:

Weil die Situation keinem Krisenszenario entspricht, befindet sich Argentinien nicht in einer Krise.

Weil Argentinien bewiesen hat, dass es Krisen meistern kann, überwindet es auch die aktuelle schwierige Situation und künftige Herausforderungen dank seiner Stärke.

Einzeltextanalyse: *El eterno retorno argentino. ¿Por qué hay una crisis por década?*

Der Artikel *El eterno retorno argentino. ¿Por qué hay una crisis por década?*, der am 29. 06. 2014 in La Nación veröffentlicht wurde, spiegelt die Spannung zwischen Krise und der Fähigkeit, Krisen zu überwinden, in besonderer Weise wider. Er vereint zentrale Muster der Resilienzfigur, die im Kontext des gesamten Artikels betrachtet werden müssen, und wird daher einer detaillierten Einzeltextanalyse unterzogen. Die Relevanz bedeutender Einzeltexte im Rahmen von Diskursanalysen hebt Ulla Fix (2015) hervor und macht den Vorschlag für eine «EIN-Text-Diskursanalyse». Grundlage ist die Annahme, dass «ein Einzeltext [...] von solcher Tragweite sein [...] kann, dass er als stellvertretend für einen ganzen Diskurs betrachtet werden kann» (Fix 2015, 317). Der Artikel *El eterno retorno argentino* erhält die Funktion eines «Schlüsseltextes» – anders als bei den Texten, die Fix im Sinn hat, – nicht dadurch, dass ihm dieser Status von der Diskursgemeinschaft zugesprochen wurde oder er hochgradig intertextuell vernetzt ist. Vielmehr sind es die Eigenschaften des Artikels selber, die ihn als zentralen und beispielhaften Text kennzeichnen, da er Aspekte bündelt, die den Diskurs insgesamt prägen, und so dessen Grundtendenz ausdrückt. Schlüsseltexte dieser Art sind immer ein Ergebnis der Analyse, da ihre Bedeutung erst im Zuge der hermeneutischen Auseinandersetzung mit der Datengrundlage ersichtlich wird.

Die besondere Bündelung zentraler Diskurskonzepte in dem Zeitungsartikel hängt sicher auch mit dem Zeitpunkt seines Erscheinens zusammen. Er wurde Ende Juni veröffentlicht, also unmittelbar bevor die Frist zur Einigung mit den Hedgefonds endete und der Eintritt in die Zahlungsunfähigkeit ein sehr wahrscheinliches Szenario darstellte. Das Krisenereignis trat jedoch zunächst nicht ein, sondern verschob sich um einen Monat aufgrund einer dreißigtägigen «Gnadenfrist».

Die Krisenerfahrung Argentiniens und die Gefahr einer Wiederholung durch den drohenden Zahlungsausfall sind ein zentrales Thema des Artikels. Dies manifestiert sich bereits in der hohen Frequenz des Substantivs *crisis*. Allein dreißigmal wird das Lexem verwendet, das im Korpus insgesamt mit 181 Treffern relativ selten vorkommt. Es gehört zwar zu den Schlüsselwörtern des Diskurses, nimmt dabei aber einen relativ niedrigen Rang (Platz 62) ein.[12] Ein nicht minder

---

12 Bei einer Schlüsselwortanalyse werden die signifikant Wortformen eines Korpus identifiziert. Cf. zur Analyse von Schlüsselwörtern Bubenhofer (2009). Die Analyse des Default-

zentrales Thema ist die Fähigkeit Argentiniens, Krisen zu überwinden, und die positive Bedeutung, die Krisen als Motor für Entwicklung und Kreativität beigemessen werden. Die Spannung zwischen Krisenbedrohung und relativer Gelassenheit greift der Artikel bereits programmatisch im Vorspann auf, also noch vor dem eigentlichen Beginn des Textes.

(58) La posibilidad de un default, en medio de la pelea con los holdouts, volvió a encender la alarma conocida: las turbulencias políticas y económicas que aproximadamente cada diez años amenazan la estabilidad que logramos conseguir. Cómo se construye esta certeza colectiva y por qué tiene efectos hasta en las decisiones personales. ¿Será verdad que lo que no mata fortalece? (LN, 29. 06. 2014, El eterno retorno argentino. ¿Por qué hay una crisis por década?)

Wie bereits an anderer Stelle beobachtet, drückt sich in diesem Ausschnitt die Verknüpfung der Konzepte *Krise* und *Default* aus. Es handelt sich dabei um ein kulturelles Muster im Diskursraum Argentinien, das bei der Aushandlung des Zahlungsausfalls von 2014 in der Regel aufgelöst wird. Hier wird dagegen die Abhängigkeit, in der beide Konzepte zueinander stehen, betont. Allein die Möglichkeit, Argentinien könne erneut in eine Zahlungsunfähigkeit geraten, «volvió a encender la alarma conocida». Sie ruft die periodisch wiederkehrenden politisch-ökonomischen Schwankungen in Erinnerung, die die gerade erst zurückgewonnene Stabilität der Nation bedrohen. Der Vorspann enthält Fragen, die den bereits erwähnten weiten Bogen von Krise und Widerstandsfähigkeit aufgreifen wie die Frage «¿será verdad que lo que no mata fortalece?». Sie eröffnet bereits den Horizont, Krisen auch auf eine konstruktive Art zu deuten. Fragen wie diese schaffen die Erwartungshaltung, dass der Text Antworten bietet.

Der Text beginnt mit der Beschreibung einer Taxifahrt zweier Männer, die unterschiedlichen Generationen angehören und sich anlässlich des drohenden Zahlungsausfalls über ihre Krisenerfahrung austauschen. Dieser szenische Einstieg ist typisch für die journalistische Textsorte der Reportage.

(59) El viaje seguirá, intercalando experiencias de desbarajustes porque, a pesar de la diferencia generacional, ambos hombres comparten una misma marca – la que dejan las crisis argentinas – y el miedo de que la pesadilla pueda volver a repetirse. La posibilidad de un nuevo default, en medio de la pelea con los *holdouts*, disparó miedos viejos, mientras que la memoria

Diskurses wurde mithilfe des Online-Analysetools *Sketch Engine* durchgeführt, https://www.sketchengine.co.uk/ (letzter Zugriff 25. 09. 2018).

colectiva no pudo evitar un *déjà vu*, fugaz, de 2001. (LN, 29. 06. 2014, El eterno retorno argentino. ¿Por qué hay una crisis por década?, Hervorh. i. O.)

In der Szene dominieren die schmerzhaften Erinnerungen an vergangene Krisen, die durch die aktuelle Situation wie ein «déjà vu» wieder aufgerufen werden. Grund sei, dass die Krisen Spuren und die Angst vor einer Wiederholung hinterlassen hätten. Der Ausschnitt beschreibt eine eher düstere Stimmung und die Konversation der beiden Männer, die sich über ihre persönliche Krisenerfahrung und -wahrnehmung austauschen, wirkt wie ein exemplarisches Beispiel für die argentinische Mentalität im Umgang mit Krisen. Dafür spricht auch, dass im Anschluss erneut eine Reihe an Fragen gestellt wird, die aus der Perspektive eines argentinischen *Wir* heraus formuliert sind.

(60) ¿Por qué somos – o nos percibimos – más vulnerables a la crisis que otros países y por qué su recurrencia? El temor social a una nueva crisis, ¿puede contribuir, paradójicamente, a provocarla? ¿Por qué los ciclos críticos parecen ser más dramáticos en la Argentina? En cualquier caso, ¿qué efectos dejaron esos barquinazos en la piel de la sociedad y en nuestra vida cotidiana? ¿Trae algún beneficio la inestabilidad? (LN, 29. 06. 2014, El eterno retorno argentino. ¿Por qué hay una crisis por década?)

Die Fragen zielen auf die Krisenwahrnehmung der Argentinier sowie auf die Ursache und die Auswirkungen der besonderen Krisenanfälligkeit der Nation. Der Verfasser nimmt dabei eine Perspektive ein, bei der er sich selbst in das argentinische Kollektiv einschließt und sich gleichsam an die intendierten Leser richtet: «¿Por qué somos – o nos percibimos – más vulnerables a la crisis que otros países [...]?». Wie im Vorspann eröffnet auch hier die letzte Frage den Horizont einer positiven Deutung von Krisen.

Antworten gibt der Text über mehrere Einschätzungen von Experten aus der Wirtschaft, den Politik- und Sozialwissenschaften oder auch der Psychologie, die sich zum Rechtsstreit mit den Hedgefonds äußern, dabei aber auch generell auf die Erfahrung Argentiniens mit wirtschaftlichen Zusammenbrüchen eingehen. Jeder Experte stellt dabei seine eigene «Diagnose» für die Krisenanfälligkeit der Nation. Während einige die Fehler der Regierung und strukturelle Eigenschaften des Finanzsystems betonen, beleuchten andere die Auswirkungen des permanenten Stresspegels auf die psychische Verfassung der Bürger oder reflektieren darüber, wie sich die Argentinier durch eine sinkende Erwartungshaltung und daraus resultierenden Konsumentscheidungen selbst «boykottieren» und Krisen hervorrufen. Anschließend an diese exhaustive Diagnose wendet sich die Perspektive.

(61) Físicos, matemáticos, compositores, arquitectos o académicos argentinos que viven en el exterior se destacan, a menudo, por su creatividad. Una capacidad innovadora para resolver problemas que – no sería tan descabellado suponer – pudo haberse cocinado al calor de las sucesivas debacles argentinas: lo que no mata, fortalece, creía Nietzsche. Y a juzgar por estos resultados, parece que la Argentina entrena. [...] Resnik explica que también la evidencia científica revela que un grado razonable de incertidumbre forja el carácter y produce seres más preparados para enfrentar la vida adulta. (LN, 29. 06. 2014, El eterno retorno argentino. ¿Por qué hay una crisis por década?)

Ohne einen weiteren Rahmen zu geben, richtet der Artikel den Blick auf Charaktermerkmale, die Argentiniern, die im Ausland leben, allgemein zugesprochen werden, wie eine außergewöhnliche Kreativität und eine hohe Problemlösefähigkeit. Diese Merkmale werden mit der wiederholten Krisenerfahrung zusammengebracht und die Einbrüche als eine Art Schmiede herausstechender Eigenschaften gedeutet («pudo haberse cocinado al calor de las sucesivas debacles argentinas»). Das Zitat Nietzsches «lo que no mata, fortalece» dient dabei als Bestätigung und als positive Antwort auf die im Vorspann formulierte Frage «¿Será verdad que lo que no mata fortalece?». Damit erhalten die zuvor noch als bedrohlich und schädigend dargestellten Krisen eine neue Deutung. Statt als ein unvermeidbares Übel werden sie nun als Motor für Entwicklung präsentiert und als «Training» für die außergewöhnlichen Eigenschaften der Argentinier. Dies bescheinige ihnen das Image, das sie im Ausland hätten. Auf diese Weise betrachtet ist Argentinien nicht mehr das Land der periodisch wiederkehrenden Krisen, sondern eine Nation, die sich durch ihre besonderen, in der Krise geformten Eigenschaften auszeichnet.

Der Artikel endet mit einem Zitat Albert Einsteins, einer weiteren Autorität, der noch einmal das Potenzial von Krisen bestätigt. Einsteins Ansehen als erfolgreicher Physiker und allgemein berühmte Persönlichkeit verleiht seinen Äußerungen einen hohen Wahrheitsgehalt.

(62) Albert Einstein era un enamorado, tal vez en exceso, de las posibilidades que traían las crisis. Lo decía de un modo bello: «La crisis es la mejor bendición que puede sucederles a personas y países porque trae progresos. La creatividad nace de la angustia, como el día de la noche. Es en la crisis que nacen la inventiva, los descubrimientos y las grandes estrategias». (LN, 29. 06. 2014, El eterno retorno argentino. ¿Por qué hay una crisis por década?)

Das Zitat wird eingeleitet mit einer Beschreibung Einsteins als eine Person, die die Möglichkeiten von Krisen in besonderer Weise in den Vordergrund stellt. In der wörtlichen Äußerung bezeichnet Einstein Krisen als «la mejor bendición que puede sucederles a personas y países». Der Superlativ «la mejor bendición» vermittelt eine positive Sicht auf Schwierigkeiten, die negative Konsequenzen und Implikationen gänzlich ausklammert. Seine Begründung ist, dass Krisen der Garant für besondere Errungenschaften sind. Dadurch, dass dieser Ausschnitt am Ende des Artikels steht, entfaltet er eine besonders nachdrückliche Wirkung. Er zieht gewissermaßen eine Parallele zwischen dem Ansehen Einsteins und den zuvor beschriebenen Eigenschaften, die dem Verfasser zufolge Argentiniern im Ausland zugesprochen werden. Zudem steht die Sicht auf Krisen, die das Zitat vermittelt, wie ein Resümee am Ende eines Textes, der sehr wohl die negativen Facetten von Krisen und die Konsequenzen des Rechtsstreits beleuchtet. Damit umfasst der Artikel das gesamte Spannungsfeld von der Gefahr, die der Zahlungsausfall impliziert, und einem Optimismus, der auf dem mit Krisen verbundenen Potenzial beruht. Dieses Spannungsfeld wird im Default-Diskurs erst in der Analyse einer größeren Anzahl an Texten ersichtlich. Erst im Kontext des gesamten Korpus ergibt sich daher, dass der Artikel *El eterno retorno argentino. ¿Por qué hay una crisis por década?* die Funktion eines Schlüsseltextes einnimmt, indem er das Spektrum an Deutungsmöglichkeiten auf kleinem Raum bündelt.

Die detaillierte Analyse des Artikels hat gezeigt, dass Äußerungen stets im Kontext betrachtet werden müssen. Denn punktuell gesehen verleihen die Taxiszene zu Beginn des Artikels und die Diagnosen der Experten der Situation Argentiniens einen bedrohlichen und wenig aussichtsreichen Charakter. Andere Abschnitte, in denen die außergewöhnlichen Eigenschaften der Argentinier betont werden, oder das Zitat Albert Einsteins verleihen den negativen Diagnosen eine neue Bedeutung. Denn Krisen werden nicht länger als Bedrohung konstituiert, stattdessen gelten sie als Anstoß für besondere Fähigkeiten und Entwicklungen. Diese Anordnung von Inhalten ist ein Beispiel für die viel gebrauchte Textstrategie, zunächst eine düstere Stimmung zu vermitteln, damit anschließend die Umkehrung, wie hier, die Krise als Chance und die Fähigkeit der Argentinier, Herausforderungen zu meistern, umso strahlender erscheint.

Anders als in anderen Resilienzmarkern der Resilienzfigur DIE KRISE, DIE KEINE IST verhandelt der Artikel nicht die Frage, ob Argentinien in einer Krise ist oder nicht. Stattdessen wird Krisen eine neue Bedeutung verliehen, ihre Bedrohlichkeit wird reduziert und stattdessen ihr Potenzial in den Vordergrund gestellt. Dem Artikel lässt sich der Resilienztopos zuordnen:

Weil in Krisen ein großes Potenzial liegt und die Argentinier durch ihre Krisenerfahrung über außergewöhnliche Fähigkeiten verfügen, ist der Zahlungsausfall keine Bedrohung.

5.4 Das reformbedürftige internationale Finanzsystem

Die folgenden zwei Resilienzmarker beschreiben eine Vorgehensweise, die Brisanz der Situation zu entschärfen, die sich in den vorigen Markern noch nicht beobachten ließ. Sie besteht darin, den eigentlichen Krisenpunkt und die Krisenursache über die diskursive Aushandlung festzusetzen. Das Deutungsmuster, das Gegenstand der folgenden Abschnitte ist, beruht darauf, eine Krise des internationalen Finanzsystems zu konstruieren. Statt einer argentinischen Krise offenbart der Schuldenstreit einigen Diskursproduzenten zufolge eine Krise des Finanzmarkts. Dies wird vor allem darauf bezogen, dass es keine Regelung für die Umstrukturierung von Auslandsschulden gebe. Als Konsequenz resultiert daraus für Argentinien, dass weder ein Veränderungsbedarf noch die Verantwortung, Auswege aus der Krise zu finden, bei der Nation liegen.

Die Verhandlung der Krisenursache, die Formulierung eines Reform- oder Veränderungsbedarfs und die Suche nach Lösungen sind typische Merkmale von Krisendiskursen. Denn eine Krise stellt stets den Ist-Zustand in Frage und löst intensive (selbst-)reflexive Prozesse aus. «Die Krise erweist die Kontingenz gesellschaftlicher Prozesse. Sie macht die Fragilität sozialer Konstruktionen offenbar. In solchen Momenten stehen Gesellschaften in ihren Selbstbildern und ihren Institutionen plötzlich vor neuen Fragen, und sie brauchen schnelle Antworten» (Mergel 2012a, 10). Daher sind Krisen selbst «Formen der Selbstbeschreibung einer Gesellschaft, die sich so ebenso ihrer Reformbedürftigkeit wie ihrer Wandlungsfähigkeit vergewissert» (Mergel 2012a, 13). Wie Mergel feststellt, beschränkt sich die «Fragilität sozialer Konstruktionen» nicht auf Bereiche wie die politische oder ökonomische Ordnung. Die Identität der sozialen Einheit selbst erscheint brüchig und wird einem intensiven Prozess kollektiver Selbstreflexion unterworfen.

Indem der Default-Diskurs eine Krise des Finanzsystems etabliert, wird die «Fragilität sozialer Konstruktionen» auf einer internationalen Ebene verortet. Der Rechtsstreit und das Vorgehen der Hedgefonds sowie der US-amerikanischen Justiz sind Belege für den katastrophalen Zustand des globalen Finanzsystems. Die Gefahr, die davon ausgeht – die erneut die globale Ebene betrifft –, wird im Diskurs ausführlich thematisiert. Dabei steht jedoch nicht die Bedrohung für die nationalen Ökonomien im Vordergrund, sondern die Entlastung für Argentinien, denn der aus der Krise abgeleitete Reformbedarf liegt in der Verantwortung der internationalen Staatengemeinschaft. Damit unterscheidet sich der Default-Diskurs von typischen Prozessen, die mit Krisenzeiten verbunden sind. Da Argentinien nicht als Krisenland präsentiert wird, gibt es hier auch keinen Veränderungsbedarf. In der Folge wird das kollektive Selbstbild, statt es zu hinterfragen, bestätigt und gefestigt, indem die positiven Merkmale der Nation hervorgehoben werden (dies manifestiert sich in den drei weiteren Resilienzfiguren). Das Resultat der im Default-Diskurs etablierten Konstellation ist also eine Verschiebung des Fokus von Argentinien weg auf den diskursiv erzeugten Krisenpunkt. Der Umgang der Nation mit den internationalen Schulden ist dabei völlig ausgeblendet, während das «kranke» Finanzsystem, das den Hedgefonds und dem Richter ihr Vorgehen ermöglicht, in den Vordergrund gerückt ist.

Die folgenden Belege verdeutlichen, wie im Korpus eine Krise des Finanzsystems hergestellt wird.

(63) Por su parte el Parlamento italiano, a través de un documento firmado por más de 100 diputados dieron el apoyo a la posición Argentina y la crítica a la temeraria actitud del juez neoyorquino afirmando «llegó el momento de superar *el caos* normativo existente a nivel internacional para la reestructuración de las deudas soberanas». (TA, 28.07. 2014, La irracionalidad capitalista y los buitres)

(64) *El síntoma más evidente del caos* en que se desenvuelve el actual estado de cosas de las finanzas del capitalismo globalizado, es la irresponsable actitud del juez Griesa [...]. (TA, 28.07. 2014, La irracionalidad capitalista y los buitres)

(65) Las deudas deben ser honradas y los Estados deben cumplir con sus compromisos. Sin embargo, *lo que está en crisis son las reglas (o su ausencia)* frente a casos que demandan una profunda sensibilidad social y conocimientos económicos y jurídicos para resolver problemas tan complejos. Hoy, entonces, el paradigma internacional debe replantearse. (CL, 05.08. 2014, Los fondos buitre y la dimensión humana del conflicto)

In den Äußerungen ist die Rede von einem folgenschweren Chaos. Das Lexem *caos* beschreibt einen Zustand von Regellosigkeit, Ungeordnetheit, Instabilität und Kontrollverlust, der damit auf das Finanzsystem übertragen wird. Beleg (64) interpretiert das unverantwortliche Verhalten des Richters als «Symptom» des chaotischen Zustands eines globalen Kapitalismus. Das Substantiv *síntoma* hat seinen Ursprung im semantischen Feld *Krankheit*. Das negativ bewertete Verhalten des Richters ist also ein Symptom, das auf ein krankes Finanzsystem verweist. Das Lexem *síntoma* wurde bereits an anderer Stelle dieser Resilienzfigur beschrieben, wo es dazu gebraucht wird, der argentinischen Wirtschaft «síntomas saludables» zuzusprechen (cf. Beleg 48 im Resilienzmarker EIN ZAHLUNGSAUSFALL IST NOCH LANGE KEINE KRISE). Diese zwei Verwendungen desselben Lexems schaffen eine Gegenüberstellung, bei dem die gesunde argentinische Wirtschaft in einen Kontrast zum kranken internationalen Finanzsystem gestellt wird.

Am schärfsten ist die Formulierung in Beleg (65). Er stammt aus Clarín und gibt Aufschluss darüber, dass das Deutungsschema in beiden Zeitungslagern zu finden ist. In der Äußerung wird das Schlüsselwort *crisis* realisiert, um den Zustand des Finanzsystems zu benennen. Konkret wird die Krise hier auf die Regeln zur Klärung komplizierter Fälle wie dem Argentiniens bezogen und sie den Verpflichtungen eines Schuldners übergeordnet. Generell gelte zwar, dass man seine Schulden bezahlen solle, dies werde aber durch die fehlende Regelung von Umschuldungen erschwert. In den Beispielen drückt sich das Argumentationsmuster aus:

Nicht Argentinien, sondern das internationale Finanzsystem ist in der Krise.

Dabei bleibt der Schluss, dass Argentinien nicht in einer Krise ist, implizit, und ergibt sich erst vor dem Hintergrund der weiteren Resilienzmarker. Die international ungeregelte Organisation von Schulden wird in vielen Beispielen aufgegriffen. Der Schuldenstreit erhält dabei den Status eines Präzedenzfalls, der zum einen den prekären Zustand des globalen Finanzsystems symptomatisch zu erkennen gibt und zum anderen unmittelbare Auswirkungen auf ähnliche Konstellationen in der Zukunft hat. Statt als isolierter Konflikt zwischen einem Schuldner und einer Gruppe von Gläubigern, wird der Rechtsstreit in einer engen Vernetzung mit dem gesamten System dargestellt.

(66) Un nuevo default argentino, «técnico» o no, implica una situación sumamente delicada para el país, y *un precedente internacional de muy peligrosas consecuencias.* (CL, 05. 08. 2014, Los fondos buitre y la dimensión humana del conflicto)

(67) El temor es que el fallo del juez estadounidense Thomas Griesa en favor de los llamados holdouts o «fondos buitre» *siente un precedente que imposibilite la negociación cuando un país entra en crisis y no puede pagar su deuda.* (LN, 01. 08. 2014, El impacto internacional del default en Argentina)

(68) Entre las declaraciones que remarcan la *irracionalldad* [sic] *de un sistema financiero sin regulación* están las del secretario adjunto de la Comisión Económica para América Latina y el Caribe – CEPAL – Antonio Prado, quien afirmó que el fallo del juez Griesa «atenta contra el sistema financiero internacional, porque *constituye un precedente que puede obstaculizar otros procesos de reestructuración de las deudas soberanas».* (TA, 28. 07. 2014, La irracionalidad capitalista y los buitres)

Beleg (66) stellt die Bedeutung des Zahlungsausfalls auf nationaler und internationaler Ebene nebeneinander. Während dieser sich in Argentinien als «delikate
Situation» auswirke, sei seine internationale Bedeutung gravierender, denn der
«technische» Zahlungsausfall schaffe einen Präzedenzfall mit gefährlichen Konsequenzen für die Umschuldungen anderer Krisenländer. In den beiden anderen Beispielen wird der Präzedenzfall auf das Urteil Griesas bezogen. Die Entscheidung des Richters sei ein Angriff auf das gesamte Finanzsystem, das
jedoch nicht nur Opfer sei, sondern selbst Verantwortung trage, da es nicht über
eine ausreichende Regulierung verfüge.

Aus der Bewertung des Zustands der internationalen Schuldenregulierung
leitet sich die Forderung nach Reformen und einer Neukonzeption des Finanzsystems ab. Das erklärte Ziel ist dabei, Krisenländer vor den Hedgefonds und
ihrem Vorgehen zu schützen.

(69) «El accionar de los fondos buitres nos debe movilizar a todos *para trabajar
de manera decidida, conjunta y coordinada de una profunda reforma del
sistema»*, abundó [Timerman]. (CL, 28. 07. 2014, Desde Caracas, Timerman
cuestionó al «sistema financiero internacional»)

(70) Cualquier país debería poder negociar sus deudas con la mayoría de sus
acreedores privados, sin ser rehén de un pequeño grupo. *Hay que encontrar un nuevo sistema legal para regir las deudas de los gobiernos con inversores privados.* (LN, 05. 08. 2014, Un fallo peligroso para la economía mundial)

Das internationale Finanzsystem müsse grundlegend reformiert werden, damit
kein Staat mehr zur «Geisel» von Investoren wie den Hedgefonds werde. Die
Krisenländer werden hier als Opfer dargestellt, während die Verantwortung für
ihre Auslandsverschuldung sowie deren Rückzahlung verschwiegen werden.
In Beleg (70) wird gefordert, Staaten in Zukunft zu ermöglichen, ihre Schulden
auf der Basis einer Mehrheitsregel zu klären, was verhindern würde, dass Umschuldungen wie im Fall Argentiniens durch eine kleine Gruppe von Gläubigern gefährdet werden. Die Nennung konkreter Maßnahmen wie dieser ist im
Default-Diskurs selten. Überwiegend bleibt es bei der Proklamation eines Veränderungsbedarfs. Daraus wird ersichtlich, dass die Verlagerung der Krise auf
das Finanzsystem dazu dient, die Verantwortung von Argentinien zu lösen und
auf die internationale Staatengemeinschaft zu übertragen. Den beschriebenen
Beispielen liegt folgender Topos zugrunde.

*Weil die Situation Argentiniens zeigt, dass der Zustand des internationalen
Finanzsystems gefährliche Folgen für Krisenländer hat, liegt der Veränderungsbedarf hier (und nicht bei Argentinien).*

Die Gefährdung für Krisenländer und ihre Umstrukturierung von Schulden erhält im Diskurs ein Gewicht, das über den Bereich der Wirtschaft hinausgeht. Die folgenden Beispiele zeigen, wie die Diskussion von Argentinien weggeführt und auf eine sehr grundsätzliche Ebene verlagert wird – auf das menschliche Zusammenleben und die Menschenrechte.

(71) La comunidad internacional debe decidir si, como demuestra el fallo, se les permitirá a los acreedores colocarse por encima de las necesidades esenciales de los habitantes de las naciones soberanas, o si por el contrario se les permitirá a éstos tener la posibilidad de una negociación razonable que propicie soluciones favorables para ambas partes. *Sea cual fuere la respuesta, lo que no puede permitirse es que la misma no esté en consonancia con los derechos humanos que la misma comunidad internacional se comprometió a promover y garantizar.* Lo contrario sería un retroceso que dejaría truncos los compromisos internacionales asumidos en materia de derechos humanos, tan vinculantes como los compromisos de naturaleza económica. En una decisión de esta índole no sólo hay que analizar los daños económicos de forma aislada, sino que también se deben observar los perjuicios que sufrirán los individuos más vulnerables, es decir, aquellos propensos a sufrir directamente las consecuencias de una crisis de las características ya enunciadas. (CL, 05. 08. 2014, Los fondos buitre y la dimensión humana del conflicto)

(72) Un centenar de organismos de derechos humanos de todo el mundo afirmó en un comunicado que el conflicto de los fondos buitre con Argentina, y las decisiones de la justicia estadounidense que pusieron en riesgo la reestructuración de la deuda argentina, *reflejan «un problema global con impacto en los Derechos Humanos», y exigieron «la reforma del sistema financiero»* mundial, según difundió el Centro de Estudios Legales y Sociales (CELS) que preside el periodista argentino Horacio Verbitsky. [...] Como medida de mayor alcance global, los organismos exigieron la creación de «un mecanismo internacional imparcial e independiente para resolver controversias relativas a la reestructuración de la deuda soberana, basado en la obligación de los Estados de respetar, proteger y hacer cumplir los Derechos Humanos». (TA, 30. 07. 2014, Advierten por el «impacto en los DDHH»)

In Beleg (71) wird eine Entscheidung evoziert, die in der Verantwortung der internationalen Staatengemeinschaft liegt. Diese solle entscheiden, ob sie sich den Interessen von Gläubigern oder menschlichen Grundbedürfnissen und der Suche nach einer Einigung, die für alle Seiten vorteilhaft ist, mehr verpflichtet fühlt. Die Frage nach dem Verhältnis zwischen Gläubiger und Schuldner wird aus dem Bereich der Wirtschaft herausgehoben und in einen Zusammenhang mit dem Einhalten von Menschenrechten gestellt. Ein Verstoß gegen sie bedeute einen großen Rückschritt für die Menschheit allgemein, in letzter Konsequenz auch für die Wirtschaft, denn in ihr spiele die Verpflichtung gegenüber den Menschenrechten eine große Rolle. Der Beleg aus Tiempo Argentino leitet daraus entsprechende Forderungen ab. Notwendig sei, ein unabhängiges Gremium einzurichten, um zu gewährleisten, dass bei einer Umschuldung die Menschenrechte eingehalten werden. Als Argumentationsmuster lässt sich diesen Äußerungen zuordnen:

Weil der gegenwärtige Zustand des Finanzsystems die Gewährleistung von Menschenrechten gefährdet, muss es grundlegend reformiert werden.

Die zentrale Funktion des Resilienzmarkers ist, den Fokus von Argentinien auf das globale Finanzsystem und dessen kritischen Zustand zu verschieben und einen entsprechenden Veränderungsbedarf zu formulieren, für dessen Umsetzung die internationale Staatengemeinschaft verantwortlich ist. Der Rechtsstreit zwischen Argentinien und den Hedgefonds erhält dabei eine neue Bedeutung. Er wird zu einem Präzedenzfall, der unmittelbare Auswirkungen auf das internationale Finanzsystem hat und dessen Mängel offenbart. Zusammenfassend kann dem Resilienzmarker folgender Topos zugewiesen werden:

Weil das internationale Finanzsystem in der Krise ist, liegt bei diesem der Veränderungsbedarf. Für die Umsetzung von Reformen ist nicht Argentinien verantwortlich, sondern die internationale Staatengemeinschaft.

Der Resilienzmarker DAS REFORMBEDÜRFTIGE INTERNATIONALE FINANZSYSTEM ist ein Muster, das sich in allen vier Zeitungen nachweisen lässt, also über unterschiedliche ideologische Ausrichtungen hinaus. Es fällt auf, dass genau die Muster im gesamten Korpus vorkommen, die unabhängig von der Regierung und ihrem Handeln sind. Diese Beobachtung verfestigt sich im folgenden Resilienzmarker, der sich auf die regierungskritischen Zeitungen beschränkt.

5.5 Die unfähige Regierung und der eigene Ausweg

Zur Resilienzfigur DIE KRISE, DIE KEINE IST gehört ein Marker, der sich von den anderen Deutungsmustern des Diskurses sichtlich unterscheidet. Er besteht darin, ein Krisenszenario zu etablieren, das an die Kirchner-Regierung gebunden und als ihr politisches Versagen dargestellt wird. Verantwortlich für die prekären Zustände ist also nicht die Nation, sondern die Regierung. Die Ähnlichkeit zu dem Resilienzmarker DAS REFORMBEDÜRFTIGE INTERNATIONALE FINANZSYSTEM beruht darauf, dass auch hier eine Krisenursache, genauer, ein Krisen*verursacher*, identifiziert und ein entsprechender Handlungsbedarf formuliert werden. Das Muster konstituiert sich ausschließlich in den regierungskritischen Zeitungen, vor allem in La Nación, die hier als handelnde Akteure in den Vordergrund treten. Das lässt sich auch daran festmachen, dass die Interpretationen nur selten personalen Akteuren zugeordnet werden. Die Regierung wird aus einer distanzierten Beobachterperspektive heraus beurteilt und ihr ein fehlerhaftes und betrügerisches Vorgehen vorgeworfen. Die Zeitungen erscheinen dadurch in der Rolle eines *Advokat des Volkes*, der wie ein Anwalt vermeintlich schlechte Absichten und Widersprüche aufdeckt, seine Analyse den Rezipienten unterbreitet und fordert, dass die Verantwortlichen zur Rechenschaft gezogen werden.

Interessant ist, dass in diesem Resilienzmarker viele Deutungen, die Grundlage anderer Muster sind, umgekehrt werden. Beispielsweise wird in den regierungskritischen Zeitungen ein Vokabular verwendet, das sich ohne weiteres dem Wissensrahmen *Wirtschaftskrise* zuordnen lässt. Anders als in den regierungstreuen Zeitungen wird die Situation also nicht entdramatisiert. Auch der tabuisierte Ausdruck *crisis* wird gebraucht. Er fungiert als Kritikausdruck, um die Regierung anzuprangern, denn die Darstellung prekärer Zustände ist stets mit einem Verweis auf die Verantwortung der Kirchner-Regierung verknüpft. Eine zweite Umkehrung besteht darin, dass nicht der Zahlungsausfall als «Störung des Systems» dargestellt wird, sondern der Kirchnerismus. Dies führt allerdings nicht dazu, die Verantwortung der Hedgefonds und des Richters aufzuheben. Jedoch verschiebt sich die Perspektive und damit auch die Schlussfolgerung, die sich aus der Identifizierung des Krisenverursachers ergibt, wie die folgenden Abschnitte deutlich machen werden. Eine dritte Umkehrung liegt in dem Muster des Aufdeckens und Anklagens. Ein ähnliches Muster kommt auch im Resilienzmarker DIE KRIMINELLEN UND ZERSTÖRERISCHEN HEDGEÍFONDS vor (cf. Kap. 6.1.2). Dort ist es die Regierung selbst, die einen vermeintlichen Versicherungsbetrug der Hedgefonds aufdeckt, während hier die regierungskritischen Zeitungen die Strategie der Kirchner-Politik durchschauen und die Argentinier vor Cristina Kirchner und ihren Ministern schützen.

In den stark voneinander abweichenden Deutungen manifestiert sich die bereits konstatierte «Mehrstimmigkeit» des Default-Diskurses, die auf die polarisierte Medienumgebung zurückzuführen ist. Trotz der konträren Deutungen finden sich jedoch auch Gemeinsamkeiten. Denn auch in diesem Deutungsmuster ist Argentinien nicht verantwortlich für die Krise und auch kein hilfloses

Opfer. Stattdessen gilt es als stark und fähig, die Kirchner-Regierung zu überstehen. Es gibt also über die Unterschiede der Zeitungslager hinweg einen starken Konsens der meist implizit bleibt, vermutlich, weil es sich um ein übergreifendes Grundmuster handelt. In Bezug auf die regierungskritischen Zeitungen ist zu bemerken, dass sie nicht auf den Resilienzmarker DIE UNFÄHIGE REGIERUNG UND DER EIGENE AUSWEG beschränkt sind. Auch viele der anderen Marker bilden sich in ihnen heraus, wenn auch weniger deutlich als in den regierungstreuen Zeitungen. Alle vier Zeitungen lassen in unterschiedlichem Ausmaß gegensätzliche Interpretationen zu, die Medienlandschaft ist in der Diskursrealität also differenzierter als es die Einteilung in zwei Zeitungslager suggeriert.[13]

Die Kritik, die an der Regierung geübt wird, lässt sich zwei Bereichen zuordnen. Der erste Bereich setzt sich aus Zuschreibungen zusammen, die ein politisches Versagen anklagen. Der zweite enthält schwerwiegendere Anschuldigungen, er besteht darin, den Politikern eine bewusste Täuschung der argentinischen Bevölkerung vorzuwerfen.

Die nachfolgenden Belege verdeutlichen, wie die Regierung als Verursacher des Zahlungsausfalls dargestellt wird. Dies geht oft damit einher, dass ihr ein schlechter «Charakter» bescheinigt wird. Das politische Versagen wird also weniger an mangelnden Sachverstand gebunden als an Eigenschaften wie Sturheit, Arroganz und Überheblichkeit.

(73) A través de sus editoriales, los diarios O Globo – editado en Río de Janeiro – y Folha de San Pablo abundaron en duras descalificaciones contra la jefa de Estado. Aseguran que la Argentina llegó a la situación actual *debido a la «arrogancia», «incapacidad» e «ineptitud» que se registró en las gestiones del Gobierno.* El blanco de las críticas extremas siempre fue la propia Cristina Kirchner. *«Esta crisis de deuda Argentina es el desenlace de mucha arrogancia e incapacidad en el tratamiento con los acreedores por parte de los Kirchner, Néstor y Cristina.* Así como de una política económica desastrosa, por populista y heterodoxa», reza un párrafo del editorial publicado hoy en O Globo, que lleva un título más que elocuente: «La ruinosa trayectoria de la Argentina kirchnerista». (LN, 01.08.2014, En Brasil opinan que Cristina es la responsable del default y no ahorran las críticas)

In dieser Reaktion einer brasilianischen Tageszeitung auf den Zahlungsausfall ist klar zu erkennen, dass die «argentinische Schuldenkrise» als Konsequenz

---

13 Cf. dazu auch die Reflexion über den Einfluss der Polarisierung auf den Default-Diskurs in Kap. 8.2.

der Kirchner-Regierung interpretiert wird. Schuld sei ihre überhebliche Haltung gegenüber den Kreditgebern, die von Unfähigkeit zeuge. Ziel der Kritik ist vor allem das Kirchner-Ehepaar, dem in den regierungstreuen Zeitungen eine andere Rolle, nämlich die eines «nationalen Elternpaares» zugesprochen wird (cf. Kap. 7.5). Die Kritik ist häufig auf den Zahlungsausfall als Beweis der schlechten Politik zugespitzt. In dieser Zuschreibung manifestiert sich ein weiteres Beispiel für eine parallele Deutung, denn an anderer Stelle wird der Richter Thomas Griesa für den Zahlungsausfall verantwortlich gemacht (cf. Kap. 6.1.3).

(74) Ahora el Gobierno *está coqueteando con hacer un default voluntario* limitado a unos 6 meses, lo cual es aún más incomprensible ya que hemos tenido 12 años para evitarlo. (LN, 30. 07. 2014, El costo de un default)

(75) Los argentinos se despertaron el jueves y encontraron que su país era otra vez un paria financiero luego de que la presidenta Cristina Fernández de Kirchner, una populista conocida por entrar en peleas políticas, miró desde arriba a los fondos de cobertura de Wall Street y *empujó a su país a su segunda cesación de pagos en 13 años*. (LN, 01. 08. 2014, Kirchner no cedió y ahora Argentina enfrenta los costos de otro ‹default›)

(76) La diputada aliada al macrismo [Patricia Bullrich; S. M.] consideró que «este default *lleva el sello de la ineptitud kirchnerista para manejar cuestiones de Estado*. [...]». (P12, 31. 07. 2014, Reacciones de oficialistas y opositores)

Auffällig ist die metaphernreiche Sprache, über die der abstrakten Vorgang, *einen Zahlungsausfall auslösen*, bildlich dargestellt wird. Die Regierung «kokettiere» mit einem «freiwilligen Zahlungsausfall» und Cristina Kirchner «stoße ihr eigenes Land» in einen Zahlungsausfall, der daher das «Siegel» der Kirchners trage. Die Äußerungen zeigen, wie der Regierung die Schuld für den Default gegeben wird. Die verfahrene Situation wird nicht als Versehen interpretiert, sondern als Zeichen von Unfähigkeit, die wie in dem Beispiel zuvor auf einen bösartigen Charakter schließen lasse. Die Beispiele veranschaulichen, wie zwischen Regierung und Nation differenziert wird. Daraus folgt, dass die Krise und der Zahlungsfall nicht der Nation, sondern der Regierung zugesprochen werden.

(77) *El gobierno de Cristina Kirchner ingresó finalmente anoche en un innecesario default selectivo* de la deuda bajo jurisdicción extranjera [...]. (LN, 31. 07. 2014, Todo quedó en un riesgoso limbo)

(78) *El default de Cristina Kirchner* (selectivo, parcial o como se lo quiera llamar) podría ser más grave que el de Rodríguez Saá. El error del ex presidente provisional fue haber vestido de fiesta una derrota casi inevitable.
Otra cosa es un default disparado implícitamente sólo por la decisión personal de desobedecer una orden judicial. *La decisión personal fue de Cristina Kirchner, que la tomó en Olivos en absoluta soledad*. (LN, 03.08. 2014,
Cristina eligió el peor camino)

Beleg (78) enthält eine ungewöhnliche Gewichtung der Ereignisse von 2001 und
2014. Der «default de Cristina Kirchner» sei möglicherweise schlimmer als der
Zahlungsausfall von 2001. Der Fehler des damaligen Präsidenten Rodríguez Saá
sei gewesen, die unausweichliche Erklärung der Zahlungsunfähigkeit schönzu-
färben. Cristina Kirchner habe sich dagegen im Alleingang bewusst entschieden, gegen einen Rechtsbeschluss zu rebellieren und so einen vermeidbaren
Zahlungsausfall herbeizuführen. Das Argumentationsmuster, das die Grundlage
für die beschriebenen Beispiele bildet, lautet:

*Die Regierung und vor allem die Präsidentin Cristina Kirchner sind Verursa-
cher des Zahlungsausfalls. Daher ist die Krise keine nationale Krise.*

Viel schwerwiegender als die Kritik am politischen Vorgehen ist der Vorwurf,
die Regierung würde das argentinische Volk bewusst täuschen, indem sie ein
Szenario konstruiere, das nicht der Realität entspricht. Damit verfolge sie politische Ziele und vertusche ihre Fehler. Die diskursive Konstruktion selbst wird
also thematisiert und als Täuschung deklariert. Besonders bei dieser Facette des
Resilienzmarkers erscheinen die Zeitungen als Advokaten, die die rhetorische
Strategie der Regierung durchschauen und der von ihnen proklamierten *realidad* ein von Cristina Kirchner und ihren Ministern konstruiertes *relato* gegen-
überstellen. In der Evaluation verschiedener Versionen der Sachverhalte manifestiert sich ein Kampf um Deutungshoheiten. Er findet auf einer Metaebene
statt, indem eine Deutung explizit abgelehnt und ihr eine andere entgegengesetzt wird. Die intendierten Leser sind in erster Linie die argentinischen Bürger
bzw. eine Leserschaft, die der Regierung ohnehin kritisch gegenübersteht und
deren Haltung sich durch die «Aufklärung» der Medien verfestigt (cf. 4.2.2.2).
Der Diskursstrang, der sich in den regierungskritischen Zeitungen konstituiert,
kann als «Diskurs der Emanzipation» oder «aufklärerischer Diskurs» bezeichnet
werden. Oft erhält er auch den Charakter einer Gerichtsverhandlung. Eine vor-
gegebene Wahrheit wird hinterfragt, eigene Analysen angestellt und vermittelt,
dass der Leser zu einer neuen Mündigkeit und Souveränität gegenüber der Regierung geführt wird. Daraus ergibt sich folgende Konstellation: Die Regierung
ist weder Teil des nationalen Kollektivs, noch handelt sie zu dessen Wohl. Statt-

dessen wird sie als Gegner des Volkes dargestellt, da sie ihm durch ihre schlechte Politik und ihre unaufrichtige Rhetorik Schaden zufügt. Die regierungskritischen Medien stehen an der Seite des Volkes, klären es über die schlechte Regierung auf und ermöglichen ihm auf diese Weise, sich durch die Kenntnis der «Wahrheit» von der «Version» der Obrigkeit zu emanzipieren. Dieses Muster kann aufgrund seiner Eigenschaften den spezifischen Bedingungen des argentinischen Diskursraums zugeordnet werden und hat auch keine Entsprechung im psychologischen Resilienzkonzept. Die folgenden Beispiele zeigen, wie der Regierung vorgeworfen wird, eine falsche Version zu konstruieren.

(79) *El conflicto tiene claramente dos caras. Una es la que muestra el Gobierno.* Intransigencia, dureza, pertinacia. Su vocero fue Kicillof. En su conferencia de prensa en Nueva York, hizo un largo recorrido de las posiciones del gobierno argentino y de las pretensiones de los fondos buitre. [...] Kicillof recurrió al manual básico del kirchnerismo: *ignoró lo que no le conviene. Hasta ese momento sucedía la habitual y previsible construcción de un relato épico.* (LN, 31. 07. 2014, Las dos caras: relato y realidad)

(80) *Fue la reacción de siempre: la de desfigurar la realidad*, como durante tanto tiempo lo ha venido haciendo el actual gobierno frente a cuestiones como la inflación o la inseguridad. Y en el relato oficial, al igual que esos viejos problemas, la presente crisis de la deuda y sus innegables consecuencias *encuentran la culpa en los otros.* (LN, 03. 08. 2014, De la arrogancia y la impericia al default)

Bereits die Überschrift des Artikels, aus dem der Ausschnitt in Beleg (79) entnommen ist, greift das Thema programmatisch auf. Sie evoziert eine Gegenüberstellung der «zwei Seiten» des Schuldenstreits, die dem Verfasser zufolge aus der falschen Version der Regierung und der «Wahrheit» besteht. Zur Rhetorik des Kirchnerismus gehöre neben der Konstruktion eines «relato épico», die Tatsachen zu verdrehen, das zu verschweigen, was nicht ins Bild passt, und die Schuld immer bei anderen zu suchen. Die rhetorische Strategie wird als willentliche und gezielte Täuschung dargestellt und der Regierung damit ein gravierender Betrug angelastet, der von den Zeitungen der Darstellung nach jedoch enttarnt wird.

(81) «*Kicillof miente* cuando ayer hablaba de que no había acuerdo, ya que paralelamente estaban negociando un acuerdo simulado: Argentina pagaba a través de bancos y después Argentina le pagaba a los bancos». (LN, 31. 07. 2014, Elisa Carrió acusó a Axel Kicillof de mentir sobre la negociaciones con los fondos buitre)

(82) [E]s cierto que *Cristina nos cautiva con su verbo y con su encanto*, y que nadie como ella justifica con la misma convicción un pago y, al día siguiente, una cesación de pagos. (LN, 02. 08. 2014, Aguanta el default contra toda la traición)

Elisa Carrió, in 2014 Mitglied der damaligen Opposition, wirft dem Wirtschaftsminister vor zu lügen und bewusst Informationen zurückgehalten zu haben.[14] Beleg (82) spielt mit Geschlechterstereotypen und nimmt die Präsidentin in den Blick. Cristina Kirchner wird als schwer zu deutende Frau dargestellt, die sich nicht festlegt. Sie verführe ihre Zuhörer mit ihrem Sprachstil und interpretiere die Dinge stets zu ihren Gunsten. So schaffe sie es selbst gegensätzliche Umstände gleichermaßen zu rechtfertigen. Die Äußerung etabliert durch die 1. Pers. Pl. ein nationales *Wir*, das der undurchsichtigen Präsidentin distanziert gegenübersteht. Die Beispiele beruhen auf dem Topos:

Weil die Regierung das Volk bewusst täuscht, muss es über die Wahrheit aufgeklärt werden.

Wie bereits weiter oben wird der Regierung auch im Zusammenhang mit einer vermeintlich falschen Darstellung der Ereignisse eine Unfähigkeit bescheinigt. Diese zeige sich hier darin, dass sich die Vertreter in Widersprüche verstricken und so ihre Täuschung ans Licht komme.

(83) Por eso no pudo cerrarse ayer, en medio de versiones confusas y contradictorias, alimentadas por las duras declaraciones posteriores de Kicillof y del mediador, Daniel Pollack. *Otra vez aquí el Gobierno quedó entrampado entre su relato y los hechos.* (LN, 31. 07. 2014, Todo quedó en un riesgoso limbo)

(84) [Kicillof] [r]econoció, sin quererlo, que la situación actual que él se niega a llamar «default» podría provocar un quebranto del sistema financiero. Esa admisión de *Kicillof se contradice*, desde ya, con el propio relato del Gobierno, basado en dos sentencias. La del ministro de Economía, quien afirmó que «es una pavada atómica decir que entramos en default», y la de Cristina Kirchner, quien consideró que «impedir que alguien cobre no es default». El discurso oficial insistirá en los próximos días en que la Argentina ha pagado y que no hay cesación de pagos, como se dice,

---

14 Der Beleg ist ein seltenes Beispiel, in dem ein personaler Akteur die Rhetorik der Regierung anklagt.

sino cesación de cobro, por una medida arbitraria del juez Griesa. (LN, 01. 08. 2014, La épica kirchnerista volvió a imponerse sobre el sentido común)

In Beleg (84) wird konstatiert, Kicillof widerspreche sich selbst ohne es zu merken, wodurch sein Expertenstatus hinterfragt wird. Bezugspunkt ist eine Rede, in der der Minister beschreibt, warum die Banken ein Interesse daran hätten, einen Zahlungsausfall zu verhindern. Mit dieser Erklärung habe Kicillof unbeabsichtigt zugegeben, dass die aktuelle Situation die Stabilität der argentinischen Wirtschaft gefährde. Dies stehe wiederum im Konflikt mit der offiziellen Aussage der Regierung, die das Bestehen eines Zahlungsausfalls negiere, einer Position, die im Rahmen des semantischen Kampfes um die Deutung der Sachlage zentral ist. An dieser Stelle werden die Notwendigkeit und der Vorteil einer qualitativen Analyse offensichtlich. Denn die beiden im Beleg wörtlich zitierten Äußerungen entfalten in anderen Zusammenhängen eine gegenteilige Wirkung, da in ihnen die Existenz des Zahlungsausfalls abgestritten wird und sich daraus ableitet, dass Argentinien nicht in einer Krise ist. Während dieselben Äußerungen einmal den Zahlungsausfall dekonstruieren, entfalten sie hier eine ganz andere Bedeutung, denn sie tragen zur Emanzipation von der vermeintlichen Konstruktion der Regierung bei. Dieser Unterschied kann nur über eine qualitative Analyse erschlossen werden, die die Bedeutungsentfaltung im Kontext analysiert.

Im Anschluss an die Aufklärung über die unfreiwillige Widersprüchlichkeit Kicillofs prognostiziert der Verfasser den zu erwartenden «discurso oficial» der Regierung und unterstellt ihr damit schon im Vorhinein, eine «offizielle» Version zu veröffentlichen, die nicht der Wahrheit entspricht.

Ein besonders eindrückliches Beispiel ist der nachfolgende Beleg. Er stellt die Kritik am politischen Handeln der Regierung und den Vorwurf einer böswilligen Täuschung in Relation zueinander. Dabei wird letzterem das größere Gewicht beigemessen.

(85) La irresponsabilidad e impericia con que ha actuado el Gobierno en la crisis de la deuda que desembocó en un nuevo default ha sido manifiesta desde el primer momento. Pero lo que más indigna tal vez sea el descaro de sus principales funcionarios por *negar la realidad, engañar a la población argentina y pretender ocultar las consecuencias que tendrá este nefasto episodio en la situación socioeconómica del país, si no se revierte en lo inmediato.* Una de las primeras frases públicas de la presidenta Cristina Kirchner, no bien se conoció el fracaso de las negociaciones con los representantes de los bonistas favorecidos por la justicia estadounidense, fue:

«El mundo sigue andando y la República Argentina, también». A coro, tanto ella como varios de sus principales colaboradores negaron la existencia de un default o cesación de pagos, con argumentos inconvincentes. (LN, 03. 08. 2014, De la arrogancia y la impericia al default)

Schlimmer als das Verhalten der Regierung im Schuldenstreit seien ihre Lügen und ihr Betrug, denn sie hätten schwerwiegendere Folgen für die Zukunft Argentiniens. Als Beweis dient die erste öffentliche Reaktion der Präsidentin nach dem Zahlungsausfall, in der sie mit dem Satz «El mundo sigue andando y la República Argentina, también» eine falsche Sicherheit vermittelt habe. Der Regierung wird ein willentliches Handeln vorgeworfen, das dem Volk schadet. Der Beleg ist ein Beispiel, wie das Aufdecken einer verbalen Täuschung nicht in Form einer Vermutung, sondern einer Feststellung ausgedrückt wird. Aus dem Vorwurf einer Lüge ergibt sich die Forderung nach Wahrheit. Hierin zeigt sich der erwähnte Duktus einer Gerichtsverhandlung.

(86) Luego de las fallidas negociaciones entre los holdouts y el Gobierno, *los representantes de UNEN quieren que el ministro de Economía «diga la verdad de las cosas y cómo han sido, cómo nos han llevado a esto».* [...] «Que vaya y dé las explicaciones en el Congreso», dijo [Cobos]. [...]«En primera medida, necesitamos conocer cuáles son sus intenciones», agregó. «Para poder ayudar hay que decir la verdad, conocer cuáles son los verdaderos problemas, y así tomar el camino menos complicado para la Argentina», expresó (LN, 01. 08. 2014, Tras el default, la oposición pedirá que el Congreso interpele a Axel Kicillof)

Als Verantwortlicher für wirtschaftliche Angelegenheiten wird Axel Kicillof zur Rechenschaft gezogen. Er müsse die Intransparenzen aufdecken und die Wahrheit offenbaren. Die Opposition wird hier als Retter in der Not präsentiert, der auf die unfähige Regierung zugeht und seine Hilfe anbietet. Als Topos kann hier formuliert werden:

Weil die Regierung lügt, muss sie zur Rechenschaft gezogen werden.

Während im vorigen Beleg die Regierung in die Lösung der Situation einbezogen wird, ergibt sich im nächsten Beispiel eine drastischere Schlussfolgerung. Eine Reform des politischen Systems wird gefordert. Erst, wenn Cristina Kirchner nicht mehr Präsidentin sei, könne Argentinien zu einer wirklichen Demokratie werden. Das kirchneristische Argentinien wird damit als Autokratie dargestellt, bei der sich die Macht in einer herrschsüchtigen Anführerin konzentriert. Vor dem Hintergrund der Diktaturerfahrung Argentiniens kann dies als heftiger Vorwurf interpretiert werden, der jedoch implizit bleibt.

(87) Lo que debería venir ahora, finalmente, es un sistema verdaderamente republicano. Es decir, la puja entre varios partidos, ninguno de los cuales tendría la pretensión ni la posibilidad que tuvo Cristina de monopolizar el poder. El país se encuentra así entre dos extremos. De un lado, una presidenta declinante que, si tuvo todo el poder, ya no podrá retenerlo, y del otro, una suerte de vacío entre sus presuntos sucesores. Alguna vez Ortega y Gasset dijo: «¡Qué no diera por un sistema!». *Lo que los argentinos necesitamos ahora no es tanto que alguien obtenga el poder después de Cristina, sino un sistema de poder que pueda perpetuarse a través del tiempo a partir de la sustitución de Cristina.* [...] El sistema poskirchnerista será republicano o no será. [...] A la Argentina se le ha creado, por lo visto, una gran oportunidad. Ser un país «normal» de pausados giros y rotaciones, sin esa aspiración al monopolio que tuvieron los Kirchner y que muere, al parecer, con Cristina. Sin los residuos monárquicos del militarismo o de los Kirchner, ¿amanecerá, al fin, una auténtica república? Cuando la forjemos, todo lo demás, político y económico, vendrá por añadidura. (LN, 31.07.2014, Tras el protagonismo de Cristina)

Der Krisenpunkt verschiebt sich hier, indem die Machtkonzentration Cristina Kirchners als das eigentliche Problem präsentiert wird. Der Zahlungsausfall sei nur ein Symptom für den Fehler im System, der der Präsidentin uneingeschränkten Handlungsspielraum biete. Erst, wenn Argentinien den Kirchnerismus überstanden habe, könne es aufatmen und zu einer «wirklichen Republik» und zu einem «normalen Land» nach dem Beispiel der «zivilisierten Länder» werden. Am Ende des Ausschnitts, der zugleich das Ende des Zeitungsartikels ist, zeichnet der Verfasser eine Zukunftsvision, bei der die Krise positiv umgedeutet und als große Chance dargestellt wird. Eine Systemreform werde nicht nur das Problem der Machtkonzentration lösen, sondern alle anderen politischen und wirtschaftlichen Schwierigkeiten gleich mit aus der Welt schaffen. Notwendig sei dafür, dass sich die Argentinier gemeinsam für dieses Ziel einsetzen. Hier wird an eine nationale Gemeinschaft appelliert, die sich der Obrigkeit widersetzt. Dass sich die gesamte Nation von der Regierung emanzipiert und resilient gegenüber der «Kirchner-Krise» ist, wird im folgenden Beispiel metaphorisch umgesetzt.

(88) La Casa Rosada está en llamas. Cristina ha encendido el fuego de la justicia universal, en el que se consumen Griesa, el mediador y los buitres, y

el fallo, y las negociaciones, y el banquero Brito, y los que desde dentro del Gobierno defienden la ortodoxia. No importa el desempleo, la inflación, la recesión, el déficit fiscal. Que trepe el paralelo y se derrumben los mercados. *Es el viejo país. El nuevo, el que está alumbrando la señora, se levantará sobre esas cenizas.* (LN, 02. 08. 2014, Aguanta el default contra toda la traición)

Der Ausschnitt etabliert eine Szene, die die Situation Argentiniens anschaulich beschreibt. Die *Casa Rosada*, ein Symbol für das Zentrum der Nation, stehe in Flammen. Brandstifterin sei die Präsidentin, die mit dem zerstörenden Feuer eigentlich versucht, den Schuldenstreit zu verbrennen. Das zerstörende Feuer Cristina Kirchners wird anschließend in eine andere Feuer-Metapher überführt. Es wird zu einem belebenden Feuer umgedeutet. Nach der Vernichtung durch Cristina Kirchner werde sich das «neue» Argentinien wie der Phönix aus der Asche erheben. Diese Metapher ist ein Sinnbild für Resilienz und beschreibt, wie ein Untergang die Möglichkeit eines Neuanfangs birgt. Das Argumentationsmuster lautet hier:

Cristina Kirchner bringt Argentinien den Untergang. Weil die Nation resilient ist, wird sie sich wie der Phönix aus der Asche wieder erheben.

Der Resilienzmarker DIE UNFÄHIGE REGIERUNG UND DER EIGENE AUSWEG unterscheidet sich durch einige Kennzeichen von anderen Markern des Diskurses. Er deutet den Schuldenstreit in einer Weise, die im Kontrast zu vielen Mustern steht, die den Default-Diskurs an anderer Stelle prägen. Damit ist er ein Beispiel für die Mehrstimmigkeit des Diskurses, bei der konträre Interpretationen nebeneinander existieren. Anders als andere Resilienzmuster fügt dieses der Aushandlung des Zahlungsausfalls nicht einfach eine weitere Facette hinzu. Es zeigt stattdessen eine Form von Resilienz, die keine Entsprechung im psychologischen Resilienzkonzept hat. Wesentliche Merkmale sind dabei, dass die Beschreibung der Situation deutlich pessimistischer ausfällt und die Regierung, vor allem Cristina Kirchner, als Verursacher der «Krise» benannt wird. Schwerer als ihr politisches Versagen wiege die gezielte Täuschung der Argentinier, die in der Konstruktion einer falschen Version bestehe, die die Wahrheit verdeckt. Dies wird zu gleichen Teilen als Manifestation von zerstörerischen Absichten und einer erklärten Unfähigkeit interpretiert. Zu einem Resilienzmuster wird diese Deutung dadurch, dass die regierungskritischen Zeitungen zu einem Anwalt des Volkes werden, der den Betrug aufdeckt, und sich die aufgeklärten Argentinier so von der schlechten Obrigkeit emanzipieren können. Vollendet wird dies im Bild des Phönix aus der Asche. Selbst, wenn die Präsidentin Argentinien den Untergang bringt, wird die resiliente Nation dies als Chance für einen Neuanfang nutzen. Da der Resilienzmarker nur im Kausalzusammenhang der einzelnen Deutungsmuster funktioniert, lassen sich mehrere aufeinander aufbauende Schlussregeln ableiten:

Weil die Regierung die Krise verursacht hat, ist sie keine nationale, sondern eine «Kirchner-Krise».

Weil die regierungskritischen Zeitungen zum Anwalt des Volkes werden, können sich die Argentinier der Obrigkeit widersetzen.

Weil Argentinien resilient ist, wird es sich nach der Zerstörung durch Cristina Kirchner wie der Phönix aus der Asche erheben.

5.6 Zusammenfassung

Diese Resilienzfigur setzt sich aus Resilienzmarkern zusammen, die auf ganz unterschiedliche Weise dazu beitragen, die Situation Argentiniens von einem unausweichlichen Krisenszenario abzugrenzen. Im Zentrum der Figur steht die Konstruktion und Beurteilung der Sachlage, wobei der Rechtsstreit genauso eine Rolle spielt wie der (angebliche) Zahlungsausfall als Schlüsselmoment des Diskurses. Dabei bewegt sich die Interpretation der Umstände zwischen einem Blick in die Vergangenheit und einem Blick in die Zukunft. Die Gegenwart wird von der Krise von 2001 abgegrenzt und eine positive Zukunftsvision entworfen. Mehrere Deutungen, die sich eigentlich ausschließen, existieren nebeneinander. Während in einigen Markern der Zahlungsausfall negiert wird, relativieren andere seine Konsequenzen. Zur Entschärfung der Situation trägt neben der Interpretation der Sachlage auch die Betonung der Stärken Argentiniens bei, das bereits gezeigt habe, dass es «wirkliche Krisen» überwinden kann und daher auch den Schuldenstreit meistern wird. In einem weiteren Resilienzmarker wird die Krise auf das reformbedürftige internationale Finanzsystem verschoben. Statt einer nationalen bestehe eine internationale Krise, deren Lösung entsprechend nicht Aufgabe Argentiniens ist.

Stärker als in den weiteren Resilienzfiguren tritt hier die Polarisierung der Medien in zwei Lager hervor, die sich in deutlicher Opposition gegenüberstehen. So bildet sich der Resilienzmarker DER ZAHLUNGSAUSFALL, DER KEINER IST ausschließlich in den regierungstreuen Zeitungen heraus, während die regierungskritischen Zeitungen eine gegenteilige Interpretation liefern. Ihnen zufolge besteht ein Zahlungsausfall und Argentinien befindet sich in einer äußerst kritischen Lage. Der naheliegende Schluss dieser kontrastreichen Deutung scheint zunächst zu sein, dass nur die regierungstreuen Zeitungen die Krise dekonstruieren. Doch lässt sich hinterfragen, ob die resiliente Aushandlung einer kritischen Situation wirklich darin liegen kann, Tatbestände zu leugnen. Dies funktioniert zwar innerhalb der Diskurslogik, doch nicht mehr vor dem Hintergrund der außersprachlichen Fakten bzw. der Normen und Konventionen der Finanzwelt.

Der letzte Resilienzmarker steht abseits von den anderen Interpretationen der Resilienzfigur. Er hat keine Entsprechung im psychologischen Resilienzkonzept und kann daher als stark kulturell geprägtes Deutungsmuster gesehen werden. Der Marker konstruiert eine «Kirchner-Krise», bei der statt dem Zahlungsausfall die Regierung als eigentlicher Krisenpunkt präsentiert wird. Die Überwindung der Krise besteht darin, dass sich die Argentinier über die schlechte Regierung erheben und die Zerstörung durch Cristina Kirchner als Neuanfang nutzen.

Aufgrund der unterschiedlichen Facetten der Resilienzfigur lässt sich keine Schlussregel formulieren, die alle Marker zusammenfasst. Stattdessen kristallisieren sich vier zentrale Argumentationsmuster heraus:

Weil die Situation keine bedrohlichen Eigenschaften aufweist, ist sie keine Krise.

Weil Argentinien schon ganz andere Krisen gemeistert hat, wird sie die derzeitige Herausforderung mit Leichtigkeit überwinden.

Der Rechtsstreit hat den Reformbedarf des Finanzsystems offengelegt. Daher ist nicht Argentinien, sondern das Finanzsystem in einer Krise.

Da die Nation resilient ist, wird sie die Zerstörung durch die Kirchner-Regierung für einen Neuanfang nutzen.

6 Identitätskonstruktion I: Argentinien als rechtschaffener und starker Kämpfer

Im Vergleich zu den Diskursmustern, die eine Dekonstruktion der Krise bewirken, verteilt sich ein weitaus größerer Teil der herausgearbeiteten Muster auf Formen nationaler Identitätskonstruktion. Diese fächern sich in mehrere Figuren auf. Die Resilienzfiguren DAS RECHTSCHAFFENE ARGENTINIEN (Kap. 6.1) und ARGENTINIEN ALS STARKER KÄMPFER (Kap. 6.2) bilden dabei zusammen die erste Facette der Identitätsbildung. Zentrale Gemeinsamkeit der beiden übergeordneten Muster ist, dass sie Argentinien als personifizierten Akteur fokussieren. Sie zeichnen sich des Weiteren dadurch aus, dass die Identitätsaushandlung ex negativo im Kontrast zu den nordamerikanischen Akteuren erfolgt. Dabei lässt sich ein direkter Zusammenhang zwischen der argentinischen Identität und den Rollen, die den Akteuren im Rechtsstreit zukommen, ausmachen. Während sich die Figur DAS RECHTSCHAFFENE ARGENTINIEN ethisch-moralischer Leitlinien bedient, um die Akteure in Opposition zueinander zu setzen, bildet eine Inszenierung des Schuldenstreits als physische Auseinandersetzung, innerhalb derer den Kontrahenten spezifische Merkmale zugewiesen werden, die Grundlage für die Figur ARGENTINIEN ALS STARKER KÄMPFER.

6.1 Das rechtschaffene Argentinien

Diese Resilienzfigur gründet sich auf Eigenschaften, die den beteiligten Akteuren des Rechtsstreits im Default-Diskurs zugewiesen werden. Zu den zentralen Handelnden gehören die Hedgefonds, der Richter Thomas Griesa und die Nation Argentinien. Die zugeschriebenen charakteristischen Handlungsweisen und Wesensmerkmale erzeugen Diskursrollen, die sich deutlich voneinander unterscheiden. Sie positionieren die Akteure in einem sozialen Raum und stellen sie in Relation zueinander. Mit dem Begriff der *Positionierung* greife ich zurück auf ein Konzept, das im Rahmen der Erforschung narrativer Identität in der linguistischen Gesprächsforschung verwendet wird.[1] Positionierung beschreibt in der Definition von Deppermann/Lucius-Hoene

---

1 Das Konzept der Positionierung stammt aus der *discursive psychology*, cf. u. a. Harré/Langenhove (1999) und wurde für die Gesprächsanalyse adaptiert. Dort dient es als Konzept zur Erklärung, wie Identitätskonstruktion in autobiographischen Erzählungen stattfindet, indem die Personen im Rahmen der narrativen Konstruktion von Identität Selbst- und Fremdpositionierungen vornehmen, cf. Deppermann/Lucius-Hoene (2000) und Wolf (1999).

https://doi.org/10.1515/9783110620726-006

zunächst ganz allgemein die diskursiven Praktiken, mit denen Menschen [hier: Diskurs-akteure; S. M.] sich selbst und andere in sprachlichen Interaktionen aufeinander bezogen als Personen her- und darstellen, welche Attribute, Rollen, Eigenschaften und Motive sie mit ihren Handlungen in Anspruch nehmen und zuschreiben, die ihrerseits funktional für die lokale Identitätsher- und darstellung im Gespräch [hier: im Diskurs; S. M.] sind (Deppermann/Lucius-Hoene 2004, 168).

Anders als in dem Rahmen, den Deppermann und Lucius-Hoene beschreiben, sind es im Diskurs keine (mündlichen) Gespräche, in denen die Merkmale der Akteure ausgehandelt werden. Stattdessen sind diese Merkmale das Ergebnis von Prädikationen, Nominationen oder die Verbindung eines Akteurs mit bestimmten Handlungen. Ein Urheber wird nur dann sichtbar, wenn Akteure in wörtlichen Redebeiträgen Aussagen über sich selbst oder andere treffen. Da die Analyse-grundlage der öffentliche Diskurs Argentiniens ist und zudem wörtliche Redebei-träge fast ausschließlich auf argentinische Sprecher zurückgehen, lassen sich die Rollen der Diskursakteure auf die Nation als Urheber zurückführen. Argentinien ist hier im doppelten Sinne Handelnder. Es ist zugleich Subjekt und Objekt der Positionierung, denn argentinische Akteure nehmen Charakterisierungen vor und die Nation selbst erhält ebenfalls Eigenschaften. Ein Kennzeichen ist hier, dass Argentinien nicht als abstrakte Nation verhandelt wird. Vielmehr tritt es als Akteur auf, dessen Handlungen Rückschlüsse auf Werte und Grundlagen zulas-sen. Somit findet in dieser Resilienzfigur eine Facette nationaler Identitätsaus-handlung statt, bei der die Nation humane Wesensmerkmale erhält.

Die Charakterisierung der am Rechtsstreit beteiligten Akteure ist ein zentra-les Element der Aushandlung des Zahlungsausfalls und prägt den Diskurs über den gesamten Analysezeitraum. Neben der Herausbildung von Rollen, die die Akteure im Diskurs auf der Grundlage ihnen zugewiesener Merkmale und Hand-lungen erhalten, werden sie auch zueinander im sozialen Raum verortet. Die Beschreibung der Ergebnisse wird zeigen, dass sich die Diskurskonstellation deutlich von der des Rechtsstreits unterscheidet. Dieser Unterschied lässt sich mit Searles bekannter Differenzierung zwischen *brute facts* und *institutional facts* erklären, die das konstruktivistische Potenzial von Sprache mit den außer-linguistischen Fakten verknüpft (Searle 1998, 123, 126s.).[2] Die *brute facts* sind die außerlinguistischen Fakten, denen die *institutional facts*, die diskursiv ge-schaffenen Gegenstände gegenüberstehen. Folgende Konstellation ergibt sich aus den *brute facts* des Rechtsstreits: Die Hedgefonds haben die Rolle der Klä-ger, die sich auf geltendes Recht berufen, inne. Argentinien hingegen ist Ange-klagter, dem vorgeworfen wird, seine Gläubiger nicht gleich behandelt zu ha-

---

2 Cf. auch Reszke (i. Dr.).

ben, indem es diejenigen, mit denen es über Umschuldungsverträge zu einer Einigung gekommen war, bediente, die Hedgefonds jedoch nicht. Thomas Griesa besitzt als rechtsprechender Richter eine entscheidende Funktion, denn er interpretiert die Pari-passu-Klausel entsprechend der Klage der Hedgefonds und verurteilt Argentinien dazu, sich erst mit allen Gläubigern zu einigen, bevor es weitere Schulden tilgen darf. Diese Konstellation aus einem Kläger, dem Recht gegeben wird, einem Verurteiltem, dem ein Verstoß vorgeworfen wird, und einem Richter, der die Rechtsnorm vertritt, wird im Default-Diskurs aufgelöst und mit ihr die Eigenschaften, die den Beteiligten im Kontext des Gerichtsverfahrens zukommen.

Alternativ dazu etablieren sich über den Vorgang der sprachlichen Aushandlung im Default-Diskurs andere Eigenschaften und ein anderes Verhältnis. Zur Positionierung der Akteure findet nicht nur ein Abgleich mit dem geltenden Rechtssystem statt; darüber hinaus beruht die Argumentation auf einem Diskurs der Moral und entnimmt ihm Kriterien, anhand derer die Beteiligten und ihr Handeln bewertet werden. Im Vordergrund steht also ein moralisches Wertesystem, das als Orientierungslinie dient, um die Akteure und ihr Handeln zu klassifizieren. In dieser diskursiv konstruierten Anordnung, die sich von den *brute facts* des Gerichtsverfahrens löst, tritt Argentinien als Vertreter moralischer Werte auf, während die Hedgefonds diese Maximen nicht erfüllen. Analog dazu wird Argentinien auch als Vertreter der Rechtsordnung dargestellt, während den Hedgefonds Zuwiderhandlungen dagegen attribuiert werden. Die Nation Argentinien, die sowohl moralische Werte als auch die Rechtsnorm erfüllt, steht in dieser sprachlich erzeugten Konstellation in scharfer Opposition zu den Hedgefonds, die gegen beide Rahmen verstoßen.

Bei der Positionierung des Richters Thomas Griesa ist es – anders als bei Argentinien und den Hedgefonds – nicht ein komplexes System moralischer Werte, an dem sein Handeln gemessen wird, sondern die Ansprüche an sein Amt als Richter. Ebenso wie die Hedgefonds wird auch der Richter negativ bewertet, da er aus der Diskursperspektive seinem Amt nicht gerecht wird. Ihm wird die Fähigkeit abgesprochen, für Gerechtigkeit zu sorgen, worüber ein Gegensatz zwischen Recht und Gerechtigkeit aufscheint. Im Default-Diskurs wird die Konstellation des Gerichtsprozesses also aufgebrochen und die Akteure in ein neues Verhältnis zueinander gestellt. Argentinien hat das Recht auf seiner Seite und handelt moralisch einwandfrei. Die Figur des Verurteilten, die der Nation im Rechtsstreit eigentlich zukommt, wird im Default-Diskurs ausgeblendet. Anstelle von Argentinien nehmen die Hedgefonds, denen Verstöße gegen die rechtliche und moralische Norm bescheinigt werden, diese Rolle ein. Thomas Griesa wird als unfähiger Richter dargestellt, der keine Gerechtigkeit herstellt und die mit seinem Amt verbundenen Anforderungen nicht erfüllt. Auffällig ist, dass die Konstellation der Akteure im Diskurs nicht auf der Frage der Verpflichtungen für geliehenes Geld beruht, sondern auf der Frage der moralischen Redlichkeit. Die im Diskurs hergestellten Tatsachen stellen auch die Zahlungsunfähigkeit in Frage, da in der neuen Konstellation Argentinien seine Pflichten als Schuldner erfüllt. Der Default erscheint so als Produkt eines verbrecherischen und unmoralischen Klägers und eines unfähigen Richters.

Für Argentinien ergibt sich im Diskurs ein Bild, das stark mit positiven Attributen gefüllt ist. Es entfaltet seine volle Wirkung im Kontrast zu den US-amerikanischen Akteuren, die der Nation als Antagonisten gegenüberstehen. Die Identität der Nation ergibt sich also gewissermaßen ex negativo, indem sie genau das ablehnt, was die Hedgefonds und der Richter verkörpern. Ein positives Selbstkonzept wird in der Resilienzforschung immer wieder als Faktor gesehen, der die Fähigkeit, Krisensituationen zu bewältigen, positiv beeinflusst (cf. Fröhlich-Gildhoff/Rönnau-Böse 2014, 41).

Die Resilienzfigur DAS RECHTSCHAFFENE ARGENTINIEN prägt den Diskurs in besonderer Weise. Sie erstreckt sich nicht nur über den gesamten Diskursraum, sondern basiert auch auf einer hohen Anzahl an Zeitungsartikeln und greift mehr als andere Figuren in den Diskursraum hinein, den die regierungskritischen Zeitungen konstituieren.[3] Daraus lässt sich schließen, dass es für die erfolgreiche Überwindung der Krisensituation essentiell ist, die Rollen der Akteure des Rechtsstreits und ihr Verhältnis zueinander zugunsten einer diskursiv erzeugten Konstellation aufzuheben. Der Kontrast von *brute facts* und *institutional facts* zeigt, dass und wie durch das sprachlich-diskursive Arrangieren von Wissenselementen über die Protagonisten des Diskurses gesellschaftliche Wirklichkeit hergestellt wird. Um die Umdeutung des Rechtsstreits findet im Default-Diskurs kein sichtbarer semantischer Kampf statt. Sie ist kein Konfliktgegenstand, bei dem sich gegensätzliche Ansichten gegenüberstehen, sondern wird als gesetztes Faktum präsentiert. Sie erscheint als eine Sichtweise, die relativ unabhängig von politischen Lagern und der in Kap. 4.2.2.2 dargestellten Polarisierung Konsens ist.

Die Positionierung der drei Akteure wird im Folgenden in ihren Differenzierungen erläutert. Für jeden der Handelnden ergibt sich im Diskurs eine Figur, die aus mehreren Teilrollen besteht. Die Umkehrung der *brute facts* entfaltet sich erst im Zusammenwirken der einzelnen Facetten vollständig, jedoch trägt bereits jede Teilrolle zur Auflösung der Konstellation des Rechtsstreits bei. Daher werden diese als einzelne Resilienzmarker aufgefasst.

---

3 Trotz der im Vergleich zu anderen Figuren gleichmäßigeren Verteilung sticht auch hier Página12 als die Zeitung hervor, die den größten Anteil an der Herstellung dieser Resilienzfigur hat.

6.1.1 Argentinien als Vorbild für Rechtschaffenheit

Argentinien erscheint im Diskurs als Vertreter moralischer Ideale. Kämper (2012, 251) beschreibt das Bekenntnis zu moralischen Werten als ein Merkmal von Krisenzeiten und sieht dies als Hinweis auf eine «prospektive Dimension», die auf Veränderung und Umbruch zielt. Im Default-Diskurs fehlt die Dimension von Veränderung. Indem der Nation moralische Werte attribuiert werden, wird ein möglicher Veränderungsbedarf, der sich aus der Rolle des schlechten Gläubigers ergibt, wie sie der Rechtsstreit suggeriert, beseitigt. Stattdessen wird ein bestehendes positives Selbstbild aktualisiert. Ein Merkmal der Aushandlung ist, dass das Objekt der Positionierung das personifizierte Argentinien als handelnder Diskursakteur ist. Die charakteristischen Eigenschaften und Handlungen werden nur in Ausnahmefällen einzelnen Akteuren zugesprochen.[4] Stattdessen überwiegen auf der Diskursoberfläche die Kollektivbezeichnungen *Argentina* oder *el país*. Die Loslösung von personalen Akteuren ist ein möglicher Grund dafür, dass sich diese Resilienzfigur mehr als andere auch in den regierungskritischen Zeitungen findet.

Die Aushandlung der Diskursfigur Argentinien entsteht durch Selbstpositionierungen. Zunächst vollzieht sie sich in argentinischen Zeitungen und wird zudem häufig von argentinischen Sprechern vorgenommen. Auf der Diskursoberfläche erscheint sie jedoch in den meisten Fällen als Attribuierung von außen und nicht als eine Form der Selbstzuschreibung, da sie nicht aus einer Perspektive verfasst ist, die dies auf der sprachlichen Oberfläche anzeigen würde, wie etwa die 1. Pers. Sg. oder die 1. Pers. Pl. Ein Beispiel gibt folgender Beleg.

(1) *El Ministerio de Economía realizó* ayer el pago de 642 millones de dólares correspondiente al primer tramo de la cancelación de la deuda con el Club de París, acordada el 29 de mayo pasado. [...] *Es decir que la voluntad y capacidad de pago del país* no se vieron afectadas por la puja con los fondos buitre y la amenaza latente del juez neoyorquino Thomas Griesa de forzar la cesación de pagos del país. (P12, 29. 07. 2014, Giro a París que demuestra capacidad de pago)

Zunächst wird eine Handlung des Wirtschaftsministeriums beschrieben, die jedoch später der Nation zugesprochen wird. Argentinien erscheint hier als

---

4 In den regierungskritischen Zeitungen werden die Vertreter der Regierung, allen voran Cristina Kirchner und Axel Kicillof, aus dem argentinischen Kollektiv herausgegriffen und negativ bewertet, cf. Kap. 5.5.

pflichtbewusster und zahlungswilliger Gläubiger, der sich nicht von den Hedge-fonds und dem Richter bedrohen lässt. Auf der Ausdrucksseite handelt es sich um eine Prädikation von außen, die nicht auf einen erkennbaren Akteur zurück-geht. Jedoch lassen sich auch solche Äußerungen als Formen der Selbstpositio-nierung auffassen, da sie aus einer argentinischen Zeitung stammen, der selber die Funktion eines Akteurs zukommt. Ein weiteres Kennzeichen macht sich bei der Aushandlung der stärker vom Diskurskontext abhängigen Rolle des pflicht-bewussten Schuldners bemerkbar. Im Vordergrund stehen Handlungen und nicht Wesensmerkmale, die der Nation zugesprochen werden und sich zu einer Handlungsrolle zusammenfügen.

6.1.1.1 Argentinien als Vertreter moralischer Werte

Ein erstes sprachliches Muster, das Argentinien als Vertreter moralischer Werte ausweist, ist eine Kollokation von Hochwertwörtern, die formelhaft das Han-deln der Nation charakterisieren.

(2) En consecuencia, hasta que se extinga la duración de la RUFO, el 31 de diciembre de 2014, no existe otra negociación posible que ofrecer a los bui-tres *un trato «justo, equitativo e igualitario»*, es decir; las mismas condicio-nes dadas a quienes aceptaron las reestructuraciones. No se trata de un imperativo moral, sino de la elección del mal menor. Por supuesto, no sería lógico que los buitres acuerden, pues por algo judicializaron sus reclamos. (P12, 03. 08. 2014, Millonarias maravillas)

Die Kollokation «un trato ‹justo, equitativo e igualitario›» bezieht sich hier auf das Angebot Argentiniens an die Hedgefonds, den Konditionen der Umschul-dung von 2010 nachträglich beizutreten und so zu einer Einigung zu kommen. Dieses wird, wie Beleg (2) zeigt, als gerechter Umgang der Nation mit ihren Gläu-bigern beschrieben. Die formelhafte Verwendung der Adjektive und ihre hohe Frequenz binden die mit der Kollokation zusammenhängenden Attribute fest an Argentinien und sind wie ein Motto für das Handeln der Nation. Auch wenn die Formel im Default-Diskurs nur für den Umgang der Nation mit ihren Gläubi-gern verwendet wird, ist sie weder argentinien- noch diskursspezifisch. Die Ver-bindung der Konzepte *Recht*, *Gerechtigkeit* und *Gleichheit* hat ihren Ursprung im aristotelischen Grundsatz der Jurisprudenz, den Aristoteles in der *Nikoma-chischen Ethik* ausführt.[5] Im Zuge der Positionierung Argentiniens werden also

---

5 Aristoteles (2015), übers. und hrsg. von Ursula Wolf.

klassische Konzepte eines (philosophischen) Rechtsdiskurses über die drei Adjektive in den öffentlichen Diskurs integriert.

Eine Internetrecherche nach der Kollokation gibt Aufschluss darüber, dass sie in begrenzter Form auch außerhalb des Default-Diskurses verwendet wird. Für das Bi-Gramm *justo y equitativo* lassen sich einzelne Belege nachweisen, wie bereits in einem Artikel in La Nación während der Krise von 2001: «Que sólo se pague con lo que tenemos, mediante una distribución equitativa y justa de esos recursos y de las reducciones consiguientes»,[6] oder in einer Rede Cristina Kirchners im Dezember 2009: «Seguiré luchando por una Argentina más justa y equitativa».[7] Diese Funde lassen darauf schließen, dass die Leitmaximen auch außerhalb des Schuldenstreits zur Beschreibung Argentiniens verwendet werden, im Default-Diskurs durch ihre hohe Frequenz jedoch eine besondere Relevanz erhalten. Das lexikalische Inventar der Kollokation erweitert sich hier um die Adjektive *sustentable* und *sostenible*. Bei allen Adjektiven handelt es sich um unstrittige Hochwertwörter mit deontischer Dimension, die teilweise synonym sind.

(3) Y [Cristina Fernández de Kirchner] concluyó: «La Argentina reafirma una vez más su voluntad para dar pago al cien por cien de sus acreedores *en forma justa, equitativa, legal y sustentable*». (LN, 29. 07. 2014, Cristina Kirchner, en la cumbre del Mercosur: «Default es cuando uno no paga y la Argentina pagó»).

(4) Estas reestructuraciones fueron realizadas bajo el principio de equidad entre acreedores, que exige que todos los tenedores de deuda en default sean tratados de igual modo. Y desde el inicio de los procesos de reestructuración, la República Argentina ha manifestado repetidamente su compromiso de encontrar una solución para el 100 por ciento de los tenedores de bonos *en condiciones justas, equitativas, legales y sustentables*. (P12, 03. 08. 2014, Un fallo que atenta contra la inmunidad soberana)

(5) «La delegación argentina participará del diálogo que mantiene el país en virtud del fallo del juez Griesa *para que se establezcan condiciones de negociación justas y equitativas* para el 100 por ciento de los bonistas», afirmó Capitanich [...]. (LN, 28. 07. 2014, El mediador Pollack dice que no habla con el Gobierno desde el viernes, pero se muestra dispuesto a una nueva reunión)

---

6 La Nacion, 11. 07. 2001, «De la Rúa: ‹No podemos seguir pagando las tasas que nos exigen›».
7 https://www.casarosada.gob.ar/informacion/archivo/21693-blank-49741862 (letzter Zugriff 25. 09. 2018).

Die Belege geben ein Beispiel für die formelhafte Verwendung der Kollokation, die nur geringfügigen Variationen unterliegt. Sie zeigen, dass es überwiegend argentinische Sprecher sind, die der Nation diese Attribute zusprechen, und dass häufig Argentinien die Position des Agens besetzt («la Argentina reafirma», «la República Argentina ha manifestado»). Alle drei Belege verknüpfen die Formel mit der Angabe, die Nation verfolge das Ziel, mit allen Gläubigern zu einer Einigung zu kommen, was durch die Prozentangabe bekräftigt wird. Für diese Einigung sei das moralische Prinzip der Gleichheit, Gerechtigkeit und Nachhaltigkeit die Grundlage. Erläuterungen dieses Prinzips, das im Diskurs als argentinisches Prinzip erscheint, gibt Beleg (4). Explizit wird darauf verwiesen, dass den Umschuldungen ein «prinicipio de equidad entre acreedores» zugrunde lag, das beinhaltet, alle Gläubiger gleich zu behandeln, wie anschließend noch einmal wiederholt wird. Diese doppelte Bekräftigung spielt auf die in den Verträgen enthaltene Klausel der Gleichberechtigung an, die Argentinien der Interpretation des Richters nach verletzt hat. Das Merkmal *Rechtschaffenheit* wird hier zudem durch die Betonung aufgerufen, Argentinien habe «wiederholt» seinen Willen geäußert, zu einer Lösung mit allen Gläubigern zu kommen. In Beleg (5) sind die «condiciones de negociación *justas y equitativas*», auf die der Kabinettschef Jorge Capitanich kurz vor dem Zahlungsausfall eingeht, das Ziel der Nation in den laufenden Verhandlungen mit den Hedgefonds. Der moralische Wertekanon wird im Diskurs auch zu einem Begrenzungsrahmen, den die Regierung nicht übertritt, um das Wohl des Volkes nicht zu gefährden.

(6) «[...] Argentina tiene reservas suficientes para realizar este pago y los próximos. ¿Por qué entraríamos en cesación de pagos? Es algo ridículo. Esto es para el libro Guinness de la incongruencia», dijo Kicillof al enfatizar la voluntad de negociación del país *pero en condiciones «legales, equitativas y sustentables»*. (P12, 01. 08. 2014, «Decir que entramos en default es una pavada»)

Hier beschreibt Wirtschaftsminister Axel Kicillof die Kooperationsbereitschaft Argentiniens gegenüber den Hedgefonds. Diese sei jedoch begrenzt, denn sie gelte nur «en condiciones ‹legales, equitativas y sustentables›», wie die Konjunktion *pero* sichtbar macht. Die von Kicillof formulierte Begrenzung ist nicht negativ, sondern charakterisiert Argentinien als prinzipientreu und entschlossen. Ein weiterer Aspekt, der hier angesprochen wird, ist die Zahlungsfähigkeit der Nation, die mit der Verhandlungsbereitschaft eng verknüpft ist. Der Minister verkündet, Argentinien verfüge über ausreichende Mittel, um seinen finanziellen Verpflichtungen nachzukommen, und hinterfragt und relativiert dadurch den Default.

Ein weiterer Bestandteil der Rolle eines Vertreters moralischer Wertemaximen ist der Wissensrahmen *Gesetzestreue*. Wiederholt wird betont, die Nation orientiere ihr Handeln strikt am gesetzlichen Rahmen, was im Gegensatz zu den *brute facts* des Rechtsstreits steht. Hier ist darauf hinzuweisen, dass stets das argentinische Rechtssystem gemeint ist. Der Aspekt der Gesetzestreue spielt auf den Konflikt an, dass für die Rückzahlung argentinischer Staatsanleihen unterschiedliche rechtliche Grundlagen greifen, da sie auf mehreren Finanzmärkten angeboten wurden. Durch das Urteil Griesas entsteht ein Konflikt zwischen den Umschuldungsverträgen, die unter argentinischem Recht erstellt wurden, und der Verfügung Griesas, die auf dem US-amerikanischen Rechtssystem beruht.[8] Die Verschränkung mehrerer Rechtssysteme wird im Zusammenhang mit der Gesetzestreue nicht erläutert, daher bleibt die komplexe Sachlage einem über die Hintergründe nicht informierten Leser verborgen.

Das Merkmal *Gesetzestreue* ruft weitere Attribute wie *Transparenz, Verlässlichkeit* oder *Prinzipientreue* auf, die ebenfalls auf Argentinien übertragen werden. Im Diskurs wird es oftmals von der Regierung als Garantie angeführt, dass sie das Wohl des Volkes und die Souveränität erhalten und verteidigen wird.

(7) Fernández de Kirchner señaló que «*la Argentina va a utilizar todos los instrumentos legales que tiene en materia de derecho nacional.* Porque no vivimos en una choza, vivimos en un país, en una nación que tiene un Congreso, *no vamos a hacer nada que esté fuera de la ley*», apuntando a los holdouts. (P12, 01. 08. 2014, «Lo que pretenden es tumbar a la Argentina»)

(8) «Argentina sigue dispuesta a dialogar para consensuar una solución justa, equitativa, sustentable y legal para el ciento por ciento de sus acreedores. *Pero que no nos fuercen a algo ilegal que puede poner en riesgo la sostenibilidad financiera de la economía*», afirmó el funcionario [Axel Kicillof]. (P12, 31. 07. 2014, «No es un default, no saben ni cómo llamarlo»)

(9) Kicillof dijo algo más, que debería resultar obvio, pero que no lo es por los antecedentes de dependencia que ha tenido el país ante los organismos e intereses internacionales: «*Nos regimos por nuestras leyes, por los contratos que firmamos*, tenemos obligaciones que nos marca [sic] nuestra función y

---

8 Die in den Umschuldungsverträgen enthaltene RUFO-Klausel untersagte Argentinien, einzelnen Gläubigern ein besseres Angebot zu machen als dem Rest, ohne Gefahr zu laufen, dass andere Gläubiger nachträglich dieselben Konditionen fordern. Aus Sicht Argentiniens tritt dieser Umstand ein, wenn es das Urteil Griesas erfüllt und den Forderungen der Hedgefonds nachkommt.

una de ella es defender los intereses de los argentinos». (TA, 31. 07. 2014,
Cuando lo obvio es inusual)

Cristina Kirchner proklamiert nicht nur die Orientierung an gesetzlichen Ord-
nungsprinzipien, sondern auch deren maximales Ausschöpfen. Argentinien
werde alle rechtlichen Mittel einsetzen, um seine Gläubiger zu bedienen. Im
Kontrast dazu steht die Entschlossenheit, den gesetzlichen Rahmen nicht zu
übertreten, der ausdrucksseitig durch die Antonyme *todo* und *nada* («*todos* los
instrumentos legales», «no vamos a hacer *nada* que esté fuera de la ley») markiert ist. Die Gegenüberstellung zweier Extreme intensiviert den Kontrast. Die
Präsidentin richtet sich mit ihrer Äußerung an die «holdouts», denen die Regierung unterstellt, die Nation zu einer Rechtsverletzung zu drängen. Dies vermittelt der Imperativsatz «que no nos fuercen a algo ilegal» in Beleg (8), der zugleich
ein Ausdruck von Standhaftigkeit ist. Die Begründung, warum Argentinien sich
an die Gesetze halten wird, liefert Kirchner mit «porque no vivimos en una choza, vivimos en un país, en una nación que tiene un Congreso». Sie verweist auf
Argentiniens Souveränität und mit «tiene un Congreso» auf die Demokratie.
Dies ist als Andeutung zu lesen, die US-amerikanischen Akteure würden die
Souveränität der Nation und mit ihr das demokratische Rechtssystem nicht anerkennen und es für eine *choza* halten. Ein Verstoß gegen rechtliche Bestim-
mungen, womit in Beleg (8) ein besseres Angebot an die Hedgefonds gemeint ist,
hätte darüber hinaus auch wirtschaftliche Konsequenzen, denn er würde laut
Kicillof die RUFO-Klausel aktivieren. Die Kollokation von Hochwertwörtern
(«una solución justa, equitativa, sustentable y legal») ist hier in auffälliger Weise realisiert. Kicillof nennt gleich vier Attribute, die das Ziel Argentiniens im
Umgang mit seinen Gläubigern beschreiben, und bekräftigt damit dessen Rechtschaffenheit. Beleg (9) fügt der Positionierung eine weitere Nuance hinzu. Die
Orientierung am rechtlichen Rahmen – hier nimmt Kicillof die Perspektive der
Regierung ein – sei entscheidend für das Wohl des Volkes, denn sie gehe auf
die Verpflichtung zurück, die Interessen der Argentinier zu verteidigen. Der Hinweis «nos regimos por nuestras leyes» ist ein Beispiel für die erwähnte Simplifi-
zierung des Konflikts mehrerer Rechtssysteme. Nur für einen informierten Leser
wird «*nuestras* leyes» als Einschränkung erkennbar, dass Argentinien sich an
die nationalen Gesetze hält, sich von den US-amerikanischen jedoch distanziert. Der zusammenfassende Topos, der Äußerungen dieser Art zugrunde liegt,
lautet:

*Weil sich Argentinien an das (nationale) Gesetz hält, hat es das Recht auf
seiner Seite.*

Folgender Beleg macht das Ausmaß der Gesetzestreue Argentiniens deutlich:

(10) [Argentina] [d]ice que quiere pagar sus compromisos, aún cuando denuncia el origen espurio de gran parte de ellos. Quiere pagar y paga. *Confía en el orden jurídico y en la política.* Cuestiona el orden global sin dejar de cumplir sus reglas [...]. (P12, 03. 08. 2014, Malvinas no es sinónimo de derrotas)

Zentral ist der Satz «Confía en el orden jurídico y en la política». Diese Leitmaxime steht in einem spannungsgeladenen Nebeneinander mit der Kritik an dem «origen espurio» der finanziellen Verpflichtungen sowie am kapitalistischen Wirtschaftssystem, das mit «orden global» gemeint ist. Argentinien ordnet sich den politischen und juristischen Regeln also unter, obwohl es deren Grundsätze hinterfragt.

Neben einer starken Gesetzestreue beinhaltet die Rechtschaffenheit Argentiniens auch ein klares, eindeutiges und nachvollziehbares Vorgehen. Dies wird dadurch vermittelt, dass Handlungen und Ziele offengelegt werden. Ein besonderes Merkmal ist hier eine stärkere Differenzierung zwischen den argentinischen Akteuren. Nicht nur das Handeln des personifizierten Argentiniens wird als transparent dargestellt, sondern auch das der Regierung oder einzelner personaler Akteure. Nach dem Prinzip des pars pro toto können auch Zuschreibungen als Teil der Positionierung der Nation gedeutet werden.

(11) «Estados Unidos es responsable de no actuar adecuadamente. Y no vengan con la excusa de que el Poder Judicial es independiente porque no lo es. No lo es de los fondos buitre, esos grupos minúsculos que pretenden socavar el pago de la deuda», enfatizó [Capitanich] tras subrayar en distintas oportunidades que «*la estrategia de la Argentina fue coherente para recuperar soberanía*». Bajo esa misma línea, sostuvo, que la posición del país «*ha sido siempre clara y contundente*» [...]. (LN, 31. 07. 2014, El Gobierno acusa a Estados Unidos por el default y anuncia que irá a La Haya y a Naciones Unidas a denunciar a los buitres)

(12) El gobierno *ha construido un inédito antecedente de claridad conceptual* en un conflicto externo de alto riesgo [...]. (P12, 03. 08. 2014, Malvinas no es sinónimo de derrotas)

(13) La enorme atención pública que generó la expectativa por el resultado de la negociación fue una buena oportunidad para que Kicillof *expusiera con claridad y de manera didáctica* el intrincado proceso de negociación, *dejando en claro* la decisión de continuar con la misma lógica de negociación con la que se realizaron las reestructuraciones de 2005 y 2010 [...]. (TA, 31. 07. 2014, En cartas guardadas)

Diese Beispiele verdeutlichen, welchen Akteuren ein klares und transparentes Agieren beigemessen wird. In Beleg (11) charakterisiert Jorge Capitanich die Strategie Argentiniens als «coherente para recuperar soberanía». Es geht hier um die argentinische Souveränität, die im Konflikt mit den Hedgefonds ausgehandelt und verteidigt wird, ein Muster, das sich an vielen Stellen im Korpus wiederholt. Anschließend beschreibt der Kabinettschef die Position Argentiniens gegenüber den US-Amerikanern mit der Paarformel «clara y contundente». Der enge Zusammenhang der Adjektive *coherente*, *claro* und *contundente* ergibt sich durch die Alliteration, die sie bilden. Sie stehen im deutlichen Kontrast zur den Merkmalen der USA und der US-amerikanischen Judikative, denen ein unrechtmäßiges Handeln und Parteilichkeit gegenüber den Hedgefonds vorgeworfen werden (cf. Kap. 6.1.3).

Die Zuschreibung des Attributs *Klarheit* in den Belegen (12) und (13) geht nicht von einem Sprecher aus und erscheint so als unstrittiger Tatbestand. Objekt der Positionierung ist in (12) die argentinische Regierung. Die Charakterisierung geht noch weiter als in der Äußerung Capitanichs, denn der Regierung wird zugesprochen, im Konflikt mit den Hedgefonds vorbildlich aufgetreten zu sein, indem sie ein einmaliges Beispiel konzeptueller Klarheit geschaffen habe. Ein Handeln mit «claridad conceptual» setzt den Überblick über eine Situation und die Fähigkeit, komplexe Zusammenhänge zu durchschauen, voraus. Diese Merkmale werden der Regierung ebenfalls übertragen, wodurch sie souverän erscheint.

In den folgenden Korpusbelegen offenbaren Vertreter der Regierung die Ziele ihres Handelns. Damit verstärken sie die Merkmale *Transparenz* und *Klarheit*, die der Nation im Diskurs zugesprochen werden, und liefern eine inhaltliche Konkretisierung. Als Hauptziel führen die Sprecher an, für das Volk zu sorgen. Häufig steht die Betonung dieses Ziels in Abgrenzung zu Handlungen, die ihm entgegenstehen und die die Regierung daher ablehnt. Dadurch, dass vermittelt wird, die Regierung richte ihre Maßnahmen nicht nur auf die Gegenwart aus, etwa darauf, kurzfristig den Zahlungsausfall zu verhindern, sondern sie sorge auch langfristig für das Wohlergehen der Nation, eröffnet sich eine Zukunftsvision. Durch die Angabe konkreter Ziele erscheint ihr Handeln intentional. Die Regierung tritt hier als Volksvertreter auf, der sich durch Beständigkeit, Entschlossenheit und eine klare Zielvorstellung auszeichnet.

(14) «Gobernar es *hacer lo más conveniente para el Estado y la Patria*. Tomamos la decisión de hacerlo con racionalidad y *buscando lo mejor para los argentinos*», explicó [Cristina Kirchner], apuntando a los objetivos impuestos a los últimos doce años en los que el kirchnerismo se mantuvo en la presidencia. (P12, 05. 08. 2014, «Para que no volvamos a ser dependientes»)

Die argentinische Präsidentin Cristina Kirchner definiert, was Regieren bedeutet, nämlich «hacer lo más conveniente para el Estado y la Patria». Interessant ist die Doppelung «para el Estado y la Patria», die einmal den Staat als rechtliches Organ anspricht und einmal die «Patria» als emotional aufgeladene Größe. Im nachfolgenden Satz bezieht Kirchner diese allgemeine Aussage auf die argentinische Regierung. Diese komme dem zuvor formulierten Grundsatz durch rationales Handeln nach und suche das Beste für die Argentinier. Der zweifache Superlativ («lo más conveniente», «lo mejor») drückt aus, dass es sich um eine hoch angesetzte Maxime handelt. Wie «tomamos la decisión» zu erkennen gibt, geht das vorbildliche Verhalten auf eine bewusste Entscheidung und Entschlossenheit zurück.

Dass die Regierung das Wohl des Landes verfolgt, vermitteln auch folgende Belege. In ihnen wird konkret darauf hingewiesen, dass langfristige negative Konsequenzen aus dem Konflikt mit den Hedgefonds vermieden werden sollen.

(15) «No estoy dispuesto a pagar más de lo posible para el país porque de lo contrario *significaría hacerlo con el hambre del pueblo*», leyó [la Presidenta]. (P12, 01. 08. 2014, «Lo que pretenden es tumbar a la Argentina»)

(16) «Nos comprometemos firmemente a no dejarnos torcer el brazo y *apoyamos la decisión de velar por el futuro de nuestros hijos y nietos*», abogó [la Convocatoria Económica y Social por la Argentina]. (TA, 28. 07. 2014, El juez Griesa deberá decidir si fuerza el default técnico del país)

Beide Äußerungen vermitteln mit pathetisch wirkenden Bekräftigungen das Ziel, für eine positive Zukunft zu sorgen. Es sind in beiden Fällen einzelne Akteure, die für sich oder für die Gruppe, die sie vertreten, sprechen. Cristina Kirchner (Beleg 15) drückt das Vorhaben, die Zukunft des Volkes nicht aufs Spiel zu setzen, als persönliches Ziel aus, was durch die 1. Pers. Sg. deutlich wird. Würde sie den Forderungen der Hedgefonds nachkommen und «más de lo posible» zahlen, würde sie es mit dem «Hunger des Volkes» tun. Damit öffnet sie den Frame *Armut* und stellt ihn als Folge eines weniger gewissenhaften Handelns dar. Ein herausstechender Fall ist Beleg (16). Hier erfolgt die Positionierung aus dem Volk heraus, genauer im Rahmen eines *Cabildo Abierto*, einer politischen Veranstaltung zur Unterstützung des Standpunkts Argentiniens gegenüber den US-amerikanischen Akteuren. Zum Ausdruck kommen hier gleichzeitig zwei Facetten von Entschlossenheit: eine kämpferische («nos comprometemos firmemente a no dejarnos torcer el brazo») und eine, die stärker emotional aufgeladen ist («apoyamos la decisión de velar por el futuro de nuestros hijos y nietos»). Die Äußerung ist in der 1. Pers. Pl. verfasst und lässt offen, auf welches *Wir* sie sich bezieht. Sie kann die Anhänger Kirchners oder in einer größeren Dimension alle Argentinier meinen, die die Nation verteidigen. Es handelt sich um eine intendierte Vagheit, die wiederholt im Korpus vorkommt und daher ein Muster ist, das quer zu den Resilienzfiguren liegt (cf. Kap. 6.3).

6.1.1.2 Argentinien als pflichtbewusster Schuldner

Eine stärker auf den Gegenstand des Diskurses zugeschnittene Teilrolle Argentiniens ist die des *pflichtbewussten Schuldners*. Die Nation hat als Kreditnehmer finanzielle Verpflichtungen gegenüber ihren Gläubigern, die eine Rückzahlung verlangen. Im Diskurs wird der Art Argentiniens, mit seinen Schulden umzugehen, nun eine Qualität verliehen. Das Land zeigt sich als vorbildlicher Schuldner, der nach dem ökonomischen Prinzip handelt, *wer Schulden hat, zahlt sie auch zurück*. Die Ursache des Urteils, nämlich die bisher fehlende Tilgung der Schulden bei den Hedgefonds, wird in der sprachlich-diskursiven Konstruktion ausgeblendet. Die Rolle des pflichtbewussten Schuldners ist im Default-Diskurs sehr produktiv und das zentrale Element der Positionierung der Nation. Statt sich in mehrere Facetten aufzufächern, konzentriert sie sich auf das Merkmal *Zahlungswilligkeit* und erhält ihre Prominenz durch die Wiederholung der entscheidenden Parameter.[9] Die wiederkehrende Deklaration von Zahlungswilligkeit und die häufigen Verweise, Argentinien habe die fällige Kreditrate fristgerecht überwiesen, erfüllen die Funktion von Argumenten und zugleich von Nachweisen dafür, dass kein Zahlungsausfall vorliegt.

Noch zwischen einem allgemeinen und einem diskursspezifischen Werteparameter steht das Attribut *Kooperationsbereitschaft*. Es ist ein allgemeines moralisches Merkmal, das im Kontext des Rechtsstreits jedoch eine spezifische Bedeutung entfaltet. Denn um das Urteil umzusetzen und den Default zu vermeiden, ist eine Einigung der Konfliktparteien erforderlich. Im Zusammenhang mit den Verhandlungen, die dazu geführt werden, wird Argentinien als offener und kooperationsbereiter Verhandlungspartner dargestellt, der sich für eine schnelle Lösung einsetzt. Davon zeugen Lexeme und Wendungen wie *disposición, voluntad de negociar, compromiso de encontrar una solución, seguir abierto, caracterizarse por el diálogo, ofrecer* oder *buscar un acuerdo*. Sie alle rufen den Wissensrahmen *Kooperationsbereitschaft* auf.

(17)   «*Nosotros seguimos abiertos al diálogo*. Este gobierno *se ha caracterizado por el diálogo*», reiteró el ministro [Axel Kicillof]. (P12, 01. 08. 2014, «Decir que entramos en default es una pavada»)

---

9 Im Gegensatz dazu enthält die Positionierung der Hedgefonds ein Nebeneinander vieler einzelner Merkmale.

(18) «*Vamos a seguir negociando* para encontrar una solución. [...]», agregó [el viceministro de Economía]. (TA, 03. 08. 2014, Agis: «Quieren arrinconarnos»)

(19) «*La Argentina tiene vocación de diálogo* pero tiene que defender sus intereses» [dijo Cristina Kirchner]. (LN, 31. 07. 2014, Cristina Kirchner y su comparación con Gaza: «Esto también es violencia, son misiles financieros, que cuestan vidas»)

Die Beispiele illustrieren in unterschiedlicher Realisierung, wie Argentinien im Diskurs als kooperationsbereiter Verhandlungspartner präsentiert wird. Sie sind wörtliche Äußerungen argentinischer Politiker, die als Urheber der Sprachhandlungen zu erkennen sind, des Wirtschaftsministers Axel Kicillof, seines Vizeministers Álvarez Agis und schließlich der Präsidentin Cristina Kirchner.

Die Flexionsform der 1. Pers. Pl. in den Belegen (17) und (18) zeigt auf der sprachlichen Oberfläche an, dass dieses Kennzeichen der Nation überwiegend auf Selbstpositionierungen zurückgeht. Dass Argentinien sich durch Dialogbereitschaft auszeichnet, tritt in Beleg (17) durch die zweifache Wiederholung deutlich hervor. Die Realisierung des Subjektpronomens *nosotros* evoziert ein *ellos* oder *ustedes*, das in Kontrast dazu steht. Dies lässt sich als Verweis auf die Hedgefonds lesen, denen im Diskurs das Merkmal *Dialogbereitschaft* abgesprochen wird. Während der erste Satz stärker auf die Kontinuität von Dialogbereitschaft abzielt («*seguimos* abiertos al diálogo»), erscheint die Eigenschaft im zweiten Satz als Deskription eines Charaktermerkmals der Regierung. Die Äußerungen Kicillofs und Agis' haben gemein, dass sie einen Zeithorizont eröffnen. Die Dialogbereitschaft der Nation ist weder temporär noch auf den Schuldenstreit beschränkt, sie bestand bereits in der Vergangenheit («este gobierno se ha caracterizado por el diálogo») und wird auch in der Zukunft bestehen bleiben, wie die Verbgefüge mit *seguir* und das *Futuro Compuesto* in (17) und (18) ausdrücken («nosotros seguimos abiertos al diálogo», «vamos a seguir negociando»). Hier ist zu bemerken, dass beide Belege zeitlich nach dem Eintritt in den Default liegen. Auch über das Scheitern der Verhandlungen hinaus wird Argentinien also die Absicht zugesprochen, eine Einigung mit den Hedgefonds zu erzielen.

Die Äußerung Cristina Kirchners in Beleg (19) verbindet die Bereitschaft, mit den Hedgefonds zu verhandeln, mit einer Einschränkung: Sie gilt nur soweit, wie die Interessen des Landes nicht gefährdet werden. Wie hier sichtbar wird, manifestiert sich auch im Zusammenhang mit Dialogbereitschaft das Ziel der Regierung, für das Wohl der Argentinier zu sorgen. Die Präsentation als kooperations- und dialogbereiter Verhandlungspartner spricht der Nation eine Verantwortung für das Scheitern der Verhandlungen ab. Dieser Schluss wird nicht explizit ausgehandelt, er ergibt sich ex negativo, indem den Hedgefonds eine Gegenrolle zu Argentinien zugewiesen wird. Auffällig ist bei dieser Facette des Resilienzmarkers, dass sie viele punktuelle Formen der Gegenüberstellung enthält, die auf wortsemantischen Oppositionen beruhen. Die direkten Gegenüberstellungen von Dialogbereitschaft und Verschlossenheit stehen häufig im Kontext des Angebots Argentiniens an die Hedgefonds, nachträglich den Bedingungen der Umschuldungen von 2010 beizutreten. Diese Angelegenheit, an der sich entscheidet, ob es zum Zahlungsausfall kommt, löst also verstärkt direkte Gegenüberstellungen aus. Das Angebot, den Verträgen der Umschuldung beizutreten, dient dabei als Beweis für Argentiniens Dialogbereitschaft. Gleichzeitig wird ausgeblendet, dass die Bedingungen der Umschuldungen mit hohen finanziellen Verlusten für die Gläubiger einhergehen und dass die Summe, die die Hedgefonds erhalten würden, weit entfernt von dem nominalen Wert der Staatsanleihen ist, den sie fordern. Im Default-Diskurs erscheint dieses Angebot trotzdem als Nachweis von Dialogbereitschaft und Offenheit, während den Hedgefonds, die sich auf diese Bedingungen nicht einlassen, Verschlossenheit und Ablehnung attribuiert wird. Dass sich die Investoren auf das Urteil des Richters berufen, das ihnen recht gibt, und sie nicht dazu verpflichtet sind, ein Alternativangebot Argentiniens anzunehmen, taucht dagegen nicht auf.

(20) «Dialogamos siempre. Y nos queremos hacer ciento por ciento responsables de la deuda de nuestros acreedores en forma justa y sustentable. No nos negamos a pagarles [los fondos buitre; S. M.], les ofrecimos entrar al canje en las mismas condiciones. *Pero ellos quieren la sentencia casi usuraria que les da el mil por ciento de rentabilidad*», continuó la jefa de Estado al explicar la propuesta realizada por el Estado argentino, que fue rechazada por el pequeño grupo de los fondos buitre que quedaron fuera de la reestructuración de la deuda. (P12, 01. 08. 2014, «Lo que pretenden es tumbar a la Argentina»)

(21) «Les ofrecimos entrar al canje *pero quieren ganar el 1600%*». (LN, 31. 07. 2014, Cristina Kirchner y su comparación con Gaza: «Esto también es violencia, son misiles financieros, que cuestan vidas»)

(22) «La oferta no fue aceptada *porque evidentemente quieren más y quieren ahora* [sic]», denunció Axel Kicillof [...]. (P12, 30. 07. 2014, «Los fondos buitre no aceptaro nuestra oferta de ingresar al canje»)

Die Belege vermitteln einen Eindruck davon, wie das Angebot an die Hedgefonds, den Konditionen der Umschuldung beizutreten, und die daraufhin erfolgte Abweisung in Kontrast zueinander gesetzt werden. Es sind vor allem die argentinische Präsidentin und der Wirtschaftsminister, die direkte Gegenüberstellungen vornehmen. Ihnen kommt hier also Deutungshoheit zu, wie sich auch in anderen Resilienzfiguren beobachten lässt (cf. Kap. 6). Beleg (20) beginnt mit der Deklaration «dialogamos siempre», die Dialogbereitschaft als kontinuierliches Merkmal Argentiniens beschreibt. Die Präsidentin erläutert hier das Verantwortungsbewusstsein der Nation, ihre Schulden zu regeln, dem das ablehnende Verhalten der Hedgefonds gegenübersteht. Ausdrucksseitig wird dies in der adversativen Konjunktion *pero* sichtbar. Der Beleg ist zudem ein Beispiel dafür, wie eng die einzelnen Facetten der Resilienzfigur miteinander verzahnt sind. Auf dichtem Raum wird Argentinien als dialogbereiter und verantwortungsvoller Schuldner ausgewiesen. Gleichzeitig findet eine Beurteilung der Hedgefonds statt, denen mangelnde Kooperationsbereitschaft zugesprochen wird. Alle drei Belege geben denselben Grund an, weshalb die Hedgefonds den Umschuldungsverträgen nicht beitreten. Ihr Motiv sei Gier, denn sie zielen auf eine Rendite von 1600 %. Hier wird eine direkte Verbindung zwischen der mangelnden Kooperationsbereitschaft und dem Merkmal *Gier* gezogen, das im Diskurs häufig als Leitmotiv des Handelns der Hedgefonds dargestellt wird (cf. Kap. 6.1.2).

Kern der Rolle des pflichtbewussten Schuldners ist die Beschreibung Argentiniens als ein Kreditnehmer, der seine Schulden fristgerecht tilgt und das erklärte Ziel verfolgt, seine finanziellen Verpflichtungen auch weiterhin so zu bedienen, wie es sich gehört. Im Diskurs spielt dies auf die strittige Frage an, ob Argentinien als zahlungsunfähig bezeichnet werden kann, nachdem es am 25. Juni die fällige Kreditrate auf ein Konto der Bank of New York überwiesen hatte, die Summe jedoch aufgrund des Urteils nicht an die Empfänger transferiert wurde.

Bei dieser Facette der Positionierung besetzt sehr oft das personifizierte Argentinien die Position des Agens und wird damit als Handelnder ausgewiesen. Sie bezieht sich also auf die Nation als Identitätseinheit und bleibt nicht auf der Ebene der Politik, wie es etwa bei einem Bezug auf die Regierung der Fall wäre. An vielen Stellen des Korpus konstatieren argentinische Sprecher, Argentinien sei mit der fristgerechten Zahlung seiner Pflicht nachgekommen.

(23) *El país cumplió con sus obligaciones contractuales* y depositó los fondos en el Bank of New York [...]. (P12, 30. 07. 2014, Una «solución entre privados» para salir del encierro)

(24) «*La Argentina pagó*», sentenció el jefe del Palacio de Hacienda. (LN, 31. 07. 2014, Holdouts: «La Argentina rechazó muchas propuestas y eligió el default»)

(25) «[...] La Argentina *ha cumplido* y *está cumpliendo* con sus obligaciones [...]». (P12, 31. 07. 2014, El trabajo o la especulación)

(26) El senador Godoy destacó que «la posición de la Argentina ha sido muy contundente: *hemos pagado y lo seguiremos haciendo* y, de acuerdo con lo que dicen los contratos; esto no es default». (P12, 31. 07. 2014, Reacciones de oficialistas y opositores)

Zunächst findet sich in diesen Belegen lediglich die Deskription einer vollzogenen Handlung. Harras (2004, 60) bemerkt, dass Handlungsbeschreibungen zugleich Zuschreibungen sind, da sie dem Verursacher die Verantwortung für das, was er tut, übertragen. Die Beschreibung von Handlungen wird dann zu einem positionierenden Element, wenn durch häufige Wiederholung aus einer individuellen Handlung eine Handlungsrolle wird, die ihren Urheber charakterisiert. Dass Argentinien als zahlender Schuldner dargestellt wird, ist entscheidend für seine Position im Kontext des Defaults, da ein Zahlungsausfall nur dann rechtmäßig ist, wenn ein Gläubiger seinen Verpflichtungen nicht nachkommt. Hier wird also genau die Handlung hervorgehoben, die dem Ranking der Ratingagenturen die Legitimität nimmt und Argentinien als vorbildlichen Schuldner kennzeichnet. Dass *Zahlungswilligkeit* ein Identitätsmerkmal der Nation ist, wird hier am Vorkommen aller drei Zeitdimensionen sichtbar. Argentinien habe in der Vergangenheit gezahlt, tue dies in der Gegenwart und werde es auch in Zukunft weiter tun. Der Kommentar des Senators Godoy dient stellvertretend für viele weitere Belege als Beispiel dafür, wie die Aussage, Argentinien habe den fälligen Betrag gezahlt, als Argument für den Schluss herangezogen wird, dass kein Zahlungsausfall existiert.

Die vier Realisierungen geben ein Beispiel dafür, wie gering die Variation in diesem Aspekt der Positionierung ist. Die Musterhaftigkeit und der Rückgriff auf verfestigte Formen verleihen der Handlungsrolle eine besonders scharfe Kontur. Wenn ein Diskurs so stark vorgeformt ist, deutet dies auf die kulturellen Wissensbestände, die in der Diskursgemeinschaft vorhanden sind, hin. Das Wissen über Argentinien als zahlungswilliger Schuldner ist also eine argentinische Diskurstradition, die bei der Bewältigung der kommunikativen Aufgabe *den Default überwinden* aufgegriffen wird und zu entsprechenden Mustern auf der sprachlichen Oberfläche führt.

(27) Tal como estaba previsto, *el Ministerio de Economía libró 642 millones de dólares* para cubrir la primera cuota del acuerdo con 16 países acreedores. El desembolso volvió a desmentir a los buitres, *que acusan a la Argentina de defaulteador serial.* (P12, 29. 07. 2014, Giro a París que demuestra capacidad de pago)

Ein herausstechendes Beispiel ist dieser Beleg, der die fristgerechte Zahlung Argentiniens der falschen Anklage der Hedgefonds, die metaphorisch als «buitres» bezeichnet werden,[10] gegenübergestellt. Hier liegt eine punktuelle Form der Bedeutungsbildung vor, bei der die beiden Sachverhalte *Zahlung* und *unrechtmäßige Anklage* in direkte Relation zueinander gesetzt und die Akteure als *pflichtbewusster Schuldner* und *falscher Ankläger* ausgewiesen werden. Die Merkmale, die den beiden Akteuren zukommen, sind zudem ein anschaulicher Nachweis für die Auflösung der Rollen, die sie den *brute facts* des Rechtsstreits nach haben. Die Prädikation «defaulteador serial» vermittelt, es sei ein Charaktermerkmal der Nation, immer wieder in eine Zahlungsunfähigkeit zu geraten, und stellt zugleich die Zahlungswilligkeit Argentiniens in Frage. Der Vorwurf der Hedgefonds wird jedoch durch die erfolgte Zahlung widerlegt. Interessant ist die Anordnung der Illokutionen, denn die Beschreibung, dass das Wirtschaftsministerium eine fällige Kreditrate wie vorgesehen überwiesen habe, die als Nachweis der Unschuld Argentiniens dient, falsifiziert die Anklage der Hedgefonds bereits bevor sie formuliert wird.

Aus den Belegen, die Argentinien als pflichtbewussten Schuldner darstellen, lassen sich zwei Argumentationsmuster formulieren:

Weil Argentinien gezahlt hat, liegt kein Zahlungsausfall vor.

und

Weil Argentinien gezahlt hat, ist es ein rechtschaffener Schuldner.

Während der erste Topos zur Entdramatisierung der Situation beiträgt, indem er den Sachverhalt *Zahlungsausfall* negiert (cf. dazu ausführlich Kap. 5.1), ist der zweite Topos entscheidend für die Positionierung der Nation. Die Charakterisierung Argentiniens wird durch Adverbien zusätzlich intensiviert, die die Art zu zahlen näher beschreiben. Sie betonen, die Nation habe nicht nur in diesem konkreten Fall gezahlt, sondern ihre Zahlungswilligkeit sei eine kontinuierliche Eigenschaft.

(28) [Argentina] *pagó puntualmente* a los bonistas del canje. (P12, 05.08.2014, De cómo ser castigados por querer cumplir con la deuda)

(29) [L]a Presidenta dijo que la Argentina viene «*pagando religiosamente* todos los vencimientos» de deuda [...]. (LN, 29.07.2014, Cristina Kirchner dijo que Thomas Griesa «no es juez» porque no respeta «la igualdad ante la ley»)

---

10 Cf. zum Gebrauch der Metapher zur Charakterisierung der Hedgefonds Kap. 6.1.2.1.

(30) Además [Cristina Kirchner] recordó que ha pagado «*religiosa y rigurosa-mente*» sus obligaciones, tanto con los bonistas reestructurados como con organismos internacionales como el Fondo Monetario Internacional y el Club de París, «con la salvedad de que se hizo sin acceder al mercado de capitales, es decir con recursos propios, producto de un modelo de crecimiento con inclusión social» y sin nuevos endeudamientos. (P12, 30. 07. 2014, Fuerte respaldo del Mercosur por los buitres)

Während *puntualmente* auf die fristgerechte Zahlung abzielt und damit ein temporales Merkmal ist, kennzeichnen *religiosamente* und *rigurosamente* die Qualität der Handlung, denn sie drücken Verpflichtung und Verbindlichkeit aus. Alle drei Adverbien enthalten eine positive Konnotation und ihre Bedeutung überträgt sich über die Charakterisierung der Handlung hinaus auf die Nation selbst. Häufig wird zudem betont, dass Argentinien bei der Tilgung seiner Schulden nur auf eigene Ressourcen zurückgegriffen habe, was seine Unabhängigkeit von internationalem Kapital belegt.

Neben Adverbien formen auch Sprechakte, die eine Willenserklärung ausdrücken, die Figur des pflichtbewussten Schuldners.

(31) [La Presidenta] agregó que la Argentina *reafirma una vez más su voluntad para dar pago al cien por cien de sus acreedores* en forma justa, equitativa, legal y sustentable. (LN, 29. 07. 2014, Cristina Kirchner dijo que Thomas Griesa «no es juez» porque no respeta «la igualdad ante la ley»)

(32) La República Argentina *ha reiterado una y otra vez su compromiso de honrar sus obligaciones con el 100 por ciento de sus acreedores*, en condiciones justas, equitativas y legales [...]. (P12, 03. 08. 2014, Un fallo que atenta contra la inmunidad soberana)

In den Beispielen wird die bereits beschriebene Formelhaftigkeit bei der Herausbildung der Handlungsrolle sichtbar. Die fast gleichlautenden Willenserklärungen bekräftigen die Bereitschaft Argentiniens, seine Schulden zu begleichen. Betont wird, dass sich dieser Wille auf alle Gläubiger bezieht, ein Muster, das in vielen Belegen vorkommt. Es ist als Reaktion auf die Anklage der Hedgefonds und das Urteil Griesas zu lesen, Argentinien bediene nur einen Teil seiner Gläubiger. Ein besonders deutliches Beispiel für explizite Erklärungen der Zahlungswilligkeit gibt Beleg (33).

(33) «La Argentina reafirma una vez más *no solamente su voluntad sino su convicción, su decisión* y sus acciones que van a estar encaminadas cada una de ellas a dar pago al ciento por ciento de sus acreedores, pero en

forma justa, legal, equitativa y sustentable», concluyó la mandataria. (P12, 30. 07. 2014, Fuerte respaldo del Mercosur por los buitres)

Es handelt sich um den Ausschnitt aus einer Rede Cristina Kirchners bei der *Cumbre de Mercosur*. Darin betont die Präsidentin, die Zahlungswilligkeit der Nation gehe über eine reine «voluntad» hinaus. Neben «voluntad» verfüge die Nation auch über «convicción» und «decisión», ihre Verpflichtungen zu erfüllen. Die Wiederholung synonymer Lexeme verleiht der Äußerung besonderen Nachdruck und vermittelt, dass es sich bei der Zahlungsbereitschaft um einen volitiven Akt handelt, der nicht auf eine Aufforderung von außen zurückgeht. Interessant ist, dass die Präsidentin hier als Stellvertreterin der gesamten Nation spricht, denn das Agens ist «La Argentina».

Wie die Korpusbeispiele illustrieren, entsteht das Bild des pflichtbewussten Gläubigers größtenteils durch wörtliche Äußerungen argentinischer Sprecher. Es handelt sich um Selbstpositionierungen, auch wenn dies auf der Diskursoberfläche nicht durch die Wahl der entsprechenden Flexionsformen (1. Pers. Sg. oder 1. Pers. Pl.) angezeigt wird. Zusätzlich wird das Merkmal *Rechtschaffenheit* durch anerkannte Autoritäten bestätigt, die Argentiniens Verhalten im Rechtsstreit unterstützen. Sie legitimieren die Selbstpositionierung und verleihen der Rolle eine allgemeine Gültigkeit.

(34) *Pocas causas han logrado el respaldo internacional que tiene la Argentina en su pelea con los fondos buitre.* Es un consenso muy amplio y que se produce muy pocas veces. Por la cantidad y porque además es un consenso heterogéneo que incluye desde el gobierno chino hasta el de los Estados Unidos, que a su vez está muy presionado por el lobby económico, político y judicial del fondo de Paul Singer. El Gobierno ha sido criticado en otras oportunidades por amplios sectores de la prensa internacional. Esta vez, las críticas les cayeron a los fondos buitre. (P12, 02. 08. 2014, Kicillof)

In diesem Beleg wird die weitreichende internationale Unterstützung Argentiniens betont und als einmalig dargestellt. Außergewöhnlich sei vor allem, dass es einen Konsens gebe, der sich nicht nur durch seine Größe, sondern auch durch die Heterogenität der Beteiligten charakterisiere. Als konkrete Autoritäten werden hier die chinesische Regierung und die Regierung der USA genannt. Besonders die Nennung der Unterstützung der USA ist bedeutsam, da sie beinhaltet, dass diese sich gegen einen nationalen Richter wendet. Hinzu kommt, dass sich die Regierung der USA damit gegen den starken Druck der «lobby económico, político y judicial» des Hedgefonds von Paul Singer stelle. Die Unterstützung erhält ein zusätzliches Gewicht durch den Verweis, die argentinische Regierung habe früher international in der Kritik gestanden, dieses Mal gelte die Kritik jedoch den Hedgefonds. In der auf diese Weise zugespitzten Darstellung stehen die Nation Argentinien und eine Reihe einflussreicher Autoritäten den isolierten und negativ bewerteten Hedgefonds gegenüber.

Indirekt wird die Position Argentiniens auch dann legitimiert, wenn anerkannte Autoritäten das Handeln der Hedgefonds und des Richters Thomas Griesa ablehnen.

(35) En las últimas semanas, la mandataria consiguió apoyos de la OEA, del G-77, del grupo Brics, de la Unasur y de países como Rusia, China, Italia y Francia. «*El propósito es dejar en evidencia que los fondos buitre y Griesa son culpables ante la comunidad financiera internacional*», manifestaron fuentes del Gobierno. (LN, 29. 07. 2014, Cristina Kirchner, en la cumbre del Mercosur: «Default es cuando uno no paga y la Argentina pagó»)

(36) «*Francisco dijo que Griesa está a la derecha de la derecha en Estados Unidos*», señaló ayer el vicegobernador bonaerense, Gabriel Mariotto, revelando parte de la conversación que mantuvo con Jorge Bergoglio en el Vaticano a propósito del conflicto con los fondos buitre y el juez estadounidense. «Dijo que *por supuesto respalda la posición de Argentina frente al fallo de Griesa*», destacó el funcionario, continuando con el relato del encuentro. (P12, 29. 07. 2014, Un Griesa a la derecha)

Beleg (35) enthält eine detaillierte Aufzählung der umfassenden Unterstützung durch einzelne Institutionen und Staaten. Das Ziel der Solidarisierung mit Argentinien ist laut Aussage aus Regierungskreisen, den Hedgefonds und dem Richter Griesa auf diese Weise nachzuweisen, dass sie gegenüber der internationalen Finanzwelt schuldig geworden sind. Der Auszug aus Página12 bringt eine ganz andere Art von Autorität in den Diskurs ein. Papst Franziskus, geistliches Oberhaupt und zugleich prominenter Vertreter moralischer Werte, gibt der Position Argentiniens Rückendeckung, wie Gabriel Mariotto von einer privaten Audienz berichtet. Er fügt hinzu, diese Unterstützung sei für Franziskus selbstverständlich, was vermittelt, Argentiniens Position sei gerechtfertigt. Daraus, dass der Papst selbst Argentinier ist, ergibt sich ein hohes Identifizierungspotenzial.

Weitere Befürworter sind Personen aus dem Wirtschaftssektor. Diese sind nicht nur Autoritäten, sondern besitzen zusätzlich auch einen Expertenstatus, was ihrer Einschätzung der Sachlage besondere Glaubwürdigkeit verleiht.

(37) La falta de acuerdo entre los fondos buitre y el gobierno argentino ante la justicia de los Estados Unidos *cosechó un duro repudio de cien economistas*

e investigadores contra el magistrado neoyorkino Thomas Griesa. El mensa-je fue acompañado por un pedido público al Congreso de los Estados Uni-dos para que limite el poder de fuego de esos fondos especulativos con nuevas leyes. (TA, 01. 08. 2014, Economistas repudiaron al juez Griesa)

Hier wird auf einen Zusammenschluss von hundert Personen aus Wirtschaft und Wissenschaft Bezug genommen, die Thomas Griesa in einer öffentlichen Erklä-rung kritisieren. Neben dieser symbolischen Handlung, die Argentinien als un-schuldiges Opfer des Richters darstellt, beinhaltet die Erklärung laut dem Artikel auch ein Ersuchen an die US-amerikanische Politik, das Finanzsystem neu zu regeln, um die Machenschaften der Hedgefonds, die hier mit der Metapher «poder de fuego» als zerstörerisch gekennzeichnet werden, einzuschränken.

Diese Ausführungen haben gezeigt, wie der Diskurs die Nation Argentinien als einen Vertreter allgemein anerkannter moralischer Werte darstellt. In einer engeren Anlehnung an den Kontext des Rechtsstreits kommt als weitere Rolle die des pflichtbewussten Schuldners hinzu. Argentinien zeichnet sich dadurch aus, dass es beständig seinen Verpflichtungen nachkommt und seine Aufgaben als Kreditnehmer vorbildlich erfüllt. Folgender Topos liegt dieser Teilrolle zu-grunde:

Weil Argentinien ein pflichtbewusster Schuldner ist, wurde es zu Unrecht ver-urteilt.

6.1.1.3 Argentinien als Ankläger

In einer Umkehrung der Rolle, die Argentinien den *brute facts* des Schulden-streits nach zukommt, wird die Nation im Diskurs selbst als Ankläger darge-stellt, der sich für Gerechtigkeit einsetzt. Die Anklagen werden an der sprachli-chen Oberfläche vor allem dann sichtbar, wenn Handlungen mithilfe von *verba dicendi* beschrieben werden, die eine negative Evaluation implizieren und auf die entsprechende Sprachhandlung verweisen (cf. Escribano 2001, 66). Solche Sprechakte können natürlich auch ohne *verba dicendi* ausgeführt werden, die Leistung dieser Verben ist aber, dass der Sprechakt explizit wird und daher kein Interpretationsspielraum besteht.[11] Sie binden das zugehörige agentivische Sub-

---

11 Folgender Beleg verdeutlicht eine Anklage, die ohne ein redekommentierendes Verb er-folgt. Darin kommt die Bewertung durch den negativen semantischen Gehalt von *marcada incompetencia* zum Ausdruck: «Hemos observado una marcada incompetencia por parte del special master para generar condiciones de negociación razonables». (LN, 31. 07. 2014, Furioso, Capitanich disparó contra el juez). Solche Arten von Anklagen finden sich ebenfalls im Default-Diskurs.

jekt als Verursacher und Urheber an die ausgedrückte Sprachhandlung. Deutlich wird dabei, dass Agentivität eng mit dem illokutiven Gehalt einer Äußerung verbunden ist (cf. Duranti 2006a, 457). Die Explizitheit der Anklagen, die Argentinien vornimmt, ist dann am größten, wenn sie mithilfe performativer Verben ausgeführt werden. Performative Verben sind Spezialfälle, denn sie verweisen nicht nur auf einen Sprechakt, sondern führen ihn gleichzeitig aus. Duranti schreibt dazu: «The latter type of act, which Austin called *illocutionary*, can be made explicit by means of a special class of verbs which he called *performatives* (i.e. expressions that do things, perform deeds)» (Duranti 2006a, 457, Hervorh. i. O.). Im Diskurs werden häufig die Verben *acusar* und *culpar* verwendet, die ihren Ursprung in der juristischen Fachsprache haben.

(38) *El Gobierno acusa* a Estados Unidos por el default y anuncia que irá a La Haya y a Naciones Unidas a denunciar a los buitres (LN, 31. 07. 2014, El Gobierno acusa a Estados Unidos por el default y anuncia que irá a La Haya y a Naciones Unidas a denunciar a los buitres)

(39) [...] *Kicillof había culpado* horas antes a los fondos buitre y a Griesa. (LN, 31. 07. 2014, Holdouts: «La Argentina rechazó muchas propuestas y eligió el default»)

(40) [Cristina Kirchner] *[c]ondenará* al juez Thomas Griesa por el fallo que ordenó pagarles 1500 millones de dólares a los fondos NML Elliot y Aurelius. (LN, 29. 07. 2014, Cristina Kirchner intenta en Caracas un respaldo explícito del Mercosur)

Als Einzelfall taucht auch *condenar* auf, das den Sprechakt des Richtens und Verurteilens ausdrückt. Statt selbst zum Richter zu werden, überwiegt jedoch das Motiv des Anklägers. Argentinien tauscht seine Rolle also mit der, die den *brute facts* nach von den Hedgefonds verkörpert wird, und nicht gegen die des Richters Griesa. Statt zu richten, klagt es an und überlässt die Aufgabe, ein Urteil zu sprechen, etwa dem Internationalen Gerichtshof in Den Haag oder den Vereinten Nationen (Beleg 38).

Häufiger als Anklagen, die Argentinien mithilfe performativer Verben vornimmt, sind indirektere Varianten, die im weiteren Sinne als Vorwürfe, Bewertungen oder Kritik bezeichnet werden können. Mit Verben wie *cuestionar, responsabilizar* und *criticar* stellt Argentinien die US-amerikanischen Akteure infrage und zieht sie für ihr Handeln zur Rechenschaft.

(41) *La propia Cristina Kirchner había cuestionado al mediador* por considerar que no tenía imparcialidad [...]. (LN, 04. 08. 2014, El Gobierno retoma la vía judicial y reclama la salida del mediador en el conflicto)

(42) Además, *el ministro criticó* que «una vez más el juez llamó a una audiencia para no resolver absolutamente nada en relación a los fondos de terceros que mantiene inmovilizados». (P12, 01. 08. 2014, La CNV investigará una «posible estafa millonaria» de los holdouts)

(43) Además, [*Capitanich*] *responsabilizó* de «mala práxis» al Poder Judicial norteamericano por no ser «independiente de los fondos buitre, que pretenden socavar un proceso de reestructuración voluntaria de deuda». (CL, 31. 07. 2014, Para el Gobierno, decir que estamos en default «es una patraña absurda»)

Weitere Beispiele für Verben sind etwa *cargar en contra* oder *disparar contra*, die durch die Präposition *contra* den Fokus auf die verbale Konfrontation legen. Die Sprachhandlung *Kritisieren* und *Verantwortlich machen* kommt in weiteren Varianten vor, wie etwa in den Verb-Substantiv-Gefügen *cargar la responsabilidad, reiterar las críticas, referirse en durísimos términos a alg.* oder in der Verbindung ser + Adjektiv (*ser crítico con*). Daneben gibt es weitere Verb-Substantiv-Gefüge, die negative Beurteilungen ausdrücken.

Nicht immer wird die Sprachhandlung des Anklagens jedoch durch Verben eingeleitet, die bereits eine negative Bewertung beinhalten. Es gibt eine ganze Reihe an Verben, die zwar auf eine Meinungsäußerung verweisen, die jedoch nicht notwendigerweise eine Kritik sein muss, wie etwa *calificar, considerar, opinar, señalar, afirmar* oder *interpretar.*[12] Die Stärke der ausgedrückten negativen Bewertung ist jedoch unabhängig davon, ob das kommentierende Verb bereits eine negative Evaluation ankündigt oder nicht. Sie entsteht dann durch den semantischen Gehalt der Äußerung selbst. Folgende Belege zeigen, wie (stark) negative Bewertungen durch neutrale Verben des Meinens und Beurteilens vorgenommen werden.

(44) *Capitanich calificó* a Pollack de «vocero de los fondos buitre» e «incompetente» en el ejercicio de su cargo. (CL, 04. 08. 2014, Para el Gobierno, el mediador «es un incompetente»)

(45) *Argentina consideró* que las decisiones de Griesa en el caso de los fondos buitre violan la inmunidad soberana del país. (P12, 08. 08. 2014, Barack Obama tiene un mensaje en La Haya)

---

12 Weitere negative Bewertungen entstehen auch durch Verben, die überhaupt nicht auf eine Evaluation hinweisen, wie etwa *decir, hablar* oder *advertir.* Die Bewertung wird dann nicht durch ein kommentierendes Verb gekennzeichnet, sondern ergibt sich aus dem illokutiven Gehalt der Passage, wie in folgendem Titel aus La Nación: «Cristina Kirchner dijo que Thomas Griesa ‹no es juez› porque no respeta ‹la igualdad ante la ley›» (LN, 29. 07. 2014).

(46) Por otra parte, en la víspera de una audiencia fijada para mañana, *Kicillof*
opinó que el juez de distrito de Nueva York Thomas Griesa «está perjudi-
cando a los terceros para favorecer a los buitres. Por eso le cargamos la
responsabilidad de lo que hace con esos fondos y las acciones que tomen
sus legítimos dueños». (LN, 31. 07. 2014, Axel Kicillof: «Es una pavada atómica decir que hoy entramos en default»)

Die Belege zeigen, dass es sich bei denjenigen, die die Bewertungen durchführen, sowohl um reale Personen handelt, wie den Leiter des Kabinetts Jorge
Capitanich, den Wirtschaftsminister Axel Kicillof oder die Präsidentin Cristina
Kirchner, als auch um Institutionen wie die Regierung oder sogar das personifizierte Argentinien selbst. Die Gründe für die Anklagen und Vorwürfe sind breit
gefächert. Am häufigsten wird genannt, dass der Richter und der von ihm eingesetzte Mediator Daniel Pollack den Hedgefonds gegenüber parteiisch sind, daneben richtet sich die negative Bewertung auf den Prozess und das Urteil, den
Zahlungsausfall oder die Unfähigkeit des Mediators.

Ablesen lässt sich auch, dass das Ziel der Anklagen nur in wenigen Fällen
die Hedgefonds sind. Meistens beziehen sie sich auf den Richter Thomas Griesa
und den Mediator Daniel Pollack. In einigen Fällen richtet sich die Kritik auch
stellvertretend an das US-amerikanische Justizsystem (cf. Beleg 43) oder auch
an die USA insgesamt. Es ist ein aufschlussreiches Analyseergebnis, dass die
Rollenumkehrung im Diskurs nicht die direkte Anklage der Hedgefonds beinhaltet. Eine denkbare Begründung ist, dass die Verstöße des Richters und des
Mediators gegen ihr Amt viel schwerer wiegen als das Vorgehen der «Geierfonds», von denen ein negatives Handeln zu erwarten ist.[13] Verknüpft mit den
in den vorigen Teilkapiteln beschriebenen Mustern lässt sich hier als Schlussregel ableiten:

Weil Argentinien selbst rechtschaffen ist, darf es andere anklagen.

6.1.2 Die kriminellen und zerstörerischen Hedgefonds

Die Hedgefonds werden im Default-Diskurs als Antagonisten Argentiniens beschrieben. Ihre Rolle setzt sich aus mehreren Facetten zusammen, die maßgeblich über zwei sprachliche Techniken entstehen. Die erste ist ein detailreiches

---

[13] Auch wenn die Hedgefonds nicht zum Ziel von Anklagen werden, gehört zu ihrer Positionierung im Diskurs die Rolle skrupelloser Gesetzesbrecher, wie der nachfolgende Resilienzmarker zeigen wird.

Spiel mit der Metapher des Geiers, ausgehend von dem Ausdruck *fondos buitre*. Dabei werden einzelne Bedeutungsanteile der Metapher aufgerufen und auf die Hedgefonds übertragen. Zwei weitere Teilrollen entstehen, analog zur Positionierung Argentiniens, auf der Grundlage allgemeiner moralischer und an den Diskurskontext gebundener Werteparameter. Im Gegensatz zu Argentinien, das seine gesellschaftlichen Verpflichtungen in jeglicher Hinsicht erfüllt, werden den Hedgefonds systematische Verstöße gegen Moralprinzipien sowie gegen das Rechtssystem zugesprochen. Der Diskurs zeichnet also ein sehr negatives Bild der Hedgefonds, das vor allem durch den Kontrast zu Argentinien Kontur erhält. Ein Unterschied zwischen beiden Akteuren ist, dass sich die Figur Argentiniens um wenige Attribute bewegt, die geradezu formelhaft wiederholt werden. Die Figur der Hedgefonds besteht dagegen aus mehreren Schichten, die sich durch ein gegenseitiges Semantisieren auf der gesamten Fläche des Diskurses von einzelnen Deutungen zu einem Gesamtbild zusammenfügen (cf. Gardt 2012, 61).

Wie für Argentinien trägt auch das Bild der Hedgefonds zur Umkehrung der Konstellation des Rechtsstreits bei. In der gerichtlichen Auseinandersetzung sind die Hedgefonds im Recht, denn ihrer Klage, Argentinien habe das Primat der Gleichbehandlung verletzt, indem es den Großteil seiner Gläubiger bediente, die Hedgefonds aber nicht, wurde stattgegeben. Diese Wissensbestandteile sind im Default-Diskurs vollständig ausgeblendet. Bei der Herausbildung der Rolle der Hedgefonds wird insgesamt weniger auf den Rechtsstreit Bezug genommen als auf ihr Geschäftsmodell. Ihre Strategie, Gewinne zu erzielen, wird nicht nur nach moralischen Kriterien bewertet; darüber hinaus werden ihnen Rechtsverstöße unterstellt. Daran schließen sich jedoch keine direkten Anklagen durch Argentinien an; diese Facette der Rollenumkehrung spart der Diskurs aus.

Die Figur der Hedgefonds entsteht überwiegend durch Fremdpositionierungen, meist von argentinischen Sprechern. Im Diskurs wird also vornehmlich *über* die Hedgefonds gesprochen, während ihnen selbst keine Beteiligung an der Aushandlung der Rollen zukommt. Bei der Positionierung werden Denkmuster gebraucht, auf die klassischerweise in politischen Diskursen zurückgegriffen wird, um das Bild eines Gegners zu erstellen. Einige lassen sich eindeutiger auf bestimmte ideologische Strömungen zurückführen, so werden antikapitalistische und antiimperialistische Stereotype mit Motiven eines religiös gefärbten Moraldiskurses oder auch eines antisemitischen Diskurses kombiniert und im Rahmen des Default-Diskurses aktualisiert.[14] Unabhängig von ihrer kultur-

---

14 Zur Verhaftung antiamerikanischer und antiimperialistischer Strömungen im peronistischen Diskurs cf. Priester (2012), zur Verwendung antisemitischer Vokabeln und Stereotype im antiamerikanischen Diskurs cf. Haury (2005).

geschichtlichen Verwurzelung kommt den Motiven die Funktion zu, die Hedge-fonds als Vertreter aller negativ bewerteten Merkmale eines (US-amerikanischen) Kapitalismus darzustellen.

Prominenter Gegenstand bei der Aushandlung der Rolle der Hedgefonds ist der vermeintliche Versicherungsbetrug. Argentinien unterstellt den Hedgefonds, den Zahlungsausfall vorsätzlich herbeigeführt zu haben, um sich durch die ausgeschütteten Versicherungssummen zusätzlich zu bereichern. Daraus leitet sich eine Bewertung ab, die über moralische Kriterien hinausgeht und zusätzlich einen juristischen Maßstab ansetzt.

6.1.2.1 Die Hedgefonds als *fondos buitre*

Eine Form der Positionierung, die den Default-Diskurs in besonderer Weise prägt, beruht auf einem facettenreichen Spiel mit der Metapher des Geiers. Wenn im Diskurs auf die Hedgefonds referiert wird, erfolgt dies häufig über den Ausdruck *fondos buitre(s)*. Es handelt sich dabei um Bezeichnungen für Risikofonds, die im öffentlichen Diskurs Argentiniens durchaus gebräuchlich sind. Im Diskurs tragen sie darüber hinaus zur negativen Positionierung der Hedgefonds bei. Je nach Wahl der Bezeichnung eines Akteurs eröffnet sich ein anderer Wissensrahmen, vor dessen Hintergrund er betrachtet wird:

> Es ist demgemäß wichtig zu unterscheiden, ob man – aus einem einschlägigen Kontext heraus – ein und dieselbe Person der Referenz etwa als Chef, Professor, Arzt, Ehegatten, Großvater, Buddhisten, Golfspieler, Rosenzüchter oder als Malariapatienten kategorisiert und damit der Bezugssituation, unter Berücksichtigung ihrer Verträglichkeit mit einschlägigen äußerungssituativen Präsuppositionen, einen jeweils alternativ beschaffenen Wissensrahmen für die Zuweisung möglicher Interpretationen und handlungsbezogener Relevanzen auferlegt (Konerding 2015, 70).

An diese Ausführung schließt Konerding an, dass eine Bezeichnung den Adressaten anweist, «die jeweilige Entität der Referenz unter einer kulturell normierten kategorienkonstitutiven Eigenschaftsprofilierung wahrzunehmen und handlungsorientiert zu kontextualisieren» (Konerding 2015, 70). Für den Default-Diskurs heißt das, dass immer dann, wenn die Hedgefonds als *fondos buitre* bezeichnet werden, der mit dem Ausdruck verbundene Wissensrahmen und seine kulturspezifische Bedeutung aufgerufen werden.

Die Metapher des Geiers, die das Alltagskonzept *Geier* auf Menschen überträgt, blickt auf eine lange Tradition zurück. So geben Wörterbucheinträge Aufschluss darüber, welche menschlichen Eigenschaften die Metapher traditionell beschreibt. Das *Diccionario de la Real Academia Española* (*DRAE*) (2014) führt die metaphorische Lesart als eine der Wortbedeutungen von *buitre* auf: «Persona que se ceba en la desgracia de otro». Pamies Bertrán et al. (2010) nennen das

Merkmal *Gier* als zentrales Kennzeichen, das mit dem Geier verbunden wird. Die Definitionen verdeutlichen, dass das Konzept *buitre* in seiner metaphorischen Übertragung stets eine pejorative Bedeutung entfaltet. Wie der Geier nicht selber jagt, sondern sich von Aas ernährt, nähren und bereichern sich menschliche Geier an dem Unglück anderer. Die Metapher zentriert sich also um eine moralische Dimension, denn ein menschlicher Geier ist jemand, der habgierig ist und das Elend anderer ausnutzt. Nicht nur die Metapher des Geiers ist tradiert, auch die Verwendung des Ausdrucks *fondos buitre*, der auf der Metapher aufbaut, geht über den Rahmen des Default-Diskurses hinaus. Das Kompositum lässt sich bereits im argentinischen Printmediendiskurs zur Zeit der Krise von 2001 nachweisen, wie folgender Ausschnitt aus La Nación zeigt:

(47) Los llamados «fondos buitres», especializados en mercados emergentes, están volando en círculo sobre la moribunda deuda argentina, presintiendo grandes oportunidades ante la escasez de opciones del Gobierno para restaurar la confianza de los inversores. (La Nación, 17. 07. 2001, A merced de los especuladores).

Fondos buitre ist ein Lehnwort nach dem Vorbild des englischen *vulture funds*, das seit den 1990er Jahren im Spanischen verwendet wird (Adelstein/Vommaro 2014, 181).[15] Adelstein/Vommaro geben für den Diskursraum Argentinien folgende Definition von *fondos buitre(s)*: «designa de manera coloquial y peyorativa a fondos privados de inversión de comportamiento altamente especulativo y litigante» (Adelstein/Vommaro 2014, 180). Die Verbindung zum aasfressenden Geier besteht in folgendem Merkmal: «se abalanzan sobre la deuda de los Estados en crisis, tal como lo hacen las aves carroñeras con sus presas» (Adelstein/Vommaro 2014, 180). Risikofonds erzielen also innerhalb kurzer Zeit dadurch sehr hohe Gewinne, dass sie Krisen ausnutzen und sich an ihnen bereichern. Diese Eigenschaft der Hedgefonds, in der die Verbindung zum Alltagskonzept von *Geier* liegt, wird auch im Diskurs reflektiert.

---

15 Sookun (2010, 7) gibt für *vulture funds* folgende Definition: «The term ‹vulture fund› describes how private investment firms and hedge funds prey on poor countries on the brink of debt relief – like vultures waiting to swoop down on a rotting carcass». Der Ausdruck wurde auch ins Deutsche entlehnt ('Geierfonds') und ist im Printmediendiskurs geläufig. Eine Internetrecherche ergibt allerdings, dass im Zusammenhang mit dem Rechtsstreit Argentiniens die neutralere Bezeichnung *Hedgefonds* häufiger verwendet wird, cf. exemplarisch den Artikel: «Staatspleite. Argentinien ermittelt gegen Hedgefonds» (Die Zeit, 05. 08. 2014, http://www.zeit.de/wirtschaft/2014-08/argentinien-hedgefonds-ermittlungen, letzter Zugriff 25. 09. 2018).

(48) El nombre de «buitres» que reciben estos fondos de inversión se debe a que *su principal negocio consiste en comprar a precios muy bajos la deuda de países en bancarrota* para después exigirles el pago completo invirtiendo en abogados y lobbies. (CL, 04. 08. 2014, Para el Gobierno, el mediador «es un incompetente»)

Allgemein dienen Metaphern im Sprachgebrauch dazu, die Komplexität abstrakter Sachverhalte zu reduzieren, indem diese bildhaft veranschaulicht werden. So reduziert auch die Geiermetapher über eine Analogiebildung zwischen Tierwelt und Ökonomie die Vielschichtigkeit des Finanzsystems und seiner verschiedenen Möglichkeiten, innerhalb dieses Systems ökonomischen Erfolg zu erzielen. Sie richtet den Blick auf eine Gruppe von Investoren, deren Vorgehensweisen durch die Metapher als moralisch verwerflich bewertet werden. Im Default-Diskurs übernimmt der Ausdruck *fondos buitre* die Funktion eines Stigmawortes, dessen negative Bedeutungsanteile bereits bei seiner Nennung aufgerufen werden. Zu einer Anpassung der Metapher an den Diskurskontext kommt es, wenn einzelne Elemente des Konzepts *Geier* herausgegriffen und auf die Hedgefonds übertragen werden. Indem der metaphorische Gehalt des Ausdrucks ausgeschöpft wird, konstituiert sich ein diskursspezifisches Wissen über die Hedgefonds. Aufgrund seiner spezifischen Eigenschaften wird das Kompositum *fondos buitre* nicht nur zur Nomination gebraucht, sondern darüber hinaus zu einem Element von Prädikationen.[16]

Neben *fondos buitre* wird im Diskurs auch das Lexem *holdouts* zur Referenz auf die Hedgefonds verwendet. *Holdouts* (von eng. *to hold out*) ist ein Terminus der Ökonomie für Kapitalanleger, die sich nicht an Umschuldungsbestrebungen beteiligen. Anders als bei *vulture funds* gibt es für *holdouts* keine spanische Entlehnung, sondern es wird auf den englischen Fachbegriff zurückgegriffen. Ein Vergleich der Frequenzen weist nach, dass *fondos buitre(s)*[17] und die verkürzte Variante *buitre(s)* im Diskurs deutlich überwiegen und etwa dreimal so häufig verwendet werden wie der neutralere Ausdruck *holdouts*.[18] Trotz dieser Domi-

---

16 Cf. zur Positionierung von Akteuren über Nomination und Prädikation Bendel Larcher (2015, 63).

17 Die Varianten *fondos buitre* und *fondos buitres* werden beide im Korpus verwendet. Ist nur das Determinatum flektiert, deutet dies auf ein Nominalsyntagma hin, das als Eigenname gebraucht wird. Wird das Lexem *buitre* ebenfalls flektiert, übernimmt es die Funktion eines attribuierenden Adjektivs. Cf. zu den verschiedenen Verwendungsweisen den Artikel «¿Fondos buitre o fondos buitres?» in *La Voz* http://www.lavoz.com.ar/blogs/fondos-buitre-o-fondos-buitres (letzter Zugriff 25. 09. 2018).

18 Die Ausdrücke *fondos buitre(s)* und *buitre(s)* findet sich in 1415 Belegstellen verteilt auf 373 Dokumente. Damit kommt die metaphorische Bezeichnung der Hedgefonds durchschnittlich in fast jedem Artikel einmal vor. Das zweithäufige Lexem *holdouts* wird dagegen nur 396mal

nanz zeigt die Existenz zweier Ausdrücke einen semantischen Kampf um die richtige Bezeichnung (Felder 2006a).[19] Felder beschreibt diese Form der Wissensaushandlung als das «Prägen eines Begriffes bzw. Konzeptes (mittels des spezifischen und steten Gebrauchs eines bestimmten sprachlichen Ausdrucks)» (Felder 2006a, 15). Die Konkurrenz der beiden Ausdrücke lässt sich auf die polarisierte Medienlandschaft in Argentinien zurückführen. Di Stefano/Pereira (i. Dr.) zufolge hängt ihre Verwendung mit der politisch-ideologischen Ausrichtung der jeweiligen Sprecher zusammen. Die pejorative Bezeichnung *fondos buitre* kann tendenziell den regierungstreuen Zeitungen zugesprochen werden, während der englische Terminus technicus *holdouts* vorwiegend in den Zeitungen vorkommt, die der Kirchner-Regierung kritisch gegenüberstehen (cf. Di Stefano/Pereira i. Dr.). Die Entscheidung für einen der beiden Ausdrücke vermittelt also bereits eine Haltung gegenüber den Hedgefonds sowie gegenüber den USA insgesamt (spanisches Lehnwort vs. englischer Fachbegriff). Für den Default-Diskurs kann diese Zuweisung in ihrer Absolutheit nicht bestätigt werden, denn auch La Nación und Clarín sprechen von den *fondos buitre*. Ein deutlicher Unterschied zeigt sich jedoch in dem Umfang, in dem mit dem metaphorischen Gehalt des Ausdrucks gespielt wird. Dieser ist in den regierungstreuen Zeitungen, vor allem in Página12, weitaus größer als in den regierungskritischen.

Dass eine Konkurrenz zwischen den Bezeichnungen besteht, wird im Diskurs nicht thematisiert.[20] Eine seltene Ausnahme findet sich in einem Artikel aus Página12, in dem eine Anmerkung der Redaktion ergänzt, dass mit *holdouts* die *fondos buitre* gemeint seien. Dies verweist darauf, dass *holdouts* als die weniger geläufige Bezeichnung interpretiert wird, die einer Erklärung bedarf.[21]

(49) Esto incluye a los ciudadanos ordinarios, los bonistas que entraron a los dos canjes y *los holdouts (N.d.R.: fondos buitre)*, quienes no recibirán el pago que fue ordenado a través de una decisión judicial. (P12, 31. 07. 2014, En el final, Pollack mostró las plumas)

Da überwiegend nicht auf eine bestehende Bezeichnungskonkurrenz eingegangen wird, entscheidet sich der semantische Kampf über die Häufigkeit, die *fon-*

---

in 196 Dokumenten verwendet. Ein Grund für die hohe Anzahl an Belegen ist auch, dass beide Lexeme Suchwörter bei der Erstellung des Analysekorpus waren, cf. Kap. 4.2.

19 Cf. zu den semantischen Kämpfen, die im Default-Diskurs stattfinden auch Kap. 4.

20 Ganz anders verhält es sich dagegen mit der Bezeichnung *default*, bei der eine explizite Aushandlung stattfindet, inwieweit der Terminus für die Situation Argentiniens gerechtfertigt ist, cf. Kap. 5.1.

21 Cf. für ein weiteres Beispiel den weiter unten folgenden Beleg (53).

dos buitre als den dominanten Ausdruck ausweist. Im Korpus wird er häufig verwendet, ohne auf die Metapher einzugehen. Das deutet darauf hin, dass das Kompositum konventionalisiert und der mit ihm verbundene bildliche Vergleich verblasst ist.[22]

(50) La iniciativa de los bancos locales había comenzado con la premisa de reunir US$ 250 millones para depositar a modo de garantía a *los fondos buitre*, a cambio de que solicitaran a Griesa que repusiera el stay. (CL, 02. 08. 2014, Para Economía, los bancos hicieron una operación de prensa)

(51) Los norteamericanos Citi y JP Morgan, el alemán Deutsche Bank y el británico HSBC han avanzado en el diálogo con *los buitres*, según publicó anteayer el diario español El País. (LN, 04. 08. 2014, Sin avances en la negociación de bancos extranjeros con los fondos buitre)

(52) Con la falta de pronunciamiento en la audiencia de ayer, en el gobierno interpretan que, lejos de mantener el status quo, como lo reclamó la República, el juez de Nueva York favorece a *los fondos buitre* porque crea las condiciones para que *los holdouts* obtengan pingues ganancias de esta maniobra. (TA, 02. 08. 2014, Argentina investigará una «estafa» de buitres para cobrar los seguros)

Die ersten beiden Belege zeigen beispielhaft den unmarkierten Gebrauch der Bezeichnung, bei dem die metaphorischen Bedeutungsanteile nicht aktiviert werden. *Fondos buitre* scheint hier rein deskriptiv zu sein und es ist abzuwägen, ob es in solchen Fällen neben einem Verblassen der Metapher nicht auch zu einem Verblassen der pejorativen Bedeutung kommt. In Beleg (52) stehen die konkurrierenden Ausdrücke *fondos buitre* und *holdouts* nebeneinander. Es erfolgt keine Auseinandersetzung mit einem möglichen Bedeutungsunterschied der beiden Bezeichnungen, wodurch sie als austauschbare Varianten erscheinen. Diese Belege geben auch zu erkennen, dass überwiegend auf die Hedgefonds als Gruppe Bezug genommen wird, ohne einzelne Kläger namentlich zu

---

22 Eine aufschlussreiche Feststellung zur Konventionalisierung der Metapher ist, dass auch anerkannte Autoritäten wie der Wirtschaftsnobelpreisträger Joseph Stiglitz im Original die Bezeichnung *vulture funds* verwenden, ohne sie kritisch zu reflektieren. Cf. den Artikel «Una nueva arquitectura global» (Página12, 02. 08. 2014), der wörtliche Äußerungen von Stiglitz enthält, und das Original aus der New York Times, in dem er die Bezeichnung *vulture funds* gebraucht: http://www.nytimes.com/roomfordebate/2014/08/01/the-justice-of-argentinas-default/a-global-system-is-needed-for-debt-restructuring (letzter Zugriff 25. 09. 2018). Dies bestätigt, dass es sich um die Standardbezeichnung für Risikofonds handelt.

nennen. Auch Paul Singer, prominenter Vertreter der Hedgefonds, wird nur selten hervorgehoben.[23] Im Diskurs wird der Nation Argentinien dadurch statt realen Personen ein diffuses Kollektiv gegenübergestellt, dem über die Metapher des Geiers spezifische Merkmale zugewiesen werden.

Neben seiner Funktion zur Benennung der Hedgefonds wird das Kompositum *fondos buitre* im Diskurs zur Grundlage eines ausgefeilten Sprachspiels, bei dem sich die verblassten Bedeutungsanteile aktivieren. Auch wenn der unmarkierte Gebrauch häufiger vorkommt, sind die Fälle, in denen einzelne Facetten der Metapher aufgegriffen werden, von besonderer Bedeutung, denn sie tragen dazu bei, ein Wissen über die Hedgefonds herauszubilden. Das Sprachspiel setzt ein, wenn Analogien zwischen dem Verhalten der Hedgefonds und dem bildspendenden Konzept *Geier* hergestellt werden, was häufig explizit erfolgt. Wie bereits erwähnt, handelt es sich um eine pejorative Tiersymbolik, die eine negative Positionierung bewirkt.

(53)   Sin embargo, si bien todos dan por descontado que *los holdouts son «buitres», porque mediante la especulación se alimentan de los restos*, nadie se detiene demasiado en su consideración ética. (P12, 30. 07. 2014, Buitres, Griesa y la solución argentina)

Dieser Beleg spielt mit den beiden konkurrierenden Bezeichnungen *holdouts* und *(fondos) buitres* und attribuiert der Gruppe von Gläubigern, die den Umschuldungen nicht beigetreten ist, *Geier zu sein*. Das Lexem *buitres* ist durch Anführungsstriche graphisch hervorgehoben. Dies lenkt den Blick einerseits auf die wörtliche Bedeutung des Substantivs und drückt andererseits aus, dass die Prädikation «los holdouts son ‹buitres›» sinnbildlich gemeint ist. Die Analogiebildung baut auf dem charakteristischen Merkmal des Geiers als Aasfresser auf. Dieses Merkmal wird auf die *holdouts* übertragen und darauf bezogen, dass ihre Gewinnstrategie auf Spekulation beruhe. Der Artikel, dem dieser Auszug entnommen ist, enthält keine weiteren Erläuterungen, was genau mit «se alimentan de los restos» gemeint ist. Die Bedeutung erschließt sich nur mithilfe des Wissens über die Strategie der Hedgefonds, stark abgewertete Anleihen zu kaufen (häufig von Krisenländern) und diese gewinnbringend zu veräußern. Das Beispiel zeigt, dass bei der Übertragung auf die Hedgefonds bestimmte Elemente der Symbolik ausgeblendet werden. Denn der Hinweis auf die «restos» erlaubt auch den Schluss, Argentinien sei ebendieser Rest, ähnlich wie das veren-

---

23 Eines der wenigen Beispiele, in denen Paul Singer herausgegriffen wird, ist ein Artikel aus Clarín, der ihm über die italienische Bezeichnung *il capobuitre* ein mafiöses Vorgehen zuspricht, cf. Beleg (95) weiter unten. Im Diskurs ist dies jedoch nicht musterhaft.

dete Tier, das dem Geier als Nahrung dient. Diesen Teil der Metapher blendet der Diskurs jedoch aus und legt den Fokus stattdessen auf die Eigenschaften des gierigen Geiers, der auf seinen Vorteil aus ist.

Der Ausschnitt enthält eine weitere Positionierung durch den Verweis darauf, dass die Gewinnstrategie der Hedgefonds zwar bekannt sei, dieses Wissen jedoch nur selten eine Bewertung nach ethischen Gesichtspunkten zur Folge habe, die hier aber nahegelegt wird.

(54) Ahora le toca a la Argentina tomar las decisiones más duras y – esperemos – más inteligentes sobre cómo enfrentar a *los buitres que los rodean*. (P12, 04. 08. 2014, «Una complicidad del sistema judicial estadounidense que llegó incluso a su Corte Suprema»)

(55) No analizamos un seminario jurídico, de poder duro y de plata se habla. Mil millones de razones pueden sumarse a esa argumentación desde anteayer: son los dólares de seguros contra default que se dispararon y que cobrarán *los buitres u otras aves rapaces o como se los llame*. (P12, 03. 08. 2014, Es la economía, sin embargo)

In diesen beiden Belegen wird die Metapher, folgt man dem natürlichen Lesefluss, erst nachträglich aktiviert. Beleg (54) spricht von einer Entscheidungssituation. Argentinien stehe vor der Aufgabe, abzuwägen, wie es den «buitres» begegnen wird. Dass es sich um eine Situation mit großer Tragweite handelt, markieren die beiden Superlative «más duras» und «más inteligentes», die Attribute zu «decisiones» sind. Das Prädikat «esperemos» steht im Konjunktiv und vermittelt, es werde sich erst in der Zukunft zeigen, was die «intelligentesten» Entscheidungen sind. Erst der Relativsatz am Ende ruft die wörtliche Bedeutung von *buitres* auf und beschreibt die Hedgefonds als Geier, die über ihren Opfern kreisen. Ebenso wie Beleg (53) evoziert dieses Beispiel eine Lesart, bei der Argentinien der Analogie nach das sterbende Lebewesen ist, was jedoch im Widerspruch zu der vorangehenden Beschreibung steht, nach der sich Argentinien dafür einsetzt, den *buitres* auf kluge Weise gegenüberzutreten.

Beleg (55) steht im Rahmen einer Kritik an Thomas Griesa und seinem Urteil. Ihm wird vorgeworfen, den Hedgefonds gezielt ermöglicht zu haben, zusätzlich zu dem Betrag, den sie von Argentinien fordern, auch die Versicherungssumme für den Fall eines Zahlungsausfalls zu erhalten. Zur Reformulierung der Metapher kommt es hier ebenso wie im vorigen Beleg durch eine nachträgliche Ergänzung, die das im öffentlichen Diskurs gebräuchliche Substantiv *buitre* um die biologische Klassifikation *aves rapaces* erweitert. Auf diese Weise werden die wörtliche Bedeutung von *buitre* und die Analogiebildung zwischen Tier- und Finanzwelt aufgerufen. Der Nachtrag «o como se los llame» verweist auf die

Diskrepanz zwischen Alltagskonzept und wissenschaftlicher Kategorisierung. Dem Alltagskonzept nach ist der Geier zwar räuberisch, aber kein typischer Raubvogel, da er seine Beute nicht selber jagt.

Das Spiel mit der Metapher des Geiers beinhaltet punktuelle und flächige Formen der Bedeutungsbildung (Gardt 2013, 45). Punktuell ist die Positionierung der Hedgefonds immer dann, wenn der Schlüsselausdruck *buitre(s)* oder seltener *fondos buitre(s)* realisiert ist und charakteristische Merkmale des Geiers herausgegriffen werden. Eine flächige Positionierung erfolgt, wenn der Schlüsselausdruck nicht genannt wird, aber Lexeme verwendet werden, die (ebenfalls) aus der Fachsprache der Zoologie stammen. Im Diskurs zählen dazu *predatorio, depredador*,[24] *salvaje* und *carroñero*, die semantisch eng miteinander verbunden und teilweise synonym sind. Es handelt sich um Lexeme, die in mehreren Wissensdomänen gebräuchlich sind. Zum einen beschreiben sie Eigenschaften des Geiers und weisen ihn als Greifvogel und Aasfresser aus. Im allgemeinen Sprachgebrauch dienen die Lexeme zum anderen dazu, Menschen negativ besetzte Eigenschaften zuzuschreiben.

Die folgenden Beispiele zeigen punktuelle Formen der Bedeutungsbildung, bei denen die oben genannten Lexeme gemeinsam mit dem Schlüsselausdruck vorkommen.

(56) «Nuestra generación tiene que *desgriesar la Argentina, que significa sacarle de la garra depredadora de los buitres el futuro del país*», lanzó en el cierre del encuentro del Movimiento San Martín, una agrupación [...]. (CL, 03. 08. 2014, Julián Domínguez llamó a «desgriesar» la Argentina)

Dieser Beleg stellt die Hedgefonds als Geier dar, die die Zukunft Argentiniens mit ihrer «garra depredadora» festhalten. Das Adjektiv *depredador*, das *garra* näher beschreibt, weist den Geier in der Zoologie als Raubtier aus.[25] Interessant ist, dass der Text suggeriert, der Geier benutze seine Kralle dazu, seine Beute gegen deren Widerstand festzuhalten, obwohl diese Beschreibung dem allgemeinen Verständnis nach nicht zum Bild des Geiers passt, dessen Beute bereits wehrlos ist. An dieser Stelle gerät die Metapher also in eine Schieflage, da die Hedgefonds zum einen als feige Nutznießer, zugleich aber auch als gefährliche Räuber dargestellt werden sollen, das Konzept des Geiers aber nur eine Seite bedienen kann. Eingebettet ist diese Deutung der Situation Anfang August in den Aufruf «nuestra generación tiene que desgriesar la Argentina». Der Neologismus *desgriesar* stellt hier eine Verbindung zwischen den Hedgefonds und

---

24 In Einzelfällen findet sich auch *depredatorio*.
25 Cf. hierzu die Erläuterung zum häufiger gebrauchten *predatorio* (Belege 58 und 59).

dem Richter Griesa her, wie sie sich mehrfach im Rahmen dieser Resilienzfigur beobachten lässt.

(57) Además, [Kicillof] *describió a los buitres, criados al calor de Wall Street, como lo que son: carroñeros.* (TA, 31. 07. 2014, Cuando lo obvio es inusual)

Hier zeigt die gemeinsame Realisierung der Lexeme *buitre* und *carroñero* den Frame *Geier* beziehungsweise *Raubvogel* an. *Carroñero* ist enger als die anderen Adjektive mit diesem Frame verbunden, da der Geier der prototypische Vertreter eines Aasfressers ist. Das Substantiv *carroña* gehört allerdings auch zum All-tagsdiskurs und bezeichnet darin eine «persona despreciable» (DRAE 2014, Lemma *carroña*). In dem Korpusauszug attestiert der Verfasser dem Wirtschafts-minister Axel Kicillof, die Hedgefonds als «carroñeros» beschrieben zu haben.[26] Seine Deutung ist, dass Kicillof sie damit so beschrieben habe «como lo que son». Die Prädikation als verächtliche Person (beziehungsweise das Merkmal *aasfressend* in der Tiersymbolik) wird über diese Deklaration als eine ontologi-sche Wahrheit und nicht als subjektive Einschätzung des Ministers dargestellt. Der Beleg beschreibt die «Geier» als «criados al calor de Wall Street» und zieht damit eine Verbindung zwischen den Hedgefonds und dem Kapitalismus, hier bezogen auf die Wall Street als Finanzmarkt, die sich an vielen Stellen im Kor-pus findet. Im Rahmen der Geiermetapher ist dies folgendermaßen zu lesen: Wie die Jungen des Geier in ihrem Nest heranwachsen, diente den Hedgefonds die Wall Street als geschützter Ort, an dem sie sich entwickeln konnten.

Die nachfolgenden Belege geben Beispiele für flächige Formen der Bedeu-tungsbildung, bei der die Metapher des Geiers aufgerufen wird, ohne eine Reali-sierung des Schlüsselausdrucks. Sie beruhen darauf, dass der Ausdruck *fondos buitre* im Diskurs hochfrequent ist und den metaphorischen Gehalt trotz seiner Konventionalisierung stets latent mitführt.

(58) Entre esas iniciativas, está «lograr que todos los Estados, y en particular los EE UU y otras jurisdicciones en las que se han presentado demandas de este tipo, promulguen leyes que restrinjan *la actividad predatoria* de los fondos acreedores». (TA, 30. 07. 2014, «Advierten por el impacto en los DDHH»)

---

26 Aufgrund der Ausdrucksgleichheit ist in diesem Beleg nicht eindeutig festzustellen, ob es sich bei *carroñeros* um das Adjektiv oder das Substantiv handelt, ob hier also eine Eigenschaft beschrieben wird oder die Hedgefonds mit Aasfressern gleichgesetzt werden.

(59) «Se trata de un conflicto entre unos pocos acreedores que se apoyan en
las prácticas predatorias que habilita el sistema financiero [...]», explican.
(P12, 30. 07. 2014, «Evidencia Arbitrariedad»)

Auch das Adjektiv *predatorio* stammt aus der Fachsprache der Zoologie und
ist mittlerweile in den allgemeinen Sprachgebrauch übergegangen. In seiner
ursprünglichen Bedeutung wird es folgendermaßen definiert: «Particularmente,
se apliga a los animales que cazan a otros para alimentarse» (Moliner 2007,
Lemma *predatorio*). Ziel eines Tieres, das als *predatorio* kategorisiert wird, ist
also, Beute zu erjagen, um sich durch sie zu ernähren. Auf Menschen übertragen meint das Adjektiv «perteneciente o relativo al robo o al saqueo» (DRAE
2014, Lemma *predatorio*). In den Belegen (58) und (59), die den Gebrauch des
Adjektivs veranschaulichen, wird den Hedgefonds eine «actividad predatoria»
beziehungsweise «prácticas predatorias» zugewiesen. Eine Erläuterung, wodurch sich ihr Handeln als räuberisch auszeichnet und welches Ziel sie damit
verfolgen, geben die Beispiele nicht. Das Wissen darüber wird also vorausgesetzt. Auch das Raubtierverhalten, das hier den Hedgefonds zugesprochen wird,
bricht mit dem Alltagskonzept des Geiers. Diese Beobachtung zeigt, dass die
Metapher ihren kommunikativen Zweck, nämlich die Charakterisierung von
Diskursakteuren, auch dann erfüllt, wenn sie im Widerspruch zu einzelnen
Merkmalen des Bildspenders steht.

In beiden Belegen liegt die oben beschriebene flächige Bedeutungsbildung
vor, die den Wissensrahmen *Geier* evoziert, ohne dass der Schlüsselausdruck
fällt. Stattdessen wird auf die Hedgefonds mit *fondos acreedores* und *unos pocos
acreedores* rekurriert. In Beleg (59) werden die «prácticas predatorias» der Hedgefonds auf das Finanzsystem zurückgeführt, das ihnen ihr Handeln ermöglicht.
Die Klassifizierung der Hedgefonds als räuberisch und eine Kritik am kapitalistischen System greifen häufig ineinander. Dies wird unter anderem darin deutlich,
dass auch der Kapitalismus mit dem Adjektiv *predatorio* bezeichnet wird. Die
negative Bewertung blendet stets aus, dass auch Argentinien Teil dieses Finanzsystems ist. Während die negativen Facetten in den Vordergrund gestellt werden, bleiben die Möglichkeiten, die das Finanzsystem bietet, wie zum Beispiel
die Erholung der argentinischen Wirtschaft nach der Krise von 2001, unerwähnt.

Im Zusammenhang mit der engen Verflechtung zwischen Hedgefonds und
dem Kapitalismus wird auch das Adjektiv *salvaje* verwendet. In der Alltagssprache bezieht es sich auf Menschen, «que se portan sin consideración para las
demás, y a sus actos» (Moliner 2007, Lemma *salvaje*).

(60) Además, [Scioli] calificó a los fondos buitre «como *las máximas expresiones del capitalismo salvaje*» [...]. (LN, 31. 07. 2014, Daniel Scioli: «Los fondos buitre son la máxima expresión del capitalismo salvaje»)

Hier werden die Hedgefonds als «las máximas expresiones del capitalismo salvaje» bezeichnet. Durch den Superlativ ist die Bewertung besonders stark und die Hedgefonds werden am negativen Pol eines Finanzsystems verortet, das für egoistisches und rücksichtsloses Verhalten steht. *Capitalismo salvaje* entspricht dem deutschen Kompositum 'Raubtierkapitalismus'. Das Beispiel zeigt, wie die Hedgefonds und das Finanzsystem gleichzeitig und miteinander verbunden negativ positioniert werden. Im Zusammenspiel der Adjektive *predatorio* und *salvaje* etabliert sich eine logische Kette: Die Hedgefonds gebrauchen *prácticas predatorias* innerhalb eines Finanzsystem, das ebenfalls als «räuberisch» und zugleich als «ungezähmt» charakterisiert wird. Dieses System hat die Hedgefonds selbst hervorgebracht, die das negative Extrem eines Raubtierkapitalismus sind. Diese logische Verknüpfung stellt eine enge semantische Verbindung zwischen beiden Entitäten her und intensiviert das negative Urteil.

Der folgende Beleg nimmt die Metapher des Geiers als Ausgangspunkt und fügt der Positionierung der Hedgefonds ein weiteres Bildfeld hinzu.

(61) [Los fondos buitre; S. M.] [*n*]*o son sólo buitres* que buscan beneficiarse de la carroña de los bonos basura sino *vampiros ávidos* de la buena sangre de nuestros recursos naturales. (P12, 05. 08. 2014, De cómo ser castigados por querer cumplir con la deuda)

Über ein Prädikativ werden die Hedgefonds mit Geiern gleichgesetzt.[27] Sie bereichern sich an «bonos basura», an Wertpapieren, die weit unter ihrem ursprünglichen Wert angeboten wurden (im Zuge der Krise von 2001). Diese Wertpapiere werden als *carroña* bezeichnet, sie sind also in der Finanzwelt das, was in der Tierwelt das Aas ist, von dem sich die Geier ernähren. Ein zweiter Bildspender erweitert die negative Bewertung. Die Hedgefonds seien nicht nur «buitres», sondern auch «vampiros ávidos», die es auf die argentinischen «recursos naturales» abgesehen hätten. Der Phraseologismus «buena sangre», der die «condición benigna y noble de una persona» beschreibt und in dem *sangre* nicht seine wörtliche Bedeutung entfaltet (DRAE 2014, Lemma *sangre*),[28] löst sich im Zusammenhang mit der Metapher des Vampirs wieder in seine Teilbedeutungen auf. Die natürlichen Ressourcen sind für die Geier wie das Blut für den Vampir. Wie die Metapher des Geiers erzeugt auch diese Metapher eine Konstellation von gefährlicher Bedrohung und unschuldigem Opfer, das getötet werden soll. Die Metapher des blutrünstigen Vampirs ist ein traditionelles antisemitisches

---

27 Auf dieselbe Art funktioniert Beleg (53).
28 Bekannter ist das Gegenstück zu diesem Phraseologismus, *malasangre*, das einen «carácter avieso o vengativo de una persona» beschreibt (DRAE 2014).

Stereotyp, das losgelöst davon im politischen Diskurs zur Kritik am Kapitalismus verwendet wird.[29]

In den bisherigen Beispielen wurde die Geiermetapher in einem einzelnen Satz oder Absatz herangezogen. Das Korpus enthält auch einige wenige Artikel, die die Metapher umfangreicher aufgreifen und in denen sie in hohem Maße zur Gesamtbedeutung des Textes beiträgt. Solche Artikel bilden einen Gegenpol zur konventionalisierten Verwendung des Kompositums *fondos buitre*, bei der der metaphorische Gehalt verblasst ist. Ein Beispiel ist der Artikel *Prometeo y los buitres*, der am 29. 06. 2014 in Página12 erschien. Seine Veröffentlichung liegt einen Monat vor dem Eintritt in die Zahlungsunfähigkeit, jedoch genau am Ende der Frist, bis zu der sich Argentinien mit den Hedgefonds einigen musste. Der eigentliche Schlüsselmoment des Diskurses verschob sich nur durch eine dreißigtägige Gnadenfrist um einen Monat.

Der Artikel *Prometeo y los buitres* greift bereits im Titel das Schlüsselwort *buitres* auf, das vor dem Hintergrund des Rechtsstreits auf die Hedgefonds hinweist und eine Erwartungshaltung beim Leser erzeugt. Diese entsteht auch durch den Zeitpunkt der Veröffentlichung, der eine Auseinandersetzung mit dem Thema nahelegt. Zusätzlich erhält der Artikel als Leitartikel einen prominenten und sichtbaren Ort. Zunächst nimmt der Text keinen Bezug auf den Rechtsstreit, denn er beginnt mit einer Beschreibung der Figur des Prometheus aus der griechischen Mythologie. Er ist «el dios amigo de los hombres», ein Gott, der ein Freund des Menschen ist und diesen gegenüber den anderen Göttern favorisiert, obwohl diese auf der Seite der Macht und des Gewinns stehen. Prometheus wird durch seine Freundschaft zu den Menschen, die er der übermächtigen Seite der Götter vorzieht, positiv dargestellt. Erst im zweiten Absatz wird in Form einer rhetorischen Frage die Situation Argentiniens thematisiert.

(62) Pero, ¿por qué Prometeo, hoy? *Porque hemos sido encadenados a una roca y los buitres devoran nuestro hígado,* tal como el castigo que Zeus – siempre triunfante – impuso a Prometeo por su acto de insumisión. Ahí lo tenemos, sometido, encadenado, quejoso. (P12, 29. 06. 2014, Prometeo y los buitres)

Der Zusammenhang zwischen der mythologischen Figur und Argentinien liege in ihrer vergleichbaren Situation. Argentinien sei ebenso wie Prometheus zur Strafe an einen Felsen gebunden, wo ihm die Geier seine Leber herausreißen. Der griechischen Sage nach ist es jedoch kein Geier, sondern ein Adler (und

---

29 Cf. zum Ursprung der Metapher Urban (2014, 75–79).

zudem auch nur einer, nicht mehrere), der die von Zeus auferlegte Strafe ausführt. Diesen Konflikt löst der Verfasser, indem er darauf verweist, dass die römische Version der Sage von einem Geier spricht. Beide Vögel seien Raubvögel und deshalb «casi idénticas». Auch wenn dies der zoologischen Definition nach zutrifft, sind Adler und Geier im allgemeinen Sprachgebrauch mit ganz unterschiedlichen Assoziationen verbunden. Der Adler gilt als majestätisches Tier und ist positiv konnotiert, während der Geier mit Feigheit und Gehässigkeit in Zusammenhang gebracht wird. Der Text spielt hier mit der Austauschbarkeit scheinbar ähnlicher Konzepte. Auch wenn die Ersetzung des Adlers durch den Geier mit der Alltagsvorstellung bricht, wird die Übertragung der Lage Prometheus auf Argentinien ersichtlich.

Die im Artikel gebildete Analogie überträgt nicht nur die Situation des unschuldig Bestraften auf Argentinien, sondern auch die positive Deutung, die der mythologische Gott in dem Artikel erhält. Argentinien erscheint wie Prometheus als Freund des Menschen, wobei hier das Wohlergehen des argentinischen Volkes eingesetzt werden kann. Die Seite der Macht, die in der Prometheussage durch die Götter repräsentiert ist, kann im Kontext des Rechtsstreits als eine Anspielung auf den Kapitalismus oder die übermächtigen USA gesehen werden. Einen Hinweis auf diese Lesart gibt die Aussage, dass die Vereinigten Staaten von Amerika den Adler als Nationalsymbol haben, der dem Geier sehr ähnlich ist. Mit dieser Verknüpfung zwischen Adler und Geier wird die Analogie zu Prometheus, der hier von einem Geier gequält wird, fortgeführt. Sie ist ein Hinweis auf die USA und die ihnen unterstellten hegemonialen Interessen, ein Motiv, das sich mehrfach im Diskurs beobachten lässt. Eine explizite Aufschlüsselung der Prometheussage hinsichtlich des Schuldenstreits liefert der Artikel jedoch nicht, so dass die Interpretation des Texts von dem Wissen und der Inferenz des Lesers abhängt. Abschließend sei auf folgenden Ausschnitt verwiesen, der ebenfalls die Metapher des Geiers und die Bedeutung von Nationalsymbolen zusammenbringt.

(63) Pero, también, hay una pregunta por los silencios de la lengua: el horror por los buitres en un país que tiene a uno de ellos por su ave nacional. El cóndor – el más grande de todos los buitres –, emblema de Aerolíneas Argentinas, que lo lleva en la aleta de cola de sus aviones alrededor del mundo cada día. (LN, 05. 08. 2014, Los buitres no son aves exóticas)

Hier wird auf den Kondor, den Nationalvogel Argentiniens, Bezug genommen. Eine panische Angst vor den «buitres» sei daher unbegründet, denn der Kondor gelte als «el más grande de todos los buitres». Die eigentlich pejorative Bedeutung, die mit dem Konzept *Geier* verbunden ist, wird in der Bezugnahme auf den Kondor umgekehrt. Stattdessen werden hier die Eigenschaften Stärke und Souveränität evoziert und auf Argentinien übertragen. Der Beleg ist ein seltenes Beispiel, in dem die Metapher des Geiers zur Entschärfung der Gefahr, die durch die Hedgefonds ausgeht, gebraucht wird.

Zusammenfassend kann festgehalten werden, dass die Positionierung der Hedgefonds über die Geiermetapher darauf beruht, dass je nach Zusammenhang bestimmte Aspekte fokussiert und andere ausgeblendet werden. Aus den einzelnen Elementen, mit denen eine Analogie zum Rechtsstreit gebildet wird, ergibt sich kein kohärentes Gesamtbild, denn einige stehen im Widerspruch zum Alltagskonzept des Geiers, andere schließen sich innerhalb des Default-Diskurses aus. Trotzdem stören die Inkohärenzen – Geier als böswillige Raubtiere vs. feige Aasgeier, Argentinien als verendende Beute (diesen Schluss blendet der Diskurs aus) vs. unschuldiges Opfer, das sich wiedersetzt – nicht, denn die Metapher funktioniert jeweils in ihrem Kontext. Hierin zeigt sich die Vielschichtigkeit von Metaphern, die ihre kommunikative Funktion trotz Widersprüchen, die sich am Diskursmaterial nachweisen lassen, erfüllen.

6.1.2.2 Die unmoralischen Hedgefonds

Ebenso wie Argentinien werden auch die Hedgefonds nach moralischen Kriterien positioniert. Im Unterschied zu Argentinien, das als Vertreter eines moralischen Wertekanons erscheint, werden für die Hedgefonds Merkmale angeführt, die ihr Vorgehen als verwerflich kennzeichnen. So ergibt sich eine Gegenüberstellung der Akteure, die zwar selten punktuell zu erkennen ist, auf der Diskursfläche jedoch deutlich hervortritt. Ein erstes Attribut ist das der *Gier* beziehungsweise *Habsucht*, das bereits ein Bestandteil der Geiermetapher ist. Begleitet wird es von *Überheblichkeit* als einer weiteren Eigenschaft, die den Hedgefonds zugesprochen wird. Beide Motive rufen einen religiösen Kontext auf, denn sie zählen zu den sieben Todsünden (*Avaritia* und *Superbia*). Die Hedgefonds werden im Diskurs als Akteure dargestellt, deren höchstes Ziel es ist, sich zu bereichern. Eine sehr explizite Form der Positionierung erfolgt durch die Verwendung des Lexems *codicia*, das die Handlungen der Hedgefonds etikettiert. Während für den Diskurs generell gilt, dass die Hedgefonds und der Richter überwiegend durch argentinische Sprecher bewertet werden, nimmt in diesem Aspekt nur der US-amerikanische Wirtschaftsnobelpreisträger Joseph Stiglitz eine direkte Charakterisierung vor. Daraus ergibt sich ein doppelter Effekt. Zum einen ist Stiglitz eine anerkannte Autorität und ein Experte im Bereich Ökonomie, was seinen Aussagen über die Hedgefonds eine hohe Wirksamkeit verleiht. Hinzu kommt, dass er selbst US-Amerikaner ist. Durch seine Einbindung in dasselbe nationale Wirtschaftssystem und eine damit verbundene Kenntnis kommt Stiglitz eine besondere Berechtigung zur Beurteilung zu. Indem Gier als Leitmotiv der Hedgefonds von einer Autorität, die nicht am Konflikt beteiligt ist, in den Diskurs einfließt, kann Argentinien zudem für diese starke Bewertung nicht zur Rechenschaft gezogen werden.

(64) «Los buitres han invocado el imperio de la ley, pero *debemos ser claros: se trata de la codicia.* [...]», explicó Stiglitz. (P12, 02. 08. 2014, Una nueva arquitectura global)

Die Äußerung stammt ursprünglich aus einem Artikel des Nobelpreisträgers, den dieser in der New York Times veröffentlicht hatte und der sowohl in Página12 als auch in Tiempo Argentino in langen Ausschnitten zitiert wird.[30] Stiglitz erklärt, die Hedgefonds würden sich mit ihren Forderungen auf das «imperio de la ley» berufen, also die Rechtsordnung als Grundlage für ihre Forderungen benutzen. Hinter diesem korrekten Verhalten verbergen sich laut Stiglitz ihre wirklichen Beweggründe, wie er mit «debemos ser claros» einleitet. Gier sei das Motiv, das die Hedgefonds antreibt und sie dazu bringt, sich die Möglichkeiten des Rechtssystems zu eigen zu machen, um hohe finanzielle Forderungen zu stellen.

In den folgenden Beispielen werden die Hedgefonds implizit charakterisiert. Das Konzept der Gier wird über die Betonung aufgerufen, sie strebten hohe Gewinne an.

(65) Los holdouts *quieren cobrar lo más que puedan.* (TA, 28. 07. 2014, Del fallo incumplible a una política posible)

(66) Los fondos buitre realizan inversiones de altísimo riesgo y apuestan, con billetera, paciencia y lobby, a cobrar en algún momento *y así hacerse de ganancias extraordinarias.* NML Capital, de Paul Singer, compró los bonos en 2008 y si logra cobrar lo que la sentencia de Griesa indica, embolsaría una ganancia en dólares de 1600 por ciento. De 50 millones invertidos en esos títulos pasaría a cobrar 800 millones. (P12, 29. 07. 2014, Otro viaje a Nueva York en horas definitorias)

Die beiden Belege, die zeitlich vor dem Zahlungsausfall liegen, deuten das Vorgehen der Hedgefonds. Dass es ihnen um eine maximale Gewinnsumme geht, vermitteln der Superlativ «quieren cobrar *lo más* que puedan» in Beleg (65) und das Kompositum «ganancias extraordinarias» in dem danach folgenden Beleg.

---

30 Dieser Beleg wird auch weiter unten im Rahmen des Merkmals *Gesetzesferne* aufgegriffen (Beleg 91).

Hier werden darüber hinaus genaue Zahlen genannt, wie eine Gewinnsumme von 1600 Prozent oder der Vergleich zwischen dem investierten Betrag und der geforderten nominalen Summe, um über diese Angaben die Deutung zu legitimieren. Es handelt sich dabei um eine Technik, die sich häufiger im Diskurs beobachten lässt. Zur Durchsetzung ihrer Strategie stehen den Hedgefonds «billetera, paciencia y lobby» zur Verfügung. Ausgestattet mit diesen Möglichkeiten warten sie geduldig darauf, irgendwann ihren Gewinn zu erhalten. Zu *Gier* kommen hier als weitere Facetten *Überheblichkeit* (eine weitere Todsünde) und das Ausnutzen einer Machtposition hinzu. Es zeigt sich, dass in der Diskursrealität die verschiedenen Merkmale häufig miteinander kombiniert vorkommen.

(67) [Una declaración de cien economistas dice que] «los demandantes en este caso compraron bonos argentinos en el mercado secundario después de abandono, a menudo por menos de 20 centavos de dólar, pero luego estos actores podrían haber aceptado la reestructuración y haber hecho un beneficio muy grande, *aunque en su lugar han librado una batalla legal de diez años, en busca de ganancias exorbitantes de más de 1000 %* y la creación de la incertidumbre financiera en el camino». (TA, 01. 08. 2014, Economistas repudiaron al juez Griesa)

Dieser Auszug aus einem Schreiben, in dem Wirtschaftswissenschaftler ihre Ablehnung gegenüber den Entscheidungen des Richters Griesa und der Herabstufung der Kreditwürdigkeit Argentiniens ausdrücken, leitet das Motiv Gier ausführlich her. Er beginnt mit einem Rückgriff darauf, dass die Hedgefonds argentinische Wertpapiere erst zu einem niedrigen Preis kauften und sich anschließend nicht an den Umstrukturierungen beteiligten, obwohl ihnen diese einen «großen Gewinn» ermöglicht hätten. Hier wird die Eigenschaft eines *guten Kreditgebers*, der sich mit einem «beneficio muy grande» zufrieden gibt, dem Verhalten der Hedgefonds als *schlechte Kreditgeber* gegenübergestellt, die auf der Suche nach «ganancias exorbitantes de más de 1000 %» sind und dafür den Weg eines langjährigen Rechtsstreits in Kauf nehmen. Bei diesem Vergleich, über den das Konzept der Gier aufgerufen wird, stellt das Kompositum «ganancias exorbitantes» eine weitere Steigerung zu «ganancias extraordinarias» in Beleg (66) dar.

Während in den bisher beschriebenen Beispielen die Forderung der Hedgefonds im Rechtsstreit als Nachweis für ihr Handlungsmotiv diente, ist es in den folgenden Belegen der ihnen vorgeworfene doppelte Gewinn durch Versicherungspolicen.

(68) «Muchos inversionistas y fondos buitres los compraron [los seguros contra default; S. M.] y presumiblemente – dijo – *provocar el default les genera*

una ganancia por doble vía; primero activando por el lado judicial y teniendo sentencia por bonos precios al 2001 y posteriormente ajustando
una enorme ganancia por la valorización de estos Swaps» [dijo Vanoli].
(LN, 04. 08. 2014, Pedirán que se investigue una si hubo maniobras especulativas de los fondos buitre por el seguro contra default [sic])

(69) Con su identificación, la intención del Palacio de Hacienda es dilucidar si
los fondos buitre evitaron llegar a un acuerdo con el país *para obtener así
un doble beneficio*, es decir, cobrar la totalidad del valor nominal de sus
bonos en default y el seguro contra la cesación de pagos. (TA, 04. 08. 2014,
Buitres: gobierno pide datos a EE UU por presunta estafa con los seguros)

Bereits die Bezeichnung der Versicherungssumme als «Gewinn» ist bedeutsam,
denn sie ist eigentlich eine Ausgleichszahlung, die Investoren vor Verlusten
schützen soll. Dadurch, dass die Lexeme *ganancia* und *beneficio* gebraucht werden, wird den Hedgefonds unterstellt, die Versicherung als eine Methode zur
Bereicherung zu nutzen. Der Präsident der argentinischen Börsenaufsicht Vanoli wirft den Hedgefonds vor, sich auf zwei Arten zu bereichern, nämlich über
den Rechtsweg und durch den Besitz von Versicherungen gegen einen Zahlungsausfall. Er schreibt den Hedgefonds zu, diesen gezielt provoziert zu haben
(«provocar el default»). In Beleg (69) findet sich diese Vermutung in einem Bericht über rechtliche Schritte der Regierung wieder, die offenlegen sollen, ob
die Hedgefonds eine Einigung verhindert haben, um einen doppelten Gewinn
zu erzielen. Beide Beispiele stellen einen Zusammenhang zwischen dem Besitz
von Versicherungspolicen und dem vorsätzlichen Verhindern einer Einigung
her. Die Provokation des Zahlungsausfalls wird als bewusste Maßnahme der
Hedgefonds dargestellt, um sich so noch mehr zu bereichern als mit den oben
erwähnten *ganancias exorbitantes*.

(70) «Los buitres son *parásitos que engordan con la miseria y el hambre de los
pueblos*», sostuvo el titular de la Afsca, Martín Sabbatella. (P12, 31. 07.
2014, Reacciones de oficialistas y opositores).

Dieses Beispiel vereint zwei Tiermetaphern. Die Hedgefonds werden als *Geier*
und durch ein Prädikativ zugleich als *Parasiten* bezeichnet. Parasiten sind im
allgemeinen Sprachgebrauch Nutznießer, die auf Kosten anderer leben.[31] Sie
ziehen ihren Nutzen aus der «miseria y el hambre de los pueblos». Ihre Bereiche-

---

31 Cf. zur metaphorischen Bedeutung der Metapher auch Moliner (2007), Lemma *parásito*:
«Persona que vive a costa de otra o que no presta ningún servicio a la sociedad».

rung, hier durch das Verb *engordar* als Völlerei dargestellt, bildet einen Kontrast zu dem Elend vieler Völker, für das sie verantwortlich gemacht werden. Die Metapher des Parasiten zur Kennzeichnung eines sozialen oder politischen Gegners hat eine lange Tradition im öffentlichen Diskurs (Musolff 2011, 105; 2015). Musolff (2011, 110) weist auf eine enge Verbindung zur Vampirmetapher hin, die sich weiter oben beobachten ließ (cf. Beleg 61). Der Default-Diskurs greift damit auf Motive zurück, die typischerweise dazu verwendet werden, die kommunikative Aufgabe *ein Feindbild errichten* zu erfüllen. Sie besitzen einen großen Verwendungsrahmen und sind unter anderem in rassistischen und speziell in antisemitischen Diskursen fest verankert (cf. Musolff 2011; Urban 2014, 117).[32]

Neben dem Vorsatz, sich an Argentinien zu bereichern, werden den Hedgefonds weitere Handlungsmotive zugesprochen, die dazu beitragen, sie als Übertreter eines moralischen Wertekodexes auszuweisen. Dabei wird nicht länger ein finanzieller Gewinn in den Vordergrund gestellt, sondern böswillige Absichten, genauer, die systematische Schädigung Argentiniens. Dazu zählt die Zerstörung der gesamten Umschuldung, die im Diskurs als großer Erfolg der Nation und als zentrales Element der Erholung nach der Krise von 2001 gedeutet wird.

(71) Sin duda, los fondos buitre [...] no sólo pueden exigir ganancias de más del 1600 % en dólares gracias a la sentencia impracticable e inentendible del juez Griesa, *sino que van por algo más profundo. Buscan destruir la reestructuración de la deuda argentina.* (TA, 05. 08. 2014, Nunca más el pueblo pagará lo que no debe)

(72) «Estos fondos no quieren cobrar la deuda *sino destruir todo el proceso de renegociación y generar un caos financiero en Argentina, pretendiendo que vendamos activos para pagarles. Están detrás de los recursos naturales de la Argentina como el petroleo*», volvió a denunciar [Parrilli]. (P12, 04. 08. 2014, Parrilli: «Argentina va a recurrir a todas las acciones legales y políticas en el marco de los organismos internacionales»)

Das Ziel der Hedgefonds sei nur augenscheinlich die Rückzahlungssumme für ihre Investitionen, legen diese Belege nahe. Die dahinterliegende viel tiefere Absicht werde erst bei näherer Betrachtung sichtbar, was den Hedgefonds Hinterlist zuschreibt. Beide Diskursausschnitte verwenden das Verb *destruir*. Das Handeln der Hedgefonds wird damit als mutwilliger Akt der Zerstörung gedeutet. Beleg (72) nennt weitere Ziele: Die Hedgefonds wollen mit der Auflösung der Umstrukturierung ein «caos financiero» hervorrufen und Argentinien so dazu

---

32 Zur Genese der Parasitenmetapher cf. Enzensberger (2001) und Musolff (2011).

bringen, mit natürlichen Ressourcen zu zahlen. Besonders haben es die Hedgefonds laut dem Sprecher auf das lukrative Öl abgesehen. Folgende Äußerungen
gehen noch weiter:

(73) Si de algo se ocuparon los fondos buitre es de recordar el 2001, las condiciones de 2001, los efectos de 2001. Esa es la amenaza. Debemos reconocer
que la relación existe, con una aclaración: *ellos proponen repetirla, volverla inevitable, organizar otro saqueo del patrimonio nacional y del ingreso
popular.* (TA, 28. 07. 2014, Del fallo incumplible a una política posible)

(74) Empezando por los fondos buitre y por todos quienes acompañen su estrategia, *está clara la intención de sembrar una sensación de que al país le
esperan horas aciagas si no acuerda urgentemente el pago de la sentencia
de Griesa* [...]. (P12, 02. 08. 2014, La extorsión y después)

Beide Belege sagen aus, die Hedgefonds hätten es darauf abgesehen, eine Krisen-
atmosphäre zu schaffen und sogar die Krise von 2001 zu wiederholen. Beleg (73)
leitet dies darüber ein, dass die Hedgefonds die Situation von 2014 stets mit der
Krise von 2001 in Verbindung bringen und deutet dies als die eigentliche «Bedrohung», der Argentinien ausgesetzt ist.[33] Eine Verbindung zu 2001 bestehe zwar,
jedoch nur in der Absicht der Hedgefonds, die Krise zu wiederholen. Die Absicht
der US-amerikanischen Akteure geht in dieser Darstellung über den Bereich der
Wirtschaft hinaus und greift in die argentinische Identität hinein, wie die Wendung «organizar otro saqueo del patrimonio nacional» vermittelt. Klar zu erkennen ist hier das Bild der kolonialen Ausbeutung, das bereits mit dem Bezug auf
die natürlichen Ressourcen und das argentinische Öl anklang (Beleg 72).[34]

Beleg (74) weist keinen Rückbezug auf die Krise von 2001 auf. Stattdessen
bindet sich hier eine Zukunftsperspektive an: Die Hedgefonds und weitere Verbündete hätten ganz offensichtlich das Ziel, die Gefahr einer düsteren Zukunft
heraufzubeschwören, wenn Argentinien das Urteil Griesas nicht ausführt. Die
folgende Äußerung vermittelt besonders deutlich, dass die Hedgefonds böswillige Absichten verfolgen.

(75) «Cuando los buitres se niegan a cerrar un acuerdo con Argentina que les
redundaría ganancias del 300 por ciento, *queda clarísimo que apuestan a
destruir al país, como lo hicieron históricamente*», remarcó el dirigente de
Nuevo Encuentro. (P12, 31. 07. 2014, Reacciones de oficialistas y opositores)

---

33 Dieser Beleg wurde aus einer anderen Perspektive bereits in Kap. 5.2 analysiert.
34 Cf. zum Motiv der hegemonialen Ausbeutung auch Kap. 7.3.

Nach Aussage eines Vertreters der kirchneristischen Organisation *Nuevo Encuentro* streben die Hedgefonds an, Argentinien vollständig zu zerstören. Damit zielt das ihnen zugesprochene Vorgehen nicht länger auf eine Schädigung der Wirtschaft oder anderer einzelner Bereiche. Vielmehr geht es um die Existenz der Nation selbst. Ähnlich wie im vorigen Beispiel wird dies als eine offensichtliche Interpretation herausgestellt, hier durch den absoluten Superlativ «queda clarísimo». Die Äußerung eröffnet auch einen Vergangenheitshorizont, denn die Hedgefonds hätten bereits früher auf eine Zerstörung Argentiniens hingearbeitet. Ohne dass hier genauer erläutert würde, worauf sich diese Aussage bezieht, lässt sich dies als Referenz auf die Krise von 2001 lesen. Eine weitere mögliche Interpretation ist, dass sich die Bemerkung darauf bezieht, dass die Hedgefonds ihre Strategie bereits bei anderen Ländern angewendet haben.

Das Merkmal, zerstörerische Absichten zu haben, steht im Gegensatz zur Diskursrolle Argentiniens. Denn diese beinhaltet, dass sich das Handeln der Regierung an dem Ziel ausrichtet, für das Wohl des Volkes und eine positive Zukunft zu sorgen. Da in diesem Aspekt der Positionierung die Regierung als Akteur herausgegriffen wird, stehen sich eine Regierung, die für ihr Volk sorgt, und spekulative Investoren, die eben dieses zerstören wollen, konträr gegenüber. Weitere Elemente der Figur der Hedgefonds sind Zwielichtigkeit und Undurchsichtigkeit. Auf der Diskursoberfläche wird die Positionierung häufig durch eine Hell-Dunkel-Metaphorik realisiert, einem Metapherntyp, der sich für Argentinien nicht äquivalent findet.

(76) Esta idea redondea la postura de la gente respecto de lo que está pasando: perciben un ataque de afuera, injusto porque sólo es el uno por ciento de los acreedores y *protagonizado por un puñado de individuos oscuros.* (P12, 03. 08. 2014, Pájaros non gratos)

(77) «Los [seguros contra default] emiten los bancos, no tienen una Bolsa y *se trata de un mercado muy oscuro y poco transparente*», le dijo a BBC Mundo Eduardo Levy Yeyati, director de la consultora financiera Elypsis. (LN, 29. 07. 2014, ¿Quién se puede beneficiar si la Argentina entra en default?)

In Beleg (76) werden die Ergebnisse einer Umfrage zur Haltung Argentiniens gegenüber den Hedgefonds ausgewertet. Neben der Auslegung der Situation als «ataque de afuera» liegt der Fokus darauf, die Kläger als eine sehr kleine Gruppe von Gläubigern und ihre Protagonisten als zwielichtige Gestalten zu kennzeichnen. Auch das zweite Beispiel enthält das Adjektiv *oscuro*. Es dient hier der Bewertung von *mercado*, mit dem der Handel mit Versicherungspolicen gemeint ist. Die sprachliche Technik, einen Zusammenhang zwischen den Hedgefonds und dem kapitalistischen Finanzsystem herzustellen und beide zu kritisieren, indem sie mit denselben Attributen beschrieben werden, wird im Korpus oft verwendet. Durch diese diskursiv hergestellte Verflechtung können auch Beispiele wie Beleg (77), die die Hedgefonds nicht explizit nennen, als Teil ihrer Positionierung verstanden werden. Die Äußerung des Ökonomen Eduardo Levy Yeyati enthält eine doppelte Verwendung der Hell-Dunkel-Metaphorik. Der Finanzmarkt sei sowohl «muy oscuro» als auch «poco transparente». Dieses Spiel mit eigentlich antonymen Lexemen (*muy* und *poco* sowie *oscuro* und *transparente*), deren Kombination dieselbe Aussage ergibt, intensiviert die Deutung.

(78) [...] Capitanich precisó que podrían haber existido «mecanismos de información privilegiada» con el objetivo de generar una «manipulación en la cotización de valores», lo que va «*contra la transparencia a los mercados*» en referencia a la investigación que iniciará la Comisión Nacional de Valores. (P12, 04. 08. 2014, Capitanich: «Hay múltiples instancias de acciones contra los fondos buitre»)

(79) [Vanoli] [c]riticó como una actitud «*que riñe con la transparencia y con la ética*» la participación del fondo buitre Elliott en el comité que decidió el viernes la activación de esos CDS al considerar que lo ocurrido sí fue un default. (CL, 04. 08. 2014, Vanoli: «El mercado ya votó y su opinión es que no hay default»)

Auch diese Beispiele verwenden das Lexem *transparencia*, das eigentlich auf den Hell-Bereich anspielt, hier jedoch eine gegenteilige Bedeutung entfaltet und das Handeln der Hedgefonds als intransparent ausweist. In beiden Belegen geht es um den vermeintlichen Versicherungsbetrug. Jorge Capitanich wirft den Hedgefonds eine Manipulation durch Insiderinformationen vor. Dieses Vorgehen deutet er als verwerflich, da es die Transparenz des Marktes verletze. Die Bedeutung des Lexems *transparencia* wird hier in Verbindung mit der Präposition *contra* in ihr Gegenteil verkehrt. Die Analyse Capitanichs ist begleitet von einem Bericht über entsprechende Untersuchungen, die Argentinien veranlassen werde. Moralische und rechtliche Bewertungskriterien greifen hier also ineinander. In Beleg (79) beschreibt der Chef der argentinischen Börsenaufsicht Vanoli das Handeln der Hedgefonds als Bruch mit der Transparenz des Marktes und zusätzlich mit der Ethik. Er bezieht sich mit dieser Interpretation konkret darauf, dass Paul Singer Mitglied des Gremiums ist, das entscheidet, ob ein Zahlungsausfall vorliegt und entsprechend die *Credit Default Swaps* ausgezahlt werden, obwohl er selbst vermutlich Versicherungsnehmer ist. Die beiden Belege nennen explizit Ethik und Moral als Bewertungskriterien für die Hedgefonds. Solche direkten Verweise finden sich für Argentinien nicht, dessen Rolle nur über Attribute des Frames *moralisches Handeln* entsteht und auf den Schluss des Lesers angewiesen ist.

(80) A diferencia de los verdaderos buitres, cuya conducta no puede ser objeto de juicio moral, *la de éstos* [*los que que medran con las deudas ajenas*; S. M.] *merece una condena.* [...] Sin duda, los buitres que limpian la carroña en la naturaleza no son los mismos que medran con las deudas ajenas. Éstos, a diferencia de aquéllos, cumplen una función útil para sí mismos, no para los otros, para el ambiente, para la sociedad. (LN, 05.08.2014, Los buitres no son aves exóticas)

In diesem Beleg wird die Geiermetapher auf einer Metaebene thematisiert und ihre Wirkung gesteigert, indem zwischen Tierwelt und Alltagskonzept differenziert wird. Der Geier sei eigentlich ein Tier mit einer nützlichen Funktion im Ökosystem, da er Aas frisst, das möglicherweise Krankheiten übertragen könne. Daher tue die Metapher dem Vogel Unrecht, denn sie sei üblicherweise mit einem moralischen Urteil verbunden. Im Gegensatz zu den «verdaderos buitres» sei ein solches Urteil für die metaphorischen Geier durchaus angemessen. Sie würden nämlich moralisch verwerflich handeln, indem sie wie Parasiten nur sich selber nützten und keine sinnvolle Funktion für die Gesellschaft hätten, sondern ihr im Gegensatz dazu schadeten.

Die folgenden Belege beschreiben das Handeln der Hedgefonds als unethisch und rekurrieren damit in Ergänzung zu moralischen Kriterien auf einen Diskurs über die Achtung menschlicher Grundwerte.[35] Ethische Maßstäbe werden nur im Zusammenhang mit den Versicherungspolicen aufgegriffen, die Beispiele liegen daher zeitlich alle nach der Erklärung der Zahlungsunfähigkeit.

(81) «Hay un organismo internacional, se llama ISDA, que ha determinado la semana pasada (el pago de seguros por default) y donde el fondo de Paul Singer está en el directorio, *cosa que es totalmente antiética*, ya que es quien decide que estos seguros contra default sean activados», explicó. (LN, 04.08.2014, Pedirán que se investigue una si hubo maniobras especulativas de los fondos buitre por el seguro contra default [sic])

(82) Alejandro Vanoli, presidente de la Comisión de Valores, aseguró que el fondo Elliott, encabezado por Paul Singer, habría incurrido en «maniobras» que *van en contra de la transparencia y la ética del mercado.* (CL, 04.08.2014, Vanoli: «El mercado ya votó y su opinión es que no hay default»)

---

35 Cf. zur Unterscheidung von Ethik und Moral Pieper (2007, 249).

Der erste Korpusbeleg verwendet das Adjektiv *antiético*, um damit negativ zu bewerten, dass Paul Singer im Direktorium der ISDA sitzt, der Organisation, die darüber entscheidet, ob der Schadensfall vorliegt. Ausgehend von der Annahme, dass Singer zugleich Versicherungsnehmer ist, wird ihm ein Interessenskonflikt vorgeworfen. In Beleg (82) werden die Hochwertwörter *transparencia* und *ética* als Maximen aufgeführt und in Opposition zur *maniobra* der Hedgefonds gestellt, wie die Präposition «en contra de» anzeigt.[36] *Maniobra* ist ein Lexem, das im Diskurs häufig verwendet wird, um den Hedgefonds einen Rechtsverstoß zuzusprechen. Bemerkenswert ist, dass hier von einer «transparencia del mercado» als guter Norm der Wirtschaft gesprochen wird, da dem internationalen Finanzsystem sonst stets ausschließlich negative Attribute zukommen.

Ein weiterer Kontext, in dem der Wissensrahmen *moralisches Handeln* explizit aufgerufen wird, ist der Ursprung der Staatsanleihen, über die die Hedgefonds verfügen.

(83) En principio, parece claro y hay pruebas de que no son adquirentes originarios de bonos, sino que los compraron para interferir o desbaratar negociaciones como medio extorsivo. Esto no será delito, pero en sede civil es una conducta dolosa. No hay buena fe en la compra, *es una compra con propósito avieso, doloso, malintencionado, en síntesis, inmoral.* (P12, 03. 08. 2014, «Esto es un escándalo jurídico»)

Justizminister Raúl Zaffaroni weist im Rahmen eines Interviews darauf hin, dass mit der zweifelhaften Beschaffung der Anleihen das Ziel verbunden gewesen sei, spätere Rückzahlungsverhandlungen durch erpresserische Mittel zu behindern. Zaffaroni räumt ein, dass das Vorgehen der Fonds zwar rechtlich kein Delikt darstelle, aber nach gesellschaftlichen Richtlinien ein «vorsätzliches Verschulden» sei. Aus schlechter Absicht heraus Anleihen zu kaufen, sei unmoralisch, wie der Minister anhand der Aufzählung einer ganzen Reihe an Attributen, die im Kontrast zu moralischem Handeln stehen, deutlich macht. Obschon sich nicht direkt ein Delikt nachweisen lasse, erwähnt der Minister die Überlegung, auch rechtlich gegen die Hedgefonds vorzugehen. Der Beleg ist ein weiteres Beispiel für die Überblendung von moralischen und Rechtsnormen. Hier lässt sich das Deutungsmuster ableiten:

Weil die Hedgefonds sich nicht an moralische Prinzipien halten, sind sie zu verurteilen.

---

36 Cf. den fast gleichlautenden Beleg (79), der demselben Artikel entnommen ist.

6.1.2.3 Die kriminellen Hedgefonds

Zusätzlich zu einem Diskurs der Moral, bei dem ein häufig implizit bleibender Wertekanon dazu dient, die Hedgefonds als unmoralisch zu charakterisieren, wird ihr Vorgehen auch als kriminell beschrieben. Dabei eröffnen entsprechende Äußerungen einen Wissensrahmen, der die Leitmaxime enthält: *Halte dich an die Rechtsordnung.* Im Default-Diskurs wird den Hedgefonds ein Bruch mit dieser Rechtsordnung zugeschrieben, für den häufig die Auszahlung der Versicherungspolicen als Nachweis dient. Das Merkmal *kriminell* bildet ein Gegenstück zu den Eigenschaften, die Argentinien attribuiert werden. Die Umkehrung der *brute facts* des Rechtsstreits verdeutlicht sich hier in besonderer Weise. Der Blick wird von den Rechtsverstößen Argentiniens weggelenkt und stattdessen werden die vermeintlichen Verstöße der Hedgefonds fokussiert.

Um die Hedgefonds als kriminell darzustellen, greifen die Sprecher auf Lexeme aus dem semantischen Feld *Kriminalität/Verbrechen* zurück. Zentrale Substantive sind hier *maniobra* und *estafa*. Von den beiden Lexemen bezeichnet lediglich *estafa* eindeutig ein Delikt in rechtlichem Sinne. Das DRAE definiert *estafa* als «delito consistente en provocar un perjuicio partimonial a alguien mediante engaño y con ánimo de lucro» (DRAE 2014, Lemma *estafa*). Es handelt sich bei beiden Substantiven um Stigmawörter, die das Vorgehen der Hedgefonds etikettieren und ein negatives Urteil ausdrücken. Häufig wird die Bewertung durch eine Attribution der Adjektive *especulativo* und *millonario* zusätzlich intensiviert.

(84) Ayer, Álvarez Agis insistió en resaltar la denuncia que hará la Comisión Nacional de Valores ante la Securities and Exchange Commision (SEC) de los Estados Unidos para que se investiguen *las presuntas maniobras por parte de los fondos en litigio para cobrar los seguros contra default.* (LN, 04. 08. 2014, El Gobierno retoma la vía judicial y reclama la salida del mediador en el conflicto)

(85) El titular de la Comisión Nacional de Valores (CNV), Alejandro Vanoli, anticipó ayer que solicitará formalmente hoy información a su par de Estados Unidos, la Security Exchange Comission (SEC), para detectar «*posibles maniobras especulativas con los bonos de la deuda argentina en el exterior*». (TA, 05. 08. 2014, CNV pedirá información a la SEC de EE UU por el posible fraude buitre)

Mit «las presuntas maniobras» und «posibles maniobras especulativas» wird auf den vorgeworfenen Versicherungsbetrug angespielt. Die Explizitheit der Bewertung wird durch die Adjektive *presunto* und *posible* gemindert, die zu erkennen geben, dass es sich bisher um einen Verdacht handelt. Auch wenn ein kriminelles Handeln erst durch weitere Untersuchungen nachgewiesen werden muss, kennzeichnen die Stigmawörter das Vorgehen der Hedgefonds bereits als kriminelle Machenschaften. Dass es sich nicht nur um ein moralisches Urteil handelt, lässt sich daran erkennen, dass solche Etikettierungen in der Regel mit Beschreibungen einhergehen, Argentinien werde weitere Investigationen initiieren und sich dabei an juristische Instanzen wie die Security Exchange Comission der USA (*SEC*) oder auch an den Internationalen Gerichtshof in Den Haag wenden wird. Es bleibt also nicht bei einer Bewertung, vielmehr ist der Verdacht eines Rechtsverstoßes Auslöser dafür, dass Argentinien zu einem Verfechter der rechtlichen Ordnung wird.

Maniobra und *estafa*, die deontisch negativ aufgeladen sind, werden im Korpus nicht nur den Hedgefonds zugeschrieben. Auch der Richter Thomas Griesa wird über sie positioniert und erscheint so als Verbündeter der Hedgefonds.

(86) Así Thomas Griesa quedó en la mira *por facilitar esta maniobra* con su decisión ya que NML Capital obtendrá el dinero correspondiente a lo resuelto por el juez pero también los beneficios económicos derivados de un supuesto default. (TA, 02.08.2014, Argentina investigará una «estafa» de buitres para cobrar los seguros)

(87) En el Palacio de Hacienda están convencidos de que Griesa buscó dejar al país a los ojos del mercado financiero en situación de default para que los fondos buitre pudieran cobrar el dinero correspondiente a seguros contra cesación de pagos. *«Puede ser ésta una maniobra encaminada a que los fondos buitre, directamente o a través de otras sociedades, cobren seguros de default que ellos mismos han reconocido que tienen»*, afirma el comunicado. (CL, 02.08.2014, Dura respuesta del Gobierno a las críticas de Griesa)

In Beleg (86) beschreibt «maniobra» zwar eine Tat der Hedgefonds, jedoch habe der Richter sie ermöglicht. In dem Beispiel danach bezieht sich das Lexem nicht auf den Besitz von Versicherungspolicen, sondern auf das Herbeiführen des Zahlungsausfalls, das dem Richter unterstellt wird. Darüber wird er als Handlanger der Hedgefonds dargestellt, der ihnen gewissermaßen einen Gewinn durch die Policen zuspielt. Der Besitz der Versicherungen beschränkt sich in diesem Beispiel nicht auf einen Verdacht. Das Schreiben des *Palacio de Hacienda*, von dem hier berichtet wird, weist vielmehr darauf hin, die Hedgefonds hätten zugegeben, über sie zu verfügen.

Die Zusammenfassung der Hedgefonds und des Richters zu einer Akteursgruppe mit ähnlichen Eigenschaften zeigt sich auch darin, dass der gesamte Gerichtsprozess als *maniobra* bezeichnet wird.

(88) Mediante un comunicado, la cartera de Economía precisó que el titular, Axel Kicillof, «ante esta *posible estafa millonaria*, ha notificado a la Comisión Nacional de Valores (CNV) esta situación y ha solicitado que inicie una exhaustiva investigación que determine *si este juicio no es en realidad la fachada de una maniobra especulativa en favor de los fondos buitre*» para que «ganen por los bonos en default que compraron a precio vil, pero también por los derivados financieros que se cobran». (P12, 01. 08. 2014, La CNV investigará una «posible estafa millonaria» de los holdouts)

Diesem Ausschnitt aus einer Erklärung des Wirtschaftsministeriums kommt im Diskurs ein zentraler Status zu, da er in allen vier Zeitungen aufgegriffen und im Originalwortlaut wiedergegeben wird. Die Stigmawörter *estafa* und *maniobra* werden hier beide genannt. «Estafa millonaria» bezieht sich auf den vermeintlichen Versicherungsbetrug und klassifiziert das Handeln der Hedgefonds als Delikt. Weitere Untersuchungen Argentiniens sollen ermitteln, ob der Gerichtsprozess eine «maniobra especulativa en favor de los fondos buitre» ist. In dem Lexem *fachada* klingt die bereits angesprochene Zwielichtigkeit an, die den Antagonisten Argentiniens zugesprochen wird. Ihre wirklichen Absichten liegen im Verborgenen und müssen erst aufgedeckt werden.

Die Belege, die das Lexem *maniobra* enthalten, verdeutlichen, dass es im Diskurs auf mehrere Dinge referiert: auf das doppelte Spiel der Hedgefonds, auf Handlungen des Richters und schließlich auf den Gerichtsprozess insgesamt. Über das Lexem werden also nicht nur einzelne Vorfälle, sondern in der größten Dimension auch das gesamte Gerichtsverfahren bewertet und seine Rechtmäßigkeit in Frage gestellt. Daraus ergibt sich der Schluss:

Wenn der Prozess in Wirklichkeit ein Betrug ist, sind das Urteil und der Zahlungsausfall ungültig.

Ein weiteres Lexem aus dem semantischen Feld *Kriminalität* ist *chantaje*. Es ist weniger frequent, ergänzt und erweitert jedoch die Bedeutungsbildung durch *maniobra* und *estafa*. Ebenso wie *maniobra* bezieht sich *chantaje* auf mehrere Sachverhalte.

(89) La decisión Argentina [sic] de no hipotecar el futuro de las próximas generaciones ya está definida, después de una década de un trabajoso desendeudamiento, *aceptar el chantaje de los buitres sería lo más cercano al suicidio colectivo.* (TA, 28. 07. 2014, La irracionalidad capitalista y los buitres)

(90) El presidente de la CNV indicó que ante este tipo de prácticas «se impone, y es necesario, una acción de orden internacional *para que los deudores y bonistas de buena fe no seamos todos rehenes de este gran chantaje internacional que llevan a cabo estos fondos*». (LN, 04. 08. 2014, Pedirán que se investigue una si hubo maniobras especulativas de los fondos buitre por el seguro contra default [sic])

In Beleg (89) beschreibt es die hohe finanzielle Forderung der Hedgefonds. Der Zahlungsausfall diene als Druckmittel und solle Argentinien dazu bringen, die Zukunft des Landes aufs Spiel zu setzen. Der Erpressung durch die Hedgefonds nachzugeben, komme einem «suicidio colectivo» gleich. Hier stehen sich Rechtschaffenheit und Kriminalität direkt gegenüber. Während Argentinien sich entschieden für die nachfolgenden Generationen einsetze, werden die Hedgefonds als gefährliche Erpresser beschrieben.

Vanoli bezeichnet den Versicherungsbetrug, der den Hedgefonds unterstellt wird, als «chantaje internacional». Damit verschiebt sich der Horizont von einer Angelegenheit zwischen zwei Parteien auf ein internationales Terrain. Die Erpressung beinhalte auch eine «Geiselnahme», bei der die «deudores y bonistas de buena fe» die Opfer der Hedgefonds sind und durch ihr Vorgehen geschädigt werden. Erneut eröffnet sich hier eine Dichotomie von gut und schlecht, indem den kriminellen Hedgefonds der treue Schuldner Argentinien und die Gläubiger, die sich an den Umschuldungen beteiligt haben, gegenübergestellt werden. Neben negativ konnotierten Substantiven tragen weitere Arten der Deutung dazu bei, die Hedgefonds als kriminell auszuweisen.

(91) «[...] Los buitres han invocado el imperio de la ley, pero debemos ser claros: se trata de la codicia. Al argumentar que todos los inversores deben ser tratados de la misma manera *han socavado el imperio de la ley* y lograron que las reestructuraciones de deuda sean casi imposibles», explicó Stiglitz. (P12, 02. 08. 2014, Una nueva arquitectura global)

Diese bereits zuvor (Beleg 64) zitierte Interpretation von Joseph Stiglitz enthält eine Bewertung nach juristischem Maßstab. Zu Beginn heißt es, die Hedgefonds hätten sich auf das «imperio de la ley» berufen. Damit spricht Stiglitz das *Prinzip des Rechtsstaats* als politisch-juristisches Konzept an, das Machverhältnisse regelt, in dem es diese unter eine rechtliche Norm stellt (cf. Marcilla Córdoba 2013, 178). Wie Laporta (1994, 134) ausführt, geht es bei diesem Konzept nicht allein um einen rechtlichen Rahmen, es handelt sich vielmehr um ein «universo ético» beziehungsweise um ein «postulado metajurídico, una exigencia ético política o un complejo principio moral que está más allá del puro derecho positivo». Die Äußerung des Nobelpreisträgers bewertet die Hedgefonds scheinbar zunächst positiv, da sie ihr Handeln, hier ist ihre Rückzahlungsforderung gemeint, auf das «imperio de la ley» gründen. Im darauffolgenden Satz kehrt Stiglitz seine Aussage jedoch um. Er rekurriert auf dasselbe Konzept, doch diesmal sagt er, die Hedgefonds hätten das Prinzip der Rechtsstaatlichkeit untergraben. Damit bezieht er sich auf das von ihnen angeführte Argument, alle Gläubiger müssten gleich behandelt werden, durch das sie zukünftige Umstrukturierungen maßgeblich gefährden.

(92) Gracias a sus contactos políticos, esos fondos tienen la seguridad de ganar, como ya sucedió en casos anteriores. Obtienen así una jugosa diferencia con un procedimiento que *en realidad es ilegal* porque va contra disposiciones de la ley de Nueva York, donde se inició el pleito, que prohíbe comprar deuda para litigar. (P12, 05. 08. 2014, De cómo ser castigados por querer cumplir con la deuda)

(93) «Este es el capitalismo financiero depredatorio, donde hay muertes directas e indirectas», dijo Vanoli, tras recordar que «el uso de información privilegiada *es delito en la Argentina y en Estados Unidos*, e implica sanciones económicas y eventualmente de carácter penal». (TA, 05. 08. 2014, CNV pedirá información a la SEC de EE UU por el posible fraude buitre)

Diese beiden Belege enthalten Lexeme, die auf einen Rechtsverstoß verweisen. In beiden Beispielen wird den Hedgefonds der Gebrauch von Insiderinformationen unterstellt, der ihnen eine «seguridad de ganar» gebe. Damit wird erneut auf einen Interessenskonflikt angespielt. Ihr Vorgehen wird in Beleg (92) als «ilegal» beschrieben; die gleiche Deutung drückt in Beleg (93) das Substantiv «delito» aus. Vanoli bewertet auch das gesamte Finanzsystem negativ, indem er es als «capitalismo financiero depredatorio» beschreibt und das Motiv des Raubtierkapitalismus aufgreift, das bereits erwähnt wurde (cf. 6.1.2.1). Der Raubtierkapitalismus sei lebensbedrohlich und töte auf direkte und indirekte Weise. Vanoli verweist zudem darauf, dass der Gebrauch von Insiderinformationen nicht nur nach der Rechtsordnung Argentiniens ein Delikt sei und ein Strafverfahren erfordere, sondern auch nach den Gesetzen der USA, die für die Hedgefonds verbindlich sind.

Die Beispiele zeigen, dass die Hedgefonds im Korpus nicht direkt als kriminell bezeichnet werden. Vielmehr wird ihr Handeln nach juristischen Maßstäben bewertet und darauf hingewiesen, dass rechtliche Konsequenzen notwendig sind. Dies eröffnet den Wissensrahmen *Kriminalität*. Die Äußerungen sind jedoch so formuliert, dass Argentinien nicht wegen Verleumdung belangt werden kann.

(94) Por otra parte, el profesor de Economía Internacional de la Universidad Complutense de Madrid (UCM) Jorge Fonseca advirtió sobre la presión de «*la mafia financiera internacional* contra la Argentina» [...]. (TA, 02. 08. 2014, «Los fondos buitre han socavado el Estado de Derecho»)

(95) Lo más increíble de todo es que parece ser que los Buitres tenían un seguro contra default. Si Argentina cae en default (o en Quique), los tipos pueden ir a cobrar un seguro que llegaría a ... 1.000 palos verdes!!! *Por eso Paul Singer, il Capobuitre, debe estar tranquilamente tomando sol en su yacht en Saint Barth o en la Costa Azul* mientras Kicillof transpira tratando de explicarnos que no pasa naranja. (CL, 03. 08. 2014, Siete defaults, un Quique y un funeral)

Ihre kriminellen Machenschaften machen die Hedgefonds zur «mafia financiera internacional», die Argentinien unter Druck setzt, wie der spanische Wirtschaftswissenschaftler Jorge Fonseca verkündet. Die Bedrohung, die von dieser «Mafia» ausgehe, sei groß, denn ihr Einfluss überschreite nationale Grenzen. Ein herausstechendes Beispiel ist Beleg (95), ein Auszug aus einem Artikel von Clarín, einer der beiden regierungskritischen Zeitungen. Der Artikel greift auf ironische Weise die Situation Argentiniens auf, das immer wieder in die Zahlungsunfähigkeit gerate. Ziel ist in erster Linie eine Kritik an der Regierung, wie die Wendung «mientras Kicillof transpira tratando de explicarnos que no pasa naranja» verdeutlicht, die dem Wirtschaftsminister Erklärungsnot bei dem Versuch zuspricht, die negativen Konsequenzen des Zahlungsausfalls herunterzuspielen. Innerhalb der Kritik werden auch die Hedgefonds erwähnt. Der Verfasser greift Paul Singer als Protagonisten der Hedgefonds heraus und bezeichnet ihn als «il Capobuitre». Der Neologismus spielt gleichzeitig mit der Metapher des Geiers und einer Übertragung des Konzepts *Mafia* auf Singer, der als *Kopf* der Hedgefonds dargestellt wird.

Folgender Topos kann aus der Positionierung der Hedgefonds abgeleitet werden:

Weil die Hedgefonds vermutlich kriminell handeln, sollten sie juristisch zur Rechenschaft gezogen werden und nicht Argentinien.

6.1.3 Der inkompetente und böswillige Richter Griesa

Der Richter Thomas Griesa ist neben Argentinien und den Hedgefonds ein weiterer zentraler Akteur des Schuldenstreits. Im Diskurs werden ihm Merkmale zugeschrieben, die ihn einerseits als inkompetent und senil, andererseits als gezielt böswillig ausweisen. Ähnlich wie bei der Geiermetapher ergeben sich aus den zwei Facetten Widersprüche, die jedoch weder thematisiert noch aufgelöst werden. Die Charakterisierung funktioniert im jeweiligen Kontext, ohne sich zu einem kohärenten Gesamtbild zusammenzufügen.

Während Argentinien und die Hedgefonds über moralische Werteparameter als Vertreter zwei entgegengesetzter Pole angeordnet werden, entsteht die Figur des Richters nicht *ad rem*, sondern *ad personam*. Das Handeln Griesas wird an den Ansprüchen, die sich aus seiner Rolle als Richter ergeben, gemessen. Das entscheidende Merkmal eines Richters ist, für keine der beteiligten Gruppen Partei zu ergreifen. Weitere typische Kennzeichen sind, dass er das geltende Rechtssystem vertritt und mit seinem Urteil Gerechtigkeit herstellt. Dazu ist erforderlich, dass er die Sachlage souverän überblickt und mögliche Inkohärenzen aufdeckt. Der Default-Diskurs etabliert für Thomas Griesa das Bild eines Richters, der genau diesen Ansprüchen nicht gerecht wird. Es werden einzelne Verhaltensweisen herausgegriffen und als Nachweis für die Diskrepanz zwischen Anspruch und Realität gebraucht. Dazu gehören unter anderem das Urteil im Rechtsstreit und die Entscheidung, die von Argentinien gezahlte Summe einzufrieren, in deren Folge es zum Zahlungsausfall kommt. Die nachfolgenden Belege zeigen, wie Griesa explizit an den Ansprüchen seines Amtes gemessen wird.

(96) [La Presidenta] criticó a la Justicia de Estados Unidos que, dijo, «*dista mucho del tratamiento que debe tener un juez, un mediador entre dos partes*», [...]. (CL, 01. 08. 2014, Cristina negó el default y dio un fuerte apoyo a Kicillof)

(97) Como nunca antes desde el comienzo de este conflicto, Fernández de Kirchner se refirió en durísimos términos acerca de la labor del juez Thomas Griesa, que falló a favor de los fondos buitre. «No sólo parece que no se entiende sino, peor aún, *que no es juez*» sostuvo la mandataria. «*¿Qué idea tenemos todos acerca de un juez? Alguien que es imparcial entre dos partes y es neutral frente a las partes de acuerdo a derecho. Esto no es lo que está sucediendo*», señaló, recordando las idas y vueltas del magistrado respecto del permiso a pagar a algunos bancos y a otros no y sus idas y vueltas al respecto. (P12, 30. 07. 2014, Fuerte respaldo del Mercosur por los buitres)

In beiden Belegen nimmt die Präsidentin Cristina Kirchner die Deutungen vor. Sie ist die einzige Akteurin, die den Richter und seine Handlungen auf solch direkte Weise in Relation mit den Ansprüchen an sein Amt setzt, ihr kommt hier also eine besondere Funktion zu. In Beleg (96) kritisiert Kirchner zunächst die gesamte US-amerikanische Justiz, bezieht sich dann jedoch auf Griesa. Sein Verhalten unterscheide sich deutlich von den Erwartungen an einen Richter, der die Aufgabe hat, zwischen zwei Konfliktparteien zu vermitteln. Noch drastischer fällt die Bewertung in Beleg (97) aus, in dem die Präsidentin ihm vollständig abspricht, seinem Amt gerecht zu werden. Mit der Frage «¿Qué idea tenemos todos acerca de un juez?» ruft sie das Konzept des prototypischen Richters auf, das sie anschließend ausführt: Ein Richter ist jemand, der sich durch Neutralität gegenüber den Prozessbeteiligten auszeichnet. Diesen Anspruch erfüllt Griesa laut Kirchner nicht, wobei sie ihm dies nicht direkt vorwirft, sondern neutral formuliert: «Esto no es lo que está sucediendo».

Die Beispiele, bei denen explizit die Ansprüche seines Amtes als Maßstab genannt werden, um den Richter zu bewerten, sind Ausnahmefälle. Der Schluss, Griesa erfülle sein Amt nicht, ergibt sich meist nur vor dem Hintergrund des Wissensrahmens *guter Richter*.

6.1.3.1 Griesa als unfähiger Richter

Der Rechtsstreit zwischen Argentinien und den Hedgefonds ist ein hochkomplexer Fall, der eng mit den Möglichkeiten und Grenzen des Finanzsystems zusammenhängt und ein Urteil erfordert, das verschiedene nationale Rechtsordnungen und Verträge berücksichtigt. Um die Kompetenz Thomas Griesas in Frage zu stellen, wird im Diskurs sein Dienstgrad thematisiert und der Komplexität des Rechtsfalles gegenübergestellt.

(98) «Griesa parece ser un personaje omnipotente *cuando en realidad es un juez casi municipal, de trocha muy angosta*. No es un juez federal siquiera, sino *algo así como un juez de la ciudad autónoma de Buenos Aires*, y salta a la fama mundial como el único ogro de la historia», afirmó Zaffaroni en un reportaje publicado en Página 12. (LN, 04. 08. 2014, Expertos relativizan la posibilidad de que el caso produzca un contagio internacional)

Der Justizminister Zaffaroni hebt hier die niedrige Stellung des Richters hervor, indem er in zwei Schritten jeweils Anschein und Realität miteinander kontrastiert. Griesa scheine jemand mit unbegrenzten Fähigkeiten zu sein, während er in Wirklichkeit nur das Amt eines Bezirksrichters innehabe. Dessen Begrenztheit verdeutlicht bildhaft die Wendung «de trocha muy angosta», die den Verfügungsrahmen des Richters mit einer schmalen Eisenbahnspur vergleicht. In einem zweiten Schritt dient das Amt eines Bundesrichters als Vergleichspunkt zum Dienstgrad Griesas, der im argentinischen Rechtssystem so etwas wie ein Richter der Stadt Buenos Aires wäre. Die Beschreibung des Richters als «el único ogro de la historia» ist eine weitere Form, seine Position zu relativieren. Griesa sei nur ein kleines Licht im Justizwesen, werde in der internationalen Öffentlichkeit aber zu einem gefährlichen Monster aufgeblasen.[37]

Aus der niedrigen Stellung leitet sich ab, dem Richter die Fähigkeit abzusprechen, den schwierigen Fall zu verstehen. Bei Bewertungen dieser Art ist nicht immer ein Bezug zum Dienstgrad zu erkennen, sie lassen sich daher auch als Attribution einer generellen Inkompetenz lesen.

(99)   Durante la penúltima audiencia, *Griesa dejó en claro que no conocía o no entendía la complejidad de la situación* que desencadenó su fallo y por eso ha sido criticado no sólo por la prensa argentina sino que también por la estadounidense. (CL, 03. 08. 2014, A pesar de los pronósticos, la saga con los fondos buitre no terminó)

(100)   En paralelo, un cóctel entre la *plasmada incomprensión técnica del juez Thomas Griesa* y su posición más cercana a los holdouts, puso al «juicio del siglo» también en el rango de antecedente en materia de respaldos políticos. (TA, 03. 08. 2014, Deuda: el «juicio del siglo» reclama un cambio en el sistema de negociación)

(101)   La sentencia es de un juez de Nueva York que, aparentemente, *no entiende demasiado bien cuáles son las leyes argentinas, tampoco tiene demasiado interés en conocerlas*. Además, el fallo colisiona con las leyes internas de la Argentina, que le impiden al Ejecutivo cumplir con lo que quiere el juez. (P12, 29. 07. 2014, «No existe posibilidad de default»)

In Beleg (99) geht es um das Auftreten des Richters bei einem Zusammentreffen der Konfliktparteien. Griesas Verhalten wird als Nachweis bewertet, dass er die komplexe Situation, die sein Urteil geschaffen hat, nicht kenne und nicht verstehe. Dass diese Interpretation auch von anderen geteilt wird, drückt der Kommentar aus, der Richter sei sogar von den US-amerikanischen Medien kritisiert worden. Dies verleiht der Deutung Argentiniens einen hohen Wahrheitsgehalt.

Der darauffolgende Beleg spricht von einer weitreichenden Unterstützung Argentiniens im Rechtsstreit – dem «juicio del siglo». Zur Begründung der großen politischen Fürsprache wird der Fokus nicht auf Argentinien gelegt, sondern auf den Richter, der die Ansprüche, die Situation ausreichend zu verstehen sowie unparteiisch zu sein, nicht erfülle. Der Ausschnitt aus Página12 ist ein Beispiel dafür, wie das Urteil herangezogen wird, um Griesa Inkompetenz zuzusprechen. Zum einen wird dem Richter Unfähigkeit bescheinigt, ein angemesse-

---

37 Cf. zum metaphorischen Gebrauch von *ogro* die Definition von Moliner (2007): «Se aplica a una persona [...] cruel o que maltrata a otras».

nes Urteil zu fällen, da er die rechtlichen Gegebenheiten nicht genügend kenne. Mit der Betonung, er engagiere sich auch nicht dafür, diesen Mangel an Wissen auszugleichen, kommt als weiteres Merkmal *Gleichgültigkeit* hinzu.

(102) La presentación en La Haya hará eje *en las violaciones de competencia cometidas por Griesa*, quien pareció tomar nota de sus excesos al autorizar con posterioridad el pago de los bonos emitidos con plaza legal en la Argentina [...]. (TA, 03. 08. 2014, El gobierno prepara una múltiple ofensiva judicial contra los buitres)

(103) La resolución de Griesa de «bloquear» los fondos coloca entonces al BoNY en una situación compleja, *porque es ilegal.* (P12, 03. 08. 2014, Muerto el «stay», ir por el BoNY)

Diese Belege spielen auf Inkompetenz an, indem sie die Entscheidungen Griesas als fehlerhaft darstellen. Er trete als Richter auf, der seine Kompetenzen überschreitet. Explizit findet sich dies in Beleg (102), der davon berichtet, dass Argentinien den Fall vor den Internationalen Gerichtshof in Den Haag bringen wird. Grundlage der Anklage sind vermeintliche «violencias de competencia cometidas por Griesa», was sich darauf bezieht, dass Griesa Argentinien einige Rückzahlungen erlaubt hatte und andere nicht. Dieses als uneinheitlich bezeichnete Vorgehen gibt häufiger Anlass zu Kritik. In Beleg (103) wird Griesa nicht nur unterstellt, seine Befugnisse zu überschreiten, sondern zusätzlich gegen das Rechtssystem zu verstoßen, das er eigentlich vertritt. Im Diskurs finden sich noch viele weitere Stellen, die auf eine mangelnde Fähigkeit des Richters abzielen.

(104) The New York Times editorializa que *Thomas Griesa no entiende nada*, y que *recién ahora «está aprendiendo lo complicada que puede ser la vida para un juez cuando busca controlar las acciones de un gobierno soberano».* (P12, 28. 07. 2014, Los buitres internos)

(105) Una de las mayores críticas que le han hecho al juez recientemente es que *quizás no comprende del todo el alcance de sus sentencias.* Durante una audiencia la semana pasada, *parecía que el juez no sabía qué conjunto de bonos argentinos estaba afectado por su decisión.* (LN, 30. 07. 2014, En su pelea con los fondos, Argentina encuentra en el juez a su villano favorito)

(106) Cuando los bancos le preguntaron sobre qué hacer con la plata que recibieron de Argentina y cuáles eran el tipo de bonos que podían no ser objeto de su fallo, *Griesa dejó en claro o que no había estudiado el problema o que su mente ya no le funciona como antes.* Esta actitud del juez fue

> muy criticada por la prensa de Estados Unidos. (CL, 01. 08. 2014, Griesa
> citó hoy a una audiencia a los bancos, los buitres y la Argentina)

In Beleg (104) werden die New York Times als Autorität herangezogen. Sie hätten Thomas Griesa bescheinigt, die Sachlage nicht zu verstehen. Die Erläuterung dieser Aussage ist wörtlich wiedergegeben, was auf ihre Originalität verweist. Darin wird betont, der Richter habe es in diesem Fall mit einer souveränen Regierung zu tun, wodurch Argentinien als die stärkere Partei gegenüber dem überforderten Richter erscheint. Statt Recht zu sprechen wolle Griesa das Vorgehen der argentinischen Regierung «kontrollieren» und würde erst jetzt die negativen Konsequenzen bemerken, die sich daraus für ihn ergeben.

In den Beispielen (105) und (106) geht es um die Umsetzung des Urteils. Kern der internationalen Kritik sei die Vermutung, der Richter verstehe die Reichweite seiner eigenen Entscheidungen nicht. Der Kontext von Beleg (106) ist eine konkrete Anfrage von Banken, wie mit dem von Argentinien überwiesenen Geld weiter verfahren werden solle. Zur Reaktion Griesas werden zwei Deutungsalternativen angegeben. Entweder habe er sich mit dieser Frage nicht auseinandergesetzt oder er verfüge nicht mehr über eine ausreichende mentale Fähigkeit. Dieser Verweis auf die mentale Fähigkeit des Richters, die als Beleidigung zu lesen ist, reicht über sein Amt als Bewertungsmaßstab hinaus. Er greift in den Bereich des Persönlichen hinein und deutet an, der Richter sei kognitiv nicht einsatzfähig. Auf diese Weise wird auch die Gültigkeit seines Urteils angezweifelt. Beide Beispiele verdeutlichen, dass die Positionierung häufig Hinweise auf Dritte enthält, die das Handeln Griesas kritisieren. Dadurch werden die zugeschriebenen Merkmale als von neutralen Akteuren gestützt präsentiert und Argentinien tritt als Urheber der Bewertungen in den Hintergrund.

Besonders intensiv ist die Positionierung des Richters in folgender Beschreibung einer Anhörung, in der sein Auftreten wiederholt kommentiert wird.

(107)   El juez Thomas Griesa repitió su habitual rutina en los tribunales de Nueva York. Durante una breve audiencia *ignoró los pedidos de aclaración y cuestionamientos formales al bloqueo impuesto* sobre la cadena de pagos de los bonos argentinos por sus órdenes. Con la *intencionada lentitud que lo caracterizó* a la hora de responder las consultas de las terceras partes afectadas por su fallo, el magistrado terminó de habilitar los últimos eslabones para el pago de los títulos en dólares regidos por ley argentina depositados en cuentas bancarias del extranjero. El Citibank había obtenido luz verde para proceder la semana pasada, pero el magistrado *demoró en autorizar* a la caja compensadora Euroclear. Sin embargo, *el juez volvió a pasar por alto* las consultas sobre los 539 millones

de dólares de los acreedores retenidos por el Bank of New York (BoNY) correspondientes a los vencimientos de los títulos regidos por las leyes de Estados Unidos e Inglaterra. «Vuelvo a la oficina el lunes. Manténganse en contacto con mi oficina sobre lo que necesiten. *No quiero hacer nada más por hoy*», concluyó Griesa ante la consulta de otras entidades involucradas en la transferencia de fondos como el banco JP Morgan Chase. (P12, 02. 08. 2014, El juez no acusó recibo y todo sigue igual)

Der Fokus liegt auf dem Umgang des Richters mit den Unklarheiten seines Urteils und mit entsprechenden Bitten um Aufklärung. Mehrmals wird bemerkt, der Richter gehe nicht auf die Anfragen ein («ignoró los pedidos de aclaración», «volvió a pasar por alto las consultas»). Wie in Beleg (106) greift die Positionierung auch hier über einen Bezug auf das Amt hinaus. Griesa wird als eine Person beschrieben, die sich durch eine «intencionada lentitud» auszeichnet, was auf ein vorsätzliches Handeln und die bereits zuvor angesprochene Gleichgültigkeit hinweist. Eine ähnliche Bedeutung entfaltet in diesem Kontext die wörtlich zitierte Äußerung des Richters «no quiero hacer nada más por hoy», die vermittelt, er messe der Aufklärung keine Priorität bei.

Dass auch das Urteil bei der Beschreibung Griesas als unfähiger Richter von Bedeutung ist, ist in den bisherigen Ausführungen bereits vereinzelt vorgekommen. Die folgenden Belege zeigen, dass sich Bewertungen des Urteils stets auch auf Griesa beziehen, da es auf ihn als Person zurückgeführt wird.

(108)   «La Argentina va a recurrir a todas las acciones legales y políticas en los marcos de los organismos internacionales, ya sea el tribunal de La Haya, el G-20, Naciones Unidas», dijo el secretario general [Parrilli], quien agregó que la decisión de Griesa «*es de imposible cumplimiento para la Argentina*» y «*no resiste el más mínimo análisis, incluso con las leyes vigentes en Estados Unidos*». (P12, 05. 08. 2014, Con La Haya en el horizonte)

(109)   [E]l Estado argentino demandará ante diversos organismos y tribunales internacionales a quienes considera legalmente co-responsables de una sentencia a la que *describe como abusiva, con inconsistencias técnicas y que transgrede cuestiones de competencia*. (TA, 03. 08. 2014, El gobierno prepara una múltiple ofensiva judicial contra los buitres)

Der Staatssekretär Parrilli unterstreicht, das Urteil Griesas sei nicht umsetzbar und begründet dies damit, dass es nicht nur mit argentinischen, sondern auch mit US-amerikanischen Gesetzen in Konflikt stehe. Auf diese Weise wird dem Richter eine mangelnde Kenntnis der eigenen Rechtsordnung bescheinigt, die sich nicht länger auf argentinische Gesetze beschränkt. Wie stark Parrilli das

Urteil ablehnt, zeigt der Superlativ «no resiste el más mínimo análisis». Dieser Ausschnitt veranschaulicht, dass Kritik am Richter sowie am Urteil oft verbunden ist mit der Nennung weiterführender Schritte, die Argentinien einleiten wird. Die Beurteilung löst also ein dynamisches Handeln der Nation aus, um sich für Gerechtigkeit einzusetzen. Die rechtlichen Schritte, von denen in Beleg (109) berichtet wird, richten sich gegen Institutionen, die mitverantwortlich für das Urteil sind, das widersprüchlich sei und zeige, dass der Richter seine Befugnisse überschritten hat.

In einzelnen Fällen weitet sich die Bewertung des Richters auf die gesamte Situation aus, die sein Urteil den argentinischen Akteuren zufolge geschaffen hat. Griesa erscheint als Verursacher einer komplexen und unüberschaubaren Sachlage, dessen Unfähigkeit sich also nicht nur in einzelnen Entscheidungen manifestiert, sondern sich auf das Gerichtsverfahren insgesamt bezieht.

(110)   [Kicillof cargó] en contra del juez Thomas Griesa por haber formado «*un rompecabezas jurídico*» que produce una situación «que nadie sabe caracterizar». (LN, 31. 07. 2014, La Argentina está en default: no llegó a un acuerdo con los fondos buitre)

(111)   Un mes después del cepo al pago de los bonos, Griesa se encuentra inmerso en una *telaraña legal* de la que le cuesta salir. (TA, 28. 07. 2014, El juez Griesa deberá decidir si fuerza el default técnico del país)

Hier drücken Metaphern überspitzt die Deutung der komplexen Situation aus. Griesa habe aus dem Gerichtsprozess ein «rompecabezas jurídico» beziehungsweise eine «telaraña legal» gemacht, in denen die Einzelheiten so miteinander verstrickt seien, dass der Fall nicht mehr nachvollziehbar ist. Kicillof bezieht sich konkret auf den Zahlungsausfall, der von argentinischer Seite hinterfragt und aufgrund seiner Besonderheiten als ein Umstand bezeichnet wird, der keine juristische Bezeichnung hat. Beleg (111) gebraucht das Bild des Spinnennetzes. Der Richter habe sich so sehr darin verfangen, dass er sich nur mit großer Mühe befreien könne. Darin drückt sich eine Hilflosigkeit und Überforderung angesichts des anspruchsvollen Verfahrens aus.

Erwähnenswert ist eine Facette bei der Herausbildung der Figur Griesas, die ein persönliches Merkmal aufgreift. Dabei geht es nicht länger um mangelnde Souveränität, den Dienstgrad oder die Befugnisse. Stattdessen ist es das hohe Alter des Richters, das als Begründung für seine Unfähigkeit herangezogen wird. Wie bereits bemerkt, impliziert dieses Merkmal immer, dass auch das Urteil angezweifelt wird.

(112)   [Existe] una absoluta incertidumbre sobre cómo piensa *el anciano juez* continuar con esta saga, rechazos de influyentes liderazgos políticos y

financieros globales, todo indica la creciente inviabilidad política del tipo de «solución» arbitrado por Griesa. (P12, 03. 08. 2014, Malvinas no es sinónimo de derrotas)

(113) Griesa es un longevo juez del distrito de Nueva York que está próximo a jubilarse. *Dicen quienes lo conocen desde hace años que su edad le juega en contra en el último tiempo.* (LN, 03. 08. 2014, Otra vez en la cornisa: cómo son y qué piensan los «enemigos» perfectos)

(114) El comportamiento y decisiones [sic] del juez norteamericano Thomas Griesa, *de 83 años de edad, parecen indicar un estado de senilidad progresiva. El juez Griesa debe renunciar a su cargo y, si rechaza, debe ser retirado por razones de salud o incapacidad mental.* Pensar que el futuro financiero de un país de 42 millones de seres humanos dependa de *un juez con óbvios síntomas de senilidad* que ha demostrado no comprender los detalles e impactos de sus propias decisiones refleja cuanto ha avanzado el juego de dominación global del imperialismo financiero norteamericano. (TA, 02. 08. 2014, «El juez Griesa debe renunciar a su cargo»)

In Beleg (112) wird das hohe Alter des Richters erwähnt, ohne damit eine direkte Wertung zu verbinden. Durch den Kontext des Ausschnitts, in dem unter anderem das Verfahren als «saga» und die «solución» Griesas als nicht umsetzbar beschrieben werden, ist die Erwähnung des hohen Alters trotzdem Teil der negativen Bewertung. Von allen möglichen Merkmalen wird genau dieses wiederholt herausgegriffen, um den Richter zu charakterisieren.

Eine deutlichere Verknüpfung zwischen dem Alter des Richters und möglichen Auswirkungen auf seine Fähigkeiten wird in Beleg (113) gezogen. Griesa sei ein Richter, der kurz vor der Pensionierung stehe. Aus Insiderkreisen, die nicht näher benannt werden, komme die Information, sein Alter habe in letzter Zeit negative Auswirkungen gezeigt. Auch wenn dies im Ausschnitt und auch im weiteren Kotext nicht direkt mit dem Rechtsstreit in Verbindung gebracht wird, entfaltet die Bemerkung vor dem Hintergrund anderer Beispiele dennoch eine entsprechende Lesart. Dazu trägt auch der Auszug aus Tiempo Argentino bei, der konkret einen Kausalzusammenhang zwischen dem Alter des Richters und seinem Verhalten zieht. Dem Verfasser nach sind es «el comportamiento y [las] decisiones» Griesas, die von einem «estado de senilidad progresiva» zeugen. Aus dieser Beurteilung resultiert die Forderung, der Richter solle entweder sein Amt niederlegen oder es solle ihm aus Gründen einer «mentalen Unfähigkeit» entzogen werden. Eine dramatische Ausführung am Beispiel Argentiniens demonstriert die Dringlichkeit dieser Forderung. Die Zukunft eines ganzen Landes hänge von einem Richter ab, der ganz offensichtlich nicht über eine ausreichende geistige Verfassung verfüge. Dass es überhaupt zu einer Konstellation gekommen ist, in der ein alter und seniler Richter über die Zukunft Argentiniens entscheiden könne, wird als Beleg für das Voranschreiten der Macht des US-amerikanischen «Finanzimperialismus» bewertet. Das Konzept des Imperialismus wird im Diskurs häufiger aufgerufen, vor allem im Zusammenhang mit einem Diskurs der *Patria*, wo es einen Kontrast zur Souveränität der Nation bildet (cf. 7.3). Die Schlussregel, die bei dieser Rolle des Richters maßgeblich ist, lautet:

> *Weil Griesa ein unfähiger Richter ist, kann sein Urteil kein gerechtes Urteil sein.*

6.1.3.2 Griesa als böswilliger Richter

Weitere Muster der Beurteilung des Handelns Griesas fügen sich zu einer zweiten Gruppe zusammen, bei der das Abweichen von der Norm eines guten Richters auf böswillige Absichten zurückgeführt wird. Das herausstechende Kennzeichen ist dabei, dass der Richter als Verbündeter der Hedgefonds dargestellt wird. Statt ein neutraler Vertreter von Recht und Gerechtigkeit zu sein, erscheint er im Diskurs als parteiischer Handlanger der Hedgefonds, die er gezielt begünstigt. Die folgenden Beispiele geben einen Eindruck, wie dieses Muster im Korpus realisiert wird:

(115)   En el Palacio de Hacienda están convencidos de que *Griesa buscó dejar al país a los ojos del mercado financiero en situación de default para que los fondos buitre pudieran cobrar el dinero correspondiente a seguros contra cesación de pagos.* «Puede ser ésta una maniobra encaminada a que los fondos buitre, directamente o a través de otras sociedades, cobren seguros de default que ellos mismos han reconocido que tienen», afirma el comunicado. (CL, 02.08. 2014, Dura respuesta del Gobierno a las críticas de Griesa)

(116)   [Capitanich] criticó que la sentencia del juez Griesa «ha sido convalidada por todas las instancias del Poder Judicial de Estados Unidos», y agregó: «*que no vengan con que es independiente, es independiente de la racionalidad, no es independiente de los fondos buitre*». (P12, 31.07. 2014, «Ha habido una mala praxis del Poder Judicial de EEUU»)

In Beleg (115), der bereits weiter oben besprochen wurde (cf. Beleg 87), heißt es, der Richter habe Argentinien absichtlich in einen Zahlungsausfall geführt, damit die Hedgefonds die Versicherungszahlung kassieren können. Hinter dem

Prozess wird daher eine «maniobra» vermutet. Mit «maniobra» wird auf ein Lexem zurückgegriffen, dass, wie bereits erwähnt, häufig dafür verwendet wird, die Handlungen der Hedgefonds zu bewerten (cf. 6.1.2.2). Indem dasselbe Lexem sowohl auf die Hedgefonds als auch auf den Richter bezogen wird, verbinden sich die US-amerikanischen Akteure zu einer Akteursgruppe mit ähnlichen Eigenschaften.

   Der Stabschef Jorge Capitanich kritisiert sowohl das Urteil des Richters als auch das gesamte Justizsystem der USA. Interessant ist hier die doppelte Verwendung des Adjektivs *independiente*, mit der zwei gegensätzliche Evaluationen vorgenommen werden. Das Adjektiv, das normalerweise als Hochwertwort eine positive Bewertung ausdrückt, wird hier zunächst gebraucht, um das Verhältnis zwischen der Justiz und der «Rationalität» zu beschreiben. Dadurch ergibt sich ein negatives Urteil, denn Rationalität ist eine der Grundfesten einer funktionierenden Rechtsprechung. Wenn die Justiz unabhängig von Rationalität ist, ist sie folglich auch unfähig, für Gerechtigkeit zu sorgen. Im darauffolgenden Satz ergibt sich eine negative Bewertung auf genau umgekehrtem Wege. Noch einmal wird die Justiz bewertet. Das Hochwertwort *independiente* bezieht sich hier auf ihre Beziehung zu den Hedgefonds. Daraus resultiert scheinbar eine positive Bewertung, denn die Unabhängigkeit der Justiz von den Prozessbeteiligten ist eine unumgängliche Bedingung. Da der Satz jedoch eine Negation ist, wird der Justiz attribuiert, gerade nicht unabhängig von den Hedgefonds zu sein, und es ergibt sich erneut eine negative Evaluation.

(117)   Con respecto al juez Thomas Griesa, *acusado de beneficiar a los fondos buitre*, la convocatoria consideró que «no es lo mismo un default de Griesa, severamente cuestionado en el plano internacional y aun por los medios internacionales del propio establishment, como el Financial Times y The New York Times, insospechados de simpatía por nuestro país, que un default argentino [...]». (TA, 31. 07. 2014, Una multitud pidió en el Cabildo «defender la soberanía nacional»)

(118)   *Griesa es parcial, capcioso*: la Argentina exige que le hagan una auditoría legal. Sin mayor malicia podría añadir un examen psicofísico y un encefalograma. (P12, 03. 08. 2014, Es la economía, sin embargo)

Auch in diesen Beispielen geht es um die fehlende Neutralität des Richters. Beleg (117) sagt aus, Griesa sei beschuldigt worden, die Hedgefonds zu begünstigen. Der Vorwurf der Parteilichkeit löst starke Zweifel an seinem Urteil aus und den zitierten kirchneristischen Anhängern zufolge ist zwischen einem «default argentino» und einem international kritisierten «default de Griesa» zu unterscheiden. Auch in Beleg (118), einem Artikel aus der Rubrik *Opinión*, der den

Rechtsstreit in überspitzter Weise auswertet, wird der Richter zum Angeklagten. Aus den Merkmalen parteiisch und tückisch, die dem Richter zugesprochen werden, leitet sich die Forderung Argentiniens ab, Griesa selbst einer juristischen Anhörung zu unterziehen. Die Kritik an dem Richter geht jedoch noch einen Schritt weiter. Zusätzlich zu einer Anhörung wird gefordert, seinen geistigen Zustand zu untersuchen. Erneut wird hier auf die mentale Fähigkeit des Richters angespielt, wie sich schon in Bezug auf sein hohes Alter beobachten ließ, mit dem Unterschied, dass sie hier nicht mit Unfähigkeit, sondern mit Parteilichkeit und Böswilligkeit in Zusammenhang gebracht wird.

Um eine Einigung zwischen den Hedgefonds und Argentinien zu beschleunigen, hatte Griesa im Juni 2014 den Mediator Daniel Pollack eingesetzt. Dieser ist im Diskurs weniger präsent als Thomas Griesa, es wird jedoch betont, auch er sei parteiisch.

(119)   Con respeto al rechazo del mediador Daniel Pollack, Economía reiteró que éste «ha demostrado a través de su último comunicado *una manifiesta parcialidad en favor de los fondos buitre*». (LN, 01. 08. 2014, El Gobierno volvió a criticar al juez Thomas Griesa: «Llamó a una audiencia para no resolver nada»)

(120)   Pollack manifestó su *«clara parcialidad y comportamiento como vocero de los fondos buitre»*, afirmó Capitanich [...]. (TA, 05. 08. 2014, Griesa autorizó un pago del banco JP Morgan y ratificó al mediador)

Beleg (119) beschreibt die Reaktion des Wirtschaftsministeriums auf eine offizielle Mitteilung des Mediators Daniel Pollack. Laut dem Ministerium habe sich darin die Parteilichkeit des Mediators gegenüber den Hedgefonds deutlich gezeigt. Ganz ähnlich urteilt Capitanich. In beiden Belegen wird die Parteilichkeit des Mediators als prägnantes Merkmal betont und daraus – ebenso wie bei dem Richter – die Forderung abgeleitet, ihn seines Amtes zu erheben. Beleg (120) spricht dem Mediator darüber hinaus zu, ein «vocero de los fondos buitre» zu sein. Damit wird Pollack nicht nur eine mangelnde Neutralität zugesprochen, ihm wird darüber hinaus unterstellt, sich als ihr «Sprecher» auch mit ihren Ansichten zu identifizieren. Die folgenden Belege greifen ebenfalls die enge Verbindung zwischen dem Mediator und den Hedgefonds auf.

(121)   «Más que mediador, Pollack *se está poniendo la camiseta de los buitres* porque realmente no está tomando en cuenta la posición argentina [...]», consideró [Álvarez Agis] en declaraciones a FM Nacional Rock. (P12, 03. 08. 2014, Un planteo contra el mediador Pollack)

(122)   [Kicillof] también apuntó al mediador Daniel Pollack y subrayó que «*se
le cayó la careta y comunicó algo digno de los fondos buitre*, mostrando
que no tiene ni la más pálida idea de qué es el Mercosur». (TA, 01. 08.
2014, «Si los bancos quieren poner plata de la suya, el gobierno no se
opone»)

Beide Belege stellen über Metaphern eine Verbindung zwischen dem Mediator
und den Hedgefonds her. Álvarez Agis merkt an, Pollack würde sich die «camiseta de los buitres» anziehen, indem er die Seite Argentiniens nicht berücksichtige.
Das Verhalten des Mediators vergleicht er mit dem Überziehen eines Trikots als
Zeichen der Zugehörigkeit zu einer Mannschaft im Sport. Statt die Parteilichkeit
des Mediators als etwas darzustellen, dass er sich überzieht, drückt die Äußerung Axel Kicillofs aus, dass ihm etwas «herunterfällt». Pollacks Neutralität ist
laut Kicillof nur eine Maske, hinter der sich die Verbindung zu den Hedgefonds
verbirgt. Der Mediator demaskiere sich durch seine Aussagen selbst, die zeigen,
dass er keine Kenntnis über den Mercosur hat. Dadurch wird gleichermaßen den
Hedgefonds wie dem Mediator Ignoranz attribuiert.
     Das kommunikative Spiel mit der Metapher des Geiers, über die im Default-
Diskurs in erster Linie den Hedgefonds negative Eigenschaften zugewiesen werden, bezieht sich auch auf den Richter und den Mediator. Es ist eine weitere
Methode, die US-amerikanischen Akteure zusammenzufassen, indem ihnen
ähnliche Merkmale zugewiesen werden.

(123)   El mediador buitre sigue (P12, 05. 08. 2014)

(124)   En el final, Pollack mostró las plumas (P12, 31. 07. 2014)

Bei diesen beiden Belegen handelt es sich um die Titel zweier Zeitungsartikel
aus Página12.[38] Das Kompositum «mediador buitre» in Beleg (123) erinnert stark
an den Ausdruck *fondos buitre* und schreibt dem Mediator zu, *ein Geier* beziehungsweise *geierhaft* zu sein. Beleg (124) vermittelt mit dem Syntagma «Pollack
mostró las plumas», es habe sich erst kurz vor Ende der Verhandlungen herausgestellt, dass der Mediator selbst in Wahrheit ein Geier sei. Hier ist es ein physi-
sches Merkmal des Vogels – der Geier ist ein Vogel, der Federn hat, – das die
Metapher aufruft. Auch wenn der Titel keine explizite Referenz auf die Hedgefonds enthält und die Metapher auch im Verlauf des Artikels nicht fortgeführt

---

38 Die Übertragung der Geiermetapher auf den Richter und den Mediator beschränkt sich
vorwiegend auf Página12.

wird, ergibt sich eine entsprechende Interpretation vor dem Hintergrund der Bedeutung der Metapher im gesamten Diskurs.

(125) Este juez, *buitre por aspecto, semblante y acciones*, tiene demasiados adherentes adentro de nuestra patria idolatrada. (P12, 04. 08. 2014, El juez, la deuda y la soberanía)

Dies ist eines der wenigen Beispiele für eine Übertragung der Geiermetapher auf den Richter. Sie bezieht sich hier auf zwei Aspekte. Die äußere Erscheinung des Richters gleiche einem Geier, zusätzlich weisen ihn auch seine Handlungen als solcher aus. Da dieser beleidigende Vergleich nicht näher erläutert wird, ruft er das Alltagskonzept insgesamt auf, mit Eigenschaften wie feige oder nutznießerisch. Die Metapher geht hier einher mit einer Kritik an Personen innerhalb Argentiniens, die die gleiche Meinung wie der Richter vertreten und fordern, dass die Nation die Ansprüche der Hedgefonds erfüllen soll. Gemeint ist damit vor allem die Opposition.

Eine weitere Facette der Rolle des böswilligen Richters bildet sich dadurch heraus, dass die vermeintlichen Werte genannt werden, auf denen das Handeln Griesas beruht. Sein Urteil stehe in direktem Zusammenhang mit einem Finanzmarkt, der bedingungslos auf finanziellen Gewinn ausgerichtet ist. Um zu vermitteln, der Richter stehe dazu in einem Abhängigkeitsverhältnis, werden die Wissensrahmen *Religion* und *Ideologie* aufgerufen.

(126) En este sentido, podemos afirmar que *los valores que entroniza el fallo del juez Griesa son los del becerro de oro, la especulación extrema y el poder de los más inescrupulosos miembros del mercado financiero mundial, nuevo orden financiero y especulativo que condiciona el desarrollo soberano de las naciones.* (P12, 30. 07. 2014, Buitres, Griesa y la solución argentina)

(127) [María Laura Garrigós de Rébori, señaló que la sentencia de Griesa refleja «*la ideología del neoliberalismo más crudo, al que no le importa cómo se reparte la plata*». (P12, 04. 08. 2014, Contra Griesa)

Diese beiden Belege sprechen dem Richter die Motivation, für Gerechtigkeit zu sorgen, gänzlich ab. In Beleg (126) wird das alttestamentliche Motiv des *Goldenen Kalbs* aufgegriffen. Es steht für eine Verehrung des Geldes und ist eine Metapher, die in Gesellschaftsdiskursen zu Kritik am Kapitalismus gebraucht wird. Ursprünglich handelt es sich um ein antisemitisches Stereotyp (cf. Loewy 2005). Griesa wird hier zugesprochen, sein Urteil auf den «Werten» gegründet zu haben, die mit dem Bild des Goldenen Kalbs verbunden sind. Das Motiv kommt bereits vorher in einer wörtlich zitierten Äußerung von Papst Franziskus zur globalen Finanzkrise vor, der diese darauf zurückführt, dass sich der Mensch Götzen geschaffen habe und eine neue Form der «adoración del antiguo becerro de oro» zeige. Dies verdeutliche sich in einem «fetichismo de dinero» und einer «dictadura de la economía». Ein weiteres Beispiel für die Anbetung von Geld sei das Urteil Griesas, wie der Artikel im weiteren Verlauf detailliert ausführt.

In Beleg (127) wird das Urteil als Spiegel eines brutalen Neoliberalismus gedeutet. Die Beschreibung als «ideología» und das Attribut «más crudo» drücken eine überaus negative Bewertung aus. Ein Kennzeichen dieser Wirtschaftsströmung sei, dass nicht von Interesse ist, wie sich das Geld verteilt. Hier wird auf die Verfügung des Richters abgezielt, die von Argentinien überwiesene Kreditsumme zu blockieren und nicht an die aus argentinischer Sicht rechtmäßigen Besitzer weiterzuleiten. Die Verbindung zwischen dem Richter und dem Finanzsystem, die hier gezogen wird, positioniert ihn erneut in der Nähe der Hedgefonds.

Ein letztes Merkmal, das Thomas Griesa als schlechten Richter ausweist, steht im Zusammenhang mit der Kreditrate, die Ende Juni 2014 fällig wurde und Argentinien fristgerecht überwiesen hatte. Immer wieder wird im Korpus hervorgehoben, dass der Richter die gezahlte Summe blockiert.

(128)   El juez *congeló* esos giros hasta que no se pague a los «buitres». (LN, 29. 07. 2014, Cristina Kirchner intenta en Caracas un respaldo explícito del Mercosur)

(129)   La Presidenta criticó a Thomas Griesa en la reunión con los mandatarios en Caracas; «*Decidió inmovilizar los fondos*, algo que no tiene una figura legal jurídica», cuestionó. (LN, 29. 07. 2014, Cristina Kirchner, en la cumbre del Mercosur: «Default es cuando uno no paga y la Argentina pagó»)

(130)   Pero el juez de Nueva York *decidió no embargar los fondos sino sólo bloquear el pago*. El objetivo fue forzar una negociación entre las partes. (Ta, 28. 07. 2014, El juez Griesa deberá decidir si fuerza el default técnico del país)

Dadurch, dass dem Richter wiederholt zugesprochen wird, das Geld zu blockieren, entsteht eine charakterisierende Handlungsrolle. Häufig wird diese direkt der Rolle Argentiniens als pflichtbewusster Schuldner gegenübergestellt. Die fristgerechte Zahlung der fälligen Kreditrate und die darauf folgende Blockade durch den Richter werden damit in ein Verhältnis von Aktion und Reaktion gesetzt.

(131) «Argentina pagó, pero es el juez Griesa *quien les impide a los bonistas del canje cobrar.* [...]», aseguró el periodista y economista Alfredo Zaiat [...]. (P12, 28. 07. 2014, «Es un hecho inédito en la historia»)

(132) «La Argentina pagó el servicio de su deuda y el juez (Thomas) Griesa *está haciendo una retención indebida de esos pagos*», señaló [la Convocatoria Económica y Social]. (TA, 28. 07. 2014, El juez Griesa deberá decidir si fuerza el default técnico del país)

Direkte Gegenüberstellungen tragen zu einer punktuellen Bedeutungsbildung bei und kontrastieren die Kennzeichen der beiden Akteure. Argentinien wird als pflichtbewusster und zahlungswilliger Gläubiger dargestellt. Ihm gegenüber steht der Richter, der sein Amt nicht korrekt ausführt, da er verhindere, dass die Gläubiger die Summe, die ihnen zusteht, kassieren können. Besonders deutlich weist die Äußerung in Beleg (132) auf einen Verstoß hin, indem sie Griesas Vorgehen eine «retención indebida» nennt.

Auch aus der Positionierung des Richters lässt sich zusammenfassend ein Topos formulieren:

Weil Griesa ein böswilliger Richter ist, kann sein Urteil kein gerechtes Urteil sein.

6.1.4 Zusammenfassung

Dieses Kapitel hat gezeigt, wie die Hauptakteure des Default-Diskurses positioniert werden. Ihnen werden Merkmale zugesprochen und darüber ihre Diskursidentität ausgehandelt. Ein zentrales Ergebnis ist dabei, dass sich die Rollen, die den Akteuren im Diskurs zukommen, deutlich von dem Bild der Personen unterscheiden, das sich außerhalb des Diskurses etabliert. Die Konstellation des Rechtsstreits wird aufgelöst und stattdessen eine diskursinterne Konstellation erzeugt. In dieser neuen Anordnung der Akteure erscheint Argentinien als Vertreter von Moral und guten Werten, während die Hedgefonds genau mit diesen Maximen und zusätzlich mit der Rechtsordnung brechen. Der Richter wird an den Ansprüchen an sein Amt gemessen, dabei stehen seine Unfähigkeit und Parteilichkeit im Vordergrund. Insgesamt stehen sich Argentinien und die US-amerikanischen Akteure antagonistisch gegenüber. Interessant ist, welche Deutungsmuster bei der Charakterisierung der US-Amerikaner aufgegriffen werden und offensichtlich zum Sagbaren des Diskurses gehören. Es sind Motive wie Habsucht oder Überheblichkeit und Metaphern wie die der geldgierigen Geier, blutrünstigen Vampire, Parasiten oder des Goldenen Kalbs. Besonders die Metaphern in ihrem Zusammenspiel ergeben eine Agglomeration von Bildern, die Kritik am Kapitalismus üben und Stereotype mit einer langen Kulturgeschichte sind. Diese Übernahme von sprachlichen Mustern aus anderen Diskursen ist ein Beispiel für die Flexibilität von Stereotypen, die ihre Deutungen in unterschiedlichen Kontexten beibehalten.[39]

Zusammenfassend kann für die Resilienzfigur folgende Schlussregel formuliert werden:

Weil Argentinien rechtschaffen ist, ist die Rolle des störrischen Gläubigers, der seinen finanziellen Pflichten nicht nachkommt, falsch.

Weil vielmehr die Hedgefonds als kriminell und unmoralisch sowie Griesa als schlechter Richter identifiziert werden können, sind sie zu verurteilen.

6.2 Argentinien als starker Kämpfer

Eine zweite Resilienzfigur, die Bestandteil einer diskursiven Identitätsaushandlung ist, nenne ich ARGENTINIEN ALS STARKER KÄMPFER. Ihre Grundlage auf der sprachlichen Oberfläche ist ein frequenter Gebrauch von Lexemen des semantischen Feldes beziehungsweise des Metaphernfeldes *Krieg/Kampf*,[40] das den Diskurs sichtbar prägt.[41] Der Rechtsstreit wird als *lucha, batalla* oder *pelea* bezeichnet, der aus *ofensivas, ataques* und *defensas* besteht und *estrategia* und *táctica* erfordert. Über Kriegsmetaphorik erhält der Schuldenstreit zwischen der Nation Argentinien und den US-amerikanischen Hedgefonds den Charakter eines Schauplatzes gewaltsamer physischer Auseinandersetzungen, bei dem sich die Beteiligten als feindliche Krieger gegenüberstehen. Die beiden folgenden Belege geben einen Einblick, wie die Metapher im Diskurs dazu dient, den Rechtsstreit zu deuten.

(1) [Cristina Kirchner dijo] comparando con Gaza: «Esto que nos toca vivir a los argentinos también es *violencia*. Son *misiles financieros*, que *cuestan vi-*

---

39 Zur «Wanderung» antisemitischer Stereotype in andere Diskursbereiche cf. Loewy (2005).
40 Im Diskurs wird keine Differenzierung zwischen Krieg oder Kampf vorgenommen, daher verwende ich beide Ausdrücke synonym, um mich auf das Metaphernfeld zu beziehen.
41 Zum Verhältnis zwischen semantischem Feld und konzeptueller Metapher cf. Wengeler/Ziem (2010, 348). Nach Wengeler/Ziem stehen sprachliche Token, semantische Felder und konzeptuelle Felder in einem Verhältnis aufsteigender Abstraktheit zueinander. Sprachliche Token lassen sich einem semantischen Feld – im Default-Diskurs dem Feld *Krieg* – zuweisen. Dieses verweist wiederum auf die höhere Ebene der konzeptuellen Metapher, die ihre Bedeutung erst auf einer größeren Fläche entfaltet.

das». (LN, 31. 07. 2014, Cristina Kirchner y su comparación con Gaza: «Esto también es violencia, son misiles financieros, que cuestan vidas»)

(2) La senadora María Inés Pilatti Vergara remarcó que el Cabildo Abierto contra los buitres lo hicieron «con *fervor militante en defensa de la soberanía* y contra la aplicación de un posible default». (P12, 31. 07. 2014, Reacciones de oficialistas y opositores)

Cristina Kirchner greift in einer von La Nación zitierten Rede den Gaza-Krieg, ein Beispiel der tagesaktuellen globalen Politik, heraus und stellt zwischen diesem Krieg, der Raketenangriffe und mehrere hundert Tote beinhaltete, und der Situation Argentiniens eine Analogie her.[42] Mit ihrer Behauptung, die Argentinier erlebten auch «violencia», verortet sie zunächst beide Kontexte auf einer Stufe, ohne eine Differenzierung hinsichtlich ihres Ausmaßes oder Charakters vorzunehmen. Anschließend gibt sie eine Begründung. Die Nation werde von Raketen angegriffen, genauer, von «misiles financieros». Diese ‹Waffen der Finanzwelt› haben Kirchner zufolge eine tödliche Wirkung. Die Äußerung der Präsidentin enthält keinen Hinweis darauf, dass es sich um einen metaphorischen Vergleich zwischen einem realen Krieg und einem verbal geführten Rechtsstreit handelt. Vielmehr kennzeichnet sie den Konflikt als gewaltsame und folgenschwere Kriegsszene und beleuchtet ihn aus einem Blickwinkel, bei dem der Fokus auf Argentinien liegt, das von außen angegriffen wird und als unschuldiges Opfer erscheint.

Der Kontext von Beleg (2) ist ein sogenannter *Cabildo Abierto*, ein öffentlicher Akt zur Unterstützung der argentinischen Position gegenüber den Hedgefonds, an dem vor allem regierungsnahe Gruppen teilnehmen. Pilatti Vergara, Vorsitzende von *Frente para la Victoria*, der Partei Kirchners, betont, sie hätten diesen mit einem «fervor militante» durchgeführt, um die argentinische Souveränität zu verteidigen. Damit interpretiert Vergara den Rechtsstreit nicht nur als Kampf, sie vermittelt darüber hinaus, es handele sich bei dem Vorgehen der «buitres» um einen Angriff auf die argentinische Souveränität. Diese Deutung, bei der den Hedgefonds eine Motivation zugesprochen wird, die den Schuldenstreit weit übertrifft, ist ein Muster des Diskurses.

Kriegs- und Kampfmetaphorik ist in politischen Diskursen grundsätzlich äußerst produktiv (cf. Lakoff/Johnson 1980b, 156s.; Estrada Gallego 2004; Cuvardic García 2004). Klein (2002, 222) betont die hervorgehobene Rolle dieses Metaphernfeldes: «KAMPF scheint das Konzept zu sein, das den Bereich der Politik am stärksten metaphorisch strukturiert – unter den Voraussetzungen von

---

42 Cf. zum Verlauf des Gaza-Kriegs im Jahr 2014 Blumenthal (2015).

Intoleranz sogar mit der Tendenz zum Konzept KRIEG» (Hervorh. i. O.). Die hohe Produktivität konzeptueller Metaphern im politischen Diskurs generell und damit auch der Kriegsmetapher lässt sich damit erklären, dass sie vielfache Funktionen erfüllen. Sie vereinfachen abstrakte und komplexe Situationen, drücken positive oder negative Bewertungen aus oder interpretieren politische Entwicklungen und Handlungen (cf. Lakoff/Johnson 1980a, 454s.; Lakoff 1991, 1; Girnth 2015, 68). Lakoff und Johnson (1980b, 63) ordnen die Kampfmetapher den Strukturmetaphern zu, die strukturelle Gemeinsamkeiten zwischen zwei verschiedenen Begriffsfeldern herstellen. Ein bekanntes Beispiel ist die Metapher *Argument is War*, bei der der verbale Austausch von Argumenten sinnbildlich als kriegerischer Konflikt beschrieben wird. Lakoff und Johnson (1980b, 63) kommen zu dem Schluss, dass sich der Gebrauch der Metapher nicht nur auf das Konzept auswirkt, das wir von einem Phänomen (hier, von *Argument*) haben, sondern dass er auch eine handlungsleitende Funktion hat (cf. Lakoff/ Johnson 1980a, 454s.). Diesen Zusammenhang fassen sie folgendermaßen zusammen: «The point here is that not only our conception of an argument but the way we carry it out is grounded in our knowledge and experience of physical combat» (Lakoff/Johnson 2003, 63). Das heißt, die Art und Weise, wie Argumente angeführt werden, ist geprägt von der Verknüpfung mit dem Konzept *Krieg*.

Kriegsmetaphorik lässt sich auch in den Krisendiskursen finden, die bislang zum Gegenstand linguistischer Forschungen wurden, dennoch sind es andere Metaphernfelder, die darin eine größere Rolle spielen.[43] Besonders typisch für Krisendiskurse sind die Bildbereiche *Krankheit* und *Natur* oder *Naturgewalt* (cf. Kuck/Römer 2012; Kuck 2016; Lublich/Peter 2016). Beide Metaphernfelder kennzeichnen das Phänomen Krise als eine Größe, die außerhalb des menschlichen Handlungsbereiches liegt und deren Eintreten sich nur schwer verhindern lässt. Erst wenn sie da ist, kann durch entsprechende Maßnahmen ein Ausweg aus ihr gesucht werden. Im Gegensatz zu den Feldern *Krankheit* und *Naturgewalt*, die im Default-Diskurs nur in sehr geringer Frequenz auftreten, findet die Kampfmetapher häufigen Einsatz, wie die eingangs gezeigten Belege exemplarisch verdeutlichen.[44] Ein Grund dafür liegt sicherlich im Gegenstand, denn

---

43 Cf. für deutsche Krisendiskurse Drommler/Kuck (2013, 214–217 und 231ss.); für den Diskurs der Spanienkrise Monjour (2012, 179). Im Allgemeinen kommt Metaphern in Krisendiskursen eine große Bedeutung zu, denn Krisen geben «Anlass zu sprachlicher Bildhaftigkeit» (Kämper 2012, 249). Wengeler/Ziem (2010, 347) kommen zu einem ähnlichen Schluss und bezeichnen Metaphern als «eine linguistische Maßeinheit, mit der sich die kollektive Krisenstimmung zu einem Zeitpunkt messen lässt».

44 Wenn die Metaphernfelder *Krankheit* und *Naturgewalt* im Diskurs eingesetzt werden, dienen sie – anders als in anderen Krisendiskursen – dazu, die Krisenhaftigkeit der Situation zu dekonstruieren, wie sich im Verlauf des Kapitels zeigen wird.

der Diskurs verhandelt keine diffuse und anonyme Krise, deren Ursachen und Hintergründe diskursiv erschlossen werden. Stattdessen ist der Kontext des Zahlungsausfalls als Krisenmoment ein Rechtsstreit, bei dem sich Kläger und Angeklagter gegenüberstehen, die für ihr Handeln verantwortlich gemacht und als «Kriegsverursacher» identifiziert werden können. Dieser kontextuelle Rahmen bietet einen produktiven Nährboden für den Einsatz der Kampfmetapher.[45] Indem die verbalen Akte als kriegerische Handlungen dargestellt werden, strukturieren und formen sie das Wissen über den Schuldenstreit.

Auch jenseits der spezifischen Krisenkonstellation, die eine metaphorische Umschreibung als kriegerische Auseinandersetzung nahelegt, ergibt sich die Frage, welche Funktion die Kriegsmetapher im Gegensatz zu anderen krisentypischen Metaphernfeldern hat. Zunächst ist ihre Leistung, dass die kritische Situation nicht als Zustand erscheint, aus dem man sich befreien muss. Ein Kampf beinhaltet stets die Möglichkeit, aktiv zu werden und ihn durch entsprechende (Kriegs-)Handlungen zu gewinnen. Zudem verfügen die Beteiligten über einen Handlungsspielraum, der ihnen ermöglicht aktiv auf den Verlauf des Kampfes einzuwirken. Im Gegensatz dazu inszenieren die semantischen Felder *Naturgewalt* oder *Krankheit* eine Sachlage als Produkt unkontrollierbarer Gewalten. Eine Bewältigung ist erst möglich, wenn die Krise bereits ein gegebener Zustand ist.

Der Rückgriff auf Kriegsvokabular im Default-Diskurs lässt sich u. a. aus der nationalen Geschichte heraus erklären, denn er ist ein charakteristisches Merkmal des Diskurses von Juan Domingo Perón, argentinischer Präsident in der zweiten Hälfte des 20. Jahrhunderts. Perón war vor seiner politischen Karriere Kriegsbeobachter sowie Professor für Militärgeschichte und übertrug die ihm bekannten Konzepte und Denkweisen aus dem militärischen Bereich auf die Politik (cf. Bernetti/Puiggrós 2006, 15s.; Delli-Zotti 2009, 51). Nach Delli-Zotti (2009, 51) liegt in diesem Transfer ein entscheidender Ansatzpunkt, um die politische Bewegung des Peronismus zu verstehen: «[E]sta traslación de conceptos militares a la política es inexcusable para comprender no sólo el peronismo de los orígenes, sino también el de los años setenta». Über Perón setzte sich die Kriegsmetaphorik im Diskurs des Peronismus fort. Die Übertragung von Ideen aus dem Konzeptbereich Krieg lässt sich im Sinne einer Fortführung des peronistischen Diskurses auch im Diskurs des Kirchnerismus beobachten (cf. Dagat-

---

45 Kämper (2012, 253) konstatiert ebenfalls eine Abhängigkeit zwischen der Krisenkonstellation und den sprachlichen Repräsentationen, also auch den Metapherfeldern, die einen Krisendiskurs bestimmen: «[Wir] können [...] annehmen, dass die Krisenkonstellation ausschlaggebend ist hinsichtlich des diskursiven Modells ihrer sprachlichen Repräsentation».

ti 2012, 77; Balsa 2013, 27).[46] Diskursprägend, wenn nicht sogar ein Erkennungs-merkmal, ist dort die Figur des *adversario*, die sich bereits bei Perón findet: «Sin embargo, en el kirchnerismo esta dimensión adversativa habría alcanzado niveles superlativos» (Balsa 2013, 23, cf. auch Vasallo 2006). Auch Martínez (2013, 56) weist auf eine feste Etablierung dieser Denkfigur im Kirchnerismus hin: «La discursividad kirchnerista, desde la campaña, coloca en un ligar jerar-quizado, en la enunciación y en el enunciado, a la figura del adversario, y por lo tanto, a la dimensión adversativa que viene a estructurarla en buena parte». Aus dieser Verankerung der Kriegsmetapher im peronistischen und im kirchne-ristischen Diskurs lässt sich schlussfolgern, dass das häufige Vorkommen der Metapher im Analysekorpus nicht allein aus der Konstellation des Rechtsstreits resultiert, sondern ganz entscheidend aus der politisch-kulturellen Tradition. Die hohe Frequenz der Metapher ist damit ein Beleg für die kulturgeschichtliche Prägung von Krisendiskursen. Am stärksten kommt sie in Página12 vor. Dies lässt sich dadurch erklären, dass Página12 eine regierungstreue Zeitung ist und damit eine gewisse Affinität zu den sprachlichen Mustern der beiden genannten Diskursströmungen aufweist. Insgesamt dominiert im Analysekorpus das Motiv des Widerstandes, das ein fester Bestandteil peronistischer Ideen der 1960er und 1970er Jahre war.

Die Regelmäßigkeit, mit der die Kampfmetapher in politischen Diskursen zur Strukturierung von Wissen gebraucht wird, legt nahe, dass sie nicht auto-matisch als Merkmal einer resilienten Bewältigung einer Krisensituation gewer-tet werden kann. Sie lässt sich jedoch durch die Art ihrer Anwendung im Default-Diskurs und die Funktion, die ihr bei der Konstruktion der Situation zukommt, mit Resilienz in Verbindung bringen. Die konzeptuelle Metapher zeichnet sich also durch eine Grundstruktur aus, kann jedoch unterschiedlich angewendet und inhaltlich gefüllt werden. Interessanterweise wird die Kampf-metapher auch in der Resilienzforschung erwähnt, in der sprachliche Merkmale normalerweise keine Rolle spielen. Levold (2016) wertet in einer Metastudie die Metaphern zur Umschreibung des Resilienzkonzepts in sozialpsychologischen und klinischen Diskursen aus und identifiziert die Kampfmetapher als eines von mehreren Metaphernfeldern. Dabei wird der Protagonist, also der von der Krise betroffene Mensch, als Krieger beschrieben, dessen Kampf darin besteht, Herausforderungen anzunehmen, zu siegen oder zu verlieren. Resilienz ist in

---

46 Dagatti (2012, 76) spricht vor allem Néstor Kirchner die Prägung eines «*ethos* del militante» zu (Hervorh. i. O.). Anschauliche Beispiele für den frequenten Einsatz von Kampfvokabular bei Néstor Kirchner sind die Reden zum argentinischen Unabhängigkeitstag *25 de Mayo*, die er während seiner Regierungszeit hielt. Cf. zur Konstruktion eines *adversario* im Kirchner-Diskurs auch Montero (2009).

diesem Bild «die Stärke, der Mut, die Tapferkeit und Unverwundbarkeit des Kriegers» (Levold 2016, 245).

Kampfmetaphorik erscheint im Default-Diskurs in einer spezifischen Ausprägung. Zunächst ist zu bemerken, dass mit dem Eintreten Argentiniens in den Zahlungsausfall der «Krieg» nicht als verloren gilt, wie der Kontext des Prozesses eigentlich suggeriert. Dem Rechtsstreit nach haben Argentinien und die Hedgefonds gegeneinander gekämpft, eine erste Niederlage Argentiniens war die Verurteilung durch Griesa, die zweite der Zahlungsausfall Ende Juli, mit dem der Prozess und der Kampf endgültig verloren sind. Im Diskurs eröffnet sich dagegen eine andere Sichtweise auf die Ereignisse. Der Zahlungsausfall wird als Beginn eines Krieges dargestellt, dessen Ausgang noch völlig offen ist.

(3) Agregó Burkun: «Se llame como se llame y sea voluntario o no, el default es tomado como una *declaración de guerra*. [...]» (P12, 03. 08. 2014, La Argentina consigue más aliados mientras los buitres operan)

Dieser Äußerung nach markiert der Default nicht das Ende des Kampfes und damit die Niederlage Argentiniens. Ganz im Gegenteil, der Zahlungsausfall «es tomado como una declaración de guerra». Dies impliziert, dass Argentinien weiterhin handlungsfähig ist. Der Default hat hier also einen ganz anderen Stellenwert als im Kontext der Krise von 2001. Damals war die Erklärung der Zahlungsunfähigkeit die Kapitulation eines Staates, der seine Schulden nicht weiter zahlen konnte, und damit das Ende des «Kampfes gegen die Krise». Im Gegensatz zu der selbst erklärten Zahlungsunfähigkeit ist der Default von 2014 aus argentinischer Sicht von außen auferlegt, nämlich von den Ratingagenturen und dem Urteil Griesas. In dieser Deutung liegen die Ursache und der Beginn des Krieges nicht auf der Seite Argentiniens, stattdessen wird die Nation durch die US-amerikanischen Akteure zum Kampf herausgefordert. Der Default, verstanden als Kriegserklärung, lenkt den Blick auf die (Kriegs-)Handlungen, die nun folgen. Gleichzeitig werden mögliche realökonomische Folgen wie ein versperrter Zugang zu internationalem Kapital ausgeblendet.

Dass der Kampf mit dem Zahlungsausfall erst beginnt, verweist auf ein weiteres Merkmal der Resilienzfigur ARGENTINIEN ALS STARKER KÄMPFER. Im Diskurs wird nur am Rande der Ausgang verhandelt, im Vordergrund steht die Beschreibung der Auseinandersetzung selbst. Dabei liegt der Fokus auf der Beteiligung der Akteure, denen feste Handlungsrollen zugewiesen werden. Der Einsatz von Kriegsmetaphorik ist also eine Technik der Identitätsaushandlung. Sie besteht zum einen darin, den Akteuren als Kämpfer charakteristische Merkmale zuzuweisen, zum anderen, sie in Relation zueinander zu stellen. Die Relation, die im Diskurs etabliert wird, ist aussagekräftig, denn der Kampf findet auf Augenhöhe statt. So erscheint Argentinien nicht als hilfloses Opfer, sondern zeichnet sich durch Widerstand und die Bereitschaft, sich zu verteidigen, aus. Auch der Kampf selbst erhält spezifische Kennzeichen. Es handelt sich um einen in vielerlei Hinsicht komplexen Kriegsschauplatz, der jedoch weniger ein chaotisches Schlachtfeld ist als eine Konfrontation, die ein strategisches und zielgerichtetes Vorgehen der Beteiligten erfordert.

6.2.1 Die Hedgefonds als zerstörerische Angreifer und Argentinien als friedfertiger Verteidiger

Die folgenden Ausführungen richten den Fokus auf die am Rechtsstreit beteiligten Akteure und beschreiben, welche Handlungsrollen und Eigenschaften ihnen im Rahmen von Kampfmetaphorik zugeschrieben werden. Im Diskurs ergibt sich eine Konstellation von Kontrahenten, die gegensätzliche Merkmale aufweisen und in sichtbarer Opposition zueinander stehen. Auf der einen Seite stehen die Hedgefonds, oftmals begleitet von dem Richter Thomas Griesa, die als aggressiv und zerstörerisch dargestellt und deren Angriffe als Ursache des Kampfes gewertet werden. Die Rolle Argentiniens steht im Kontrast dazu, denn die Nation wird als friedfertig beschrieben. Sie kämpft nur, um sich gegen die Angriffe zu verteidigen. Anders als in anderen Resilienzfiguren liegt der Schwerpunkt der Rollenaushandlung hier nicht auf Argentinien. Vielmehr konzentriert sich der Diskurs auf das Bild des Gegners, vor allem der Hedgefonds. Ihre Eigenschaften und ihr Vorgehen als Aggressor werden betont und ihnen damit die Verantwortung für den Kampf übertragen. Die Selbstbeschreibung Argentiniens ergibt sich implizit durch eine Differenzierung und Abgrenzung von dem Fremdbild, das von den US-amerikanischen Akteuren erstellt wird.[47] Die Zuweisung von Handlungsrollen ist eine sprachliche Strategie, die in ähnlicher Form auch in der Resilienzfigur DAS RECHTSCHAFFENE ARGENTINIEN vorkommt (cf. Kap. 6.1). Die Resilienzfiguren ähneln sich darin, dass sie die Handelnden im Diskurs in Opposition zueinander stellen. Im Unterschied zur Resilienzfigur ARGENTINIEN ALS STARKER KÄMPFER, in der Argentinien und die Hedgefonds anhand ihres Verhaltens im Kampf gegenübergestellt werden, bedient sich die Resilienzfigur DAS RECHTSCHAFFENE ARGENTINIEN eines Diskurses von Ethik und Moral, der als Leitlinie dient, um die Akteure voneinander abzugrenzen.

Die folgenden Belege veranschaulichen, wie den Hedgefonds die Rolle des Angreifers zugewiesen wird.

---

47 Cf. zur Identitätsaushandlung mittels Abgrenzung und einem «Wechselspiel von Selbst- und Fremdbildern» Rucht (1995, 13).

(4) «Hay una *actitud beligerante* y de mala fe que no permite resolver el problema», destacó Capitanich, aludiendo a la posición de los holdouts [...]. (P12, 30. 07. 2014, Con la mira en Griesa y los holdouts)

(5) La Unión Suramericana de Naciones y el Consejo de Estados de Latinoamérica y el Caribe no dudaron en ponerse del lado argentino ante el *ataque* de los fondos buitre. (P12, 03. 08. 2014, La Argentina consigue más aliados mientras los buitres operan)

(6) También se entiende que el Estado cuenta con fondos, con reservas, que no existe una cesación de pagos como en 2001, sino una *ofensiva* de ese *adversario* – buitres-Griesa – señalado por el Gobierno. (P12, 03. 08. 2014, Pájaros non gratos)

Während Capitanich das Vorgehen der Hedgefonds mit «actitud beligerante» noch recht allgemein als kriegerisch bezeichnet, geht aus den beiden anderen Belegen deutlicher hervor, dass es sich um offensive kriegerische Angriffe handelt und damit um Handlungen, die darauf ausgerichtet sind, Schaden zu verursachen. Ähnliche Ausdrücke, die im Korpus vorkommen und der Rolle eine Kontur geben, sind: *verdadera agresión* oder *ataque especulativo*. Beide sind attribuierte Substantive, bei denen die Art der Angriffe näher bestimmt wird. Während *verdadera agresión* als Komparativ zu *agresión* gelesen werden kann, verortet die Fügung *ataque especulativo* die Offensiven im Bereich der Finanzwelt (cf. *misiles financieros* in Beleg 1). Wiederholt wird im Diskurs das Lexem *agresión* verwendet, um das Vorgehen der Hedgefonds zu beschreiben und zugleich zu charakterisieren.

(7) [Cristina Kirchner] [d]escribió la batalla legal del país ante la justicia de Nueva York como producto de «una *agresión* a la Argentina de parte de tenedores de bonos que sólo representan 7,6 % del total». (Clarín, 30. 07. 2014, La Presidenta criticó a los buitres y logró el apoyo del Mercosur)

Hier wird dem zerstörerischen Vorstoß der Hedgefonds die Funktion eines Auslösers für den Rechtsstreit Argentiniens vor der New Yorker Justiz zugesprochen. Die Präsidentin betont, es handle sich bei den Klägern nur um einen geringen Prozentsatz der Gläubiger. Da diese Gruppe trotz ihrer zu vernachlässigenden Größe eine «batalla legal» ausgelöst habe, folgt daraus der Schluss, dass es sich um eine überaus starke «agresión» handelt. *Batalla legal* ist ein Ausdruck, der sich im politischen Sprachgebrauch etabliert hat, um einen Rechtsstreit zu bezeichnen. Im Rahmen der Resilienzfigur ARGENTINIEN KÄMPFT AUF AUGENHÖHE und durch die hohe Frequenz des semantischen Feldes *Krieg/*

Kampf, wird die feste Wortbedeutung wieder in ihre einzelnen Komponenten aufgeschlüsselt und das Lexem *batalla* erscheint in seiner ursprünglichen Bedeutung als ‹Schlacht› oder ‹Gefecht›. Die Beispiele verdeutlichen, wie eng Handlungsweise und Identitätsmerkmale miteinander verschränkt sind. Die Aktionen der Hedgefonds werden als *ataque, ofensiva* oder *agresión* bezeichnet. Dadurch, dass ihnen wiederholt Handlungen dieser Art zugeschrieben werden, erhalten sie die Charaktermerkmale *aggressiv* und *zerstörerisch*.

Zwar sind die Hedgefonds der zentrale Gegner Argentiniens, jedoch wird im Diskurs die gegnerische Seite um zusätzliche Akteure erweitert. Die Nation steht als Einzelkämpfer einem komplexen Feind gegenüber, beziehungsweise Angriffen, die von mehreren Seiten ausgehen. Auf diese Weise erhält der Kampf insgesamt eine weitaus größere Dimension als es bei einem Duell zwischen Argentinien und den Hedgefonds der Fall wäre. In erster Linie ist es der Richter Thomas Griesa, der als Mitglied der Offensive gegen Argentinien hinzugezählt wird.

(8)   [Cristina] [d]efinió como *«una verdadera agresión»* la inmovilización de fondos ordenada por el magistardo [sic]. (TA, 30. 07. 2014, Cristina: «El juez Griesa no se ha ajustado a Derecho»)

(9)   Antonio Prado, quien afirmó que *el fallo del juez Griesa «atenta contra el sistema financiero internacional*, porque constituye un precedente que puede obstaculizar otros procesos de reestructuración de las deudas soberanas». (TA, 28. 07. 2014, La irracionalidad capitalista y los buitres)

(10) Con duras críticas para el juez Thomas Griesa y los fondos buitre, el economista Joseph Stiglitz – premio Nobel de Economía en 2001 – consideró que *el fallo del magistrado es una suerte de «bomba» lanzada al sistema económico global*. [...] Al realizar una predicción, el economista agregó: «No sabemos cuán grande será la explosión, y no se trata sólo de la Argentina». (LN, 01. 08. 2014, Para Stiglitz, EE.UU. «le tiró una bomba» al sistema económico)

In Beleg (8) bezieht sich «una verdadera agresión» auf die Anordnung des Richters, die von Argentinien getätigte Zahlung an seine Gläubiger nicht weiterzuleiten. Indem erneut das Lexem *agresión* verwendet wird, hier um das Handeln des Richters zu typisieren, ergibt sich auf transtextueller Ebene eine Verbindung zwischen den Hedgefonds und Thomas Griesa.[48] Worin die Angriffe des Rich-

---

48 Cf. zur Eignung von Kriegsmetaphorik, um Beziehungen zwischen politischen Gruppen sichtbar zu machen, Drommler/Kuck (2013, 216).

ters bestehen, zeigen anschaulich die Belege (9) und (10). Den Sprechern zufolge ist es das Urteil zugunsten der spekulativen Fonds, das Argentinien in eine Konfliktsituation bringe, weil es dies nicht umsetzen könne, ohne die Erfolge der Umschuldungen durch die Aktivierung der RUFO-Klausel zu gefährden. Die Reichweite des Urteils illustriert der Nobelpreisträger Joseph Stiglitz eindrücklich, indem er es als «una suerte de ‹bomba›» bezeichnet und ihm eine explosive Wirkung zuschreibt. Die Nominalphrase «una suerte de» verweist auf die metaphorische Lesart des Substantivs *bomba*. Der Schaden der Explosion lasse sich nicht vorhersehen, er werde aber über Argentinien hinausgehen und auch andere treffen. Dies kann als Andeutung auf andere Länder mit hoher Auslandsverschuldung interpretiert werden. Interessant ist, dass die Äußerung von Stiglitz zwar Thomas Griesa und die Hedgefonds kritisiert, aus dem Titel des Artikels jedoch hervorgeht, dass er die USA für die *bomba* verantwortlich macht («EE.UU. ‹le tiró una bomba›»). Während in den vorigen Belegen (bis auf 6) die Angreifer einzeln genannt und darüber unterschiedliche Fronten unterschieden werden, spricht das nachfolgende Beispiel von einem Bündnis.

(11)   «[La gente] cree que del otro lado, *acosando* a la Argentina, hay un pequeño grupo de fondos buitres, que son apenas el uno por ciento de los bonistas, que son un grupo indeseable en términos del sentido común y que hay una *especie de agresión contra el país*. En una palabra, [...] esta vez hay una sólida mayoría que tiene la misma visión que la Casa Rosada y piensa que hay una *alianza buitres-juez Griesa-poder financiero* que constituye un *real enemigo*». (P12, 03. 08. 2014, Pájaros non gratos)

Die Äußerung des Soziologen Roberto Bacman, in der die Ergebnisse einer Umfrage zusammengefasst werden, enthält zum einen die Behauptung, Argentinien werde von den Hedgefonds bedrängt oder gehetzt («acosando a la Argentina»), was eine «especie de agresión contra el país» darstelle. Zum anderen gehe diese Aggression nicht allein von den Hedgefonds aus. Der Gegner, dem Argentinien im Kampf gegenübersteht, sei stattdessen eine «alianza buitres-juez Griesa-poder financiero», also mehrere Akteure, die sich zu einem «real enemigo» zusammenfügen. Neben tatsächlich existierenden Personen kommt mit der «Finanzmacht» eine abstrakte Größe hinzu, von der die Angriffe ausgehen.[49] Das Adjektiv *real* wird hier attributiv gebraucht und ist nicht in der Bedeutung von

---

49 *Poder financiero* verweist auf das kapitalistische Finanzsystem, das ein Element des komplexen Feindes darstellt, von dem Argentinien angegriffen wird. Dieses Motiv findet sich auch in der Resilienzfigur DAS RECHTSCHAFFENE ARGENTINIEN, in der ebenfalls eine enge Verbindung zwischen den Hedgefonds und dem Kapitalismus hergestellt wird (cf. Kap. 6.1.1).

‹wirklich› oder ‹echt› zu verstehen. Es dient der Bekräftigung, dass es sich um einen *ernstzunehmenden* Feind handelt.[50] Argentinien verteidigt sich demnach einerseits gegen die Hedgefonds als greifbaren Feind, andererseits geht der Kampf über einen Schauplatz mit klar definierten Grenzen hinaus. Die Nation ist eingekesselt von der «alianza buitres-juez Griesa-poder financiero», die als «real enemigo» ein starkes Gegengewicht bildet. Hier scheint das Motiv des Gerechten, der gegen eine Übermacht antreten muss, auf. Es lässt sich bis in die alttestamentliche Darstellung des Volkes Israel, das gegen die Heiden kämpft, zurückverfolgen. Weitere abstrakte Einheiten, die zu personifizierten Angreifern werden, nennt der folgende Beleg.

(12)   En una declaración, [organizaciones en San Salvador] expresaron además que, «de la mano de las luchas populares, se han ido dando conquistas y creando nuevos escenarios de unidad e integración de nuestros pueblos, frente a los cuales *el capital financiero y el imperialismo reaccionan con violencia y descaro*». (P12, 29. 07. 2014, Solidaridad de Vía Campesina)

Als Angreifer werden hier «el capital financiero» und «el imperialismo» genannt, die auf das Aufstreben der lateinamerikanischen Länder in den Bereichen Souveränität und Identität mit Gewalt reagieren. Indem positiv besetzte Entwicklungen als Auslöser für zerstörerische Angriffe beschrieben werden, ergibt sich eine deutlich negative Bewertung der genannten Entitäten.

Im Default-Diskurs lässt sich eine stufenweise Erweiterung des Angreifers beobachten. Die Offensiven gehen in erster Linie von den Hedgefonds aus, begleitet vom Richter Griesa. Hinzu kommen an anderer Stelle die gesamte US-amerikanische Justiz und die USA (cf. den Titel von Beleg 10). Als weitere sehr abstrakte Angreifer finden sich die in (12) genannten Entitäten «capital financiero» und «el imperialismo». Der komplexe Gegner, der im Diskurs als Kontrahent Argentiniens konstituiert wird, lässt dessen Widerstandsfähigkeit, die Gegenstand des Resilienzmarkers ARGENTINIEN ALS KONTRAHENT AUF AUGENHÖHE ist, noch bedeutsamer erscheinen. Der Umstand, dass die Nation dem übermächtigen Feind auf Augenhöhe begegnet, erhält dadurch ein großes Gewicht.

Über die Seite der Angreifer verlagert sich der Kampf auf einen globalen Kontext. Dazu trägt zusätzlich bei, dass die Attacken und Aggressionen nicht allein auf Argentinien sondern auch auf weitere Ziele bezogen werden. Als erste Gruppe, auf die die Offensiven ebenfalls gerichtet sind, werden Staaten ge-

---

50 Für gewöhnlich hat das Adjektiv *real* in seiner attributiv gebrauchten Form die Bedeutung *königlich*, wie etwa in *Real Academia Española*. Cf. zur Bedeutung von *real* je nach syntaktischer Position Bruyne (2002, 111s.).

nannt, die mit der Nation durch ihre geographische Nähe, wirtschaftliche Verflechtung oder durch ähnliche Erfahrungen mit der Umstrukturierung von Schulden verbunden sind.

(13) La Presidenta calificó como una «verdadera agresión» la maniobra de los fondos buitre e insistió con que *no es solamente «un ataque contra Argentina» sino que afecta a todos los miembros del bloque*. (P12, 30. 07. 2014, Fuerte respaldo del Mercosur por los buitres)

(14) El presidente venezolano denunció que «estas maniobras especulativas» son «*no sólo un daño para la Argentina, sino un daño a todos los países del Sur*». (LN, 31. 07. 2014. Contundente respaldo del Mercosur a la posición argentina ante los holdouts)

Beide Belege stehen im Kontext der *Cumbre de Mercosur*, die kurz vor dem Entscheidungsmoment über die fällige Kreditrate in Venezuela stattfand. Cristina Kirchner nennt zunächst die anderen Mercosurstaaten als weitere Betroffene der «Attacke». Über diesen Wirtschaftsbund hinaus sind es alle Länder des globalen Südens, die durch die Machenschaften der US-amerikanischen Akteure geschädigt werden, wie der venezolanische Präsident, Nicolás Maduro, feststellt. Argentinien kommt hier die Rolle eines Repräsentanten des Südens zu, da es sich als erster Staat gegen die Hedgefonds wehrt. Damit ist es das primäre Ziel der Angriffe und trägt den Kampf zugleich auch stellvertretend für andere aus.

(15) «Francisco destacó que este *sector (que representan Griesa y los holdouts) atenta también contra el propio sistema financiero* y por supuesto *afecta a los países que han reestructurado su deuda*», resaltó también Mariotto. (P12, 29. 07. 2014, Un Griesa a la derecha)

Papst Franziskus nennt gleich zwei Einheiten, die der Verbund Griesa-Hedgefonds angreift. Bei «los países que han reestructurado su deuda» handelt es sich um Staaten, die mit Argentinien Gemeinsamkeiten hinsichtlich ihrer Wirtschaftshistorie aufweisen und ebenfalls in der Gefahr stehen, dass eine erfolgreiche Umstrukturierung von Schulden durch Klagen von Risikofonds zunichte gemacht wird. Viel weitreichender ist jedoch das Ziel, das Franziskus zuerst nennt. Ihm zufolge üben die Hedgefonds mit ihren Aggressionen einen Anschlag auf das Finanzsystem selber aus. Diese Dimension, die dem Handeln der Hedgefonds Auswirkungen auf das gesamte Finanzsystem zuschreibt, findet sich wiederholt im Diskurs, so auch in dem bereits erwähnten Kommentar von

Stiglitz, der vom «sistema económico *global*» spricht, und hier noch einmal angeführt werden soll:

(16) Con duras críticas para el juez Thomas Griesa y los fondos buitre, el economista Joseph Stiglitz –premio Nobel de Economía en 2001 – consideró que *el fallo del magistrado es una suerte de «bomba» lanzada al sistema económico global.* [...] Al realizar una predicción, el economista agregó: «No sabemos cuán grande será la explosión, y no se trata sólo de la Argentina». (LN, 01. 08. 2014, Para Stiglitz, EE.UU. «le tiró una bomba» al sistema económico)

Besonders dieser Beleg macht die Komplexität des Kampfes, den der Diskurs inszeniert, deutlich. Von einem Zweikampf, bei dem sich eine Gruppe von Hedgefonds und Argentinien gegenüberstehen, über eine Konfrontation basierend auf hegemonialen Interessen, die sich auf den globalen Süden richten, entwickelt sich eine zerstörerische Offensive der USA gegen das gesamte Wirtschaftssystem. Ihnen wird die Erschütterung einer internationalen Ordnung angelastet, bei der bestehende Regeln und Prinzipien außer Kraft gesetzt werden. Teil der Darstellung des Rechtsstreits als kriegerischer Konflikt sind Erläuterungen, was die Angriffe konkret bezwecken sollen. Diese konzentrieren sich wieder auf die Akteure Hedgefonds und Argentinien.

(17) Un pequeño grupo de especuladores brutales se ha aprovechado de las leyes de EE.UU. para *quebrantar la vida de millones de personas* (P12, 02. 08. 2014, La extorsión y después)

(18) «Somos un país viable y *lo que pretenden es tumbarnos.* Saben que si hay un país viable ése es Argentina y por eso nos quieren tumbar», señaló ayer la presidenta Cristina Fernández de Kirchner en la Casa Rosada, al abordar el conflicto con los fondos buitre. (P12, 01. 08. 2014, «Lo que pretenden es tumbar a la Argentina»)

Weit über die Rückzahlung von Schulden hinaus gehe es den Hedgefonds darum, dem argentinischen Volk die Lebensgrundlage zu nehmen. Diesem Vorhaben wird durch die Gegenüberstellung von «un pequeño grupo de especuladores brutales» und «la vida de millones de personas» eine besondere Schärfe gegeben. Cristina Kirchner gibt in Beleg (18) eine Begründung für das zerstörerische Vorhaben an. Der Grund liege darin, dass Argentinien «viable», also ‹funktionsfähig› oder ‹lebensfähig› ist. Auffällig ist die Repetition, die erst in einem zweiten Schritt einen konsekutiven Zusammenhang zwischen dem Merkmal Argentiniens («país viable») und dem Bestreben, es zu Fall zu bringen, etabliert.

Im ersten Satz der Äußerung sind die Propositionen durch die koordinierende Konjunktion *y* miteinander verknüpft, die beide nebeneinander anordnet. Im darauffolgenden Satz wird das Ziel der Hedgefonds durch die Konjunktion *por eso* in einen konsekutiven Zusammenhang mit der «Lebensfähigkeit» Argentiniens gestellt. Verstärkend wirkt, dass der erste Teil des Satzes als Konditionalsatz verfasst ist: «si hay un país viable ése es Argentina». Dieser stellt die Nation nicht als ein «país viable» unter vielen dar, sondern als prototypisches Beispiel, wie den Hedgefonds bekannt sei («saben que ...»). So lässt sich das Argumentationsmuster ableiten:

> *Weil Argentinien ein funktionsfähiges Land ist, wollen es die Hedgefonds zu Fall zu bringen.*

Dieses Muster findet sich auch in weiteren Belegen.

(19) Después de apuntar la viabilidad del país a futuro por contar con energía, producción de alimentos y desarrollo en ciencia y tecnología [Kirchner] les envió un mensaje a los países dominantes, a quienes caracterizó como los «que no creen en la cooperación pacífica» y que interpretaban que por sus posibilidades Argentina «*puede constituir una amenaza y por eso los intentos que muchas veces vemos*». Por ello agregó que era «un país con recursos, interesante y competitivo, pero con vocación pacífica y de cooperación con otras naciones». (P12, 05. 08. 2014, «Para que no volvamos a ser dependientes»)

Beleg (19) stellt wie der vorige Beleg einen Kausalzusammenhang zwischen Merkmalen Argentiniens und Angriffen von außen her. Erneut ist es die «viabilidad», die ‹Lebensfähigkeit›, die Cristina Kirchner durch Beispiele näher beschreibt, die als Auslöser für kriegerische Handlungen aufgeführt wird. Die positiven Merkmale der Nation werden hier explizit als Bedrohung für die Länder mit Vormachtstellung dargestellt. Dies ist als Anspielung auf historische Kräfteverhältnisse zwischen Argentinien und den USA zu lesen. Die Botschaft der Äußerung ist, man wolle Argentinien (als Land des Südens) über einen bestimmten Entwicklungsstand nicht hinauskommen lassen. Aussagekräftig ist, dass in diesem Beleg der Schuldenstreit gar nicht erwähnt wird. Vielmehr ist der Präsidentin zufolge die Stärke der Nation für die «países dominantes» Grund genug, anzugreifen, was Argentinien in ein positives Licht rückt und ihm jede Verantwortung für den Konflikt abspricht. Die Opposition zwischen *kriegerisch* und *friedliebend* wird weitergeführt durch die Beschreibung der reichen Staaten als diejenigen, «que no creen en la cooperación pacífica», während Argentinien genau das entgegengesetzte Merkmal zukommt. Es zeichne sich durch positive Eigenschaften, unter anderem durch Wettbewerbsfähigkeit aus, das entscheidende Kennzeichen sei aber seine «vocación pacífica». Der Beleg ist ein seltenes Beispiel, in dem die Nation Argentinien in einer direkten Gegenüberstellung explizit als friedliebend beschrieben wird. Größtenteils wird die Kampfmetapher im Diskurs dazu eingesetzt, den Hedgefonds die Rolle des Angreifers zuzuweisen.

Die Hierarchie zwischen Ländern mit Vormachtstellung und Argentinien als Schwellenland nutzt die Präsidentin in anderen Äußerungen, um die Bewertung positiv-negativ noch einen Schritt weiterzuführen. Denn trotz deren großer Macht stelle Argentinien eine Bedrohung für sie dar. Diesen Zusammenhang suggeriert auch die folgende Äußerung:

(20) Está visto: el capitalismo deja jugar sólo hasta donde sus jefes supranacionales lo creen conveniente. Un país que crea puestos de trabajo, se desendeuda, recupera sus recursos estratégicos y administra Vaca Muerta, es, evidentemente, *demasiado peligroso*. (TA, 31. 07. 2014, Buitres en vuelo de Manhattan a la Rural)

Hier ist es der Kapitalismus selbst, vertreten durch seine übermächtigen Anführer, der nur einen begrenzten Handlungsspielraum erlaube. Ein Land wie Argentinien, das seine Situation durch eigene Anstrengungen immer weiter verbessere, sei «evidentemente, demasiado peligroso».

(21) Tal como señala Jorge Marchini, [...] en momentos en que «*se lanzan dardos contra Argentina* por su decisión, es muy importante que voces de prestigio internacional se pronuncien a favor y además lo hagan con alta calidad argumental: *la batalla no es sólo legal-financiera, sino también cultural. Es por razones y corazones*». (P12, 02. 08. 2014, La extorsión y después)

Der Kommentar des Wirtschaftswissenschaftlers Jorge Marchini betrachtet den Rechtsstreit aus einer Perspektive, bei der der Frage der Rückzahlung von Schulden keine Relevanz zukommt. Zunächst führt Marchini die «dardos», die auf Argentinien geschossen werden, auf die Entscheidung zurück, den Forderungen der Hedgefonds nicht nachzukommen. Anschließend ruft er dazu auf, dass einflussreiche internationale Fraktionen der Nation ihre Unterstützung ausdrücken. Deklarationen zur Unterstützung sollten jedoch gut fundiert sein, denn der Kampf bestehe, wie Marchini bemerkt, nicht nur aus einer juristisch-finanziellen Seite. Auf einer tieferen Ebene sei er eine «batalla cultural», bei der es um «razones y corazones» gehe. Der Kulturkampf ist also eine Steigerung des politischen Kampfs. Die Idee, dass Argentinien sich im Mittelpunkt einer *batalla cultural* befindet, ist fest im Diskurs des Kirchnerismus verankert und dient dazu, Unterstützung für politische Ideen zu erlangen.

> La noción de batalla cultural, entonces puede considerarse como una de esas metáforas aglutinantes, destinadas a galvanizar una acción colectiva de tipo reactivo, apropiada para configurar espacios sociales de consistencia, susceptibles de consolidar condiciones de gobernabilidad, aportar horizontes de expectativa, organizar modos de desenvolvimiento militante (Kaufman 2013, 179).

Im Default-Diskurs wird auf diese etablierte Metapher zurückgegriffen, um den Rechtsstreit aus seinem eigentlichen Kontext herauszuheben und auf eine viel tiefgreifendere Ebene zu setzen. Da es sich um einen Kampf der Kulturen handele, steht nicht nur die erfolgreiche Umschuldung auf dem Spiel, sondern darüber hinaus Argentiniens Identität selbst.

(22) [E]l pueblo debe concientizarse de que la disputa que tiene sede en Nueva York, pero cuyas consecuencias se observarán en cualquier calle del Conurbano bonaerense, *es apenas una batalla más en su lucha por la liberación*. No la única, ni siquiera la última. Los conflictos con el capital lucrativo no son errores de cálculo de los ministros K, sino intrínsecos a un proyecto propio, autónomo, hijo de las circunstancias argentinas, que debió abrirse paso entre las ruinas que dejó el festín neoliberal. Si nuestro país hubiera seguido a pie juntillas los dictados del anarco capitalismo financiero, Griesa sería invitado a presenciar la inauguración de las sesiones ordinarias cada 1 de marzo y, por qué no, pasearía en auto descapotable ante los Aberdeen Angus premiados en la feria de Palermo. (TA, 31. 07. 2014, Buitres en vuelo de Manhattan a la Rural)

Eine weitere Interpretation des juristischen Konflikts gibt diese Äußerung, die sich an das argentinische Volk richtet. Es solle sich darauf zurückbesinnen, dass der Schuldenstreit die Fortsetzung eines Befreiungskampfes sei, was einen Diskurs der Unabhängigkeit aus kolonialer Unterwerfung aufruft. Zugleich appelliert die Nominalphrase «lucha por la liberación» an ein gemeinsames Streben nach nationaler Souveränität. Die Ursache der «batalla» liege nicht bei der kirchneristischen Regierung, vielmehr sei sie eine Folge des Neoliberalismus, der Argentinien in die Krise von 2001 führte. Das peronistische Argentinien wird hier dargestellt als Gefangener der Politik früherer Regierungen, das sich schrittweise über mehrere ‹Schlachten› von den Ketten befreien muss. In dem Beleg werden die Maßnahmen der Kirchner-Regierung mithilfe eines Szenarios legitimiert, das dem Verfasser nach eingetreten wäre, hätte Argentinien die «dictados del anarco capitalismo financiero» befolgt. Der Richter Griesa würde dann die Sitzungen des Parlaments eröffnen und im Cabrio auf der *Feria de Palermo* auftreten. Diese Aufzählung repräsentativer Aufgaben eines Präsidenten vermitteln, Argentinien hätte seine Souveränität verloren, wenn es den Forderungen Griesas nachgekommen wäre. Sie lassen sich als Andeutungen auf Konflikte zwischen der Regierung und der Opposition lesen, denn diese sprach sich damals für die Umsetzung des Urteils aus.

Die Beschreibungen, welchen Zweck die Angriffe der Hedgefonds verfolgen, können ebenso wie das Bild der zahlreichen übermächtigen Angreifer als eine Erweiterung gelesen werden. Denn auch sie tragen dazu bei, dass der Schuldenstreit zu einem in mehrfacher Hinsicht komplexen Kriegsschauplatz wird.

Bisher lag der Fokus auf den Hedgefonds. Das hängt damit zusammen, dass im Diskurs die Etablierung des Feindbildes im Vordergrund steht. Aber auch Argentinien wird als Kämpfer und in seiner Art, als solcher zu agieren, beschrieben. Dass die Nation aktiv handelt, ist ein Merkmal, das auf der ganzen Ebene des Diskurses nachzuweisen ist (cf. Kap. 6.3). Im Rahmen der Resilienzfigur Argentinien als starker Kämpfer wird ihr ebenfalls eine aktive Rolle zugewiesen, die jedoch einen spezifischen Charakter aufweist. In der kriegerischen Auseinandersetzung mit den US-amerikanischen Akteuren kommt Argentinien die Handlungsrolle des *Verteidigers* zu. Die Nation handelt hier nicht aus eigenem Antrieb, sondern kämpft nur, weil es durch Angriffe und Aggressionen dazu gezwungen ist. Besonders der Unterschied zur Positionierung als *pflichtbewusster Schuldner*, der proaktiv und verantwortungsbewusst handelt, wenn es darum geht, seinen finanziellen Verpflichtungen nachzukommen, wird dabei offenbar. Während die Eigenschaften *Pflichtbewusstsein* und *Rechtschaffenheit* als Identitätsmerkmale der Nation dargestellt werden, ist dies bei *Kämpfertum* nicht der Fall. Stattdessen wird Argentinien die Eigenschaft *Friedfertigkeit* (wie zum Beispiel durch *vocación pacífica* in Beleg 19) attribuiert und es wird nahegelegt, dass es nur gezwungenermaßen zu einem Kämpfer wird, um das Wohl des Landes zu verteidigen. Dass Argentinien durchaus kampfbereit ist, wird vor allem im Resilienzmarker Argentinien als Kontrahent auf Augenhöhe deutlich. Die Kampfbereitschaft nach außen begründet sich immer mit dem Ziel, Schutz und Sicherheit nach innen zu gewährleisten.

Analog dazu sind es die Hedgefonds, denen durch die wiederholte Beschreibung als Initiator des Krieges und als Angreifer eine aktive Rolle zukommt, während sie in der Resilienzfigur Das rechtschaffene Argentinien reaktiv handeln, indem sie die Angebote Argentiniens abweisen. Den beiden Akteuren werden also in doppelter Hinsicht gegensätzliche Eigenschaften zugeschrieben, was sich erst auf der Makroebene des Diskurses erschließt. Der Diskurs konstruiert eine Konstellation von zwei Kämpfern, bei denen sich nicht brutaler Täter und hilfloses Opfer gegenüberstehen. Vielmehr kommt Argentinien die Rolle des mutigen und souveränen Verteidigers seiner Interessen zu. Die beschriebenen Verteidigungshandlungen enthalten stets Verweise darauf, was die Nation verteidigt. Damit wird implizit auch zum Ausdruck gebracht, was durch die Angriffe der Hedgefonds bedroht ist. Sie ergänzen also aus der Perspektive des Verteidigers die bereits erläuterten Beispiele, in denen explizit die Ziele der Angreifer genannt werden.

(23) «Como dijo Kicillof, Argentina no está en la timba, *este gobierno va a respetar y defender la exitosa reestructuración* que se ha logrado con mucho esfuerzo durante esta última década», remarcó [Godoy]. (P12, 31. 07. 2014, Reacciones de oficialistas y opositores)

Der argentinische Senator Godoy betont, Argentinien verteidige die erfolgreiche Umstrukturierung der Schulden, die seiner Meinung nach einen großen Erfolg der letzten Dekade darstellt. Damit erscheint der Rechtsstreit in seinem ursprünglichen Rahmen, in dem es um die Rückzahlung von Schulden und um die Folgen geht, die eine Einigung mit den Hedgefonds auf abgeschlossenen Umschuldungen hat. Häufiger eröffnet sich in Erläuterungen, wer oder was verteidigt wird, ein viel größerer Horizont, der ergänzend zu den bisherigen Ausführungen den Konflikt ausweitet.

(24) «*Defender la posición de la Argentina es defender la soberanía, el pan de nuestros hijos*», dijo [Kirchner]. (LN, 01. 08. 2014, Kirchner no cedió y ahora Argentina enfrenta los costos de otro ‹default›)

(25) «No les quepa la menor duda que *defender la posición argentina es defender nuestra soberanía y riqueza*. Lo que quieren, en realidad, es venir por nuestros recursos estratégicos». (LN, 31. 07. 2014, Furioso, Capitanich disparó contra el juez Griesa, el mediador Pollack y EE.UU.)

(26) Con casi todo el poder político del gobierno en el Salón de las Mujeres, funcionarios, sindicalistas, empresarios, gobernadores, militantes y dirigentes políticos y sociales respaldaron con su presencia la estrategia argentina para *defender la soberanía económica*. Además solicitó [Fernández de Kirchner] a «los argentinos *unidad monolítica frente al futuro*», más allá de las diferencias partidarias. (P12, 01. 08. 2014, «Lo que pretenden es tumbar a la Argentina»)

Oftmals wird im Korpus hervorgehoben, Argentinien müsse seine Souveränität verteidigen. Damit spielt sich der Kampf nicht länger innerhalb eines juristischen Kontextes ab, sondern betrifft die Nation in ihrer Legitimation als souveräner Staat und damit auch ihre nationale Identität. Wie bereits andere Belege gezeigt haben, werden den US-amerikanischen Akteuren hegemoniale Interessen zugesprochen und damit das in Argentinien gängige Bild der USA, die in die Souveränität der lateinamerikanischen Staaten eingreifen, verfestigt (cf. auch Bodemer 2010, 257).

Cristina Kirchner und Jorge Capitanich erläutern, was es heißt, die argentinische Souveränität zu verteidigen. Kirchner eröffnet eine Zukunftsperspektive und ruft das Motiv des Staates als Familie auf. Bei der Verteidigung gehe es um «el pan de nuestros hijos», also um die finanzielle Absicherung der zukünftigen Generation. Capitanich bemerkt, Argentinien schütze nicht nur seine Souveränität, sondern auch seinen Reichtum. Anschließend führt er aus, die Hedgefonds hätten es auf die «recursos estratégicos» des Landes abgesehen. Damit wird den Hedgefonds ein strategisches Interesse zugeschrieben, das auf ihre eigene Bereicherung abzielt und über die Zerstörung der argentinischen Souveränität erreicht wird.

(27)   No sólo la Argentina se encuentra amenazada. *Las democracias del mundo occidental tienen encima la «espada de Damocles»* que blanden pocos pero poderosos representantes del poder financiero internacional. En este contexto, se hace imprescindible examinar y resignificar los contenidos de la democracia y de la soberanía de los pueblos. No hay país en el mundo que no tenga deuda externa. Y en no pocos casos supera el Producto Bruto Interno, como creación y esfuerzo popular. Si el presente y el futuro de generaciones está hipotecado, la soberanía es trunca y con ello se cercenan las democracias. (TA, 03. 08. 2014, Por un nuevo orden global)

In diesem Beispiel erweitert sich der Horizont des Schuldenstreits auf die Demokratien der westlichen Hemisphäre. Begründet wird dies damit, dass alle Staaten eine hohe Auslandsverschuldung aufweisen und damit von dem Ausgang des Konflikts betroffen seien. Die Gefahr schwebe über ihnen wie das Damoklesschwert, das in der Hand der Mächtigen der Finanzwelt liege. Interessant ist, welcher Ausweg aus der Gefahr genannt wird: Statt ihre Verschuldung zu reduzieren, sollen sich die Länder auf die Werte Demokratie und Souveränität zurückzubesinnen, die stets auch bedroht seien, wenn das Wohl der Bürger auf dem Spiel stehe. Der Verfasser stellt hier Vorgänge der Finanzwelt in eine direkte Relation mit gesellschaftlichen Grundwerten.

Zusätzlich zu den Belegen, die veranschaulichen, wie Argentinien die Rolle eines Verteidigers erhält, zeigen folgende Korpusauszüge, dass es auch dadurch als friedfertig gekennzeichnet wird, dass es mit besonderen Waffen kämpft. Die

Beschreibung der Art zu kämpfen ist ein weiterer Bestandteil der Identitätsaushandlung, die in dieser Resilienzfigur stattfindet. Das Merkmal *Friedfertigkeit* wird im Diskurs nur selten explizit thematisiert, häufiger ist es ein Schluss, der sich aus den Beschreibungen ergibt.

(28) «Al país *no se lo defiende sólo con armas, se lo defiende con producción y trabajo*», recalcó la jefa de Estado [...]. (TA, 05.08.2014, Cristina: «Argentina es viable pese a los misiles financieros»)

Der Kontext dieses Belegs ist die Eröffnung einer militärischen Sprengstofffabrik. Obwohl sich die Äußerung Kirchners zunächst auf die Dynamik der Fabrik bezieht und «armas» auch in Bezug auf deren Produkte gedeutet werden kann, erschließt sich im weiteren Kotext des Zeitungsartikels, dass hier auf den Konflikt mit den Hedgefonds angespielt wird. Die Präsidentin macht deutlich, dass Argentinien bei seiner Verteidigung nicht auf Waffen setze, sondern sich auf friedliche Art und Weise verteidige, nämlich mit «producción y trabajo». Damit wird es erneut von der Aggressivität der US-Amerikaner abgegrenzt.

(29) Esta vez, Argentina no ha invadido a nadie. No ha tratado de convencer a nadie de que «estamos ganando», no ha inventado batallas favorables y, por sobre todo, *no ha sostenido sus razones en la fuerza de las armas, sino en la de los argumentos*. [...] *Argentina no habla hoy el lenguaje irracional de las armas* ni acude a misteriosos determinismos de un destino de grandeza. *Habla un lenguaje mucho más simple. Dice que quiere pagar sus compromisos*, aún cuando denuncia el origen espurio de gran parte de ellos. *Quiere pagar y paga*. Confía en el orden jurídico y en la política. (P12, 03.08.2014, Malvinas no es sinónimo de derrotas)

Auch diese Äußerung geht von einem konkreten Anknüpfungspunkt aus, um Argentiniens Art, sich zu verteidigen, zu erläutern und die Nation darüber als friedfertig zu kennzeichnen. Der Verfasser zieht einen Vergleich zwischen dem Konflikt mit den Hedgefonds und dem Auftreten Argentiniens im Krieg um die Falklandinseln. Damals war eine Militärjunta an der Macht, deren offensives Vorgehen vom jetzigen Handeln des demokratischen Argentiniens klar abgegrenzt wird («Esta vez, Argentina no ha invadido a nadie»).[51] Mehrere Negatio-

---

51 Die überstürzte Invasion argentinischer Streitkräfte auf die Falklandinseln führte zu einer entsprechend scharfen Reaktionen der gegnerischen britischen Armee. Der Versuch, den Anspruch auf die Falklandinseln durchzusetzen, scheiterte letztendlich und war ein entscheidender Faktor für den Fall der Militärjunta und die Rückkehr zur Demokratie im Jahr 1983. Cf. zum Falklandkrieg Lorenz (2013).

nen unterstreichen, Argentinien habe das «Gefecht» diesmal nicht begonnen. Wie im Beleg zuvor wird auch hier beschrieben, wie Argentinien kämpft. Statt Kriegswerkzeuge zu verwenden, setze es logische Argumente ein. Die Abgrenzung zur Politik der Militärdiktatur wird weiter deutlich gemacht, indem ein Kampf mit Waffen als «lenguaje irracional» bezeichnet wird. Dabei ergibt sich ein Gegensatz über die Wiederholung des Substantivs *lenguaje*. Statt der «lenguaje irracional» spreche Argentinien dieses Mal eine «lenguaje mucho más simple». Diese ‹viel einfachere Sprache› bestehe darin, seine Schulden zu bezahlen und so seinen Pflichten nachzukommen, auch wenn die Nation den Ursprung der Schulden kritisiert. Hier liegt eine interessante Kreuzung mit der Resilienzfigur DAS RECHTSCHAFFENE ARGENTINIEN vor, denn der Kampf Argentiniens besteht dieser Äußerung zufolge darin, pflichtbewusst und rechtschaffen zu handeln. Abermals wird damit Rechtschaffenheit als Identitätsmerkmal des Landes präsentiert, das sogar seine Rolle als *Verteidiger* prägt. Die Ausweisung der Nation als Kämpfer, der eigentlich nicht, beziehungsweise nur mit besonderen Waffen, kämpft und stattdessen seine Identität als pflichtbewusster Schuldner bestärkt, findet sich wiederholt im Default-Diskurs. Die Überschneidung der beiden Resilienzfiguren ARGENTINIEN ALS STARKER KÄMPFER und DAS RECHTSCHAFFENE ARGENTINIEN verdeutlichen auch die folgenden Belege.

(30)   Es decir que *la voluntad y capacidad de pago del país no se vieron afectadas por la puja con los fondos buitre y la amenaza latente del juez neoyorquino Thomas Griesa* de forzar la cesación de pagos del país. (P12, 29. 07. 2014, Giro a París que demuestra capacidad de pago)

Eine Erklärung für die Kreuzung der beiden Resilienzfiguren liegt darin, dass beide eine Form der Identitätshandlung sind, die ex negativo erfolgt. Das positiv aufgeladene Selbstbild Argentiniens verstärkt sich durch den Kontrast zu den US-amerikanischen Akteuren. In Beleg (30) erfolgt die Gegenüberstellung jedoch nicht anhand semantischer Oppositionslinien innerhalb einer Resilienzfigur, sondern über eine Verschränkung. Anstelle eines Vergleich auf der Grundlage der Handlungsrollen *Angreifer* und *Verteidiger*, etabliert sich eine Konfrontation von *Angreifer* und *pflichtbewusstem Schuldner*. Während die aufgerufenen Rollen überkreuzt sind, bleibt die Wertung erhalten: Argentinien wird als positiver Akteur dargestellt, die Hedgefonds dagegen in einer negativen Rolle. Ein weiterer Aspekt, der in dem Beleg herausgestellt wird, ist zudem, dass sich die Zahlungsbereitschaft und -fähigkeit Argentiniens angesichts des Schuldenstreits mit den Hedgefonds und der «amenaza latente» des New Yorker Richters nicht geändert habe. Die Rechtschaffenheit erscheint also so fest mit Argentinien verbunden, dass sie noch nicht einmal durch starke Anfeindungen beeinträchtigt wird.

(31) A su turno, CFK agradeció el apoyo ante *la «agresión de los fondos buitre»* y ratificó que *la Argentina está «pagando religiosamente* sin acceder al mercado de capitales, con recursos propios producto de un modelo de crecimiento con inclusión social». (P12, 29. 07. 2014, Con apoyo de los vecinos frente a los buitres)

(32) La Presidenta calificó como *una «verdadera agresión»* la maniobra de los fondos buitre e insistió con que *no es solamente «un ataque contra Argentina» sino que afecta a todos los miembros del bloque. Además recordó que ha pagado «religiosa y rigurosamente»* sus obligaciones, tanto con los bonistas reestructurados como con organismos internacionales como el Fondo Monetario Internacional y el Club de París, «con la salvedad de que se hizo sin acceder al mercado de capitales, es decir con recursos propios, producto de un modelo de crecimiento con inclusión social» y sin nuevos endeudamientos. (P12, 30. 07. 2014, Fuerte respaldo del Mercosur por los buitres)

Auch diese beiden Äußerungen der Präsidentin Cristina Kirchner stellen das als Angriff interpretierte Vorgehen der Hedgefonds der Rechtschaffenheit, die Argentinien attribuiert wird, gegenüber, enthalten dabei aber keine direkten Gegenüberstellungen. Die Relation zwischen Angriff und pflichtbewusstem Schuldenbegleichen ergibt sich vielmehr dadurch, dass sie unmittelbar aneinandergereiht werden. Zu erwarten wäre, dass nach der Beschreibung der Offensiven der Risikoinvestoren darauf folgende Verteidigungsmaßnahmen Argentiniens genannt würden. Stattdessen wird jedoch das Pflichtbewusstsein der Nation herausgestellt. Der Kontrast zwischen dem aggressiven Verhalten der Hedgefonds und dem rechtschaffenen Handeln Argentiniens stellt die Maßnahmen der US-Amerikaner als Angriffe ohne Legitimation dar.

Aus der Konstruktion der Rollen der zwei kämpfenden Akteure lassen sich mehrere Schlussregeln ableiten.

Weil die Hedgefonds den Krieg ausgelöst haben und dieser maßgeblich aus ihren Offensiven besteht, sind sie brutale Kämpfer, denen die Verantwortung für den Konflikt zukommt.

Weil Argentinien friedfertig ist und nur kämpft, um das Wohl des Landes zu schützen, trägt es umgekehrt keine Verantwortung für den Konflikt.

Weil es sich um einen ungerechtfertigten Krieg handelt, bei dem es in Wahrheit um die Zerstörung Argentiniens geht, ist die Position der Nation zu unterstützen.

6.2.2 Argentinien als Kontrahent auf Augenhöhe

Die vorigen Abschnitte haben gezeigt, wie die Akteure über Kampf- und Kriegsmetaphorik als Kontrahenten mit gegensätzlichen Eigenschaften dargestellt werden. Im Folgenden soll es mit einem Fokus auf den Akteur Argentinien darum gehen, in welches Kräfteverhältnis der Diskurs die beiden Gegner stellt. Die Nation, wobei wiederholt die Regierung aus dem Kollektiv herausgegriffen wird, gibt sich den Angriffen und dem Druck der US-amerikanischen Akteure nicht kampflos geschlagen, sondern stellt sich ihnen mutig entgegen. Ihr kommt also nicht die Rolle eines hilflosen Opfers, sondern die eines selbstbewussten Kriegers zu, der dem Gegner auf Augenhöhe begegnet. Beide Krieger haben den gleichen Handlungsspielraum, daraus ergibt sich eine realistische Chance, dass Argentinien den Kampf für sich entscheiden kann. Auch wenn der Diskurs den Schuldenstreit als eine Auseinandersetzung ebenbürtiger Gegner präsentiert, löst er das hierarchische Verhältnis nicht vollständig auf. Vielmehr erscheinen die Standhaftigkeit und der Mut der Nation dadurch besonders groß, dass sie sich den Hedgefonds trotz ungleicher Kräfteverhältnisse entgegenstellt. Bei der Charakterisierung des inszenierten Kampfes treten ein wiederholter Rückgriff auf Körpermetaphorik sowie ein kämpferischer Duktus, der Entschlossenheit ausdrückt, als sprachliche Muster hervor.

Die starke Betonung von Ebenbürtigkeit lässt sich historisch erklären. Zwischen Argentinien und den USA besteht eine Feindschaft, die bis ins 19. Jahrhundert zurückreicht und mit hegemonialen Interessen zusammenhängt, welche Argentinien den USA vorwirft (cf. Hänsch/Riekenberg 2010, 83). Im 20. Jahrhundert trug vor allem der außenpolitische Boykott Argentiniens durch die USA nach dem Zweiten Weltkrieg zur Verfestigung der feindlichen Einstellung bei (cf. Escudé 2002).[52]

Die Anordnung der Kontrahenten als Gegner auf Augenhöhe ist vor dem Hintergrund des Gerichtsprozesses aufschlussreich, da eine Ebenbürtigkeit eigentlich nicht vorhanden ist. Argentinien ist Angeklagter und sogar Verurteilter und damit in einer untergeordneten Position. Daraus ergibt sich ein begrenzter Handlungsspielraum, da es die Folgen des Urteils tragen muss. Diese Rolle wird im Default-Diskurs aufgelöst, indem Argentinien als dynamische Figur erscheint. Statt den Angriffen der Hedgefonds hilflos ausgeliefert zu sein und sie zu ertragen, wird der Nation attestiert, aktiv dafür einzutreten, den Kampf zu gewinnen.

---

52 Cf. zum Ansehen der USA in Argentinien Berger (2009) und Bodemer (2010). Letzterer zeichnet das ambivalente Verhältnis beider Nationen am Beispiel der argentinischen Außenpolitik nach.

Der Resilienzmarker ARGENTINIEN ALS KONTRAHENT AUF AUGENHÖHE ist sichtlich geprägt von dem Motiv des *Widerstands*. Dieses ist eng mit dem wissenschaftlichen Konzept der Resilienz verbunden, das häufig mit dem Begriff der Widerstandsfähigkeit beschrieben wird. «Der Begriff Resilienz umschreibt die menschliche *Widerstandsfähigkeit* gegenüber belastenden Lebensumständen» (Gabriel 2005, 207, Hervorh. S. M.). Mit dem Motiv des aktiven Widerstands liegt zudem eine noch engere Anlehnung an Ideen und den Diskurs des Peronismus vor als der Rückgriff auf Kampfmetaphorik ohnehin zu erkennen gibt. Innerhalb des Peronismus entwickelte sich nach dem Sturz Peróns 1955 die *Resistencia Peronista*, die vor allem von der Arbeiterklasse getragen wurde und sich gegen die Militärregierung sowie die argentinische Oligarchie richtete (cf. zu dieser Bewegung James 2010; Casullo 2008 und Melón Pirro 2009). Neben der Oligarchie war auch eine «resistencia contrahegemónica» Bestandteil peronistischer Ideen (Kaufman 2013, 181). Aus der Resistencia Peronista entstand in den 1970er Jahren die Bewegung der *Montoneros*, eine Guerrilla-Organisation, die zunächst den Gedanken des Widerstandes weiterführte, sich später aber immer mehr durch eine offensive «revolutionäre Praxis» auszeichnete (Feinmann 2012, 32). Ziel war es, Perón zu rehabilitieren und ein sozialistisches Argentinien zu errichten. Der Terminus *Resistencia* diente dabei der Legitimation der revolutionären Praxis: «El término mismo de ‹Resistencia› llegó a incluir el extremismo, a significar un movimiento de izquierda, un concepto en cierto modo revolucionario» (James 2010, 128). Die große Bedeutung dieses Motivs im Korpus zeigt, dass der Diskurs auf Denkmuster zurückgreift, die ihren Ursprung in der nationalen Geschichte haben und im kollektiven Gedächtnis gespeichert sind. Daher fungieren Lexeme wie *resistencia* und *resistir* als Fahnenwörter, die den Diskurs des Peronismus und den Widerstand gegen die Militärregierung aufrufen und die damit verbundenen Bewertungen auf den Schuldenstreit übertragen.

(33) Además, Carta Abierta publicará mañana una solicitada en la que *llamará a «resistir con firmeza el obstinado avance de los fondos buitre* [...]». (LN, 29. 07. 2014, Convocan para mañana a un Cabildo Abierto en respaldo al Gobierno en la disputa con los holdouts)

(34) Los aliados del kirchnerismo también salieron en defensa de la postura del gobierno nacional. «*La Argentina tiene fortalezas como para resistir una situación como la que está planteada*» y «está parada en un posición sólida, con control de las principales variables de la economía y está en condiciones de pilotear esta situación, que no es fácil, pero tiene muchísimas mejores condiciones que con las que se enfrentó una situación verdadera de default en 2001», sostuvo el diputado de Nuevo Encuentro y

banquero cooperativista Carlos Heller. (P12, 02. 08. 2014, «Los buitres de afuera y de adentro»)

Während eine Erklärung von Regierungsunterstützern dazu aufruft, dem «obstinado avance» der Hedgefonds entschieden entgegenzutreten, spricht der kirchneristische Abgeordnete Carlos Heller der Nation eine Reihe von Eigenschaften als Nachweis seiner Widerstandsfähigkeit zu.[53] Sie sei stark und befinde sich auf einem Entwicklungsstand, der ihr erlaube, das Geschehen zu kontrollieren. Der Default von 2001 dient als Vergleichspunkt, um den Ist-Zustand von einem früheren Status abzugrenzen.

Häufiger als die Fahnenwörter *resistir* und *resistencia* werden im Diskurs Umschreibungen verwendet, die auf das Konzept *Widerstand* verweisen. Dominant ist hier also eine flächige Form der Bedeutungsbildung. Aus den Umschreibungen wird ersichtlich, dass Widerstand im Zusammenhang mit dem Konflikt meint, sich den Herausforderungen mutig und aktiv entgegenzustellen, statt die Angriffe an sich abprallen zu lassen. Ein Beispiel dafür gibt folgende Äußerung Cristina Kirchners:

(35) Cristina Kirchner enfatizó, «acá estamos para *ponerle el pecho a las balas* como lo hemos hecho en momentos difíciles, con absoluta racionalidad y para darle mucha tranquilidad a la sociedad de que adoptamos las medidas que son mas convenientes, no para el gobierno, sino para el Estado y la Patria». (LN, 04. 08. 2014, Cristina Kirchner: «Algunos dicen que se viene el mundo abajo, pero nosotros vamos a seguir trabajando»)

Die Körpermetapher «ponerle el pecho a las balas», einem militärischen Bild, das die Situation als physische und gewaltsame Konfrontation darstellt, betont den Mut Argentiniens in besonderer Weise, denn *jemandem die Brust zu bieten* beinhaltet, sich dem Gegner mit der verletzlichen Körpermitte auszusetzen. Aus dem Kotext erschließt sich, dass mit dem kollektiven *Wir* in der Äußerung der Präsidentin nicht die Nation, sondern die argentinische Regierung gemeint ist, denn das Ziel sei, die Argentinier zu beruhigen. Dazu sollen Mittel angewendet werden, die nicht der Regierung dienen, sondern dem «Estado y la Patria».[54] Hier wird zwischen der Regierung und dem argentinischen Volk differenziert, was bei der Charakterisierung der Kämpfer nicht der Fall ist. Die Angriffe der Hedgefonds richten sich dem Diskurs nach stets auf die gesamte Nation Argen-

---

53 Cf. auch die Analyse dieser Äußerung in Kap. 5.3.
54 Hier wiederholt sich ein Muster, das bereits in Kap. 6.2.1 deutlich wurde: Als Ziel der Maßnahmen wird der Schutz des Volkes präsentiert im Gegensatz zur Wahrung eigener Interessen.

tinien. Geht es jedoch darum, aktiv auf die Angriffe zu reagieren und ihnen standzuhalten, wird die Regierung herausgehoben. Ihr kommt so die Funktion eines Frontkämpfers zu, der die Angriffe stellvertretend für das Volk und zu dessen Schutz abwehrt. Diese Rolle wird im Diskurs auch noch einmal gesondert auf die Präsidentin übertragen, wie sich im weiteren Verlauf der Analyse zeigen wird. Die Deklaration «acá estamos» steht im Präsens und vermittelt, dass die Disposition zur Abwehr bereits besteht und kein Vorhaben ist, das noch in der Zukunft liegt. Der Verweis auf die Vergangenheit («como lo hemos hecho en momentos difíciles») drückt historische Kontinuität aus, woraus der Schluss folgt, dass *Mut* ein Identitätsmerkmal der Nation ist. Auf welche Begebenheiten die Präsidentin anspielt, wird nicht präzisiert und es bleibt den Rezipienten überlassen, diese Leerstelle zu füllen. Mögliche Füllwerte sind der Kampf gegen die Militärjunta oder der Weg aus der Krise von 2001.

Hinsichtlich der Frage, an wen die Äußerung Kirchners adressiert ist, ergeben sich zwei Lesarten. In erster Linie richtet sie sich sicherlich an das argentinische Volk und die Zuhörerschaft, denn sie enthält die Zusage, die Regierung nehme ihre Rolle als Stellvertreter und Frontkämpfer ein. In einer zweiten Lesart kann die Äußerung auch als Ansage an die Angreifer selbst verstanden werden, dass sich die Regierung nicht einschüchtern lasse und ein furchtloser Kämpfer sei. Über die Präpositionalphrase «con absoluta racionalidad» wird die Art und Weise, wie die argentinische Regierung die ‹Gewehrkugeln› abwehren wird, konkretisiert. Ihr Handeln orientiere sich am Maßstab der Rationalität, wie die Präsidentin hervorhebt, es beinhaltet also ein dezidiertes und überlegtes Vorgehen und besteht nicht in einem panischen Aktionismus. Das Hochwertwort *racionalidad* wird durch das Adjektiv *absoluto* zusätzlich intensiviert, das ihm eine superlativische Wirkung verleiht. Auch der folgende Beleg spricht vom Verteidigungswillen der Regierung.

(36) «Tenemos que tener responsabilidad histórica, no podemos firmar cualquier cosa que pueda generar un incremento de la deuda y una tonelada de juicios. No vamos a contribuir a que eso suceda, sino que *vamos a evitarlo con todas las armas*», advirtió el ministro de Economía, Axel Kicillof. (P12, 31. 07. 2014, «No es un default, no saben ni cómo llamarlo»)

Die Äußerung des Wirtschaftsministers Axel Kicillof erfüllt die Funktion einer Selbstverpflichtung angesichts einer Situation von historischer Bedeutsamkeit. Das Handeln der Regierung erscheint hier nicht als reine Abwehr. Stattdessen setze sie alle der zur Verfügung stehenden ‹Waffen› ein, um zu verhindern, dass sich negative wirtschaftliche und juristische Folgen für Argentinien ergeben. Die Handlungsabsicht erscheint besonders nachdrücklich durch den Kontrast von Negation und Affirmation. Zunächst werden Handlungen genannt, von denen sich Argentinien dezidiert abgrenzt («no podemos firmar cualquier cosa», «no vamos a contribuir a que eso suceda»), um schließlich den Fokus darauf zu legen, was zum Schutz Argentiniens getan wird. Dass Argentinien mit besonderen Waffen kämpft, haben bereits die Belege (28) und (29) deutlich gemacht.

Mit der expliziten Selbstverpflichtung wird die Position der Regierung gegenüber den Hedgefonds in ein positives Licht gerückt, denn gerade weil die Regierung das Wohl des Landes zum Ziel habe, könne sie die Forderungen der US-Amerikaner nicht unterschreiben. Hier wird ein überlegtes und gut begründetes Vorgehen dargestellt, das von einem vertrauenswürdigen Kämpfer ausgeführt wird, der seine Kriterien transparent macht. Inwiefern sich Widerstand nicht nur in Abwehr, sondern auch in Aktivität ausdrückt, verdeutlicht folgender Beleg:

(37) *«Vamos a ir a todos los escenarios internacionales* para denunciar y demostrar cómo esto es una absoluta barbaridad de unos fondos buitre que han expoliado a varios pueblos, en especial de Africa, frente a su debilidad. Hoy se han encontrado con un gobierno, el argentino, que no les admite esto, un gobierno que no se va a dejar avasallar», afirmó Parrilli. (P12, 05. 08. 2014, Con La Haya en el horizonte)

Das Vorgehen der Hedgefonds wird hier als «absoluta barbaridad» bewertet und löst eine dynamische Reaktion bei der argentinischen Regierung aus. Wie sich bereits im Zusammenhang mit dem Merkmal *Gesetzestreue* beobachten ließ (Kap. 6.1), betont auch in dieser Äußerung ein Minister, die Regierung werde ihren gesamten Handlungsspielraum ausschöpfen und ihr Anliegen vor allen rechtlichen Instanzen präsentieren. In der Vergangenheit konnten sich die Hedgefonds laut Parrilli mit ihrer Strategie bereits an anderen Ländern bereichern, stoßen mit der argentinischen Regierung aber jetzt auf einen Gegner, der sich nicht unterwerfen lässt. Mit ihrer Entschlossenheit hebt sie sich also von anderen Staaten ab. Die Fügung «no se va a dejar avasallar» zielt auf das Bild des Vasallenstaates ab, das auch über den Default-Diskurs hinaus aufgegriffen wird, um das Verhältnis zwischen den USA und den lateinamerikanischen Staaten zu beschreiben. Interessanterweise dient es neben einem Vorwurf an die USA auch der Kritik an den Staaten, die sich unterwerfen lassen, wie eine von La Nación im Jahr 2017 zitierte Äußerung des venezolanischen Präsidenten Nicolás Maduro beispielhaft zeigt

«El emperador Donald Trump da órdenes como emperador que es y salen sus vasallos, sus esclavos, el gobierno de Colombia, de México y de Panamá, esclavos arrodillados a las órdenes del imperio norteamericano», dijo el mandatario [Nicolás Maduro] [...]. (La

Nación, 29. 07. 2017, Nicolás Maduro listo para su Constituyente, mientras la oposición promete más protestas).[55]

Im Default-Diskurs wird wiederholt darauf hingewiesen, dass Argentinien unter Druck gesetzt und zu bestimmten Handlungen gedrängt werde. Dies gilt als Ausgangspunkt, um die Standhaftigkeit der Nation hervorzuheben.

(38) Porque la estrategia de los fondos buitre fue *presionar a que la Argentina cediera en su posición* de rechazar el pago de la deuda en los términos de la sentencia, extorsionándolo con el bloqueo del pago a los bonistas del canje (hold in) y la posterior declaración del default. Cuando entendieron que *la Argentina no cedería ni en el límite*, accedieron a considerar la propuesta de terceros (banqueros argentinos pero también de otros orígenes), que ya circulaba desde hace semanas. (P12, 31. 07. 2014, Sobre el límite)

(39) «También intentan, desde afuera y desde adentro, asustarnos con que si no hacemos lo que nos dicen ellos que tenemos que hacer, *se van a venir las 10 plagas de Egipto*. Bueno, miren, *las 10 plagas de Egipto ya las vivimos en el año 2001* cuando, precisamente, otro gobierno *hizo exactamente lo que le dictaban desde afuera*», agregó la mandataria. (TA, 31. 07. 2014, Cristina insistió: «Default es cuando uno no paga y Argentina pagó»)

In Beleg (38) wird das Merkmal *Standhaftigkeit* über eine fast wörtliche Wiederholung der Wendung *ceder en su posición* evoziert. Sie beschreibt zunächst den Versuch der Hedgefonds, Argentinien dazu zu bringen, ihren Forderungen nachzukommen. Im darauffolgenden Satz vermittelt sie die Festigkeit der Nation, die ihre Haltung nicht aufgegeben habe, wobei die Hinzufügung «ni en el límite» die Aussage zusätzlich intensiviert.

Eine ähnliche Anordnung von Aussagen wählt die Präsidentin in Beleg (39). Sie beginnt damit, dass Argentinien, beziehungsweise die Regierung, mit der Androhung eines Negativszenarios eingeschüchtert und so dazu gebracht werden solle, das zu tun, was von außen diktiert werde. Als Gegenspieler erscheint hier zusätzlich zu den Hedgefonds auch die Opposition, die die Position vertritt, Argentinien solle den Forderungen der US-Amerikaner nachkommen. Das Negativszenario erhält über das alttestamentliche Bild der ägyptischen Plagen eine

---

55 Eine Reflexion über die Tradition des Motivs im lateinamerikanischen Diskurs lässt sich in wissenschaftlichen Publikationen nicht finden, wobei das Motiv selbst aber gebraucht wird, zum Beispiel in Gullo (2005, 72), der Argentinien bescheinigt, sich in den 1990er Jahren selbst zu einem Vasallenstaat gemacht zu haben, in der Hoffnung, darüber eine Vormachtstellung in der Welt zu erlangen.

plastische Gestalt. Zur Begründung, warum der Versuch, die Regierung einzuschüchtern, nicht greift, bedient sich Cristina Kirchner erneut dieses Bildes. Argentinien habe die ägyptischen Plagen bereits in der Krise von 2001 erlebt und damit genau in dem Moment, in dem sich die damalige Regierung dem Druck von außen gebeugt hätte, so wie es jetzt die Hedgefonds und die Opposition fordern. Die Krise wird damit auf Einwirkungen von außen zurückgeführt und die Verantwortung Argentiniens reduziert. Die Kirchner-Regierung lässt sich der Präsidentin zufolge keine Vorgaben von außen diktieren und zeigt damit neben Widerstandskraft auch Lernfähigkeit.

Die Unnachgiebigkeit gegenüber Angriffen und Drohungen wird der argentinischen Regierung im Diskurs häufig aus einer Außenperspektive zugewiesen. Es handelt sich also um eine Eigenschaft, die sich die Regierung nicht selbst zuschreibt. Meistens stehen die jeweiligen Sprecher der Regierung jedoch nahe und es kommt auch vor, dass es Minister selbst sind, die von der Regierung in der dritten Person sprechen. Solche Fälle lassen sich als verdeckte Selbstpositionierungen bezeichnen.

(40) El senador kirchnerista Ruperto Godoy estimó que «*la novedad* es que hay un gobierno *que no claudica* frente a las presiones de poderosos grupos financieros». (P12, 31. 07. 2014, Reacciones de oficialistas y opositores)

(41) En declaraciones a Radio Provincia, el vice aseguró que el gobierno que encabeza Cristina Fernández «operó *con mucha responsabilidad* al no ceder a las presiones *para que no se caiga el 93 % de la reestructuración de la deuda*, y abordar los compromiso [sic] que contrajeron los gobiernos anteriores». (TA, 05. 08. 2014, «Argentina resiste las presiones»)

In Beleg (40) wird, ähnlich wie in den vorigen Beispielen, ein Bezug zur Vergangenheit hergestellt und der Widerstand der Regierung als «novedad» beschrieben. Damit wird die Kirchner-Regierung erneut von ihren Vorgängern abgehoben und ihre Widerstandsfähigkeit als ein Merkmal definiert, das sie kennzeichnet. Dass dieses Verhalten mit Courage verbunden ist, drückt die Bezeichnung der Hedgefonds als «poderosos grupos financieros» aus, die auf ungleiche Machtverhältnisse verweist. Der mutige Widerstand wird auch als ein Zeichen für Verantwortungsbewusstsein gesehen, denn nur durch ihre Unnachgiebigkeit verhindere die Regierung, dass die Umstrukturierung der Schulden zunichte gemacht wird, wie Beleg (41) nahelegt.

(42) Con no otorgar el stay o la prórroga que pedía la Argentina para llegar a enero, ya vencida la cláusula RUFO [...] queda demostrado que el director de esta comedia de enredos, el «dios» de Wall Street, quiso apresurar el

> final para perjudicar a la Argentina. Pero nuestro gobierno *no se prestó a seguir un guión impuesto*, en el que volvemos a ser víctimas y dominados. (P12, 05. 08. 2014, De cómo ser castigados por querer cumplir con la deuda)

Ein ungleiches Kräfteverhältnis zwischen Argentinien und den US-Amerikanern stellt auch dieser Beleg her. Der Richter Thomas Griesa wird hier als «el ‹dios› de Wall Street» bezeichnet und damit als jemand, der die Geschehnisse am Finanzmarkt kontrolliert. Diese Nomination ist eine deutliche Kritik an dem Richter, dessen Wirkungsbereich seinem Amt nach losgelöst von der Wirtschaft sein sollte. Neben Kampfmetaphorik wird hier das Bildfeld *Theater* eingesetzt, um den abstrakten Rechtsstreit und die Beteiligung der Akteure zu deuten. Der Prozess sei eine «comedia de enredos», also eine Inszenierung, deren Ausgang schon feststeht. Griesa komme darin die Rolle des Regisseurs zu, der die Dinge zum Nachteil Argentiniens lenke. Die Unterstellung, Griesa wolle ein schnelles Ende herbeiführen, bezieht sich darauf, dass er den Bitten der Nation, sein Urteil bis zum Auslaufen der RUFO-Klausel auszusetzen, nicht nachgekommen war. Der Richter wird also zugleich als parteiisch und als Vertreter kapitalistischer Interessen dargestellt. Seiner Strategie steht hier jedoch das Verhalten der Regierung gegenüber. Diese lehne sich dagegen auf, einem vorgefertigten Skript, zu folgen, und so die von Griesa für Argentinien vorgesehene Rolle des Opfers zu erfüllen. Implizit wird hier wieder eine Abgrenzung von der Vergangenheit vorgenommen, denn die Verbalphrase «volvemos a ser» drückt aus, dass Argentinien die Opferrolle zu früheren Zeiten ausgefüllt habe.

In Beleg (42) drückt der Sprecher seine Zugehörigkeit zur Regierung aus, indem er von «nuestro gobierno» spricht, und weist ihr zugleich eine Stellvertreterrolle zu. Sie setze sich den Angriffen der US-Amerikaner aus, um die ganze Nation zu verteidigen. Das Motiv des Stellvertreters wird im Diskurs häufig auf die Präsidentin übertragen, die in der Rolle einer argentinischen Jeanne d'Arc, einer mutigen Frontkämpferin, erscheint.

(43) «Nuestra Presidenta se planta frente al capital financiero *dando una muestra al mundo de que es posible no dejarse extorsionar por estos fondos*, que montados en sentencias de jueces que no distinguen las naciones de los particulares quieren escarmentar a la Argentina y a través de esto a todo el mundo en desarrollo», agregó el gobernador entrerriano, Sergio Urribarri. (P12, 01. 08. 2014, «Hubo mala praxis judicial»)

Dass sich die Präsidentin den Mächtigen der Finanzwelt entgegenstellt, wird als international bedeutungsvolles Beispiel interpretiert, da es laut Sergio Urribarri eine Alternative zur Unterwerfung zeige. Der Hinweis darauf, die Hedgefonds würden ihre Strategie neben Argentinien auch auf weitere Länder anwenden, macht Kirchner zu einer Vertreterin für alle Schwellenländer. Die Äußerung Urribarris enthält wie im Beispiel zuvor einen Ausdruck von Zugehörigkeit, der durch die Possessivkonstruktion «nuestra presidenta» entsteht. Neben Zugehörigkeit drückt sie auch Stolz auf den Mut der Repräsentantin der Nation aus.

(44) «[...] Hay una parte de la población que sabe que si la Presidenta acuerda con los buitres, el pago sería con bonos que pagarán los próximos gobiernos y que la famosa cláusula RUFO también será motivo de juicios que deberán afrontar los próximos gobiernos. O sea que supuestamente para ella sería fácil salir del paso firmando y en la encuesta se valora que *CFK se mantenga firme contra viento y marea*». (P12, 03.08.2014, Pájaros non gratos)

In Beleg (44) wird eine Umfrage kommentiert, die untersucht, wie die argentinische Bevölkerung die Position der Regierung gegenüber den Hedgefonds bewertet. Ein besonderer Fokus liegt hier auf der Präsidentin, die sich den Hedgefonds persönlich entgegenstelle. Ihre Standhaftigkeit wird über eine Metapher aus dem Bildfeld *Naturgewalt* hergestellt («se valora que CFK se mantenga firme contra viento y marea»). Die Wendung spielt wie bereits an anderer Stelle beobachtet auf eine Unbeugsamkeit an, die sich hier auch physisch äußert. Der Phraseologismus «contra viento y marea» bezieht sich in seiner wörtlichen Bedeutung auf die maritimen Gezeiten. Im übertragenen Sinne charakterisiert er eine Person, die allen Widerständen trotzt und sich nicht von ihnen bezwingen lässt. Es ist ein klassisches Bild, das die psychologische Forschung einem resilienten Menschen zusprechen würde. Im Kontext des Zahlungsausfalls bildet das Bild der unverrückbaren Präsidentin ein Gegengewicht zu den Hedgefonds, denen Argentinien wie unbezwingbaren Gezeiten ausgesetzt ist. Ihr Handeln wird durch die vorangestellten Erklärungen zusätzlich positiv bewertet. Da die Amtsperiode Kirchners kurz vor ihrem Ende steht, könne sie den leichten Weg wählen und sich mit den Hedgefonds einigen, denn die Konsequenzen müsste eine nachfolgende Regierung tragen. Dadurch, dass sie den schweren Weg wählt, beweist sie eine Loyalität gegenüber dem argentinischen Volk, die politischen Interessen übergeordnet ist.

(45) Detrás de estos datos y el notorio crecimiento de la imagen positiva de la presidenta Cristina Fernández de Kirchner [...] está el hecho de que la gente percibió *que la Argentina no cambió de postura desde el principio*, que existe una especie de ataque de un pequeño grupo de poderosos financis-

tas y que la *firmeza del Gobierno* no ha llevado, ni por asomo, a una situación similar a la de 2001. (P12, 03. 08. 2014, Pájaros non gratos)

Diese Äußerung ist demselben Artikel entnommen wie Beleg (44). Das positive Bild der Präsidentin als Feldherrin wird zurückgeführt auf die Standhaftigkeit Argentiniens beziehungsweise der Regierung, die sich während des gesamten Rechtsstreits gezeigt habe. Sie sei ein Ausdruck des Widerstands gegenüber den übermächtigen Finanzexperten. Um die positiven Folgen des Widerstands zu betonen, wird ein kausaler Zusammenhang zwischen dem Verhalten der Regierung und der Lage der Nation hergestellt. Die entschiedene Haltung der jetzigen Regierung verhindere, dass es erneut zu einer Wirtschaftskrise wie zu Beginn des 21. Jahrhunderts kommt. Auffällig ist, dass häufig Verweise auf die Vergangenheit, speziell auf die Krise von 2001, dazu gebraucht werden, um das Handeln der Kirchner-Regierung in der Konfrontation mit den Hedgefonds von früheren Regierungen abzugrenzen. Damit wird diese zusätzlich zu den Eigenschaften *unerschütterlich*, *mutig* und *entschlossen* auch als *überlegt* und *souverän* ausgewiesen, da sie aus Fehlern der Vergangenheit lerne.

Eine besondere Wirkung haben Äußerungen zur Widerstandsfähigkeit Argentiniens, die von anerkannten Autoritäten der Finanzwelt kommen. Sie verfügen über einen Expertenstatus und eine größere Neutralität, besonders dann, wenn sie keine Argentinier sind. Häufig findet sich in ihren Äußerungen keine Differenzierung zwischen der Nation und der Regierung.

(46) Ayer, en una nota escrita par Félix Salmon, resaltó que «Argentina hizo bien en *no tambalear ante las amenazas de la justicia norteamericana*, que vaticina las peores consecuencias», en referencia a la sentencia del juez Thomas Griesa. (CL, 02. 08. 2014, El New York Times aprueba a la Argentina)

(47) «La Argentina está, en el presente, *más fuerte para ponerle límites a la agresión de los buitres*», reitera la ex funcionaria antes de seguir dialogando y precisar qué significa: «El activismo estatal tanto en términos de política de ingresos como de inversión pública, el desendeudamiento y la permanente búsqueda de nuevas alianzas estratégicas, cuantificables en términos de proyectos de inversión y desarrollo, *son fortalezas de este proyecto*. [...]» (P12, 29. 07. 2014, «No habrá tifón ni tsunami»)

Beleg (46) zitiert den US-amerikanischen Finanzjournalisten Félix Salmon, der trotz seiner Einbindung in das gleiche nationale Wirtschaftssystem wie die Hedgefonds die argentinische Position unterstützt. Dadurch hat seine Meinung ein starkes Gewicht. Salmon bewertet die Unverrückbarkeit Argentiniens positiv und stellt ihr die Drohungen der US-amerikanischen Justiz gegenüber, die ein Negativszenario prophezeien, sollte die Nation nicht nachgeben. Die Widerstandskraft drückt sich hier in dem Bild des Taumelns aus, das ein weiteres Beispiel für den Einsatz von Körpermetaphorik ist.

Dass sich Widerstand nicht nur in einer Reaktion auf Drohungen, sondern auch in Eigenaktivität ausdrückt, vermittelt Beleg (47). In ihm schreibt die ehemalige Präsidentin der argentinischen Nationalbank, Mercedes Marcó del Pont, Argentinien zu, stark genug zu sein, um der Aggression der Hedgefonds Grenzen aufzuweisen. Doch der Widerstand der Nation gehe über eine Fähigkeit zur Abwehr hinaus, sie könne sogar selbst den «Kriegsschauplatz» abstecken. Bei «más fuerte» handelt es sich um einen Komparativ, der die Frage nach dem Referenzpunkt des Vergleichs auslöst. Die temporale Angabe «en el presente» gibt Aufschluss darüber, dass das starke Argentinien von 2014 von einem schwachen Argentinien der Vergangenheit abgegrenzt wird. Marcó del Pont erläutert, worin dessen Stärke bestehe und zählt Maßnahmen aus dem Bereich der Wirtschaft auf, vor allem solche, die einen direkten Zusammenhang mit der Regelung von Schulden aufweisen. Die Kraft der Nation wird in diesem Beispiel mit ihrer Handlungsfähigkeit verknüpft-

Weil Argentinien sich aktiv für die Erfüllung seiner Pflichten einsetzt, begegnet es den Hedgefonds auf Augenhöhe.

Im folgenden Beleg handelt es sich um eine weitere Autorität aus der Wirtschaft, die die Position der argentinischen Regierung positiv bewertet.

(48) [Jorge Fonseca] *elogió la postura adoptada por el gobierno nacional* en el litigio con los fondos buitre ya que, advirtió, pagarles «sería la bancarrota absoluta» del país. (TA, 02. 08. 2014, «Los fondos buitre han socovado el Estado de Derecho»)

Jorge Fonseca, Professor für internationale Wirtschaftswissenschaften in Madrid, warnt indirekt vor einer Einigung mit den Hedgefonds, indem er sie den ‹absoluten Bankrott› für Argentinien nennt. Damit spielt er auf die Aktivierung der RUFO-Klausel an, die weitere Prozesse und finanzielle Forderungen in Milliardenhöhe auslösen könnte.

Der Widerstand Argentiniens gegenüber den Angriffen der Hedgefonds stellt die Nation als Gegner dar, der ihnen ebenbürtig ist. Im Diskurs wird daraus zusätzlich abgeleitet, dass sie zu einem Vorbild für andere Staaten wird. Das Motiv des *Frontkämpfers*, das sich bereits in zweifacher Differenzierung (Regierung und Cristina Kirchner) gezeigt hat und stets eine Stellvertreterrolle für das argentinische Volk meinte, weitet sich auch auf die internationale Ebene aus. Die Unbeugsamkeit Argentiniens gegenüber den Angriffen machtvoller Gruppen der Finanzwelt wird als Zeichen für andere Staaten in einer ähnlichen Situation dargestellt, denn es mache deutlich, dass es auch möglich ist, sich nicht zu unterwerfen. Die Vorbildfunktion wird Argentinien häufig von außen zugesprochen, ähnlich wie bei den Hervorhebungen der Regierung und der Präsidentin als Stellvertreter des argentinischen Volkes.

(49) Para Mariotto, «esta posición soberana de Argentina *va a redundar en la soberanía de todos los países emergentes que han reestructurado su deuda*, y eso es lo que hay que defender». (TA, 05. 08. 2014, «Argentina resiste las presiones»)

(50) Debemos tener en claro que, en este litigio, la Argentina no sólo está defendiendo sus intereses nacionales, ya que *el posible resultado de tan extenuante situación puede ser el de condicionar futuras reestructuraciones de deudas de otros países que entren en default*. (P12, 05. 08. 2014, De cómo ser castigados por querer cumplir con la deuda)

(51) [Agregó Burkun:] «[...] [La pelea con los fondos buitre] [e]s un *leading case* para el disciplinamiento así como el caso testigo europeo fue Grecia. A Grecia primero la quebraron y después la rescataron. A la Argentina *no la quebraron* porque trabajó para pasar la deuda de dólares a pesos. [...]» (P12, 03. 08. 2014, Argentina consigue más aliados mientras los buitres operan)

Beleg (49) greift die Vorbildfunktion Argentiniens über den Aspekt der Souveränität auf, die bereits in Kap. 6.1.2 als das wirkliche Ziel der Angriffe der Hedgefonds dargestellt wurde. Der Widerstandskraft der Nation wird hier der Status einer «posición soberana» verliehen. Bei «posición soberana» handelt es sich um ein Fahnenwort des Diskurses, das ein souveränes Argentinien den USA gegenüberstellt, die es – beziehungsweise alle lateinamerikanischen Staaten – wie Vasallen behandeln.[56] Die Haltung Argentiniens beeinflusse nicht nur den weiteren Verlauf der Verhandlungen, sondern habe Signalwirkung. Sie stärke auch die Souveränität der anderen Schwellenländer, die sich in einer vergleichbaren Situation befinden und nationale Schulden umstrukturiert haben. Der Nachsatz «y eso es lo que hay que defender» weist der Kategorie Souveränität eine entscheidende Bedeutung für die angesprochenen Staaten zu. Als Schlussregel lässt sich hier, und in ähnlicher Weise auch für Beleg (50), ableiten:

---

56 Zum Motiv des Vasallenstaates cf. auch die Ausführungen zu Beleg (37).

Wer die Souveränität der Schwellenländer verteidigen will, muss Argentiniens Position gegenüber den Hedgefonds unterstützen.

Der juristische Fachterminus *leading case* in Beleg (51) ist ein besonders deutliches Beispiel dafür, dass dem Widerstand Argentiniens eine Wirkung über den konkreten Rahmen des Rechtsstreits hinaus zugesprochen wird. Der Rechtsstreit erhält den Status eines Präzedenzfalls, der eine argumentative Grundlage für die gerichtliche Regelung von Schulden in der Zukunft ist. Als vergleichbarer Fall in Europa wird Griechenland angeführt und beschrieben, wie mit dem Krisenland umgegangen wurde. Die Positionen Griechenlands und Argentiniens werden in einen Gegensatz zueinander gestellt. Griechenland sei erst zerstört und später gerettet worden, mit Argentinien sei genau dies nicht passiert, da es aktiv geworden wäre und angestrebt habe, seine Schulden in nationale Währung umzuwandeln. Hier wird also ein überlegter und aktiver Umgang mit den finanziellen Verpflichtungen als Ursache angeführt, dass die Nation nicht ‹zerstört› wurde. Aus diesen Deutungen folgt, dass Argentinien, anders als Griechenland, auch nicht gerettet werden muss. Eine Gegenüberstellung der beiden Staaten findet sich auch im nächsten Beispiel.

(52) «La decisión de Argentina, además de ser necesaria para proteger sus intereses vitales nacionales, es un *acto de valentía que debería servir de ejemplo para otros países endeudados en relación con sus acreedores.* Las lecciones para los países altamente endeudados de Europa, en particular Grecia, son evidentes. Es esencial, por lo tanto, apoyar ampliamente a la Argentina en esta disputa». (P12, 02. 08. 2014, La extorsión y después)

Es handelt sich um einen Auszug aus einem unveröffentlichten Manuskript zum Schuldenstreit zweier Wirtschaftsprofessoren der *University of London.* Wie die Experten zuvor, bewerten auch diese Autoritäten die Haltung Argentiniens positiv. Ihrer Meinung nach ist die Ablehnung der Forderung der Hedgefonds notwendig, um die nationalen Interessen zu schützen. Darüber hinaus sei sie ein «acto de valentia», was impliziert, dass das Auftreten der Nation gegenüber den mächtigen US-Amerikanern nicht selbstverständlich ist und Mut erfordert. Durch seine Widerstandsfähigkeit wird Argentinien zum Vorbild für andere verschuldete Staaten und erteile ihnen eine «Lektion». Anders als in den vorigen Beispielen bezieht sich das nicht auf die anderen lateinamerikanischen Staaten oder andere Schwellenländer, der Referenzpunkt sind vielmehr die europäischen Staaten, aus denen Griechenland als besonders krisenanfälliges Land herausgegriffen wird. Argentinien wird so als internationales Vorbild dargestellt, zu dem alle anderen Krisenstaaten aufschauen können. Die hier etablierte

Konstellation, in der Argentinien durch seinen Widerstand gegen die Hedgefonds zum Vorreiter für Europa wird, findet sich an keiner anderen Stelle im Diskurs. Der Kausalzusammenhang kann als folgender Topos formuliert werden:

Weil sich das widerstandsfähige Argentinien den Hedgefonds mutig entgegenstellt, ist es ein Vorbild für alle anderen Länder mit Auslandsschulden.

Das Korpus enthält eine große Anzahl an Äußerungen, in denen Argentinien von anderen Ländern oder anerkannten Autoritäten Unterstützung zugesprochen wird. Dieses Muster trägt insofern zum Resilienzmarker ARGENTINIEN ALS KONTRAHENT AUF AUGENHÖHE bei, als es dem Auftreten der Nation eine internationale Bedeutung zuspricht und es gewissermaßen legitimiert. Nicht nur Argentinien selbst, auch andere Personen, deren Meinung großes Gewicht hat, interpretieren die Konfrontation mit den Hedgefonds als *gerechten Kampf* zum Wohl vieler. Die folgenden Belege geben Beispiele von Unterstützern aus unterschiedlichen Bereichen.

(53) «*Cuente la presidenta Cristina con todo el respaldo militante de nuestros gobiernos* para acompañarlos y además para salir airosos de esta dura batalla que están dando por los derechos económicos de los argentinos y de todos los que compartimos este espacio de búsqueda», expresó [el presidente venezolano Nicolás Maduro]. (P12, 29. 07. 2014, Con apoyo de los vecinos frente a los buitres)

(54) El manifiesto de los cien economistas contra el fallo del juez de Nueva York Thomas Griesa y el artículo del Nobel de Economía 2001 Joseph Stiglitz en The New York Times afirmando que Estados Unidos está «tirando una bomba sobre el sistema económico global» *se sumaron estos días a los apoyos políticos que recibió el Estado argentino en la pelea contra los fondos buitre.* (P12, 03. 08. 2014, La Argentina consigue más aliados mientras los buitres operan)

Der venezolanische Präsident Nicolás Maduro, der ein Vertreter der lateinamerikanischen Nachbarländer ist, sowie ein Zusammenschluss von Wirtschaftswissenschaftlern solidarisieren sich mit der Position Argentiniens. Maduro repräsentiert die wirtschaftliche und kulturelle Einheit des *Mercosur*. Nur gemeinsam könne man die «dura batalla» gewinnen, die neben Argentinien auch die anderen Mercosur-Staaten betreffe. Mit der Phrase «todos los que compartimos este espacio de búsqueda» beschreibt er die einzelnen Staaten als Verbund, der sich durch ein gemeinsames Ziel auszeichnet. Die Unterstützung in Beleg (54) wirkt dadurch weitreichend, dass die hohe Anzahl der Beteiligten an einer entsprechenden Erklärung genannt und auf den Nobelpreisträger Joseph Stiglitz als prominenten Vertreter verwiesen wird. Der begleitende Kommentar, dies seien nur weitere Beispiele für den umfassenden Rückhalt, den Argentinien erfahren habe, hat einen verstärkenden Effekt.

Im Gegensatz zu den bisherigen Beispielen ist der folgende Beleg aus einer Innenpespektive verfasst und gibt einen Grund für die große Unterstützung durch andere an.

(55) Unos pocos nos quieren de rodillas, causando el estupor del concierto del mundo. *No hay organismo integrador que no se haya alineado solidariamente con nosotros.* No es solamente por amistad. Conviene reiterarlo: están en juego las democracias y las decisiones soberanas de los países del mundo occidental, incluyendo a algunos de los llamados «países centrales», que en términos de PBI están mucho más endeudados que Argentina. (TA, 03. 08. 2014, Por un nuevo orden global)

Das Ziel der Hedgefonds, Argentinien ‹in die Knie zu zwingen›, habe internationale Bestürzung und Solidarität ausgelöst. Die Reichweite der Unterstützer wird durch eine doppelte Verneinung ausgedrückt («*no* hay organismo intergrador que *no* se haya alineado solidariamente con nosotros»). Begründet wird dies damit, dass die Demokratie und die Souveränität der gesamten westlichen Welt auf dem Spiel stünden. Der Einzelfall wird hier generalisiert und ihm eine große Bedeutung zugesprochen. Wie ein pars pro toto betreffe der Konflikt zwischen Argentiniens und den Hedgefonds potentiell eine Reihe weiterer Länder, weshalb sich alle mit der Nation verbündet hätten. Zusammenfassend lassen sich aus dem Resilienzmarker ARGENTINIEN ALS KONTRAHENT AUF AUGENHÖHE folgende Topoi ableiten:

Weil Argentinien aktiv Widerstand leistet, ist es für die gegnerischen Akteure ein Kontrahent auf Augenhöhe.

Weil es sich beim Rechtsstreit um einen Kampf auf Augenhöhe handelt, kann Argentinien den Kampf gewinnen.

6.2.3 Der Kampf als Schachspiel

Eine besondere Art, Analogien zwischen dem Schuldenstreit und einem Krieg oder Kampf herzustellen, erfolgt über die Darstellung des Rechtsstreits als Schachpartie. Mit der Metapher des Schachspiels wird eine ganze Reihe an

Merkmalen aufgerufen, die kulturgeschichtlich mit dem Spiel verbunden sind und sich zu einer festen Symbolik entwickelt haben.[57] Schach gilt als *Spiel der Könige*. Bereits im Mittelalter wurde es von Adligen gespielt und das Prestige des Schachspielers war eng mit dem des ritterlichen Helden verbunden (cf. C. Schafroth 2002, 58). Weniger als ein Spiel symbolisiert Schach vielmehr eine kriegerische Auseinandersetzung zweier Armeen, die nach strikt festgelegten Regeln abläuft (cf. Gupta 2016, 28).[58] Ab dem 20. Jahrhundert kam mehr und mehr die Komponente eines intellektuellen Kampfes hinzu, die mit den hohen geistigen Herausforderungen einer Schachpartie zusammenhängt, denn jede Partie eröffnet eine Vielzahl an möglichen Spielzügen und Spielverläufen, bei denen es darum geht, das Spielfeld zu kontrollieren und den Gegner schachmatt zu setzen (cf. C. Schafroth 2002, 62; Gupta 2016, 27ss.). Nicht Glück führt zum Sieg, sondern die Fähigkeit des Spielers, taktisch geschickt und strategisch zu agieren und dabei gleichzeitig die Spielzüge des Gegners vorherzusehen.

Über den Einsatz der Schachmetapher im Default-Diskurs werden dem Rechtsstreit die mit dem Spiel verbundene Symbolik übertragen und dem «Kampf» zwischen Argentinien und den Hedgefonds ein spezifischer Charakter verliehen. Das Bildfeld tritt in vergleichsweise geringer Frequenz im Korpus auf, ist jedoch unter anderem deshalb von Bedeutung für die Resilienzfigur ARGENTINIEN ALS STARKER KÄMPFER, weil es Merkmale anderer Resilienzmarker mittransportiert. Deutlich wird dies in folgendem Auszug aus einem Artikel, der in mehreren Gesichtspunkten außergewöhnlich ist. Bereits der Titel «Los buitres, el ajedrez y la tormenta» ist eine Agglomeration von Metaphern aus unterschiedlichen Feldern. Neben Schach tauchen die Geiermetapher und ein Verweis auf eine Naturgewalt auf. Damit stellt die Überschrift dem Artikel die Deutung des Schuldenstreits programmatisch voran.

(56) En materia económica, lo único que hoy se sabe con absoluta certeza, aquí, es que nada será fácil para la Argentina. Todo puede suceder, como en el ajedrez, según mueva las piezas cada jugador: el gobierno por un lado; y por el otro los fondos buitre y su mejor defensor, el juez neoyorqui-

---

57 Cf. zur Schachmetapher Rasskin Gutman (2005). Al Amar (2014, bes. 244 und 246) setzt sich mit der Spielmetapher im politischen Diskurs Spaniens auseinander und weist ebenfalls Fälle nach, in denen Analogien zwischen Gegenständen und Vorgängen der Politik und dem Schachspiel gebildet werden.

58 Darüber hinaus steht Schach symbolisch für komplexe Gesellschaftsordnungen (cf. C. Schafroth 2002, 53) und für Konflikte zwischen divergierenden kulturellen Ansichten: «Das Schach bot sich offensichtlich wegen des Konflikts zweier Mächte mit einer komplexen Hierarchie verschiedener Steine an, um verschiedene extreme kulturelle Ansichten auf seinen 64 Feldern zu ermöglichen» (Bruns 2003, 358).

no Thomas Griesa. Ante el escenario se apiñan diversos espectadores: un pueblo preocupado y en silenciosa expectativa; un gobierno que paga corruptelas y negociados de gobiernos anteriores; una comunidad internacional alarmada pero sin protagonismo; una caterva de políticos y periodistas locales que desean que todo salga mal, y si es posible peor, para este país. La partida viene teniendo una asombrosa intensidad: el miércoles pasado no se sabía qué pasos iban a darse; el jueves los bonistas que entraron en los canjes supieron que el gobierno argentino les pagaba como siempre, girando millones de dólares al banco neoyorquino y deslindando responsabilidades. [...] ¿Qué pasará ahora con los buitres? ¿Caeremos en default involuntario? Nadie lo sabe, aunque sí se sabe que en las más apasionantes partidas de ajedrez no sólo el tiempo es decisivo. También la inteligencia emocional, la astuta paciencia, la audacia y la sorpresa determinan las mejores jugadas. Es de esperar que los negociadores argentinos tengan todo eso, lo sigan teniendo, para superar esta tormenta feroz. (P12, 29. 06. 2014, Los buitres, el ajedrez y la tormenta)

Der Beleg sticht zunächst dadurch heraus, dass die Metapher größere Abschnitte des Artikels prägt und eine Art Rahmen für den Artikel bildet, denn er beginnt und endet mit dem Bild einer Schachpartie. Die Bedeutung bildet sich hier also auf einer großen Fläche heraus. Der Artikel, dem der Ausschnitt entnommen ist, fällt auch durch den Zeitpunkt seiner Veröffentlichung auf. Er erschien Ende Juni, also kurz vor der Fälligkeit der nächsten Kreditrate an Gläubiger Argentiniens, dem Schlüsselmoment des Rechtsstreits. Nur aufgrund einer dreißigtätigen Gnadenfrist (*período de gracia*) verschob sich der Default um einen Monat, nachdem die Summe nicht an die Gläubiger ausgezahlt wurde.

Zu Beginn des Artikels wird der herannahende Entscheidungsmoment thematisiert. Ebenso wie in einer Schachpartie sei der Ausgang des Rechtsstreits offen und hänge von den Zügen der Spieler ab. Der juristische Fall erscheint dadurch als Auseinandersetzung, bei der es um Gewinnen und Verlieren geht. Ausführlich wird die Konstellation der Beteiligten beschrieben. Als Gegner stehen sich die argentinische Regierung und die Hedgefonds gegenüber, die vom Richter Griesa, ihrem «mejor defensor», begleitet werden. Die Aufzählung mehrerer Zuschauergruppen verortet die Konfrontation in einem öffentlichen Terrain. Über eine Reihe von Beschreibungen wie dem Volk, das die Geschehnisse gebannt verfolgt, der alarmierten internationalen Öffentlichkeit oder der außerordentlichen Intensität der Situation erhält die Szene Spannung und Dramatik. In dieser Inszenierung scheint die bereits erläuterte Rolle der Regierung als Frontkämpfer auf, denn sie ist der handelnde Akteur, während das zugleich besorgte und erwartungsvolle Volk zuschaut. Auch mit der Resilienzfigur DAS

RECHTSCHAFFENE ARGENTINIEN liegt eine Verknüpfung vor, denn es wird betont, Argentinien habe die fällige Kreditrate fristgerecht gezahlt und sei seinen Verpflichtungen wie üblich nachgekommen.

An dieser Stelle bricht die Schachmetapher ab und wird erst am Ende des Artikels in zwei Subjektionen aufgegriffen. Die Fragen danach, wie es jetzt mit den «buitres» weitergeht und ob Argentinien in einen «default involuntario» fällt, lassen sich dem Verfasser zufolge zu dem Zeitpunkt noch nicht beantworten. Bekannt sei jedoch, welche Fähigkeiten notwendig sind, um eine Schachpartie zu gewinnen: «inteligencia emocional, la astuta paciencia, la audacia y la sorpresa». Diese Eigenschaften eines überragenden Schachspielers werden keinem der Kontrahenten explizit zugesprochen, jedoch wird die Erwartung formuliert, dass Argentinien über sie verfügt.[59] Wie im Resilienzmarker ARGENTINIEN ALS KONTRAHENT AUF AUGENHÖHE wird hier eine Ebenbürtigkeit der Gegner hergestellt. Beide Seiten begegnen sich auf Augenhöhe und die Schachpartie bedeutet für sie ein Kräftemessen. Die Qualitäten, die Argentinien in der Rolle eines Schachspielers attribuiert werden, sind die eines intelligenten und strategischen Akteurs. Die offensichtliche Präsenz von Gefahr, die wiederholt aufgegriffen wird, akzentuiert die Bereitschaft der Nation, den Hedgefonds im Kampf gegenüberzutreten. Zusammen mit den genannten Fähigkeiten erscheint die Wahrscheinlichkeit hoch, die Partie gewinnen zu können.

Der letzte Satz erweitert die metaphorische Beschreibung der Situation um ein zusätzliches Bildfeld. Mit «tormenta feroz» wird das in Krisendiskursen häufig verwendete Metaphernfeld *Naturgewalt* aufgegriffen, das im Default-Diskurs nur sehr selten vorkommt. Interessant ist, dass «tormenta» bereits im Titel genannt wird, im Artikel selber aber nur im letzten Satz erscheint. Wie im Zusammenhang mit der zitierten Äußerung von Marcó del Pont («no habrá tifón ni tsunami», Beleg 47) beschrieben, wird das Bild einer Naturgewalt auch hier dazu eingesetzt, um die Krisenhaftigkeit der Situation zu relativieren. Dabei liegt eine Kreuzung mit der Schachmetapher vor, denn die im Artikel etablierte Szene einer Schachpartie impliziert den Kausalschluss, dass in dem Moment, in dem Argentinien das Spiel gewinnt, automatisch auch das «schwere Unwetter» überwunden ist. Legte der vorige Beleg den Fokus auf die Eigenschaften eines Schachspielers, mit denen eine Partie gewonnen werden kann, dient die Schachmetapher im nächsten Beispiel dazu, den Charakter der Partie näher zu beschreiben.

---

59 Im Gegensatz zu anderen Stellen im Diskurs werden die Hedgefonds nicht abgewertet oder ihre Art zu spielen aufgegriffen. Stattdessen setzt das Beispiel den Fokus auf die Anforderungen an die Spieler, um die Partie zu gewinnen, die jedoch nur implizit mit Argentinien verbunden werden.

(57) La Argentina *dio ayer un paso clave* para tratar de demostrar que el juez de Nueva York, Thomas Griesa benefició, por acción u omisión a los Fondos Buitres o litigantes, en detrimento de la otra parte, denominada como la República. *El gobierno empieza a jugar en un tablero de ajedrez en el que se entremezclan condimentos jurídicos, políticos e internacionales.* (TA 02. 08. 2014, Argentina investigará una «estafa» de buitres para cobrar los seguros)

Wie in (56) handelt es sich auch bei diesem Ausschnitt um den Beginn des Artikels. Die Phrase «la Argentina dio ayer un paso clave» führt die Metapher zunächst implizit ein und löst sich erst im nachfolgenden Satz im konkreten Bild einer Schachpartie auf. Dabei steht erneut die argentinische Regierung als handelnder Akteur im Vordergrund, die einen entscheidenden Spielzug vornimmt, um die Parteilichkeit des Richters Griesa gegenüber den Hedgefonds nachzuweisen. Zugleich handelt es sich bei diesem Schritt um die Eröffnung der Partie, die auf einem speziellen Spielbrett stattfindet, das detailliert beschrieben wird. Auf diesem vermischen sich «condimentos jurídicos, políticos e internacionales», was als Anspielung darauf gelesen werden kann, dass der Rechtsstreit über die Frage nach der Rückzahlung von Schulden hinausgeht und es sich um ein komplexes Feld handelt, das sowohl verschiedene Gesellschaftsdomänen umfasst als auch nationale Grenzen überschreitet. Aufschlussreich ist, dass der Artikel nach dem Eintritt in die Zahlungsunfähigkeit erschien und das Handeln der Regierung trotzdem als Eröffnung der Partie gedeutet wird. Der Default kommt damit nicht einer Niederlage gleich, stattdessen wird betont, die Handlungsfähigkeit der Nation sei nicht eingeschränkt. Hier kommt eine ähnliche Deutung zum Ausdruck wie in der Interpretation des Zahlungsausfalls als Kriegserklärung (cf. Beleg 3). Der folgende Ausschnitt beschreibt die Komplexität des Kampfes ebenfalls metaphorisch, auch wenn nicht explizit von einem Schachspiel gesprochen wird.

(58) No se trata de una simple disputa por unos cuantos miles de millones de dólares. *Lo que se juega es otro partido.* Un combate de fondo *en el tablero internacional.* No es Singer vs. Kicillof. Ni siquiera es fondos buitre vs. Cristina. Comienza con agentes de inversión del capitalismo financiero internacional contra un Estado soberano y concluye con el reordenamiento de intereses en el continente con el ingreso de Rusia y China. Sin dudas, Estados Unidos está dispuesto a recuperar su patio trasero. Y para eso es necesario reordenar el corazón cultural e ideológico de Sudamérica, que siempre ha sido Argentina. (TA, 03. 08. 2014, El regreso de los «montevideanos»)

Anders als sich vermuten ließe, geht es im Fall Argentinien vs. Hedgefonds nicht wirklich um die Rückzahlung einer bestimmten Summe, wie dieser Auszug nahelegt. Stattdessen sei der Rechtsstreit zwischen zwei Parteien eine Angelegenheit von globaler Bedeutsamkeit. Man spiele eigentlich ‹eine andere Partie›, in der es um die grundsätzliche Neuordnung von Macht- und Interessensverhältnissen auf einem internationalen Spielfeld gehe, das von den USA über Russland bis nach China reiche. Die USA werden hier als Akteur ausgewiesen, der seine hegemonialen Ansprüche über die Hintertür einbringt, indem er diese – verkörpert durch die Hedgefonds und den Richter, wie sich aus dem Kontext des Belegs erschließt, – auf Argentinien als das «corazón cultural e ideológico de Sudamérica» richtet. Damit erscheint Argentinien als Zentrum Lateinamerikas, das ganz besonders im Fokus der Hegemonieansprüche der USA ist.

Die Schachmetapher dient im Diskurs dazu, den juristischen Fall als einen strategischen Kampf mit hohen intellektuellen Anforderungen darzustellen und zu verdeutlichen, dass es sich um einen komplexen Konflikt handelt, der weit über das Ausmaß des Schuldenstreits zwischen Argentinien und den Hedgefonds hinausgeht. Neben der Metapher des Schachs, die in erster Linie einen Kampf symbolisiert, enthält das Korpus weitere Elemente aus dem Bildfeld *Spiel*.[60] Statt dem Rechtsstreit damit einen spielerischen Charakter zu verleihen, stehen hier die Bedeutungselemente eines Spiels als Wettbewerb, als Kampf um einen Preis im Vordergrund, womit dieses Bildfeld hohe Ähnlichkeiten zur Schachmetapher aufweist. Überwiegend wird die Spielmetapher im Korpus dazu verwendet, einzelne Handlungen herauszugreifen und sie als Spielzüge darzustellen. Wie das Bildfeld *Kampf* zählt auch die Spielmetapher zu den Strukturmetaphern, da Analogien zwischen einzelnen Vorgängen hergestellt werden (cf. Lakoff 2003, 22). Beide Bildfelder gleichen sich darin, dass sie kompetitive Handlungen beschreiben, die über Sieg oder Niederlage beziehungsweise Gewinnen und Verlieren entscheiden (cf. Cuvardic García 2004, 67). Im Diskurs bezieht sich die Metapher überwiegend auf Kartenspiele im Allgemeinen, nur in Einzelfällen wird explizit ein Spiel, wie etwa Poker, genannt.

(59) *Jugadas sus cartas*, el Gobierno espera en estas 48 horas una señal del juez Thomas Griesa para que reponga la medida cautelar que suspenda temporalmente su fallo y evite, así, que el país entre en cesación de pagos a partir de la medianoche de mañana. (LN, 29. 07. 2014, El Gobierno vuelve a reunirse con el mediador, pero da por hecho el default)

---

60 Beispiele für die Verwendung der Spielmetapher im politischen Diskurs geben Musolff (1993) und Schieder (2018).

(60) Como si fuera la última mano de una larga partida de poker, los jugadores parecieran haberse convencido que *la apuesta argentina con las cartas descubiertas es real*, incluso si eso implica «perder». (P12, 30. 07. 2014, Una «solución entre privados» para salir del encierro)

Beleg (59) zeichnet die Situation als Entscheidungsmoment aus und charakterisiert Argentinien als Spieler. Das Ende der Frist zur Einigung mit den Hedgefonds wird als Moment beschrieben, in dem die Karten auf den Tisch kommen. Genauer gesagt liegt der Fokus auf Argentinien, das seine Karten gespielt habe, indem es die fällige Summe überwiesen und den Hedgefonds angeboten hatte, den Bedingungen der Umschuldungsprozesse beizutreten. Dies ruft die Merkmale Pflichtbewusstsein und Transparenz auf.[61] Den Handlungen der Nation wird die Erwartung gegenübergestellt, dass Griesa jetzt ebenfalls einen «Spielzug» mache, um zu verhindern, dass Argentinien in den Zahlungsausfall rutscht.

Beleg (60) greift auf das Bild des Pokerspiels zurück und legt noch stärker den Schwerpunkt auf Argentinien als Spieler. Der Moment kurz vor dem Ende der Einigungsfrist wird mit der letzten Hand einer langen Pokerpartie verglichen. Argentinien spiele mit offenen Karten und wird so als transparenter und ehrlicher Spieler ausgezeichnet. Diese Spielweise behalte es auch dann bei, wenn die Konsequenz daraus sei, die Partie zu verlieren. Die Darstellung legt nahe, dass der moralische Maßstab, mit offenen Karten zu spielen, für Argentinien über dem Ziel steht, zu gewinnen. Im Kontext der Verhandlungen mit den Hedgefonds bezieht sich das Bild des Spiels mit offenen Karten auf die Initiative privater argentinischer Banken, die Schulden stellvertretend für die argentinische Regierung zu zahlen, um so den Zahlungsausfall oder die Aktivierung der RUFO-Klausel zu umgehen. Diese Möglichkeit wurde bekannt, noch bevor der Wirtschaftsminister Kicillof zu letzten Verhandlungen nach New York reiste, und hatte erheblichen Einfluss auf deren weiteren Verlauf. Der Hinweis auf ein «Verlieren» Argentiniens meint, dass eine Einigung mithilfe der Initiative der Banken bedeute, dass die Hedgefonds die von ihnen geforderte Summe erhalten und damit «gewinnen» würden.

Im Gegensatz zu Argentinien, dem ein Spiel mit offenen Karten zugeschrieben wird, enthält das Korpus mehrere Verweise darauf, dass die Hedgefonds im Verborgenen agieren und mit dem Rechtsstreit ein Betrug (*estafa millonaria*) verbunden ist.[62] Diese Oppositionslinie der unterschiedlichen Spielweisen er-

---

61 Erneut lässt sich eine Überschneidung mit der Resilienzfigur DAS RECHTSCHAFFENE ARGEN-TINIEN ausmachen.
62 Cf. detailliert dazu Kap. 6.1.2.

schließt sich überwiegend flächig auf einer größeren Diskursebene, wird jedoch im folgenden Beleg über die Spielmetapher offensichtlich.

(61) *Elliott tiene otro as en la manga* ante un default, dado que puede realizar una maniobra buitre al comprar los bonos del canje cuando lleguen a valores mínimos para luego venderlos si se alcanza a un acuerdo en 2015, o simplemente utilizándolos para continuar litigando en la justicia. (TA, 03. 08. 2014, La maniobra de los fondos buitre para aprovecharse de la Argentina)

Statt wie Argentinien seine Karten offen auszuspielen, habe der Hedgefond Elliott Management im Falle eines Zahlungsausfalls noch «otro as en la manga».[63] Damit wird darauf angespielt, die Hedgefonds würden durch den Default zu einem doppelten Gewinn kommen, da sie neben der Rückzahlung der Schulden auch Versicherungssummen gegen einen Zahlungsausfall erhielten.

Der folgende Beleg greift erneut das Bild der offenen Karten auf, beschreibt allerdings ein «politisches Kartenspiel», das innerhalb Argentiniens stattfindet.

(62) *Las cartas políticas están sobre la mesa*, aunque uno de los dos polos que se enfrentan eluda sistemáticamente la discusión. El gobierno ha construido un inédito antecedente de claridad conceptual en un conflicto externo de alto riesgo [...]. (P12, 03. 08. 2014, Malvinas no es sinónimo de derrotas)

Der Ausschnitt zeigt, dass die Spielmetapher im Diskurs nicht nur dazu gebraucht wird, Argentinien und die Hedgefonds als Spieler zu charakterisieren, sondern auch, um Konflikte zwischen Regierung und Opposition zu veranschaulichen. Der Akteur, der mit offenen Karten spielt, ist hier die argentinische Regierung. Sie zeichne sich durch Transparenz und Verantwortungsbewusstsein aus, indem sie «un inédito antecedente de claridad conceptual» geschaffen und die Nation nicht durch eine unüberlegte Einigung mit den Hedgefonds in

---

63 Die Redewendung *tener un as en la manga* findet sich in einem Artikel in Clarín auch bezogen auf Argentinien: «Quiero creer que el Gobierno tiene un as en la manga. Imagino que cuando Kicillof dijo ‹tranquilos que está todo estudiado›, es porque nos tiene reservado un sorpresón» (CL, 03. 08. 2014 Siete defaults, un Quique y un funeral). Hier dient die Wendung nicht als Anspielung darauf, dass Argentinien auf eine undurchsichtige Art agiert. Stattdessen drückt sie die etwas skeptisch anmutende Hoffnung aus, dass die argentinische Regierung noch nicht alle Handlungsmöglichkeiten ausgeschöpft habe und Kicillof «un sorpresón», also eine bisher verborgene Handlungsalternative vorweisen könne.

eine schwierige Lage gebracht habe.[64] Die Rolle des Gegenspielers erhält die Opposition, auf die indirekt mit dem Verweis auf «uno de los dos polos» Bezug genommen wird. Sie komme ihrer Verantwortung im Gegensatz zur Regierung nicht nach, da sie durch ihre mangelnde Dialogbereitschaft eine Klärung der Streitpunkte vermeide. Diese Anwendung der Spielmetapher macht deutlich, dass die Regierung stets als Spieler mit positiven Eigenschaften dargestellt wird, während ihr mehrere Kontrahenten gegenüberstehen. Damit erscheint sie als Akteur, der mehrere Kämpfe auszutragen hat, den Konflikt mit den Hedgefonds auf einem internationalem Spielfeld und Auseinandersetzungen mit der Opposition innerhalb der nationalen Grenzen.

Sowohl die Schach- als auch die Spielmetapher wurden bisher in ihrer Funktion deutlich, das Fristende zur Einigung als Entscheidungsmoment zu präsentieren, bei dem die Spieler, vor allem Argentinien, ihre Karten offen ausspielen. Die folgenden Belege zeigen auf, dass der Nation trotz der sich zuspitzenden Situation eine Vielzahl an Handlungsmöglichkeiten zur Verfügung steht.

(63) Empecemos de nuevo. En lugar de considerar el escenario del default como una catástrofe, como un tope que se debe evitar a toda costa, queda claro que permite – al menos en el terreno analítico – *otro damero de posibilidades*. (TA, 28. 07. 2014, Del fallo incumplible a una política posible)

(64) En la conferencia de prensa, Kicillof, se refirió a la posibilidad de que los títulos en manos de los buitres pudieran ser adquiridos por un grupo de banco locales: «No me extraña que pueda ocurrir una solución entre privados», dijo, y afirmó que la situación «puede causar perjuicios entre privados» y por lo tanto «hay muchos terceros que pueden tener interés en resolver esto». Esta afirmación deja en claro que hay *más cartas por jugar*, y *muchos jugadores interesados en participar*. (TA, 31. 07. 2014, En cartas guardadas)

Beleg (63) liegt zeitlich kurz vor dem drohenden Zahlungsausfall und relativiert dessen negative Bedeutung. Der Default solle nicht als Katastrophe oder als «tope que se debe evitar a toda costa» gesehen werden, denn er sei eher ein Wendepunkt. Statt ein definitives Ende zu markieren, eröffne er «otro damero

---

64 Dieser Ausschnitt, in dem der Regierung ein klares und transparentes Agieren zugeschrieben wird, wurde bereits im Zusammenhang mit der Darstellung Argentiniens als Vertreter moralischer Werte besprochen (cf. Kap. 6.1.1).

de posibilidades», also ein neues Spielbrett voller Möglichkeiten.[65] Wie an anderer Stelle wird auch hier der Zahlungsausfall nicht als das Ende einer Partie dargestellt. Er erscheint als der Beginn eines neuen Spiels, das sich durch ihn erst eröffnet. Damit wird der Default in seiner Eigenschaft als Krisen- und Entscheidungsmoment relativiert. Zu den Möglichkeiten, auf die hier angespielt wird, zählt die Initiative argentinischer Banken, die Schulden stellvertretend zu zahlen. Diese greift auch Kicillof auf (Beleg 64), bewertet sie jedoch kritisch, denn sie locke weitere Akteure an, die als Vermittler eine hohe Provision kassieren wollen. Aus der Äußerung Kicillofs schließt der Verfasser, dass es weitere Karten gibt, die gespielt werden können, bisher aber zurückgehalten werden. Dies suggeriert bereits der Titel des Artikels «En cartas guardadas». Hier eröffnet sich ein Spielfeld, das neben Argentinien und den Hedgefonds weitere Teilnehmer einschließt, die jeweils eigene Interessen verfolgen.

Weil Argentinien ein intelligenter und strategischer (Schach-)Spieler ist, stehen ihm ausreichend Handlungsmöglichkeiten zur Verfügung, um die Partie zu gewinnen.

6.2.4 Zusammenfassung

Die Ausführungen haben nachgezeichnet, wie im Default-Diskurs über einen umfassenden Einsatz von Kriegsmetaphorik – stellenweise ergänzt durch weitere Metaphern wie die des (Schach-)Spiels – der Rechtsstreit zwischen Argentinien und den Hedgefonds als Schauplatz eines Krieges inszeniert wird. In diesem Krieg nehmen die beteiligten Kämpfer feste Rollen ein und erhalten charakteristische Merkmale. Während die US-Amerikaner als aggressiv und Anstifter des Kampfes gekennzeichnet werden, die das Ziel verfolgen, Argentinien zu vernichten, erscheint die Nation im Kontrast dazu friedfertig. Der Logik des Diskurses nach wird sie nur zum Kämpfer, um ihre Souveränität und das Wohl des Volkes zu verteidigen. Zu diesem Bild trägt bei, dass ihr im Kampf besondere Waffen zugeschrieben werden, die keine zerstörerische Wirkung haben. Die Charakterisierung der US-Amerikaner konzentriert sich darauf, sie als Angreifer auszuweisen. Demgegenüber steht für Argentinien im Vordergrund, es als mutigen Kämpfer darzustellen, der sich durch Widerstandsfähigkeit auszeichnet. Dabei lässt sich eine deutliche Anbindung an den Diskurs des Peronismus feststellen, den ein kriegerischer Duktus und ein Moment des Widerstands prägen. In der Herausbildung der Rolle Argentiniens zeigen sich deutliche Verbindun-

---

65 *Damero* bezieht sich gleichermaßen auf Dame und Schach, da beide Spiele auf dem gleichen Brett gespielt werden.

gen zur Resilienzfigur DAS RECHTSCHAFFENE ARGENTINIEN, denn der Nation wird eine ‹rechtschaffene› Art zu kämpfen zugesprochen. Die Resilienzfigur zeichnet Argentinien als dynamisch handelnden Akteur, der sich aktiv und verantwortungsvoll für sein Schicksal einsetzt. Wiederholt werden im Diskurs die Regierung und die Präsidentin Cristina Kirchner herausgegriffen, die als *Frontkämpfer* in den Kampf treten, wobei hier durch Körpermetaphorik der physische Einsatz der Akteure betont wird.

Die Resilienzfigur ARGENTINIEN ALS STARKER KÄMPFER ergibt das Bild eines komplexen Kampfes, dessen Ausmaß weit über den Schuldenstreit zwischen Argentinien und den Hedgefonds hinausgeht. Er erscheint als Kampf von globaler Reichweite, in dem nicht nur die nationale Souveränität auf dem Spiel steht, sondern die Demokratien der gesamten westlichen Welt. Argentinien kommt dabei die Rolle eines Stellvertreters zu, der den Kampf zum einen für ganz Lateinamerika als kulturelle Einheit, zum anderen für alle Länder mit hohen Auslandsschulden führt. Die Metapher des Schachspiels verleiht der Auseinandersetzung einen spezifischen Charakter. Es handelt sich nicht um eine unkontrollierte Schlacht, sondern um einen anspruchsvollen Krieg, der hohe Anforderungen an die Spieler im Hinblick auf Intelligenz und strategisches Vorgehen stellt. Zum Bestandteil einer resilienten Auseinandersetzung mit dem Rechtsstreit wird diese Resilienzfigur in erster Linie dadurch, dass trotz der Komplexität und des übermächtigen Gegners traditionelle Hierarchiegefälle aufgebrochen werden. Der Kampf findet auf Augenhöhe statt, denn Argentinien erscheint nicht als hilfloses Opfer, sondern als ernstzunehmender Rivale, der sich weder einschüchtern noch unterwerfen lässt und seine Position standhaft vertritt. Auffällig ist, dass im Diskurs die Opferrolle vollständig ausgeblendet ist. Zwar wird auf die Angriffe und das Ziel, das sie verfolgen, hingewiesen, jedoch tritt die Nation stets mit der Bereitschaft auf, sich den Attacken entgegenzustellen.

Die Schlussregel, die die einzelnen Muster der Resilienzfigur zusammenfasst, lautet:

Weil es sich beim Schuldenstreit um einen Kampf handelt, bei dem Argentinien die nötigen Eigenschaften aufweist, um den US-amerikanischen Akteuren auf Augenhöhe zu begegnen, wird es als Sieger aus dem Konflikt hervorgehen.

6.3 Transversale Strukturen – Agentivität und direkte Rede

Zusätzlich zu den Resilienzfiguren, in denen Argentinien als personifizierter Akteur verhandelt wird, weist der Default-Diskurs transversale Strukturen auf, die gewissermaßen quer zu den gebildeten Kategorien liegen. Einige solcher Muster wurden bereits in den vorangehenden Beschreibungen aufgegriffen. Zwei weitere prägen den Diskurs in besonderer Weise, da sie gewissermaßen die Grundlage vieler Resilienzmarker und -figuren darstellen. Zu den Techniken, die mehrere Kategorien übergreifen und auf die hier nur noch einmal hingewiesen werden soll, gehört zum einen der inkohärente Gebrauch von Metaphern. Wenn im Korpus sprachliche Bilder eingesetzt werden, um die komplexe Sachlage zu veranschaulichen oder Akteure zu positionieren, werden teilweise Bedeutungselemente übertragen, die sich eigentlich widersprechen. Dies fällt besonders bei dem facettenreichen Einsatz der Geiermetapher auf, mit der die Hedgefonds zugleich als feige Nutznießer und als böswillige Zerstörer charakterisiert werden, obwohl das Alltagskonzept des Geiers nur das erste Merkmal bedient (cf. Kap. 6.1.2.1). Zugleich werden logische Folgen, die sich aus dieser Metapher ergeben, ausgespart. Denn die Beschreibung der Hedgefonds als Geier zieht den Schluss nach sich, dass Argentinien das verendende Tier ist. Diesen Bestandteil des Bildes spart der Diskurs jedoch aus. Die Inkohärenzen verhindern zwar, dass sich die einzelnen Elemente zu einem Gesamtbild zusammenfügen, trotzdem erfüllt die Metapher ihren kommunikativen Zweck. Eine weitere übergreifende Struktur besteht darin, dass Einschätzungen oder Schlussfolgerungen verabsolutiert und als selbstverständlich dargestellt werden. Ein Beispiel dafür ist die Abgrenzung des Zahlungsausfalls von 2014 von der Krise von 2001, die als offensichtliche Tatsache präsentiert wird. Des Weiteren lässt sich eine wiederkehrende Vagheit beobachten, die vor allem bei der Herausbildung einer Wir-Gruppe (cf. Kap. 7.1) deutlich wird. Denn häufig bleibt offen, welche Mitglieder das Kollektiv, von dem die Rede ist, genau umfasst.

Die zwei transversalen Muster, auf die im Folgenden näher eingegangen werden soll, zeichnen sich dadurch aus, dass sie auf der Ebene der sprachlichen Darstellung entstehen und bereits losgelöst vom propositionalen Gehalt der Äußerung funktionieren. Durch sie erscheint Argentinien als das Gegenteil eines hilflosen Krisenopfers, das gegenüber den Ereignissen machtlos ist und die Folgen des Rechtsstreits passiv erdulden muss. Aktivität und Handlungsfähigkeit sind integrale Bestandteile der psychologisch-pädagogischen Resilienzforschung, denn Resilienz wird als Fähigkeit verstanden, die sich in aktiven Handlungen äußert (cf. Schmidthermes 2009, 17, 25). Die zwei transversalen Strukturen bilden einen eigenen Resilienzmarker, der mit DAS AKTIV HANDELNDE ARGENTINIEN benannt wird. Er ist die Grundlage dafür, dass sich der Fokus des Diskurses von der «Krise» auf Argentinien verschiebt.

Das erste Muster besteht darin, dass Argentinien im Diskurs sehr häufig die grammatisch-semantische Position des Agens besetzt und damit als Verursacher von Handlungen dargestellt wird. Die Kategorie *Agens* meint den «typischerweise belebten Partizipanten, welcher die vom verbalen Prädikat bezeichnete Situation absichtlich herbeiführt» (Primus 2012, 16s.). Das Agens bezieht sich damit auf die semantische Rolle des Verursachers und Initiators einer Handlung (cf. Primus 2012; Hummel/Kailuweit 2004).[66] Agentivität schließt die Merkmale Handlungskontrolle, Intentionalität und Volitionalität mit ein (cf. Hummel/Kailuweit 2004; Duranti 2006b, 453; Cuartero Otal 2000, 68; Hopper/ Thompson 1980, 286). Die auffallende Frequenz, mit der im Default-Diskurs die Position des Agens mit Kollektivbezeichnungen für die Nation oder argentinische Akteure besetzt ist, lenkt den Blick auf Argentinien als Verursacher der beschriebenen Ereignisse (cf. Mwangi 2016; i. Dr.). Die Nation erscheint in einer Dynamik, die im Kontrast zu der begrenzten Handlungsfähigkeit steht, die durch das Urteil und den darauf folgenden Zahlungsausfall zu erwarten wären. Das Muster der Agentivität bildet die Grundlage auf der Ebene des Sprachsystems für die Handlungen und Handlungsrollen, die Argentinien in den Resilienzfiguren der Identitätsgestaltung zugesprochen werden.

Auffällig ist, wie oft Kollektivbezeichnungen wie *Argentina* oder *el país* die Position des Agens besetzen. Die Nation wird also personifiziert und erscheint als physische Entität, die aktiv in das Geschehen eingreift. Argentinien ist ein Akteur, hinter dem sich eine geschlossen handelnde Gemeinschaft verbirgt, während zugleich die Verantwortung einzelner personaler Akteure in den Hintergrund tritt. Die Metapher der *Embodied Nation* ist ein frequentes Muster im politischen Sprachgebrauch (cf. Lakoff 1991 und 2003; Musolff 2010).[67] Im Default-Diskurs hat sie den Effekt, dass die Nation zum Gegenspieler der Hedgefonds im Rechtsstreit wird. Dieser wird so zu einer Angelegenheit, die nicht länger in den Bereichen Wirtschaft und Politik bleibt, sondern das Selbstverständnis Argentiniens betrifft.

(1) «*Argentina pagó*», sentenció el jefe del Palacio de Hacienda. (LN, 31. 07. 2014, Kicillof repartió críticas y no descartó un arreglo «entre terceros»)

(2) «[...] *Argentina considera* que esto no es un incumplimiento de sus obligaciones, *nosotros pagamos* el vencimiento cuando *depositamos* los 539 millones de dólares en las cuentas del Bank of New York», enfatizó el titular del Palacio de Hacienda. (P12, 01. 08. 2014, «Decir que entramos en default es una pavada»)

---

66 Das Agens hat neben der semantischen auch eine grammatische Funktion, denn nach dem Agens-Subjekt-Prinzip ist es im Aktivsatz zugleich das Subjekt des Satzes (cf. Primus 2012, 20). Dagegen kommt es im Passivsatz zur «Agensunterdrückung» und grammatische Funktion und semantische Rolle sind nicht automatisch deckungsgleich (Primus 2012, 21).
67 Cf. auch Ziem (2013, 156), der Agentivität als Metapher versteht, bei der eine abstrakte Einheit (hier: die Nation Argentinien) der Zieldomäne *Person* zugeordnet wird.

Die Beispiele illustrieren, dass Argentinien durch die Besetzung des Agens als handelnder Akteur beschrieben wird. Interessant ist im zweiten Beispiel, dass der Nation über das Verb *considerar* sogar eine verbale Handlung zugesprochen wird. Zudem findet sich hier ein Wechsel in der Position des Agens, wie er sich mehrfach im Korpus beobachten lässt. Zunächst wird eine Handlung Argentiniens beschrieben («Argentina considera»), die anschließend in Aktionen eines kollektiven *Wir* übergeht, in das sich der Sprecher mit einschließt. Welche Gestalt das Kollektiv hat, das hier über die 1. Pers. Pl. entsteht, gibt der Kotext des Belegs nicht her. Es könnte sowohl für die Regierung stehen als auch für ganz Argentinien und damit den intendierten Leser einschließen. Der Beleg illustriert die oben beschriebene Vagheit der im Diskurs etablierten Wir-Gruppen.[68] Dieses Spiel mit pars-pro-toto-Beziehungen (argentinische Bürger als Teil der argentinischen Nation) bei der Besetzung des Agens hat den Effekt, dass das personifizierte Argentinien und die einzelnen Bürger eng zu einer Einheit verschmelzen.

Neben Argentinien sind *el Gobierno* oder *Economía (argentina)* weitere personifizierte Einheiten, die häufig in der Position des Agens stehen. Diese Kollektivbezeichnungen beschreiben staatliche Institutionen, die in einer meronymischen Relation mit der Nation stehen. Neben Abstrakta gibt das Agens auch Aufschluss über die dominanten argentinischen Akteure, die so als Handelnde in den Vordergrund rücken. Zu ihnen gehören vor allem die Präsidentin Cristina Fernández de Kirchner und der Wirtschaftsminister Axel Kicillof. Auf beide wird im Korpus sowohl durch die Nennung ihrer Namen als auch ihrer Amtsbezeichnung referiert (*la presidenta, el ministro de economía*). Besonders bei der Präsidentin fällt auf, dass sie häufig nur mit ihrem Vornamen *Cristina* benannt oder das Akronym *CFK* verwendet wird.

Die hier beschriebene Agentivität lässt sich im gesamten Korpus nachweisen. Sie ist der Aufspaltung des Diskurses in zwei Lager übergeordnet. Eine Verschiebung ist lediglich in Clarín zu erkennen, der Zeitung, die der Kirchner-Regierung besonders kritisch gegenübersteht. Hier werden explizit die negativ bewerteten Handlungen der Regierung von dem Agieren der Nation unterschieden.

Ein zweites transversales Muster, das die Aktivität Argentiniens akzentuiert, ist die direkte Rede. Das Korpus enthält viele wörtliche Redezitate, die überwiegend von argentinischen Sprechern kommen. Dies kann, wie bereits in Kap. 7.5 beschrieben, auf die argentinische Politikkultur zurückgeführt werden, in der das gesprochene Wort und die unvermittelte Adressierung der Zuhörer einen

---

68 Solche Überblendungen finden sich besonders häufig in Página12.

hohen Stellenwert haben (cf. Nerb 2010, 225). Grundsätzlich ist die Leistung wörtlicher Zitate im Gegensatz zu Paraphrasierungen, dass sie vom weiteren Text abgehoben sind (cf. Kurz et al. 2010, 111). Dem Urheber einer Äußerung wird über direkte Rede eine Stimme innerhalb der journalistischen Berichterstattung verliehen, denn «citar es dar la voz al personaje» (López Pan 2002, 85).[69] Zugleich haben wörtliche Zitate die Funktion einer «Nahaufnahme» (Häusermann 2011, 106), da sie einen direkten Kontakt mit dem Sprecher ermöglichen (cf. Frías Lebrón 2012, 126). Anders als bei indirekter Rede gibt es keinen Vermittler zwischen der Originalquelle und dem Leser (Frías Lebrón 2012, 135). Durch die wörtliche Wiedergabe erscheint die Äußerung «im Originalton» (Häusermann 2011, 10) und bleibt eng an ihren Urheber gebunden, der unmittelbar als (Sprach-)Handelnder sichtbar wird. In diesem Zusammenhang ist jedoch anzumerken, dass auch bei der direkten Wiedergabe in den Wortlaut eingegriffen wird, ohne dass dies für den Rezipienten erkennbar wäre.[70] Dies wird im Default-Diskurs sichtbar, wenn dieselbe Äußerung in verschiedenen Zeitungen aufgegriffen wird, der Wortlaut aber nicht gleich ist. Zudem erfolgt die Einbindung von direkter Rede nicht zufällig. Sie geht stets auf die bewusste Entscheidung des Journalisten zurück und verfolgt einen bestimmten Zweck.

Dadurch, dass im Default-Diskurs vor allem argentinische Sprecher auf diese Weise als Handelnde auftreten, wird die Stimme Argentiniens zur dominanten Stimme des Diskurses. Anders als bei der Agentivität gehen wörtliche Äußerungen immer auf personale Akteure zurück und können nicht der personifizierten Nation zugewiesen werden. Erneut treten hier Cristina Kirchner und Axel Kicillof in den Vordergrund und das transversale Muster trägt dazu bei, ihnen Deutungshoheit zu verleihen. Dies wird besonders sichtbar, wenn wörtliche Zitate in der Überschrift von Zeitungsartikeln vorkommen, was im Moment des Eintritts in die Zahlungsunfähigkeit verstärkt der Fall ist. Zur Veranschaulichung dienen die folgenden Beispiele.

(3) CFK: «Hoy es 31 de julio y el mundo sigue andando» (P12, 31. 07. 2014)

(4) Axel Kicillof: «Es una pavada atómica decir que hoy entramos en default» (LN, 31. 07. 2014)

---

69 Cf. dazu auch Häusermann (2011, 92s.) und Frías Lebrón (2012, 123). Die Bindung an den Urheber kennzeichnet jedoch auch die Subjektivität einer Aussage, denn es «lassen sich klare Grenzen zwischen eigener und fremder Rede ziehen» (Häusermann 2011, 107). Dies wird in den regierungskritischen Zeitungen dazu benutzt, wörtliche Rede auch als Mittel zur Distanzierung von der geäußerten Meinung einzusetzen.
70 Cf. zum Aspekt der Originalität wörtlicher Rede auch Aleza Izquierdo (2006, 26) sowie Frías Lebrón (2012, 135).

Neben der Präsidentin und dem Wirtschaftsminister kommen auch andere argentinische, vor allem kirchneristische Politiker zu Wort. Die Stimme der argentinischen Bürger findet sich jedoch nur in Ausnahmefällen. Im Kontrast zu der deutlich «hörbaren Stimme» Argentiniens treten die Hedgefonds nur selten als (Sprach-)Handelnde durch wörtlich wiedergegebene Äußerungen in Erscheinung. Vielmehr sind es auch hier argentinische Sprecher, die in wörtlichen Äußerungen Handlungen der Hedgefonds und auch des Richters Thomas Griesa wiedergeben. Die US-amerikanischen Akteure erhalten im argentinischen Diskurs also nur eine marginale Stimme bei der Konstruktion und Aushandlung des Zahlungsausfalls und treten dadurch in den Hintergrund.

(5) «El problema es que el juez perjudica a terceros. Está poniendo en peligro a los bonistas que entraron al canje. [...]», dijo Kicillof [...]. (P12, 01. 08. 2014, «Decir que entramos en default es una pavada»)

Das Vorgehen Griesas wird hier aus der Perspektive Kicillofs dargestellt und zugleich von ihm interpretiert. Hierin zeigt sich eine weitere Form, den Diskurs zu beherrschen, indem die Handlungen der US-amerikanischen Akteure aus der Sicht argentinischer Sprecher dargestellt werden.

Die zwei transversalen Muster, Agentivität und direkte Rede, machen Argentinien zum Protagonisten des Diskurses und stellen zugleich die US-Amerikaner in den Hintergrund. Die Nation bleibt also trotz des Zahlungsausfalls handlungsfähig und tritt für eine Veränderung der Umstände ein. Aus diesen zwei transversalen Strukturen lässt sich eine Schlussregel ableiten, die implizit bleibt und nur auf der Gesamtfläche des Diskurses ersichtlich wird:

Weil Argentinien trotz des Zahlungsausfalls handlungsfähig ist, kann es jede Herausforderung überwinden.

7 Identitätskonstruktion II: Argentinien als nationale Einheit

Im Unterschied zu den bereits beschriebenen Resilienzfiguren, die zur Identitätskonstruktion beitragen (Kap. 6), ist die Einheit, deren Identität hier verhandelt wird, nicht ein personifiziertes Argentinien als Akteur mit humanen Eigenschaften. Bei den im Folgenden aufgeführten Mustern stet die Nation im Zentrum, das Kollektiv, das die argentinische Bevölkerung zu einer kulturellen Einheit verbindet. Die Konstitution eines nationalen Selbstbildes erfolgt im Default-Diskurs jedoch nicht über eine explizite Thematisierung von Identität. Stattdessen wird auf Teildiskurse von Identität zurückgegriffen, die eng an den Diskurs- und Kulturraum Argentiniens gebunden und im gesellschaftlichen Gefüge fest etabliert sind, wie etwa der Diskurs der *Memoria*. Ausgewählte Elemente dieser Diskurse werden aufgerufen und an den spezifischen Kontext angepasst. Hierbei ist zu bemerken, dass die Identitätsaushandlung Themen integriert, die kennzeichnend für den Diskurs der Kirchner-Regierung sind und den Kirchnerismus als populistische politische Strömung ausweisen.[1] Dazu gehört, dass den Größen *Patria* und *Pueblo* ein hoher Stellenwert eingeräumt wird (cf. Patrouilleau 2010, 46). Der Staat übernimmt die Rolle eines «constructor de la nación» (Svampa 2015, 86) und mobilisiert das Volk für ein von der Regierung initiiertes «proyecto nacional» (Patrouilleau 2010, 48). Ein weiteres Motiv, das daran anschließt, ist die Herstellung starker Verbindungen zwischen politischer Führung und dem Volk, bei der bestehende Hierarchien abgebaut sind (cf. Patrouilleau 2010, 45). Diese Elemente des argentinischen populistischen Diskurses entwickeln im Rahmen der Aushandlung des Zahlungsausfalls das Potenzial, zu einer erfolgreichen Krisenüberwindung beizutragen, indem sie einen kollektiven Zusammenhalt herstellen und positive Merkmale der Nation hervorheben. Der Default-Diskurs zeigt einmal mehr, wie eng Resilienzdiskurse an den jeweiligen Kulturraum gebunden sind und dass es sich bei dem Untersuchungsgegenstand um einen argentinischen Resilienzdiskurs handelt. An dieser Stelle ist auf den Wert kontrastiver Forschungen hinzuweisen, die die kulturgebundenen Eigenschaften von Diskursen besonders gut herausarbeiten können. Bei den Diskurstraditionen des kirchneristischen Nationaldiskurses kommt der Präsidentin Cristina Kirchner eine besondere Rolle zu. Sie tritt hier auf zweifache Weise in Erscheinung. Zum einen ist es vor allem sie als Diskursakteurin, die zur Konstruktion eines nationalen Selbstverständnis-

---

[1] Zum Status nationaler Identitätsbildung im argentinischen Populismus cf. Retamozo (2014). Insbesondere zu Strategien der Konstruktion nationaler Identität im Kirchner-Diskurs cf. Dagatti (2015) und Maizels (2015).

https://doi.org/10.1515/9783110620726-007

ses beiträgt. Ihr kann also Diskurshoheit bei der Gestaltung und Modellierung einer argentinischen Identität zugesprochen werden. Neben ihrer Rolle als Akteurin wird auch sie selbst verhandelt, nämlich als nationale Orientierungs- und Identifikationsfigur mit festen Charaktereigenschaften. Aufgrund dieser doppelten Bindung der Identitätsaushandlung an die Präsidentin ist es nicht verwunderlich, dass sich die Resilienzfigur hauptsächlich in den regierungstreuen Zeitungen Página12 und Tiempo Argentino herausbildet.[2] Die Identitätskonstruktion verteilt sich jedoch nicht gleichmäßig in dem Diskursausschnitt, den die beiden Zeitungen bilden. Vielmehr konzentriert sie sich auf eine begrenzte Anzahl an Texten, die in besonders markanter Weise zur Konstruktion eines nationalen Selbstbildes beitragen.

Die einzelnen Resilienzmarker der Resilienzfigur ARGENTINIEN ALS NATIONALE EINHEIT zeichnen ein stark positiv aufgeladenes Bild der Nation, das nicht auf natürlichen Eigenschaften des Landes basiert, sondern auf dem Handeln und Verhalten des Kollektivs. Über das soziale Gefüge der Nation hinaus umfasst die Gestaltung von Identität auch die anderen lateinamerikanischen Staaten. Diese erweiterte Identitätsaushandlung wird vor allem im Rahmen von Einheitsbildung aufgegriffen.

7.1 Die Konstruktion eines nationalen *Wir*

Der erste Resilienzmarker konstituiert sich über ein Merkmal auf der Ebene des Sprachsystems. Häufig wird im Default-Diskurs die pluralische Personaldeixis *wir* verwendet, ebenso wie die äquivalente Possessivkonstruktion (*nuestro*), die auch als personaldeiktische Referenz verstanden werden kann (cf. Hualde 2011, 372).[3] Dabei handelt es sich nicht einfach um ein stilistisches Element der Textgestaltung, sondern um den Ausdruck einer Haltung zu den dargestellten Sachverhalten. Äußerungen aus einer kollektiven Perspektive heraus erschaffen ein nationales *Wir* und sind damit Teil der Identitätskonstruktion.[4] Eine auf diese Weise ausgedrückte Proposition wird als geteilte, gemeinsame Sichtweise dargestellt. Es entsteht eine Gruppenidentität, mit der einhergeht, dass die Komplexität des heterogenen sozialen Gefüges der Nation reduziert wird. Sowohl die

---

2 Auch in Clarín und La Nación findet Identitätsaushandlung statt. Die beiden Zeitungen entwerfen ein differenziertes kollektives Selbstbild, in dem die Regierung und die Nation getrennt voneinander erscheinen und das kollektive Selbstbild in Kontraposition zur Kirchner-Regierung steht. Cf. dazu die Resilienzfigur DIE KRISE, DIE KEINE IST (Kap. 5).
3 Cf. zu den verschiedenen Funktionen (personal)deiktischer Ausdrücke Redder (2001).
4 Cf. zur Etablierung von Zusammengehörigkeit in der spanischen «Gurken»-Krise Schrader-Kniffki (2016, 272).

pluralische Personaldeixis als auch Possessivkonstruktionen sind Formen der Selbstbeschreibung einer Gemeinschaft und greifen ineinander. Während erstere in grundlegender Weise sprachlich ein Kollektiv etabliert, drücken Possessivkonstruktionen darauf aufbauend Zugehörigkeit aus. Die Identitätsgestaltung erfolgt bei diesem Resilienzmarker über die Wahl einer Gruppenperspektive und soll hier zunächst unabhängig davon betrachtet werden, welche Gegenstände in den Äußerungen verhandelt werden. Beide grammatischen Formen kommen flächig im Diskurs vor und bilden die Grundlage für andere Marker der Identitätsaushandlung. Es werden also besonders häufig dann pluralische personaldeiktische Ausdrücke verwendet, wenn auch auf anderen sprachlichen Ebenen die nationale Identität gestaltet wird.

Ein Kennzeichen dieses Musters ist, dass es vornehmlich in wörtlichen Äußerungen argentinischer Sprecher vorkommt. Dabei richten sich vor allem diejenigen, denen ohnehin ein dominantes Rederecht im Diskurs zukommt, aus einer kollektiven Perspektive an ihre Zuhörer. In vielen Fällen handelt es sich um ein inkludierendes Wir, bei dem der Sprecher eine Zusammengehörigkeit zwischen sich und den Zuhörern etabliert. Vor allem der Präsidentin Cristina Kirchner kommt eine Schlüsselrolle zu, wenn es darum geht, über personaldeiktische Ausdrücke eine Gemeinschaft herzustellen.[5] Immer dann, wenn die Präsidentin die 1. Pers. Pl. verwendet, konstituiert sie nicht nur ein Kollektiv. Die Personaldeixis impliziert darüber hinaus, dass sie sich selbst als Mitglied dieser Gruppe identifiziert und sich nicht in ihrer Rolle als Staatsoberhaupt heraushebt.[6] Ein Beispiel dafür gibt folgender Beleg, eine wörtlichen Äußerung der Präsidentin, in der sie auf ein nationales *Wir* abzielt, in das sie sich selbst einschließt. Indem die Präsidentin diese deiktische Perspektive eines inkludierenden *nosotros* wählt, nähert sie sich an ihre Zuhörer an und blendet bestehende Hierarchien aus (cf. zu dieser sprachlichen Technik Cabeza/Molero de Cabeza 2007, 218).

(1) «Esto no quiere decir que la Argentina no siga, y que no tenga vocación de diálogo. [...] *Queremos hacernos* cargo del 100 % de la deuda de *nuestros* acreedores, en forma justa, equitativa, legal y sustentable», relató Cristina [...]. (TA, 01. 08. 2014, «Utilizaremos todos los instrumentos legales que nos dan los contratos»)

---

5 Auch über diesen Resilienzmarker hinaus kommt der argentinischen Präsidentin die Rolle eines Schlüsselakteurs bei der Aushandlung der nationalen Identität Argentiniens zu, wie die in diesem Kapitel beschriebenen Korpusbelege zeigen werden.
6 Jedoch lässt sich im Korpus auch beobachten, dass sich die Präsidentin aus dem nationalen Kollektiv heraushebt. Es überschneiden sich bei Äußerungen der Präsidentin also ein Akt kollektiver Identitätsaushandlung und ein Akt der individuellen Positionierung, cf. Kap. 7.5.

Um die Bedeutung der pluralischen Personaldeixis im Default-Diskurs zu ermitteln, lohnt es sich, die qualitative Analyse um die quantitative Abfrage zu ergänzen, wie häufig sie im Korpus vorkommt.[7] Ergebnis der Abfrage ist, dass die kollektive Perspektive mit über 1000 Treffern den Diskurs sichtlich prägt. Im Vergleich der vier Zeitungen ist sie in Página12 besonders häufig. Dies kann als Hinweis gedeutet werden, dass der Konstitution einer argentinischen Identität in dieser Zeitung größere Bedeutung zukommt als in den anderen Zeitungen des Korpus. Zu berücksichtigen ist hier jedoch, dass Página12 auch die meisten Artikel zum Schuldenstreit veröffentlichte, sich die Korpustexte also nicht gleichmäßig auf die vier Zeitungen verteilen. Ein weiteres Ergebnis ist, dass einzelne Artikel herausstechen, in denen die 1. Pers. Pl. besonders häufig verwendet wird. Ihnen kann ein starkes Gewicht bei der Konstruktion eines Kollektivs zugesprochen werden. Ein Beispiel ist der Artikel *Una complicidad del sistema judicial que llegó incluso a su Corte Suprema* (Página12, 04. 08. 2014), in dem allein 30mal die entsprechende Flexionsform sowie die Possessivkonstruktion verwendet werden. Eine Sortierung nach dem zeitlichen Verlauf ergibt, dass die Konstruktion einer Gemeinschaft zu keinem bestimmten Zeitpunkt besonders häufig vorkommt. Sie ist also ein über den gesamten Analysezeitraum rekurrentes Muster. Die Schlüsse, die sich aus der quantitativen Abfrage ableiten lassen, sind begrenzt und zeigen lediglich Tendenzen auf, denn die Bedeutung der 1. Pers. Pl. erschließt sich vollständig erst im Vergleich zu den anderen Personalformen. Ein solcher Vergleich ist im Rahmen dieser Arbeit jedoch nicht möglich und lässt sich technisch nur mit großem Aufwand umsetzen. Zudem müssen auf quantitative Abfragen immer qualitative Auswertungen folgen, um zu ermitteln, welcher Art das Kollektiv ist, das sich durch die Personaldeixis etabliert, und was jeweils der illokutionäre Gehalt der Propositionen ist.

Im Default-Diskurs bilden sich unterschiedliche Wir-Gruppen heraus. Häufig wird dabei der Bezugsrahmen nicht explizit bestimmt und muss aus dem Kotext erschlossen werden.

(2) «*La Argentina va a recurrir* a todas las acciones legales y políticas en el marco de los organismos internacionales, ya sea el tribunal de La Haya, el G-20, las Naciones Unidas. *Vamos a ir* a todos los escenarios internacionales para denunciar y demostrar esta absoluta barbaridad de los fondos buitre que han expoliado ya a varios pueblos y ahora se encontraron con un gobierno que no se deja avasallar», afirmó Parrilli, en diálogo con Radio Amé-

---

7 Diese erfolgt direkt in Maxqda und ermittelt die Anzahl der Flexionsformen der 1. Pers. Pl. sowie die der entsprechenden Possessivkonstruktionen. Zu Maxqda cf. Fußnote 70 in Kap. 3.2.3.2.

rica. (LN, 04. 08. 2014, Fondos buitre: el Gobierno insiste en que apelará ante La Haya, pero un jurista advierte que la Corte no tomará el caso)

(3) [Axel Kicillof] explicó que la Argentina se encontraría en default sólo si se cumplen alguno de los eventos previstos en los prospectos. Pero que ninguno de ellos aplica porque *Argentina depositó* el dinero. «*Depositamos* 539 millones de dólares en el Banco de Nueva York el 26 de junio, *consideramos pagado* y *cumplimos* con nuestras obligaciones», expresó. (CL, 31. 07. 2014, Kicillof sobre el default: «es una pavada atómica»)

Diese beiden Belege geben Beispiele, wie die pluralische Personaldeixis verwendet wird, ohne dass das Kollektiv, auf das Bezug genommen wird, explizit bestimmt wird. Beide enthalten einen Wechsel von der 3. Pers. Sg., in der *Argentina* als Agens benannt wird, zur 1. Pers. Pl. mit einem nicht näher bestimmten Agens. Dass hier von einem argentinischen *Wir* die Rede ist, ergibt sich durch eine pars-pro-toto-Beziehung, denn die jeweiligen Sprecher sind Bürger Argentiniens. So werden die ausgedrückten Handlungen als kollektive Handlungen der Argentinier identifiziert. Diese metonymische Beziehung wird auch in der Äußerung des Wirtschaftsministers Kicillofs deutlich. Das Verb *depositar* markiert zunächst eine Handlung Argentiniens («Argentina depositó») und anschließend die einer Wir-Gruppe («depositamos»), die nicht näher erläutert wird.[8] Beispiele dieser Art spielen auch mit Nähe und Distanz. Die Äußerung wirkt neutral, da der Sprecher von Argentinien spricht und sich selbst dabei ausblendet. Anschließend bringt er sich selbst als Mitglied der Nation ein, indem er eine kollektive Perspektive einnimmt und sich zum Garanten der Handlung macht.

Folgender Beleg stammt aus einem Zeitungsartikel, der vollständig in der 1. Pers. Pl. verfasst ist. Der Ausschnitt markiert den Beginn des Textes und ist, anders als die bisherigen Beispiele, keine wörtliche Äußerung. Noch weniger als in den bisherigen Belegen findet sich hier ein Verweis darauf, worin das sprachlich erschaffene Kollektiv besteht. Es ergeben sich dafür zwei Lesarten. Zum einen kann es sich auf den Autor und den Leser beziehen, zum anderen auf ein nationales *Wir*.

(4) Una pregunta que *nos debemos hacer* respecto al litigio de la Argentina con los fondos buitre es porqué *estamos sometidos* a esa extorsión. La respuesta inmediata es que *nos quedamos* sin divisas suficientes y, por lo tanto, *debe-*

---

8 Die Verschmelzung zwischen dem personifizierten Argentinien und Darstellungen in der 1. Pers. Pl. ist ein frequentes Muster des Default-Diskurses cf. Kap. 6.3.

mos negociar si *queremos acceder* al crédito internacional para fortalecer nuestras reservas, cubrir los déficits provinciales y financiar obras de infraestructura. (TA, 29. 07. 2014, Sin escapes de divisas no hay extorsión)

Artikel, die vollständig die 1. Pers. Pl. als Perspektive wählen, finden sich mehrfach im Korpus, häufiger sind es jedoch wörtliche Äußerungen, vor allem der Präsidentin und von Regierungsmitgliedern, die auf diese Weise eine Wir-Gruppe herstellen. Immer dann, wenn argentinische Sprecher die pluralische Personaldeixis verwenden und sie nicht näher bestimmen, kann gefolgert werden, dass sie sich auf die Nation Argentinien beziehen. Selbstaussagen über die Nation, die aus dem Kollektiv heraus erfolgen, entfalten eine direktere und unvermittelte Wirkung im Gegensatz zu Fremdaussagen, die ein nationales Bild gewissermaßen von außen entwerfen. Sprechen die Präsidentin oder Mitglieder der Regierung von einem *Wir* ohne dies zu spezifizieren, ist nicht eindeutig zu erkennen, ob sich dies auf die Regierung oder auf die Nation bezieht. Vorteil dieser Vagheit ist, dass der Kreis flexibel gezogen werden und sich der Leser immer mit angesprochen fühlen kann.[9]

(5) «*Ofrecimos* a los fondos buitre que ingresen a un nuevo canje, en las mismas condiciones de 2005 y 2010. Les *ofrecimos* obtener una ganancia de 300 por ciento y lo rechazaron. *Pedimos* que acompañen el pedido de suspensión del bloqueo a los pagos de deuda para abrir un diálogo en condiciones razonables y tampoco aceptaron», lamentó Kicillof [...]. (P12, 31. 07. 2014, «No es un default, no saben ni cómo llamarlo»)

Hier ist nicht eindeutig zu bestimmen, ob das Agens die Regierung ist oder ob die Handlungen kollektivierend Argentinien zugesprochen werden. Zwar lässt sich vermuten, dass Kicillof auf ein *Wir* der Regierung eingeht, jedoch eröffnet der redekommentierende Begleitsatz mit «los pedidos argentinos» die Dimension, dass damit auch Argentinien gemeint sein kann. Ein solcher Interpretationsspielraum, der mehrere Lesarten zulässt, findet sich häufig im Diskurs. Die Dimension des Kollektivs bleibt so offen und im Vordergrund steht, dass die ausgedrückten Handlungen kollektiven Ursprungs sind. Die Offenheit der etablierten Wir-Gruppe suggeriert, dass Regierung und Nation eng miteinander verzahnt sind, sich gewissermaßen überlappen und es daher nicht notwendig ist, Handlungen eindeutig als Handlungen der Regierung zu kennzeichnen. Das Muster findet sich auch bei Äußerungen der Präsidentin, bei denen ebenfalls

---

9 Cf. zur Vagheit der pluralischen Personaldeixis *wir* Redder (2001, 289).

nicht näher spezifiziert wird, um was für ein *Wir* es geht. Die Wirkung, nämlich die Etablierung einer Gemeinschaft, entfaltet sich trotz der vagen Kontur, wie Spitzmüller/Warnke (2011) ausführen: «Wer dieses *Wir* ist, wie groß es ist, welches Gewicht es *de facto* hat, bleibt dabei unklar, eine Diskursgemeinschaft mit einheitlicher Stimme und gemeinsamen Zielen wird damit jedoch zumindest suggeriert» (Spitzmüller/Warnke 2011, 181, Hervorh. i. O.). Die Verschmelzung von Regierung und Nation ist ein charakteristisches Muster des Diskurses. Die Regierung setzt sich dabei implizit mit der Nation gleich, durch die Vagheit kann ihr jedoch keine Vereinnahmung vorgeworfen werden. In manchen Fällen wird jedoch auch explizit aus der Perspektive der Regierung gesprochen, wie folgender Beleg zeigt.

(6) Alvarez Agis dijo que *desde el Gobierno* «obviamente vamos a seguir negociando, dialogando y tratando de solucionar este conflicto», pero «como
dijo la presidenta (Cristina Fernández de Kirchner), no vamos a firmar cualquier cosa ni aceptar condiciones que pongan en riesgo al país». (P12,
04. 08. 2014, «Tiene la camiseta de los buitres»)

Während die bisherigen Beispiele sich auf die Etablierung eines Kollektivs durch die pluralische Personaldeixis beschränkten, entfaltet sich bei den folgenden Belegen eine stärkere identitätsstiftende Wirkung, denn sie sind Selbstaussagen zur Charakterisierung der Nation.

(7) «*Tenemos* cualidades que nos tornan en un país muy interesante, muy competitivo y para aquellos países que no creen en la posibilidad de cooperación y de coexistencia pacífica y recuperación pacífica esto puede constituir
una amenaza», aseguró la Presidenta en el Salón de las Mujeres de la Casa
de Gobierno. (P12, 05. 08. 2014, «Para que no volvamos a ser dependientes»)

(8) «*Somos* un país viable y lo que pretenden es tumbarnos. Saben que si hay
un país viable ése es Argentina y por eso nos quieren tumbar», señaló ayer
la presidenta Cristina Fernández de Kirchner en la Casa Rosada, al abordar
el conflicto con los fondos buitre. (P12, 01. 08. 2014, «Lo que pretenden es
tumbar a la Argentina»)

(9) «*No somos* los mejores del mundo, pero *tenemos* capacidades, energía, agua
potable, territorio y recursos humanos. Esto puede ser una amenaza» para
los países centrales, cerró [Cristina Kirchner]. (LN, 05. 08. 2014, Cristina
Kirchner afirmó que el país recibe «misiles y bombardeos»)

Alle drei Beispiele sind wörtlich wiedergegebene Redebeiträge der Präsidentin Cristina Kirchner, in denen sie durch die sprachliche Perspektive, die sie wählt, ein Kollektiv etabliert, in das sie sich einschließt. Solche explizit identitätsstiftenden Beiträge, in denen der Nation Argentinien Attribute zugesprochen werden, finden sich nur selten im Korpus. Weitaus häufiger werden der Nation Identitätsmerkmale über Handlungsrollen und darüber mittransportierte Eigenschaften zugeordnet.

Die Realisierung von *nosotros* verweist auf eine markierte Verwendung der Personalform, denn im Spanischen ist zur grammatisch korrekten Verwendung der Flexionsform die Realisierung des Subjektpronomens nicht notwendig.

(10) «Pero venimos con mucha esperanza, alegría, fuerza y convicción, sobre todo de que todas las cosas que hemos sostenido durante mucho tiempo, todas las cosas que *hemos nosotros pedido que cambiaran*, porque si no iba a finalmente estallar, desgraciadamente vemos hoy que están pasando», indicó, en diálogo con los periodistas que la aguardaban en el aeropuerto de Caracas. (LN, 29. 07. 2014, Cristina Kirchner, en Venezuela: «Hay que redoblar los esfuerzos para conseguir un orden global más justo»)

Cristina Kirchner spricht hier bei ihrer Ankunft in Venezuela anlässlich der *Cumbre de Mercosur* und teilt ihren Zuhörern mit, mit welchen Erwartungen sie an die Konferenz herangeht. Es findet keine Differenzierung statt, ob sie mit dem *Wir* die argentinische Delegation, die Regierung oder Argentinien meint. Die Realisierung des Subjektpronomens hebt hervor, dass die Initiative zur Veränderung von «todas las cosas que hemos sostenido» in jedem Fall von einer argentinischen Gruppe ausging. Damit wird der Fokus auf Argentinien als Handelnden gelegt.

In den folgenden Ausschnitten hat die Realisierung des Subjektpronomens stärker die Funktion, ein *Wir* von einem explizit benannten bzw. evozierten distanzierten *Sie* zu differenzieren.

(11) La presidenta Cristina Kirchner se refirió a la pelea con los fondos buitres en el acto que realizó hoy en la Casa Rosada. «*Algunos* dicen que se viene el mundo abajo, pero *nosotros* vamos a seguir trabajando. [...]». (LN, 04. 08. 2014, Cristina Kirchner: «Algunos dicen que se viene el mundo abajo, pero nosotros vamos a seguir trabajando»)

(12) [El ministro de Defensa, Agustín Rossi,] agregó: «Argentina pagó en tiempo y forma, por eso no se puede decir que está en default. *Nosotros defendemos* los intereses del pueblo sin aceptar condicionamientos irracionales». (TA, 02. 08. 2014, Scioli pidió «acompañar al Estado y poner el hombro por el país» ante los holdouts)

(13) *Nosotros, como Estado*, siempre hemos tenido voluntad de diálogo y hemos demostrado que honramos nuestras deudas. (TA, 31. 07. 2014, Una multitud pidió en el Cabildo «defender la soberanía nacional»)

Die Gegenüberstellung wird in Beleg (11) durch die adversative Konjunktion *pero* zusätzlich deutlich. Um sich von den Stimmen, die ein Krisenszenario heraufbeschwören wollen, abzusetzen, bemerkt die Präsidentin, dass «wir» weiterarbeiten werden, um voranzukommen. Wie in vielen anderen Beispielen wird auch hier das beschriebene Kollektiv nicht weiter differenziert, es kann sich sowohl auf die Nation als auch auf die argentinische Regierung beziehen. In Beispiel (12) wird dagegen mithilfe des Subjektpronomens zwischen Argentinien und der Regierung unterschieden. Die Nation hat rechtzeitig ihre Schulden bezahlt. Dass es sich bei «nosotros defendemos» um die Regierung handelt, wird dadurch ersichtlich, dass dem Handelnden zugesprochen wird, die «interes del pueblo» zu verteidigen. Daher kann das beschriebene Kollektiv nicht Argentinien sein. Während die Nation als pflichtbewusster Schuldner auftritt, kommt der Regierung die Rolle eines Frontkämpfers zu, der die Interessen des Volkes verteidigt (cf. zu diesem Muster auch Kap. 6.2.2). In Beleg (13) erschließt sich nur durch das Wissen über die Umstände des Default-Diskurses, dass die Realisierung von *nosotros* implizit auf die Kritik reagiert, Argentinien sei nicht willig, seine Schulden zu bezahlen. Hier wird das Kollektiv mit *estado* konkret benannt und die politische Bezeichnung gewählt.

Im Gegensatz zu einem offenen inkludierenden *Wir* in Página12 und Tiempo Argentino wird in Clarín stark differenziert. Eine Gemeinschaft der argentinischen Bürger wird in Distanz zur Regierung und zur Präsidentin gesetzt. Der Resilienzmarker findet sich also auch in den regierungskritischen Zeitungen, hat hier jedoch eine andere Funktion. Eine Inklusion wird hier gerade aufgelöst und die Nation der Regierung gegenübergestellt. Ein Beispiel dafür gibt folgender Beleg, in dem sich der Verfasser auf ironische Weise mit dem vermeintlichen Scheitern der argentinischen Regierung auseinandersetzt und dabei zwischen einem argentinischen Kollektiv und dem distanzierten *kirchnerismo* unterscheidet.

(14) Lo primero que *tenemos* que hacer es *calmarnos*. El *kirchnerismo* no tiene suficientes botes salvavidas así que, o nos tranquilizamos y nos organizamos bien, o nos vamos todos juntos a pique. (CL, 03. 08. 2014, Siete defaults, un Quique y un funeral)

Neben der Flexionsform der 1. Pers. Pl. sind Possessivkonstruktionen ein weiteres Muster, wie über die Ebene des Sprachsystems ein Kollektiv geschaffen wird. Possessivformen der 1. Pers. Pl. haben speziell die Funktion, die Zugehörigkeit eines Gegenstands oder Sachverhalts zu einer Wir-Gruppe herzustellen und eine Identifikation auszudrücken. Zugehörigkeit ist nach Hausendorff (2000, 3) eine «in und mit Kommunikation hervorgebrachte Größe», die auf der sprachlichen Oberfläche ganz besonders in einer häufigen Verwendung von Possessivpronomina sichtbar wird.[10] Dass auch Possessivpronomina als «grammatische Kleinform» zur Bildung nationaler Identität beitragen können, zeigt Müller (2007; 2009) in einer Studie zur sprachlichen Herstellung von Zugehörigkeit in Kunstdiskursen. Auch er verweist auf das Potenzial, das sprachsystematischen Eigenschaften in Diskursen zukommt, wie sich am Beispiel der Possessivkonstruktionen der 1. Pers. Pl. zeigt (cf. Müller 2009, 372).[11]

Im Default-Diskurs sind es vor allem Lexeme aus dem semantischen Feld *Nation* und *Vaterland* (sp. *patria*) sowie Substitute des Lexems *Argentina*, zu denen über eine Possessivkonstruktion Zugehörigkeit ausgedrückt wird.[12] Im Vordergrund steht also die Zugehörigkeit zur Nation. Mit dem Gebrauch von Possessiva identifizieren sich die Sprecher als Teil der Nation, tun dies jedoch nicht aus einer individuellen, sondern aus einer kollektiven Haltung heraus. Besonders häufig wird das Lexem *país* mit dem Possessivbegleiter *nuestro* verwendet.

(15) «Estamos convencidos de que *nuestro país* ha cumplido cabalmente con sus obligaciones con los tenedores de bonos de deuda reestructurada [...]», consideró el empresario [Raúl Lamacchia]. (TA, 01. 08. 2014, Especialistas y empresarios desmintieron un default y criticaron a especuladores)

(16) En otra invitación a los fondos buitres, la jefa del Estado dijo que *nuestro país* «no está pidiendo que nadie le regale nada» [...]. (LN, 29. 07. 2014, Cristina Kirchner dijo que Thomas Griesa «no es juez» porque no respeta «la igualdad ante la ley»)

(17) Por su parte, el dirigente de Libres del Sur Humberto Tumini responsabilizó a los fondos buitre por la situación y remarcó: «Ha sido entonces correcta la actitud del gobierno nacional de no ceder a dichas presiones que hubieran hipotecado el futuro de *nuestro país*. En resumidas cuentas, no pagar es claramente el mal menor para los 40 millones de argentinos. [...]». (P12, 31. 07. 2014, Reacciones de oficialistas y opositores)

---

10 Cf. ausführlich für einen Überblick, über welche sprachlichen Formen Zugehörigkeit konstruiert werden kann, Hausendorff (2000), bes. 3–59.
11 Sörensen (2012) zeigt am Beispiel des peruanischen Identitätsdiskurses, wie Possessivkonstruktionen zur Bildung nationaler Identität beitragen.
12 Das Konzept *Vaterland* ist in Lateinamerika anders als im deutschen Kulturraum positiv konnotiert und spielt eine bedeutsame Rolle in nationalen Identitätsdiskursen, cf. die erwähnte Arbeit von Sörensen (2012).

Die Beispiele verdeutlichen, dass es ganz unterschiedliche Sprecher sind, die sich aus einer kollektiven Perspektive heraus äußern und ihre Identifikation und Zugehörigkeit zu Argentinien formulieren. Neben *país* werden weitere Lexeme gebraucht, die auf die Nation verweisen, allerdings in geringerer Häufigkeit. Während die Kollokation *nuestro país* im gesamten Diskursausschnitt vorkommt, findet sich die Verbindung des Possessivpronomens mit dem Lexem *Argentina* nur in Página12 und Tiempo Argentino in einem öffentlichen Schreiben argentinischer Wissenschaftler, das in beiden Zeitungen vollständig abgedruckt ist.

(18) Como miembros de la Universidad Nacional de San Martín no queremos permanecer al margen de esta causa nacional. Apoyemos con firmeza y decisión los legítimos intereses de *nuestra Argentina*. (TA, 30. 07. 2014, Nuestra Argentina y los buitres)

Hierbei handelt es sich um die konkreteste Form, wie über das Possessivpronomen Identität hergestellt wird, da statt der allgemeinen Kollektivbezeichnung *país* das Lexem *Argentina* gebraucht wird, das den Kern des lexikalischen Feldes *argentinische Nation* darstellt. Es drückt sich hier eine besonders starke Zugehörigkeit zur Nation aus, die zudem an prominenter Stelle im Titel («Nuestra Argentina y los buitres») vorkommt und damit besonders heraussticht. Im Titel wird darüber hinaus durch das Possessivpronomen die Abgrenzung von Argentinien als Wir-Gruppe im Kontrast zu «los buitres» sichtbar.

Possessiva werden auch mit anderen Sachverhalten kombiniert, die auf den Wissensrahmen *Nation* verweisen, wie etwa *soberanía, independencia* oder *recursos naturales*. Es handelt sich um Fahnenwörter eines Nationaldiskurses und bei *soberanía* und *independencia* um Lexeme, die auch außerhalb des Default-Diskurses lateinamerikanische Identitätsdiskurse prägen, was sich aus dem Entstehungshintergrund der Nationen, die lange von Kolonialmächten abhängig waren, erklärt. Insbesondere das Lexem *soberanía* trägt auch in weiteren Markern dieser Resilienzfigur zur Identitätsbildung bei.

(19) «El gobierno nacional debe mantenerse firme y negociar sin miedo porque el país debe aprovechar el nuevo escenario internacional de un mundo en el que hay una dispersión del poder, para reafirmar *nuestra soberanía* y construir *nuestro camino* plenamente integrados», concluyó [el economista Aldo Ferrer]. (P12, 05. 08. 2014, «Mantenerse firme y negociar»)

(20) Dijo además que el Gobierno actuaba con «absoluta racionalidad» y que quería darle «mucha tranquilidad a *nuestra sociedad*». (CL, 05. 08. 2014, Cristina habló en público pero evitó entrar en una polémica)

Possessivkonstruktionen dienen genauso wie die Flexionsform der 1. Pers. Pl. im Default-Diskurs nicht nur dazu, ein nationales Kollektiv herzustellen. Darüber hinaus markieren sie auch die Zugehörigkeit zur lateinamerikanischen Staatengemeinschaft. Der Resilienzmarker beschränkt sich also nicht auf die Nation, sondern bezieht sich auch auf die *Patria Grande*, was sich im Resilienzmarker DISKURS DER EINHEIT bestätigt (cf. 7.2). Es ist ein wiederkehrendes Motiv, bei dem Argentinien der Status einer führenden Stimme Lateinamerikas zukommt. Anlass für diese lateinamerikanische Zugehörigkeit, die vor allem Cristina Kirchner proklamiert, ist im Analysezeitraum in erster Linie die *Cumbre de Mercosur*, bei der die Staaten des Wirtschaftsverbundes *Mercosur* zusammenkommen. Politische Konferenz und Akt der Identitätskonstitution sind hier eng miteinander verschränkt. Dabei handelt es sich ebenfalls um eine Beobachtung, die sich auch an anderer Stelle der Resilienzfigur manifestiert.

(21) «El compromiso de todos los mandatarios y mandatarias de la región en un momento difícil del mundo es para seguir creciendo y fundamentalmente para seguir incluyendo a la población, a pueblos que no tenían derechos, y peleando cada día más por un mayor grado de igualdad entre los hombres y las mujeres dentro de *nuestras sociedades* y también entre *nuestros países*», aseveró la jefa del Estado. (LN, 29. 07. 2014, Cristina Kirchner, en Venezuela: «Hay que redoblar los esfuerzos para conseguir un orden global más justo»)

(22) Un mensaje que comprende que la unidad *no sólo debe darse en nuestro país, sino en conjunto con nuestros hermanos latinoamericanos*, un signo del cambio de época que venimos transitando desde 2003 y debemos mantener, pese a la actitud de ciertos políticos y analistas de la oposición que intentan instalar temor y desconcierto. (TA, 03. 08. 2014, El «default que no es default» y los riesgos del fallo Griesa)

Während in Beleg (21) die Erwähnung von «nuestros países» eine Hinzufügung zu «nuestras sociedades» ist, findet in Beleg (22) eine Ausweitung statt, die durch die Konjunktion *sino* realisiert wird. Einheit solle nicht nur in «nuestro país» existieren, «sino en conjunto con nuestros hermanos latinoamericanos». Die Identifikation mit den anderen lateinamerikanischen Ländern wird zusätzlich dadurch verstärkt, dass nicht die Länder benannt, sondern mit «hermanos» die Menschen angesprochen werden und ein Verwandtschaftsverhältnis zwischen allen Lateinamerikanern etabliert wird.

Die Konstruktion einer Wir-Gruppe über die Flexionsform der 1. Pers. Pl. geht im Default-Diskurs überwiegend von der argentinischen Präsidentin und Mitgliedern der Regierung aus. Die Regierung etabliert ein *Wir* und dehnt es auf das Volk aus, gewissermaßen von oben nach unten. In umgekehrter Richtung werden Possessivkonstruktionen häufig von Sprechern aus dem Volk gebraucht, um eine Zugehörigkeit und Identifikation mit der Präsidentin und der Regierung auszudrücken und sie in das *Wir* des Kollektives der argentinischen Bürger einzuschließen und so zu legitimieren. Hier ist es eine Verbundenheit, die von unten nach oben ausgedrückt wird.

(23) [Martín Sabatella] explicó: «Sería muy fácil que *nuestro gobierno* haga lo que hicieron los anteriores: cerrar un acuerdo de espaldas al pueblo cuyas consecuencias más graves recaigan en las próximas gestiones y generaciones». (TA, 31. 07. 2014, Una multitud pidió en el Cabildo «defender la soberanía nacional»)

(24) El 30 de julio vencía el plazo de gracia fijado por el juez Griesa para el pago de la Argentina a los fondos buitre, a lo que *nuestro gobierno* se negó por las razones que hemos mencionado. (P12, 05. 08. 2014, De cómo ser castigados por querer cumplir con la deuda)

(25) La jueza indicó que el pago de la sentencia no puede perjudicar derechos ganados por los argentinos, al señalar que «*nuestros gobernantes* no pueden pagar la deuda a cualquier precio, porque el precio no puede implicar retraso en esta base de derechos reconocidos a nuestros habitantes, que son en los que se sostiene la dignidad del hombre». (P12, 04. 08. 2014, Contra Griesa)

Vor allem in Beleg (23) schwingt neben der Identifizierung mit der Regierung auch Stolz mit, denn in ihrer Standhaftigkeit gegenüber den Hedgefonds hebt sie sich Sabatella zufolge von ihren Vorgängern ab. Eine besondere Form der Bekundung von Zugehörigkeit liegt vor, wenn die Präsidentin als Einzelperson aus dem Kollektiv der Regierung herausgehoben wird. Dies vermittelt eine starke Solidarisierung mit ihr und eine Legitimation ihres Vorgehens in Bezug auf den Schuldenstreit.

(26) «*Nuestra Presidenta* se planta frente al capital financiero dando una muestra al mundo de que es posible no dejarse extorsionar por estos fondos [...]», agregó el gobernador entrerriano, Sergio Urribarri. (P12, 01. 08. 2014, «Hubo mala praxis judicial»)

(27) Sin duda, *nuestra presidenta* está haciendo historia, para Argentina y para la Patria Grande. (TA, 05. 08. 2014, Nunca más el pueblo pagará lo que no debe)

Wie die Beispiele zeigen, vermittelt Zugehörigkeit auch eine positive Wertung, wie hier bezogen auf das Handeln der Präsidentin, die sich der Finanzwelt mutig entgegenstellt, was als historische Einmaligkeit postuliert wird. Der nachfolgende Beleg gibt einen guten Einblick, wie durch die Kombination von 1. Pers. Pl. und dem Ausdruck von Zugehörigkeit durch Possessivkonstruktionen eine Gemeinschaft entsteht. Er enthält auch das Reflexivpronomen *nos*, das ebenfalls zur Kollektivbildung beiträgt. Der Beleg ist zudem ein Beispiel, in dem eine Wir-Gruppe nicht auf einen personalen Akteur zurückgeht, sondern auf den Autor des Artikels, der dabei eine Sprecherfunktion einnimmt.

(28) Unos pocos *nos* quieren de rodillas, causando el estupor del concierto del mundo. No hay organismo integrador que no se haya alineado solidariamente *con nosotros*. No es solamente por amistad. Conviene reiterarlo: están en juego las democracias y las decisiones soberanas de los países del mundo occidental, incluyendo a algunos de los llamados «países centrales», que en términos de PBI están mucho más endeudados que Argentina. Pero sería ingenuo suponer que sólo se persigue cobrar una deuda espuria por las acreencias que se reclaman. Una deuda no contraída, porque esos fondos no le prestaron a *nuestro país*. […] Si persiste la deuda externa *de nuestros países*, ese patrimonio queda hipotecado por unos pocos. (TA, 03. 08. 2014, Por un nuevo orden global)

Obwohl zu Beginn nicht näher aufgeschlüsselt, wird ersichtlich, dass es hier um die Nation Argentinien geht. Später erweitert sich die Dimension auf die lateinamerikanischen Nationen, nachdem erst von «nuestro país» und anschließend von «nuestros países» gesprochen wird. Zwischen beiden Kollektiven wird so eine Nähe hergestellt, die sowohl aus der doppelten Verwendung des Possessivpronomens entsteht als auch aus dem semantischen Zusammenhang der Propositionen, denn in beiden geht es um die Auslandsverschuldung.

Die Ausführungen haben gezeigt, dass und wie im Default-Diskurs über Gestaltungselemente auf der Ebene des Sprachsystems (nationale) Identitätsaushandlung stattfindet. Auch wenn die Konstruktion von Nation und Einheit über die Wahl der personaldeiktischen Perspektive weit hinausgeht, ist der Resilienzmarker ein Nachweis dafür, dass auch Muster auf der Ebene des Sprachsystems zur Bewältigung der Situation beitragen. Denn die 1. Pers. Pl. drückt eine kollektiv geteilte Haltung gegenüber den Sachverhalten aus und schafft so ein Gefühl von Zusammengehörigkeit. Besonders stark wirkt der Resilienzmarker dann, wenn durch direkte Nennung oder aus dem Kontext deutlich wird, dass mit dem *Wir* die Nation Argentinien gemeint ist. In solchen Fällen gibt es keinen Interpretationsspielraum, denn es findet eine explizite Identifizierung mit den inkludierten argentinischen Lesern statt. Der identitätsstiftende Effekt ist vor allem dann klar erkennbar, wenn die 1. Pers. Pl. mit weiteren Resilienzmustern vorkommt. Für den Resilienzmarker kann folgendes Argumentationsschema abgeleitet werden:

Weil sich die Argentinier als nationale Gemeinschaft verstehen, können sie den Schuldenstreit bewältigen.

7.2 Diskurs der Einheit

Identitätsaushandlung findet bei diesem Resilienzmarker über einen Diskurs der Einheit statt. Dieser lässt sich als Teildiskurs von Identitätsdiskursen verstehen und wird im Korpus häufig über den Gebrauch des Fahnenwortes *unidad* aufgerufen. Der hohe Stellenwert von Einheit wird damit begründet, dass sie eine Ressource und Stärke in der Konfrontation mit den Bedrohungen von außen und ein Garant für eine positive Zukunft sei. Einheit richtet zunächst den Fokus nach innen und stärkt ein Zusammengehörigkeitsgefühl, bei dem Heterogenität und Differenzen in den Hintergrund rücken. Die innere Geschlossenheit verleiht Argentinien Stabilität gegenüber den Angriffen von außen. Im Default-Diskurs löst der Moment des Eintritts in die Zahlungsunfähigkeit eine besonders intensive Thematisierung von Einheit aus. Dies zeigt sich daran, dass Texte, in denen ein nationaler Zusammenhalt verhandelt wird, konzentriert am 31. Juli und 01. August 2014 vorkommen.

(29) «Así como el pueblo se unió y valoró el espíritu solidario que se produjo en el Mundial de Fútbol, *es necesaria esa unidad y solidaridad cuando está en juego la Patria. Nos asisten la razón y la Justicia. La Argentina unida saldrá adelante»*, finalizó el documento, que tiene entre sus más de mil firmantes a la Madre de Plaza de Mayo Línea Fundadora Taty Almeida y los artistas Víctor Heredia, Ignacio Copani, Víctor Laplace y Horacio Fontova, entre otros. (P12, 31. 07. 2014, Por la independencia política y económica)

In diesem Auszug aus einem Unterstützungsschreiben argentinischer Organisationen und Persönlichkeiten des öffentlichen Lebens wird Einheit dreimal thematisiert. Zunächst dient der Zusammenhalt Argentiniens während der Fußballweltmeisterschaft, die zwischen Juni und Juli 2014, also kurz vor der Zuspitzung des Schuldenstreits, stattgefunden hatte, als Vorbild für die aktuelle Situation. Eine solche Einheit sei auch in der Konfrontation mit den Hedgefonds notwendig, einer Situation mit viel größerem Gewicht, die die *patria* bedrohe («cuando está en juego la Patria»). Das Lexem *unidad* findet sich hier ergänzt um *solidaridad*, einem weiteren Fahnenwort. *Solidaridad* kommt häufig zusammen mit *razón* und *justicia* vor, die Argentiniens Position zusätzlich unterstützen, jedoch stärker auf Rechtschaffenheit zielen. Ein dritter Verweis auf Einheit ist das Motto «la Argentina unida saldrá adelante», das sowohl in deskriptiver als auch in deontischer Bedeutung gelesen werden kann und so neben einer Feststellung zugleich eine Aufforderung beinhaltet. Der Ausspruch enthält das bereits erwähnte Muster, das im Default-Diskurs häufig vorkommt: Einheit ist immer auf ein Ziel ausgerichtet und gilt als Bedingung für eine positive Zukunft. Dies findet sich vor allem in Aufrufen zu Einheit, die im Korpus ausschließlich von der argentinischen Präsidentin vorgenommen werden, wie folgende Belege zeigen.

(30) La mandataria terminó su mensaje con *un nuevo llamado a la unidad*, en una línea similar a la que había marcado el jueves [...]. «Estamos convocando a los argentinos a defender estas cosas que no son para hoy, sino *para que nunca más volvamos a lo que fuimos*: un país dependiente, desesperanzado, al que decían que era inviable y al que endeudaron para que no pueda surgir», aseguró. (TA, 05. 08. 2014, Cristina: «Argentina es viable pese a los misiles financieros»)

(31) Luego [Cristina Kirchner] apeló a pedir a «los compañeros que lleven el mensaje de unidad a cada argentino, *porque así vamos a lograr el país que soñaron San Martín, Rosas, Yrigoyen, Belgrano, Perón y estoy segura que también Alfonsín*» [...]. (P12, 01. 08. 2014, El ritual de los patios)

In diesen beiden Aufrufen zur Einheit eröffnet sich ein Zukunftshorizont vor dem Hintergrund einer historischen Einbettung. Kirchner bezieht die gemeinsame Verteidigung nationaler Interessen nicht auf die Gegenwart. Vielmehr verfolgt sie das Ziel, in der Zukunft eine Erfahrung aus der Vergangenheit zu verhindern, nämlich einen Zustand von Abhängigkeit und Hoffnungslosigkeit. Der Ausspruch «nunca más» verleiht der Aufforderung einen besonderen Impetus. Im Diskursraum Argentiniens handelt es sich dabei um eine Kollokation, die eng mit der Aufarbeitung der Militärdiktatur verbunden ist (cf. Kap. 7.4). In Beleg (31) verweist die Präsidentin auf die Zukunftsvisionen argentinischer Nationalhelden. Um zu dem Land zu werden, das sie sich erträumten, sei nationale Einheit der erforderliche Motor («porque *así* vamos a lograr el país que soñaron ...»). Kirchner stellt sich mit ihrem Aufruf implizit selbst in die Linie von Nationalhelden, deren Vision sie fortführt.

(32) Además [Cristina Kirchner] solicitó a «los argentinos *unidad monolítica frente al futuro*», más allá de las diferencias partidarias. (P12, 01. 08. 2014, «Lo que pretenden es tumbar a la Argentina»)

(33) La jefa de Estado *insistió varias veces con su llamado a la unidad nacional* para enfrentar lo que probablemente pueda calificarse como el problema más complejo que enfrenta el país. «Argentinos, juntos. Estemos muy juntos. Después discutamos todo, desde el color, lo que quieran. Pero sobre esto (el litigio con los holdouts), *que haya unidad monolítica* con todos los argentinos. Porque, repito, *es la salida para el futuro*», subrayó. (TA, 01. 08. 2014, «Utilizaremos todos los instrumentos legales que nos dan los contratos»)

In (32) und (33) intensiviert die Präsidentin ihren Aufruf zur Einheit, indem sie von «unidad monolítica», einer besonders engen Verbundenheit, spricht. Diese «monolithische Einheit» dient in der Gegenwart dazu, dem «problema más complejo que enfrenta el país» zu begegnen, und wirkt gleichzeitig positiv in die Zukunft hinein. Der Redekommentar in Beleg (33) «insistió varias veces» unterstreicht die appellative Funktion der Äußerung. Dazu trägt auch die Aufforderung «Argentinos, juntos. Estemos muy juntos» bei, in der das Adjektiv *junto* zweimal nacheinander vorkommt und in der Wiederholung durch das Adverb *muy* zusätzlich intensiviert wird. Die nationale Einheit im Schuldenstreit hat absolute Priorität, Meinungsverschiedenheiten werden auf später verschoben. Die Fokussierung eines inneren Zusammenhalts relativiert die bestehenden Fronten der in Kapitel 4.2.2.2 beschriebenen Antagonisten Regierung und Opposition und fordert, dass sich alle hinter die Regierung beziehungsweise die Präsidentin stellen.

Die folgenden Belege geben weitere Beispiele, wie nationale Einheit und politische Differenzen in ein hierarchisches Verhältnis gestellt werden:

(34) «*Cuando hablo de unidad no hablo de unidad de un partido, hablo de unidad nacional, de los argentinos.* Tenemos miles de cosas para discutir y debatir, pero para defender el futuro, para los que quieren hacernos firmar cualquier cosa que no cuenten conmigo», comenzó Fernández de Kirchner su discurso a los jóvenes que la escuchaban desde el patio. (P12, 01. 08. 2014, El ritual de los patios)

(35) Transmitida por cadena nacional, la exposición de la mandataria incluyó críticas al mediador Daniel Pollack y al propio Griesa, convocatorias a la dirigencia opositora *para que en este tema actúe con responsabilidad y privilegiando el interés nacional por sobre las especulaciones partidarias,*

más un pedido de tranquilidad dirigido a todos los argentinos. (TA, 01. 08. 2014, «Utilizaremos todos los instrumentos legales que nos dan los contratos»)

Die Präsidentin gibt sich offen für eine pluralistische Diskussion. Mit ihrer Äußerung spielt sie auf die Position der Opposition an, Argentinien solle die Forderung der Hedgefonds unterschreiben. Dies lehnt Kirchner mit dem Argument ab, durch die Verweigerung der Unterschrift verteidige sie die Zukunft.[13] Erneut steht Einheit, die eine «nationale Einheit» meint, wie Kirchner betont, über der Offenheit gegenüber anderen Meinungen. Auf die Opposition spielt auch der danach folgende Beleg an, der explizit an diese appelliert. Sie wird dazu aufgefordert, sich verantwortungsbewusst zu verhalten und das nationale Interesse über «las especulaciones partidarias» zu stellen.

(36) Sólo la integración regional, no sólo nominal sino política; la síntesis histórica entre las naciones de pasado, presente y proyección común, y esencialmente la organización y *unidad de sus pueblos, podrán contener al viejo orden imperial,* que como nunca en todos estos años muestra sus garras, despliega sus alas y amenaza de nuevo. (TA, 31. 07. 2014, Buitres en vuelo de Manhattan a la Rural)

Dieser Beleg geht nicht auf die Opposition ein, sondern auf eine kulturelle Vielfalt innerhalb Argentiniens, das sich aus vielen Völkern zusammensetzt. Es werden Facetten von Einheit erwähnt («integración regional», «síntesis histórica», «proyección común», «organización y unidad de sus pueblos») und ihre Bedeutung betont, um sich dem «viejo orden imperial» entgegenzustellen. Dieser befinde sich auf dem Höhepunkt seiner Aggressivität, was hier mit «muestra sus garras» und «despliega sus alas» über eine deutliche Anspielung an die Metapher des Geiers ausgedrückt wird (cf. 6.1.2.1). In den beschriebenen Beispielen fällt auf, dass die Einheit, auf die abgezielt wird, sich nur selten auf den konkreten Kontext des Schuldenstreits beschränkt. Vielmehr wird der Bezugsrahmen ausgeweitet und eine imperialistische Weltordnung als eigentlicher Gegner dargestellt. Der Schuldenstreit wird in dieser Logik zu einem symptomatischen Merkmal, das die dahinterliegende Bedrohung offenbart, die nur als stark verbundene Nation überwältigt werden kann.

---

13 Der wiederholte Gebrauch des Motivs *Verteidigung* wie etwa in der Wendung «para defender el futuro» verweist auf Überschneidungen mit der Resilienzfigur ARGENTINIEN ALS STARKER KÄMPFER (Kap. 6.2).

Neben der nationalen Einheit wird auch der Zusammenhalt des globalen Südens verhandelt. Der Einheitsdiskurs greift also auf zwei Ebenen, die sich durch ihre territoriale Verortung voneinander unterscheiden.

(37) «Tenemos que ser muy fuertes los argentinos, muy unidos, porque van a intentar dividirnos. No lo van a lograr *porque realmente el Mercosur, la Unasur, América del Sur, la Celac, estamos definitivamete unidos*, porque hemos aprendido que la unidad hace la fuerza y que *solamente juntos vamos a lograr ser protagonistas en este mundo complejo*», apuntó Cristina Fernández [...]. (P12, 01. 08. 2014, El ritual de los patios)

Hier wird der Aufruf zur nationalen Einheit mit dem zu einer lateinamerikanischen enggeführt. Verstärkend wirkt, dass er aus der Perspektive der 1. Pers. Pl. verfasst ist und sich direkt an die Adressaten richtet. *Wir* Argentinier müssen stark und vereint sein, denn es ist gerade die Einheit, die gezielt zerstört werden soll, was das Verbgefüge «van a intentar dividirnos» vermittelt. Dass der Versuch scheitern wird, begründet Cristina Kirchner mit dem festen Zusammenhalt der lateinamerikanischen Verbünde. Das Wissen darüber, dass Einheit zu Stärke führt («la unidad hace fuerza») ist das Ergebnis eines Lernprozesses. Kirchner äußert hier auch das auf die Zukunft bezogene Ziel, das mit Einheit verbunden ist, nämlich «ser protagonistas en este mundo complejo». Der Zusammenhalt erscheint hier als Bedingung dafür, dass sich die globalen Machtverhältnisse so ändern, dass die Staaten des Südens zu Protagonisten werden.

Im folgenden Ausschnitt, einem seltenen Beispiel, in dem eine wörtliche Äußerung zu Einheit nicht von der Präsidentin kommt, wiederholt sich die bereits angemerkte Verbindung von *unidad* und *soberanía*.

(38) «*Sólo una verdadera unidad latinoamericana nos permitirá garantizar la soberanía* frente a los embates del capitalismo predatorio que condicionan la estabilidad financiera y las posibilidades de desarrollo de las generaciones actuales y futuras, como la [sic] que nuestro país viene soportando por parte de los fondos buitre», manifestó Timerman [...]. (P12, 29. 07. 2014, En busca de nuevos apoyos)

Einheit diene zur Wahrung der Souveränität gegenüber den von außen kommenden «Attacken» durch Staaten, die eine Vormachtstellung in Lateinamerika anstreben, und dem Kapitalismus. Was bereits auf nationaler Ebene zum Ausdruck kam, wiederholt sich hier für den gesamten Kontinent. Die Situation Argentiniens wird als exemplarisches Beispiel für Angriffe auf die Souveränität der lateinamerikanischen Nationen dargestellt, die hier erneut nicht den Hedgefonds, sondern einem «capitalismo predatorio» zugesprochen werden. Diese Ausweitung über nationale Grenzen hinaus zieht enge Verknüpfungen zwischen den Staaten und dient als Akt der Gemeinschaftsbildung.

In den beschriebenen Korpusbelegen wird überwiegend durch wörtliche Äußerungen der argentinischen Präsidentin eine nationale beziehungsweise lateinamerikanische Einheit thematisiert und an sie appelliert. Es scheint, als verfüge sie bei der Aushandlung dieser Identitätskategorie über Diskurshoheit. Das Korpus enthält jedoch auch Elemente von Einheitsbildung, die nicht von der Präsidentin oder Vertretern der Regierung kommen. Besonders auffällig sind dabei Zeitungsartikel, in denen sich das Thema nationaler Zusammenhalt nicht auf einzelne Redebeiträge beschränkt, sondern den gesamten Text prägt. Solche Zeitungsartikel berichten überwiegend von Initiativen aus dem Volk heraus, die sich mit der Position Argentiniens oder, konkreter formuliert, der Regierung gegenüber den Hedgefonds solidarisieren. In folgendem Beispiel kommt die Unterstützung von argentinischen Intellektuellen, genauer von einem öffentlichen Schreiben von Wissenschaftlern der *Universidad de San Martín* in Buenos Aires, das nicht als Ausschnitt, sondern in voller Länge in Página12 und Tiempo Argentino veröffentlicht wird. Der Zeitungsartikel besteht vollständig aus dem Schreiben und belegt, dass das Korpus Texte enthält, die in besonderer Weise auf einen Diskurs der Einheit zurückgreifen.

(39) «No nos dejemos intimidar. La Argentina ha cumplido y está cumpliendo con sus obligaciones y hemos podido retomar el camino de la recuperación con nuestro propio esfuerzo. Como miembros de la Universidad Nacional de San Martín no queremos permanecer al margen de esta causa nacional. Apoyemos con firmeza y decisión los legítimos intereses de nuestra Argentina». El mensaje también lleva las firmas de Carla Notari, Joaquín Valdes, Ana María Monti, Hugo Rodríguez Isarn, Carlos Almeida, Alejandro Grimson, Jorge Taiana, Ana María Llois, Amalia Pérez, Alejandro Valda, Alberto Lamagna, Mónica Bologna, Carlos Marquis, Andrés Kreiner, Silvana Mondino, Raúl Pieroni, María Laura Fiore, Solange Novelle, José Luis Zárate, Gonzalo Nogueira, Josefina Giglio, José Luis Barreiro, Fabián de la Fuente, Pablo Wisznia, Pablo Figueiro, Micaela Cuesta, Carolina Benítez y Daniela Barrera. (P12, 31. 07. 2014, El trabajo o la especulación)

Der Unterstützungsbrief wählt als Ausgangsebene die Krise von 2001 und deren erfolgreiche Überwindung in den darauffolgenden Jahren. Der hier abgedruckte Abschnitt, der zugleich der Schluss des Artikels ist, folgt auf eine Darstellung von Argentiniens transparenter und auf Rechtschaffenheit beruhender Regelung seiner Schulden. Diese werde bedroht durch «los agentes de la especulación financiera apoyados por una Justicia parcial y cómplice». Der Abschnitt beginnt mit dem Aufruf, sich nicht einschüchtern zu lassen, verknüpft mit einem erneuten Verweis auf die Rechtschaffenheit der Nation. Anschließend und im Sinne einer Konklusion aus den vorherigen Ausführungen bekunden die Wissenschaftler ihre Unterstützung für das Vorhaben, die «rechtmäßigen Interessen unseres Argentiniens» durchzusetzen. Besonders authentisch und nachdrücklich wirkt das Schreiben durch die Auflistung der beteiligten Wissenschaftler. Dem Unterstützungsbrief kommt im Diskurs eine besondere Relevanz zu, da er vollständig abgedruckt wird. Das Korpus enthält daneben weitere öffentliche Bekundungen, die in Ausschnitten wiedergegeben werden. Die Urheber solcher Schreiben sind Intellektuelle, Politiker oder auch Wirtschaftswissenschaftler. Neben dieser Technik, die Einheit zwischen der Position der Regierung und dem Volk herstellt, enthält das Korpus mehrfache Verweise auf Demonstrationen und sogenannte *cabildos abiertos*, an denen vornehmlich kirchneristische Aktivisten (die *militancia*), aber auch weitere Personengruppen beteiligt sind. Hauptgrund dieser Zusammentreffen ist, Unterstützung für das nationale Anliegen auszudrücken.

(40) «¡Patria sí, colonia no! ¡Patria sí, colonia no!», repetían a coro y agitando los brazos los manifestantes al cerrar el Tercer Cabildo Abierto *en apoyo al Gobierno y su estrategia contra los fondos buitre. Cerca de tres mil personas* organizadas en sindicatos, organizaciones sociales y políticas e intelectuales se concentraron frente al edificio del Cabildo para defender la soberanía económica argentina que buscan perforar los holdouts con su reclamo y desbaratar el proceso de reestructuración de la deuda impulsado en la última década. (P12, 31. 07. 2014, Por la independencia política y económica)

(41) Dos horas antes del discurso que dio el ministro de Economía, Axel Kicillof, desde el epicentro de la negociación con los fondos buitre en Nueva York, *una multitud se concentró* frente al Cabildo Histórico de Buenos Aires para respaldar desde la Plaza de Mayo a los negociadores argentinos y «defender nuestra soberanía nacional». (TA, 31. 07. 2014, Una multitud pidió en el Cabildo «defender la soberanía nacional»)

Beispiele wie (40) und (41) drücken aus, dass der Schuldenstreit ein Thema von nationaler Bedeutung ist, das über die Ebene der Politik hinausgeht und bewirkt, dass auch das Volk sich positioniert. Die Positionierung in den Korpusauszügen ist eine eindeutige Identifikation mit der Regierung und ihrer Strategie. Ähnlich wie im oben beschriebenen Unterstützungsschreiben argentinischer Wissenschaftler bekräftigen auch hier Angaben über die Anzahl der anwesenden Personen das große Ausmaß der Solidarisierung («cerca de tres mil personas», «una multitud se concentró»). Die Identitätsaushandlung über einen Diskurs der Einheit lässt sich dahingehend zusammenfassen, dass explizite Thematisierungen von Einheit und Aufrufe, ihr eine hohe Bedeutung beizumessen, von der Präsidentin Cristina Kirchner kommen. Die gewissermaßen praktische Umsetzung des von ihr proklamierten Zusammenhalts durch argentinische Organisationen, Gruppierungen und einzelne Persönlichkeiten des öffentlichen Lebens wird durch Berichte über Veranstaltungen zur Einheitsbildung und Solidarisierung mit der Strategie der Regierung im Schuldenstreit vermittelt. Hinzu kommen weitere verbal ausgedrückte Unterstützungen, denen teilweise ein sehr großer Raum im Diskurs zukommt. Der nationale Zusammenhalt wird also von oben proklamiert und von unten affirmiert. Ziel ist dabei immer, Einheit als Stärke für die Konfrontation mit der Bedrohung in Form von Kapitalismus und Hegemonialmächten darzustellen. Aus den beschriebenen Beispielen leitet sich folgender Resilienztopos ab:

> Weil Argentinien über eine starke Einheit verfügt, überwindet es jede Herausforderung.

7.3 Diskurs der *Patria*

Ein weiterer Diskurs, der im Zuge der Aushandlung des Zahlungsausfalls aufgerufen wird, ist der Diskurs der *Patria*. Ebenso wie der zuvor beschriebene Diskurs der Einheit handelt es sich dabei um eine Diskurstradition, die zur Affirmation und Stärkung der nationalen Identität beiträgt und ein Kennzeichen peronistischer Diskurse ist.[14] Eine Ähnlichkeit zum Diskurs der Einheit besteht darin, dass sich auch hier das Motiv der Bedrohung und Gefährdung der Nation herausbildet, welches sich jedoch statt auf Einheit auf die *Patria* sowie auf die argentinische Souveränität bezieht. Diese müssen gegen die Angriffe der US-amerikanischen Akteure verteidigt werden, die sich einmal mehr als Vertreter hegemonialer Interessen offenbaren. Ein weiteres Merkmal des Diskurses der *Patria* ist eine ausgeprägte emotionale Gebundenheit zur Nation, im Gegensatz zu einem rationalen Verständnis des Staates als abstrakter politischer Organisationseinheit. Diese Haltung gegenüber der Nation ist typisch für patriotische Diskurse (cf. Birtsch 1991).

---

14 Zur Bedeutung des Diskurses der *Patria* im Kirchnerismus cf. Dagatti (2015).

Ein erstes Muster, das hier aufgeführt werden soll, ist die Aktualisierung und Reformulierung des Slogans *Braden o Perón*, der an einen festen Zeitpunkt der argentinischen Geschichte gebunden ist. Er wurde im Jahr 1946 zum Leitspruch des Wahlkampfes Juan Domingo Peróns vor dessen erster Präsidentschaft. Zu der Zeit, als Juán Perón gegen die in der *Unión Democrática* vereinten Parteien antrat, war Spruille Braden Botschafter der USA in Argentinien. Braden veröffentlichte kurz vor der Wahl in mehreren lateinamerikanischen Staaten das sogenannte *Libro Azul* (engl. *Blue Book*), dessen Ziel es war, den Einfluss faschistischer und nationalsozialistischer Ideologien in der Politik Peróns nachzuweisen und so eine Schädigung seines Ansehens zu erreichen (Kozel 2015, 37). Diese sollte zur Wahlniederlage führen. Die Unternehmung war eine von mehreren Aktionen, durch die sich Braden als Unterstützer der *Unión Democrática* zu erkennen gab. Perón machte daraufhin die Formel *Braden o Perón* zum zentralen Motto seines Wahlkampfs. Der US-amerikanische Botschafter wurde dabei zur einer stark negativ konnotierten Kontrafigur Peróns, die in seiner Rhetorik für die «fuerzas antinacionales y antipopulares» stand, während er selbst die Nation und Interessen Argentiniens repräsentierte (Vasallo 2006, 83). Letzten Endes erfüllte das *Libro Azul* nicht seinen Zweck, vielmehr trug es zum Sieg Peróns bei und beeinflusste nachhaltig die antiimperialistische Haltung Argentiniens (cf. Kozel 2015, 38).

Der von Perón etablierte Slogan fasst die Komplexität der beiden Lager, die sich im Wahlkampf gegenüberstehen, synthetisch in einer festen Struktur zusammen. Die Konjunktion *o* suggeriert eine Entscheidungsfrage zwischen zwei sich gegenseitig ausschließenden Alternativen, von denen die eine positiv und die andere negativ konnotiert ist. Die Entscheidung für die Nation und gegen eine Unterdrückung durch die USA erfordert nach der Formel *Braden o Perón* Loyalität gegenüber dem Peronismus (cf. Balbi 2005). Lehnt man Perón ab, wird mit der Gegenüberstellung automatisch eine Unterstützung Bradens und damit einer hegemonialen Abhängigkeit suggeriert. Durch ihre Tradierung wird die Formel zu einem kulturspezifischen Phraseologismus, denn sie beruht auf einer festen Kollokation, deren Gesamtbedeutung über die Bedeutung der einzelnen Bestandteile hinausgeht. Unabhängig vom historischen Kontext dient sie zur Proklamation argentinischer Souveränität und Unabhängigkeit. Ihren Bedeutungsgehalt entfaltet die Formel nur im Kontext Argentiniens und nur auf der Basis des spezifischen historischen Hintergrunds.

Der Default-Diskurs bedient sich dieses Slogans zum einen in seiner ursprünglichen Form und ruft den mit ihm verbundenen Wissensrahmen auf. In ihrer Aktualisierung leistet die Formel nicht nur einen Beitrag zu einem Diskurs des Antiimperialismus, sondern trägt zugleich zur Memoria-Bildung bei, indem ein (aus peronistischer Sicht) erfolgreicher Moment der argentinischen Geschichte im Kontext des Zahlungsausfalls aufgerufen und zu einem Bestandteil des nationalen Selbstbildes wird (cf. Kap. 7.4). Zum anderen findet sich die Formel *Braden o Perón* auch in einer reformulierten Fassung, die eine neue Gegenüberstellung zweier Personen herstellt. Dabei wird zwischen der argentinischen Präsidentin Cristina Kirchner und dem New Yorker Richter Thomas Griesa dieselbe Opposition etabliert wie zwischen Juán Perón und Spruille Braden im Jahr 1946. Die Reformulierung der bekannten Formel ist ein Akt nationaler Identitätskonstruktion, der auf kirchneristische Akteure, wie «el Grupo San Martín» im folgenden Beispiel, zurückgeht und nicht von der Regierung initiiert wird.

(42) En tanto, el Grupo San Martín, que responde al titular de la Cámara de Diputados, Julián Domínguez, empapeló la ciudad de Buenos Aires con afiches que rezan: «*Ayer, Braden o Perón. Hoy, Griesa o Cristina*». (LN, 29. 07. 2014, Convocan para mañana a un Cabildo Abierto en respaldo al Gobierno en la disputa con los holdouts)

Auffällig ist die große Ähnlichkeit zwischen Ursprungsformel und Reformulierung. «Ayer, Braden o Perón» und «Hoy, Griesa o Cristina» weisen die gleiche Silbenanzahl auf und erzeugen in ihrer Aneinanderreihung den gleichen Sprachrhythmus. Eine weitere Gemeinsamkeit ist, dass die Personennamen beider Leitsprüche Fast-Alliterationen sind. Die Reformulierung ist in ihrer sprachlichen Fassung also eng an das Vorbild angelehnt. Die sprachliche Ähnlichkeit verweist auf die inhaltliche Ähnlichkeit und trägt dazu bei, dass die Aussage des Phraseologismus – Nation vs. Hegemonialmacht – bei der Anpassung an den neuen Kontext erhalten bleibt. Dabei wird eine Analogie zwischen den historischen Persönlichkeiten und den zentralen Akteuren des Rechtsstreits in der Gegenwart hergestellt. Griesa erhält die mit Braden verbundenen negativen Bedeutungsanteile und erscheint als Symbolfigur der Vormachtansprüche, die im Diskurs den USA zugesprochen werden. Cristina steht wie Perón für die Werte und die Souveränität der Nation und wird mit ihm auf eine Ebene gestellt.[15] Ein aufschlussreiches Ergebnis ist, dass nicht die Hedgefonds oder Paul Singer die Position des Kontrahenten und Vertreter hegemonialer Absichten einnehmen, sondern der Richter Thomas Griesa. Eine mögliche Erklärung für diese Konstellation ist, dass die Gegenüberstellung der Nation mit dem Richter, der eigentlich neutral sein und Gerechtigkeit vertreten sollte, eine weitaus stärkere Wirkung entfaltet als mit den Hedgefonds, die sich ohnehin durch negative Merkmale auszeichnen. Die Anklage, die in der Gegenüberstellung *Griesa o Cristina* enthal-

---

15 Cf. dazu auch den Resilienzmarker Nationale Orientierungs- und Identifikationsfiguren, Kap. 7.5.

ten ist, richtet sich also gegen die US-amerikanische Justiz und präsentiert den Richter als eine Art Diener der Hedgefonds. Dieses Muster wird ebenfalls in der Resilienzfigur DAS RECHTSCHAFFENE ARGENTINIEN deutlich.

Die mit der Formel ausgedrückte Deutung der Sachlage bleibt trotz ihrer Aktualisierung auf den Kontext des Rechtsstreits erhalten. Dies zeigt sich darin, dass der Gegensatz *Griesa o Cristina* nicht erläutert wird. Die Bedeutung der Formel beruht auf ihrer historischen Tradierung beziehungsweise dem mit ihr verbundenen diskursiven Wissen. Es besteht keine Notwendigkeit einer Erläuterung, wie Beispiel (42) vermittelt. Die reformulierte Version greift also auf die Bedeutungskomponenten zurück, die fest in dem Phraseologismus verankert sind. Lediglich die Temporaladverbien *ayer* und *hoy* schaffen eine Vergleichsebene, die die Situation aus der Vergangenheit in die Gegenwart überträgt und Kontinuität herstellt. Anders als zur Zeit Peróns liegt im Default-Diskurs kein Kontext des Wahlkampfes vor, die Formel ruft hier zur Unterstützung der Position der Regierung gegenüber den Hedgefonds auf und impliziert dabei eine Entscheidung, die entweder für die Nation und ihre Interessen ausfällt oder nachhaltige Eingriffe in die Souveränität Argentiniens zulässt.

Interessant ist bei der Reformulierung, dass die argentinische Präsidentin mit ihrem Vornamen benannt wird. Darin drückt sich eine Nähe zu ihr aus und es verleiht ihrer Rolle als Inhaberin des höchsten Amtes der Nation eine persönliche Komponente. Die Benennung mit dem Vornamen nimmt nicht nur Bezug auf ihr Amt, sondern auch auf sie als Person. Die so vermittelte Nähe wird besonders dadurch deutlich, dass der Richter mit seinem Nachnamen bezeichnet wird. Es ergibt sich also ein Kontrast, bei dem bereits die Bezeichnung der Personen eine Haltung ihnen gegenüber vermittelt. Die Position der Präsidentin wird aufgewertet, während der Richter Griesa abgewertet wird. Genauso wie bei der Gegenüberstellung von Braden und Perón legt der reformulierte Leitspruch die Entscheidung für die Nation und damit für Cristina Kirchner nahe. Zeitlich hält die Formel kurz vor dem Eintritt in den technischen Default Einzug in den Diskurs. Damit wird die Debatte zusätzlich verschärft, da der Schuldenstreit auf die Ebene einer Entscheidung zwischen Souveränität und kolonialer Abhängigkeit verlagert wird.

(43) El diputado Mario Oporto [...] afirmó que «tanto Braden como Griesa son representantes de intereses extranacionales y por lo tanto imperiales, que no quieren que la periferia tenga intereses autónomos. Atrás siempre está el capitalismo internacional más salvaje». (P12, 30. 07. 2014, Con la mira en Griesa y los holdouts)

Dieser Auszug aus einem Artikel in Página12 gibt eine Erklärung, inwieweit eine Ähnlichkeit zwischen Griesa und Braden besteht, und führt diese explizit darauf zurück, dass beide Vertreter imperialistischer Interessen seien, die der «periferia» keine Autonomie zugestehen. Bereits in dem Lexem «periferia» schwingt eine Anspielung auf den Kolonialismus mit. Hinter allem steht für den Abgeordneten Mario Oporto der «capitalismo internacional más salvaje», der damit als Ursprung für die konkreten Vorgehensweisen Griesas und Bradens benannt wird.

Implizit richtet sich der Leitspruch in seiner für den Default-Diskurs aktualisierten Form auch gegen die Opposition, die sich für die Zahlung an die Hedgefonds ausspricht.

(44) También son las circunstancias las que traen al ruedo aquella vieja consigna del primer peronismo. *La traducción de «Braden o Perón» por «Griesa o Cristina» no es ociosa.* Muchos se irritan con la comparación. La vinculación entre el juez amigo de los fondos buitre y aquella vieja querella entre el naciente peronismo y el nuevo orden surgido tras el fin de la Segunda Guerra Mundial, es, dicen, una «exageración», muy frecuente en populistas y materialistas históricos demodé. Raro. [...] Lo que la derecha tira al tacho del «relato», para el pueblo es harina con la que desarrollar su conciencia. *La consigna «Griesa o Cristina», sus raíces históricas, aclara el panorama ante los ojos de las masas.* América Latina dio cátedra al mundo sobre la importancia de la subjetividad en la lucha de un pueblo y la construcción de su historia. (TA, 31. 07. 2014, Buitres en vuelo de Manhattan a la Rural)

Dieser Beleg ist eine Reaktion auf eine Kritik der «derecha», die die Wiederverwendung des Leitspruchs negativ bewertet und auf populistische Argumentationstechniken zurückführt. Zur Begründung für die Wiederverwendung steigt der Verfasser des Artikels in eine historisch-fachliche Diskussion ein. Er vertritt die Ansicht, dass die Formel *Griesa o Cristina* durch ihre «historischen Wurzeln» die komplexen Umstände des Rechtsstreits so veranschaulicht, dass auch der einfache Bürger verstehen kann, welche Rollen den Beteiligten zukommen.

In einigen Fällen wird in Zeitungsartikeln nicht nur auf die öffentliche Verbreitung des reformulierten Slogans auf Plakaten hingewiesen, sondern zusätzlich der historische Kontext seiner ursprünglichen Fassung erläutert. Hierbei wird der Wissensrahmen – die mit dem Slogan verbundenen Bewertungen und in ihm enthaltene Opposition – nicht allein durch die Nennung der synthetischen Formel aufgerufen, sondern in unterschiedlicher Ausführlichkeit explizit erläutert. Nachvollziehbare Gründe für die Erläuterung können sein, jüngeren Generationen, die nicht über das notwendige historische Wissen verfügen, die Analogie aufzuzeigen oder die aktualisierte Formel gegenüber der Opposition zu rechtfertigen.

(45) Mientras tanto, en la Ciudad aparecieron afiches del Movimiento San Martín, [...] con la consigna «Ayer Braden o Perón, hoy Griesa o Cristina», *emparentando el enfrentamiento entre la Embajada de Estados Unidos y el gobierno argentino en 1946 con la situación actual.* (P12, 30. 07. 2014, Con la mira en Griesa y los holdouts)

Besonders ausführlich erfolgt die historische Einordnung des Slogans in folgendem Artikel in Clarín, der eine scheinbar neutrale Darstellung vornimmt, bevor am Ende die Reformulierung als Instrument des Kirchnerismus ausgewiesen wird. Allerdings wird sie nicht negativ bewertet, wie es sonst bei Handlungen, die im Zusammenhang mit der Regierung stehen, überwiegend der Fall ist.

(46) Los años pasan pero el recuerdo de la disputa «Braden o Perón» sigue vigente, esta vez en afiches callejeros. «Ayer Braden o Perón, hoy Griesa o Cristina» reza el afiche del Movimiento San Martín, que responde al diputado Julián Domínguez. La agrupación que apoya la candidatura presidencial del titular de la Cámara de Diputados resucita el pleito del Peronismo con el ex embajador de los Estados Unidos en Argentina durante la década del '40, en medio de la crisis por un posible ingreso en default a partir de atender el reclamo de quienes no ingresaron a los canjes de deuda. Spruille Braden fue un diplomático y lobbista estadounidense que se desempeñó como embajador en diversos países latinoamericanos y era dueño de la empresa minera Braden Copper Company de Chile y tenían intereses comerciales en la United Fruit Company. Como embajador en la Argentina, en 1945, se entrometió en las luchas políticas internas, organizando la oposición contra el presidente General Edelmiro Farrell y el vicepresidente, el Coronel Juan Domingo Perón. Braden se reunió e intentó coordinar a la oposición política argentina; y redactó el «Libro Azul», en el que acusaba a Perón y a otros oficiales argentinos de tener relación con los nazis. Perón utilizó a su favor la intervención de Braden, publicando a modo de respuesta el «Libro Azul y Blanco», y formulando el exitoso slogan «Braden o Perón». En la campaña electoral, ese slogan fue usado profusamente por los peronistas y constituyó a Braden como un ícono de la intervención norteamericana en la política interna de los países latinoamericanos. Ahora, el kirchnerismo utiliza el «Braden o Perón» parangonando al juez norteamericano del conflicto por los holdouts, con un «Griesa o Cristina». (CL, 29. 07. 2014, En medio de la tensión con los «buitres», un afiche habla de «Griesa o Cristina»)

Diese ausführliche Erläuterung des Slogans anhand seines historischen Ursprungs stellt explizit eine Verbindung zwischen der Situation von 1946 und dem Höhepunkt des Schuldenstreits von 2014 her. Erst vor dem Hintergrund eines vorausgesetzten Diskurswissens entfaltet die scheinbar neutrale Beschreibung der Geschehnisse von 1946 jedoch ihre besondere Schärfe. Die Nennung der beiden Unternehmen, an denen Braden beteiligt war, die Kupfermine *Copper Company* und die Fruchtgesellschaft *United Fruit Company* steht paradigmatisch für die US-amerikanische Ausbeutung Lateinamerikas und eröffnet den Wissensrahmen *wirtschaftlicher Kolonialismus*. Das Motiv der Rohstoffausbeutung hat in Argentinien und in Lateinamerika insgesamt Tradition (cf. Galeano 2010. Cf. dazu auch Beleg (61) in Kap. 6.1.2.1). Neuen Aufschwung erhält es in jüngerer Zeit unter dem Begriff des Neo-Extraktivismus (cf. Petras/Veltmeyer 2014). Der Titel des Buches, mit dem Perón auf das *Libro Azul* reagierte, hat hohen Symbolgehalt. Das *Libro Azul y Blanco* greift nicht nur den Titel der Schrift Bradens auf, die Farben *azul* und *blanco* sind darüber hinaus eine deutliche Anspielung auf die argentinische Nationalflagge. Somit erscheint das Buch Peróns im Sinne einer patriotischen Antwort auf die Veröffentlichung Bradens, die als imperialistischer Vorstoß gewertet wurde. Die Informationen zur Erklärung der Formel *Braden o Perón*, die der Verfasser des Artikels auswählt, werden erst mit dem notwendigen Diskurswissen zu einer Agglomeration verschiedener Aspekte, die einen US-amerikanischen Imperialismus und die Souveränität Argentiniens in Opposition zueinander stellen.

Im Default-Diskurs finden sich weitere Paarformeln, die eine ähnliche Struktur aufweisen wie der Wahlspruch Peróns und ebenfalls eine Entscheidungsfrage evozieren, ohne jedoch eine Gegenüberstellung zweier Akteuren vorzunehmen.

(47) «Más peligrosos que los buitres de afuera son los buitres de adentro, que hacen sus negocios en detrimento del pueblo», sostuvo ayer el presidente de la Cámara de Diputados, Julián Domínguez. Lo hizo al cerrar la jornada «El futuro del proyecto nacional. *Soberanía o fondos buitre*», del Encuentro del Movimiento San Martín en la Universidad Arturo Jauretche de Florencio Varela. (P12, 03. 08. 2014, «Buitres de adentro»)

(48) Con la consigna «*Argentina, patria o buitres*», las organizaciones Convocatoria Popular y Proyecto Nacional, integrantes de Unidos y Organizados, convocaron para el 12 de agosto en el Luna Park a un acto para el que ya confirmaron su participación distintos referentes nacionales del kirchnerismo con el objetivo de ratificar el apoyo a las políticas que lleva adelante la presidenta Cristina Kirchner frente a la ofensiva de los fondos buitre. (P12, 02. 08. 2014, Acto de apoyo en el Luna Park)

(49) «¡*Patria sí, colonia no! ¡Patria sí, colonia no!*», repetían a coro y agitando los brazos los manifestantes al cerrar el Tercer Cabildo Abierto en apoyo

al Gobierno y su estrategia contra los fondos buitre. (P12, 31. 07. 2014, Por la independencia política y económica)

Beleg (47) stellt die Begriffe *Souveränität* und *fondos buitre* in Antonymie zueinander. Eine Unterstützung der Position der Hedgefonds, hier ist vor allem die Legitimität ihrer Rückzahlungsforderung gemeint, kommt einer Entscheidung gegen die Souveränität Argentiniens gleich. Es handelt sich dabei um eine Anspielung auf die im Ausschnitt beschriebenen «buitres de adentro», die Argentinien mit ihren Geschäften schaden. Die Parole «Argentina, patria o buitres», die kirchneristischen Organisationen zugeschrieben wird, legt einen deutlicheren Fokus auf eine Entscheidungssituation. Das Lexem *Argentina*, das hier in der Funktion eines Vokativs steht, vermittelt, es handle sich um eine nationale Frage, denn die Nation müsse die Wahl zwischen dem Vaterland und den «Geiern» treffen. Da die Ausdrücke *patria* und *buitres* bereits durch ihre Konnotationen einen Gegensatz erzeugen, handelt es sich nur scheinbar um eine Entscheidungsfrage zwischen zwei möglichen Optionen.

Die Parole «¡Patria sí, colonia no!» in Beleg (49) (der bereits in Kap. 7.2 besprochen wurde) ruft anders als die bisherigen Leitformeln nicht zu einer Entscheidung auf. Vielmehr stehen sich das Fahnenwort *patria* und das Stigmawort *colonia* gegenüber und implizieren, verstärkt durch die antonymen Partikeln *sí* und *no*, eine Schlussfolgerung: Wer für die *Patria* ist, lehnt automatisch den Status kolonialer Abhängigkeit ab und damit auch die Rückzahlungsforderung der Hedgefonds. Die Kontexte, in denen die Leitsprüche aufgegriffen werden, sind häufig öffentliche Veranstaltungen, meistens Demonstrationen kirchneristischer Gruppen zur Unterstützung der Regierung. Damit verweist bereits der situative Kontext auf eine identitätsstiftende Situation und legt nahe, dass die Verwendung von Slogans Teil einer Identitätsaushandlung ist, die Argentinien als *Patria* und einen Zustand kolonieähnlicher Abhängigkeit, der als Ziel der US-amerikanischen Akteure dargestellt wird, miteinander kontrastiert.

Auch jenseits von Entscheidungsfragen dient das Lexem *patria* im Default-Diskurs als Signalwort für Aussagen, in denen die argentinische Identität verhandelt wird. Seine häufige Verwendung verweist auf eine bestimmte Haltung gegenüber der Nation, die in solchen Fällen nicht als soziale oder institutionelle Einheit betrachtet wird, sondern als das Land der Väter, mit dem man sich identifiziert und zu dem eine positive emotionale Verbundenheit besteht. Ein aufschlussreiches Ergebnis in Bezug auf die Identitätsaushandlung über einen Diskurs der *Patria* ist, dass zu Handlungen aufgerufen wird, die dem Vaterland und seiner Zukunft dienen sollen, ohne zugleich den Begriff selbst mit Attributen und Merkmalen zu füllen, wie es in anderen lateinamerikanischen Identitätsdiskursen der Fall ist. Das Konzept *Patria* selbst wird also nicht verhandelt, vielmehr dient das Lexem als Hochwertwort, das die nationalen Interessen und die Zukunft der Nation bündelt. Es hat eine einigende Funktion und appelliert an ein Kollektivgefühl. Der Erhalt des Vaterlands ist ein Ziel, für das gemeinsam gekämpft werden soll. Häufig werden zur Realisierung des Lexems Majuskeln verwendet, um es als Eigennamen zu kennzeichnen und damit konkret auf Argentinien abzuzielen. Die folgenden Korpusbelege geben einen Eindruck davon, wie das Motiv aufgerufen wird, um den Schuldenstreit von einem Konflikt über die Rückzahlung von investiertem Kapital zu einem Thema, das den Fortbestand der Nation betrifft, zu machen.

(50) «Aquel que no logre comprender que *está en juego el futuro de la Patria* termina convirtiéndose en un títere útil de los especuladores que no tienen ningún tipo de compromiso con el desarrollo y bienestar de nuestro pueblo», disparó el diputado oficialista. (CL, 03. 08. 2014, Julián Domínguez llamó a «desgriesar» la Argentina)

(51) *El prístino – límpido, cristalino, siempre traslúcido – cielo oficial de nuestra patria se oscureció repentinamente*: sobre las cabezas de los habitantes de la Nación Argentina comenzaron a sobrevolar horrendas aves. Buitres. Carroñeros. (LN, 05. 08. 2014, Los buitres no son aves exóticas)

(52) Debe ponerse en evidencia que se trata de *una emergencia nacional* y, tal como ocurre siempre ante ellas, los intereses particulares deben quedar subsumidos en los generales. *La Patria por sobre lo individual y egoísta.* (TA, 28. 07. 2014, Las actuales alternativas para la Argentina)

Laut Julián Domínguez steht die Zukunft des Vaterlands auf dem Spiel. Wer dies nicht erkennt, werde zu einer «Marionette» von Spekulanten, die kein Interesse an der Zukunft Argentiniens haben. Diese Aussage wird dadurch betont, dass sie aus der kollektiven Perspektive heraus formuliert ist, denn Domínguez spricht von «nuestro pueblo». In Beleg (51) wird die Bedrohung durch die Hedgefonds metaphorisch umschrieben. Der Himmel der «patria», der mit mehreren Adjektiven, die Reinheit und Transparenz ausdrücken, beschrieben wird, verdunkele sich durch die «grauenvollen Geier», die anfangen, über Argentinien zu kreisen. Hier ist es die häufig verwendete Metapher des Geiers, dessen Beute wehrlose Opfer sind, die die Deutung hervorrufen, Argentinien sei bedroht (cf. zu dieser Metapher 6.1.2.1). In Beleg (52), der einige Tage vor dem Default veröffentlicht wurde, wird der Schweregrad der Situation Argentiniens mit dem Kompositum «emergencia nacional» deutlich. Ein «nationaler Notstand» erfordert, dass die Interessen des Einzelnen vor den Interessen des Kollektivs zurücktreten. Hier wird wie bei den Leitsprüchen weiter oben eine Opposition zweier sich gegenseitig ausschließender Kategorien aufgebaut, durch das Hochwertwort «la Patria» und die Stigmawörter «lo individual y egoísta». Durch die Kollokation mit «egoísta» erhält in diesem Kontext auch «lo individual» eine negative Bedeutung. An den Appell an den Gemeinsinn schließt sich im weiteren Verlauf des Artikels eine Aufzählung von öffentlichen Maßnahmen an, für die durch die Klassifikation der Situation als nationaler Notstand im Vorfeld Zustimmung erwirkt wird. Der folgende Topos liegt hier zugrunde:

> *Weil es sich bei der Situation, die Argentinien erlebt, um einen nationalen Notstand handelt, sollten die Maßnahmen befürwortet werden.*

Das Motiv der *Patria* wird nicht nur aufgerufen, um diese als bedroht darzustellen. Zugleich werden dadurch die Maßnahmen der Regierung legitimiert mit der Begründung, dass sie auf ein kollektives Ziel ausgerichtet sind.

(53)   «Para no-sotros [sic] *los intereses de la Patria siempre estarán primero* frente a la especulación financiera y el desproporcionado espíritu de lucro, por eso avanzamos en una sola dirección: la de ‹desgriesar› la situación. Quienes cuestionen eso, que busquen un gerente y no un cuadro político», subrayó Domínguez. (P12, 03. 08. 2014, «Buitres de adentro»)

(54)   Cristina Kirchner enfatizó, «acá estamos [...] para darle mucha tranquilidad a la sociedad de que adoptamos las medidas que son mas convenientes, *no para el gobierno, sino para el Estado y la Patria»*. (LN, 04. 08. 2014, Cristina Kirchner: «Algunos dicen que se viene el mundo abajo, pero nosotros vamos a seguir trabajando»)

Die «Interessen des Vaterlands» stehen für die Regierung an erster Stelle, wie Minister Domínguez betont. Die Realisierung des Subjektpronomens *nosotros*, die durch eine Linksverschiebung zusätzlich hervorgehoben ist, verleiht der Aussage Gewicht und evoziert ein distanziertes *ellos*, für welches dies nicht gleichermaßen gilt. Die Interessen Argentiniens umzusetzen heißt hier zu versuchen, die Situation von der Person Griesas zu lösen. Dies drückt die an den Diskurskontext gebundene ad-hoc-Bildung «desgriesar» aus. Auch Cristina Kirchner betont, dass die Maßnahmen dem «Estado y la Patria» dienen. Hier eröffnet sich durch die Konjunktion *sino* ein Gegensatz. Die Regierung handele nicht zu ihrem eigenen Vorteil, vielmehr seien ihre Handlungsschritte auf die Nation ausgerichtet. Auffällig ist hier die Differenzierung zwischen *Staat* und *Patria*, die einmal auf eine offizielle, institutionelle Komponente verweist und einmal auf eine emotionale.

Das Korpus enthält weitere Hochwertwörter, die ebenfalls einem *Patria*-Diskurs zugeschrieben werden können. Zu ihnen gehören *soberanía, independencia* und *pueblo*. Es sind Fahnenwörter, die besonders in Identitätsdiskursen lateinamerikanischer Länder produktiv sind, die auf eine lange Geschichte als Kolonie zurückblicken und in denen die Themen Souveränität und Unabhängigkeit eine entsprechend große Rolle spielen.[16]

(55) «No permitiremos que los especuladores de afuera y de adentro se lleven por delante *nuestra soberanía y nuestra independencia política, económica y jurídica*, ni que ningún Poder Judicial de otros países nos imponga fallos a medida de sus intereses», apuntaron en el texto los organizadores apenas comenzaron la lectura. (P12, 31. 07. 2014, Por la independencia política y económica)

Dieser Beleg zeigt beispielhaft, wie Lexeme eines *Patria*-Diskurses im Kontext des Rechtsstreits gebraucht werden. Die Identitätsaushandlung erfolgt darüber, dass bedeutende Elemente des nationalen Selbstverständnisses wie Souveränität und Unabhängigkeit als bedroht dargestellt werden und sich als Reaktion darauf eine gemeinsame Verteidigung in Gang setzt (hier erneut durch die 1. Pers. Pl. als kollektive Handlung gekennzeichnet). Vor allem *soberanía* ist als deontischer Ausdruck zu werten, der einen Appell zum Erhalt und zur Verteidigung der argentinischen Souveränität impliziert. Der Schuldenstreit erscheint so in einem Horizont, der weit über einen Konflikt über die Rückzahlung von Schulden hinausgeht und die Legitimation Argentiniens als souveränen und unabhängigen Staat und damit auch das nationale Selbstbild angreift. Es handelt sich hier um eine diskursive Technik, die sich wiederholt in unterschiedlichen Ausprägungen im Diskurs beobachten lässt.

(56) Cuando la presidenta Cristina Fernández de Kirchner reitera con firmeza que no va a firmar nada que vaya en contra del pueblo argentino, no está salvaguardando su gestión: está decidiendo políticamente con la conciencia puesta en el pueblo, ejerciendo la *verdadera soberanía nacional*. (TA, 03. 08. 2014, Por un nuevo orden global)

(57) Además, Carta Abierta publicará mañana una solicitada en la que llamará a «resistir con firmeza el obstinado avance de los fondos buitre y, *como Nación Soberana*, sostener la determinación de que ninguna deuda es más

---

16 Cf. die Beiträge im Sammelband von Devés Valdés (2004).

importante que la deuda con el pueblo». (LN, 29. 07. 2014, Convocan para mañana a un Cabildo Abierto en respaldo al Gobierno en la disputa con los holdouts)

In Beleg (56) wird das Vorgehen der Präsidentin gegenüber den Hedgefonds positiv bewertet. Indem sie sich dazu verpflichtet, nichts zu tun, das dem Interesse des argentinischen Volks entgegensteht, übe sie eine «verdadera soberanía nacional» aus. Das Adjektiv *verdadero* verstärkt die positive Deutung und stellt einen kausalen Zusammenhang her: Wahre Souveränität heißt, sich für die Interessen des Volkes einzusetzen. In Beleg (57) funktioniert dies auf ähnliche Art und Weise. Kontext ist hier die Ankündigung eines *cabildo abierto*, bei dem zum Widerstand gegen die Hedgefonds aufgerufen wird. Gleichzeitig soll an dem Entschluss festgehalten werden, als «Nación Soberana» dem Volk die höchste Priorität zuzuweisen. Sprachlich realisiert wird das durch die Phrase «ninguna deuda es más importante que la deuda con el pueblo». Der Komparativ stellt eine Hierarchie zwischen den «deudas» der Nation her und spielt mit den beiden Lesarten des Lexems, das zum einen mit ‹Schulden› und zum anderen ‹Schuldigkeit/Verpflichtung› übersetzt werden kann. Die erste Verwendung ruft die wörtliche Lesart bezogen auf die materiellen Schulden bei den Hedgefonds auf, dagegen meint «la deuda con el pueblo» die Verpflichtung der Nation gegenüber dem Volk. Beide Belege sind Beispiele dafür, dass das Konzept der Souveränität oft gemeinsam mit dem Konzept des *Pueblo* aufgerufen wird. Auch folgender Ausschnitt zeigt die herausgehobene Stellung, die diesem zugesprochen wird und an der sich andere Verpflichtungen ausrichten müssen.

(58) Para el ministro de Interior y Transporte, Florencio Randazzo, «el país va a honrar su deuda cuando corresponda, pero *no a costa del esfuerzo del pueblo argentino* para pagar a un grupo de fondos buitre que quiere lucrar con ese esfuerzo». (P12, 01. 08. 2014, «Hubo mala praxis judicial»)

Die explizite Bindung der Regierungsmaßnahmen an die Interessen des Volkes, die besonders in den regierungstreuen Zeitungen auftaucht, ist ein Merkmal, das sich in vielen linkspopulistischen Diskursen findet. Im Korpus finden sich weitere solcher Merkmale, wie etwa bei der Etablierung eines Antagonisten in den Resilienzfiguren ARGENTINIEN ALS STARKER KÄMPFER und DAS RECHTSCHAFFENE ARGENTINIEN. Diese Elemente, die zunächst Kennzeichen einer politisch-ideologischen Strömung sind, tragen im Kontext des Zahlungsausfalls zu einer resilienten Aushandlung bei. Besonders der oben beschriebene Fokus auf die Rechte und Interessen des Volkes, der eine Form der positiven Selbstbestätigung ist, zeigt, wie dieses Merkmal zur Stärkung der nationalen Identität beiträgt. Gerade in einer Krisensituation wie dem Schuldenstreit kann die Stärkung eines positiven Selbstbildes als Bestandteil eines resilienten Umgangs mit ihr gedeutet werden. Dieses Analyseergebnis gilt zunächst für Diskurstraditionen der Resilienz, die eng an den Diskursraum Argentiniens oder sogar an den Kirchnerismus gebunden sind. Denn es bleibt zu überprüfen, ob eine Fokussierung auf das Volk auch Bestandteil anderer Resilienzdiskurse ist und genauso, ob sie in anderen argentinischen Resilienzdiskursen vorkommt, die nicht im Zusammenhang mit einer kirchneristischen beziehungsweise peronistischen Regierung stehen, sondern zum Beispiel innerhalb der seit 2015 amtierenden neoliberalen Regierung unter Mauricio Macri entstehen. Eine Überprüfung dieser Frage könnte gerade vor dem Hintergrund der polarisierten Gesellschaft Argentiniens aufschlussreiche Ergebnisse bringen. Dem Resilienzmarker DISKURS DER *PATRIA* liegt folgende Schlussregel zugrunde:

> *Weil Argentinien dem Wohl der Patria und ihrer Verteidigung höchste Priorität zuweist, wird es seine Souveränität und Unabhängigkeit nicht verlieren.*

7.4 Diskurs der *Memoria*

Die diskursive Verhandlung gesellschaftlichen Wissens im Default-Diskurs schließt die Konstruktion einer nationalen Geschichte ein. Dazu werden Momente und Personen der argentinischen Geschichte aufgerufen und in Relation zur aktuellen Situation Argentiniens gestellt. Eigentlich nicht miteinander verbundene Sachverhalte fügen sich dabei zu einem kohärenten Gesamtbild zusammen. Es sind im Default-Diskurs insbesondere mit Erfolg verbundene Momente und Personen, die hervorgehoben und zu Bestandteilen der kollektiven Erinnerung werden. Die Bedeutung positiver Erinnerungen für das nationale Selbstbild unterstreicht A. Assmann (2007, 64): «Hier geht es regelmäßig um solche Bezugspunkte in der Geschichte, die das positive Selbstbild stärken und im Einklang mit bestimmten Handlungszielen stehen».

Die Kategorie *kollektives* oder *kulturelles Gedächtnis* wird seit einiger Zeit in den Kultur- und Gesellschaftswissenschaften unter dem Begriff *Erinnerungskultur,* der als thematisches Dach der Forschungsrichtung dient, intensiv beforscht.[17] Innerhalb der Disziplinen, die sich mit dem Thema Erinnerungskultur beschäftigen, folgen vor allem die linguistischen Ansätze der Grundannahme, dass es sich beim kollektiven oder kulturellen Gedächtnis um ein sprachliches

---

17 Eine Einführung in das Forschungsfeld *Erinnerungskultur* oder *Kollektives Gedächtnis* geben Korte/Pethes (2001) und Erll (2017).

Konstrukt handelt. Bereits Jan Assmann (2013), eigentlich kein Sprachwissenschaftlicher, erweitert den Begriff des kulturellen Gedächtnisses um den des «kommunikativen Gedächtnisses». Das kollektive Gedächtnis ist als diskursives Konstrukt an Sprache gebunden. Zugänglich für Diskursanalysen wird es durch entsprechende Manifestationen auf der sprachlichen Oberfläche, wo es als «kulturelle Praxis mit spezifischen Funktion(en) im kommunikativ-gesellschaftlichem Kontext» erscheint (Kämper 2015, 165).[18] Wie Kämper weiter ausführt, ist das diskursiv verhandelte kollektive Gedächtnis eine bestimmte Form des Wissens, das in Diskursen sichtbar und ausgehandelt wird. Es geht dabei nicht nur darum, bestimmte Ereignisse aufzurufen und zu aktualisieren, sondern sie zu deuten und ihnen eine Funktion innerhalb der Herausbildung eines nationalen Selbstbildes zuzuweisen (Kämper 2015, 165). Der Rückgriff auf Ereignisse und Personen der Vergangenheit hat stets eine identitätsstiftende Funktion. «Mit der Auswahl und memorialen Exponierung von Vergangenheitsinstanzen konstituiert eine Gesellschaft ihr Selbstbild» (Kämper 2015, 172).[19]

In der gesellschaftlichen Öffentlichkeit Argentiniens ist das Thema Erinnerungskultur unter dem Begriff der *Memoria* fest verankert.[20] Im Zentrum steht dabei die Aufarbeitung und öffentliche Anklage der schweren Militärdiktatur von 1976–1983 und der während dieser Zeit verübten Verbrechen. Die hohe Präsenz und der Einfluss von Menschenrechtsorganisationen wie der *Madres* und *Abuelas de Plaza de Mayo* in der Gesellschaft und auch in der Politik zeugen von der außergewöhnlichen Bedeutung der Erinnerungskultur in Argentinien.[21] Für den Diskurs des Kirchnerismus ist eine Ausdifferenzierung der drei Zeitdimensionen ein grundlegendes Element. In Bezug auf die Vergangenheit zeigt

18 Kämper bemerkt, dass sich die Linguistik, trotz der Identifizierung des kollektiven Gedächtnisses als diskursives Konstrukt, bisher noch nicht fundiert mit dem Gegenstand auseinandergesetzt hat, cf. Kämper (2015, 163). Diese Aussage kann mit den Arbeiten von Czachur (2011; 2015; 2016), Fraas (2000) und den Beiträgen von M. Becker und Mwangi/Schrott in Eser/Schrott/Winter (2019) entkräftet werden.
19 Bereits indem Jan Assmann die Kategorie kollektives Gedächtnis stets als *kulturelles* Gedächtnis versteht, eröffnet sich eine Verbindung zu Nation und Identität (cf. J. Assmann 1988; 2013). Cf. zur Verschränkung von kollektivem Gedächtnis und nationaler Identität auch Bakhurst/Bellelli/Rosa (2000) und aus argentinischer Sicht Zan (2008).
20 Zur Erinnerungskultur in Argentinien cf. Birle/Gryglewski/Schindel (2009), Feld/Jelin (2010), Eser/Witthaus (2016) und Burchhart/Öhlschläger/Peters (2015).
21 Peters (2016, 23) betont, dass die Menschenrechtsorganisationen in Argentinien unter den Kirchner-Regierungen eine noch größere Bedeutung bekommen haben: «Im Zuge der schweren wirtschaftlichen, sozialen und politischen Krise von 2001 gewannen die sozialen Bewegungen in Argentinien am Beginn des 21. Jahrhunderts nochmals an politischem Gewicht. Unter den Regierungen von Néstor Kirchner (2003–2007) und Cristina Fernández de Kirchner (seit 2007) wurden viele soziale Bewegungen [...] erfolgreich integriert, kooptiert oder diszipliniert [...]».

sich dies darin, dass erfolgreiche Momente hervorgehoben und zu einer «saga nacional» zusammengefügt werden.

> La reconstrucción imaginaria de una saga nacional, democrática y latinoamericana, en al que se dan cita momentos fuertes de una cultura nacional, un deber democrático heredado de la posdictadura [...] a partir de una lectura *generacional* de los acontecimientos históricos, destaca el carácter creativo del gesto refundacional kirchnerista (Dagatti 2015, 173, Hervorh. i. O.).

Wie eingangs erwähnt, greift auch der Default-Diskurs Elemente aus der Vergangenheit auf und integriert einen Erinnerungsdiskurs. Die Erscheinungsform des in diesem Rahmen erzeugten kollektiven Gedächtnisses ist an den situativen Kontext gebunden, es entsteht eine *Default-Memoria*.[22] Die Default-Memoria setzt sich aus genau solchen Elementen der argentinischen Vergangenheit zusammen, die zu einem konstruktiven Umgang mit dem Ereignis beitragen. Zentraler Bezugspunkt ist hier jedoch nicht die Militärdiktatur, sondern die Krise von 2001. Diese ist als «politische[r] und moralische[r] Bankrott» (Birle/Bodemer/Pagni 2010, 11) eigentlich eine negativer Abschnitt der argentinischen Vergangenheit. Wie Aleida Assmann (2007, 66) schreibt, können auch solche Erinnerungen Einzug in das kollektive Gedächtnis erhalten: «Offensichtlich ist das nationale Gedächtnis ebenso empfangsbereit für historische Momente der Erhöhung wie der Erniedrigung, vorausgesetzt, dass sie in der Semantik eines heroischen Geschichtsbildes verarbeitet werden können». Genau diese Perspektive, bei der negative Momente so in eine kohärente nationale Geschichte integriert werden, dass sie zu einem «heroischen Geschichtsbild» beitragen, findet sich, wenn im Default-Diskurs die Krise von 2001 aufgerufen wird. Es handelt sich dabei nämlich nicht um punktuelle Bezüge, die auf die Krise als Erinnerungsmoment zurückgreifen. Das Aufrufen der Situation Argentiniens Anfang des Jahrtausends ist stattdessen der Ausgangspunkt für eine Darstellung der erfolgreichen Krisenüberwindung. Nicht die Erinnerung an die Krise ist also das Element, das durch die diskursive Aushandlung zum Bestandteil der Default-Memoria wird, sondern die Erinnerung an die Zeit im Anschluss an den tiefgreifenden Einschnitt, die als Phase des Aufschwungs gilt. Die Erholung von der Krise wird als Erfolg der Kirchner-Regierung gedeutet, was sich unter anderem in der starken Bindung des Begriffs der *Década Ganada* an den Kirchnerismus zeigt, der einen Gegenpol zu *crisis* bildet (cf. Damill/Gervasoni/Peruzzotti 2015). Vor allem in den regierungstreuen Zeitungen wird diese Verknüpfung zwischen Aufschwung und der Politik der Kirchner-Regierung gezogen. Dadurch, dass die

---

22 Cf. Czachur (2016, 132s.), der darauf hinweist, dass das kollektive Gedächtnis eine dynamische Größe ist, die sich je nach Kontext verändert.

Krise von 2001 stets im Kontext ihrer als stark positiv interpretierten Überwindung aufgegriffen wird, wird sie im Default-Diskurs zu einem Element der Erinnerung und damit zu einem abgeschlossenen Moment der Vergangenheit. Diese Beobachtung steht der hohen Präsenz der Krise in der argentinischen Gesellschaft entgegen, die sich unter anderem im intellektuellen, wissenschaftlichen, aber auch ästhetischen Schaffen zeigt.[23]

Eine Diskurstradition der Resilienz zeigt sich hier also darin, bei der erneuten Aufgabe, eine Krisensituation zu meistern, die kollektive Erinnerung an eine erfolgreiche Krisenüberwindung in der Vergangenheit hervorzuheben. Auf diese Weise findet eine Vergewisserung über die eigenen Fähigkeiten und Stärken statt. Eine gute Veranschaulichung dafür, dass nicht die Krise selbst im Fokus steht, sondern die daran anschließende gelungene Bewältigung, gibt der bereits besprochene Auszug aus einem Unterstützungsschreiben von Wissenschaftlern der *Universidad Nacional de San Martín* in Buenos Aires.

(59) «Nuestra Argentina colapsó al iniciarse el nuevo milenio. Atravesamos la peor crisis de nuestra historia como consecuencia de las políticas que se aplicaron en la década del 90 y que reconocen antecedentes en la sangrienta dictadura militar del 76. A partir de 2003, *trabajosamente, logramos salir del infierno. Entre muchos otros logros,* ordenamos la deuda externa, *uno de los grandes condicionantes históricos.* El 92.4 % de los acreedores aceptó las nuevas condiciones como una manera viable de satisfacer los intereses de todas las partes y, en particular, permitió retomar el camino del desarrollo social y cultural de nuestro país. [...]». (P12, 31. 07. 2014, El trabajo o la especulación)

Die Erinnerungssequenz beginnt mit der Krise von 2001, die auf die neoliberale Politik der 1990er-Jahre und in ihrem weiteren historischen Bezug auf die Militärdiktatur zurückgeführt wird. Daran schließt sich eine Beschreibung des Weges aus der Krise an – die hier als «infierno» bezeichnet wird. Die metaphorische Umschreibung der Krise als *infierno* spielt auf das biblische Motiv der Hölle an und versieht sie mit den entsprechenden Bedeutungselementen. Die Metapher lässt sich auch für den Diskurs von Cristina Fernández de Kirchner nachweisen (cf. Maizels 2015, 221). Die Leistung und Anstrengung Argentiniens wird besonders durch das Adverb *trabajosamente* betont, das den Ausweg aus dem Inferno

---

[23] Eine Auseinandersetzung mit dem künstlerischen Schaffen nach der Krise bietet Giunta (2010). Ein etwas weiter zurückliegendes Zeugnis für neue Dynamiken im Kulturbetrieb ist das Themenheft *Kultur und Krise* der Zeitschrift *ila* (April 2004), die das verstärkte kulturelle Schaffen als «kreative Antwort auf die Krise» bezeichnet.

charakterisiert. Das Schreiben der Wissenschaftler vermittelt die Krisenüberwindung als Erfolgsgeschichte, deren Kern die erfolgreiche Umstrukturierung der Auslandsschulden ist («uno de los grandes condicionantes históricos»), da sie zum einen im globalen Vergleich einen historischen Erfolg darstelle und zum anderen Wegbereiter für die Entwicklung des Landes gewesen sei wie am Ende des Ausschnitts deutlich wird. Die Erinnerung an diese Phase der Manifestation der nationalen Resilienz treibt die Bewältigung der schwierigen Situation voran. Zu beachten ist, dass der gesamte Artikel aus der Wir-Perspektive geschrieben ist und so die Krisenerfahrung und die gelungene Überwindung als *kollektive* Erfahrung dargestellt sind. Auch die Possessivkonstruktion «nuestra Argentina» verstärkt dies, indem sie ein Zugehörigkeitsgefühl der Verfasser zur Nation ausdrückt. Eine Chronologie der Krisenüberwindung etabliert auch Cristina Kirchner während einer Rede bei der *Cumbre de Mercosur*.

(60) La mandataria aprovechó su exposición en el pleno de la 46ª cumbre del Mercosur para hacer una cronología del conflicto con los fondos buitres que no aceptaron las dos renegociaciones de la deuda argentina y que, además, decidieron litigar contra el país en la jurisdicción estadounidense. En el racconto, se remontó a la declaración del default de 2001 («Déjenme recordar que no era nuestro gobierno») y siguió luego con la apertura de los canjes de deuda en 2005 y 2010, lo que permitió llevar el total de aceptación al 92,4 % de los tenedores de bonos. (TA, 30. 07. 2014, «El juez no se ha ajustado a Derecho»)

Vor allem die Umschuldung und Einigung mit über 90 % der Anleger wird als Erfolgsmoment zum Symbol der Bewältigung der Krise, wie der Beleg beispielhaft zeigt. Ein Muster im Diskurs ist, dass häufig die genaue Prozentzahl, mit der eine Einigung erzielt wurde, betont wird. Dadurch steht die hohe Akzeptanz für die Bedingungen der Umschuldungen im Kontrast zu deren Ablehnung durch eine kleine Gruppe von Gläubigern, zu denen die Hedgefonds zählen. Allein die häufige Nennung, auch ohne eine explizite positive Bewertung und ohne einen weiteren Bezug auf die Vergangenheit, trägt zur Memoriabildung bei. Denn es ist die hohe Prozentzahl derer, mit denen es zu einer Einigung kam, die in das kollektive Gedächtnis aufgenommen wird, während andere Aspekte, wie zum Beispiel die Seite der Anleger, die hohe Verluste hinnehmen mussten, kein Bestandteil der Erinnerung an die Umschuldung ist.

Folgende Belege verdeutlichen, dass es nicht allein um eine Aktualisierung des Wissens über die Umstrukturierung geht, sondern vor allem um die Deutung der Geschichte als eine Phase der jüngeren Vergangenheit, die positiv und als herausragende Leistung Argentiniens bewertet wird. Häufig wird die Krise als Auslöser gar nicht mehr mit aufgerufen, sondern direkt auf die Umstrukturierung der Schulden eingegangen, worin sich erneut ausdrückt, dass die Erinnerung an den Erfolgsmoment im Vordergrund steht.

(61) *La reestructuración de la deuda soberana de la República Argentina realizada en los años 2005 y 2010 constituye un acto soberano (iure imperii)*, y la pretensión de la Justicia de los Estados Unidos de obligar al Estado a frustrar dicha reestructuración es violatoria de su inmunidad como Estado Soberano. (P12, 03. 08. 2014, Un fallo que atenta contra la inmunidad soberana)

(62) A poco de asumir la presidencia Néstor Kirchner, la deuda externa fue uno de los tantos problemas aparentemente irresolubles que tuvo que enfrentar. Mientras se continuaba sin pagar por el festivo default declarado en épocas de Rodríguez Saá y que luego continuó durante el interinato de Duhalde, el Gobierno comenzó a dialogar con los centros financieros mundiales planteando que la Argentina estaba imposibilitada de cancelar sus obligaciones en los montos y vencimientos originales y que, como todo deudor en esas condiciones, si se le exigía abonar quebraría. Pero que si se le daba tiempo al modelo político y económico que estaba comenzando a desarrollar, el país podría crecer y con ello hacer frente a sus obligaciones. Rebaja y espera, en términos jurídico-económicos, fue el pedido. [...] Por la significatividad del monto reestructurado y la cantidad de títulos involucrados (152 bonos distintos emitidos en seis monedas diferentes, aunque la mayoría fueron en dólares, euros y pesos), *se considera que ésa fue la reestructuración más importante de la historia financiera mundial.* (P12, 03. 08. 2014, «El canje fue el problema»)

In Beleg (61) wird die Umschuldung als «acto soberano» bezeichnet. Wie sich mehrfach im Default-Diskurs feststellen lässt, ist Souveränität ein Hochwertwort mit deontischem Bedeutungsgehalt. Wenn die Umschuldung also als «acto soberano» bezeichnet wird, drückt sich darin eine positive Bewertung aus. Der Kontext von Beleg (62) ist eine ausführliche Abhandlung der Umschuldung, die hier nicht mit abgedruckt ist. Zu Beginn wird auf die schwierige Lage hingewiesen, in der sich Néstor Kirchner zu Beginn seiner Amtszeit im Jahr 2003 befunden habe. Die Regelung der Auslandsschulden wird als scheinbar auswegloses Problem beschrieben, das er zu lösen hatte. Diese schwierige Situation dient als Wissenshorizont, der am Ende des Auszugs der «reestructuración más importante de la historia financiera mundial» gegenübergestellt wird, die durch den Superlativ *la reestructuración más importante* als großer Erfolg erscheint. Einmalig war die Umschuldung dem Sprecher nach in doppelter Hinsicht: Argentinien erzielte die wichtigste Umschuldung sowohl im historischen als auch im weltweiten Vergleich. Damit wird die Nation als weltweites Vorbild für die Überwindung von Krisen dargestellt, eine Deutung, die der Beschreibung von Krisen als «argentinische Krankheit» (Birle/Bodemer/Pagni 2010, 10) entgegensteht.

Teil der Erinnerung an die Krisenbewältigung ist auch das herausragende Wirtschaftswachstum Argentiniens, das, wie bei der Umschuldung, die Nennung genauer Prozentangaben beinhaltet.

(63) Los temerosos que quieren pagar a toda costa no tienen en cuenta que la Argentina ya le demostró al mundo que hay vida tras un default en serio, como lo fue el de 2001. Desde entonces hasta hoy, *el país casi duplicó su PBI*, lo cual implica decir que bajo el signo del default, sin apelar a préstamos internacionales, *la economía nacional creció como nunca*. Aquella nación estaba en bancarrota. Con las reservas en un nivel misérrimo, la deuda equivalente a un 150 % del PBI, los pagos del Megacanje y el Blindaje amontonándose en las ventanillas de cobro, la desocupación en un 25 % y la pobreza en un 50 %, el país estaba de rodillas. *La situación actual no tiene nada que ver con esa época desesperanzada*: la Argentina posee reservas por unos 30 mil millones de dólares, genera exportaciones cuatro veces superiores a las de entonces y su población posee un poder adquisitivo que mantiene al mercado interno, pese a la caída de los últimos meses. (TA, 02. 08. 3014, El graznido de los alcahuetes)

(64) Por ejemplo, la deuda pública total es del 40 % del PIB, cuando en 2002 era del 166 %, pero lo que más interesa, la deuda en moneda extranjera en manos de privados, es menor al 10 % del PBI, y al sumar organismos internacionales es equivalente hoy al 16 % del PBI, cuando en 2002 era más del 95 por ciento. Hemos vivido, desde 2003, con el cierre al financiamiento externo, y la economía creció basada en su dinamismo interno. (TA, 03. 08. 2014, El «default que no es default» y los riesgos del fallo Griesa)

(65) El entonces presidente Néstor Kirchner aniquiló, en 2005, con la reestructuración de la deuda externa que impuso una quita del 70 %, décadas de sometimiento de los argentinos a la pobreza y la exclusión. Se plantó frente a intereses corporativos financieros, tanto locales como externos, que hasta entonces actuaban articuladamente con impudicia, codicia y poca transparencia, apañados por el poder de turno que acumulaba deuda externa impagable. Cristina perfecciona la reestructuración en 2010, para acumular la aceptación de 92,4 % de los tenedores de deuda argentina, con la misma quita del 70 por ciento. [...] *Estas transformaciones no sólo*

permitieron tener el período de mayor crecimiento e inclusión de nuestra historia desde 2003. También se cortó una praxis que creían poder ejercer, para siempre, muchos que se sienten poderosos en los centros financieros internacionales, en el corazón político de sus países, y también sus representantes lobbistas locales. (TA, 05. 08. 2014, Nunca más el pueblo pagará lo que no debe)

Beleg (63) vermittelt die Erinnerung an die Krisenüberwindung als Instrument zur Überzeugung der «temorosos», die sich für eine Zahlung an die Hedgefonds aussprechen. Mit «Argentina ya le demostró al mundo que hay vida tras un default en serio» wird die Resilienz der Nation, nämlich die Erholung von der Krise von 2001, als Argument herangezogen, um die derzeitige Situation von der Vergangenheit abzugrenzen. Dies manifestiert sich in dem Satz «La situación actual no tiene nada que ver con esa época desesperanzada». Der Beleg ist ein weiterer Nachweis für die Aufnahme negativer Erinnerungen in das kollektive Gedächtnis, indem sie in eine Erfolgsgeschichte integriert werden. Die Krisenüberwindung wird an wirtschaftlichen Zahlen festgemacht und der argentinischen Wirtschaft ein Wachstum einmaligen Ausmaßes zugesprochen. Beleg (65) thematisiert ebenfalls das Wirtschaftswachstum nach der Krise. Hier ist die Umschuldung eng mit dem Kirchner-Ehepaar verknüpft, das als Repräsentanten der Nation Protagonist auf argentinischer Seite bei den Umschuldungsbestrebungen war. Die «Befreiung» aus der immens hohen Auslandsverschuldung wird zum einen als Beginn eine Entwicklungsphase gedeutet, die durch den Superlativ «de mayor crecimiento e inclusión de nuestra historia» einen Status historischer Einmaligkeit erhält. Zum anderen gilt sie als Moment, in dem eine kapitalistische Praxis durchbrochen wurde. Die Bindung der Krisenüberwindung an das Kirchner-Ehepaar ist kein Einzelfall, sondern findet sich frequent im Default-Diskurs. Besonders der bereits verstorbene Néstor Kirchner, in dessen Regierungszeit (2003–2007) Argentinien die größten Schritte aus der Krise heraus unternahm, erhält den Status eines Befreiers und wird in eine Linie mit argentinischen Nationalhelden wie San Martín oder auch Juan Domingo Perón gestellt.[24] Damit wird auch die Erinnerung an ihn zu einem Bestandteil der Default-Memoria. Die Heroisierung Néstor Kirchners geht vor allem von der argentinischen Präsidentin aus und steht im Kontext von Selbstpositionierungen, wie die Belege in Kapitel 7.5 im Detail aufzeigen.

Wie bereits erwähnt, ist ein wichtiger Bestandteil der Erinnerungskultur in Argentinien die Aufarbeitung der Militärdiktatur. Charakteristisch ist für sie der

---

24 Perón wurde 1952 vom argentinischen Kongress als «Libertador de la República» betitelt, unter anderem für seine Verdienste für die Souveränität Argentiniens (Navarro 1994, 249).

Leitspruch *Nunca más*, der eine deutliche Anklage der während der Diktatur verübten Verbrechen ausdrückt und hinter dem das «Diktum [steht], dass die Vergangenheit sich nicht wiederholen dürfe» (Oettler 2007, 37). Der Ausspruch geht zurück auf den gleichnamigen Titel des von Ernesto Sabato 1984 veröffentlichten Abschlussberichts der Wahrheitskommission (*Comisión Nacional sobre la Desaparición de Personas, CONADEP*) zur Aufklärung der während der Diktatur verübten Verbrechen, vor allem der Entführung und Ermordung regierungskritischer Personen (cf. CONADEP 1984). Die Arbeit der Wahrheitskommissionen in Argentinien (und der anderer lateinamerikanischer Länder mit Diktaturvergangenheit) trug unter anderem dazu bei, wieder eine nationale Einheit herzustellen (cf. Oettler 2007, 37). Das Motto *Nunca más* verwandelte sich dadurch vom Titel eines Aufklärungsberichts zu einem «vehículo de memoria» (Crenzel 2010, 22), das im argentinischen Memoria-Diskurs aufgegriffen und so in Erweiterung seiner ursprünglichen Funktion zu einem Symbol der Aufarbeitung wurde.[25]

Auch im Default-Diskurs wird der Spruch *Nunca más* aufgegriffen. Er wird seines ursprünglichen Wissensrahmens enthoben und in einen Kontext der Aufarbeitung der Krise von 2001 gestellt. Dabei basiert die Aktualisierung innerhalb des neuen Wissensrahmens – einer *Krisen-Memoria* – darauf, dass die in ihm enthaltenen Bedeutungsaspekte auch im neuen Kontext bestehen bleiben. Es ist eine ganz ähnliche Technik wie bei dem Leitspruch *Braden o Perón* (cf. Kap. 7.3). Ein entscheidender Unterschied ist, dass die Rekontextualisierung des *Nunca más* keine Reformulierung einschließt, sondern das Motto in seiner Form beibehalten wird. Es findet also keine Adaptation an den neuen Kontext auf der Ausdrucksseite statt. Da die Verarbeitung der Militärdiktatur in der argentinischen Diskursgemeinschaft eine hohe Präsenz hat, entfaltet sich die Wirkung des Mottos bereits ohne eine solche Anpassung. Ein Nachweis dafür ist, dass es verwendet wird, ohne seine Bedeutung – weder im Wissensrahmen *Erinnerung an die Militärdiktatur* noch im neuen Wissensrahmen des Default-Diskurses – näher zu erläutern. Bereits die Verwendung der Kollokation *nunca más* ruft die mit dem Ausspruch verbundenen Konzepte auf, überträgt dessen Bedeutung und Impetus auf den Kontext der Krise von 2001 und setzt sie und die Militär-

---

25 Eine Zusammenschau, wie der Ausspruch *Nunca más* und der Aufklärungsbericht von verschiedenen Seiten aufgegriffen wurden (z. B. Zeitungen, Film, Bildungswesen, Kirchner-Regierung) gibt Crenzel (2010, 22–26). Crenzel beschreibt auch, wie es dabei zur Memoria-Konstruktion kam, indem jeweils bestimmte Aspekte hervorgehoben (wie etwa die soziodemographische Verortung der *Desaparecidos*) und andere weggelassen wurden (zum Beispiel die politische *Militancia* der Opfer). So kommt Crenzel (2010, 26) zu folgendem Fazit: «Por ello, todas, resignificaron el sentido del libro y el lema». Cf. zur Bedeutung des *Nunca más* als Leitspruch für die Aufarbeitung der Militärdiktatur und die argentinische Memoria auch Crenzel (2014).

diktatur in Relation zueinander. Die Übertragung zieht bedeutungsvolle Parallelen zwischen beiden Kontexten hinsichtlich ihres Schweregrades. Darüber hinaus erzeugt sie für die Krise und den Defaults von 2014 eine Täter-Opfer-Konstellation. Argentinien wird dabei zum unschuldigen Opfer, ähnlich wie die entführten und ermordeten Menschen während der Diktatur. Die häufigen Anspielungen auf US-amerikanische Hegemonieansprüche, vertreten im Schuldenstreit durch die Hedgefonds und den Richter Griesa, macht die Akteure zu ähnlichen Tätern wie die Protagonisten der Militärregierung. Mit der Rolle des unschuldigen Opfers geht einher, dass die Schuldigkeit Argentiniens gegenüber seinen Gläubigern ausgeblendet ist. Analog dazu erhalten die Hedgefonds die Rolle brutaler Straftäter und ihre Forderung nach einer Rückzahlung ihrer Investitionen erscheint als grausames Verbrechen. Diese Relationen erschließen sich nur mit einer Kenntnis der kollektiven Denkmuster, die die Aufarbeitung der Diktatur prägen. Im Default-Diskurs bleibt ihre Übertragung implizit und ist ein Deutungsangebot, das vom Leser per Inferenz erschlossen werden muss. Eine solche Vagheit bietet den Vorteil, dass sich die Urheber der Rekontextualisierung der Verantwortung für die mit ihr einhergehenden Deutung wie etwa der beschriebenen Täter-Opfer-Konstellation entziehen.

Es ist davon auszugehen, dass der Gebrauch der Kollokation *nunca más* immer den Wissensrahmen der Militärdiktatur mit aufruft und sie nie vollständig von ihrer Bedeutung im Rahmen der Erinnerungskultur losgelöst ist, auch ohne eine Einbettung in ihren ursprünglichen Kontext. Dies gilt jedoch nur im Diskursraum Argentiniens, in Verbindung mit dem diskurshistorischen Wissen. Die folgenden Belege illustrieren, wie die Präsidentin Cristina Kirchner die Kollokation ohne einen weiteren Vergangenheitsbezug gebraucht.

(66) La mandataria terminó su mensaje con un nuevo llamado a la unidad [...]: «Estamos convocando a los argentinos a defender estas cosas que no son para hoy, sino para que *nunca más* volvamos a lo que fuimos: un país dependiente, desesperanzado, al que decían que era inviable y al que endeudaron para que no pueda surgir», aseguró. (TA, 05. 08. 2014, Cristina: «Argentina es viable pese a los misiles financieros»)

(67) Pero entre todos los anuncios Cristina aprovechó para colar el debate de la deuda. «Quiero convocar a los argentinos a defender estas cosas que son para el futuro y *para no volver atrás nunca más*», apuntó. (LN, 05. 08. 2014, Cristina Kirchner afirmó que el país recibe «misiles y bombardeos»)

Die Kollokation *nunca más* eröffnet immer die zwei Zeitdimensionen Vergangenheit und Zukunft. In Abgrenzung von einer negativen Erfahrung der Vergangenheit wird zu Handlungen aufgefordert, die eine Wiederholung in der Zukunft für alle Zeiten vermeiden. Das Ziel, nie wieder zu einem Zustand von Abhängigkeit und Verzweiflung zurückzukehren, lässt sich laut Cristina Kirchner erreichen, indem die Argentinier ihre Rechte verteidigen und so für eine positive Zukunft einstehen. Neben den Fällen, in denen sich die argentinienspezifische Bedeutung der Kollokation nur implizit entfaltet, enthält das Korpus Beispiele, in denen in unterschiedlicher Explizitheit auf die argentinische Erinnerungskultur angespielt wird.

(68) Sólo con observar los datos de este canje y compararlos con el proceso de conformación de la deuda argentina a través del tiempo (especialmente vale la pena observar las diferencias con el Megacanje, ya que las características de la operatoria fueron similares pero las consecuencias totalmente distintas), cómo se negoció y renegoció en cada etapa de nuestra historia (siempre en contra de los intereses del país) alcanza para abstraerse de cualquier subjetividad y comprobar la notable diferencia. Resulta importante practicar este *ejercicio de memoria* de tanto en tanto para no cometer la zoncera de olvidar dónde estuvimos y a dónde *nunca más* deberíamos volver. (P12, 03. 08. 2014, «El canje fue el problema»)

Dieser Ausschnitt folgt auf einen Hinweis auf die wiederholt positiv und als außergewöhnlich bewertete Umschuldung (er ist eine Weiterführung von Beleg (62), in dem es heißt: «[S]e considera que ésa fue la reestructuración más importante de la historia financiera mundial»). Die Kollokation *nunca más* kommt hier in einem Satz mit dem Lexem *memoria* vor, einem Signalwort für den Frame *Erinnerungskultur* und im Diskursraum Argentiniens automatisch auch für die Bewältigung der Militärdiktatur. Eine entsprechende Lesart liegt daher nahe. Jedoch gibt es hier über das Zusammentreffen der beiden Schlüsselwörter des argentinischen Erinnerungsdiskurses keine expliziten Hinweise auf ihre Deutung. Die Betonung, in regelmäßigen Abständen ein «ejercicio de memoria» durchzuführen, spielt auf eine zuvor gemachte Bemerkung an, dass die Opposition unaufhaltsam Kritik an der Regierung übe. Hier steht die Erinnerung an die erfolgreiche Umschuldung im Vordergrund, die die «Albernheit» verhindere zu vergessen, «dónde estuvimos y a dónde nunca más deberíamos volver». Auch hier werden die zwei Zeitdimensionen sichtbar. Die Erinnerung an einen Zustand der Vergangenheit ist die Basis für das Gebot – das zugleich eine Warnung ist – nicht zu ihr zurückzukehren, was mit dem Konjunktivsatz «a dónde nunca más deberíamos volver» versprachlicht wird. Implizit drückt sich hier die bereits angesprochene Deutung der Krise als vergleichbar schlimmer Zustand wie die Militärdiktatur aus, dessen Wiederkehr um jeden Preis verhindert werden muss. Die Erinnerung an die schlimmen Zeiten der Krise beeinflusst damit das Verhalten in Gegenwart und Zukunft. Sie dient als Warnung, die ihre appellative Wirkung in diesem Beispiel auch dadurch entfaltet, dass sie ganz am Ende des Artikels steht.

Ein direkter Bezug auf die Formel *nunca más* als Leitspruch der argentinischen Erinnerungskultur findet sich in einem Artikel in Clarín, der ihn bereits im Titel, also an einer sehr prominenten Stelle, aufführt: «En la villa 21, Scioli pidió un ‹Nunca Más› para los fondos buitre». Dass hier auf den Phraseologismus mit seiner festen Bedeutung rekurriert wird, drückt sich auf der sprachlichen Oberfläche darin aus, dass ihm ein unbestimmter Artikel vorangestellt und er in Majuskeln geschrieben ist. Zusätzlich wird er durch Anführungsstriche hervorgehoben. In dem auf diese Weise überschriebenen Artikel geht es um einen Besuch des Gouverneurs von Buenos Aires, Daniel Scioli, in der *Villa 21*, einem Armenviertel mitten in der Hauptstadt. Aus der offiziellen Veranstaltung wird folgender Satz herausgegriffen:

(69)   Durante una recorrida por la Villa 21 de Barracas, el gobernador de Buenos Aires, Daniel Scioli, pidió un «‹*Nunca más*› *en la actuación de los fondos especulativos del capitalismo salvaje*». (CL, 02. 08. 2014, En la villa 21, Scioli pidió un «Nunca más» para los fondos buitre)

Es handelt sich bei dem Beleg um den Beginn des Artikels, in dem gleich nach einer situativen Einbettung das Zitat der Überschrift aufgegriffen und der Satz Sciolis wörtlich wiedergegeben wird. Obwohl auf der Diskursoberfläche die Kollokation *nunca más* als paradigmatischer Phraseologismus der Erinnerung an die Militärdiktatur markiert ist, schließt die Äußerung Sciolis keine weitere Aufschlüsselung ein, inwieweit mit seiner Verwendung in einem neuen Kontext eine Bedeutungsübertragung stattfindet. Ein Bezug zum Schuldenstreit wird zwar hergestellt, dass zwischen diesem und der Militärdiktatur Analogien bestehen, ergibt sich jedoch nur durch einen entsprechenden Schluss des Lesers. Das Beispiel zeigt, dass die Rekontextualisierung des Ausspruchs ein so umfassendes Wissen voraussetzt, dass die Erläuterung der Bedeutungsübertragung ausbleibt. Auch der folgende Ausschnitt führt die Kollokation an exponierter Stelle im Titel. Anders als in dem zuvor besprochenen Artikel findet sich hier kein Hinweis auf den Wissensrahmen der Militärdiktatur. Der Kontext des Belegs ist erneut die fest mit Néstor und Cristina Kirchner verbundene erfolgreiche Umschuldung, deren vorbildliche Realisierung beschrieben wird. Im Anschluss an diesen Akt der Memoriabildung eröffnet der Verfasser eine Zukunftsperspektive und leitet aus dem Erfolg der Vergangenheit den Aufruf ab, den Forderungen Griesas nicht nachzukommen, um eine Gefährdung der Umstrukturierung zu verhindern. Im nächsten Beispiel bezieht sich die Kollokation *nunca más* nicht auf eine Situation oder einen Zustand, deren Wiederholung ausgeschlossen wird, sondern auf eine Handlung.

(70) No pondremos en juego la reestructuracion de la deuda, que fue aceptada por el 92,4 por ciento. Y cuyo pago se honrará y garantizará. *Pero nunca más el pueblo argentino pagará lo que no debe.* (TA, 05. 08. 2014, Nunca más el pueblo pagará lo que no debe)

Der Satz «pero nunca más el pueblo pagará lo que no debe» erklärt eine Absicht und ist zugleich eine Versicherung, dass das argentinische Volk in der Zukunft nie wieder unrechtmäßige Schulden zahlen wird. Als Vergangenheitshorizont eröffnet sich hier, dass dies schon einmal der Fall war. Jedoch wird keine Erklärung beigefügt, was erneut auf ein vorausgesetztes diskursives Wissen schließen lässt.

Wie gezeigt wurde, etabliert sich im Korpus eine Default-Memoria, die eng an den Diskurs- und Erinnerungsraum Argentinien gebunden ist und die sich auf zentrale Gegenstände der jüngeren Vergangenheit bezieht. Die diskursspezifische Ausprägung des kollektiven Gedächtnisses entsteht über die Erinnerung an die als erfolgreich gedeutete Bewältigung der Krise von 2001 und der Rekontextualisierung der Formel *nunca más*, einem Erkennungszeichen der Aufarbeitung der Militärdiktatur. Anders als bei der Überwindung der Krise, deren Kernstück die historisch einmalige Umschuldung ist, setzt die Aktualisierung hier ein umfassendes diskursives Wissen voraus. Denn es erfolgt über die Integration des Leitspruchs im Diskurs hinaus keine Übertragung auf den Schuldenstreit als neuen Wissensrahmen. Doch bereits auf diese Weise erhält der Leitspruch neue Bedeutungsdimensionen und wird von einer Anklage der Verbrechen während der Militärdiktatur zu einem *Nunca más der Krise*. Damit einher geht eine Übertragung der Rollen von Täter und Opfer, bei der ein unschuldiges Argentinien zum Opfer der vermeintlichen Verbrechen der Hedgefonds wird. Beide Arten von Vergangenheitsbezug greifen auf fest etablierte kulturelle Orientierungsmuster zurück, die mit bestimmten Konzepten verbunden sind und ohnehin eine identitätsstiftende Funktion haben. Die Default-Memoria wird im Diskurs zu einem Instrument der Überwindung der Situation, denn die Erfolge der Vergangenheit legitimieren ein positives Selbstbild in der Gegenwart. Der Resilienzmarker, der beschreibt, wie eine Default-Memoria konstruiert wird, lässt sich auf einen Erfolgstopos zurückführen:

Weil Argentinien die schwerwiegende Krise von 2001 erfolgreich überwunden hat, ist der weit weniger gravierende Zahlungsausfall von 2014 eine überwindbare Herausforderung.

Ein zweiter Topos, der bei der Aktualisierung des *Nunca más* greift, lautet:

> *Weil es im Schuldenstreit, ähnlich wie in der Militärdiktatur, Täter und Opfer gibt, müssen die Hedgefonds wie Täter behandelt und für Gerechtigkeit gesorgt werden.*

7.5 Nationale Orientierungs- und Identifikationsfiguren

Die argentinische Präsidentin Cristina Fernández de Kirchner und der Wirtschaftsminister Axel Kicillof sind zentrale Akteure des Default-Diskurses. Dies lässt sich daran ablesen, wie häufig sie in Erscheinung treten, aber auch an der Deutungshoheit, die ihnen durch einen hohen Anteil an wörtlichen Redebeiträgen zukommt. Vor allem die Präsidentin erhält auf diese Weise Autorität über die Interpretation des Schuldenstreits und des Defaults. Sie trägt in einer Vielzahl von Äußerungen zudem entscheidend zur Etablierung einer nationalen Gemeinschaft bei (cf. 7.1). Zusätzlich zu ihrer Funktion als handelnde Akteure haben Cristina Kirchner und Axel Kicillof im Diskurs auch den Status nationaler Orientierungs- und Identifikationsfiguren.[26] Deutlicher als bei anderen Resilienzfiguren und -markern konzentriert sich die Gültigkeit dieser Rollen fast ausschließlich auf den Diskursausschnitt, den die regierungstreuen Zeitungen Página12 und Tiempo Argentino konstituieren. La Nación und insbesondere Clarín erzeugen als regierungskritische Zeitungen hier eher Gegenrollen, indem sie den beiden Figuren Merkmale zuweisen, die der Nation und ihren Interessen entgegenstehen (cf. DIE KRISE, DIE KEINE IST, Kap. 5).[27] Zu der Rollenaushandlung in den regierungstreuen Zeitungen, die Gegenstand der nachfolgenden Ausführungen ist, ist zu bemerken, dass die Figur Cristina Kirchners den Diskurs weitaus stärker prägt als die Axel Kicillofs, was auf ihr Amt und die damit verbundene herausgehobene Stellung innerhalb des nationalen Gefüges zurückgeht. Das Bild, das der Diskursausschnitt von der Präsidentin zeichnet, geht zudem zu einem großen Teil (aber nicht ausschließlich) auf selbstreferentielle Äußerungen zurück, die häufig wörtlich wiedergegeben werden. Als dritte Figur kommt der 2010 verstorbene Ehemann und Amtsvorgänger Cristina Kirchners – Néstor

---

26 Ich verwende den Ausdruck *Figur*, da sich die Ausführungen nicht auf die realen Personen beziehen, sondern auf das diskursiv erzeugte (Selbst-)Bild. Die realen Personen dienen zwar als Vorlage für die diskursive Figur, Person und Figur sind aber nicht deckungsgleich.
27 Es handelt sich hier jedoch um keine absolute Feststellung. Vereinzelt finden sich auch in La Nación und Clarín Facetten des Bildes der drei Akteure als Orientierungsfiguren, das hauptsächlich in den regierungstreuen Medien vermittelt wird.

Kirchner – hinzu, der ebenfalls den Status einer nationalen Identifikationsfigur erhält und präsent ist, als wäre er noch am Leben. Auch hier ist es die Präsidentin, auf die die Vergegenwärtigung Néstor Kirchners in öffentlichen Auftritten zurückgeht. Die drei Figuren verkörpern feste Rollen innerhalb des nationalen Gefüges und insbesondere gegenüber dem Volk. Im Diskurs werden sie in eine klar erkennbare Konstellation gestellt: Cristina und Néstor Kirchner erscheinen als nationales Elternpaar, das sich für das Wohlergehen der Nation einsetzt. Axel Kicillof hingegen kommt die Rolle eines ersten Beraters im Staat zu.

7.5.1 Cristina Kirchner als nationale Orientierungsfigur

Von den drei genannten Figuren konstituiert sich am deutlichsten das Bild von der Präsidentin Cristina Fernández de Kirchner, die zugleich die Protagonistin der argentinischen Akteure ist. Ihre herausgehobene Rolle ist im Zusammenhang mit dem argentinischen Präsidentialismus zu sehen, der sich durch eine Konzentration auf den *líder* und hohe Erwartungen an ihn charakterisiert (Nerb 2010, 213s.). Dabei ruft vor allem das «gesprochene Wort» Vertrauen in die Person des Präsidenten hervor, das «ohne intermediäre Mittlungspunkte meist zwischen politischem Führer und dem Adressaten – dem argentinischen Volk» steht (Nerb 2010, 225). Dadurch erklärt sich die hohe Anzahl an wörtlichen Redebeiträgen Kirchners im Default-Diskurs. Die Konzentration auf einen politischen Anführer ist auch ein Kennzeichen des Kirchnerismus und weist ihn als populistische politische Strömung aus (cf. Svampa 2015, 86).

Ein auffälliges Ergebnis ist, dass der gesamte Analysezeitraum keine Berichte über direkte Begegnungen der Präsidentin mit den Hedgefonds aufweist.[28] Die Rolle Cristina Kirchners besteht im Default-Diskurs also nicht darin, durch konkrete Verhandlungsschritte den Ausgang des Schuldenstreits zu lenken. Stattdessen tritt sie durch Regierungserklärungen und Reden bei offiziellen Veranstaltungen in Erscheinung. Ihre Handlungen bestehen vornehmlich in der Deutung und Interpretation der Ereignisse und in einer Hinwendung nach innen, zur Nation beziehungsweise zu ihren Anhängern. Diese Ausrichtung zeigt sich unter anderem darin, dass ihre öffentlichen Auftritte – außer bei der *Cumbre de Mercosur* in Venezuela – ausschließlich in Argentinien stattfinden. Die ausführlichen Berichte geben zu erkennen, wie eng sich dabei, wie bereits bei

---

28 Die direkte Begegnung mit den Hedgefonds fällt in den Aufgabenbereich Axel Kicillofs, dessen Rolle in dieser Hinsicht komplementär zu der Cristina Kirchners ist. Dass die Verhandlungen mit den Hedgefonds nicht zur «Präsidentensache» erklärt werden, ist ein Element, das zur Entdramatisierung beiträgt, cf. Kap. 5.

der Konstituierung einer Wir-Gruppe erläutert, politischer und gemeinschaftsstiftender Akt ineinander verschränken. Eine weitere Funktion solcher Veranstaltungen ist die Herausbildung einer Rolle der Präsidentin, die einen festen Platz im nationalen Selbstbild einnimmt. Sie besteht im Wesentlichen aus zwei Komponenten: einem dem Volk zugewandten nationalen Idol und einer starken und entschlossen handelnden Führungsfigur.

Die erste Komponente der Figur Cristina Kirchners setzt sich aus Merkmalen wie *Schutz, Fürsorge* und *Zuwendung* zusammen. Diese Attribute stehen in deutlicher Anknüpfung an Evita Perón, der in den 1950er Jahren für ihre Errungenschaften als Frau an der Seite des Präsidenten Juan Domingo Peróns der Titel *Jefa Espiritual de la Nación* verliehen wurde (cf. Navarro 1994, 249). Wie die Korpusbeispiele aufzeigen werden, evoziert Kirchner durch wörtlich zitierte Äußerungen das Bild Evita Peróns, indem sie sich selbst die mit ihr verbundenen Eigenschaften zuweist. Auf diese Weise überblendet sie sich und ihr Vorbild und erscheint wie eine zeitgenössische Verkörperung des Nationalidols.

(71) «*Están esperando* que hable de otra cosa. *No los voy a defraudar*», comentó [Cristina Kirchner] [...]. (TA, 01. 08. 2014, «Utilizaremos todos los instrumentos legales que nos dan los contratos»)

(72) «*No saben cómo los extrañaba*», apuntó la Presidenta, que hacía ya un tiempo que no entablaba el contacto en los patios internos, costumbre que tomó para dirigirse a los militantes kirchneristas. (P12, 01. 08. 2014, El ritual de los patios)

Diese beiden Belege stehen im Kontext öffentlicher Auftritte der Präsidentin und verdeutlichen, dass die erste Komponente der Figur Cristina Kirchners auf Selbstpositionierungen zurückgeht.[29] Gelegenheiten wie diese nutzt die Präsidentin also nicht nur, um ein nationales Gemeinschaftsgefühl herzustellen, indem sie häufig die 1. Pers. Pl. gebraucht. Sie dienen ihr auch dazu, sich aus dem nationalen Kollektiv und aus der Regierung herauszuheben und über selbstreferentielle Äußerungen ein Bild von sich zu konstruieren. Cristina Kirchner präsentiert sich als volksnah, indem sie einen politischen Akt zum Anlass nimmt, um direkt und persönlich mit ihren Zuhörern in Kontakt zu treten. Bei der direkten Adressatenorientierung handelt es sich nach Schröter (2006b, 50) um einen «Spezialfall sprachlicher Beziehungsgestaltung», denn sie ermöglicht Beziehungsgestaltung auch in eigentlich monologischen Redekontexten (cf.

---

29 Zur sprachlichen (Selbst-)Inszenierung von Politikern cf. Klemm (2007).

Schröter 2006b, 51).[30] In Beleg (71) vermittelt die Präsidentin Nähe zu ihren Zuhörern, indem sie ihnen eine bestimmte Erwartung unterstellt («están esperando que hable de otra cosa»), nämlich eine Stellungnahme zum Zahlungsausfall. Sie spricht ihnen zu, diese Erwartung nicht zu enttäuschen («no los voy a defraudar»). Die Beziehungsgestaltung geschieht nicht nur durch das Einfühlen in die Erwartung ihrer Zuhörer, sondern auch durch Bemerkungen, in denen die Präsidentin Einblick in ihre Gefühlswelt gibt, wie die Verbalphrase «no saben como los extrañaba» in Beleg (72) zeigt.[31] Darin drückt sich ihre emotionale Verbundenheit mit den anwesenden politischen Anhängern aus. Das Verb *extrañar* beschreibt eine persönliche Emotion, die typischerweise auf eine freundschaftliche oder familiäre Beziehung verweist.[32] Die einleitende Negation «*no saben cómo*», die der Emotion ein großes Ausmaß zuspricht, intensiviert die Gefühlsmanifestation zusätzlich. Besonders unvermittelt wirken diese Äußerungen dadurch, dass sie in wörtlicher Rede wiedergegeben sind und Originalität und Direktheit ausdrücken. Die Darstellung direkter Interaktionen zwischen Cristina Kirchner und argentinischen Bürgern, meist politischen Anhängern, konturieren ein Bild der Präsidentin, das die Grenzen zwischen Amt und Person verschwimmen lässt. Eine affektorientierte Rhetorik lässt ihre politische Rolle in den Hintergrund treten und zeigt sie als empfindsame und nahbare Person. Sie fühlt sich mit dem Volk über ihr Amt hinaus verpflichtet und wird dadurch zu einer Figur des Vertrauens und der nationalen Identifikation.

(73) Finalizando Cristina dijo «*quiero que se queden muy tranquilos* porque vamos a usar todos los instrumentos legales que nos dan nuestros propios contratos firmados con el 92,4 % de los bonistas. El default no existe porque default es no pagar, impedir que alguien no cobre cuando se pagó no es default van a tener que inventar esa palabra». (CL, 01. 08. 2014, Cristina negó el default y dio un fuerte apoyo a Kicillof)

Dieser Beleg ist ein seltenes Beispiel für eine Manifestation der Beschützerrolle in der regierungskritischen Zeitung Clarín. Er zeigt, wie sich die Präsidentin

30 Cf. zur Adressatenorientierung in Politikerreden auch Schröter (2006a).
31 Der Artikel *El ritual de los patios* stellt einen Sonderfall unter den Berichten über öffentliche Auftritte dar, denn er verzichtet auf eine Darstellung des politischen Akts und bezieht sich ausschließlich auf das sich daran anschließende Zusammentreffen der Präsidentin mit ihren Anhängern.
32 Zur kommunikativen Thematisierung emotionalen Erlebens cf. Fiehler (2008, 758s.) und Till (2008, 647). Till weist in diesem Zusammenhang darauf hin, dass affektorientierte Sprache das Image des Redners stärkt.

als Teil eines Kollektivs präsentiert und sich zugleich aus diesem heraushebt. Zunächst wendet sie sich aus einer individuellen Perspektive («quiero que ...») an ihre Zuhörer und vermittelt Kontrolle und Souveränität über die Situation. Anschließend liefert sie aus einer kollektiven Perspektive («vamos a usar ...») die Begründung dafür. Die Aufforderung, ruhig zu bleiben, erklärt sie mit einem Verweis auf die Rechtschaffenheit der Regierung und damit, dass ihrer Deutung nach ein Zahlungsausfall nicht existiert, weil die Voraussetzungen dafür nicht erfüllt sind. Neben Souveränität drücken sich hier auch Gelassenheit und die Erwartung eines für Argentinien positiven Ausgangs des Schuldenstreits aus. Zu bemerken ist, dass der erste Teil der Äußerung, in dem die Präsidentin den Fokus auf sich als Person legt, erneut eine Affektorientierung enthält. Cristina Kirchner präsentiert sich hier als Orientierungsfigur, die den Überblick über die Situation behält und zum Schutz und Wohl des Volkes handelt. Dadurch können die Bürger zu ihr aufschauen. Dass die Thematisierung von Gefühlen und persönlichem Erleben eng mit der Ausrichtung an den Interessen der Nation verknüpft ist, veranschaulicht Beleg (74).

(74) «Para mí sería muy fácil firmar y quedar como una reina, *pero no podría dormir. Me siento con una responsabilidad ante la historia*», remató hacia el final, para llevarse la ovación de la militancia, que cubrió tres patios de la Casa Rosada. (LN, 01. 08. 2014, Cristina le dio un cierre definitivo a la negociación y negó que haya un default)

Kirchner eröffnet durch die einleitende Wendung «para mí sería muy fácil firmar» ihre Handlungsmöglichkeiten. Die Forderung der Hedgefonds zu unterschreiben wäre die leichtere Handlungsalternative, von der sich die Präsidentin jedoch abgrenzt und dies mit ihren Emotionen und ihrem persönlichen Erleben begründet. Indem sie den schweren Weg geht, stellt sie ihren persönlichen Vorteil zurück und präsentiert sich als altruistische Führungsfigur. Mit «me siento con una responsabilidad ante la historia» verweist sie auf ihr Gewissen und drückt eine Selbstverpflichtung aus, die über ihre Regierungszeit hinausgeht. Gleichzeitig stellt sie den Schuldenstreit als historisch bedeutsamen Moment dar. Zusätzlich zu dieser Begründung ihres Handelns auf der Basis einer Gewissensentscheidung stellt Kirchner ihr politisches Handeln auch in Relation zu ihrem Erleben als Privatperson. Weil ihr Verantwortungsgefühl gegenüber der Nation über ihr Amt hinausgeht, hätte eine für Argentinien nachteilige Entscheidung die Folge, dass sie nicht mehr schlafen könnte. In ihrer Äußerung ruft Cristina Kirchner auch ein monarchisches Herrschersymbol auf. Kurzfristig würde sie durch eine Einigung mit den Hedgefonds wie eine Königin aussehen («quedar como una reina»), da Argentiniens so einem Zahlungsausfall entginge.

Auf langer Sicht hätte eine Einigung durch die Aktivierung der RUFO-Klausel und mögliche umfassende Klagen der Anleger aber negative Konsequenzen. Die positive Selbstdarstellung kommt hier dadurch zustande, dass die Präsidentin persönliche Vorteile dem langfristigen Wohl der Nation unterordnet.

In den beschriebenen Belegen wird durch expressive Aussagen, die sowohl Einblick in den Gefühlszustand der Präsidentin als auch in ihre Moralvorstellungen geben, deutlich, dass diese Facette der Figur Cristina Kirchners politische und persönliche Komponenten eng miteinander verwoben darstellt.[33] Die Äußerungen Kirchners zielen auf ein «Ethos der Fürsorge» (Held 2006), das sich in einem Einfühlungsvermögen in die Situation ihrer Zuhörer beziehungsweise des gesamten Volkes äußert und ihre Empfindsamkeit und Loyalität fokussiert.[34] Im kulturellen Kontext Argentiniens suggeriert diese Selbstdarstellung Ähnlichkeiten zwischen Cristina Kirchner und Evita Perón, die als argentinisches Nationalsymbol verehrt wird. Auch sie charakterisierte sich durch ihre Hinwendung an das Volk und galt als treue Gefährtin des Präsidenten Juan Domingo Perón. Es ist ein bezeichnendes Ergebnis, dass Cristina Kirchner an dieses positive Bild Evitas anknüpft, indem sie die gleichen Merkmale verkörpert. Die Verbindung der Eigenschaften einer treuen Gefährtin und die Präsenz des verstorbenen Néstor Kirchners im öffentlichen Diskurs Argentiniens, erzeugt ein Bild von dem Präsidentenehepaar Néstor und Cristina Kirchner, das die gleiche identitätsstiftende Funktion für Argentinien übernimmt wie Evita und Juan Domingo Perón. Die Nachbildung der beiden historischen Personen und ihrer Bedeutung für die nationale Identität, die in der argentinischen Gesellschaft ihren festen Platz hat (Nerb 2010, 225), wird im Diskurs implizit hergestellt. Zu seiner Entfaltung kommt das Bild nur durch einen entsprechenden (unbewussten) Schluss eines Lesers, der die Diskurstradition des symbolträchtigen Perón-Ehepaares kennt.[35]

Die Strategie Kirchners, indirekt an Evita Perón anzuknüpfen, wird in einem Artikel in La Nación aufgegriffen. Der Kontext des Belegs ist eine Kritik an der Politik Kirchners, über die auch der Verweis auf Evita eine negative Deutung erhält.

---

33 Zur Überblendung von Amt und Person im Diskurs der Präsidentin cf. auch Pérez (2013).
34 Zur Selbstinszenierung Cristina Kirchners und zur Etablierung eines Selbstbildes in öffentlichen Reden gibt es mehrere Studien, die vor allem auf verschiedene Arten von Ethos, sich in öffentlichen Reden ausdrücken, abzielen, cf. etwa Romano (2010) und Vitale (2013).
35 In ähnlicher Weise funktioniert die Rekontextualisierung des *Nunca Más*, bei der die Übertragung einer Täter-Opfer-Konstellation von der Militärdiktatur auf den Schuldenstreit ebenfalls auf einen Leser angewiesen ist, der mit der Diskurstradition vertraut ist, cf. Kap. 7.4.

(75) Esas decisiones económicas estuvieron en línea con su heroína política, Eva Perón, quien con su esposo Juan Perón bañó a los argentinos de clase obrera con subsidios y programas sociales. *El domingo, en una serie de tuits, Fernández de Kirchner elogió la dedicación de Evita a su pueblo y escribió sobre su interpretación de fotos de la ex primera dama.* «Siempre que veo imágenes de Evita miro su expresión. Tal vez con intención de ver en una foto su pensamiento y sus emociones en ese momento», escribió. (LN, 01. 08. 2014, Kirchner no cedió y ahora Argentina enfrenta los costos de otro ‹default›)

Die Rolle des nationalen Idols entsteht vorwiegend in selbstbezogenen Äußerungen der Präsidentin. Durch Bestätigungen aus einer Außenperspektive wird sie zusätzlich verstärkt. Sie verleihen der Selbstpositionierung Kohärenz, denn ihr wird durch die Anerkennung von anderen ein zusätzlicher Wahrheitsgehalt zugesprochen. Dies geschieht in Berichten über die Zusammentreffen Kirchners mit ihren Anhängern im Anschluss an offizielle Auftritte, die detailreich beschrieben werden. In diesen Treffen fehlen Bezüge zum Schuldenstreit oder zum Zahlungsausfall. Der Default gibt also Anlass für identitätsstiftende Akte, die inhaltlich losgelöst von ihm stattfinden. Die Berichte vermitteln die Nahbarkeit und die Überblendung von Amt und Person in der Figur Cristina Kirchners in narrativen Passagen und szenischen Beschreibungen der Interaktionen und unterstreichen so das von der Präsidentin verbal aufgebaute Selbstbild.

(76) «Me gusta la de Chávez», los arengó y un grupo empezó a cantar «qué lindo que es Chávez, que lindo que está, será porque se parece, se parece al General», *logrando que la Presidenta bailara y sacudiera el brazo acompasando la canción.* (P12, 01. 08. 2014, El ritual de los patios)

Dieser Ausschnitt schließt direkt an die expressive Äußerung Kirchners in Beleg (71) an («no saben como los extrañaba») und ist ein weiteres Beispiel für eine informelle Interaktion mit den Zuhörern. Der Hinweis Kirchners, welches politische Lied ihr gefällt («me gusta la de Chávez»), löst den entsprechenden Gesang der Zuhörerschaft aus. Dies hat wiederum zur Folge, dass die Präsidentin anfängt, zu dem Lied zu tanzen. Der Konsekutivsatz, der die Aktion der Präsidentin szenisch beschreibt, positioniert sie als nahbar und entkrampft und vermittelt, dass sie öffentliche Auftritte nicht nur als Inhaberin des höchsten politischen Amtes im Staat, sondern mit allen Seiten ihrer Persönlichkeit durchführt.[36] Folgender Beleg drückt aus, dass auch die Nähe, die Cristina Kirchner

---

36 Diese Art öffentlicher Auftritte beschränkt sich nicht nur auf den Default-Diskurs, sondern findet sich auch zu anderen Gelegenheiten, beispielsweise beim Jubiläum der Universidad

zwischen sich als Idol und dem argentinischen Volk etabliert, von ihren Anhängern bestätigt wird.

(77) «Cristina, Cristina, Cristina corazón, acá tenés los pibes para la liberación», gritaban al unísono mientras saltaban con las banderas de La Cámpora, el Movimiento Evita y Kolina. (P12, 01. 08. 2014, El ritual de los patios)

Der wörtlich wiedergegebene Ausruf ist keine ad hoc-Konstruktion, sondern Teil von Reigen und Gesängen der Anhänger des Kirchnerismus, die üblicherweise bei Märschen und Veranstaltungen gesungen werden.[37] In dem Reigen wird die Präsidentin nur mit ihrem Vornamen angesprochen, was Nähe und Vertrautheit ausdrückt. Die Verwendung des Vornamens, um sich auf die Präsidentin zu beziehen, ist ein Muster, das vor allem in Página12 und Tiempo Argentino häufig vorkommt, insgesamt aber in allen vier Zeitungen des Korpus nachgewiesen werden kann. Zusätzlich betont wird das persönliche Verhältnis der Anhänger zur Präsidentin in der dritten Wiederholung ihres Vornamens durch das beigefügte «corazón». Damit wird Cristina Kirchner mit einer Anredeformel angesprochen, die typischerweise für eine nahestehende Person in einem privaten Kontext verwendet wird. In der Selbstbezeichnung der Anhänger als *pibes* setzt sich der Grad der zur Präsidentin ausgedrückten Nähe fort, denn sie legt ein familiäres Verhältnis nahe und drückt eine Anerkennung der Rolle Kirchners als hierarchisch übergeordnete Versorgerin aus.[38] Zusätzlich zu szenischen Beschreibungen wird die von der Präsidentin in Selbstaussagen etablierte Rolle, vor allem die Hinwendung zu ihren Zuhörern, auch visuell vermittelt.

Die zwei Fotos aus La Nación und Tiempo Argentino zeigen, wie sich die Präsidentin bei Veranstaltungen im Innenhof der *Casa Rosada* an ihre Anhänger richtet. Sie neigt sich ihnen mit ihrem Oberkörper zu, während sie das Wort an sie richtet. Die Hinwendung, die ihre Körperhaltung ausdrückt, steht dabei im Einklang mit den sprachlich vermittelten Merkmalen. Das Foto aus La Nación, auf dem Kirchner sich mit beiden Armen auf das Geländer des Balkons lehnt, vermittelt zusätzlich einen ungezwungenen Umgang mit den Anhängern. Durch die Gestaltung der Szene, in der Kirchner aus einer erhöhten Position

---

de Córdoba, http://www.lagaceta.com.ar/nota/549330/politica-nacional/mira-video-cristina-bailando-tras-acto-cordoba.html (letzter Zugriff 25. 09. 2018).

37 Damit zeigt sich hier kein auf den Default-Diskurs beschränktes Muster, sondern ein Merkmal der politischen Kultur Argentiniens.

38 Das Verhältnis liegt unter anderem auch deshalb nahe, da sich die kirchneristische *militancia* zu einem großen Teil aus Jugendlichen zusammensetzt.

Abb. 1: Carlos Pagni: *El alto costo de un capricho ideológico*, La Nación, 31. 07. 2014, Agencia EFE.

Abb. 2: Martin Piqué: *«Utilizaremos todos los instrumentos legales que nos dan los contratos»*, Tiempo Argentino, 01. 08. 2014.

zu den unten versammelten Zuhörern spricht, findet sich die auch sprachlich etablierte Hierarchie wieder. Es ist keine Dominanz, die hier ausgedrückt wird, sondern Souveränität und Hinwendung. Die Ikonographie der Präsidentin, die sich vom Balkon aus an ihre Zuhörer wendet, knüpft erneut an die Symbolfigur Eva Perón an. Auch sie wendete sich häufig vom Balkon der *Casa Rosada* an die Argentinier (allerdings nicht im Innenhof, sondern in Richtung der *Plaza de Mayo*).[39] Als Schlussregel lässt sich für diese Teilrolle Kirchners herausarbeiten:

> *Weil sich Cristina Kirchner in die Interessen des Volkes genauso einfühlt wie Evita, ist sie ebenfalls ein Nationalidol und eine Orientierungsfigur für das Volk.*

Die bisher beschriebenen Merkmale der Figur Cristina Kirchners, die sich zu dem Bild eines nationalen Idols in deutlicher Anknüpfung an Eva Perón zusammenfügen, gehen vorwiegend auf Selbstpositionierungen zurück. Über Fremdaussagen von Mitgliedern der Regierung, die Handlungen der Präsidentin evaluieren und ihr explizit Merkmale zuweisen, entsteht eine weitere Rolle, bei der Eigenschaften wie *Stärke* und *Entschlossenheit* im Vordergrund stehen. Diese zweite Rolle lässt sich damit erklären, dass Cristina Kirchner zum Zeitpunkt des Zahlungsausfalls nicht mehr die Erste Dame im Staat ist wie bis 2007 unter ihrem Ehemann Néstor Kirchner, sondern selbst Präsidentin. In dieser Funktion tritt sie als starke Anführerin der Nation auf. Eine interessante Beobachtung ist, dass der Präsidentin Mut, Stärke und Widerstandskraft in der Konfrontation mit den Hedgefonds zugesprochen werden, obwohl sie diesen gar nicht direkt in Verhandlungen gegenübertritt.

(78) «La presidenta actuó con *determinación*, con *coraje, tenacidad y voluntad*, y la política es voluntad», señaló [Scioli; S. M.]. Y agregó: «Ayer (por el jueves) vi a una mujer consciente de un punto muy importante de este proceso que se está viviendo y de todo lo que hemos tenido que enfrentar». (TA, 02. 08. 2014, Scioli pidió «acompañar al Estado y poner el hombro por el país» ante los holdouts)

(79) Es decir, la *presidenta, con su firmeza y compromiso, liberó a los argentinos de pagar 100 mil millones de dólares*, que eran producto de artilugios maliciosos de cálculo y políticas poco transparentes. (TA, 05. 08. 2014, Nunca más el pueblo pagará lo que no debe)

Die Attribute, die die Präsidentin und ihr Handeln kennzeichnen, weisen sie als mutige und souveräne Vertreterin des Volkes aus. Besonders die Substantive

---

39 Cf. Navarro (1994) für mehrere Beispiele symbolträchtiger Auftritte Eva Peróns (gemeinsam mit Juan Perón) vom Balkon der Casa Rosada.

tenacidad, *coraje* und *firmeza* weisen ihr Eigenschaften zu, die sich auch im psychologischen Konzept eines resilienten Menschen wiederfinden, der widerstandsfähig ist und Herausforderungen mutig und entschieden begegnet. Neben der Rolle als Verteidigerin wird sie in Beispiel (79) als Befreierin Argentiniens von einer Zahlung in Milliardenhöhe bezeichnet: «liberó a los argentinos de pagar 100 mil millones de dólares». Damit wird sie wie Néstor Kirchner in die Reihe von Nationalhelden gestellt (cf. Kap. 7.5.2). Bezeichnend ist, dass sie sich dieses Merkmal nicht selber verleiht, sondern es ihr von außen zugesprochen wird. Die Befreiung wird hier in die Vergangenheit verlagert, Argentinien wurde bereits befreit, da sich die RUFO-Klausel nicht aktiviert hat. In Beleg (79) fällt darüber hinaus auf, dass Scioli für die Präsidentin zunächst ihre Amtsbezeichnung verwendet («la presidenta») und sie anschließend als «mujer consciente» bezeichnet. Neben ihrer Funktion als Politikerin rückt er sie damit als Beispiel für eine starke und souveräne Frau in den Fokus. Im Rahmen der Verkörperung einer entschlossenen Führungsfigur tauchen erneut die Merkmale *Verbindlichkeit* und *Verantwortungsbewusstsein* auf, die auch als Bestandteil der Rolle eines Nationalidols identifiziert wurden. Von außen wird ihr also ebenfalls attribuiert, dass sie nicht persönliche Vorteile verfolgt, sondern den nationalen Interessen verpflichtet ist.

(80) Cristina quiso dejar en claro su vocación por resolver el conflicto *sin pretender beneficios personales*. Recordó que le faltaban sólo 500 días de gobierno [...], dijo que en la renegociación de la deuda con el Club de París *ella se preocupó para que no hubiera una carga de pagos muy pesada en el año 2017 y que eso beneficiará al próximo presidente*. (TA, 01. 08. 2014, «Utilizaremos todos los instrumentos legales que nos dan los contratos»)

(81) «[...] A mí me parece que en todo esto *pesa que el ciudadano común no ve lo que hace CFK como una jugada electoral*. Se sabe que no hay reelección y la postura de que no va a firmar cualquier cosa que endeude al país, cae muy bien. Hay una parte de la población que sabe que si la Presidenta acuerda con los buitres, el pago sería con bonos que pagarán los próximos gobiernos y que la famosa cláusula RUFO también será motivo de juicios que deberán afrontar los próximos gobiernos. O sea que supuestamente para ella sería fácil salir del paso firmando y en la encuesta se valora que CFK se mantenga firme contra viento y marea». (P12, 03. 08. 2014, Pájaros non gratos)

Beide Ausschnitte sprechen an, dass die Regierungszeit Cristina Kirchners kurz vor ihrem Ende steht und die Präsidentin mögliche Folgen einer Aktivierung der RUFO-Klausel nicht tragen müsste. Dieser Darstellung nach dient ihr Handeln in erster Linie dem Wohl des Volkes, ohne «beneficios personales» zu suchen, wie Beleg (80) deutlich macht. Ihr Handeln garantiere Argentinien eine positive Zukunft und wirke zum Vorteil für ihren Nachfolger.

Bei der Äußerung in Beispiel (81) wird betont, dass das Handeln der Präsidentin, die hier mit dem Akronym CFK bezeichnet wird, keine «jugada electoral» ist. Der Fokus liegt in diesem Ausschnitt auf der Betonung, dass die Bürger dies anerkennen und sich so ein positives Image der Präsidentin ergebe. Ähnlich wie bei der Aufzählung ihrer Handlungsoptionen in der Selbstpositionierung Kirchners findet sich auch hier der Verweis, dass es für die Präsidentin kurz vor dem Ende ihrer Amtszeit die leichtere Option wäre, die Forderungen zu unterschreiben. Der Abschnitt endet mit einer Beschreibung Cristina Kirchners mithilfe einer Metapher aus dem Wortfeld Naturgewalt, die sich direkt mit dem Konzept der Resilienz in Verbindung bringen lässt: «se valora que CFK se mantenga firme contra viento y marea». Der Hinweis auf die Widerstandsfähigkeit der Präsidentin gegenüber den Gezeiten verstärkt ihre Rolle als nationale Führungs- und Orientierungsfigur (cf. zu diesem Beispiel auch den Resilienzmarker ARGENTINIEN ALS KONTRAHENT AUF AUGENHÖHE, Kap. 6.2.2).

Eine Thematisierung von Emotionen findet sich nicht nur bei der Konstitution der Rolle Cristina Kirchners als Nationalidol. Daneben enthält das Korpus wiederholt Bezugnahmen auf das Gefühl *Stolz*, das Mitglieder der Regierung oder die argentinische Bevölkerung empfinden. Ausgelöst wird es durch das Verhalten der Präsidentin gegenüber den Hedgefonds.[40] Die Argentinier drücken eine emotionale Verbundenheit zur Präsidentin aus und positionieren sie als Repräsentantin ihrer Interessen. Interessanterweise bezieht sich die ausgedrückte Emotion Stolz nicht auf die Figurenkomponente eines dem Volk zugewandten Idols. Stattdessen steht sie im Zusammenhang mit der Rolle, die die Präsidentin als entschlossene und standhafte Vertreterin nationaler Interessen auszeichnet. Damit bestätigt sich, dass das Bild des Nationalidols zu einem Großteil ein Selbstbild ist, während das der starken und widerstandsfähigen Anführerin auf Zuschreibungen von außen beruht. Eine Erklärung für dieses Analyseergebnis ist, dass man sich Merkmale wie *Zuwendung, Einfühlungsvermögen* etc. selbst zusprechen kann, historische Größe ist jedoch nur glaubwürdig, wenn sie von außen zuerkannt wird.

(82)   *«Es un orgullo para los argentinos y argentinas tener una Presidenta y un gobierno dispuestos a defender la soberanía y el futuro del pueblo hasta el*

---

40 Cf. zur Bedeutung von *Stolz* in nationalen Identitätsdiskursen am Beispiel Perus Sörensen (2012; 2013). Ein Unterschied ist, dass sich die Empfindung dort auf die Nation bezieht. Im Default-Diskurs löst das Auftreten der Präsidentin im Konflikt mit den Hedgefonds dieses Gefühl aus.

último día de su mandato. Porque sería muy fácil que nuestro gobierno haga lo que hicieron los anteriores: cerrar un acuerdo de espaldas al pueblo, cuyas consecuencias más graves recaigan en las próximas gestiones y generaciones», señaló Martín Sabbatella. (P12, 31. 07. 2014, Reacciones de oficialistas y opositores)

(83) «[...] Así como *veo con orgullo a la Presidenta pelear por los intereses de todos los argentinos*, me da vergüenza que algunos dirigentes, y no sólo por derecha, digan como (Mauricio) Macri que uno se debe sentar con Griesa y hacer lo que el juez dice, o (Julio) Cobos, que también es de derecha. He oído a dirigentes de izquierda o progresistas decir que ‹hay que pagarles a los fondos buitre lo que piden› [...]» [dice Juliana Di Tullio]. (P12, 29. 07. 2014, «No existe posibilidad de default»)

(84) Aquí, en esta vasta capital, los argentinos reaccionaron con una mezcla de orgullo y desinterés. *Orgullo porque su presidenta no cedió ante los extranjeros, principalmente estadounidenses y Wall Street*, y desinterés porque a diferencia del default sobre una deuda de US$ 100.000 millones en 2001, esta no significa que el país está en quiebra y al borde de un colapso financiero. (LN, 01. 08. 2014, Kirchner no cedió y ahora Argentina enfrenta los costos de otro ‹default›)

Alle drei Belege verwenden das Substantiv *orgullo*, um eine Empfindung gegenüber der Präsidentin beziehungsweise ihrem Verhalten in der Konfrontation mit den Hedgefonds zu thematisieren. Martín Sabbatella spricht in seiner Äußerung (Beleg 82) nicht von einem persönlichen Gefühl. Vielmehr sieht er in der Standhaftigkeit der Präsidentin (und der Regierung), die im Gegensatz zum Handeln früherer Regierungen steht, den Grund für den Stolz aller Argentinier. Die Bereitschaft der Präsidentin, die argentinische Souveränität und die Zukunft zu verteidigen, bewirkt demnach Stolz als nationales Gefühl. In einem Interview begründet die kirchneristische Politikerin Juliana Di Tullio ihren Stolz auf die Präsidentin in ähnlicher Weise damit, dass diese die Interessen «de todos los argentinos» verteidige (Beleg 83). Auch wenn es sich hier um eine individuelle Emotion handelt, wird darin der Bezug zur Nation deutlich. Im Kontrast dazu nennt Di Tullio das gegenteilige Gefühl *Scham*. Dies empfinde sie in Bezug auf die Opposition, die mit den Hedgefonds verhandeln und ihren Forderungen nachkommen wolle. Auch in Beleg (84) wird Stolz in Zusammenhang mit der Standhaftigkeit der Präsidentin genannt.[41]

---

[41] Cf. die Interpretation dieses Ausschnitts auch hinsichtlich der Entdramatisierung der Sachlage in Kap. 5.3 (dort Beleg 57).

An die Lobeshymnen, die Cristina Kirchner als entschlossene Verteidigerin nationaler Interessen darstellen, knüpfen weitere Äußerungen an, die der Präsidentin eine historische Bedeutsamkeit zusprechen.

(85) «Cristina no está pensando en las próximas elecciones, *sino en los libros de historia* y los intereses en el presente del pueblo argentino», sostuvo Luis D'Elía [...]. (P12, 08. 08. 2014, Unidos ante los buitres)

(86) Sin duda, *nuestra presidenta está haciendo historia*, para Argentina y para la Patria Grande. (TA, 05. 08. 2014, Nunca más el pueblo pagará lo que no debe)

Die argentinische Präsidentin denke nicht an die nächsten Wahlen, «sino en los libros de la historia». Sie ist sich D'Elía zufolge des geschichtsträchtigen Entscheidungsmoments also bewusst. Deutlicher vermittelt Beleg (86) den Part, den Kirchner dabei spielt. Durch ihre Taten schreibe sie selbst Geschichte («nuestra presidenta está haciendo historia»). Interessant ist hier die Doppelung «para Argentina y para la Patria Grande». «Patria Grande» bezieht sich auf die hispanoamerikanischen Nationen. Damit steht das positiv bewertete Handeln der Präsidentin nicht nur in einem nationalen Zusammenhang, sondern geht in seiner Bedeutung noch darüber hinaus. Beide Belege sind Beispiele, wie bei der Positionierung der Präsidentin ein Rückgriff auf einen Heldendiskurs sichtbar wird.[42] Auch Cristina Kirchner selbst betont die historische Bedeutsamkeit ihres Handelns.

(87) «*Quiero pasar a la historia* como una presidenta que defendió los intereses de los argentinos». (LN, 31. 07. 2014, Cristina Kirchner y su comparación con Gaza: «Esto también es violencia, son misiles financieros, que cuestan vidas»)

Mit der Betonung, dass sie aufgrund ihres Entschlusses, die Interessen der Argentinier zu verteidigen, in die Geschichte eingehen will, offenbart Cristina Kirchner nicht nur, welche Dimension sie dem Schuldenstreit zuschreibt, sondern auch, dass sie sich selbst als historische Persönlichkeit sieht. Der Beleg greift gewissermaßen in eine unbestimmte Zukunft voraus, in der auf den Schuldenstreit in der Vergangenheit und die Schlüsselrolle der Präsidentin zurückgeblickt wird. Neben solchen allgemeinen Bezugnahmen auf die Geschich-

---

42 Cf. zum Konzept des Heroischen Hoff et al. (2013) und Asch/Butter (2016).

te (cf. auch Beleg 74) reiht sich die argentinische Präsidentin explizit in eine Reihe historisch bedeutsamer Persönlichkeiten und Momente der argentinischen Vergangenheit ein, indem sie auf diese verweist und ihr eigenes Handeln in Relation zu ihnen setzt.

(88) «*Yo no quiero pasar a la historia* como Bernardino Rivadavia (por el empréstito con la banca Baring), como el megacanje y el blindaje», dijo. (CL, 01. 08. 2014, Cristina exaltó al ministro y criticó la propuesta de los banqueros)

In Beleg (88) verweist Kirchner auf Bernardino Rivadavia, Gouverneur der Provinz von Buenos Aires, der Argentinien Anfang des 19. Jahrhunderts durch einen hohen Kredit wirtschaftlich von Großbritannien abhängig machte (cf. Riekenberg 2009). Von solchen Handlungen grenzt sie sich ab, was durch die Realisierung des Subjektpronomens *yo* deutlich wird. Darüber hinaus ruft sie den *megacanje* und den *blindaje* in Erinnerung, zwei Ereignisse, die eine deutliche Referenz auf die Krise von 2001 darstellen.[43]

Cristina Kirchner bezieht sich im Default-Diskurs wiederholt auf bedeutsame historische Personen. Nach Raiter (2013, 128) hat das Aufrufen der Vergangenheit einen festen Platz im Diskurs der argentinischen Präsidentin, um ihre eigene «figura política» zu formen: «La construcción del pasado cumple un papel esencial en sus intervenciones, tanto en la constitución político discursiva de su lugar como enunciadora, como en la construcción de su figura política». In dieser Komponente der Positionierung überkreuzt sich die Konstruktion einer argentinischen Memoria mit der Verhandlung der Rolle einer nationalen Orientierungsfigur. Kirchner stellt die historischen Bezüge selbst her und aktiviert damit das kollektive Gedächtnis der Argentinier, was zugleich einen Akt der Kollektivierung und Einheitsbildung darstellt. Eng damit verknüpft ist eine Betonung der historischen Bedeutsamkeit des Prozesses gegen die Hedgefonds und der Haltung Argentiniens dabei. Die Bezüge auf Nationalhelden werden mit zwei kommunikativen Funktionen eingesetzt. Zum einen dienen sie zur Abgrenzung und Distanzierung des jetzigen Handelns von dem der genannten Personen wie im Beispiel Rivadavias, zum anderen dienen sie zur Identifikation mit ihnen und zum Ausdruck der Fortführung einer politischen Linie. Der Rückgriff

---

43 Der *megacanje* war die Umwandlung einer beträchtlichen Menge an Auslandsschulden Mitte 2001, um längere Tilgungsfristen zu erreichen, cf. Odiso (2014). Der Ausdruck *blindaje* bezieht sich auf die Aufnahme einer weiteren großen Summe neuer Schulden Ende 2001 (Odiso 2014). Beide Maßnahmen, die der argentinischen Wirtschaft aus der Krise helfen sollten, verfehlten ihr Ziel und ließen die Auslandsverschuldung nur noch weiter steigen.

auf nationale Vorbilder trägt nur vordergründig zur kollektiven Geschichte und Nationenbildung bei. Als dahinterliegende Bedeutungsbildung erscheint, dass sich Kirchner selber in die von ihr aufgerufene Linie von Nationalhelden einreiht und darüber als starke und positive Führerin des argentinischen Volkes auftritt. Durch die Nennung bedeutender Persönlichkeiten stellt sich Cristina Kirchner in einen geschichtlichen Kontext der heroischen Vergangenheit Argentiniens. Dabei greift sie vorwiegend Personen der jüngeren Geschichte heraus, die eine Verbindung zur ideologischen Linie des Kirchnerismus aufweisen wie etwa die bereits genannten Evita und Juan Domingo Perón oder auch Hugo Chávez. Das Hervorheben einzelner Führungsfiguren ist im Zusammenhang mit der politischen Kultur Argentiniens zu sehen, die sich durch einen ausgeprägten Personenkult auszeichnet (der sich unter anderem in der personenbezogenen Benennung des politischen Programms zeigt: *kirchnerismo, peronismo*, in jüngster Zeit auch *macrismo*). Diese Technik entfaltet im Default-Diskurs eine Wirkung, indem die mit den Nationalhelden verbundenen positiven Bedeutungsanteile auf Cristina Kirchner übertragen werden. Die Erfolge der Vergangenheit werden als positive Konzepte mit aufgerufen. Am deutlichsten wird die symbolische Linie von der Präsidentin in der Gegenwart zur heroischen Vergangenheit, wenn Kirchner nicht nur die Namen nennt, sondern sich selbst und ihre Politik in Relation zu ihnen stellt. Dies zeigt sich im Diskurs vor allem im Rahmen der Auseinandersetzung Kirchners mit einer Initiative argentinischer Banken, die den Zahlungsausfall zu verhindern suchen, indem sie selbst die Schulden bei den Hedgefonds begleichen. Diese zunächst positiv bewertete Initiative wird von Axel Kicillof und Cristina Kirchner kritisiert.[44] Um ihre Position aufzuwerten und gleichzeitig die Initiative der Banken als schädlich für Argentinien abzuwerten, greift Kirchner auf die Figur San Martíns, eines unumstrittenen argentinischen Nationalhelden, zurück.

(89) «No me siento épica ni me siento parte de una estatua. Algunos han aparecido en los últimos días y parecían generosos. *Para ser San Martín no hace falta que te pongan en un diario como el salvador de la patria.* Sobre todo, hace falta tener el coraje y la honestidad para decir como son, para no engañar a la gente». (LN, 31. 07. 2014, «Impedir que alguien pague no es default», dijo Cristina Kirchner)

---

44 Die Regierung hatte die Verhandlungen mit der Begründung platzen lassen, dass man letztendlich mit dem Geld der Argentinier zahlen würde. Denn die Regierung könne den Banken das Geld nicht zurückzahlen (wie es eigentlich geplant war), da sich auch in diesem Fall die RUFO-Klausel aktivieren würde.

(90) «Yo no me siento épica. No me siento una estatua ecuestre, no me voy a subir a ningún caballo», aseguró. Luego relacionó esa aclaración, que contestaba a acusaciones de sectores opositores y ciertos medios, con el rol que intentaron jugar algunos banqueros agrupados en ADEBA. Esos nombres conocidos del sistema financiero asumieron un protagonismo inesperado, con la supuesta vocación de evitar el default. Cristina aludió a ellos al dedicarles algunas críticas. «En los últimos días algunos han aparecido como generosos y después, ya escucharon al ministro de Economía (Axel Kicillof, quien minutos antes había desechado la propuesta de ADEBA al asegurar que pretendían hacer un pago a los buitres con fondos de los ahorristas). Parecían San Martín, *pero para ser San Martín tenés que tener el caballo, el birrete, el sable pero, por sobre todas las cosas, el coraje y la honestidad de decir cómo son las cosas*», cuestionó la presidenta. (TA, 01. 08. 2014, «Utilizaremos todos los instrumentos legales que nos dan los contratos»)

Beleg (90) beschreibt ausführlich die Situation. Cristina Kirchner unterstellt den Banken, Großzügigkeit vorzuspielen und sich damit als San Martín, also als «salvador de la patria» auszugeben, indem sie Argentinien scheinbar vor dem Default retten würden. Maßgeblich ist jedoch nicht der äußere Schein, sondern Werte wie «el coraje y la honestidad de decir cómo son las cosas». Diese Werte spricht sie den Banken ab und stellt sie als Betrüger dar, die ihre vermeintliche Rettung mit dem Geld der argentinischen Sparer finanzieren. Gleichzeitig spricht die Präsidentin sich (und dem Wirtschaftsminister) diese guten Eigenschaften zu, denn sie hätten den Haken am Angebot der Banken erkannt. Besonders stark wirkt die Selbstzuschreibung durch die einleitenden Sätze in den beiden Beispielen, die eigentlich eine Negation ausdrücken und vermitteln, die Präsidentin fühle sich nicht heldenhaft. Dadurch, dass sie sich später aber indirekt die Eigenschaften San Martíns zuspricht, überträgt sich auch seine Heldenhaftigkeit auf sie. Über die scheinbare Abgrenzung und den Bezug auf San Martín kommt es also neben einer Aktivierung des kollektiven Gedächtnisses zu einer Verbindung, die zwischen dem Nationalhelden, dem historischen Moment seines Wirkens und der aktuellen Situation und dem Handeln der Präsidentin gezogen wird.

Als Topos lässt sich hier ableiten:

Weil sich Cristina Kirchner den Angriffen der US-Amerikaner mutig und entschlossen entgegenstellt, ist sie eine Anführerin, auf die das Volk stolz sein kann.

7.5.2 Néstor Kirchner als Held der Krisenüberwindung

Neben diesen historischen Vorbildern ist es im Korpus vor allem der 2010 verstorbene Ehemann und Amtsvorgänger Néstor Kirchner, den die Präsidentin als verehrungswürdigen Nationalhelden hervorhebt. Die Erinnerung an ihn dient vor allem dazu, Analogien zwischen seiner Regierungszeit und der Situation Argentiniens in 2014 herzustellen. Im Kontext des Schuldenstreits liegt eine Verbindung zu ihm nahe, da er es war, der die Umschuldung nach der Krise von 2001/2002 eingeleitet und in 2005 eine Einigung mit 70 % der Gläubiger erzielt hatte. Cristina Kirchner betont also ein Ereignis, das im Kontext des Default-Diskurses und des Kirchnerismus insgesamt als besonders wichtiger Erfolgsmoment der argentinischenVergangenheit gilt. Néstor Kirchner steht symbolisch für die *Década Ganada* und den Aufschwung nach der Krise, die den Kirchnerismus als Erfolgsmodell erscheinen lässt. Aus diesem Grund sticht die Heroisierung Néstors besonders heraus. Sie beruht auf einer Deutung der Vergangenheit, die vor allem Cristina Kirchner selber vornimmt. Im Unterschied zu den Verweisen auf andere argentinische Nationalhelden fällt bei der Figur Néstor Kirchners auf, dass er als weiterhin lebendig und gegenwärtig dargestellt wird.[45] Der Aspekt des Überdauerns über die eigentliche Lebenszeit hinaus und damit die Konstruktion einer Unsterblichkeit ruft das Konzept eines übernatürlichen Helden auf. Im Default-Diskurs wird es durch Äußerungen der Präsidentin, aber auch durch politische Gesänge der kirchneristischen *militancia* hergestellt.

(91) [Cristina] recordó a Néstor Kirchner y Hugo Chávez como «ejemplos de hombres abrazados por la historia y *que nunca se irán, le pese a quien le pese*». (LN, 29. 07. 2014, Cristina Kirchner, en la cumbre del Mercosur: «Default es cuando uno no paga y la Argentina pagó»)

(92) «Pese a quien le pese y le guste a quien le guste, *Néstor Kirchner cambió la historia*», sostuvo [Cristina Kichner] [...]. «*Néstor no se murió, Néstor no se murió, Néstor vive en el pueblo, la puta madre que lo parió*», comenzó a subir desde los pisos inferiores, tal como había sucedido cuando leyó el discurso de Kirchner en febrero de 2004 durante la cadena nacional. (P12, 01. 08. 2014, El ritual de los patios)

Die Vergegenwärtigung Néstor Kirchners wird in beiden Belegen deutlich. In (91) stellt Cristina Kirchner eine Verbindung zwischen ihm und Hugo Chávez her, die sie beide als präsent über ihre Lebenszeit hinaus bezeichnet («nunca se

---

45 Auf dieses Muster im Diskurs Cristina Kirchners weist auch Souroujon (2016, 23s.) hin.

irán»). In Beleg (92) weist sie ihrem Vorgänger explizit historische Relevanz zu («Néstor Kirchner cambió la historia»). Die kirchneristischen Anhänger reagieren darauf mit einem politischen Gesang, der wie im Beleg davor die Gegenwärtigkeit Néstors dadurch vermittelt, dass sein Tod negiert wird: «Néstor no se murió». Der im Spanischen gebräuchliche vulgäre Kraftausdruck «la puta madre que lo parió», dessen ursprüngliche Bedeutung für gewöhnlich nicht mehr erhalten ist, verleiht dem Gesang eine besondere Emphase (cf. Marchetti 2015). Besonders in diesem Beleg aus Página12 zeigt sich, welch hoher Stellenwert Néstor Kirchner zugewiesen wird.

Eine weitere Facette der Vergegenwärtigung erfolgt durch die Wiederholung ganzer Passagen aus offiziellen Ansprachen Néstor Kirchners, die die Präsidentin in ihre Reden einfließen lässt. Dadurch ist er weiterhin im Wort präsent. Gleichzeitig wird eine Analogie zwischen seinem erfolgreichen Handeln und den aktuellen Entscheidungen Cristina Kirchners hergestellt.

(93) Entonces, tras anunciar que se venía el tema de fondo – la controversia legal con los holdouts y el debate sobre el default inducido desde el juzgado del Segundo Circuito de Nueva York, Cristina bajó la vista y comenzó a leer. Lo que leyó era la versión taquigráfica de un discurso pronunciado por su esposo en la ciudad de San Nicolás, febrero de 2004. En aquel momento Néstor Kirchner comenzaba a encarar las tratativas con los tenedores de títulos para reestructurar la deuda defaulteada en el verano de 2001. Las palabras de Kirchner podían extrapolarse a 2014, la propia Cristina se encargó de marcar las coincidencias. «Se leen en estos días casi las mismas palabras. Se ve que él (por Kirchner) leía lo que estamos leyendo nosotros», reconoció. Diez años atrás, el entonces presidente había exhortado al mundo «a poner freno a los fondos buitre y a los bancos insaciables, que quieren lucrar con una Argentina quebrada y doliente». (TA, 01. 08. 2014, «Utilizaremos todos los instrumentos legales que nos dan los contratos»)

(94) En un acto transmitido por cadena nacional, la Presidenta comenzó con la lectura de un discurso que Néstor Kirchner había pronunciado en 2004, en plena crisis de la deuda argentina cargado de cuestionamientos hacia los fondos buitre. «Parece que este discurso hubiese sido escrito hoy», dijo. (LN, 31. 07. 2014, «Impedir que alguien pague no es default», dijo Cristina Kirchner)

Der Rückgriff auf Reden Néstor Kirchners dient hier dazu, eine Verbindung zwischen der Zeit nach der Krise und den Geschehnissen in 2014 herzustellen und die Aktualität seiner Worte zu betonen. Die Worte ihres Vorgängers reichen bis in die Gegenwart hinein. Cristina Kirchner positioniert ihren verstorbenen Ehemann und Amtsvorgänger als denjenigen, der den «fondos buitre» und den «bancos insaciables» Einhalt gebot. In Argentinien wird Néstor Kirchner seit seinem Tod in einer Weise verehrt, die religiöse Züge annimmt, wie Souroujon (2016, 20) beschreibt: «En este orden trataremos de reflexionar en torno al modo en que la figura de Néstor Kirchner fue sacralizada tras su muerte, en la manera en que se lo fue transformando en una immanencia trascendente». Durch die Aktualität, die Cristina Kirchner den Aussagen ihres verstorbenen Ehemannes zuschreibt, stellt sie ihr eigenes politisches Wirken in eine Kontinuität mit ihm. Seine Regierungszeit ist nicht abgeschlossen, sondern setzt sich mit ihr fort. Die Aktualisierung und Verehrung Néstor Kirchners und die Selbstpositionierung Cristina Kirchners als nationales Idol, deren Fokus auf der Fürsorge für das Volk liegt, ergibt eine Konstellation, die beide als nationales Elternpaar zeigt und in der die Nachzeichnung Evita und Juan Domingo Peróns deutlich wird. Ein Beispiel für die Verbindung zwischen Perón, Néstor und schließlich Cristina Kirchner als kohärente Abfolge einer politischen Linie, die den nationalen Interessen absolute Priorität einräumt, gibt folgender Beleg:

(95) Cuando el juez Griesa declare el default argentino, los lobos con piel de cordero que defienden los intereses de los grandes centros de poder movilizarán sus fuerzas en la Marcha de la Constitución y la Libertad detrás del embajador Braden otra vez. *Nosotros, como lo hizo Perón y cincuenta años después Néstor Kirchner y Cristina Kirchner, sabemos qué hacer*: no dejar de mirar la realidad argentina sino con ojos argentinos para encontrar soluciones argentinas. Y en esto está la clave del futuro. (P12, 30.07. 2014, Buitres, Griesa y la solución argentina)

Der zusammenfassende Topos lautet:

Weil Néstor Kirchner die Bewältigung der Krise von 2001 maßgeblich vorangetrieben hat, ist er ein argentinischer Nationalheld.

7.5.3 Axel Kicillof als erster Berater

Komplementär zur Rolle Cristina Kirchners, die sich durch eine starke Ausrichtung nach innen auszeichnet, tritt der Wirtschaftsminister Axel Kicillof den Hedgefonds in Verhandlungen gegenüber. Stärker als die Präsidentin gibt er zudem Erklärungen und Erläuterungen zum Zahlungsausfall als Kreditereignis ab. Während Cristina Kirchner empathisch und dem Volk zugewandt auftritt und bei ihr Identitätsstiftung und Repräsentation der Nation im Vordergrund stehen, erscheint Kicillof in der Rolle eines rationalen Analytikers, der Transparenz schafft und dem Volk die komplexe Situation verdeutlicht. Er ist ein Rat gebender Experte und zeichnet sich durch eine klare Sprache aus, die Hinweis auf seine Intelligenz gibt.

(96) Tal como lo comunicó el ministro de Economía el viernes, la situación actual, si un nombre no tiene, es el de «default». *Kicillof explicó que no se cumple ninguna de las tres condiciones que implicarían que el país entre en default*: el no pago, la declaración de una moratoria o la invalidez de los convenios firmados oportunamente. (TA, 03.08. 2014, El «default que no es default» y los riesgos del fallo Griesa)

(97) *Ayer Kicillof ofreció precisiones técnicas y legales para argumentar la inexistencia de un incumplimiento* en los términos contractuales acordados con el 92,4 por ciento de los acreedores del canje. (P12, 01.08. 2014, «Decir que entramos en default es una pavada»)

(98) La situación de este 2014 es muy distinta a la de aquel 2001: Argentina no entra en default por una simple razón: porque pagamos. *El ministro de Economía, Axel Kicillof, lo explicó magníficamente y de manera explícita en la conferencia de prensa que dio el jueves*: «En 2001 hubo un default, y lo declaró la República porque se le acabó la guita. No tenía para pagar el vencimiento. Ya le había pasado un montón de veces pero había ido, como hoy están haciendo un montón de países, a los organismos internacionales a pedirles que le presten para pagar el próximo vencimiento». (TA, 03.08. 2014, Por un nuevo orden global)

In den Belegen (97) und (98) erklärt Kicillof, warum es sich beim Default aus seiner Sicht nicht um einen wirklichen Zahlungsausfall handelt, und gibt umfassende Erläuterungen, die seiner Einschätzung Glaubwürdigkeit verleihen. In Ergänzung zu dem illokutionären Gehalt seiner wörtlichen Äußerungen weisen redeeinleitende Verben wie *explicar, argumentar, cuestionar* oder *analizar*, die Sprachhandlungen des Erklärens und Deutens anzeigen, dem Wirtschaftsminister einen Expertenstatus zu. In Beleg (97) werden die Erklärungen als «precisiones técnicas y legales» bezeichnet. Besonders deutlich wird die Zuweisung von Merkmalen wie *Expertise* oder *Klarheit* in Beleg (98), in dem die Ausführungen Kicillofs als exzellente und klare Erklärungen bewertet werden: «lo explicó magníficamente y de manera explícita». Der Rolle Kicillofs im Default-Diskurs wird auch durch Äußerungen Cristina Kirchners eine Kontur gegeben. Das Lob des Ministers erhöht auch sie, denn sie versteht es, sich mit guten Ratgebern zu umgeben.

(99) «El único ministro de Economía que se reunió con los fondos buitre (para explicar) porqué la Argentina no podía pagar fue Axel (Kicillof)», resaltó la jefa de Estado, quien criticó a quienes le reprocharon al ministro de Economía que las conversaciones con los buitres fracasaron por sus dichos. (P12, 31. 07. 2014, CFK: «Hoy es 31 de julio y el mundo sigue andando»)

(100) «Macri me decía que con 1500 millones de dólares se arreglaba lo del Club de París. Axel lo hizo por menos de la mitad». (LN, 31. 07. 2014, Cristina Kirchner y su comparación con Gaza: «Esto también es violencia, son misiles financieros, que cuestan vidas»)

Die Präsidentin gibt an, dass Axel Kicillof der «einzige Wirtschaftsminister» sei, der direkt mit den Hedgefonds in Verhandlung getreten ist. Damit hebt sie ihn von früheren Wirtschaftsministern ab, in deren Regierungszeit es nicht zu unmittelbaren Begegnungen mit den Klägern kam, und reagiert auf eine Kritik der Opposition, dass trotz der Verhandlungen keine Einigung erzielt wurde. Auch in Beleg (100) steht das Handeln Kicillofs in Relation zur Opposition. Kirchner verweist darauf, dass der Mauricio Macri, 2014 Bürgermeister von Buenos Aires und Mitglied der Opposition, für die Einigung mit dem *Club de París*, einer Gruppe europäischer Gläubiger, eine Summe von «1500 millones de dólares» veranschlagt hatte. Kicillof hatte dagegen Anfang 2014 laut Kirchner eine Einigung über die Hälfte dieser Summe erzielt, was ihn als erfolgreichen Verhandlungspartner – auch im Konflikt mit den Hedgefonds – ausweist. Als Topos lässt sich hier formulieren:

Weil sich Axel Kicillof durch sein Handeln als Wirtschaftsexperte auszeichnet, ist er ein souveräner Vertreter der Interessen der Nation gegenüber den Hedgefonds.

Konstellation der drei Figuren

Aus den drei nationalen Orientierungs- und Identifikationsfiguren Cristina Fernández de Kirchner, Néstor Kirchner und Axel Kicillof ergibt sich im Diskurs eine Konstellation, die eine traditionelle Herrschaftsordnung aufruft. Die argentinische Präsidentin und ihr verstorbener Ehemann und Vorgänger übernehmen darin die Rolle eines monarchischen Regentenpaares, das vornehmlich die Funktionen einer Repräsentation und eines Vorbildes zur Identifikation ausfüllt. Cristina Kirchner nimmt eine Doppelrolle ein als nationales Idol, das über eine affektorientierte Sprache in direkte Interaktion mit seinen Zuhörern tritt, und als entschlossene Anführerin, die die Interessen der Nation verteidigt. Néstor Kirchner wird von der Präsidentin in verschiedener Form vergegenwärtigt und seine ergebnisreiche Politik – bei der sie vor allem die aus argentinischer Sicht erfolgreiche Einigung mit einem großen Teil der Gläubiger hervorhebt – als Projekt dargestellt, das sie selber weiterführt. Als nationales Elternpaar stehen Néstor und Cristina Kirchner in deutlicher Tradition von Juan und Eva Perón, deren Eigenschaften sie verkörpern und an deren Bedeutung für die argentinische Identität sie anknüpfen. Hier greift der Topos:

> *Weil Cristina und Néstor Kirchner die nationalen Interessen genauso vertreten wie Juan und Evita Perón, sind sie ebenfalls Orientierungsfiguren der argentinischen Identität.*

In der Konstellation der drei Figuren erhält der Wirtschaftsminister Axel Kicillof die Rolle eines ersten Beraters im Staat. Er tritt als ausführende Kraft in Erscheinung, der sich den Hedgefonds gegenüberstellt und als rationaler Analytiker für Transparenz und wohlüberlegte Maßnahmen im Konflikt mit den Hedgefonds sorgt.

7.6 Zusammenfassung

In der Resilienzfigur ARGENTINIEN ALS NATIONALE EINHEIT findet über eine Anwendung ganz unterschiedlicher sprachlicher Techniken eine Verhandlung nationaler Identität statt. Sie funktioniert häufig über einen Rückgriff auf bekannte Muster und Diskurstraditionen des argentinischen Gesellschaftsdiskurses wie ein Diskurs der Einheit, ein Diskurs der Memoria oder die Hervorhebung zentraler historischer Persönlichkeiten. Diese Bestandteile des kulturellen Gedächtnisses werden an den Kontext des Schuldenstreits angepasst und zu einem gewichtigen Mittel einer positiven Selbstdarstellung und Aktualisierung des nationalen Selbstbildes. In ihrem neuen Kontext entfalten die bekannten Muster so eine Resilienzwirkung, denn sie entwickeln ein argentinisches Selbstverständnis, das zur Überwindung der Krisensituation beiträgt. Auf der Basis einer starken nationalen Identität, die deutlich positiv aufgeladen und von einem Kollektivbewusstsein geprägt ist, wird der Schuldenstreit zu einer überwindbaren Herausforderung. Die von Peter Waldmann vertretene These, dass in Argentinien ein ausgeprägter Individualismus vorherrscht und Argentinien ein «auffallendes Defizit» aufweist, was das «Grundbekenntnis zur Nation» betrifft (Waldmann 2010a, 175, cf. auch Waldmann 2010b), lässt sich auf der Basis der identifizierten Muster im Default-Diskurs nicht halten.[46]

Als Topos, der die Marker dieser Resilienzfigur zusammenfasst, lässt sich formulieren:

Weil Argentinien über eine starke nationale Identität verfügt, ist ein Ereignis wie der vermeintliche Default keine Krise, sondern eine überwindbare Herausforderung.

---

46 Waldmann (2010a, 175) spricht Argentinien eine schwach ausgeprägte nationale Identität zu: «Geht man davon aus, dass das Grundbekenntnis zur Nation, die vorbewusste Identifizierung mit ihr, eine wichtige Voraussetzung dafür ist, dass der Einzelne der nationalen Gemeinschaft einen Vertrauensvorschuss gewährt und dazu bereit ist, etwas in sie ‹investieren›, so weist Argentinien an diesem Punkt eine auffallendes Defizit auf. Den meisten Argentiniern fehlt es an ebendieser Basisidentifizierung mit ihrem Land, was wiederum damit zu erklären ist, dass diese Nation von Anfang an kein eindeutiges Profil hatte, sondern ein hybrides Gebilde war» (Hervorh. i. O.).

8 Schlussbetrachtung

8.1 Resilienz als Geflecht von Teilbedeutungen

Die Beschreibung der Analyseergebnisse folgte in ihrer Struktur den vier Resilienzfiguren, zu denen sich die Deutungsmuster des Default-Diskurses zusammenfügen. Diese Darstellung erlaubt, die einzelnen Figuren in ihrer Gestalt darzustellen und jedes Muster für sich zu betrachten. In der Diskursrealität wirken die Resilienzmarker und -figuren jedoch ineinander. Die Verflechtung von Resilienzmustern kann auch darin bestehen, dass sich aufeinander aufbauende kausale Ketten ergeben. Diese können auf unterschiedlich großer Fläche liegen, auf der Ebene einzelner Äußerungen, aber auch auf der Makroebene, so dass sie erst im Überblick über den Diskurs insgesamt sichtbar werden. Resilienz ist demnach ein flächiges Phänomen, das sich nicht durch einzelne Merkmale, sondern erst durch deren Zusammenwirken vollständig herausbildet. Dabei fügen sich die individuellen Bedeutungen zu einem Gesamtbild zusammen, das mehr ist als die Summe der Teile (cf. Gardt 2012, 62). Das Resilienzpotenzial ist dann besonders hoch, wenn viele Resilienzmuster auf kleiner Fläche aufkommen und sich gegenseitig verstärken. An dieser Stelle soll an einem etwas größeren Ausschnitt exemplarisch aufgezeigt werden, wie eng einzelne Marker zusammenhängen. Der folgende Ausschnitt besteht zu großen Teilen aus wörtlich zitierten Äußerungen des damaligen Gouverneurs von Buenos Aires, Daniel Scioli, und des Ex-Präsidenten der argentinischen Zentralbank, Mario Blejer, denen auf diese Weise eine Stimme bei der Deutung des Zahlungsausfalls verliehen wird.

(1) «No es default porque default es cuando no se paga», explicó el mandatario bonaerense [Scioli] en sintonía con la Casa Rosada, mientras que el economista [Mario Blejer] aseguró que «ni por casualidad» la situación se asemeja o asemejará con lo ocurrido en la caída del neoliberalismo argentino. «Como no es un default, están buscando un nombre para poder seguir presionando a la Argentina. Default es cuando no se paga, y Argentina viene demostrando voluntad y capacidad de pago», detalló Scioli durante una entrevista en Radio Del Plata, tras recorrer Tecnópolis.[1] El mandatario retomó la línea marcada por la presidenta Cristina Fernández de Kirchner en su discurso del jueves en Casa Rosada, donde explicó que la intención de

---

1 *Tecnópolis* ist eine große Ausstellung in Argentinien, die im Stadtteil Villa Martelli in der Provinz Buenos Aires liegt.

https://doi.org/10.1515/9783110620726-008

los buitres es la de lo peor del capitalismo financiero, que intenta «tumbar» a «un país viable». Por ese sendero se encaminó Scioli al referirse, desde el predio de Villa Martelli, a la negociación con los fondos buitre, y pidió «acompañar al Estado argentino, poner todos el hombro por el país». (TA, 02. 08. 2014, Scioli pidió «acompañar al Estado y poner el hombro por el país» ante los holdouts)

Der Default, der keiner ist und Argentinien als pflichtbewusster Schuldner

Der Gouverneur Scioli lehnt den Zahlungsausfall ab und macht dabei die Schlussregel seiner Argumentation explizit: *Weil ein Zahlungsausfall beinhaltet, nicht zu zahlen, liege kein Zahlungsausfall vor.* Dieses Argument findet sich etwas später noch einmal, diesmal mit einem Verweis auf Argentiniens Zahlungsbereitschaft. Die Fügung «voluntad y capacidad de pago» ruft das Motiv eines zahlungsbereiten Gläubigers auf, das im Korpus fester Bestandteil des argentinischen Selbstbildes ist. Die Resilienzmarker Der Default, der keiner ist und Argentinien als pflichtbewusster Schuldner sind hier in einer Weise miteinander verknüpft, die sich häufig im Korpus nachweisen lässt und bereits in Kap. 5.1 beschrieben wurde. Aus ihrer Verbindung ergibt sich der kausale Schluss: *Weil Argentinien ein pflichtbewusster Schuldner ist, liegt kein Zahlungsausfall vor.*

Das rechtschaffene Argentinien und Die Hedgefonds als zerstörerische Angreifer

Eine Art Bündelung der positiven Eigenschaften Argentiniens findet sich in der Zuschreibung, die Nation sei ein «país viable». Die Hedgefonds werden in einen Kontrast dazu gestellt, wie Scioli anhand eines intertextuellen Verweises auf eine Rede Cristina Kirchners deutlich macht, der er so hohe Relevanz verleiht. Nach Aussage des Gouverneurs verfolgen die Hedgefonds böswillige Absichten. Um dies auszudrücken, gebraucht er Lexeme aus dem semantischen Feld *Kampf/Krieg* wie *presionar* oder *tumbar*. Dadurch wird der Schuldenstreit als gewalttätige Auseinandersetzung inszeniert, deren Ziel die Zerstörung Argentiniens als «zukunftsfähiges Land» ist. Hier wird neben der Resilienzfigur Das rechtschaffene Argentinien auf den Marker Die Hedgefonds als zerstörerische Angreifer und Argentinien als friedfertiger Verteidiger zurückgegriffen, wobei nur die Rolle der Hedgefonds aufgerufen wird, während eine Beteiligung Argentiniens an dem «Kampf» nicht erwähnt wird. Die Motivation der Hedgefonds wird als «la de lo peor del capitalismo financiero» bezeichnet und damit eine Verbindung zwischen ihnen und dem negativ bewerteten Wirtschaftssystem hergestellt, auf die bereits in Kap. 6.1.2 hingewiesen wurde. Oftmals besteht die Verbindung darin, dass die Hedgefonds als negative Vertreter dieses Systems erscheinen, wie die superlativische Wendung *la de lo peor* vermittelt. Die Verknüpfungen, die sich hier beobachten lassen, geben ein Beispiel dafür, wie unterschiedliche Motive verwendet werden, um das Selbstbild Argentiniens in kontrastreicher Abgrenzung zu den Hedgefonds zu verhandeln.

«Esto no es el 2001» – Warum der Default keine Krise ist
Ein weiterer Resilienzmarker, der in dem Abschnitt sichtbar wird, ist «Esto no es el 2001» – Warum der Default keine Krise ist. Er erscheint gleich zu Beginn nach der Argumentation, es liege kein Zahlungsausfall vor. Der Ökonom Blejer ruft die Krise von 2001 auf, verwendet aber nicht den Ausdruck *crisis*, der ein Tabuwort im Default-Diskurs ist. Stattdessen bezeichnet er die Zustände Anfang des Jahrtausends als «lo ocurrido en la caída del neoliberalismo argentino». Dieser indirekte Verweis knüpft an das kollektive Wissen der Argentinier an und legt nahe, dass die intendierten Leser auch ohne den Schlüsselausdruck verstehen, welche Situation hier gemeint ist. Zugleich bindet Blejer die Krise von 2001 an ein bestimmtes Wirtschaftsmodell. Der Effekt ist, dass sie als Zusammenbruch eines Wirtschaftssystems erscheint, von dem sich das Argentinien der Gegenwart distanziert. Auf den vermeintlichen Zahlungsausfall rekurriert er mit «la situación», wodurch er die Umstände entdramatisiert. Die krisenhafte Vergangenheit und die Situation von 2014 werden hier deutlich voneinander abgegrenzt, wie die Wendung ««ni por casualidad› se asemeja o asemejerá...» belegt. Dies wird als absolute Feststellung dargestellt, die sich sowohl auf die Gegenwart als auch auf die Zukunft bezieht, was sich darin manifestiert, dass das Verb *asemejar* in den zwei Tempusformen Präsens und Futur verwendet wird.

Argentinien als Nationale Einheit
Wie eine Art Schlussfolgerung aus der Interpretation der Sachlage, nach der kein Zahlungsausfall vorliege, da Argentinien ein pflichtbewusster Schuldner sei und die Nation vielmehr das Ziel eines zerstörerischen Vorgehens der Hedgefonds darstelle, ergibt sich der Aufruf Sciolis, gemeinsam den argentinischen Staat zu unterstützen. Interessant ist, dass er hier die institutionelle Bezeichnung *Estado* für Argentinien wählt, denn überwiegend wird im Diskurs das Konzept *Nation* aufgerufen, das stärker auf das kollektive Selbstverständnis Bezug nimmt. Die Metapher *poner el hombro por el país* ist eine Körpermetapher. Sie evoziert einen Diskurs der Einheit, der ein Resilienzmarker der Figur Argentinien als Nationale Einheit ist. Auch an einen nationalen Gemeinschaftssinn wird appelliert, eine Art Grundmuster für die Marker der Resilienzfigur. Ziel ist die geschlossene Verteidigung der Interessen des Landes, womit

erneut der Eindruck entsteht, die Situation reiche über einen Schuldenstreit weit hinaus. Der Aufruf Sciolis, sich gemeinsam für Argentinien einzusetzen, ist an prominenter Stelle im Text positioniert, denn er stellt zugleich die Überschrift des Artikels dar und wird damit als zentrale Aussage hervorgehoben.

Zusammenfassend kann festgehalten werden, dass eine analytische Trennung notwendig ist, um die einzelnen Muster zu identifizieren und ihren Beitrag bei der Aushandlung einer Situation zu beschreiben, die nicht den Status einer Krise, sondern einer überwindbaren Herausforderung erhält. Die detaillierte Analyse eines Ausschnittes hat die Resilienzmuster wieder auf die Diskursrealität zurückgeführt und ergänzend gezeigt, wie sie miteinander verschränkt sind und sich gegenseitig in ihrer Bedeutung anreichern.

8.2 Spiegel der polarisierten Medienlandschaft im Default-Diskurs

Die Auseinandersetzung mit der argentinischen Medienlandschaft hat die Frage aufgeworfen, inwieweit sich die Polarisierung auf die sprachlich-diskursive Verarbeitung des Zahlungsausfalls auswirkt. Durch seine Ausgewogenheit zwischen regierungstreuen und regierungskritischen Zeitungen kann das Korpus darüber Aufschluss geben. Die Analyse hat nachgewiesen, dass alle vier Zeitungen Resilienzmuster aufweisen. In keinem Diskursbereich wird der Zahlungsausfall als ausweglose Krise dargestellt. Damit ist ein lösungsorientierter Umgang mit der kritischen Situation der medialen und gesellschaftlichen Polarisierung übergeordnet. Nichtsdestotrotz lassen sich Unterschiede feststellen, die zum einen das generelle Vorkommen von Resilienzmustern sowie deren Häufigkeit betreffen. Generell lässt sich sagen, dass das Resilienzprofil in Página12 am deutlichsten ausgeprägt ist. In der regierungstreuen Zeitung treffen sehr viele Muster zusammen und haben einen großen Anteil an der Bedeutungsbildung des Diskursausschnitts, den die Zeitung konstituiert. Die drei übrigen Zeitungen unterscheiden sich davon in mehrfacher Hinsicht. Tiempo Argentino, in ihrer Ausrichtung ebenfalls regierungstreu, weist auch viele Resilienzmuster auf, diese sind jedoch weniger facettenreich ausgestaltet als in Página12. Die regierungskritische La Nación sticht durch eine sehr differenzierte Auseinandersetzung mit dem Zahlungsausfall hervor, die ein Nebeneinander konträrer Deutungen zulässt. So finden sich hier Muster, die typisch für Página12 und Tiempo Argentino sind, neben solchen, die ihnen entgegenstehen. Clarín ist hingegen ein Sonderfall. Sie ist die Zeitung, die der Kirchner-Regierung besonders kritisch gegenübersteht, und enthält deutlich weniger Resilienzmuster, die in den regierungstreuen Zeitungen vorkommen. Besonders dann, wenn eine Deutung mit dem Handeln der Regierung zusammenhängt, nimmt sie eine entgegengesetzte Interpretation vor. Der Zahlungsausfall wird in Clarín zum Anlass, die Regierung vernichtend zu kritisieren. Dies fügt sich zu dem Resilienzmarker DIE UNFÄHIGE REGIERUNG UND DER EIGENE AUSWEG zusammen, der sich nur in den regierungskritischen Zeitungen herausbildet.

Dass die Aufspaltung des öffentlichen Diskurses in zwei Diskursbereiche «semantische Deutungskämpfe um kollektive Einstellungen und Wahrnehmungen» (Felder 2015, 116) zur Folge hat, manifestiert sich vor allem in der Resilienzfigur DIE KRISE, DIE KEINE IST. Der semantische Kampf findet also entlang der Frage statt, welches Gewicht der Situation Ende Juli/Anfang August 2014 beizumessen ist. Besonders brisant ist die Frage, ob ein Zahlungsausfall vorliegt oder nicht, und wer die Verantwortung für die Umstände trägt. Während in den regierungstreuen Zeitungen die Existenz eines Defaults mit der Begründung, Argentinien sei seinen Zahlungspflichten nachgekommen, abgelehnt wird, nehmen ihn die regierungskritischen Zeitungen als gegeben an und führen ihn auf das Versagen der Kirchner-Regierung zurück. Vor allem in diesem Punkt stehen sich zwei konträre Deutungen gegenüber. Sie sind ein Beleg für die «Mehrstimmigkeit» des Diskurses, die sich in gegensätzlichen Haltungen zur Regierung begründet. Darüber hinaus zeigen sie, dass die Zeitungen selbst als Diskursakteure auftreten und Wissenselemente durchsetzen. Die Annahme, das ein Zahlungsausfall besteht, geht in den regierungskritischen Zeitungen mit einer pessimistischen Einschätzung der Lage einher. Aus ihr resultiert die Forderung, die Kirchner-Regierung zu «überwinden» und ein neues, wirklich demokratisches Argentinien zu errichten.

Neben Elementen, die Ausdruck der Polarisierung sind, gibt es im Diskurs jedoch auch einen großen Konsens, denn beide Zeitungslager kommen zu dem Schluss, dass keine argentinische Krise existiert. Während in den regierungstreuen Zeitungen krisenhafte Umstände weitestgehend komplett negiert werden und allenfalls von einer Krise des internationalen Finanzsystems die Rede ist, etablieren die regierungskritischen Zeitungen eine «Kirchner-Krise», die nicht die Nation an sich betrifft. So führen zwei kontrastreiche Deutungsmuster zu der gleichen Konklusion, dass die Nation Argentinien nicht in einer Krise ist. Beide tragen auf diese Weise zur Überwindung des Zahlungsausfalls bei.

Einen großen Konsens gibt es auch in den Resilienzmarkern und -figuren, über die die nationale Identität aktualisiert und positiv aufgeladen wird. Vor allem die Resilienzfigur DAS RECHTSCHAFFENE ARGENTINIEN erstreckt sich über den gesamten Diskurs. Generell gilt, je weniger ein Muster mit dem Handeln der Regierung zusammenhängt, desto gleichmäßiger verteilt es sich in den zwei Diskursräumen. Die Polarisierung lässt sich hier nur dahingehend bemerken, dass die Muster in den regierungskritischen Zeitungen schwächer ausgeprägt sind.

Zusammenfassend ist zu sagen, dass sich die Polarisierung der argentinischen Medien im Default-Diskurs weniger spiegelt als erwartet. Bezeichnend ist vor allem, dass die Identitätsaushandlung in allen vier Zeitungen vorkommt und auch die konträre Deutung der Sachlage zu derselben Konklusion führt, dass Argentinien nicht in der Krise ist.

8.3 Resümee und Ausblick

Ziel der vorliegenden Arbeit war es, am Beispiel des argentinischen Diskurses zum Zahlungsausfall von 2014 nachzuweisen, dass Krisen das Ergebnis kulturell geprägter Deutungsprozesse sind. Dies zeigt sich nicht nur in unterschiedlichen Ausprägungen von Krisendiskursen, sondern kann sich wie im Fall Argentiniens auch darin äußern, dass Sachverhalte von einer Diskursgemeinschaft nicht als Krisen verhandelt werden, obwohl es aus der Perspektive anderer Diskursgemeinschaften naheliegend wäre. Das konkrete Vorhaben der empirischen Analyse war herauszufinden, mit welchen sprachlich-diskursiven Mitteln die potenzielle Krisensituation im Pressediskurs rund um den Eintritt in den Zahlungsausfall so konstruiert wird, dass sie den Status einer überwindbaren Herausforderung erhält. Dazu wurde das bislang in den Geisteswissenschaften wenig beachtete Konzept der Resilienz an die linguistische Fragestellung adaptiert und als eine Form des sprachlichen Handelns begriffen, bei der das Deutungsangebot *Krise* nicht angenommen wird.

Einordnung der Ergebnisse

Wie die Beschreibung der Analyseergebnisse offengelegt hat, löst der Zahlungsausfall eine intensive Selbstbetrachtung und Modellierung der argentinischen Identität aus. Der Default-Diskurs ist damit ein prägnantes Beispiel dafür, dass politische Diskurse in krisenhaften Situationen zugleich Identitätsdiskurse sind. Dies zeigt sich hier in besonderer Weise, denn die Identitätsaushandlung tritt gegenüber der Konstruktion einer Krise in den Vordergrund, so dass sich der Fokus des Diskurses von der Sachlage auf das nationale Selbstbild verschiebt. Neben diesem Perspektivwechsel liegt ein weiteres Merkmal in der Identitätsgestaltung selbst. Statt bestehende Selbstbilder zu dekonstruieren und sich neu auf eine Soll-Identität auszurichten wird die bereits existierende Identität der Argentinier bestätigt und stark positiv aufgeladen. Anders als für Krisendiskurse gemeinhin angenommen hat die «Krise» hier nicht die Funktion eines gesellschaftlichen Korrektivs, sondern bewirkt eine emphatische Selbstvergewisserung. Dies hängt eng mit der Bewertung des Zahlungsausfalls zusammen, denn da dieser der diskursiven Darstellung nach keine Krise anzeigt, besteht auch kein Veränderungsbedarf. Die Prozesse, die im Diskurs sichtbar werden, lassen sich also als Identitäts*aktualisierung* und *-bestätigung* im Kontrast zu einer Identitäts*reformulierung* beschreiben. Deutet man dies als Merkmal einer argentinischen Resilienz, folgt daraus, dass schwierige Situationen bewältigt werden, indem die Stärken und Fähigkeiten der Nation hervorgehoben werden. Dass der Identitätsgestaltung im Default-Diskurs ein großes Gewicht zukommt, verdeutlicht sich darin, dass sie sich in drei Resilienzfiguren ausdifferenziert. Überwiegend werden dabei Argentinien die Hedgefonds und der Richter Thomas Griesa als Antagonisten entgegengestellt. Die positiven Merkmale, die der Nation zugeschrieben werden (z. B. Rechtschaffenheit, Pflichtbewusstsein), erscheinen im Kontrast zu den US-amerikanischen Akteuren umso ausgeprägter und es entsteht eine dramatische Konstellation mit einer «filmreifen» Rollenverteilung von brutalen Bösewichten und dem tugendhaften Protagonisten. Die Analyse zielte darauf ab, von den sprachlichen Mustern auf die kulturellen Wissensbestände zu schließen, die bei der Aushandlung des Defaults wirkmächtig werden. Die Elemente, die aus dem kollektiven Wissen der argentinischen Diskursgemeinschaft ausgewählt werden, um die kommunikative Aufgabe *den Zahlungsausfall deuten* zu erfüllen, wurden *Diskurstraditionen der Resilienz* genannt, denn sie bewirken, dass die Krise dekonstruiert und zugleich die nationale Identität affirmiert wird. Aufschlussreich ist also, welche Wissensbestände in der Diskursgemeinschaft Argentiniens zur Verfügung stehen, um diese zwei zentralen Sprachhandlungen auszuführen. Die im Korpus identifizierten Muster unterscheiden sich darin, wie eng sie an die Diskursgemeinschaft gebunden sind. Die Rekontextualisierung des *Nunca Más*, dem zentralen Leitspruch der Aufarbeitung der Militärdiktatur, zu einem *Nunca Más* der Krise von 2001 gehört zu einem Wissensbestand, der fest mit dem kulturellen Gedächtnis Argentiniens verbunden ist. Andere Muster sind Stereotype, die weniger eng an die Diskursgemeinschaft gebunden sind und zu ganz unterschiedlichen Zwecken in Diskursen eingesetzt werden. Dazu gehört etwa die Kampf- oder Kriegsmetapher, die ein typisches Merkmal politischer Diskurse ist und verbale Auseinandersetzungen als physische Kämpfe inszeniert, oder auch die Selbst- und Fremdbeschreibung mithilfe eines Diskurses der Moral. Weitere Muster lassen sich dagegen gesellschaftlichen Strömungen zuordnen wie die Motive, die auf den Diskurs des Peronismus zurückgehen, andere gehören fest zum Kulturraum Lateinamerika wie der Diskurs der Einheit oder der Diskurs der *Patria,* die Kennzeichen lateinamerikanischer Identitätsdiskurse sind. Diese Motive werden im Default-Diskurs aufgegriffen, an den Kontext angepasst und dazu eingesetzt, die Krise zu dekonstruieren und die nationale Identität zu konstruieren. Durch die kommunikative Funktion, die sie im Diskurs übernehmen, werden sie zu Diskurstraditionen der Resilienz. Die Analyse des Default-Diskurses kann damit nachvollziehen, welche Wissensbestände ausgewählt und in welcher Form sie modifiziert und aktualisiert werden, um die Situation Anfang August 2014 zu bewältigen. Die Zusammenstellung der Muster zeigt, dass auch stereotype sprachliche Muster zu Diskurstraditionen der Resilienz werden können, wenn sie mit einem entsprechenden Ziel in einem Diskurs eingesetzt werden. In diesem Zusammenhang ist zu erwähnen, dass mit der Ablehnung des Deutungsangebots *Krise* auch eine Distanz zu Diskurstraditionen der Krise einhergeht. Dies zeigt sich darin, dass Metaphern, die häufig zur Konstruktion einer Krise verwendet werden, wie die Metapher der Naturgewalt oder der Krankheit zur Deutung des Zahlungsausfalls explizit zurückgewiesen werden. Weiterführende Analysen von Diskursen, in denen ein krisenhaftes Ereignis nicht zu einem typischen Krisendiskurs führt, könnten Aufschluss darüber geben, welche Diskurstraditionen der Resilienz argentinienspezifisch sind und welche zum diskursiven Wissen auch anderer Diskursgemeinschaften gehören. Ein weiteres entscheidendes Ergebnis ist, dass sich die Widerstandsfähigkeit gegenüber Krisen, die im Default-Diskurs sichtbar wird, aus der Interaktion, Verschränkung und Verknüpfung vieler Muster ergibt. Resilienz ist also nicht auf einzelne Muster zurückzuführen, sondern auf ein Geflecht, dessen volle Bedeutung sich erst auf der Gesamtfläche des Diskurses entfaltet und mehr ist als die Summe der Teilbedeutungen der einzelnen Bestandteile (cf. Gardt 2012. 62). Auch wenn Resilienz damit eine flächige Größe ist, können die einzelnen Resilienzfiguren in der Art ihrer Bedeutungsbildung differenziert werden. So beruht die Resilienzfigur ARGENTINIEN ALS STARKER KÄMPFER auf dem semantischen Feld *Kampf/Krieg* und lässt sich an spezifischen Diskursmerkmalen festmachen. Demgegenüber entstehen die Resilienzfiguren DAS RECHTSCHAFFENE ARGENTINIEN und DIE KRISE, DIE KEINE IST auf einer viel größeren Fläche. Eine stärkere Konzentration auf weniger Texte lässt sich hingegen bei der Resilienzfigur ARGENTINIEN ALS NATIONALE EINHEIT feststellen. Sie bildet sich vorwiegend in den regierungstreuen Zeitungen heraus und entsteht vor allem in Artikeln, in denen die nationale Identität einen zentrales Thema darstellt.

Reflexion der Methode

Bei der Analyse des Default-Diskurses wurde eine Herangehensweise gewählt, die zunächst kategorial offen war und alle Eigenschaften des Diskurses in den Blick nahm. Zudem erfolgte die Annäherung an das Datenmaterial in einem qualitativen hermeneutisch-interpretativen Verfahren. Die gewählte Herangehensweise hat sich als ertragreich erwiesen, um die leitende Forschungsfrage zu beantworten, denn bislang war *die andere Seite der Krise* noch nicht Gegenstand einer linguistischen Diskursanalyse. Daher konnte erst die Korpusanalyse Aufschluss darüber geben, wodurch sich sprachliches Handeln auszeichnet, bei dem eine Krisensituation dekonstruiert wird, und wie sich dies auf der sprachlichen Oberfläche manifestiert. Hinzu kommt, dass Krisen als kulturelle Phänomene aufgefasst werden und sprachliche Muster immer nur mit Rückbindung an die kulturellen Wissensbestände verstanden und analysiert werden können. Diese enge Rückbindung sprachlicher Muster an kulturelle Wissensbestände kann nur in einer qualitativen Analyse erfolgen, bei der die Muster interpretiert, Verschränkungen ermittelt und Zusammenhänge hergestellt werden, die sich nicht an Frequenzen ablesen lassen. Für eine qualitative Analyse spricht zudem, dass bei der Aushandlung des Zahlungsausfalls die zwei Sprachhandlungen *Dekonstruktion der Krise* und *Konstruktion der nationalen Identität* entscheidend sind, die mithilfe ganz unterschiedlicher sprachlich-diskursiver Techniken umgesetzt werden. Die im Zuge der Analyse entwickelten Kategorien der Resilienzmarker und Resilienzfiguren bündeln die konzeptuellen Gemeinsamkeiten der aus dem Korpus herausgearbeiteten Deutungsmuster und geben eine Übersicht über die wichtigsten Konfigurationen. Aus der gewählten Herangehensweise resultiert zudem die Möglichkeit, die Mehrstimmigkeit des Diskurses, die sich in der polarisierten Medienlandschaft begründet, zu beschreiben und auch konträre Deutungsmuster aufzuzeigen. Dabei wurde deutlich, dass trotz der Unterschiede in den beiden Zeitungslagern ein breiter Konsens vorliegt, der vor allem darin besteht, der Nation Argentinien die Verantwortung für den Zahlungsausfall abzusprechen. Viele der Diskurstraditionen der Resilienz bilden sich im gesamten Korpus heraus. Dies lässt den Schluss zu, dass die Interpretation und Darstellung der Sachverhalte der politisch-ideologischen Ausrichtung der vier Zeitungen gewissermaßen übergeordnet ist.

Kulturorientierte Sprachwissenschaft zwischen Anspruch und Leistung

Eine kulturorientierte Sprachwissenschaft versteht Sprache als kulturelle Größe. Entsprechend analysiert sie sprachliche Muster stets in ihrer kulturellen Einbindung. Damit leistet sie einen entscheidenden Beitrag zur Erforschung kultureller Phänomene, die sich maßgeblich in sprachlich-diskursiven Prozessen herausbilden. Der besondere Beitrag der Sprachwissenschaft bei der Erforschung des Gegenstands Krise liegt darin, dass sie die Gestaltung des Konstruktionsprozesses nachvollziehen kann, bei dem eine Kulturgemeinschaft das Deutungsangebot *Krise* annimmt oder ablehnt. Die Beantwortung einer Forschungsfrage, die sprachliche Muster stets an kulturelle Wissensbestände rückbindet, stellt hohe Anforderungen an die Kontextualisierung der analysierten Korpustexte. Denn um die Diskurstraditionen der Resilienz identifizieren und interpretieren zu können, ist ein umfangreiches Wissen über den untersuchten Kultur- und Diskursraum notwendig. Ein kulturorientiertes Arbeiten ist also unweigerlich mit einer interdisziplinären Erweiterung des sprachlichen Gegenstands verbunden, der damit im Grunde immer ein sprachlich-kultureller ist. Eine kulturorientierte Sprachwissenschaft erfordert daher eine umfangreiche Einbeziehung der kulturellen, sozialen und historischen Umfelder der Korpustexte. Dies gilt für Analysen vertrauter und fremder Kultur- und Sprachräume gleichermaßen. Dabei ist die Alterität eines Korpus oder eines Sprachraums eine Herausforderung, aber nicht notwendig eine Einschränkung. Biographische Vertrautheit mit einer Sprache, mit einer Gesellschaft und ihren Diskursen kann auch eine scheinbare Vertrautheit sein und den Blick auf Fremdes im Eigenen verstellen. Umgekehrt bietet auch die Untersuchung der Diskurse einer Gesellschaft, der man selbst nicht angehört, zwar den Nachteil eines geringeren gemeinsamen Wissens, aber auch den Vorteil, dass man sich die fremden Wissenskontexte von Beginn an methodisch klar erschließt.

Ausblick

Die peronistische Regierungszeit in Argentinien ist beendet, ein Regierungswechsel hat Ende 2015 stattgefunden. Auch in der diskursiven Konstruktion zeichnet sich dieser Wechsel ab. Der amtierende Präsident, Mauricio Macri, bricht in Politik und Rhetorik mit vielen Merkmalen, die den Diskurs der Kirchner-Regierung prägten. Ein Wendepunkt ist, dass er sich nicht ausschließlich an der nationalen Gemeinschaft orientiert – auch das individuelle Glück hat für ihn seine Berechtigung. Dies verdeutlicht der nachfolgende Ausschnitt aus einer Rede, die Macri im Januar 2017 hielt. Anlass war der zweihundertste Jahrestag der Überquerung der Anden unter der Führung des Nationalhelden San Martín, einer entscheidenden Etappe im Unabhängigkeitskrieg gegen die spanische Kolonialmacht. Die Erinnerung daran, dass San Martín Argentinien die Freiheit brachte, verknüpft der argentinische Präsident mit der Freiheit des einzelnen. Jeder Argentinier kann Protagonist seines eigenen Lebens sein. Macri selbst verpflichtet sich zu der Aufgabe, dies zu garantieren:

> ¿Qué significa ser libre? Significa que podemos ser protagonistas de nuestras vidas, de nuestro futuro, que podemos elegir, que podemos construir la mejor versión de cada uno de nosotros. Y ese es el mayor sueño que tengo como Presidente: ayudar a todos los argentinos, a todos los que habitan esta maravillosa tierra, desde La Quiaca, hasta Ushuaia y desde la cordillera hasta el mar, a que puedan elegir el camino de la búsqueda de la felicidad.[2]

---

2 https://www.casarosada.gob.ar/informacion/discursos/40555-acto-en-conmemoracion-del-bicentenario-del-cruce-de-los-andes (letzter Zugriff 25. 09. 2018).

9 Bibliographie

9.1 Korpus

9.1.1 Gesamtkorpus

La Nación, Erhebungszeitraum 28. 07. 2014–05. 08. 2014 (143 Artikel), Onlineausgabe unter https://www.lanacion.com.ar/.
Clarín, Erhebungszeitraum 28. 07. 2014–05. 08. 2014 (77 Artikel), Onlineausgabe unter https://www.clarin.com/.
Página12, Erhebungszeitraum 28. 07. 2014–05. 08. 2014 (101 Artikel), Onlineausgabe unter https://www.pagina12.com.ar/.
Tiempo Argentino, Erhebungszeitraum 28. 07. 2014–05. 08. 2014 (61 Artikel), Onlineausgabe unter http://tiempo.infonews.com. (Wie bereits in 4.2.2.4 bemerkt, ist ein Zugriff auf Zeitungsartikel von Tiempo Argentino, die vor 2016 veröffentlicht wurden, nicht mehr möglich.)

9.1.2 Zitierte Artikel

Die Artikel sind nach Zeitung und in alphabetischer Reihenfolge aufgelistet. Artikel, die mit einem wörtlichen Zitat beginnen, sind der alphabetischen Sortierung jeweils vorangestellt.

La Nación
¿Quién se puede beneficiar si la Argentina entra en default?, La Nación, 29. 07. 2014.
«Impedir que alguien pague no es default», dijo Cristina Kirchner, La Nación, 31. 07. 2014.
A merced de los especuladores, La Nación, 17. 07. 2001.
Aguanta el default contra toda la traición, La Nación, 02. 08. 2014.
Axel Kicillof: «Es una pavada atómica decir que hoy entramos en default», La Nación, 31. 07. 2014.
Claves para evitar un default en tu economía personal, La Nación, 05. 08. 2014.
Contundente respaldo del Mercosur a la posición argentina ante los holdouts, La Nación, 31. 07. 2014.
Convocan para mañana a un Cabildo Abierto en respaldo al Gobierno en la disputa con los holdouts, La Nación, 29. 07. 2014.
Cristina eligió el peor camino, La Nación, 03. 08. 2014.
Cristina Kirchner afirmó que el país recibe «misiles y bombardeos», La Nación, 05. 08. 2014.
Cristina Kirchner dijo que Thomas Griesa «no es juez» porque no respeta «la igualdad ante la ley», La Nación, 29. 07. 2014.
Cristina Kirchner intenta en Caracas un respaldo explícito del Mercosur, La Nación, 29. 07. 2014.
Cristina Kirchner y su comparación con Gaza: «Esto también es violencia, son misiles financieros, que cuestan vidas», La Nación, 31. 07. 2014.
Cristina Kirchner, en la cumbre del Mercosur: «Default es cuando uno no paga y la Argentina pagó», La Nación, 29. 07. 2014.

https://doi.org/10.1515/9783110620726-009

Cristina Kirchner, en Venezuela: «Hay que redoblar los esfuerzos para conseguir un orden global más justo», La Nación, 29. 07. 2014.

Cristina Kirchner: «Algunos dicen que se viene el mundo abajo, pero nosotros vamos a seguir trabajando», La Nación, 04. 08. 2014.

Cristina le dio un cierre definitivo a la negociación y negó que haya un default, La Nación, 01. 08. 2014.

Daniel Scioli: «Los fondos buitre son la máxima expresión del capitalismo salvaje», La Nación, 31. 07. 2014.

De la arrogancia y la impericia al default, La Nación, 03. 08. 2014.

El costo de un default, La Nación, 30. 07. 2014.

El default y sus probables consecuencias, La Nación, 01. 08. 2014.

El eterno retorno argentino. ¿Por qué hay una crisis por década?, La Nación, 29. 06. 2014.

El Gobierno acusa a Estados Unidos por el default y anuncia que irá a La Haya y a Naciones Unidas a denunciar a los buitres, La Nación, 31. 07. 2014.

El Gobierno retoma la vía judicial y reclama la salida del mediador en el conflicto, La Nación, 04. 08. 2014.

El Gobierno volvió a criticar al juez Thomas Griesa: «Llamó a una audiencia para no resolver nada», La Nación, 01. 08. 2014.

El Gobierno vuelve a reunirse con el mediador, pero da por hecho el default, La Nación, 29. 07. 2014.

El impacto internacional del default en Argentina, La Nación, 01. 08. 2014.

El mediador Pollack dice que no habla con el Gobierno desde el viernes, pero se muestra dispuesto a una nueva reunión, La Nación, 28. 07. 2014.

Elisa Carrió acusó a Axel Kicillof de mentir sobre la negociaciones con los fondos buitre, La Nación, 31. 07. 2014.

En Brasil opinan que Cristina es la responsable del default y no ahorran las críticas, La Nación, 01. 08. 2014.

En su pelea con los fondos, Argentina encuentra en el juez a su villano favorito, La Nación, 30. 07. 2014.

En una semana decisiva, Argentina calcula los costos de otro «default», La Nación, 28. 07. 2014.

Es una pavada atómica decir que hoy entramos en default, La Nación, 31. 07. 2014.

Estela de Carlotto recuperó a su nieto Guido tras 35 años de búsqueda, La Nación, 05. 08. 2014.

Expertos relativizan la posibilidad de que el caso produzca un contagio internacional, La Nación, 04. 08. 2014.

Fondos buitre: el Gobierno insiste en que apelará ante La Haya, pero un jurista advierte que la Corte no tomará el caso, La Nación, 04. 08. 2014.

Furioso, Capitanich disparó contra el juez Griesa, el mediador Pollack y EE.UU., La Nación, 31. 07. 2014.

Griesa convocó para hoy una nueva audiencia entre la Argentina y los fondos buitre, La Nación, 01. 08. 2014.

Holdouts: «La Argentina rechazó muchas propuestas y eligió el default», La Nación, 31. 07. 2014.

Impedir que alguien pague no es default, La Nación, 31. 07. 2014.

Kicillof repartió críticas y no descartó un arreglo «entre terceros», La Nación, 31. 07. 2014.

Kirchner no cedió y ahora Argentina enfrenta los costos de otro «default», La Nación, 01. 08. 2014.

La Argentina está en default: no llegó a un acuerdo con los fondos buitre, La Nación, 31. 07. 2014.
La épica kirchnerista volvió a imponerse sobre el sentido común, La Nación, 01. 08. 2014.
Las dos caras: relato y realidad, La Nación, 31. 07. 2014.
Los buitres no son aves exóticas, La Nación, 05. 08. 2014.
Otra vez en la cornisa: cómo son y qué piensan los «enemigos» perfectos, La Nación, 03. 08. 2014.
Para Stiglitz, EE.UU. «le tiró una bomba» al sistema económico, La Nación, 01. 08. 2014.
Pedirán que se investigue una si hubo maniobras especulativas de los fondos buitre por el seguro contra default [sic], La Nación, 04. 08. 2014.
Sin avances en la negociación de bancos extranjeros con los fondos buitre, La Nación, 04. 08. 2014.
Todo quedó en un riesgoso limbo, La Nación, 31. 07. 2014.
Tras el default, la oposición pedirá que el Congreso interpele a Axel Kicillof, La Nación, 01. 08. 2014.
Tras el protagonismo de Cristina, La Nación, 31. 07. 2014.
Un fallo peligroso para la economía mundial, La Nación, 05. 08. 2014.

Clarín
A pesar de los pronósticos, la saga con los fondos buitre no terminó, Clarín, 03. 08. 2014.
Cristina exaltó al ministro y criticó la propuesta de los banqueros, Clarín, 01. 08. 2014.
Cristina habló en público pero evitó entrar en una polémica, Clarín, 05. 08. 2014.
Cristina negó el default y dio un fuerte apoyo a Kicillof, Clarín, 01. 08. 2014.
Desde Caracas, Timerman cuestionó al «sistema financiero internacional», Clarín, 28. 07. 2014.
Dura respuesta del Gobierno a las críticas de Griesa, Clarín, 02. 08. 2014.
El default ya gotea en la vida cotidiana, Clarín, 02. 08. 2014.
El New York Times aprueba a la Argentina, Clarín, 02. 08. 2014.
En la villa 21, Scioli pidió un «Nunca más» para los fondos buitre, Clarín, 02. 08. 2014.
En medio de la tensión con los «buitres», un afiche habla de «Griesa o Cristina», Clarín, 29. 07. 2014.
Griesa citó hoy a una audiencia a los bancos, los buitres y la Argentina, Clarín, 01. 08. 2014.
Julián Domínguez llamó a «desgriesar» la Argentina, Clarín, 03. 08. 2014.
Kicillof sobre el default: «es una pavada atómica», Clarín, 31. 07. 2014.
La Presidenta criticó a los buitres y logró el apoyo del Mercosur, Clarín, 30. 07. 2014.
Los fondos buitre y la dimensión humana del conflicto, Clarín, 05. 08. 2014.
Para Economía, los bancos hicieron una operación de prensa, Clarín, 02. 08. 2014.
Para el Gobierno, decir que estamos en default «es una patraña absurda», Clarín, 31. 07. 2014.
Para el Gobierno, el mediador «es un incompetente», Clarín, 04. 08. 2014.
Siete defaults, un Quique y un funeral, Clarín, 03. 08. 2014.
Vanoli: «El mercado ya votó y su opinión es que no hay default», Clarín, 04. 08. 2014.

Página12
«Buitres de adentro», Página12, 03. 08. 2014.
«Decir que entramos en default es una pavada», Página12, 01. 08. 2014.
«Default selectivo», Página12, 31. 07. 2014.
«El canje fue el problema», Página12, 03. 08. 2014.

«Es un hecho inédito en la historia», Página12, 28. 07. 2014.

«Esto es un escándalo jurídico», Página12, 03. 08. 2014.

«Evidencia Arbitrariedad», Página12, 30. 07. 2014.

«Ha habido una mala praxis del Poder Judicial de EEUU», Página12, 31. 07. 2014.

«Hubo mala praxis judicial», Página12, 01. 08. 2014.

«Lo que pretenden es tumbar a la Argentina», Página12, 01. 08. 2014.

«Los buitres de afuera y de adentro», Página12, 02. 08. 2014.

«Los fondos buitre no aceptaro nuestra oferta de ingresar al canje», Página12, 30. 07. 2014.

«Mantenerse firme y negociar», Página12, 05. 08. 2014.

«No es un default, no saben ni cómo llamarlo», Página12, 31. 07. 2014.

«No existe posibilidad de default», Página12, 29. 07. 2014.

«No habrá tifón ni tsunami», Página12, 29. 07. 2014.

«Para que no volvamos a ser dependientes», Página12, 05. 08. 2014.

«Tiene la camiseta de los buitres», Página12, 04. 08. 2014.

«Una complicidad del sistema judicial estadounidense que llegó incluso a su Corte Suprema», Página12, 04. 08. 2014.

Acto de apoyo en el Luna Park, Página12, 02. 08. 2014.

Argentina consigue más aliados mientras los buitres operan, Página12, 03. 08. 2014.

Barack Obama tiene un mensaje en La Haya, Página12, 08. 08. 2014.

Buitres, Griesa y la solución argentina, Página12, 30. 07. 2014.

Capitanich: «Hay múltiples instancias de acciones contra los fondos buitre», Página12, 04. 08. 2014.

CFK: «Hoy es 31 de julio y el mundo sigue andando», Página12, 31. 07. 2014.

Con apoyo de los vecinos frente a los buitres, Página12, 29. 07. 2014.

Con La Haya en el horizonte, Página12, 05. 08. 2014.

Con la mira en Griesa y los holdouts, Página12, 30. 07. 2014.

Contra Griesa, Página12, 04. 08. 2014.

De cómo ser castigados por querer cumplir con la deuda, Página12, 05. 08. 2014.

Deshojando la margarita, Página12, 31. 07. 2014.

El juez no acusó recibo y todo sigue igual, Página12, 02. 08. 2014.

El juez, la deuda y la soberanía, Página12, 04. 08. 2014.

El mediador buitre sigue, Página12, 05. 08. 2014.

El ritual de los patios, Página12, 01. 08. 2014.

El trabajo o la especulación, Página12, 31. 07. 2014.

En busca de nuevos apoyos, Página12, 29. 07. 2014.

En el final, Pollack mostró las plumas, Página12, 31. 07. 2014.

Es la economía, sin embargo, Página12, 03. 08. 2014.

Fuerte respaldo del Mercosur por los buitres, Página12, 30. 07. 2014.

Giro a París que demuestra capacidad de pago, Página12, 29. 07. 2014.

Kicillof, Página12, 02. 08. 2014.

La Argentina consigue más aliados mientras los buitres operan, Página12, 03. 08. 2014.

La Argentina no está en cesación de pagos, Página12, 31. 07. 2014.

La CNV investigará una «posible estafa millonaria» de los holdouts, Página12, 01. 08. 2014.

La extorsión y después, Página12, 02. 08. 2014.

Lejos de cualquier derrumbe, Página12, 31. 07. 2014.

Los buitres internos, Página12, 28. 07. 2014.

Los buitres, el ajedrez y la tormenta, Página12, 29. 06. 2014.

Los fondos buitre no aceptaron nuestra oferta de ingresar al canje, Página12, 30. 07. 2014.

Malvinas no es sinónimo de derrotas, Página12, 03. 08. 2014.

Millonarias maravillas, Página12, 03. 08. 2014.

Muerto el «stay», ir por el BoNY, Página12, 03. 08. 2014.

No es un default, Página12, 03. 08. 2014.

No existe posibilidad de default, Página12, 29. 07. 2014.

Otro viaje a Nueva York en horas definitorias, Página12, 29. 07. 2014.

Pájaros non gratos, Página12, 03. 08. 2014.

Para Brasil, no hay default, Página12, 31. 07. 2014.

Parrilli: «Argentina va a recurrir a todas las acciones legales y políticas en el marco de los organismos internacionales», Página12, 04. 08. 2014.

Por la independencia política y económica, Página12, 31. 07. 2014.

Prometeo y los buitres, Página12, 29. 06. 2014.

Reacciones de oficialistas y opositores, Página12, 31. 07. 2014.

Semana clave por la deuda, Página12, 28. 07. 2014.

Sobre el límite, Página12, 31. 07. 2014.

Solidaridad de Vía Campesina, Página12, 29. 07. 2014.

Un fallo que atenta contra la inmunidad soberana, Página12, 03. 08. 2014.

Un Griesa a la derecha, Página12, 29. 07. 2014.

Un planteo contra el mediador Pollack, Página12, 03. 08. 2014.

Una «solución entre privados» para salir del encierro, Página12, 30. 07. 2014.

Una nueva arquitectura global, Página12, 02. 08. 2014.

Unidos ante los buitres, Página12, 08. 08. 2014.

Tiempo Argentino

«Advierten por el impacto en los DDHH», Tiempo Argentino, 30. 07. 2014.

«Argentina resiste las presiones», Tiempo Argentino, 05. 08. 2014.

«El juez Griesa debe renunciar a su cargo», Tiempo Argentino, 02. 08. 2014.

«El juez no se ha ajustado a Derecho», Tiempo Argentino, 30. 07. 2014.

«Los fondos buitre han socavado el Estado de Derecho», Tiempo Argentino, 02. 08. 2014.

«Si los bancos quieren poner plata de la suya, el gobierno no se opone», Tiempo Argentino, 01. 08. 2014.

«Utilizaremos todos los instrumentos legales que nos dan los contratos», Tiempo Argentino, 01. 08. 2014.

Advierten por el «impacto en los DDHH», Tiempo Argentino, 30. 07. 2014.

Agis: «Quieren arrinconarnos», Tiempo Argentino, 03. 08. 2014.

Argentina investigará una «estafa» de buitres para cobrar los seguros, Tiempo Argentino, 02. 08. 2014.

Buitres en vuelo de Manhattan a la Rural, Tiempo Argentino, 31. 07. 2014.

Buitres: gobierno pide datos a EE UU por presunta estafa con los seguros, Tiempo Argentino, 04. 08. 2014.

CNV pedirá información a la SEC de EE UU por el posible fraude buitre, Tiempo Argentino, 05. 08. 2014.

Cristina insistió: «Default es cuando uno no paga y Argentina pagó», Tiempo Argentino, 31. 07. 2014.

Cristina: «Argentina es viable pese a los misiles financieros», Tiempo Argentino, 05. 08. 2014.

Cristina: «El juez Griesa no se ha ajustado a Derecho», Tiempo Argentino, 30. 07. 2014.

Cuando lo obvio es inusual, Tiempo Argentino, 31. 07. 2014.

Del fallo incumplible a una política posible, Tiempo Argentino, 28. 07. 2014.

Deuda: el «juicio del siglo» reclama un cambio en el sistema de negociación, Tiempo
  Argentino, 03. 08. 2014.
Economistas repudiaron al juez Griesa, Tiempo Argentino, 01. 08. 2014.
El «default que no es default» y los riesgos del fallo Griesa, Tiempo Argentino, 03. 08. 2014.
El gobierno prepara una múltiple ofensiva judicial contra los buitres, Tiempo Argentino,
  03. 08. 2014.
El graznido de los alcahuetes, Tiempo Argentino, 02. 08. 2014.
El juez Griesa deberá decidir si fuerza el default técnico del país, Tiempo Argentino,
  28. 07. 2014.
El N. Y. Times negó efectos negativos, Tiempo Argentino, 02. 08. 2014.
El regreso de los «montevideanos», Tiempo Argentino, 03. 08. 2014.
En cartas guardadas, Tiempo Argentino, 31. 07. 2014.
Especialistas y empresarios desmintieron un default y criticaron a especuladores, Tiempo
  Argentino 01. 08. 2014.
Griesa autorizó un pago del banco JP Morgan y ratificó al mediador, Tiempo Argentino,
  05. 08. 2014.
La Argentina vuelve a reunirse con Pollack en busca del amparo, Tiempo Argentino,
  29. 07. 2014.
La irracionalidad capitalista y los buitres, Tiempo Argentino, 28. 07. 2014.
La maniobra de los fondos buitre para aprovecharse de la Argentina, Tiempo Argentino,
  03. 08. 2014.
Las actuales alternativas para la Argentina, Tiempo Argentino, 28. 07. 2014.
Nuestra Argentina y los buitres, Tiempo Argentino, 30. 07. 2014.
Nunca más el pueblo pagará lo que no debe, Tiempo Argentino, 05. 08. 2014.
Por un nuevo orden global, Tiempo Argentino, 03. 08. 2014.
Scioli pidió «acompañar al Estado y poner el hombro por el país» ante los holdouts, Tiempo
  Argentino, 02. 08. 2014.
Sin escapes de divisas no hay extorsión, Tiempo Argentino, 29. 07. 2014.
Una multitud pidió en el Cabildo «defender la soberanía nacional», Tiempo Argentino,
  31. 07. 2014.

9.2 Analysetools

Kilgarriff, Adam, *Sketch Engine*, s. a., DOI: https://www.sketchengine.co.uk/.
VERBI, *MAXQDA (für Windows und Mac). Qualitative Datenalayse Software*, s. a.,
  DOI: http://www.maxqda.de/.

9.3 Forschungsliteratur

Adam, Jean-Michel/Charaudeau, Patrick/Maingueneau, Dominique, *Dictionnaire d'analyse
  du discours*, Paris, Éditions du Seuil, 2002.
Adelstein, Andreína/Kuguel, Ines, *De salariazo a corralito, de carapintada a blog. Nuevas
  palabras en veinticinco años de democracia*, Buenos Aires, Biblioteca Nacional, 2008.
Adelstein, Andreína/Vommaro, Gabriel (edd.), *Diccionario del léxico corriente de la política
  argentina. Palabras en democracia (1983–2013)*, Buenos Aires, Universidad Nacional
  de General Sarmiento, 2014.

Al Amar, Abdullah, *La política es un juego. Un análisis de la metáfora política en la prensa española*, European Scientific Journal 10 (2014), 233–249.

Albornoz, Luis Alfonso, *Periodismo digital. Los grandes diarios en la red*, Buenos Aires, La Crujía, 2006.

Aleza Izquierdo, Milagros (ed.), *Lengua española para los medios de comunicación. Usos y normas actuales*, Valencia, Tirant lo Blanch, 2006.

Angermüller, Johannes, *Einleitung. Diskursforschung als Theorie und Analyse. Umrisse eines interdisziplinären und internationalen Feldes*, in: Angermüller, Johannes, et al. (edd.), *Diskursforschung. Ein interdisziplinäres Handbuch*, vol. 1, Bielefeld, transcript, 2014, 16–36.

Angermüller, Johannes/Schwab, Veit, *Zu Qualitätskriterien und Gelingensbedingungen in der Diskursforschung*, in: Angermüller, Johannes, et al. (edd.), *Diskursforschung. Ein interdisziplinäres Handbuch*, vol. 1, Bielefeld, transcript, 2014, 645–649.

Angermüller, Johannes, et al. (edd.), *Diskursforschung. Ein interdisziplinäres Handbuch*, 2 vol., Bielefeld, transcript, 2014.

Antos, Gerd/Heinemann, Wolfgang/Tietz, Heike (edd.), *Die Zukunft der Textlinguistik. Traditionen, Transformationen, Trends*, Tübingen, Niemeyer, 1997.

Arcangeli, Massimo, *La crisi. Parole e cose*, in: Pietrini, Daniela/Wenz, Kathrin (edd.), *Dire la crise: mots, textes, discours/Dire la crisi: parole, testi, discorsi/Decir la crisis: palabras, textos, discursos. Approches linguistiques à la notion de crise/Approcci linguistici al concetto di crisi/Enfoques lingüísticos sobre el concepto de crisis*, Frankfurt am Main, Lang, 2016, 17–32.

Aristoteles, *Nikomachische Ethik*, übers. und hrsg. von Ursula Wolf, Reinbek bei Hamburg, Rowohlt, [5]2015.

Arnoux, Elvira Narvaja de, *Análisis del discurso. Modos de abordar materiales de archivo*, Buenos Aires, Arcos, 2006.

Arnoux, Elvira Narvaja de, *El discurso latinoamericanista de Hugo Chávez*, Buenos Aires, Editorial Biblos, 2008 (= 2008a).

Arnoux, Elvira Narvaja de, *Los discursos sobre la nación y el lenguaje en la formación del Estado (Chile, 1842–1862). Estudio glotopolítico*, Buenos Aires, Arcos, 2008 (= 2008b).

Arnoux, Elvira Narvaja de/Nothstein, Susana (ed.), *Temas de glotopolítica. Integración regional sudamericana y panhispanismo*, Buenos Aires, Editorial Biblos, 2014.

Arnoux, Elvira Narvaja de/Zaccari, Verónica (ed.), *Discurso y política en Sudamérica*, Buenos Aires, Editorial Biblos, 2015.

Asch, Ronald Gregor/Butter, Michael (ed.), *Bewunderer, Verehrer, Zuschauer: die Helden und ihr Publikum*, Würzburg, Ergon Verlag, 2016.

Assmann, Aleida, *Der lange Schatten der Vergangenheit. Erinnerungskultur und Geschichtspolitik*, Bonn, Bundeszentrale für Politische Bildung, 2007.

Assmann, Jan, *Kollektives Gedächtnis und kulturelle Identität*, in: Assmann, Jan/Hölscher, Tonio (edd.), *Kultur und Gedächtnis*, Frankfurt am Main, Suhrkamp, 1988, 9–19.

Assmann, Jan, *Das kulturelle Gedächtnis. Schrift, Erinnerung und politische Identität in frühen Hochkulturen*, München, Beck, [7]2013.

Baisch, Maren, et al., *Der Konflikt zwischen Regierung und Medien in Argentinien*, Konrad Adenauer Stiftung (2010), URL: http://www.kas.de/argentinien/de/publications/20549/ [letzter Zugriff: 25.09.2018].

Bakhurst, David/Bellelli, Guglielmo/Rosa, Alberto (edd.), *Memoria colectiva e identidad nacional*, Madrid, Biblioteca Nueva, 2000.

Balán, Manuel, *Polarización y medios a 30 años de democracia*, Revista SAAP 7 (2013), 473–482, URL: https://www.coalicionesgicp.com.ar/wp-content/uploads/2015/10/Cruz-2013.pdf [letzter Zugriff: 25. 09. 2018].

Balbi, Fernando Alberto, *«… esa avalancha de homenajes»: campo de poder, lealtad y concepciones de política en el primer peronismo*, in: Centro de Antropología Social – Instituto de Desarrollo Económico Social (ed.), *Anuario de Estudios en Antropología Social 1*, Buenos Aires, Editorial Antropofagia, 2005, 103–118.

Balsa, Javier, *Sobre lógicas y discursividades*, in: Balsa, Javier (ed.), *Discurso, política y acumulación en el kirchnerismo*, Buenos Aires, UNQui-CCC, 2013, 21–36.

Bebermeyer, Renate, *«Krisen»-Komposita – verbale Leitfossilien unserer Zeit*, Muttersprache 90 (1980), 189–210.

Bebermeyer, Renate, *«Krise» in der Krise. Eine Vokabel im Sog ihrer Komposita und auf dem Weg zum leeren Schlagwort*, Muttersprache 91 (1981), 345–359.

Becerra, Martín, *Las noticias van al mercado: etapas de la historia de los medios en la Argentina*, in: Flores, Jorge/Lugones, Gustavo (edd.), *Intérpretes e interpretaciones de la Argentina en el bicentenario*, Bernal/Buenos Aires, Universidad Nacional de Quilmes, 2010, 139–165.

Beck, Hanno, *Unter Geiern: Was sind die Lehren aus dem achten argentinischen Staatsbankrott?*, ifo Schnelldienst 19:67 (2014), 7–10.

Becker, Lidia, *Online-Leserkommentare zum Aussetzen der Mistral-Lieferung an Russland auf LeMonde.fr und LeFigaro.fr. Eine argumentationstheoretische Analyse*, in: Hennemann, Anja/Schlaak, Claudia (edd.), *Politische und mediale Diskurse. Fallstudien aus der Romania*, Berlin, Frank und Timme, 2015, 13–55.

Becker, Martin, *Zwischen Tradition und Wandel. Zum Wortschatz des politischen Diskurses in Spanien seit 1976*, Tübingen, Niemeyer, 2004.

Becker, Martin, *Zum Diskursbegriff – seinen Dimensionen und Anwendungen*, in: Lebsanft, Franz/Schrott, Angela (edd.), *Diskurse, Texte, Traditionen. Modelle und Fachkulturen in der Diskussion*, Göttingen/Bonn, V&R unipress/Bonn University Press, 2015, 85–108.

Becker, Martin, *La memoria histórica en el discurso de la Transición*, in: Eser, Patrick/Schrott, Angela/Winter, Ulrich (edd.), *Transiciones democráticas en la Península Ibérica y el Cono Sur. La emergencia de un espacio comunicativo transnacional de memoria. Tópicos, conceptos y discursos*, Frankfurt am Main, Lang, 2019, 135–162.

Behrens, Peter-Alberto, *Aló Presidente – Presse und Politik in Lateinamerika*, Konrad-Adenauer-Stiftung, Auslandsinformationen 2 (2010), 97–112, URL: http://www.kas.de/wf/doc/kas_18675-544-1-30.pdf?100126122436 [letzter Zugriff: 25. 09. 2018].

Beker, Víctor, *Argentina frente a un fallo de cumplimiento imposible*, CENE – Centro de estudios de la nueva economía, Universidad de Belgrano 127 (2014), URL: http://docplayer.es/17975284-Cene-centro-de-estudios-de-la-nueva-economia.html [letzter Zugriff: 25. 09. 2018].

Bendel Larcher, Sylvia, *Linguistische Diskursanalyse. Ein Lehr- und Arbeitsbuch*, Tübingen, Narr Francke Attempto, 2015.

Bender, Doris/Lösel, Friedrich, *Von generellen Schutzfaktoren zu spezifischen protektiven Prozessen. Konzeptuelle Grundlagen und Ergebnisse der Resilienzforschung*, in: Bender, Doris/Fingerle, Michael/Opp, Günther (edd.), *Was Kinder stärkt. Erziehung zwischen Risiko und Resilienz*, München, Reinhardt, ³2008, 57–78.

Berger, Timo, *«Die USA schauen nicht auf Argentinien»*, Lateinamerika Nachrichten 421/422 (2009), URL: https://lateinamerika-nachrichten.de/artikel/die-usa-schauen-nicht-auf-argentinien/ [letzter Zugriff: 25. 09. 2018].

Bernecker, Walther Ludwig, *La crisis argentina: Un declive por etapas*, in: Schrott, Angela/
Witthaus, Jan-Henrik (edd.), *Crisis e identidad. Perspectivas interdisciplinarias desde
América Latina*, Frankfurt am Main, Lang, i. Dr.

Bernetti, Jorge Luis/Puiggrós, Adriana, *Peronismo. Cultura política y educación (1945–1955)*,
Buenos Aires, Editorial Galerna, 2006.

Bidlo, Oliver/Englert, Carina Jasmin/Reichertz, Jo, *Tat-Ort Medien. Die Medien als Akteure
und unterhaltsame Aktivierer*, Wiesbaden, VS Verlag für Sozialwissenschaften, 2012.

Biere, Bernd Ulrich, *Linguistische Hermeneutik und hermeneutische Linguistik*, in: Hermanns,
Fritz/Holly, Werner (edd.), *Linguistische Hermeneutik. Theorie und Praxis des Verstehens
und Interpretierens*, Tübingen, Niemeyer, 2007, 7–21.

Birle, Peter/Bodemer, Klaus/Pagni, Andrea, *Einleitung*, in: Birle, Peter/Bodemer, Klaus/
Pagni, Andrea (edd.), *Argentinien heute. Politik, Wirtschaft, Kultur*, Frankfurt am Main,
Vervuert, ²2010, 9–14.

Birle, Peter/Gryglewski, Elke/Schindel, Estela (edd.), *Urbane Erinnerungskulturen im Dialog*,
Berlin/Buenos Aires, Metropol-Verlag, 2009.

Birtsch, Günter (ed.), *Patriotismus*, Hamburg, Meiner, 1991.

Bloss, Michael, *Von der Subprime-Krise zur Finanzkrise. Immobilienblase: Ursachen,
Auswirkungen, Handlungsempfehlungen*, München, Oldenbourg, 2009.

Bloss, Michael, *Die Illiquidität Argentiniens als Folge einer inkonsequenten Insolvenz-
verwaltung – oder: We cry for you Argentina …*, ifo Schnelldienst 19 (2014), 11–15.

Bluhm, Claudia, et al., *Linguistische Diskursanalyse. Überblick, Probleme, Perspektiven*,
Sprache und Literatur in Wissenschaft und Unterricht 86 (2000), 3–19.

Blum, Sabine, et al., *Soziologische Perspektiven*, in: Wink, Rüdiger (ed.), *Multidisziplinäre
Perspektiven der Resilienzforschung*, Wiesbaden, Springer, 2016, 151–177.

Blumenthal, Max, *The 51 day war. Ruin and resistance in Gaza*, London/New York, Verso,
2015.

Bock, Bettina, *Akteursbezogene Diskurslinguistik in der Anwendung. Der Kommunikations-
raum der inoffiziellen Mitarbeiter der DDR-Staatssicherheit*, in: Roth, Kersten Sven/
Spiegel, Carmen (edd.), *Angewandte Diskurslinguistik. Felder, Probleme, Perspektiven*,
Berlin, Akademie-Verlag, 2013, 239–259 (= 2013a).

Bock, Bettina, *«Blindes» Schreiben im Dienste der DDR-Staatssicherheit. Eine text- und
diskurslinguistische Untersuchung von Texten der inoffiziellen Mitarbeiter*, Bremen,
Hempen, 2013 (= 2013b).

Bock, Bettina, *Sozialwissenschaftliche Methoden in diskurslinguistischen Analysen.
Am Beispiel eines Korpus aus Texten von inoffiziellen Mitarbeitern der DDR-
Staatssicherheit*, in: Kämper, Heidrun/Warnke, Ingo (edd.), *Diskurs – interdisziplinär:
Zugänge, Gegenstände, Perspektiven*, Berlin/Boston, de Gruyter, 2015, 335–357.

Bodemer, Klaus, *Politik ohne Kompass? Argentinische Außenpolitik im letzten Jahrzehnt*, in:
Birle, Peter/Bodemer, Klaus/Pagni, Andrea (edd.), *Argentinien heute. Politik, Wirtschaft,
Kultur*, Frankfurt am Main, Vervuert, ²2010, 231–259.

Böhm, Andreas, *Theoretisches Codieren: Textanalyse in der Grounded Theory*, in: Flick, Uwe
(ed.), *Qualitative Forschung. Ein Handbuch*, Reinbek bei Hamburg, Rowohlt, ¹¹2015,
475–485.

Böhm, Verónica, *Immigrationspolitische Diskurse in Spanien: Re-aktiver und Pro-aktiver
Diskurs. Eine Frame-Diskursanalyse*, in: Hennemann, Anja/Schlaak, Claudia (edd.),
Politische und mediale Diskurse. Fallstudien aus der Romania, Berlin, Frank und Timme,
2015, 253–284.

Böhnert, Martin/Reszke, Paul, *Linguistisch-philosophische Untersuchungen zu Plausibilität: Über kommunikative Grundmuster bei der Entstehung von wissenschaftlichen Tatsachen*, in: Engelschalt, Julia/Maibaum, Arne (edd.), *Auf der Suche nach den Tatsachen: Proceedings der 1. Tagung des Nachwuchsnetzweks «Insist», 22.–23. Oktober 2014, Berlin*, Berlin, SSOAR, 2015, 40–67.

Boin, Arjen/Bruijne, Mark de/Eeten, Michel van, *Resilience. Exploring the Concept and Its Meanings*, in: Boin, Arjen/Comfort, Louise/Demchak, Chris (edd.), *Designing Resilience. Preparing for Extreme Events*, Pittsburgh, University of Pittsburgh Print, 2010, 13–32.

Boin, Arjen/Comfort, Louise/Demchak, Chris, *The Rise of Resilience*, in: Boin, Arjen/Comfort, Louise/Demchak, Chris (edd.), *Designing Resilience. Preparing for Extreme Events*, Pittsburgh, University of Pittsburgh Print, 2010, 1–12.

Bolívar, Adriana (ed.), *Análisis del discurso. ¿Por qué y para qué?*, Caracas, Los Libros de El Nacional, 2007.

Bonß, Wolfgang, *Karriere und sozialwissenschaftliche Potenziale des Resilienzbegriffs*, in: Endreß, Martin/Maurer, Andrea (edd.), *Resilienz im Sozialen. Theoretische und empirische Analysen*, Wiesbaden, Springer Fachmedien, 2015, 15–31.

Boris, Dieter, *Die Mitte-Links Regierungen und die neue Medienpolitik in Lateinamerika*, Z. Zeitschrift Marxistische Erneuerung 86 (2011), URL: http://www.zeitschrift-marxistische-erneuerung.de/article/214.die-mitte-links-regierungen-und-die-neue-medienpolitik-in-lateinamerika.html [letzter Zugriff: 25. 09. 2018].

Boss, Pauline, *Verlust, Trauma und Resilienz. Die therapeutische Arbeit mit dem «uneindeutigen Verlust»*, Stuttgart, Klett-Cotta, 2008.

Boyer, Robert/Neffa, Julio César (edd.), *La economía argentina y su crisis (1976–2001). Visiones institucionales y regulacionistas*, Buenos Aires, Miño y Davila, 2004.

Bruchmann, Hanno, et al., *Einleitung. Lateinamerikanische Pressefreiheit in Gefahr?*, in: Bruchmann, Hanno, et al. (edd.), *Medien und Demokratie in Lateinamerika*, Berlin, Dietz, 2012, 11–26.

Brunner, Elgin/Giroux, Jennifer/Trachsler, Daniel, *Resilienz: Konzept zur Krisen- und Katastrophenbewältigung*, CSS Analysen zur Sicherheitspolitik 60 (2009), 1–3, URL: http://www.css.ethz.ch/content/dam/ethz/special-interest/gess/cis/center-for-securities-studies/pdfs/CSS-Analysen-60.pdf [letzter Zugriff: 25. 09. 2018].

Bruns, Edmund, *Das Schachspiel als Phänomen der Kulturgeschichte des 19. und 20. Jahrhunderts*, Münster, LIT, 2003.

Bruyne, Jacques de, *Spanische Grammatik*, Tübingen, Niemeyer, ²2002.

Bubenhofer, Noah, *Sprachgebrauchsmuster. Korpuslinguistik als Methode der Diskurs- und Kulturanalyse*, Berlin/New York, de Gruyter, 2009.

Bucher, Hans-Jürgen, *Massenmedien als Handlungsfeld I: Printmedien*, in: Roth, Kersten Sven/Wengeler, Martin/Ziem, Alexander (edd.), *Handbuch Sprache in Politik und Gesellschaft*, Berlin/Boston, de Gruyter Mouton, 2017, 298–333.

Buchieri, Flavio Ernesto, *Default soberanos: la necesidad de reforma a la arquitectura financiera internacional a partir de la experiencia de Argentina*, Revista ciencias económicas 11:2 (2014), 63–74.

Burchardt, Hans-Jürgen/Öhlschläger, Rainer/Peters, Stefan (edd.), *Geschichte wird gemacht. Vergangenheitspolitik und Erinnerungskulturen in Lateinamerika*, Baden-Baden, Nomos, 2015.

Busch, Albert, *Der Diskurs: ein linguistischer Proteus und seine Erfassung. Methodologie und empirische Gütekriterien für die sprachwissenschaftliche Erfassung von Diskursen und ihrer lexikalischen Inventare*, in: Warnke, Ingo (ed.), *Diskurslinguistik nach Foucault. Theorie und Gegenstände*, Berlin/New York, de Gruyter, 2007, 141–163.

Busse, Dietrich, *Diskurslinguistik als Epistemologie. Das verstehensrelevante Wissen als Gegenstand linguistischer Forschung*, in: Spitzmüller, Jürgen/Warnke, Ingo (edd.), *Methoden der Diskurslinguistik. Sprachwissenschaftliche Zugänge zur transtextuellen Ebene*, Berlin/New York, de Gruyter, 2008, 57–88.

Busse, Dietrich, *Diskurs – Sprache – Gesellschaftliches Wissen. Perspektiven einer Diskursanalyse nach Foucault im Rahmen einer Linguistischen Epistemologie*, in: Busse, Dietrich/Teubert, Wolfgang (edd.), *Linguistische Diskursanalyse: neue Perspektiven*, Dordrecht, Springer, 2013, 147–185 (= 2013a).

Busse, Dietrich, *Linguistische Diskursanalyse. Die Macht der Sprache und die soziale Konstruktion der Wirklichkeit aus der Perspektive einer linguistischen Epistemologie*, in: Keller, Reiner/Schneider, Werner/Viehöver, Willy (edd.), *Diskurs – Sprache – Wissen. Interdisziplinäre Beiträge zum Verhältnis von Sprache und Wissen in der Diskursforschung*, Wiesbaden, Springer, 2013, 51–77 (= 2013b).

Busse, Dietrich, *Einführung: Kulturwissenschaftliche Orientierung in der Sprachwissenschaft*, in: Jäger, Ludwig, et al. (edd.), *Sprache – Kultur – Kommunikation. Ein internationales Handbuch zu Linguistik als Kulturwissenschaft*, Berlin/Boston, de Gruyter Mouton, 2016, 645–661.

Busse, Dietrich/Teubert, Wolfgang, *Ist Diskurs ein sprachwissenschaftliches Objekt? Zur Methodenfrage der historischen Semantik*, in: Busse, Dietrich/Teubert, Wolfgang (edd.), *Begriffsgeschichte und Diskursgeschichte. Methodenfragen und Forschungsergebnisse der historischen Semantik*, Opladen, Westdeutscher Verlag, 1994, 10–28.

Busse, Dietrich/Teubert, Wolfgang (edd.), *Linguistische Diskursanalyse: neue Perspektiven*, Dordrecht, Springer, 2013.

Cabeza, Julián/Molero de Cabeza, Lourdes, *El enfoque semántico-pragmático en el análisis del discurso: teoría, método y práctica*, in: Bolívar, Adriana (ed.), *Análisis del discurso. ¿Por qué y para qué?*, Caracas, Los Libros de El Nacional, 2007, 201–226.

Calabrese Castro, Natalia, *Un análisis de las fotografías del cacerolazo del 13-S publicadas por los principales diarios argentinos*, Questión 41 (2014), 1–15.

Califano, Bernadette, *Los medios de comunicación, las noticias y su influencia sobre el sistema política*, Revista Mexicana de Opinión Pública 19 (2015), 61–78.

Casabianca, Ruth/Hirsch, Hugo, *Argentina 2001–2003: Stress, Trauma y Resiliencia. Perspectivas Sistémicas*, La Nueva Comunicación 79 (2003), URL: http://www.redsistemica.com.ar/casabianca.htm [letzter Zugriff: 25.09.2018].

Casullo, Nicolás, *Peronismo. Militancia y crítica: 1973–2008*, Buenos Aires, Colihue, 2008.

Ceffa, Sabina, *Narrare la crisi, tradurre la crisi: un'analisi comparata del discorso sulla crisi economica europea nella stampa tedesca e italiana*, in: Pietrini, Daniela/Wenz, Kathrin (edd.), *Dire la crise: mots, textes, discours/Dire la crisi: parole, testi, discorsi/Decir la crisis: palabras, textos, discursos. Approches linguistiques à la notion de crise/Approcci linguistici al concetto di crisi/Enfoques lingüísticos sobre el concepto de crisis*, Frankfurt am Main, Lang, 2016, 81–93.

Ciapuscio, Guiomar Elena, *Diskursive Strukturen des Spanischen*, in: Born, Joachim (ed.), *Handbuch Spanisch. Sprache, Literatur, Kultur, Geschichte in Spanien und Hispanoamerika*, Berlin, Schmidt, 2012, 349–353.

Comisión Nacional sobre la Desaparición de Personas, *Nunca más. Informe de la Comisión Nacional sobre la Desaparición de Personas*, Buenos Aires, Eudeba, 1984.

Cortés Rodríguez, Luis/Camacho Adarve, María Matilde, *¿Qué es el análisis del discurso?*, Barcelona, Octaedro-EUB, 2003.

Coseriu, Eugenio, *Determinación y entorno. Dos problemas de una lingüística del hablar*, Romanistisches Jahrbuch 7 (1955), 29–54.

Coseriu, Eugenio, *Sprachkompetenz. Grundzüge der Theorie des Sprechens*, Tübingen, Francke, 1988.

Crenzel, Emilio, *Políticas de la memoria. La historia del informe Nunca Más*, Papeles del CEIC 61:2 (2010), 1–31, URL: http://www.ehu.eus/ojs/index.php/papelesCEIC/article/view/12275/11197 [letzter Zugriff: 25. 09. 2018].

Crenzel, Emilio, *La historia política del Nunca Más. La memoria de las desapariciones en la Argentina*, Buenos Aires, Siglo Veintiuno Editores, ²2014.

Cuartero Otal, Juan, *Algunas consideraciones sobre la agentividad en español*, Anuario de Estudios Filológicos XXIII (2000), 65–76.

Cuvardic García, Dorde, *La metáfora en el discurso político*, Revista Reflexiones 83:2 (2004), 61–72.

Czachur, Waldemar, *Diskursive Weltbilder im Kontrast. Linguistische Konzeption und Methode der kontrastiven Diskursanalyse deutscher und polnischer Medien*, Wrocław, Oficyna Wydawn Atut, 2011 (= 2011a).

Czachur, Waldemar, *Wie aus Wende, Umsturz und Mauerfall doch noch eine friedliche Revolution wurde – zur konzeptionellen und sprachlichen Kreativität im aktuellen Erinnerungsdiskurs in Deutschland*, in: Czachur, Waldemar/Czyzewska, Marta/Teichfischer, Philipp (edd.), *Kreative Sprachpotenziale mit Stil entdecken. Germanistische Festschrift für Professor Wolfgang Schramm*, Wrocław, Oficyna Wydawn Atut, 2011, 133–155 (= 2011b).

Czachur, Waldemar, *Texte machen kollektives Gedächtnis wahrnehmbar! Zum Text und kollektiven Gedächtnis aus Sicht der kultursensitiven Linguistik*, in: Czachur, Waldemar/Opiłowski, Roman (edd.), *Sprache – Wissen – Medien. Festschrift für Professor Gerd Antos*, Wrocław/Dresden, ATUT/Neisse Verlag, 2015, 55–69.

Czachur, Waldemar, *Kollektives Gedächtnis und Sprache. Ein Beitrag zur Grammatik des deutschen Erinnerungsdiskurses über den Zweiten Weltkrieg*, in: Warakomska, Anna, et al. (edd.), *Dialog der Kulturen. Studien zur Literatur, Kultur und Geschichte*, Warschau, Instytut Germanistyki Uniwersytetu Warszawskiego, 2016, 419–430.

Dagatti, Mariano, *Aportes para el estudio del discurso político en las sociedades contemporáneas. El caso del kirchnerismo*, De Signos y Sentidos 13 (2012), 52–82.

Dagatti, Mariano, *«Refundar la patria». Los legados del primer kirchnerismo*, in: Arnoux, Elvira N. de/Zaccari, Verónica (edd.), *Discurso y política en Sudamérica*, Buenos Aires, Editorial Biblos, 2015, 165–200.

Damill, Mario/Gervasoni, Carlos/Peruzzotti, Enrique (edd.), *¿Década ganada? Evaluando el legado del kirchnerismo*, Buenos Aires, Debate, 2015.

Danler, Paul, *Textfunktionen und Diskurstypen*, in: Born, Joachim (ed.), *Handbuch Spanisch. Sprache, Literatur, Kultur, Geschichte in Spanien und Hispanoamerika*, Berlin, Schmidt, 2012, 353–364.

Delli-Zotti, Guillermo, *Genealogía de la violencia en la Argentina de los años 70*, Historia Actual Online 20 (2009), 49–59, URL: https://www.researchgate.net/publication/40905960_Genealogia_de_la_violencia_en_la_Argentina_de_los_anos_70 [letzter Zugriff: 25. 09. 2018].

Deppermann, Arnulf/Lucius-Hoene, Gabriele, *Narrative Identity Empiricized. A Dialogical and Positioning Approach to Autobiographical Research Interviews*, Narrative Inquiry 10 (2000), 199–222.

Deppermann, Arnulf/Lucius-Hoene, Gabriele, *Narrative Identität und Positionierung*, Gesprächsforschung. Online-Zeitschrift zur verbalen Interaktion 5 (2004), 166–183, URL: http://www.gespraechsforschung-ozs.de/heft2004/ga-lucius.pdf [letzter Zugriff: 25. 09. 2018].

Devés Valdés, Eduardo, *El pensamiento latinoamericano en el siglo XX. Entre la modernización y la identidad*, Buenos Aires, Editorial Biblos, 2004.

Di Stefano, Mariana/Pereira, María Cecilia, *De buitres, holdouts y acreedores: selección léxica e ideología lingüística en el diario La Nación en el tratamiento del conflicto por el pago de la deuda externa argentina*, in: Arnoux, Elvira N. de/Bein, Roberto (edd.), *Peronismos. Ideologías lingüísticas y políticas del lenguaje*, Buenos Aires, Editorial Biblos, i. Dr.

Drommler, Michael/Kuck, Kristin, *«Krise» aus Metaphern – «Krise» in Metaphern. Metaphorische Konstruktionsweisen von Krisenkonzepten am Beispiel der Debatten zur «Agenda 2010» und zur «Finanzkrise 2008/09»*, in: Wengeler, Martin/Ziem, Alexander (edd.), *Sprachliche Konstruktionen von Krisen. Interdisziplinäre Perspektiven auf ein fortwährend aktuelles Phänomen*, Bremen, Hempen, 2013, 209–240.

Duranti, Alessandro (ed.), *A Companion to Linguistic Anthropology*, Malden, Blackwell, 2006 (= 2006a).

Duranti, Alessandro, *Agency in Language*, in: Duranti, Alessandro (ed.), *A Companion to Linguistic Anthropology*, Malden, Blackwell, 2006, 451–473 (= 2006b).

Dvoskin, Gabriel, *Medios y realidad. Formaciones discursivas en disputa*, Signo y Seña 27 (2015), 143–169.

Dyer, Janyce/McGuinness, Teena, *Resilience: Analysis of the Concept*, Archives of Psychiatric Nursing 10 (1996), 276–282, URL: https://ac.els-cdn.com/S0883941796800367/1-s2.0-S0883941796800367-main.pdf?_tid=74a615c8-6133-430b-be92-d78883a08bc1&acdnat=1535124813_4a26197a82fc3f2d8b91869f1dee1875 [letzter Zugriff: 25. 09. 2018].

Endreß, Martin/Maurer, Andrea, *Einleitung*, in: Endreß, Martin/Maurer, Andrea (edd.), *Resilienz im Sozialen. Theoretische und empirische Analysen*, Wiesbaden, Springer Fachmedien, 2015, 7–11.

Endreß, Martin/Rampp, Benjamin, *Resilienz als Perspektive auf gesellschaftliche Prozesse: Auf dem Weg zu einer soziologischen Theorie*, in: Endreß, Martin/Maurer, Andrea (edd.), *Resilienz im Sozialen. Theoretische und empirische Analysen*, Wiesbaden, Springer Fachmedien, 2015, 33–56.

Enzensberger, Ulrich, *Parasiten. Ein Sachbuch*, Frankfurt am Main, Eichborn, 2001.

Erll, Astrid, *Kollektives Gedächtnis und Erinnerungskulturen. Eine Einführung*, Stuttgart, J. B. Metzler, ³2017.

Escribano, Asunción, *Pragmática e ideología en las informaciones sobre conflictos políticos*, Salamanca, Servicio de Publicidad Universidad Pontificia, 2001.

Escudé, Carlos, *Argentinien – Land frustrierter Perspektiven? Ein Erklärungsansatz für die relativen Frustrationen der Argentinier*, in: Bodemer, Klaus/Pagni, Andrea/Waldmann, Peter (edd.), *Argentinien heute. Politik, Wirtschaft, Kultur*, Frankfurt am Main, Vervuert, 2002, 37–58.

Eser, Patrick/Schrott, Angela/Winter, Ulrich (edd.), *Transiciones democráticas en la Península Ibérica y el Cono Sur. La emergencia de un espacio comunicativo transnacional de memoria. Tópicos, conceptos y discursos*, Frankfurt am Main, Lang, i. Dr.

Eser, Patrick/Witthaus, Jan-Henrik (edd.), *Memoria – Postmemoria*, Frankfurt am Main, Lang, 2016.

Estrada Gallego, Fernando, *Las metáforas de una guerra perpetua. Estudios sobre pragmática del discurso en el conflicto armado colombiano*, Medellín (Colombia), Fondo Editorial Universidad EAFIT, 2004.

Feinmann, José Pablo, *Del primer regreso de Perón al golpe militar de 1976*, Buenos Aires, Planeta, 2012.

Feld, Claudia/Jelin, Elisabeth, *Erinnerungspraktiken und Darstellung der Diktaturvergangenheit: Kultur und Institutionen*, in: Birle, Peter/Bodemer, Klaus/Pagni, Andrea (edd.), *Argentinien heute. Politik, Wirtschaft, Kultur*, Frankfurt am Main, Vervuert, ²2010, 277–300.

Felder, Ekkehard (ed.), *Semantische Kämpfe. Macht und Sprache in den Wissenschaften*, Berlin/New York, de Gruyter, 2006 (= 2006a).

Felder, Ekkehard, *Semantische Kämpfe in Wissensdomänen. Eine Einführung in Benennungs-, Bedeutungs- und Sachverhaltsfixierungs-Konkurrenzen*, in: Felder, Ekkehard (ed.), *Semantische Kämpfe. Macht und Sprache in den Wissenschaften*, Berlin/New York, de Gruyter, 2006, 13–46 (= 2006b).

Felder, Ekkehard, *Sprache – das Tor zur Welt? Perspektiven und Tendenzen in sprachlichen Äußerungen*, in: Felder, Ekkehard (ed.), *Sprache*, Berlin, Springer, 2009, 13–57.

Felder, Ekkehard, *Pragma-semiotische Textarbeit und der hermeneutische Nutzen von Korpusanalysen für die linguistische Mediendiskursanalyse*, in: Felder, Ekkehard/Müller, Marcus/Vogel, Friedemann (edd.), *Korpuspragmatik. Thematische Korpora als Basis diskurslinguistischer Analysen*, Berlin/New York, de Gruyter, 2012, 115–173.

Felder, Ekkehard (ed.), *Faktizitätsherstellung in Diskursen. Die Macht des Deklarativen*, Berlin/New York, de Gruyter, 2013.

Felder, Ekkehard, *Lexik und Grammatik der Agonalität in der linguistischen Diskursanalyse*, in: Kämper, Heidrun/Warnke, Ingo (edd.), *Diskurs – interdisziplinär: Zugänge, Gegenstände, Perspektiven*, Berlin/Boston, de Gruyter, 2015, 87–121.

Felder, Ekkehard/Gardt, Andreas, *Einleitung*, in: Felder, Ekkehard/Gardt, Andreas (edd.), *Handbuch Sprache und Wissen*, Berlin/Boston, de Gruyter, 2015, IX–XII (= 2015a).

Felder, Ekkehard/Gardt, Andreas, *Sprache – Erkenntnis – Handeln*, in: Felder, Ekkehard/Gardt, Andreas (edd.), *Handbuch Sprache und Wissen*, Berlin/Boston, de Gruyter, 2015, 3–33 (= 2015b).

Felder, Ekkehard/Müller, Marcus/Vogel, Friedemann (edd.), *Korpuspragmatik. Thematische Korpora als Basis diskurslinguistischer Analysen*, Berlin/New York, de Gruyter, 2012, (= 2012a).

Felder, Ekkehard/Müller, Marcus/Vogel, Friedemann, *Korpuspragmatik. Paradigma zwischen Handlung, Gesellschaft und Kognition*, in: Felder, Ekkehard/Müller, Marcus/Vogel, Friedemann (edd.), *Korpuspragmatik. Thematische Korpora als Basis diskurslinguistischer Analysen*, Berlin/New York, de Gruyter, 2012, 3–30 (= 2012b).

Fenske, Uta/Hülk, Walburga/Schuhen, Gregor, *Die Krise als Erzählung. Transdisziplinäre Perspektiven auf ein Narrativ der Moderne*, Bielefeld, transcript, 2013.

Fiehler, Reinhard, *Emotionale Kommunikation*, in: Fix, Ulla, et al. (edd.), *Rhetorik und Stilistik/Rhetoric and Stylistics. Handbücher zur Sprach- und Kommunikationswissenschaft = Handbooks of linguistics and communication science*, Berlin/New York, de Gruyter, 2008, 757–772.

Finke, Peter, *Nachhaltigkeit und Krisen in kulturellen Systemen. Wissenschafts- und kulturtheoretische Bemerkungen zu Resilienz*, in: Hartard, Susanne/Lang, Eva/Schaffer, Axel (ed.), *Systeme in der Krise im Fokus von Resilienz und Nachhaltigkeit*, Marburg, Metropolis-Verlag, 2014, 25–49.

Fix, Ulla, *Die EIN-Text-Diskursanalyse. Unter welchen Umständen kann ein einzelner Text Gegenstand einer diskurslinguistischen Untersuchung sein?*, in: Kämper, Heidrun/ Warnke, Ingo (edd.), *Diskurs – interdisziplinär: Zugänge, Gegenstände, Perspektiven*, Berlin/Boston, de Gruyter, 2015, 317–333.

Flax, Rocío, *Del discurso religioso al discurso político. Un recorrido por los elementos interpersonales en dos cartas de Antonio Baseotto*, in: Castel, Víctor M./Cubo de Severino, Liliana (edd.), *La renovación de la palabra en el bicentenario de la Argentina. Los colores de la mirada lingüística*, Mendoza, Editorial Facultad de Filosofía y Letras, 2010, 509–516.

Fooken, Insa, *Psychologische Perspektiven der Resilienzforschung*, in: Wink, Rüdiger (ed.), *Multidisziplinäre Perspektiven der Resilienzforschung*, Wiesbaden, Springer, 2016, 13–45.

Foucault, Michel, *L'archéologie du savoir*, Paris, Gallimard, 1969.

Foucault, Michel, *L'ordre du discours. Leçon inaugurale au Collège de France prononcée le 2 décembre 1970*, Paris, Gallimard, 1971.

Fraas, Claudia, *Begriffe – Konzepte – kulturelles Gedächtnis. Ansätze zur Beschreibung kollektiver Wissenssysteme*, in: Schlosser, Horst Dieter (ed.), *Sprache und Kultur*, Frankfurt am Main/Wien, Lang, 2000, 31–45.

Fraas, Claudia/Meier, Stefan, *Multimodale Stil- und Frameanalyse. Methodentriangulation zur medienadäquaten Untersuchung von Online-Diskursen*, in: Roth, Kersten Sven/ Spiegel, Carmen (edd.), *Angewandte Diskurslinguistik. Felder, Probleme, Perspektiven*, Berlin, Akademie-Verlag, 2013, 135–161.

Fraas, Claudia/Meier, Stefan/Pentzold, Christian, *Online-Kommunikation. Grundlagen, Praxisfelder und Methoden*, München, Oldenbourg, 2012.

Fraas, Claudia/Pentzold, Christian, *Online-Diskurse. Theoretische Prämissen, methodische Anforderungen und analytische Befunde*, in: Spitzmüller, Jürgen/Warnke, Ingo (edd.), *Methoden der Diskurslinguistik. Sprachwissenschaftliche Zugänge zur transtextuellen Ebene*, Berlin/New York, de Gruyter, 2008, 291–326.

Freyberg, Thomas von, *Resilienz – mehr als ein problematisches Modewort?*, in: Zander, Margherita (ed.), *Handbuch Resilienzförderung*, Wiesbaden, VS Verlag für Sozialwissenschaften, 2011, 219–239.

Frías Lebrón, María Trinidad, *Sobre las formas de reproducción del discurso ajeno en algunos textos periodísticos de la prensa italiana y española*, Philologia Hispalensis 26 (2012), 121–153.

Friedrich, Katja/Jandura, Olaf, *Abkehr von politischen Informationsangeboten*, in: Jandura, Olaf, et al. (edd.), *Publizistik und gesellschaftliche Verantwortung. Festschrift für Wolfgang Donsbach*, Wiesbaden, Springer VS, 2015, 69–81.

Fröhlich-Gildhoff, Klaus/Rönnau-Böse, Maike, *Resilienz*, München et al., Reinhardt, [3]2014.

Gabriel, Thomas, *Resilienz. Kritik und Perspektiven*, Zeitschrift für Pädagogik 51 (2005), 207–217.

Galeano, Eduardo, *Las venas abiertas de América Latina*, Madrid, Siglo XXI de España Ediciones, [2]2010.

Galuska, Joachim/Wellensiek, Sylvia Kéré, *Resilienz – Kompetenz der Zukunft. Balance halten zwischen Leistung und Gesundheit*, Weinheim, Beltz, 2014.

García Sigman, Luis Ignacio, *Los gobiernos de Néstor Kirchner y de Cristina Fernández de Kirchner desde la mirada de Laclau: ¿populismos? Una reseña de la noción a propósito de la opinión del filósofo sobre tales experiencias políticas*, Debates Latinoamericanos 11:21 (2013), 23–48.

Gardt, Andreas (ed.), *Nation und Sprache. Die Diskussion ihres Verhältnisses in Geschichte und Gegenwart*, Berlin/New York, de Gruyter, 2000.

Gardt, Andreas, *Sprachwissenschaft als Kulturwissenschaft*, in: Haß, Ulrike/König, Christoph (edd.), *Literaturwissenschaft und Linguistik von 1960 bis heute*, Göttingen, Wallstein, 2003, 271–288.

Gardt, Andreas, *Diskursanalyse. Aktueller theoretischer Ort und methodische Möglichkeiten*, in: Warnke, Ingo (ed.), *Diskurslinguistik nach Foucault. Theorie und Gegenstände*, Berlin/New York, de Gruyter, 2007, 23–48 (= 2007a).

Gardt, Andreas, *Linguistisches Interpretieren. Konstruktivistische Theorie und realistische Praxis*, in: Hermanns, Fritz/Holly, Werner (edd.), *Linguistische Hermeneutik. Theorie und Praxis des Verstehens und Interpretierens*, Tübingen, Niemeyer, 2007, 263–279 (= 2007b).

Gardt, Andreas, *Textsemantik. Methoden der Bedeutungserschließung*, in: Bär, Jochen A. (ed.), *Geschichte der Sprache – Sprache der Geschichte. Probleme und Perspektiven der historischen Sprachwissenschaft des Deutschen; Oskar Reichmann zum 75. Geburtstag*, Berlin, Akademie-Verlag, 2012, 61–82.

Gardt, Andreas, *Textanalyse als Basis der Diskursanalyse*, in: Felder, Ekkehard (ed.), *Faktizitätsherstellung in Diskursen. Die Macht des Deklarativen*, Berlin/New York, de Gruyter, 2013, 29–55.

Gasteiger, Ludwig/Schneider, Werner, *Diskursanalyse und die Verwendung von CAQDA-Software*, in: Angermüller, Johannes, et al. (edd.), *Diskursforschung. Ein interdisziplinäres Handbuch*, vol. 2, Bielefeld, transcript, 2014, 852–872.

Geyer, Martin, *Kritik und Krise: Politische Sprachkritik und Krisendiskurse in den 1970er Jahren*, in: Mergel, Thomas (ed.), *Krisen verstehen. Historische und kulturwissenschaftliche Annäherungen*, Frankfurt am Main, Campus Verlag, 2012, 257–274.

Girnth, Heiko, *Sprache und Sprachverwendung in der Politik. Eine Einführung in die linguistische Analyse öffentlich-politischer Kommunikation*, Berlin/Boston, de Gruyter Mouton, ²2015.

Giunta, Andrea, *Nach der Krise. Szenen eines kulturellen Wandels*, in: Birle, Peter/Bodemer, Klaus/Pagni, Andrea (ed.), *Argentinien heute. Politik, Wirtschaft, Kultur*, Frankfurt am Main, Vervuert, ²2010, 329–353.

Glaser, Barney Galland/Strauss, Anselm Leonard, *Grounded Theory. Strategien qualitativer Forschung*, Bern, Verlag Hans Huber, ³2010.

González Bringas, Ana, *Abuelas-Madres de Plaza de Mayo: la construcción social de la memoria*, in: Gómez Isa, Felipe (ed.), *El derecho a la memoria*, Bilbao, Universidad de Deusto, 2006, 579–615.

Gullo, Marcelo, *Argentina – Brasil. La gran oportunidad*, Buenos Aires, Editorial Biblos, 2005.

Gunkel, Stefan/Kruse, Gunther, *Salutogenese, Resilienz und Psychotherapie. Was hält gesund? Was bewirkt Heilung?*, Hannover, Hannoversche Ärzte-Verlags-Union, 2004.

Günthner, Susanne, *Zur Verwobenheit von Sprache und Kultur – Ansätze einer Anthropologischen Linguistik*, in: Dobstadt, Michael/Fandrych, Christian/Riedner, Renate (edd.), *Linguistik und Kulturwissenschaft. Zu ihrem Verhältnis aus der Perspektive des Faches Deutsch als Fremd- und Zweitsprache und anderer Disziplinen*, Frankfurt am Main, Lang, 2015, 37–64.

Günthner, Susanne/Linke, Angelika, *Einleitung: Linguistik und Kulturanalyse. Ansichten eines symbiotischen Verhältnisses*, Zeitschrift für germanistische Linguistik 34 (2006), 1–27.

Gupta, Milon, *Die sieben Erfolgsprinzipien der Schachmeister. Strategisches Denken und Entscheiden für Führungskräfte*, Wiesbaden, Springer Gabler, 2016.

Gür-Şeker, Derya, *Zur Verwendung von Korpora in der Diskurslinguistik*, in: Angermüller, Johannes, et al. (edd.), *Diskursforschung. Ein interdisziplinäres Handbuch*, vol. 1, Bielefeld, transcript, 2014, 583–603.

Hänsch, Lars/Riekenberg, Michael, *Das politische System Argentiniens*, in: Stüwe, Klaus (ed.), *Die politischen Systeme in Nord- und Lateinamerika. Eine Einführung*, Bonn, Bundeszentrale für politische Bildung, 2010, 59–85.

Halberkann, Isabelle/Stamm, Margrit, *Resilienz – Kritik eines populären Konzepts*, in: Andresen, Sabine/Koch, Claus/König, Julia (edd.), *Vulnerable Kinder. Interdisziplinäre Annäherungen*, Wiesbaden, Springer VS, 2015, 61–76.

Harras, Gisela, *Handlungssprache und Sprechhandlung. Eine Einführung in die theoretischen Grundlagen*, Berlin/New York, de Gruyter, [2]2004.

Harré, Rom/Langenhove, Luk van (edd.), *Positioning theory. Moral contexts of intentional action*, Oxford, Blackwell, 1999.

Haß, Ulrike, *Korpus-Hermeneutik. Zur hermeneutischen Methodik in der lexikalischen Semantik*, in: Hermanns, Fritz/Holly, Werner (ed.), *Linguistische Hermeneutik. Theorie und Praxis des Verstehens und Interpretierens*, Tübingen, Niemeyer, 2007, 241–261.

Haury, Thomas, «… *ziehen die Fäden im Hintergrund». No-Globals, Antisemitismus und Antiamerikanismus*, in: Loewy, Hanno (ed.), *Gerüchte über die Juden. Antisemitismus, Philosemitismus und aktuelle Verschwörungstheorien*, Essen, Klartext, 2005, 69–99.

Häusermann, Jürg, *Journalistisches Texten*, Konstanz, UVK, [3]2011.

Held, Virginia, *The ethics of care. Personal, political, and global*, Oxford, Oxford University Press, 2006.

Hennemann, Anja/Schlaak, Claudia (edd.), *Politische und mediale Diskurse. Fallstudien aus der Romania*, Berlin, Frank und Timme, 2015.

Hermanns, Fritz, *Deontische Tautologien. Ein linguistischer Beitrag zur Interpretation des Godesberger Programms (1959) der Sozialdemokratischen Partei Deutschlands*, in: Klein, Josef (ed.), *Politische Semantik. Bedeutungsanalytische und Sprachkritische Beiträge zur politischen Sprachverwendung*, Opladen, Westdeutscher Verlag, 1989, 69–152.

Hermanns, Fritz, *Sprachgeschichte als Mentalitätsgeschichte. Überlegungen zu Sinn und Form und Gegenstand historischer Semantik*, in: Gardt, Andreas (ed.), *Sprachgeschichte des Neuhochdeutschen. Gegenstände, Methoden, Theorien*, Tübingen, Niemeyer, 1995, 69–101.

Hermanns, Fritz, *Sprache, Kultur und Identität. Reflexionen über drei Totalitätsbegriffe*, in: Gardt, Andreas/Haß, Ulrike/Roelcke, Thorsten (ed.), *Sprachgeschichte als Kulturgeschichte*, Berlin/New York, de Gruyter, 1999, 351–391.

Hermanns, Fritz, *Diskurshermeneutik*, in: Warnke, Ingo (ed.), *Diskurslinguistik nach Foucault. Theorie und Gegenstände*, Berlin/New York, de Gruyter, 2007, 187–210.

Hermanns, Fritz/Holly, Werner (edd.), *Linguistische Hermeneutik. Theorie und Praxis des Verstehens und Interpretierens*, Tübingen, Niemeyer, 2007 (= 2007a).

Hermanns, Fritz/Holly, Werner, *Linguistische Hermeneutik. Versuch eines Anfangs*, in: Hermanns, Fritz/Holly, Werner (edd.), *Linguistische Hermeneutik. Theorie und Praxis des Verstehens und Interpretierens*, Tübingen, Niemeyer, 2007, 1–4 (= 2007b).

Hernández Vigueras, Juan, *Los fondos buitre, capitalismo depredador. Negocios y litigios financieros: de Argentina a Grecia*, Madrid, Clave Intelectual, 2015.

Herrero Cecilia, Juan, *Teorías de pragmática, de lingüística textual y análisis del discurso*, Cuenca, Editorial de la Universidad de Castilla-La Mancha, 2006.

Herschinger, Eva, *Zum Verlauf des Forschungsprozesses – linear oder zirkulär?*, in: Angermüller, Johannes, et al. (edd.), *Diskursforschung. Ein interdisziplinäres Handbuch*, vol. 1, Bielefeld, transcript, 2014, 628–633.

Hess-Lüttich, Ernest W. B., et al. (edd.), *Diskurs – semiotisch. Aspekte multiformaler Diskurskodierung*, Berlin/Boston, de Gruyter, 2017.

Hetzer, Andreas, *Das Verhältnis von Medien, Politik und Ökonomie in Lateinamerika vor dem Hintergrund aktueller Medienreformen*, in: Bruchmann, Hanno, et al. (edd.), *Medien und Demokratie in Lateinamerika*, Berlin, Dietz, 2012, 45–62.

Hildenbrand, Bruno, *Resilienz in sozialwissenschaftlicher Perspektive*, in: Hildenbrand, Bruno/Welter-Enderlin, Rosmarie (edd.), *Resilienz – Gedeihen trotz widriger Umstände*, Heidelberg, Carl-Auer-Systeme-Verlag, ^{5}2016, 20–27 (= 2016a).

Hildenbrand, Bruno, *Resilienz, Krise und Krisenbewältigung*, in: Hildenbrand, Bruno/Welter-Enderlin, Rosmarie (edd.), *Resilienz – Gedeihen trotz widriger Umstände*, Heidelberg, Carl-Auer-Systeme-Verlag, ^{5}2016, 205–229 (= 2016b).

Hirte, Katrin/Nordmann, Jürgen/Ötsch, Walter Otto (edd.), *Krise! Welche Krise? Zur Problematik aktueller Krisendebatten*, Marburg, Metropolis-Verlag, 2010.

Hoff, Ralf von den, et al., *Helden – Heroisierungen – Heroismen. Transformationen und Konjunkturen von der Antike bis zur Moderne. Konzeptionelle Ausgangspunkte des Sonderforschungsbereichs 948*, helden. heroes. héros 1 (2013), 7–14.

Hoffmann, Gregor Paul, *Organisationale Resilienz. Kernressource moderner Organisationen*, Berlin, Springer, 2017.

Holling, Crawford S., *Resilience and stability of ecological systems*, Annual Review of Ecology and Systematics 4 (1973), 1–23.

Holling, Crawford S., et al., *Resilience, Adaptability and Transformability in Social-ecological Systems*, Ecology and Society 9:2 (2004), URL: https://www.ecologyandsociety.org/vol9/iss2/art5/ [letzter Zugriff: 25.09.2018].

Holly, Werner/Jäger, Ludwig, *Aspekte einer kulturwissenschaftlichen Linguistik*, in: Jäger, Ludwig, et al. (edd.), *Sprache – Kultur – Kommunikation. Ein internationales Handbuch zu Linguistik als Kulturwissenschaft*, Berlin/Boston, de Gruyter Mouton, 2016, 944–956.

Holtmann, Martin/Schmidt, Martin, *Resilienz im Kindes- und Jugendalter*, Kindheit und Entwicklung. Zeitschrift für Klinische Kinderpsychologie 13 (2004), 195–200.

Hopper, Paul/Thompson, Sandra, *Transitivity in Grammar and Discourse*, Language 56 (1980), 251–299.

Hualde, José Ignacio, *Introducción a la lingüística hispánica*, Cambridge, Cambridge University Press, ^{2}2011.

Hummel, Martin/Kailuweit, Rolf (edd.), *Semantische Rollen*, Tübingen, Narr, 2004.

ila. Zeitschrift der Informationsstelle Lateinamerika (ed.), *Kultur und Krise* 274, 2004.

Jacob, Daniel/Kabatek, Johannes (edd.), *Lengua medieval y tradiciones discursivas en la Península Ibérica. Descripción gramatical, pragmática histórica, metodología*, Frankfurt am Main/Madrid, Vervuert/Iberoamericana, 2001.

Jäger, Ludwig, et al. (edd.), *Sprache – Kultur – Kommunikation. Ein internationales Handbuch zu Linguistik als Kulturwissenschaft*, Berlin/Boston, de Gruyter Mouton, 2016.

Jäger, Siegfried, *Wie kritisch ist die kritische Diskursanalyse? Ansätze zu einer Wende kritischer Wissenschaft*, Münster, Unrast-Verlag, 2008.

Jäger, Siegfried, *Kritische Diskursanalyse. Eine Einführung*, Münster, Unrast-Verlag, ^{7}2015.

James, Daniel, *Resistencia e integración. El peronismo y la clase trabajadora argentina, 1946–1976*, Buenos Aires, Siglo Veintiuno Editores, ²2010.

Jänicke, Martin (ed.), *Politische Systemkrisen*, Köln, Kiepenheuer & Witsch, 1973.

Kaiser, Manuela/Reinartz, Vera/Truschkat, Inga, *Forschen nach Rezept? Anregungen zum praktischen Umgang mit der Grounded Theory in Qualifikationsarbeiten*, FQS – Forum Qualitative Sozialforschung 6 (2005), URL: www.qualitative-research.net/index.php/fqs/article/download/470/1007 [letzter Zugriff: 25. 09. 2018].

Kalisch, Raffael, *Der resiliente Mensch. Wie wir Krisen erleben und bewältigen: neueste Erkenntnisse aus Hirnforschung und Psychologie*, München/Berlin, Berlin Verlag, 2017.

Kalwa, Nina/Römer, David, *Die Konstitution von Wissenschaftskulturen und die Frage nach der gesellschaftlichen Resilienz*, Diskurszukünfte. 10. Jahrestagung des Forschungsnetzwerks «Sprache und Wissen», Jubiläumszeitschrift (2014), 44–46.

Kämper, Heidrun, *Linguistik als Kulturwissenschaft. Am Beispiel einer Geschichte des sprachlichen Umbruchs im 20. Jahrhundert*, in: Eichinger, Ludwig/Kämper, Heidrun (edd.), *SprachPerspektiven. Germanistische Linguistik und das Institut für Deutsche Sprache*, Tübingen, Narr, 2007, 419–439.

Kämper, Heidrun, *Krise und Sprache. Theoretische Anmerkungen*, in: Mergel, Thomas (ed.), *Krisen verstehen. Historische und kulturwissenschaftliche Annäherungen*, Frankfurt am Main, Campus Verlag, 2012, 241–255.

Kämper, Heidrun, *«Kollektives Gedächtnis» als Gegenstand einer integrierten Kulturanalyse*, in: Kämper, Heidrun/Warnke, Ingo (edd.), *Diskurs – interdisziplinär: Zugänge, Gegenstände, Perspektiven*, Berlin/Boston, de Gruyter, 2015, 161–188.

Kaufman, Alejandro, *Conflictividad y discontinuidades, movimiento populista y hegemonía*, in: Balsa, Javier (ed.), *Discurso, política y acumulación en el kirchnerismo*, Buenos Aires, UNQui-CCC, 2013, 177–188.

Kaufmann, Stefan/Blum, Sabine, *Governing (In)Security. The Rise of Resilience*, in: Gander, Hans-Helmuth (ed.), *Resilienz in der offenen Gesellschaft. Symposium des Centre for Security and Society*, Baden-Baden, Nomos, 2012, 235–257.

Keller, Reiner/Schneider, Werner/Viehöver, Willy, *Diskurs – Sprache – Wissen: Ein problematischer Zusammenhang?*, in: Keller, Reiner/Schneider, Werner/Viehöver, Willy (edd.), *Diskurs – Sprache – Wissen. Interdisziplinäre Beiträge zum Verhältnis von Sprache und Wissen in der Diskursforschung*, Wiesbaden, Springer, 2013, 7–19.

Kitzberger, Philip, *Medien in Lateinamerika. Zeit für Reformen*, GIGA Focus Lateinamerika 6 (2013), 1–8, URL: https://www.ssoar.info/ssoar/handle/document/36165 [letzter Zugriff: 25. 09. 2018].

Klein, Josef, *Weg und Bewegung. Metaphorische Konzepte im politischen Sprachgebrauch*, in: Panagel, Oswald/Stürmer, Horst (edd.), *Politische Konzepte und verbale Strategien. Brisante Wörter – Begriffsfelder – Sprachbilder*, Frankfurt am Main, Lang, 2002, 221–236.

Klemm, Michael, *Der Politiker als Staatsmensch und Privatperson. Wie Spitzenpolitiker auf persönlichen Websites in Text und Bild ihre Images konstruieren (wollen)*, in: Habscheid, Stephan/Klemm, Michael (ed.), *Sprachhandeln und Medienstrukturen in der politischen Kommunikation*, Tübingen, Niemeyer, 2007, 145–175.

Klug, Nina-Maria, *Multimodale Text- und Diskurssemantik*, in: Klug, Nina-Maria/Stöckl, Hartmut (edd.), *Handbuch Sprache im multimodalen Kontext*, Berlin/Boston, de Gruyter, 2016, 165–189.

Klug, Nina-Maria/Stöckl, Hartmut (edd.), *Handbuch Sprache im multimodalen Kontext*, Berlin/Boston, de Gruyter, 2016.

Koch, Peter, *Diskurstraditionen: zu ihrem sprachtheoretischen Status und ihrer Dynamik*, in: Frank, Barbara/Haye, Thomas/Tophinke, Doris (edd.), *Gattungen mittelalterlicher Schriftlichkeit*, Tübingen, Narr, 1997, 43–79.

Koch, Peter, *Tradiciones discursivas y cambio lingüístico. El ejemplo del tratamiento vuestra merced en español*, in: Kabatek, Johannes (ed.), *Sintaxis histórica del español y cambio lingüístico. Nuevas perspectivas desde las tradiciones discursivas*, Madrid, Iberoamericana, 2008, 53–87.

Konerding, Klaus-Peter, *Diskurse, Topik, Deutungsmuster. Zur Komplementarität, Konvergenz und Explikation sprach-, kultur- und sozialwissenschaftlicher Zugänge zur Diskursanalyse auf der Grundlage kollektiven Wissens*, in: Spitzmüller, Jürgen/Warnke, Ingo (ed.), *Methoden der Diskurslinguistik. Sprachwissenschaftliche Zugänge zur transtextuellen Ebene*, Berlin/New York, de Gruyter, 2008, 117–150.

Konerding, Klaus-Peter, *Diskurslinguistik. Eine neue linguistische Teildisziplin*, in: Felder, Ekkehard (ed.), *Sprache*, Berlin, Springer, 2009, 155–177.

Konerding, Klaus-Peter, *Sprache und Wissen*, in: Felder, Ekkehard/Gardt, Andreas (edd.), *Handbuch Sprache und Wissen*, Berlin/Boston, de Gruyter, 2015, 57–80.

Korn, Lena, *Resilienz – Eine interdisziplinäre Annäherung an Konzept und Forschung*, Praxis der Kinderpsychologie und Kinderpsychiatrie 61 (2012), 305–321.

Korte, Martin/Pethes, Nicolas (edd.), *Gedächtnis und Erinnerung. Ein interdisziplinäres Lexikon*, Reinbek bei Hamburg, Rowohlt, 2001.

Koselleck, Reinhardt, *Krise*, in: Brunner, Otto/Conze, Werner/Koselleck, Reinhardt (edd.), *Geschichtliche Grundbegriffe. Historisches Lexikon zur politisch-sozialen Sprache in Deutschland*, Stuttgart, Klett-Cotta, 1982, 617–650.

Kozel, Andrés, *Estaciones del antiimperialismo rioplatense*, in: Grossi, Florencia/Kozel, Andrés/Moroni, Delfina (ed.), *El imaginario antiimperialista en América Latina*, Buenos Aires, Ediciones del CCC/CLACSO, 2015, 25–51.

Koziner, Nadia/Zunino, Esteban, *La cobertura mediática de la estatización de YPF en la prensa argentina. Un análisis comparativo entre los principales diarios del país*, Global Media Journal México 10:19 (2013), 1–25.

Kresic, Marijana, *Sprache, Sprechen und Identität. Studien zur sprachlich-medialen Konstruktion des Selbst*, München, Iudicium, 2006.

Kreußler, Fabian, *Mentalität und Resilienz. Über die Bedeutung kollektiven Denkens, Fühlens, Wollens/Sollens für den Selbsterhalt sozialer Systeme*, in: Kreuz, Christian/Mroczynski, Robert (ed.), *Sprache, Kultur, Mentalität. Sprach- und kulturwissenschaftliche Beiträge zur Analyse von Mentalitäten*, Berlin, LIT, 2016, 207–230.

Kreuz, Christian/Mroczynski, Robert, *«die polen mit ins boot nehmen ....». Konversations- und Diskursanalyse interkulturell*, in: Kreuz, Christian/Mroczynski, Robert (ed.), *Sprache, Kultur, Mentalität. Sprach- und kulturwissenschaftliche Beiträge zur Analyse von Mentalitäten*, Berlin, LIT, 2016, 43–65 (= 2016a).

Kreuz, Christian/Mroczynski, Robert, *Vorwort*, in: Kreuz, Christian/Mroczynski, Robert (ed.), *Sprache, Kultur, Mentalität. Sprach- und kulturwissenschaftliche Beiträge zur Analyse von Mentalitäten*, Berlin, LIT, 2016, 1–11 (= 2016b).

Kreuz, Christian/Römer, David, *«Kulturelle Artefakte» als Gegenstand der Diskursforschung*, in: Kämper, Heidrun/Warnke, Ingo (edd.), *Diskurs – interdisziplinär: Zugänge, Gegenstände, Perspektiven*, Berlin/Boston, de Gruyter, 2015, 229–244.

Kreuz, Christian/Wengeler, Martin, *Quantitative und qualitative Methoden der Diskurslinguistik am Beispiel der sprachlichen Konstruktion von Wirtschaftskrisen*, Mitteilungen des Deutschen Germanistenverbandes 61 (2014), 60–72.

Kuck, Kristin, *Krisenviren und der drohende Infarkt des Finanzsystems. Metaphorische Rechtfertigungen von Krisenpolitik*, Jahrbuch für Wirtschaftsgeschichte 57 (2016), 493–517.

Kuck, Kristin/Römer, David, *Metaphern und Argumentationsmuster im Mediendiskurs zur «Finanzkrise»*, in: Lämmle, Kathrin/Peltzer, Anja/Wagenknecht, Andreas (edd.), *Krise, Cash & Kommunikation. Die Finanzkrise in den Medien*, Konstanz, UVK-Verlags-Gesellschaft, 2012, 71–93.

Kuckartz, Udo, *Qualitative Inhaltsanalyse. Methoden, Praxis, Computerunterstützung*, Weinheim/Basel, Beltz Juventa, ³2016.

Kulfas, Matías, *La economía argentina, entre la «década ganada» y los «fondos buitre»*, Nueva Sociedad 254 (2014), 4–16.

Kurz, Josef, et al., *Stilistik für Journalisten*, Wiesbaden, VS Verlag für Sozialwissenschaften, ²2010.

Kuße, Holger, *Kulturwissenschaftliche Linguistik. Eine Einführung*, Göttingen, et al., Vandenhoeck & Ruprecht, 2012.

Lakoff, George, *Metaphor and War. The Metaphor System Used to Justify War in the Gulf*, Journal of Urban and Cultural Studies 2 (1991), 59–72.

Lakoff, George, *Metaphor and War, again*, 2003, URL: https://www.alternet.org/story/15414/metaphor_and_war%2C_again [letzter Zugriff: 25.09.2018].

Lakoff, George/Johnson, Mark, *Conceptual Metaphor in Everyday Language*, The Journal of Philosophy 77 (1980), 453–486 (= 1980a).

Lakoff, George/Johnson, Mark, *Metaphors we live by*, Chicago, University of Chicago Press, 1980 (= 1980b).

Laporta, Francisco, *Imperio de la Ley. Reflexiones sobre un punto de partida de Elías Díaz*, Doxa 15–16 (1994), 133–145.

Latour, María Inés/Losada, Analia Verónica, *Resiliencia. Conceptualización e investigaciones en Argentina*, Psiencia. Revista latinoamericana de ciencia psicológica 4 (2012), 84–97.

Lebsanft, Franz/Schrott, Angela (edd.), *Diskurse, Texte, Traditionen. Modelle und Fachkulturen in der Diskussion*, Göttingen, V&R unipress/Bonn University Press, 2015 (= 2015a).

Lebsanft, Franz/Schrott, Angela, *Diskurse, Texte, Traditionen*, in: Lebsanft, Franz/Schrott, Angela (edd.), *Diskurse, Texte, Traditionen. Modelle und Fachkulturen in der Diskussion*, Göttingen, V&R unipress/Bonn University Press, 2015, 11–46 (= 2015b).

Levey, Cara/Ozarow, Daniel/Wylde, Christopher (edd.), *Argentina since the 2001 crisis. Recovering the past, reclaiming the future*, Basingstoke, Palgrave Macmillan, 2014.

Levold, Tom, *Metaphern der Resilienz*, in: Hildenbrand, Bruno/Welter-Enderlin, Rosmarie (edd.), *Resilienz – Gedeihen trotz widriger Umstände*, Heidelberg, Carl-Auer-Systeme-Verlag, ⁵2016, 230–254.

Li, Rui, *Wirtschaftskrisen in Deutschland und China. Eine linguistische Printmedienanalyse*, Berlin/Boston, de Gruyter Mouton, 2016.

Liebert, Wolf-Andreas, *Kulturbedeutung, Differenz, Katharsis. Kulturwissenschaftliches Schreiben als zyklischer Prozess*, in: Luth, Janine/Ptashnyk, Stefaniya/Vogel, Friedemann (edd.), *Linguistische Zugänge zu Konflikten in europäischen Sprachräumen. Korpus – Pragmatik – kontrovers*, Heidelberg, Universitätsverlag Winter, 2016, 21–41.

Link, Jürgen, *Kollektivsymbolik und Mediendiskurse*, kultuRRevolution 1 (1982), 6–21.

Link, Jürgen, *Versuch über den Normalismus. Wie Normalität produziert wird*, Göttingen, Vandenhoeck & Ruprecht, ³2006.

Linke, Angelika, *Signifikante Muster – Perspektiven einer kulturanalytischen Linguistik*, in: Wåghäll Nivre, Elisabeth, et al. (edd.), *Begegnungen. Das VIII. Nordisch-Baltische Germanistentreffen in Sigtuna vom 11. bis zum 13. 6. 2009*, Stockholm, Stockholm University, 2011, 23–44.

Loewy, Hanno, *Der Tanz ums «goldene Kalb»*, in: Loewy, Hanno (ed.), *Gerüchte über die Juden. Antisemitismus, Philosemitismus und aktuelle Verschwörungstheorien*, Essen, Klartext, 2005, 9–26.

Londoño Zapata, Oscar Iván, *Horizontes discursivos. Miradas a los estudios del discurso*, Ibagué, Universidad de Ibagué, 2011.

Londoño Zapata, Oscar Iván, *Poliedros discursivos. Miradas a los estudios del discurso*, Villa María, Eduvim, 2012.

Londoño Zapata, Oscar Iván, *La subversión de los discursos. Acercamientos discursivos latinoamericanos y del Caribe*, Villa María, Eduvim, 2016.

López Pan, Fernando, *Las citas directas en el periodismo escrito. Literalidad y objetividad a la luz de los estudios lingüísticos*, Communication & Society 15 (2002), 79–93.

Lorenz, Federico, *Unas islas demasiado famosas. Malvinas, historia y política*, Buenos Aires, Capital Intelectual, 2013.

Lublich, Oliver/Peter, Nina, *Die Krise als Krankheit*, Jahrbuch für Wirtschaftsgeschichte 57 (2016), 519–544.

Luhmann, Niklas, *Die Realität der Massenmedien*, Wiesbaden, Springer Fachmedien, ⁵2017.

Lüter, Albrecht, *Die Kommentarlage. Profilbildung und Polyphonie in medienöffentlichen Diskursen*, Wiesbaden, VS Verlag für Sozialwissenschaften, 2008.

Mahler, Andreas, *Diskurs. Versuch einer Entwirrung*, Zeitschrift für französische Sprache und Literatur 120 (2010), 153–173.

Maizels, Ana Laura, *La representación del tiempo en los discursos de Cristina Fernández (2007–2008): pasado, presente y futuro*, in: Arnoux, Elvira N. de/Zaccari, Verónica (edd.), *Discurso y política en Sudamérica*, Buenos Aires, Editorial Biblos, 2015, 201–242.

Malcher, Ingo, *Unter Geiern. Der Fall Argentinien zeigt: Die Welt braucht ein Insolvenzrecht für Staaten*, Internationale Politik 5 (2014), 78–87.

Marchetti, Pablo, *Puto el que lee. Diccionario argentino de insultos, injurias e improperios*, Buenos Aires, Ediciones Planeta, 2015.

Marcilla Córdoba, Gema, *Imperio de la ley*, Eunomia. Revista en Cultura de la Legalidad 5 (2013), 177–185.

Martínez, Fabiana, *Aproximación a algunos tópicos del «discurso kirchnerista»*, in: Balsa, Javier (ed.), *Discurso, política y acumulación en el kirchnerismo*, Buenos Aires, UNQui-CCC, 2013, 53–67.

Mayring, Philipp, *Qualitative Inhaltsanalyse*, FQS – Forum Qualitative Sozialforschung 1 (2000), URL: http://www.qualitative-research.net/index.php/fqs/article/view/1089 [letzter Zugriff: 25.09.2018].

Mayring, Philipp, *Qualitative Inhaltsanalyse*, in: Flick, Uwe (ed.), *Qualitative Forschung. Ein Handbuch*, Reinbek bei Hamburg, Rowohlt, ¹¹2015, 468–475.

Meinhof, Ulrike Hanna/Reisigl, Martin/Warnke, Ingo (edd.), *Diskurslinguistik im Spannungsfeld von Deskription und Kritik*, Berlin, Akademie-Verlag, 2013.

Melón Pirro, Julio César, *El peronismo después del peronismo. Resistencia, sindicalismo y política luego del 55*, Buenos Aires, Siglo XXI Editores, 2009.

Mergel, Thomas, *Einleitung: Krisen als Wahrnehmungsphänomene*, in: Mergel, Thomas (ed.), *Krisen verstehen. Historische und kulturwissenschaftliche Annäherungen*, Frankfurt am Main, Campus Verlag, 2012, 9–22 (= 2012a).

Mergel, Thomas (ed.), *Krisen verstehen. Historische und kulturwissenschaftliche Annäherungen*, Frankfurt am Main, Campus Verlag, 2012 (= 2012b).

Metten, Thomas, *Kulturwissenschaftliche Linguistik. Entwurf einer Medientheorie der Verständigung*, Berlin/Boston, de Gruyter, 2014.

Meyer, Carla, *Krisengeschichte(n). «Krise» als Leitbegriff und Erzählmuster in kulturwissenschaftlicher Perspektive*, Stuttgart, Steiner, 2013.

Milia, Juan Guillermo, *Geopolítica de límites y fronteras de la Argentina*, Buenos Aires, Editorial Dunken, 2015.

Mitchell, Kenneth/Scott, Robert, *Don't Cry for Argentina – It Is Not 2001 Again*, Challenge 57:6 (2014), 56–70.

Mochkofsky, Graciela, *Pecado original. Clarín, los Kirchner y la lucha por el poder*, Buenos Aires, Planeta, 2011.

Moliner, María, *Diccionario de uso del español*, Madrid, Gredos, [3]2007.

Monjour, Alf, *«No hay crisis». Lo políticamente correcto en el discurso político-mediático de la España de hoy*, in: Reutner, Ursula/Schafroth, Elmar (edd.), *Political correctness. Aspectos políticos, sociales, literarios y mediáticos de la censura lingüística*, Frankfurt am Main, Lang, 2012, 159–187.

Montero, Ana Soledad, *Puesta en escena, destinación y contradestinación en el discurso kirchnerista (Argentina, 2003–2007)*, Discurso & Sociedad 3 (2009), 316–347.

Mourlane, Denis, *Resilienz. Die unentdeckte Fähigkeit der wirklich Erfolgreichen*, Göttingen, Business-Village, [7]2015.

Müller, Marcus, *Geschichte, Kunst, Nation. Die sprachliche Konstituierung einer «deutschen» Kunstgeschichte aus diskursanalytischer Sicht*, Berlin/New York, de Gruyter, 2007.

Müller, Marcus, *Die Grammatik der Zugehörigkeit. Possessivkonstruktionen und Gruppenidentitäten im Schreiben über Kunst*, in: Felder, Ekkehard/Müller, Marcus (edd.), *Wissen durch Sprache. Theorie, Praxis und Erkenntnisinteresse des Forschungsnetzwerkes «Sprache und Wissen»*, Berlin/New York, de Gruyter, 2009, 371–417.

Musolff, Andreas, *Die Sprache der Medien und wirtschaftliche «Realitäten». Sprachgebrauch in öffentlichen Debatten um den Daimler-Benz-Konzern*, in: Grewenig, Adi (ed.), *Inszenierte Information. Politik und strategische Kommunikation in den Medien*, Opladen, Westdeutscher Verlag, 1993, 31–55.

Musolff, Andreas, *Metaphor, Nation and the Holocaust. The Concept of the Body Politic*, New York/Abingdon, Routledge, 2010.

Musolff, Andreas, *Metaphorische Parasiten und «parasitäre» Metaphern. Semantische Wechselwirkungen zwischen politischem und naturwissenschaftlichem Vokabular*, in: Junge, Matthias (ed.), *Metaphern und Gesellschaft. Die Bedeutung der Orientierung durch Metaphern*, Wiesbaden, VS Verlag für Sozialwissenschaften, 2011, 105–119.

Musolff, Andreas, *Metaphorische Diskurstraditionen und aktueller Sprachgebrauch: Fallbeispiel corps politique – body politic – Staatskörper*, in: Lebsanft, Franz/Schrott, Angela (edd.), *Diskurse, Texte, Traditionen. Modelle und Fachkulturen in der Diskussion*, Göttingen, V&R unipress/Bonn University Press, 2015, 173–186.

Mwangi, Simone, *Manejar las crisis – Argentina como sociedad resiliente*, in: Pietrini, Daniela/Wenz, Kathrin (edd.), *Dire la crise: mots, textes, discours/Dire la crisi: parole, testi, discorsi/Decir la crisis: palabras, textos, discursos. Approches linguistiques à la notion de crise/Approcci linguistici al concetto di crisi/Enfoques lingüísticos sobre el concepto de crisis*, Frankfurt am Main, Lang, 2016, 249–264.

Mwangi, Simone, *Argentina – de crisis a resiliencia. Un análisis lingüístico de discurso de la «pelea con los fondos buitre»*, in: Schrott, Angela/Witthaus, Jan-Henrik (edd.), *Crisis e identidad. Perspectivas interdisciplinarias desde América Latina*, Frankfurt am Main, Lang, i. Dr.

Mwangi, Simone/Schrott, Angela, *Memoria y transición en Argentina: el 25 de Mayo y sus conceptos en el discurso de la prensa*, in: Eser, Patrick/Schrott, Angela/Winter, Ulrich (edd.), *Transiciones democráticas en la Península Ibérica y el Cono Sur. La emergencia de un espacio comunicativo transnacional de memoria. Tópicos, conceptos y discursos*, Frankfurt am Main, Lang, 2019, 163–180.

Navarro, Marysa, *Evita*, Buenos Aires, Planeta, 1994.

Nerb, Tobias, *Politische Führung im Zeichen der Vergangenheitsbewältigung: Argentinien*, in: Gast, Henrik/Sebaldt, Martin (edd.), *Politische Führung in westlichen Regierungssystemen. Theorie und Praxis im internationalen Vergleich*, Wiesbaden, VS Verlag für Sozialwissenschaften, 2010, 212–227.

Néstro Fernánez, Mariano, *Mediatización de la política en la Argentina kirchnerista. Figura presidencial, periodismo militante y disputas por la tima pública de la palabra*, 2013, URL: http://cdsa.aacademica.org/000-038/631 [letzter Zugriff: 25. 09. 2018].

Niehr, Thomas, *Einführung in die linguistische Diskursanalyse*, Darmstadt, Wissenschaftliche Buchgesellschaft, 2014.

Novaro, Marcos, *Ein Land der Krisen und Krisenüberwindung. Die Kultur der Instabilität und die Transformationsfähigkeit der Politik*, Nueva Sociedad (2010), 18–35. URL: http://nuso.org/articulo/ein-land-der-krisen-und-krisenuberwindung-die-kultur-der-instabilitat-und-die-transformationsfahigkeit-der-politik/ [letzter Zugriff: 25. 09. 2018].

Odiso, Juan, *Megacanje*, in: Adelstein, Andreína/Vommaro, Gabriel (edd.), *Diccionario del léxico corriente de la política argentina. Palabras en democracia (1983–2013)*, Buenos Aires, Universidad Nacional de General Sarmiento, 2014, 240–243.

Oesterreicher, Wulf, *Zur Fundierung von Diskurstraditionen*, in: Frank, Barbara/Haye, Thomas/Tophinke, Doris (edd.), *Gattungen mittelalterlicher Schriftlichkeit*, Tübingen, Narr, 1997, 19–41.

Oettler, Annika, *Einmal «nunca más» und nie wieder? Die Dynamik der historischen Aufklärung in Argentinien und Guatemala*, in: Marx, Christoph (ed.), *Bilder nach dem Sturm. Wahrheitskommissionen und historische Identitätsstiftung zwischen Staat und Zivilgesellschaft*, Berlin, Lit-Verlag, 2007, 36–73.

Öncü, Sabri/Vilches, Jorge, *Did Argentina «Default»?*, Economic & Political Weekly 4 (2015), 25–27.

Open Society Foundations, *Los medios digitales: Argentina. Programa de medios de Open Society Foundations*, 2012, URL: https://www.opensocietyfoundations.org/sites/default/files/mapping-digital-media-argentina-spanish-20130424.pdf [letzter Zugriff: 25. 09. 2018].

Otaola Olano, Concepción, *Análisis lingüístico del discurso. La lingüística enunciativa*, Madrid, Ediciones Académicas, 2006.

Páez Rodríguez, Alba, *Una aproximación narrativa a las traducciones intralingüísticas del conflicto Repsol-YPF en la prensa española y argentina*, in: Araguás, Icíar Alonso/Páez Rodríguez, Alba/Samaniego Sastre, Mario (edd.), *Traducción y representaciones del conflicto desde España y América. Una perspectiva interdisciplinar*, Temuco/Salamanca, Editorial Universidad Católica de Temuco/Editorial Universidad de Salamanca, 2015, 127–142.

Pamies Bertrán, Antonio, et al., *Implementación lexicográfica de los símbolos desde un enfoque multilingüe trans-cultural*, in: Korhonen, Jarmo (ed.), *Phraseologie. Global – areal – regional; Akten der Konferenz EUROPHRAS 2008 vom 13.–16. 8. 2008 in Helsinki*, Tübingen, Narr, 2010, 339–349.

Patrouilleau, María Mercedes, *Discurso y narración en las dinámicas de constitución identitaria. La experiencia kirchnerista en Argentina*, CONfines 11 (2010), 37–58, URL: http://www.scielo.org.mx/pdf/confines/v6n11/v6n11a3.pdf [letzter Zugriff: 25. 09. 2018].

Pelfini, Alejandro, *La crisis global como experiencia de aprendizaje para la Argentina*, in: García Delgado, Daniel, et al. (edd.), *Rol del Estado y desarrollo productivo-inclusivo. Ideas para el bicentenario*, Buenos Aires, Fundación Centro Integral Comunicación Cultura y Sociedad, 2010, 53–62.

Pérez, Sara Isabel, *Ser mujer y ser Presidenta: la construcción discursiva de la imagen de Cristina Fernández de Kirchner en el discurso presidencial, 2007–2011*, in: Balsa, Javier (ed.), *Discurso, política y acumulación en el kirchnerismo*, Buenos Aires, UNQui-CCC, 2013, 157–176.

Peters, Stefan, *Die Erinnerung an die zivil-militärischen Diktaturen im Cono Sur: Argentinien in vergleichender Perspektive*, in: Eser, Patrick/Witthaus, Jan-Henrik (edd.), *Memoria – Postmemoria*, Frankfurt am Main, Lang, 2016, 13–40.

Petras, James F./Veltmeyer, Henry, *The new extractivism. A postneoliberal development model or imperialism of the twenty-first century?*, London/New York, Zed Books, 2014.

Pieper, Annemarie, *Einführung in die Ethik*, Tübingen/Basel, A. Francke Verlag, [6]2007.

Pietrini, Daniela, *Sprache und Gesellschaft im Wandel. Eine diskursiv basierte Semantik der «Familie» im Gegenwartsfranzösischen am Beispiel der Presse*, Frankfurt am Main, Lang, 2017.

Pietrini, Daniela/Wenz, Kathrin (edd.), *Dire la crise: mots, textes, discours/Dire la crisi: parole, testi, discorsi/Decir la crisis: palabras, textos, discursos. Approches linguistiques à la notion de crise/Approcci linguistici al concetto di crisi/Enfoques lingüísticos sobre el concepto de crisis*, Frankfurt am Main, Lang, 2016.

Priess, Frank, *Medien in Lateinamerika. Von der vierten zur ersten Gewalt?*, Konrad-Adenauer-Stiftung, Auslandsinformationen 4 (2001), 29–50, URL: http://www.kas.de/wf/doc/kas_290-544-1-30.pdf?020319144513 [letzter Zugriff: 25. 09. 2018].

Priester, Karin, *Rechter und linker Populismus. Annäherung an ein Chamäleon*, Frankfurt am Main/New York, Campus Verlag, 2012.

Primus, Beatrice, *Semantische Rollen*, Heidelberg, Winter, 2012.

Raimondo Anselmino, Natalia, *La prensa online y su público. Un estudio de los espacios de intervención y participación del lector en Clarín y La Nación*, Buenos Aires, Teseo, 2012.

Raimondo Anselmino, Natalia, *Prensa online y tipos de lectores. Respuestas del público y lógicas de reconocimiento en los comentarios a las noticias del diario argentino La Nación*, in: Cuadernos.Info 34 (2014), 183–195, URL: http://www.cuadernos.info/index.php/CDI/article/view/cdi.34.535/pdf [letzter Zugriff: 25. 09. 2018].

Raiter, Alejandro (ed.), *Discurso y ciencia social*, Buenos Aires, Eudeba Editorial Universitaria de Buenos Aires, 1999.

Raiter, Alejandro, *Lenguaje y sentido común. Las bases para la formación del discurso dominante*, Buenos Aires, Editorial Biblos, 2003.

Raiter, Alejandro, *Los límites del análisis crítico del discurso (ACD)*, 2010, 1–9, URL: https://drive.google.com/file/d/0B6e5r7I177IkOTdmYzhkMDgtM2I5Ni00MGM3LWIwODUtYjlhNWRiNGMzZTVl/view?hl=es [letzter Zugriff: 25. 09. 2018] (= 2010a).

Raiter, Alejandro, *Representaciones sociales: Actualización*, 2010, URL: https://drive.google.
com/file/d/0B6e5r7l177lkMDc3ODZkMWMtZDYzNi00ZTVkLTk4MmEtNWE1MTkxZjQ0Njk2/
view?hl=es [letzter Zugriff: 25. 09. 2018] (= 2010b).

Raiter, Alejandro, *¿Existe una lógica discursiva kirchnerista? Constancias y alternativas*, in:
Balsa, Javier (ed.), *Discurso, política y acumulación en el kirchnerismo*, Buenos Aires,
UNQui-CCC, 2013, 105–141.

Raiter, Alejandro/Zullo, Julia, *Sujetos de la lengua. Introducción a la lingüística del uso*,
Barcelona, Gedisa, 2004.

Raiter, Alejandro/Zullo, Julia (edd.), *La caja de Pandora. La representación del mundo en
los medios*, Buenos Aires, Universidad de Buenos Aires, Facultad de filosofía y letras/
La Crujía, 2008.

Raiter, Alejandro/Zullo, Julia, *Al filo de la lengua. Medios, publicidad y política*, San
Fernando/Buenos Aires, La Bicicleta Ediciones, 2016.

Rasskin Gutman, Diego, *Metáforas de ajedrez. La mente humana y la inteligencia artificial*,
Madrid, Editorial La Casa del Ajedrez, 2005.

Real Academia Española, *Diccionario de la lengua española*, [23]2014, URL: http://dle.rae.es/
[letzter Zugriff: 25. 09. 2018].

Redder, Angelika, *Textdeixis*, in: Brinker, Klaus/Wiegand, Herbert Ernst (edd.), *Text- und
Gesprächslinguistik. Ein internationales Handbuch zeitgenössischer Forschung*, Berlin/
New York, de Gruyter, 2001, 283–294.

Reisigl, Martin/Ziem, Alexander, *Diskursforschung in der Linguistik*, in: Angermüller,
Johannes, et al. (edd.), *Diskursforschung. Ein interdisziplinäres Handbuch*, vol. 1,
Bielefeld, transcript, 2014, 70–110.

Reszke, Paul, *Das eigentliche Ziel der Diskursanalyse? Über Wege zum gesellschaftlichen
Wissen*, in: Brinker-von der Heyde, Claudia, et al. (edd.), *Eigentlichkeit. Zum Verhältnis
von Sprache, Sprechern und Welt*, Berlin/Boston, de Gruyter, 2015, 175–194.

Reszke, Paul, *Wissensdynamik in der Mediengesellschaft. Der Diskurs über Schulamokläufe*,
Berlin/Boston, de Gruyter, i. Dr.

Retamozo, Martín, *Populismo en América Latina: desde la teoría hacia el análisis político.
Discurso, sujeto e inclusión en el caso argentino*, Colombia Internacional 82 (2014),
221–258.

Retzlaff, Rüdiger, *Familien-Stärken. Behinderung, Resilienz und systemische Therapie*,
Stuttgart, Klett-Cotta, [2]2014.

Riekenberg, Michael, *Kleine Geschichte Argentiniens*, München, Verlag C. H. Beck, 2009.

Rincón, Omar, *Der Kampf der Nagetiere. Medien und Politik in Lateinamerika*, 2013, 1–4,
URL: http://library.fes.de/pdf-files/iez/09831.pdf [letzter Zugriff: 25. 09. 2018].

Rivero, Alicia, *Argentinien kämpft mit den Geiern. Skandalöses Urteil des Obersten
Gerichtshofs der USA verpflichtet zu Milliardenzahlung*, ila 377 (2014), 42–44.

Rocco, Goranka, *Politische Inszenierung der Flexibilisierung aus diskurslinguistischer Sicht*,
in: Hennemann, Anja/Schlaak, Claudia (ed.), *Politische und mediale Diskurse.
Fallstudien aus der Romania*, Berlin, Frank und Timme, 2015, 83–111.

Romano, María Belén, *La construcción del ethos en el discurso inaugural de Cristina F.
de Kirchner*, Forma y Función 23 (2010), 97–124.

Römer, David, *Wirtschaftskrisen. Eine linguistische Diskursgeschichte*, Berlin/Boston,
de Gruyter Mouton, 2017.

Römer, David/Scholz, Ronny/Ziem, Alexander, *Korpuslinguistische Zugänge zum öffentlichen
Sprachgebrauch: spezifisches Vokabular, semantische Konstruktionen und syntaktische*

Muster in Diskursen über «Krisen», in: Felder, Ekkehard (ed.), *Faktizitätsherstellung in Diskursen. Die Macht des Deklarativen*, Berlin/New York, de Gruyter, 2013, 329–358.

Römer, David/Wengeler, Martin, *«Wirtschaftskrisen» begründen/mit «Wirtschaftskrisen» legitimieren. Ein diskurshistorischer Vergleich*, in: Wengeler, Martin/Ziem, Alexander (edd.), *Sprachliche Konstruktionen von Krisen. Interdisziplinäre Perspektiven auf ein fortwährend aktuelles Phänomen*, Bremen, Hempen, 2013, 269–287.

Roth, Kersten Sven/Spiegel, Carmen, *Umrisse einer Angewandten Diskurslinguistik*, in: Roth, Kersten Sven/Spiegel, Carmen (edd.), *Angewandte Diskurslinguistik. Felder, Probleme, Perspektiven*, Berlin, Akademie-Verlag, 2013, 7–15.

Rucht, Dieter, *Kollektive Identität. Konzeptionelle Überlegungen zu einem Desiderat der Bewegungsforschung*, Forschungsjournal Soziale Bewegungen 8 (1995), 9–23.

Sautermeister, Jochen, *Resilienz zwischen Selbstoptimierung und Identitätsbildung*, Münchener theologische Zeitschrift 67 (2016), 209–223.

Schafroth, Colleen, *Schach. Eine Kulturgeschichte*, München, Knesebeck, 2002.

Schafroth, Elmar, *Vergleichende Diskursanalyse als romanistische Forschungspraxis. Zur Rezeption des Sarrazin-Diskurses in französischen, italienischen und spanischen Printmedien*, in: Hennemann, Anja/Schlaak, Claudia (edd.), *Politische und mediale Diskurse. Fallstudien aus der Romania*, Berlin, Frank und Timme, 2015, 57–82.

Scharloth, Joachim, et al., *Die Schweiz in der Krise: Korpuspragmatische Untersuchungen zur sprachlichen Konstruktion und Diffusion von Krisensemantiken*, Aptum. Zeitschrift für Sprachkritik und Sprachkultur 6 (2010), 99–120.

Schieder, Siegfried, *Die gestaltende Kraft von Sprachbildern und Metaphern. Deutungen und Konstruktionen von Staatlichkeit in der deutschen Debatte über den europäischen Verfassungsvertrag*, Wiesbaden, VS Verlag für Sozialwissenschaften, 2018.

Schindel, Estela, *Inscribir el pasado en el presente: memoria y espacio urbano*, Política y Cultura 31 (2009), 65–87.

Schmidthermes, Sabine, *Resilienzforschung und deren pädagogische Implikationen. Eine Metaanalyse*, Berlin, Rhombos, 2009.

Schneider, Martin/Vogt, Markus, *Zauberwort Resilienz*, Münchener theologische Zeitschrift 67 (2016), 180–194.

Scholz, Ronny, *Towards a post-material prosperity? An analysis of legitimising narratives in German crisis discourses from 1973 and 2008*, French Journal For Media Research 5 (2016), URL: http://frenchjournalformediaresearch.com/index.php?id=614 [letzter Zugriff: 25. 09. 2018].

Scholz, Ronny/Ziem, Alexander, *Lexikometrie meets FrameNet: das Vokabular der «Arbeitsmarktkrise» und der «Agenda 2010» im Wandel*, in: Wengeler, Martin/Ziem, Alexander (edd.), *Sprachliche Konstruktionen von Krisen. Interdisziplinäre Perspektiven auf ein fortwährend aktuelles Phänomen*, Bremen, Hempen, 2013, 155–183.

Schrader-Kniffki, Martina, *Krisendiskurs und Konflikt im romanischsprachigen Europa. Das Beispiel der «Gurkenkrise». Vergleichende Diskursanalyse auf der Basis von Internet-Korpora*, in: Luth, Janine/Ptashnyk, Stefaniya/Vogel, Friedemann (edd.), *Linguistische Zugänge zu Konflikten in europäischen Sprachräumen. Korpus – Pragmatik – kontrovers*, Heidelberg, Universitätsverlag Winter, 2016, 263–290.

Schratz, Dennis, *Die argentinische Tangokrise 2001/2002. Eine politökonomische Ursachenforschung und Analyse der Rettungsversuche*, Berlin, Logos Verlag, 2008.

Schröter, Melani, *Adressatenorientierung in der öffentlichen politischen Rede von Bundeskanzlern 1951–2001. Eine qualitativ-pragmatische Korpusanalyse*, Frankfurt am Main, Lang, 2006 (= 2006a).

Schröter, Melani, *Bezüge auf die Adressierten als Handelnde in der öffentlichen politischen Rede*, in: Girnth, Heiko/Spieß, Constanze (edd.), *Strategien politischer Kommunikation. Pragmatische Analysen*, Berlin, Schmidt, 2006, 46–60 (= 2006b).

Schrott, Angela, *Sprachwissenschaft als Kulturwissenschaft aus romanistischer Sicht. Das Beispiel der kontrastiven Pragmatik*, Romanische Forschungen 126 (2014), 3–44.

Schrott, Angela, *Kategorien diskurstraditionellen Wissens als Grundlage einer kulturbezogenen Sprachwissenschaft*, in: Lebsanft, Franz/Schrott, Angela (edd.), *Diskurse, Texte, Traditionen. Modelle und Fachkulturen in der Diskussion*, Göttingen, V&R unipress/Bonn University Press, 2015, 115–146 (= 2015a).

Schrott, Angela, *Wie die Zeit vergeht. Eigentlichkeit aus romanistischer Sicht*, in: Brinker-von der Heyde, Claudia, et al. (edd.), *Eigentlichkeit. Zum Verhältnis von Sprache, Sprechern und Welt*, Berlin/Boston, de Gruyter, 2015, 445–471 (= 2015b).

Schrott, Angela/Völker, Harald (edd.), *Historische Pragmatik und historische Varietätenlinguistik in den romanischen Sprachen*, Göttingen, Universitäts-Verlag Göttingen, 2005.

Schrott, Angela/Witthaus, Jan-Henrik (edd.), *Crisis e identidad. Perspectivas interdisciplinarias desde América Latina*, Frankfurt am Main, Lang, i. Dr.

Schulten, Johannes, *Drei Schritte vor und ein halber zurück. Die Medienpolitik der Regierung Fernández de Kirchner*, in: Bruchmann, Hanno, et al. (edd.), *Medien und Demokratie in Lateinamerika*, Berlin, Dietz, 2012, 138–153.

Schwalb, Valeria, *Todos somos resilientes. Niños y adultos pueden superar hasta el dolor más profundo*, Buenos Aires, Editorial Paidós, 2012.

Searle, John R., *Mind, language, and society. Philosophy in the real world*, New York, Basic Books, 1998.

Sookun, Devi, *Stop vulture fund lawsuits. A handbook*, London, Commonwealth Secretariat, 2010.

Sörensen, Simone, *Auf der Suche nach der peruanidad. Eine korpusbasierte Studie zur sprachlichen Konstruktion der peruanischen Identität im Internet*, Kassel, 2012 [Unveröff. Wiss. Hausarbeit im Rahmen der Ersten Staatsprüfung für das Lehramt an Gymnasien].

Sörensen, Simone, *Zusammengehörigkeit als sprachlich konstruiertes Gefühl. Das Beispiel der peruanischen Identität*, in: Langlotz, Miriam, et al. (edd.), *SprachGefühl. Interdisziplinäre Perspektiven auf einen nur scheinbar altbekannten Begriff*, Frankfurt am Main, Lang, 2014, 109–136.

Souroujon, Gastón, *La relación entre la lógica religiosa y lo político en las democracias liberales. La sacralización política de Néstor Kirchner*, Reflexión Política 18:35 (2016), 16–27.

Spieß, Constanze, *Sprachstrukturelle Ebenen, linguistische Methoden und Perspektiven der Diskurslinguistik*, Zeitschrift für Diskursforschung 2 (2014), 184–203.

Spitzmüller, Jürgen/Warnke, Ingo (edd.), *Methoden der Diskurslinguistik. Sprachwissenschaftliche Zugänge zur transtextuellen Ebene*, Berlin/New York, de Gruyter, 2008 (= 2008a).

Spitzmüller, Jürgen/Warnke, Ingo, *Methoden und Methodologie der Diskurslinguistik – Grundlagen und Verfahren einer Sprachwissenschaft jenseits textueller Grenzen*, in: Spitzmüller, Jürgen/Warnke, Ingo (edd.), *Methoden der Diskurslinguistik. Sprachwissenschaftliche Zugänge zur transtextuellen Ebene*, Berlin/New York, de Gruyter, 2008, 3–54 (2008b).

Spitzmüller, Jürgen/Warnke, Ingo, *Diskurslinguistik. Eine Einführung in Theorien und Methoden der transtextuellen Sprachanalyse*, Berlin/New York, de Gruyter, 2011.

Stefoni, Jorge Andrés, *Controversias contemporáneas del periodismo argentino. Los nudos de la política y el debate sobre la condición profesional (2009–2011)*, Astrolabio 10 (2013), 389–419.

Svampa, Maristella, *La décoda kirchnerista: Populismo, clases medias y revolución pasiva*, LASAForum XLIV 4 (2013), 14–17.

Svampa, Maristella, *América Latina: de nuevas izquierdas a populismos de alta intensidad*, Contrapunto. Movimientos sociales, nuevos escenarios, viejos dilemas 7 (2015), 83–95.

Telechea, Juan Manuel/Todesca, Nicolás, *Endeudamiento, desendeudamiento y conflicto con los fondos buitres*, Nota Técnica 80 (2014), 3–13.

Thim-Mabrey, Christiane, *Sprachidentität – Identität durch Sprache. Ein Problemaufriss aus sprachwissenschaftlicher Sicht*, in: Janich, Nina (ed.), *Sprachidentität – Identität durch Sprache*, Tübingen, Narr, 2003, 1–18.

Tienken, Susanne, *Muster – kulturanalytisch betrachtet*, in: Dürscheid, Christa/Schneider, Jan Georg (edd.), *Handbuch Satz, Äußerung, Schema*, Berlin/Boston, de Gruyter, 2015, 464–484.

Tietje, Christian, *Argentinien vor der Zahlungsunfähigkeit: Gibt es einen Ausweg, und welche Lehre ist aus dem Schuldenstreit zu ziehen?*, ifo Schnelldienst 19:67 (2014), 3–6.

Till, Dietmar, *Rhetorik des Affekts (Pathos)*, in: Fix, Ulla, et al. (edd.), *Rhetorik und Stilistik/ Rhetoric and Stylistics. Handbücher zur Sprach- und Kommunikationswissenschaft. = Handbooks of linguistics and communication science*, Berlin/New York, de Gruyter, 2008, 646–669.

Ungar, Michael, *Resilience across Cultures*, The British Journal of Social Work 38 (2008), 218–234, URL: https://academic.oup.com/bjsw/article/38/2/218/1684596 [letzter Zugriff: 25.09.2018].

Ungericht, Bernhard/Wiesner, Martina, *Resilienz. Zur Widerstandskraft von Individuen und Organisationen*, Zeitschrift Führung + Organisation 80 (2011), 188–194.

Urban, Monika, *Von Ratten, Schmeißfliegen und Heuschrecken. Judenfeindliche Tiersymbolisierungen und die postfaschistischen Grenzen des Sagbaren*, Konstanz, et al., UVK-Verlags-Gesellschaft, 2014.

Uriona, Viviana, *Argentinien: Kampf um die Gegenhegemonie in der Mediendemokratie*, in: Berger, Herbert/Gabriel, Leo (ed.), *Lateinamerikas Demokratien im Umbruch*, Wien, Mandelbaum, 2010, 277–299.

Vallejos Llobet, Patricia, *Los estudios del discurso. Nuevos aportes desde la investigación en la Argentina*, Bahía Blanca, Universidad Nacional del Sur – Ediuns, 2007.

van Dijk, Teun A., *La noticia como discurso. Comprensión estructura y producción de la información*, Barcelona, Paidós, 1990.

Vasallo, María Sofía, *El discurso de Perón en la etapa fundacional del movimiento. La búsqueda de la propia voz y la constitución de modos de contacto (1943–1946)*, Tesis de Maestría, Buenos Aires, 2006, URL: http://repositorio.filo.uba.ar/handle/filodigital/ 1964 [letzter Zugriff: 25.09.2018].

Vernengo, Matías, *Argentina, Vulture Funds, and the American Justice System*, Challenge 57:6 (2014), 46–55.

Visacovsky, Sergio, *«Hasta la próxima crisis». Historia cíclica, virtudes genealógicas y la identidad de clase media entre los afectados por la debacle financiera en la Argentina (2001–2002)*, CIDE – Centro de Investigación y Docencia Económicas 68 (2010), 1–28, URL: https://cide.repositorioinstitucional.mx/jspui/bitstream/1011/249/1/000102960_ documento.pdf [letzter Zugriff: 25.09.2018].

Vitale, María Alejandra, *Êthos y legitimación política en los discursos de asunción de la presidente argentina Cristina Fernández de Kirchner*, ICONO14 11 (2013), 5–25, URL: https://www.icono14.net/ojs/index.php/icono14/article/view/529/402 [letzter Zugriff: 25. 09. 2018].

Waldmann, Peter, *Argentinien. Schwellenland auf Dauer*, Hamburg, Murmann, 2010 (= 2010a).

Waldmann, Peter, *Regelsprengender Individualismus. Ein Essay zum Normenverständnis der Argentinier*, in: Birle, Peter/Bodemer, Klaus/Pagni, Andrea (edd.), *Argentinien heute. Politik, Wirtschaft, Kultur*, Frankfurt am Main, Vervuert, ²2010, 97–116 (= 2010b).

Warnke, Ingo, *Diskurslinguistik als Kulturwissenschaft*, in: Erhart, Walter (ed.), *Grenzen der Germanistik. Rephilologisierung oder Erweiterung?*, Stuttgart, Metzler, 2004, 308–324.

Warnke, Ingo (ed.), *Diskurslinguistik nach Foucault. Theorie und Gegenstände*, Berlin/New York, de Gruyter, 2007 (= 2007a).

Warnke, Ingo, *Diskurslinguistik nach Foucault. Dimensionen einer Sprachwissenschaft jenseits textueller Grenzen*, in: Warnke, Ingo (ed.), *Diskurslinguistik nach Foucault. Theorie und Gegenstände*, Berlin/New York, de Gruyter, 2007, 3–24 (= 2007b).

Warnke, Ingo, *Diskurs als Praxis und Arrangement – Zum Status von Konstruktion und Repräsentation in der Diskurslinguistik*, in: Keller, Reiner/Schneider, Werner/Viehöver, Willy (edd.), *Diskurs – Sprache – Wissen. Interdisziplinäre Beiträge zum Verhältnis von Sprache und Wissen in der Diskursforschung*, Wiesbaden, Springer, 2013, 97–117.

Warnke, Ingo, *Diskurs*, in: Felder, Ekkehard/Gardt, Andreas (edd.), *Handbuch Sprache und Wissen*, Berlin/Boston, de Gruyter, 2015, 221–241.

Welter-Enderlin, Rosmarie, *Resilienz und Krisenkompetenz. Kommentierte Fallgeschichten*, Heidelberg, Carl-Auer-Systeme-Verlag, ²2015.

Welter-Enderlin, Rosmarie, *Einleitung: Resilienz aus der Sicht von Beratung und Therapie*, in: Hildenbrand, Bruno/Welter-Enderlin, Rosmarie (edd.), *Resilienz – Gedeihen trotz widriger Umstände*, Heidelberg, Carl-Auer-Systeme-Verlag, ⁵2016, 7–19.

Wengeler, Martin, *Topos und Diskurs. Begründung einer argumentationsanalytischen Methode und ihre Anwendung auf den Migrationsdiskurs (1960–1985)*, Tübingen, Niemeyer, 2003.

Wengeler, Martin (ed.), *Linguistik als Kulturwissenschaft*, Hildesheim, Olms, 2006.

Wengeler, Martin, *Linguistische Diskursanalysen – deskriptiv, kritisch oder kritisch durch Deskription?*, in: Schiewe, Jürgen (ed.), *Sprachkritik und Sprachkultur. Konzepte und Impulse für Wissenschaft und Öffentlichkeit*, Bremen, Hempen, 2011, 35–48.

Wengeler, Martin, *Argumentationsmuster und die Heterogenität gesellschaftlichen Wissens. Ein linguistischer Ansatz zur Analyse kollektiven Wissens am Beispiel des Migrationsdiskurses*, in: Keller, Reiner/Schneider, Werner/Viehöver, Willy (edd.), *Diskurs – Sprache – Wissen. Interdisziplinäre Beiträge zum Verhältnis von Sprache und Wissen in der Diskursforschung*, Wiesbaden, Springer, 2013, 145–166 (= 2013a).

Wengeler, Martin, *Aspekte eines gemeinsamen Diskursbegriffs für das Forschungsnetzwerk «Sprache und Wissen»*, in: Felder, Ekkehard (ed.), *Faktizitätsherstellung in Diskursen. Die Macht des Deklarativen*, Berlin/New York, de Gruyter, 2013, 57–73 (= 2013b).

Wengeler, Martin, *Historische Diskurssemantik. Das Beispiel Wirtschaftskrisen*, in: Roth, Kersten Sven/Spiegel, Carmen (edd.), *Angewandte Diskurslinguistik. Felder, Probleme, Perspektiven*, Berlin, Akademie-Verlag, 2013, 43–60 (= 2013c).

Wengeler, Martin, *«Unsere Zukunft und die unserer Kinder steht auf dem Spiel.» Zur Analyse bundesdeutscher Wirtschaftskrisen-Diskurse zwischen deskriptivem Anspruch und diskurskritischer Wirklichkeit*, in: Meinhoff, Ulrike Hanna/Reisigl, Martin/Warnke, Ingo (edd.), *Diskurslinguistik im Spannungsfeld von Deskription und Kritik*, Berlin, Akademie-Verlag, 2013, 37–63 (2013d).

Wengeler, Martin/Ziem, Alexander, *«Wirtschaftskrisen» im Wandel der Zeit. Eine diskurslinguistische Pilotstudie zum Wandel von Argumentationsmustern und Metapherngebrauch*, in: Landwehr, Achim (ed.), *Diskursiver Wandel*, Wiesbaden, VS Verlag für Sozialwissenschaften, 2010, 335–354.

Wengeler, Martin/Ziem, Alexander, *«Krisen» als diskursgeschichtlicher Gegenstand. Zugänge, Fragestellungen, Konzepte*, in: Wengeler, Martin/Ziem, Alexander (edd.), *Sprachliche Konstruktionen von Krisen. Interdisziplinäre Perspektiven auf ein fortwährend aktuelles Phänomen*, Bremen, Hempen, 2013, 1–16 (= 2013a).

Wengeler, Martin/Ziem, Alexander (edd.), *Sprachliche Konstruktionen von Krisen. Interdisziplinäre Perspektiven auf ein fortwährend aktuelles Phänomen*, Bremen, Hempen, 2013 (= 2013b).

Werner, Emmy/Smith, Ruth, *Kauai's children come of age*, Honolulu, University Press of Hawaii, 1977.

Wieland, Norbert, *Resilienz und Resilienzförderung – eine begriffliche Systematisierung*, in: Zander, Margherita (ed.), *Handbuch Resilienzförderung*, Wiesbaden, VS Verlag für Sozialwissenschaften, 2011, 180–207.

Wolf, Ricarda, *Soziale Positionierung im Gespräch*, Deutsche Sprache 27 (1999), 69–94.

Wrana, Daniel, *Zum Analysieren als diskursive Praxis*, in: Angermüller, Johannes, et al. (edd.), *Diskursforschung. Ein interdisziplinäres Handbuch*, vol. 1, Bielefeld, transcript, 2014, 634–644.

Wrana, Daniel, et al. (edd.), *DiskursNetz. Wörterbuch der interdisziplinären Diskursforschung*, Berlin, Suhrkamp, 2014.

Wustmann Seiler, Corina, *Resilienz. Widerstandsfähigkeit von Kindern in Tageseinrichtungen fördern*, Berlin, Cornelsen, ⁵2015.

Zan, Julio de, *Memoria e Identidad*, TÓPICOS. Revista de Filosofía de Santa Fe 16 (2008), 41–67.

Zander, Margherita, *Einleitung*, in: Zander, Margherita (ed.), *Handbuch Resilienzförderung*, Wiesbaden, VS Verlag für Sozialwissenschaften, 2011, 8–30 (= 2011a).

Zander, Margherita (ed.), *Handbuch Resilienzförderung*, Wiesbaden, VS Verlag für Sozialwissenschaften, 2011 (= 2011b).

Ziem, Alexander, *Syntaktische Konstruktionen als diskursive Muster: Krisen in der medienvermittelten Öffentlichkeit*, in: Maeße, Jens (ed.), *Ökonomie, Diskurs, Regierung. Interdisziplinäre Perspektiven*, Wiesbaden, Springer VS, 2013, 141–166.

Zukerfeld, Gilda, *Los actores sociales del espacio público: la construcción de identidades durante conflictos en la Ciudad de Buenos Aires*, in: Schrott, Angela/Witthaus, Jan-Henrik (edd.), *Crisis e identidad. Perspectivas interdisciplinarias desde América Latina*, Frankfurt am Main, Lang, i. Dr.

Zullo, Julia, *Estrategias de la prensa actual. Información, publicidad y metadiscurso*, in: Raiter, Alejandro, et al. (edd.), *Representaciones sociales*, Buenos Aires, Eudeba, 2002, 49–62.

Zullo, Julia, *Piquetes y piqueteros en la prensa argentina (1996–2002)*, San Fernando, La Bicicleta Ediciones, 2015.

Register

https://doi.org/10.1515/9783110620726-010